Zajas · Sozialistische Transnationalisierung

Veröffentlichungen des
Deutschen Polen-Instituts Darmstadt

Begründet von Karl Dedecius
Herausgegeben von
Peter Oliver Loew und Agnieszka Łada-Konefał

Band 44

2025
Harrassowitz Verlag · Wiesbaden

Paweł Zajas

Sozialistische Transnationalisierung
Literarische Verflechtungen im europäischen »Ostblock«

2025

Harrassowitz Verlag · Wiesbaden

Umschlagabbildung: Plakat anlässlich der Konferenz des Verlagswesens der sozialistischen Länder in Leipzig (1957). Quelle: Sächsisches Staatsarchiv Leipzig.

Die Publikation wurde durch das Polnische Nationale Forschungszentrum (National Science Centre Poland, Vertragsnummer 2019/33/B/HS2/00017) sowie die Adam-Mickiewicz-Universität in Poznań (Vertragsnummer 124/08/POB5/0004) gefördert.

Redaktion: Hans-Gregor Njemz

Bibliografische Information der Deutschen Nationalbibliothek
Die Deutsche Nationalbibliothek verzeichnet diese Publikation in der Deutschen Nationalbibliografie; detaillierte bibliografische Daten sind im Internet über https://dnb.de abrufbar.

Bibliographic information published by the Deutsche Nationalbibliothek
The Deutsche Nationalbibliothek lists this publication in the Deutsche Nationalbibliografie; detailed bibliographic data are available on the internet at https://dnb.de.

Informationen zum Verlagsprogramm finden Sie unter
https://www.harrassowitz-verlag.de
© Otto Harrassowitz GmbH & Co. KG, Wiesbaden 2025
Kreuzberger Ring 7c–d, 65205 Wiesbaden, produktsicherheit.verlag@harrassowitz.de
Das Werk einschließlich aller seiner Teile ist urheberrechtlich geschützt.
Jede Verwertung außerhalb der engen Grenzen des Urheberrechtsgesetzes ist ohne Zustimmung des Verlages unzulässig und strafbar. Das gilt insbesondere für Vervielfältigungen jeder Art, Übersetzungen, Mikroverfilmungen und für die Einspeicherung in elektronische Systeme.
Gedruckt auf alterungsbeständigem Papier.
Satz: Andrzej Choczewski, www.buchsatz-krakow.eu
Druck und Verarbeitung: Memminger MedienCentrum
Printed in Germany

ISSN 0945-5515 eISSN 2748-6656
ISBN 978-3-447-12365-5 eISBN 978-3-447-39663-9

Inhalt

Einführung
Sozialismus und transnationale Verflechtungsgeschichte
Konzept und Methode... 1

Sozialistische Transnationalisierung: eine Begriffsbestimmung............ 1
Forschungsstand.. 5
Methodisches.. 16
Aufbau des Buches.. 20

Teil 1
»Vom Blühen aller Blumen, oder von der Elbe bis zum gelben Meer«
Mobilität und sozialistische Literaturplanung......................... 25

Leipzig-Markkleeberg 1957.. 25
Transnationalisierungsprozesse und »Kahlschlag«....................... 41
Kulturpolitische und ästhetische Revisionen............................ 59
UNESCO, Helsinki und die sozialistische Transnationalisierung.......... 68
Multinationale Editionsreihen... 76
Sozialistische »Kalkulationszentren«................................... 92

Teil 2
»Helsinki sind wir«
Internationale DDR-Literatur... 101

Übersetzungsliteratur in DDR-Verlagen................................. 101
Verhinderung und Beförderung der Literatur............................ 112
Polnische Literatur und die Kulturpolitik der DDR...................... 122
Verlage: Aufbau und Volk & Welt...................................... 138
Produktionsromane, Klassiker, Stanisław Lem und Krieg................. 143
Anthologien polnischer Literatur...................................... 165
Reichtum polnischer »Handschriften und Ausdrucksweisen«.............. 188
Exkurs 1: Südafrikanische Literatur in der DDR......................... 197
Exkurs 2: Gedichte aus Belgien und den Niederlanden................... 212

Teil 3
»Politikum ersten Ranges«
Internationale Buchmessen zwischen »Ost« und »West« 237

Ouvertüre: »Bücher mit neuem Geist« in Leipzig 237
Die Welt zu Gast in Frankfurt.. 242
Die kulturpolitische Funktion der Frankfurter Buchmesse................. 243
Frankfurter Einladungspolitik und Buchförderungsprogramm.............. 247
Themen- und Länderschwerpunkte der Frankfurter Buchmesse 254
Die DDR und Polen auf der Frankfurter Buchmesse...................... 271
Warschau: »Die wichtigste Buchmesse im Osten«........................ 281
Jerusalem, Brüssel und Moskau.. 306
Buchmessen als transnationale »Wertschöpfungsturniere« 320

Literaturverzeichnis... 327

Personennamen... 349

Einführung

Sozialismus und transnationale Verflechtungsgeschichte
Konzept und Methode

Sozialistische Transnationalisierung: eine Begriffsbestimmung

Auch wenn die Geschichte der osteuropäischen kulturellen Integration eine Geschichte von Missverständnissen und Fehlschlägen sein mag, bieten Kontakte, die im Zuge der zentral verwalteten Kulturbeziehungen innerhalb des »Ostblocks« entstanden sind, mannigfache Ansätze für verflechtungsgeschichtliche Studien. Seit der Zeit der Moderne und der Avantgarde war der Sozialismus die größte und zugleich die letzte gemeinsame Erfahrung Mittel- und Osteuropas. Aus geo- und kulturpolitischer Sicht kann dieses Gebiet – mit all seinen Ambivalenzen, Pathologien, Widersprüchen, positiven und negativen Faktoren – als ein *transnationaler* Kommunikationsraum betrachtet werden. Das vorliegende Buch verfolgt einen institutionellen literatursoziologischen Ansatz und widmet sich vorrangig *offiziellen* literarischen Beziehungen und Verflechtungen des Literaturbetriebs der DDR, welche sich über nationalstaatliche Grenzen hinweg aufspannten. Somit wird der Kalte Krieg paradoxerweise als eine Zeit präsentiert, die nicht nur in Westeuropa, sondern auch östlich der Elbe von einem beispiellosen Wachstum verlegerischer, literarischer und kulturpolitischer Institutionen geprägt war.[1] Obwohl diese in erster Linie aufgrund der bi- und multilateralen Absprachen zwischen den Staaten bzw. Regierungen entwickelt wurden, übten sie zugleich einen nicht zu unterschätzenden Einfluss auf die grenzübergreifende Produktion, Verbreitung und Rezeption von Literatur aus. So viel vorab zur Thematik des Buches.

Die Fokussierung auf die DDR in einem Narrativ über die sozialistische Transnationalisierung hat seine Gründe. Erstens unterschied sich die DDR von fast

---

1 Georg Barnhisel: Introduction. In: ders. (Hrsg.): The Bloomsbury Handbook to Cold War Literary Cultures. London 2022, S. 1–8, hier S. 2.

allen Staaten des östlichen Europas (außer den böhmischen Ländern) dadurch, dass sie bereits durchgehend industrialisiert war und, erst mit Leipzig und dann mit Berlin als Zentrum, über ein exzellentes Verlagswesen verfügte, als sie infolge des Zweiten Weltkrieges in den Orbit des marxistisch-leninistischen Systems kam. Während die Sowjetunion und die meisten anderen osteuropäischen Volksdemokratien zunächst die nachholende Industrialisierung in Angriff nahmen, übernahmen die DDR-Verlage in vielen Fällen eine koordinierende Funktion in politisch orchestrierten literarischen Zirkulationsprozessen. Zweitens ist die (ost-)deutsche Archivlage relativ günstig – eine Einschätzung, die in den gesamten osteuropäischen Kontext verortet werden muss. Christoph Links schrieb zwar über das »Nicht-mehr-Vorhandensein vieler Verlagsarchive« ostdeutscher Verlagsunternehmen: Knapp die Hälfte (36) sei erhalten geblieben, ein gutes Viertel (23) konnte wenigstens noch in Teilen bewahrt werden, und 19 Archive seien vernichtet worden bzw. verschollen.[2] Trotz der gravierenden Verluste geben die überlieferten Akten der DDR-Verlage, der ostdeutschen Hauptverwaltung Verlage und Buchhandel, des Leipziger Börsenvereins sowie der Kulturabteilung des ZK der SED ein beträchtliches Stück sozialistischer Kulturpolitik wieder. Sie ermöglichen immer noch die Forschung über die Entstehung, die Verbreitung und die Rezeption von Literatur in der DDR und in anderen Ostblockländern.

Vergleicht man diese Bilanz etwa mit der dünnen Archivlage in Polen, dann muss festgestellt werden, dass die dortige Verlagsgeschichte nach 1945 und die kulturpolitischen Entscheidungsprozesse kaum aktenkundig sind. Schuld an diesen eklatanten Verlusten ist vor allem das mangelnde Archivbewusstsein der involvierten Akteure: Die Hinterlassenschaften der Parteibetriebe mit ihren Kulturabteilungen wurden in vielen Fällen äußerst willkürlich abgelegt. In den Staatsverlagen wurde bei Archivierungsvorgängen zunächst eine radikale Selektion vorgenommen. Nach der Schließung bzw. Privatisierung der Unternehmen sind, bis auf wenige Rechte und Finanzdokumente, große Teile aller übrigen Verlagsunterlagen – von der Herstellungs- über die Presse- bis zur Werbeabteilung – in den meisten Fällen entsorgt worden, da sie für die weitere Rechteverwertung nicht von Interesse waren.

Der nicht unproblematische Titel des Buches muss an dieser Stelle erklärt werden. Transnationale Ansätze haben sich seit Anfang der 1990er-Jahre als Folge der Kritik am »methodologischen Nationalismus« entwickelt.[3] Die nationale Perspek-

---

2 Christoph Links: Die Bedeutung von Verlagsarchiven für die Kulturgeschichtsschreibung (am Beispiel der DDR-Verlage). In: ders. (Hrsg.): »Ungeöffnete Königsgräber«: Chancen und Nutzen von Verlagsarchiven. Wiesbaden 2011, S. 13–17, hier S. 14.
3 Ulrich Beck: The Cosmopolitan Condition. Why Methodological Nationalism Fails. In: THEORY, CULTURE AND SOCIETY 24 (2007) H. 7–8, S. 286–290; Andreas Wimmer, Nina Glick Schiller: Methodological Nationalism, the Social Sciences and the Study of

tive wird oft solchen Begriffen wie »international«, »transnational«, »global« oder »kosmopolitisch« entgegengesetzt, ohne dass all diese Konzepte im historischen, sozialen und politischen Kontext eindeutig definiert werden. Einige Begriffsbestimmungen sind daher an dieser Stelle erforderlich, um die Verwendung des Terminus »Transnationalisierung« für das vorliegende literatursoziologische Studium überhaupt operationell zu machen.

Ludger Pries entwarf eine Topologie von geografisch-gesellschaftlichen Raumkonstellationen und fasste die *Transnationalisierung* als eine von insgesamt sieben Idealtypen der Internationalisierung von Vergesellschaftung auf. So bezog Pries den Terminus »Inter-Nationalisierung« auf die Beziehungen zwischen den Nationalstaaten (z. B. Europäische Gemeinschaft für Kohle und Stahl, Nato, NAFTA, WTO). Bei der »Supra-Nationalisierung« wird die Vorstellung einer nationalen Gesellschaft mit exklusivem Territorium auf eine makronationale Bezugseinheit ausgedehnt, ohne allerdings den gesamten Globus zu erfassen (Europäische Kommission, Europäischer Gerichtshof), und die »Re-Nationalisierung« beschreibt laut Pries das (Wieder-)Erstarken nationaler Gesellschaften.[4] Auch die »Globalisierung« ist kein genereller Oberbegriff, sondern richtet unsere Aufmerksamkeit auf die weltweite Wahrnehmung und das globale Bewusstsein von gemeinsamen Problemen, Risiken und Rechten (Erderwärmung, Finanzströme, globale Verbreitung von Informationen, Internet). Im Begriff der »Glokalisierung« drückt sich die Dialektik des Globalen und des Lokalen aus: Globale Tendenzen und Prozesse beziehen sich auf lokale Konzentrationen von Macht, Technologie, Wissen oder Geld. Im Mittelpunkt der »Diaspora-Internationalisierung« steht die zunehmende Verschränkung zwischen diversen Orten, wobei einem dieser Orte »im Sinne eines sternförmigen Netzwerks« eine Zentrumfunktion zugeordnet wird (Diaspora, diplomatische Korps, NGOs).[5] Schließlich: Bei der »Transnationalisierung« geht es nicht um Beziehungen zwischen Regierungen und Staaten als korporativen Akteuren, sondern um »alltagsweltliche, organisationsbezogene und um institutionalisierte Verflechtungsbeziehungen zwischen individuellen und kollektiven Akteuren«.[6]

Gisèle Sapiro unternahm den Versuch, die Transnationalisierungsprozesse mit dem ursprünglich in einem nationalen Rahmen konzipierten Begriff des literarischen Feldes in Verbindung zu setzen. Als »transnational« bezeichnete Sapiro jene von jeweiligen Nationalstaaten *unabhängige* Organisationen und Netzwerke, die

---

Migration: An Essay in Historical Epistemology. In: INTERNATIONAL MIGRATION REVIEW 37 (2002) H. 3, S. 576–610.
4 Ludger Pries: Die Transnationalisierung der sozialen Welt. Sozialräume jenseits von Nationalgesellschaften. Frankfurt am Main 2007, S. 134–141.
5 Ebenda, S. 158–161.
6 Ebenda, S. 16.

konkurrierende Zirkulationskonfigurationen und Bewertungsskalen erzeugten. Als Beispiel führte sie den 1559 begründeten und bis 1961 aktualisierten *Index librorum prohibitorum* an, mit dem die katholische Kirche die nationale Literaturproduktion überwachte. Weitere Beispiele sind Literaturvermittler und Kultureinrichtungen, die in mehrsprachigen Staaten wie Belgien oder Kanada tätig sind und den Markt einzelner Autorinnen und Autoren über die Grenzen ihrer Länder hinaus erweitern sowie Verbindungen avantgardistischer Künstlerinnen und Künstler, ihrer Zeitschriften und intellektueller Formationen in der ersten Hälfte des 20. Jahrhunderts.[7] Die von Sapiro erwähnte Autonomie des transnationalen literarischen Feldes ist relativ. So wie die Regeln im nationalen Bereich durch internationale Rechtsrahmen begrenzt sind (z. B. Aspekte des Urheberrechts, Richtlinien der Welthandelsorganisation oder die Logik des globalen Marktes, der von zentralen Sprachgebieten und internationalen Buchmessen organisiert wird), hängen auch die Mechanismen der transnationalen Zirkulation teilweise von der Politik eines bestimmten Landes ab (Zensur, sozialer Status von Schriftstellerinnen und Schriftstellern, obligatorische Zugehörigkeit zu Schriftstellerverbänden in kommunistisch regierten Ländern).[8]

Die *sozialistische* Komponente der untersuchten Transnationalisierung ist ebenfalls erklärungsbedürftig. Das Konzept der Transnationalisierung wurde in den letzten 30 Jahren von Forscherinnen und Forschern als »*positive axiological operator*« aufgefasst und ermutigte sie dazu, geografische und kulturelle Grenzen neu zu formulieren und die bisherigen analytischen Rahmenbedingungen zu ändern.[9] Kann das Transnationalisierungskonzept also mit politischen, sozialen und kulturellen Prozessen in jenen »Ostblock«-Ländern in Verbindung gebracht werden, in denen das kommunistische Regime die Autonomie des literarischen Feldes erheblich einschränkte? Die Antwort auf die Frage ist nicht eindeutig. Auf der einen Seite hatte der proklamierte Internationalismus bekanntlich alles andere zur Folge, als dass alle in kommunistisch regierten Ländern lebenden Menschen sich der Beschränktheit ethnisch oder national fixierten Denkens und Fühlens bewusst geworden wären, zwischen Moskau und Havanna sich ein kultureller Kosmopolitismus hätte ausbreiten und somit der alte Traum Immanuel Kants vom Weltbürgertum verwirklichen können. Es gab keine einheitliche Praxis des Kommunismus. Obwohl trotz der handfesten nationalen Interessenauseinandersetzungen immer wieder Versuche unternommen wurden, eine »sozialistische Blaupause« durchzusetzen, blieb die kommunistische Erfahrung nicht nur geografisch und diachron vielfältig. Sie war auch über nationale, ethnische, soziale, berufliche, geschlechtsspezifische und

---

7 Gisèle Sapiro: The Transnational Literary Field between (Inter)-nationalism and Cosmopolitanism. In: JOURNAL OF WORLD LITERATURE 5 (2020) H. 4, S. 481–504, hier S. 486.
8 Ebenda, S. 487.
9 Ebenda.

generationsübergreifende Grenzen hinweg pluralisiert und erzeugte daher unterschiedliche Erinnerungen.¹⁰ Auf der anderen Seite gab es aber im (europäischen) »Ostblock« Prozesse der Transnationalisierung, die als das komplizierte Zusammenspiel von Grenzauflösungen und von gleichzeitig neuen Grenzbildungen aufzufassen sind.¹¹ Die politische Utopie einer sozialistischen Gesellschaft schuf einen ganz realen gemeinsamen kulturellen Raum. Diese »Zweite Welt« hatte ihre unverwechselbaren Merkmale, sie zeichnete sich durch einen transnationalen Austausch aus und war selbst ein Produkt einer transnationalen Interaktion.¹²

Forschungsstand

Mittel- und osteuropäische Länder wurden bislang nicht unbedingt als wesentliche Akteure der transnationalen literarischen und verlegerischen Beziehungen wahrgenommen. Dies mag an der Modellierung des Forschungsgegenstandes gelegen haben, die auch in anderen Disziplinen – wie etwa der Geschichtswissenschaft, den Sozial- und Politikwissenschaften – weit verbreitet ist. In der rasant fortschreitenden historischen Transnationalisierungsforschung hat Mittelosteuropa in der Zeitspanne von 1945 bis 1990 noch bis vor kurzem wenig Berücksichtigung gefunden; in der Region dominierten weitgehend nationalgeschichtliche, selbstbezügliche Narrative.¹³ Martin Aust behauptete zwar, dass die Wahlverwandtschaft zwischen der osteuropäischen und der transnationalen Geschichte »augenfällig« gewesen sei, konnte aber seine wenigen Beispiele lediglich auf historisch entlegene Phänomene des imperialen 18. und 19. Jahrhunderts beziehen. Über das Potenzial des transnationalen Ansatzes im Hinblick auf die Geschichte Mittelosteuropas nach dem Zweiten Weltkrieg hat der Osteuropahistoriker kein einziges Wort verloren.¹⁴

---

10 Maria Todorova: Remembering Communism: Similar Trajectories, Different Memories. In: dies.: Scaling the Balkans. Essays on Eastern European Entanglements. Leiden 2018, S. 641–661, hier S. 645.
11 Vgl. Pries: Die Transnationalisierung, S. 15.
12 Patryk Babiracki, Austin Jersild: Editor's Introduction. In: dies. (Hrsg.): Socialist Internationalism in the Cold War. Exploring the Second War. London 2016, S. 1–16, hier S. 2.
13 Frank Hadler, Matthias Middel: Transnationalisierung in Ostmitteleuropa bis zum Ersten Weltkrieg. Eine Region im Schnittfeld von Imperien und nationalen Emanzipationsbewegungen. In: dies. (Hrsg.): Handbuch einer transnationalen Geschichte Ostmitteleuropas. Bd. 1. Von der Mitte des 19. Jahrhunderts bis zum Ersten Weltkrieg. Göttingen 2017, S. 13–35, hier S. 13, 15.
14 Martin Aust: Geschichtsschreibung und Erinnerungspolitik. In: Martin Aust, Andreas Heinemann-Grüder, Angelika Nußberger, Ulrich Schmid: Osteuropa zwischen Mauerfall und Ukrainekrieg. Besichtigung einer Epoche. Berlin 2022, S. 136–178, hier S. 142–152.

Das englischsprachige literaturwissenschaftliche *transnational turn* konzentrierte sich vorwiegend auf grenzüberscheitende Phänomene der (De-)Kolonisierung, welche naturgemäß den Rahmen nationalphilologischer Gegenstandsbestimmung sprengten.[15] Interessante Ansätze für das vorliegende Buch waren aber vor allem in den jüngsten Studien zur »Kultur des Kalten Krieges« und zum »kulturellen Kalten Krieg« zu finden.[16] Sie machten uns aufmerksam auf die vermeintlich banale Tatsache, dass unter dem historischen Druck von zwei aufeinander folgenden Weltkriegen die Welt als eine »desillusionierte und gequälte politische Einheit« wieder auftauchte. Dies resultierte aus dem Willen und der Entschlossenheit, einen globalen Einheitsrahmen für alte und neue Nationalstaaten bereitzustellen und die Gründung neuer Institutionen für globale Zusammenarbeit wie die Stärkung des internationalen Rechts als notwendig zu akzeptieren.[17]

---

15 Paul Jay: Global Matters. The Transnational Turn in Literary Studies. Ithaca 2010, S. 2 f.
16 Der Begriff des »kulturellen Kalten Kriegs« entstand in den 1980er-Jahren, als die US-Historiker erstmals kulturelle Aspekte der damals hauptsächlich bipolar begriffenen Auseinandersetzung zwischen dem a priori definierten US-amerikanischen und europäischen Liberalismus auf der einen und dem Kommunismus auf der anderen Seite analysierten. George Lipsitz: Class and Culture in Cold War America. A Rainbow at Midnight. New York 1981; Lary May (Hrsg.): Recasting America: Culture and Politics in the Age of Cold War. Chicago 1989. Stephen Whitfield führte in seinem wegweisenden Buch *The Culture of the Cold War* (Baltimore 1991) das Konzept einer amerikanischen »Kultur des Kalten Krieges« ein. Demnach war der Kalte Krieg weit mehr als nur ein Begriff für eine Epoche, die zufällig ungefähr zur gleichen Zeit endete, als das Buch veröffentlicht wurde. Für Whitfield war die Kultur des Kalten Krieges ein Schlüsselbegriff für die Beschreibung der 1950er-Jahre, in denen die amerikanische Gesellschaft in zwei Lager gespalten war. Auf der einen Seite habe es die Kommunisten gegeben, darunter naive Gutmenschen wie rücksichtslose Bewunderer von Stalin, auf der anderen Seite jene, die glaubten, dass der Kommunismus die amerikanische Gesellschaft untergraben würde und dass seine Unterstützer mit allen Mitteln bekämpft werden müssten. Im Kontext der Begriffsgeschichte wurde auf die Tatsache hingewiesen, dass es sich bei der Verwendung beider Termini bis Anfang der 1990er-Jahre um eine westliche Bezeichnung handelte. Schon allein von einem »Kalten Krieg« zu sprechen, berge daher das Risiko, *post factum* einen nordamerikanischen wie westeuropäischen Terminus anzuwenden und ihn in einen allgemeinen analytischen Begriff zu verwandeln. Anette Vowinckel, Marcus Payk, Thomas Lindenberger: European Cold War Culture(s)? An Introduction. In: dies. (Hrsg.): Cold War Cultures. Perspectives on Eastern and Western European Societies. New York, Oxford 2012, S. 1–10, hier S. 1. Noch in den 2010er-Jahren stellten sich Forscherinnen und Forscher die Frage, inwieweit dieses Konzept nützlich sei, um (inter-)nationale Kontexte jenseits der Vereinigten Staaten, etwa europäische Erfahrungen der Jahre 1945 bis 1990 zu beschreiben und zu analysieren. Ebenda, S. 5.
17 Sorin Radu Cucu, Shuang Shen: Introduction. The Entanglements of Cold War and World Literature. In: JOURNAL OF WORLD LITERATURE 7 (2022) H. 4, S. 471–489, hier S. 476.

In der Diskussion über die Bedeutung und die Funktion des »kulturellen Kalten Krieges« für die grenzüberschreitende Literaturzirkulation wurde die komplexe Natur der sozialistischen Transnationalisierungsprozesse zunächst verschleiert. Während die Idee eines US-europäischen Kosmopolitismus als selbstverständlich galt, übersah man die nicht weniger evidente Tatsache, dass der Sozialismus, in dem der Krieg mehr oder weniger mit dem kapitalistischen Wettbewerb um Ressourcen in Verbindung gebracht wurde, »zumindest in seiner marxistischen Form selbstbewusst und notwendigerweise international wie internationalistisch« ausgeprägt war.[18] Als Antwort auf diese eklatante Forschungslücke untersuchten u. a. Katerina Clark, Nicolai Volland und Rossen Djagalov diverse kulturelle Praktiken, die den sozialistischen Kosmopolitismus geprägt haben.[19] Der rumänische Literaturwissenschaftler Mircea Martin interpretierte in diesem Kontext den Sozialistischen Realismus als einen »*artificial cultural-construct*«, dessen einheitliche und gleichzeitige Umsetzung im transkontinentalen Umfang eine »*geoliterary ecumene*« hervorbrachte.[20] Alexandre Gefen argumentierte, dass die sich im und durch den »Kalten Krieg« formierende Weltliteratur einen Paradigmenwechsel in der Vorstellung und Bewertung von Literatur mit sich brachte. Infolge der Militarisierung der Literatur, der Erhöhung ihres propagandistischen Werts und ihrer Rückkehr in die soziale Lebenswelt wurde das europäische Kernprinzip der ästhetischen Autonomie infrage gestellt.[21] Diese neue Idee der Weltliteratur fand ihren Wert in der Heteronomie wie im ästhetischen Agonismus, welche in literarischen Systemen Osteuropas und der »Dritten Welt« ein komplexes Erbe hinterlassen haben.[22]

---

18 Jeremy Friedman: Ripe for Revolution. Building Socialism in the Third World. Cambridge 2022.
19 Katerina Clark: Socialist Realism and the Sacralizing of Space. In: Evgeny Dobrenko, Eric Naiman (Hrsg.): The Landscape of Stalinism. The Art and Ideology of Soviet Space. Seattle, London 2003, S. 3–18; Nicolai Volland: Socialist Cosmopolitanism. The Chinese Literary Universe, 1945–1965. New York 2017; Rossen Djagalov: Literary Monopolists and the Forging of the Post-World War II People's Republic of Letters. In: Evgeny Dobrenko, Natalia Jonsson-Skradol (Hrsg.): Socialist Realism in Central and Eastern European Literatures under Stalin. Institutions, Dynamics, Discourses. New York 2018, S. 25–38.
20 Mircea Martin: A Geoliterary Ecumene of the East. Socialism Realism – the Romanian Case. In: Andrei Terian, Christian Moraru, Mircea Martin (Hrsg.): Romanian Literature as World Literature. New York 2017, S. 235–255, hier S. 236.
21 Alexandre Gefen: L'Idée de la littérature. De l'art pour l'art aux écritures d'intervention. Paris 2022.
22 Sorin Radu Cucu: World literature as palimpsest. Towards an Agonistic Idea of Cold War Literature. In: JOURNAL OF WORLD LITERATURE 7 (2022) H. 4, S. 491–511, hier S. 497.

Dieses pluralistische Verständnis kultureller und literarischer Werte manifestierte sich vor allem in Veröffentlichungen, welche sich auf Orte jenseits der Supermächte, insbesondere auf den globalen Süden, beziehen. Sie haben das konventionelle Narrativ des »Kalten Krieges« als einer bipolaren Auseinandersetzung zwischen den Supermächten produktiv herausgefordert, warnten davor, den »Kalten Krieg« als Antithese der Weltliteratur zu sehen und zeigten, dass die weltliterarischen Praktiken während des Konflikts viele bereits bestehende globale Netzwerke nutzten, aber auch neue Wege entwickelten.[23] Andere Beiträge vertieften sich in weltliterarische Prozesse, die durch die politische Geschichte des kommunistischen Internationalismus und des *Third Worldism* ermöglicht wurden.[24]

Die genannten Beiträge ergänzten die relative Vernachlässigung der sozialistischen Welt in der vorhandenen Forschung zur Literaturgeschichte des »Kalten Krieges«. Während sich aber der Blick von Forscherinnen und Forschern überwiegend auf die Beziehungen der UdSSR wie der anderen mittel- und osteuropäischen Länder mit dem globalen Süden richtete, blieb die Darstellung transnationaler literarischer Verflechtungen im europäischen »Ostblock« weitgehend auf den politischen Dissens beschränkt. Friederike Kind-Kovács und Jessi Labov haben mit der Geschichte der Samisdat- und Tamisdat-Bewegung Zentral- und Osteuropa als eine vernetzte Kultur dargestellt. Sie zeigten, wie die breite Zirkulation von Produkten der »zweiten Öffentlichkeit« in vielerlei Hinsicht Prozesse antizipierte, die wir heute als kulturelle Globalisierung in Osteuropa identifizieren.[25] Andere holistische Perspektiven waren fokussiert auf die Literaturzirkulation im multinationalen sowjetischen Raum sowie auf Transfermechanismen des osteuropäischen Dissens nach Westeuropa.[26] Grenzübergreifende literarische und verlegerische Verflechtungen im

---

23 Vgl. Peter Kalliney: Aesthetic Cold War. Decolonization and Global Literature. Princeton 2022; Jini Kim Watson: Cold War Reckonings. Authoritarianism and the Genres of Decolonization. New York 2021; Francesca Orsini, Neelam Srivastava, Laetitia Zecchini (Hrsg.): The Form of Ideology and the Ideology of Form. Cold War, Decolonization and the Third World Print Cultures. Cambridge 2022; Monica Popescu: At Penpoint. African Literatures, Postcolonial Studies, and the Cold War. Durham 2020.
24 Kun Huang: Translated Solidarity. Lumumba's Textual Afterlives and the Poetics of African Decolonization in Maoist China. In: JOURNAL OF WORLD LITERATURE 7 (2022) H. 4, S. 577–596; Eesha Jila Ikbal: World Literature in Kerala. Cold War and Contentions. In: JOURNAL OF WORLD LITERATURE 7 (2022) H. 4, S. 597–614.
25 Friederike Kind-Kovács, Jessie Labov: Samizdat und Tamizdat. Entangled Phenomena? In: dies. (Hrsg.): Samizdat, Tamizdat, and Beyond. Transnational Media During and After Socialism. New York 2013, S. 1–23, hier S. 1. Vgl. Friederike Kind-Kovács: Written Here, Published There. How Underground Literature Crossed the Iron Curtain. Budapest, New York 2014.
26 Aušra Jurgutienė, Dalia Satkauskytė (Hrsg.): The Literary Field under Communist Rule. Boston 2018; Jirina Šmejkalová: Cold War Books in the Other Europe and What Came

gesamten europäischen »Ostblock«, welche nach dem Zweiten Weltkrieg von *offiziellen* Literaturinstitutionen diverser kommunistisch regierter Länder in Mittel- und Osteuropa angeregt und koordiniert wurden, sind von der Forschung noch nicht in einem genügenden Maße berücksichtigt worden.²⁷

Für die DDR und ihre Einbindung in das transnationale sozialistische Verlags- und Literaturfeld trifft diese historiografische wie methodologische Perspektivverengung besonders zu: Gedeutet als eine »Diktatur der Grenzen« oder eine »gescheiterte sowjetische Satrapie«, schien Ostdeutschland an den transnationalen Dynamiken in der zweiten Hälfte des 20. Jahrhunderts vorbeigegangen zu sein.²⁸ In der Debatte zur europäischen und transnationalen Einbettung Deutschlands nach dem Zweiten Weltkrieg blicken die Historikerinnen und Historiker vor allem nach Westeuropa und den USA, aber kaum nach Osten. Eine adäquate Transnationalisierung der DDR-Geschichte und ihre Verortung im östlichen Europa wurde zwar als Desiderat immer wieder geäußert, in der Forschungspraxis jedoch kaum realisiert.²⁹

In diesem Kontext hat die Kunstgeschichte samt der musealen Ausstellungspraxis in der letzten Zeit wichtige Impulse gesetzt. Nachdem die Stiftung des Kunstmäzens

---

After. Leiden, Boston 2011; Ioana Popa Traduire sous contraintes. Littérature et communisme (1947–1989). Paris 2010.

27 Relativ gut erforscht sind literarische und intellektuelle Netzwerke zwischen der Sowjetunion und Westeuropa. Vgl.: Michael David-Fox: Showcasing the great experiment. Cultural diplomacy and western visitors to the Soviet Union, 1921–1941. Oxford 2012; Katerina Clark: Moscow, the Fourth Rome. Stalinism, Cosmopolitanism, and the Evolution of Soviet Culture, 1931–1941. Cambridge 2011. Institutionelle Ansätze für die Konsolidierung und Systematisierung des transnationalen literarischen Feldes von Völkerdemokratien in der zweiten Hälfte der 1940er-Jahre wurden von Rossen Djagalov untersucht. Djagalov beschrieb die Entstehungsgeschichte eines für Juli 1948 geplanten jedoch nicht realisierten internationalen Schriftstellerkongresses in Stalingrad sowie die Funktion einer kleinen Anzahl repräsentativer »Monopolisten« (u. a. Jarosław Iwaszkiewicz, Anna Seghers, Mihail Sadoveanu, György Lukács, Nâzım Hikmet, Louis Aragon, Pablo Neruda, Jorge Amado und Howard Fast), die als Verbindungsstellen zwischen ihren nationalen Literaturen und dem Moskauer Zentrum fungierten. Djagalov: Literary Monopolist.

28 Thomas Lindenberger: Die Diktatur der Grenzen. Zur Einleitung. In: ders. (Hrsg.): Herrschaft und Eigen-Sinn in der Diktatur. Studien zur Gesellschaftsgeschichte der DDR. Wien 1999, S. 13–44; Hans-Ulrich Wehler: Deutsche Gesellschaftsgeschichte. Bd. 5. Bundesrepublik und die DDR, 1949–1990. München 2008, S. 425.

29 Hendrik Bispinck, Dierk Hoffmann, Michael Schwartz, Peter Skyba, Matthias Uhl, Hermann Wentker: Die Zukunft der DDR-Geschichte. Potenziale und Probleme zeitgenössischer Forschung. In: Vierteljahrshefte für Zeitgeschichte 43 (2005), H. 4, S. 547–570; Florian Peters: Am Schnittpunkt von Ost und West. Ostmitteleuropäische Perspektiven für eine transnationale DDR-Geschichte. In: Vierteljahrshefte für Zeitgeschichte 69 (2021), H. 2, S. 332–345, hier S. 332, 336.

und Unternehmers Hasso Plattner nach zwei Jahren Umbauzeit im September 2022 das neue Kunsthaus »Das Minsk« in Potsdam eröffnet hatte, bestaunten die ersten Besucherinnen und Besucher das architektonische Schmuckstück der Ostmoderne und erinnerten sich an seine frühere internationale Ausrichtung. Das Terrassenrestaurant wurde 1977 als belarussische Folkloregaststätte fertiggestellt, im Gegenzug hatte die Stadt Minsk bereits 1971 das Restaurant »Potsdam« eröffnet. In der Flachdachvilla von gewichtiger Eleganz bat der internationale Sozialismus zu Tisch; nach der Wende verfiel das Haus, fast wäre es abgerissen worden. »Das Minsk« wurde zum ersten Museum, das sich allein der DDR-Kunst widmet. Die ersten präsentierten Ausstellungen zeigten diese in alten und neuen internationalen Kontexten, mit ihrer Widersprüchlichkeit und Vielschichtigkeit. Ohne falsche Nostalgie führte »Das Minsk« die ostdeutschen Künstlerinnen und Künstler aus einer Nische heraus, in der sie in den letzten dreißig Jahren festgesessen hatten, und machte den besuchenden Gästen anschaulich, dass die staatlichen deutschen Museen auf riesigen Beständen der DDR-Kunst sitzen, die aber fast alle im Depot sind.[30]

Abb. 1: Kunsthaus Das Minsk in Potsdam. Bild: Paweł Zajas.

---

30 Hanno Rauterberg: Da guckst du. In: Die Zeit 39 (2022), S. 48.

Was das Potsdamer »Minsk« mit seiner Ausstellungspolitik anschaulich macht, wurde von Gregor H. Lersch einer kunsthistorischen Analyse unterzogen. Lersch zeigte anhand zahlreicher Fallbeispiele, wie der Kunstraum DDR von internationalen Verflechtungen nach Ost und West jenseits der immer präsenten Pole Bundesrepublik Deutschland und Sowjetunion geprägt war, und untersuchte, inwieweit ein System des Austauschs von Ausstellungen in und zwischen den sozialistischen Ländern funktionierte und wie sich die DDR an diesem beteiligte.[31] Demnach bedeutete der Mauerbau im August 1961 nicht ausschließlich eine Abgrenzung, sondern bot auch Chancen, neue transnationale Netzwerke im europäischen »Ostblock« aufzubauen und zu nutzen. Die dargestellten Projekte bedeuteten einerseits einen kulturpolitisch und zentralistisch geplanten Moment internationaler Kooperation, andererseits aber machten die internationalen Ausstellungsformate von Anfang an die Unterschiede innerhalb des sozialistischen Blocks deutlich und stimulierten Diskussionen über Kunst sowohl in der DDR als auch in anderen »Bruderstaaten«.[32]

Richtete Lersch den Fokus vor allem auf die osteuropäische Peripherie des damaligen Kunstsystems, um die Kunstgeschichte in der DDR in ihren internationalen Kontexten besser zu begreifen, so beleuchtete die Forschungsgruppe »Art in Networks – The GDR and its Global Relations« (2022) am Lehrstuhl für Bildwissenschaft der TU Dresden bislang unbekannte Freiräume und Einschränkungen des Kunsttransfers in die DDR über eurozentrische Narrative hinaus. An einzelnen Knotenpunkten wurde exemplarisch untersucht, wo und wie sich Formen des privaten und institutionellen künstlerischen Austauschs mit den Ländern des globalen Südens gestalteten. Anhand der überlieferten Archivalien sowie der Methode von Oral Art History setzten sich die Mitglieder der Forschungsgruppe mit dem Thema der »globalen DDR« auseinander. Sie gingen den Ausstellungs- und Sammlungspraktiken nach, analysierten die Grenzen des offiziellen Austauschs innerhalb der politischen Rahmenbedingungen, die »Materialisierung« kulturpolitischer Beziehungen sowie die Spuren der damaligen Kontakte im heutigen künstlerischen Feld.[33]

Im Anschluss an das Forschungsprojekt fand 2023 im Leipziger Museum der bildenden Künste die Ausstellung *Re-Connect. Kunst und Kampf im Bruderland* statt. Konzipiert von einem interdisziplinären Team, zeigte die Ausstellung die

---

31 Georg H. Lersch: »›Art from East Germany?‹. Die internationale Verflechtung der Kunst in der DDR: Ausstellungen, Rezeption im Ausland, Transfers. Frankfurt (Oder) 2021, S. 1–3.
32 Ebenda, S. 249–251.
33 Die im Rahmen des Projektes entstandene Website kann über folgenden Link aufgerufen werden: https://artinnetworks.webspace.tu-dresden.de/en (letzter Zugriff: 7.12.2024).

migrantische Kunstgeschichte und Malerei der DDR im Kontext der ideologisierten Außenkulturpolitik. Motiviert durch den Antiimperialismus und kapitalismus sowie den sozialistischen Internationalismus, verschrieben den Idealen der »Völkerfreundschaft«, versuchte die DDR im Kampf um die diplomatische Anerkennung sich immer wieder von der Bundesrepublik abzugrenzen und als »das bessere Deutschland« darzustellen. Mit den Beziehungen zum Ausland, die nicht nur den »Ostblock« umfassten, sondern auch Länder in Afrika, Asien und Lateinamerika, wollte die DDR ein attraktives Selbstbild und eine Offenheit vermitteln, welche im starken Widerspruch zur Abschottungspolitik, der strengen Kontrolle der Außengrenzen und der Einschränkung der Reisefreiheit der eigenen Bürgerinnen und Bürger stand. Innerhalb dieser Bestrebungen spielte die Kunst eine zentrale Rolle: Sie bot als *soft power* die Möglichkeit, »auch jenseits von offizieller politischer Anerkennung Beziehungen aufzubauen oder anzubahnen«.[34] Die Gründung diverser Gremien und Organisationen im Rahmen der Solidaritätsarbeit ermöglichte Kontakte zu antikolonialen Befreiungsbewegungen sowie den sich am Ideal des sozialistischen Staatsmodells orientierenden »Entwicklungsländern«, mit denen Kulturabkommen geschlossen und wo den Kulturaustausch fördernde Kultur- und Informationszentren eröffnet wurden. Ein Teil der Ausstellung zeigte Werke von Studierenden unter anderem aus Chile, Äthiopien, Ägypten, Uruguay und Kuba, die dank der damaligen internationalen Kulturdiplomatie an Kunsthochschulen in Leipzig, Dresden, Ostberlin oder Halle studiert hatten. Somit durchbrach die Schau eine einseitige Fokussierung auf das deutsch-deutsche Verhältnis und setzte neue Impulse hinsichtlich einer transnationalen Kunstgeschichte der DDR.

---

34 Jule Lagoda, Kerstin Schankweiler: Im Archiv der globalen DDR. Zeugnisse transnationaler Kunstgeschichten. In: Sithara Weeratunga, Marcus Andrew Hurttig (Hrsg.): Re-Connect. Kunst und Kampf im Bruderland. München 2023, S. 22–35, hier S. 24. Vgl. Christian Saehrendt: Kunst im Kampf für das »Sozialistische Weltsystem«. Auswärtige Kulturpolitik der DDR in Afrika und Nahost. Stuttgart 2017; ders.: Kunst als Botschafter einer künstlichen Nation. Studien zur Rolle der bildenden Kunst in der Auswärtigen Kulturpolitik der DDR. Stuttgart 2009. Eine ähnlich konzipierte Ausstellung fand zwischen November 2023 und Juni 2024 im Dresdner Albertinum statt. Ausgehend vom Sammlungsbestand der Staatlichen Kunstsammlungen Dresden richtete die Schau den Blick auf die *Revolutionary Romances*, die freundschaftlich-revolutionären Beziehungen der DDR zu den Ländern des globalen Südens. Zu sehen waren über 200 Werke aus den 1950er- bis 1990er-Jahren, unter anderen von Künstlerinnen und Künstlern aus der DDR, Kuba, Chile, Vietnam, Indien, Irak, Libyen, Mosambik und Burma (Myanmar). Dazu gehörten Darstellungen von Idealen und Ikonen des sozialistischen Internationalismus, Bilder der Solidarität, künstlerischer Protest gegen Krieg und Gewalt in Asien, Afrika und Lateinamerika, kubanische Revolutionsgrafik, Reisebilder, Mail Art sowie Diplomarbeiten von ausländischen Studierenden an der Dresdner Kunsthochschule.

Abb. 2: Umschlag des Ausstellungskatalogs *Re-Connect. Kunst und Kampf im Bruderland*, 11. Mai – 10. September 2023, Museum der bildenden Künste Leipzig.
Quelle: Deutsche Nationalbibliothek Leipzig.

Während die Kunstgeschichte der internationalen Beziehungen der DDR Schritt für Schritt in den Fokus der Forschung und der breiten Öffentlichkeit rückt, hat die Erforschung des Literaturbetriebs der DDR in seinem transnationalen, wenn nicht globalen Rahmen in den letzten Jahren kaum neue Anstöße erhalten. Die buchwissenschaftliche Forschung hat für derartige Erkundungen bereits eine solide Vorlage geliefert. So wurden Vorstellungen eines der monolithischen Hegemonialmacht unterliegenden Zensursystems weitgehend revidiert; Untersuchungen zu Strukturbedingungen des kulturpolitischen Handelns umfassten nicht nur formelle Organisationsstrukturen, sondern auch das informelle Netzwerk-Handeln diverser Funktionärsgruppen.[35] Die einzelnen Analysen haben gezeigt, dass hinter

---

35 Vgl. u. a. Simone Barck, Martina Langermann, Siegfried Lokatis: »Jedes Buch ein Abenteuer«. Zensur-System und literarische Öffentlichkeiten in der DDR bis Ende der sechziger Jahre. Berlin 1998; Michael Westdickenberg: Die »Diktatur des anständigen Buches«. Das Zensursystem der DDR für belletristische Prosaliteratur in den sechziger Jahren. Wiesbaden 2004; Carsten Gansel: Parlament des Geistes. Literatur zwischen

der Fassade des scheinbar konsolidierten Herrschaftssystems zahlreiche Interessengegensätze und Bündniskonstellationen bestanden. Entscheidungen über einzelne Autorinnen, Autoren und ihre Werke waren vielfach nicht das Ergebnis eines zielgerichteten programmatischen Handelns, sondern wurden wesentlich von individuellen Akteuren und Gruppenkonflikten bestimmt; ein gruppenbiografischer Zugang bot Voraussetzungen, um Netzwerkstrukturen historisch fassbar zu machen.[36] So gelang es vielen Forscherinnen und Forschern, das komplizierte Wechselverhältnis von diktatorischem Herrschaftsanspruch und den darauf bezogenen gesellschaftlichen Reaktionsmustern auszuloten, ohne dass der Stellenwert von Gewalt und Repression aus dem Blickfeld geriet. Darüber hinaus wurde die Verortung des Verlagsbetriebs der DDR in die Abgrenzungs-, Beziehungs- und Kontrastgeschichte mit der Bundesrepublik integriert.

Die an den Zensurmechanismen und der Herrschaftsperspektive interessierten Literaturwissenschaftlerinnen und Literaturwissenschaftler bearbeiteten, je nach ihren nationalphilologischen Kompetenzen, Transferprozesse fremdsprachiger Literaturen in die DDR-Verlage.[37] Aleksey Tashinskiy fragte in diesem Kontext:

> Ist eine Beschäftigung mit den kulturellen Leistungen der DDR, zu denen zweifelsohne auch literarische Übersetzungen zählen, jenseits sowohl der Dämonisierung und Verurteilung als auch der Verherrlichung möglich? Sind diese Leistungen ferner nur unter dem Zugriff auf den Diskurs der Repression, der »Anweisung von oben«, des »ZK-Befehls« einerseits und der List, der Täuschung und des allgegenwärtigen Scheins auf Seiten der Akteure andererseits

---

Hoffnung und Repression 1945–1961. Berlin 1996; Dietrich Löffler: Buch und Lesen in der DDR. Ein literatursoziologischer Rückblick. Bonn 2011.

36 Vgl. u. a. Siegfried Lokatis, Martin Hochrein (Hrsg.): Die Argusaugen der Zensur. Begutachtungspraxis im Leseland DDR. Stuttgart 2021; Siegfried Lokatis: Verantwortliche Redaktion. Zensurwerkstätten der DDR. Stuttgart 2019; Holger Brohm: Die Koordinaten im Kopf. Gutachtenwesen und Literaturkritik in der DDR in den 1960er Jahren. Fallbeispiel Lyrik. Berlin 2001.

37 Vgl. u. a. Anke Jaspers: Suhrkamp und DDR. Literaturhistorische, praxeologische und werktheoretische Perspektiven auf ein Verlagsarchiv. Berlin 2022; Julia Frohn: Literaturaustausch im geteilten Deutschland 1945–1972. Berlin 2014; Mark Lehmstedt, Siegfried Lokatis (Hrsg.): Das Loch in der Mauer. Der innerdeutsche Literaturaustausch. Wiesbaden 1997; Anna-Christina Giovanopoulos: Die amerikanische Literatur in der DDR: Die Institutionalisierung von Sinn zwischen Affirmation und Subversion. Dresden 2000; Benedikt Jager: Norsk litteratur bak muren. Publikasjons- og sensurhistorie fra DDR (1951–1990). Bergen 2014; Jens Kirsten: Lateinamerikanische Literatur in der DDR. Publikations- und Wirkungsgeschichte. Berlin 2004; Barbara Korte, Sandra Schaur, Stefan Welz (Hrsg.): Britische Literatur in der DDR. Würzburg 2008; Ann-Kathrin Reichardt: Von der Sowjetunion lernen? Die Zensur sowjetischer belletristischer Literatur in der DDR in den 1970er und 1980er Jahren. Münster 2014.

ansprechbar oder sind andere Narrative, etwa Narrative der Produktion und der Ermöglichung, des »Zustandekommens« denkbar, ohne dass man sie gleich am Pol der Verherrlichung oder der Nostalgie verortet, wenn sie nicht zugleich bekenntnishaft eine Verurteilung beinhalten?[38]

Trotz dieser überwältigenden Fülle an Forschungsliteratur zum DDR-Literaturbetrieb wurden seine transnationalen Dimensionen, vor allem im Rahmen des europäischen »Ostblocks«, weitgehend ausgeblendet. Die Geschichtsschreibung der Leitverlage auf dem Gebiet der ausländischen Belletristik – zu nennen sind hier der Aufbau-Verlag mit dem Schwerpunkt deutsches und ausländisches Literaturerbe sowie deutsche und ausländische Gegenwartsliteratur, der Verlag Volk & Welt mit dem Schwerpunkt ausländische zeitgenössische Literatur sowie der Hinstorff-Verlag mit dem Schwerpunkt DDR- und nordeuropäische Literatur – hat trotz der internationalen Ausrichtung des Verlagsprogramms und enger Kontakte zu west- wie osteuropäischen Autorinnen und Autoren, Literaturvermittlern, Verlagen, Zeitschriftenredaktionen sowie kulturpolitischen Gremien die diesbezüglichen Archivquellen nur in ungenügendem Umfang ausgewertet.[39] Selbst die erste umfassende Überblicksdarstellung des herstellenden wie verbreitenden Buchhandels in der SBZ und DDR, deren erster Teil 2022 im Auftrag der Historischen Kommission des Börsenvereins des Deutschen Buchhandels erschienen ist, hat die

---

38 Alexey Tashinskiy: Eine Verflechtungsgeschichte zwischen Ideologie und Idiosynkrasie: *Gesammelte Werke in Einzelausgaben* von Lev Tolstoj im DDR-Verlag Rütten & Loening 1952–1962. In: Alexey Tashinskiy, Julia Boguna, Andreas F. Kelletat (Hrsg.): Übersetzer und Übersetzen in der DDR. Translationshistorische Studien. Berlin 2020, S. 17–53, hier S. 20.

39 Die von Simone Barck und Siegfried Lokatis herausgegebene Geschichte des Verlages Volk & Welt stützt sich vorwiegend auf Memoiren der ehemaligen Verlagsmitarbeiterinnen und -mitarbeiter. Das teilweise überlieferte Verlagsarchiv wurde ausschließlich im Hinblick auf ausgewählte Autorinnen, Autoren und ihre Werke sowie Anthologien und Reihen konsultiert. Dennoch bietet diese Verlagsgeschichte, im Vergleich zu anderen Studien, eine interessante Einsicht in das internationale Netzwerk des Verlages. Simone Barck, Siegfried Lokatis (Hrsg.): Fester zur Welt. Eine Geschichte des DDR-Verlages Volk & Welt. Berlin 2003. Konstantin Ulmer handelt dagegen die ausländischen Kontakte des Aufbau-Verlags auf knappen zehn Seiten ab und behandelt in seiner ansonsten sehr gediegen recherchierten und brillant geschriebenen Studie nur wenige Beispiele der dort verlegten internationalen Literatur. Konstantin Ulmer: »Man muss sein Herz an etwas hängen das es verlohnt«. Die Geschichte des Aufbau Verlages 1945–2020. Berlin: 2020, S. 208–219. Schließlich: Kerstin Hohner verweist zwar an einigen wenigen Stellen auf die kulturpolitische Bedeutung des Hinstorff-Verlages vor dem Hintergrund der alljährlich in Rostock stattfindenden Ostseewoche sowie die Etablierung der norddeutschen Literatur im Verlagsprogramm, hat die Problematik der Auslandskontakte in ihrer archivarischen Fleißarbeit jedoch gänzlich ausgespart. Kerstin Hohner: Abseits vom Kurs. Die Geschichte des VEB Hinstorff Verlag 1959–1977. Berlin 2022, S. 92 f., 111, 157.

DDR-Buchlandschaft kaum in die vielfältigen inter- und transnationalen Beziehungsebenen eingebettet.[40] Aus buch- und literaturwissenschaftlicher Perspektive ist die DDR somit noch lange kein »Auslaufmodell«.[41]

Methodisches

Selbstverständlich wäre besondere Vorsicht dabei geboten, die Zeitgeschichte eines »über Jahrzehnte eingemauerten SED-Staates« zum »idealen Forschungsfeld einer vielfältigen *histoire croisée* internationaler Verflechtungen, Kooperationen und Konkurrenzen« umzudeuten. Dass sich die DDR in diesem Zusammenhang »als Untersuchungsobjekt für transnationale Perspektiven geradezu auf[dränge]«, sollte daher nicht behauptet werden.[42] Mit den Termini »transnational«, »Transnationalisierung«

---

40 Christoph Links, Siegfried Lokatis, Klaus G. Saur (Hrsg.): Geschichte des deutschen Buchhandels im 19. und 20. Jahrhundert. Deutsche Demokratische Republik. Teil 1: SBZ, Institutionen, Verlage. Berlin 2022.
41 Ulrich Mählert, Manfred Wilke: Die DDR-Forschung – ein Auslaufmodell? Die Auseinandersetzung mit der SED-Diktatur seit 1989. In: Deutschland Archiv 37 (2004) H. 6, S. 465–474; Roland Berbig (Hrsg.): Auslaufmodell »DDR-Literatur«. Essays und Dokumente. Berlin 2018.
42 Thomas Lindenberger, Martin Sabrow: Zwischen Verinselung und Europäisierung: Die Zukunft der DDR-Geschichte. In: Deutschland Archiv 37 (2004) H. 6, S. 123–127, hier S. 126. Als Beispiel einer grassierenden DDR-Nostalgie sollte an dieser Stelle auf das Geschichtswerk *Diesseits der Mauer. Eine neue Geschichte der DDR 1949–1990* von Katja Hoyer (Hamburg 2023) verwiesen werden. Zunächst auf Englisch publiziert, erklomm die deutsche Ausgabe binnen kurzer Zeit die deutschen Bestsellerlisten. Das übergreifende Narrativ Hoyers ist, dass es in der DDR-Gesellschaft eine relativ homogene, unideologische und unpolitische sowie zufriedene breite Mehrheit gab. In den Wochen nach ihrem Erscheinen hat jene »neue Geschichte der DDR« einige Wellen geschlagen. Die Kritiker monierten zahlreiche Fehler, methodologische Unzulänglichkeiten und einen dem Buch zugrundeliegenden »Geschichtsrevisionismus«. Jens Gieseke: Rezension zu: Hoyer, Katja: Diesseits der Mauer. Eine neue Geschichte der DDR 1949–1990. In: H-Soz-Kult, 31.08.2023, www.hsozkult.de/publicationreview/id/reb-135972, letzter Zugriff am 7.12.2024. Sogar der Bundespräsident Frank-Walter Steinmeier ging in seiner Rede am Gedenktag zum Volksaufstand in der DDR am 17. Juni 2023 auf die Debatte über Hoyers Buch ein und wandte sich gegen die Auffassung, die Mehrzahl der Menschen in der DDR habe ein kommodes Leben in einer Diktatur geführt, die ihren Alltag kaum beeinträchtigte. Markus Wehner: Die Diktatur herrschte damals. In: Frankfurter Allgemeine Zeitung vom 17. Juni 2023. Nachdem Jenny Erpenbeck mit dem Roman *Kairos* über die Spätphase der DDR 2024 den International Booker Prize gewonnen hatte, schrieb auch der Literaturkritiker Adam Soboczynski von einer »Auferstehung« der Literatur über die DDR, die international Aufmerksamkeit bekommt. Die erschienenen Romane hätten alle eine Gemeinsamkeit: »Sie bieten einen

oder »transnationale Sozialräume« lässt sich im Hinblick auf die DDR und Mittelosteuropa dennoch ein durchaus seriöses Forschungsprogramm denken. In diesem Denkrahmen kann, zumindest ansatzweise, der bereits anhand der einschlägigen Literatur zum DDR-Literaturbetrieb skizzierte »methodologische Nationalismus« überwunden werden, dem ein eindeutiges Credo für die nationalstaatlich verfasste Nationalgesellschaft als Bezugseinheit literatur- und buchwissenschaftlicher Theorie und Empirie zugrunde lag.[43] Wenn man z. B. Zensursysteme, Literaturprogramme oder Abgrenzungsstrategien analysieren und vergleichen wollte, so geschah dies in der Regel im Rahmen von nationalen »Container-Gesellschaften«.[44] So wurden etwa Konzepte des sozialistischen Realismus in der DDR und Polen verglichen, als Bezugseinheiten für solche Analysen und Vergleiche waren hier gleichsam naturwüchsig Nationalgesellschaften gesetzt worden.[45]

Vielversprechend im Kontext des vorliegenden Buches erscheint somit die Analyse der transnationalen Kontakte, wie sie sich in der DDR über den ostblockinternen Kulturaustausch und die internationale Kulturpolitik der sozialistischen Staaten entwickelten. Kulturpolitik war, neben den »harten« militärischen und ökonomischen Faktoren, für die schwierige Integration des sowjetisch beherrschten »Ostblocks« ein wichtiges Medium, das über symbolische Ereignisse sowie konkrete Projekte transnationale Erfahrungsräume für bestimmte Personengruppen schuf. Der europäische »Ostblock« – Beziehungen zu sozialistisch/kommunistisch regierten Entwicklungsländern außerhalb Europas spielten für die literarischen und verlegerischen Koordinierungsprozesse eine untergeordnete Rolle – war im analysierten Bereich viel stärker durch Internationalisierung und Transnationalisierung als durch Supranationalisierung geprägt.[46]

Im Vorfeld der Untersuchung stellte sich zunächst die Frage, wie die konstatierte Forschungslücke bestandsbezogen und methodologisch möglichst erkenntnisreich zu schließen sei. Die Annäherung an den Forschungsgegenstand basierte in diesem Buch auf kontrastierenden Studien, wobei sich die Datenerhebung am gut bekannten Verfahren der »gegenstandsbezogenen Theoriebildung« (*grounded*

---

wohlgesinnten, mitunter sogar liebevollen Blick auf den Sozialismus.« Adam Soboczynski: Die Auferstehung. In: Die Zeit 26 (2024), S. 41.

43 Ludger Pries: Transnationalisierung. Theorie und Empirie grenzüberschreitender Vergesellschaftung. Wiesbaden 2010, S. 10, 17.

44 Pries: Transnationalisierung, S. 27.

45 Vgl. Katarzyna Śliwińska: Zu einigen Aspekten des sozialistischen Realismus in Polen und in der DDR. In: Studia Germanica Posnaniensia XXVII (2001), S. 201–217.

46 Anders verhielt es sich mit der Integration der DDR und anderen osteuropäischen Staaten in potenziell – denn mit der Dominanz einer einzigen Hegemonialmacht ausgestattete – supranationale Organisationen wie den Warschauer Pakt oder den Rat für gegenseitige Wirtschaftshilfe.

theory) orientierte. Ausgangspunkt der Untersuchung war somit weniger eine fest umrissene Theorie als vielmehr ein Untersuchungsbereich. Was für diesen relevant ist, galt es im Zuge der Forschung systematisch auszuloten. Die gegenstandsbezogene Theoriebildung setzte vor allem auf »enge Verzahnung von materiellen Analysen und theoriegeleiteter Datenerhebung«.[47] Die erstmals sparsam erhobenen Archivmaterialien wurden analysiert und bildeten eine zentrale Grundlage für die Formulierung »generativer Fragen«, die den weiteren Forschungsprozess strukturierten. Diese generativen Fragen entschieden, welche Daten weiter erhoben und welche Akteure, Ereignisse, Texte oder Handlungen ergänzend in den Blick genommen werden sollten. Die Datenerhebung wurde somit durch die sich entwickelnde Theorie geformt und kontrolliert.[48] Die Sichtung des Archivmaterials kam zum Abschluss, nachdem eine »theoretische Sättigung« erreicht worden war. So konnte dafür gesorgt werden, dass die Analyse sich nicht in einer positivistischen Nacherzählung des Archivmaterials erschöpfte.

Die altbewährte Methodik der Kulturtransferforschung, mit ihrer Betonung von Akteuren und Akteurinnen sowie Netzwerken und ihren Interessen, begleitete auf Schritt und Tritt die Analyse von transnational agierenden Institutionen und Akteursgruppen.[49] Dafür musste das Theorem aber leicht abgewandelt werden. Die bereits klassischen Texte zur Theorie des Kulturtransfers betonen das Werk »realer Vermittlerpersönlichkeiten«, deren Rolle sich sowohl »singulär-monographisch wie auch gegebenenfalls von spezifischen Gruppenbildungen her beschreiben« ließe.[50] So betrachteten Espagne und Werner in ihrem methodologischen Gründungsaufsatz die deutschen Bruchstücke im französischen Kulturgedächtnis in ihrem ursprünglichen Zusammenhang und untersuchten, wie und warum diese nach Frankreich gelangten. Sie identifizierten Frauen und Männer, welche die Kulturgüter mitbrachten: Emigranten, Handwerker, Übersetzer, Sprachlehrer, Wissenschaftler, Buchhändler und Kaufleute.

---

47 Andrea Glauser: Verordnete Entgrenzung. Kulturpolitik, Artist-in-Residence-Programme und die Praxis der Kunst. Bielefeld 2009, S. 34.
48 Ebenda, S. 35. Vgl. u. a. Anselm Strauss, Juliet Corbin: Grounded Theory. Grundlagen qualitativer Sozialforschung. München 1996, S. 148–165; Anselm Strauss: Grundlagen qualitativer Sozialforschung. Datenanalyse und Theoriebildung in der empirischen soziologischen Forschung. München 1998; Kathy Charmaz: Constructing Grounded Theory. A Practical Guide through Qualitative Analysis. London 2006.
49 Michel Espagne: Transferanalyse statt Vergleich. Interkulturalität in der sächsischen Regionalgeschichte. In: Hartmut Kaelble, Jürgen Schriewer (Hrsg.): Vergleich und Transfer. Komparatistik in den Sozial-, Geschichts- und Kulturwissenschaften. Frankfurt am Main 2003, S. 419–438.
50 Michael Espagne, Michael Werner: Deutsch-französischer Kulturtransfer im 18. und 19. Jahrhundert. Zu einem neuen interdisziplinären Forschungsprogramm des C.N.R.S. In: FRANCIA. FORSCHUNGEN ZUR WESTEUROPÄISCHEN GESCHICHTE 13 (1985), S. 502–510, hier S. 506.

Während sich die Kulturtransferforschung also vorwiegend auf die Funktion informeller und privater Akteure konzentrierte, analysierte die Politikwissenschaft institutionalisierte Akteure wie supranationale Einrichtungen als »Instrumente staatlicher Diplomatie« oder »konferenzdiplomatische Daueremrichtungen bzw. intergouvernementale Verhandlungssysteme«, welche den Staaten dazu dienen, ihre partikularen Interessen zu verfolgen.[51] Somit wurden die inter- und transnational agierenden Organisationen als »Arenen« aufgefasst, auf denen die Mitgliedsstaaten bzw. ihre Vertreter als die in Wirklichkeit einzig Handelnden begriffen, d. h. ausschließlich diese in der Rolle von Akteuren gesehen wurden. Eine internationale Organisation stellte demnach zunächst eine »Kollektivbezeichnung für ihre Mitgliedsstaaten«. In seltenen Fällen, in denen sie »keine eindeutig und ausschließlich hierarchische Beziehung zwischen den von Staaten- bzw. Regierungsvertretern besetzten Organen und den übrigen Organen aufweisen«, kam zwar ihre »akteursähnliche Qualität« zum Vorschein, die Eigenschaft eines »korporativen Akteurs« wurde ihnen aber dezidiert abgesprochen.[52]

Demgegenüber schlug Isabella Löhr vor, das Akteursmodell der Transferforschung auf internationale Organisationen zu übertragen und sie als selbstständig handelnde Akteure zu erkennen, die »in einer Konkurrenz zu privaten, informellen und auch transnational agierenden Großunternehmen« stünden. So könne man nämlich die »Hierarchie von Akteursgruppen im Sinne von privat, staatlich, international und transnational und den damit assoziierten Handlungsbefugnissen und reichweiten auflösen«.[53] Löhr argumentierte:

> So kann eine internationale Organisation zu einem eigenständigen Akteur werden, der trotz seiner Delegation und Autorisierung durch ein Kollektiv assoziierter Nationalstaaten eigenständig und zuweilen auch mit anderen Interessen handelt als die ihn legitimierenden Staaten. Durch eine solche Enthierarchisierung von Akteursstrukturen, mit der sich analog zu konkurrierenden Raumordnungen konkurrierende Handlungsfelder und reichweiten eröffnen, entsteht ein weites Feld für Forschungen über internationale Regulierungen, die Staaten und überstaatliche Organisationen als aktive Teilnehmer an Prozessen der Vermittlung, Aneignung und Rezeption von Wissen und Praktiken denken.[54]

---

51 Volker Rittberger: Internationale Organisationen – Politik und Geschichte. Europäische und weltweite zwischenstaatliche Zusammenschlüsse. Opladen 1995, S. 25.
52 Ebenda, S. 26.
53 Isabelle Löhr: Transnationale Geschichte und internationale Rechtsregime. In: Connections. A Journal for Historians and Area Specialists vom 7.7.2005, www.connections.clio-online.net/debate/id/fddebate-132128 (letzter Zugriff am 7.12.2024).
54 Ebenda.

Aufbau des Buches

Eine solche methodologische Konzeptualisierung der Archivdaten kommt gleich im ersten Teil des Buches zum Einsatz, in dem folgende Problemfelder sondiert werden: Welche Strukturen und Prozesse trieben die Transnationalisierung des verlegerischen und literarischen Feldes in der DDR und im europäischen »Ostblock« voran? Lassen sich spezifische Felder und institutionelle Akteure der Transnationalisierung identifizieren? Welche Rückwirkung hatten die Transnationalisierungsprozesse auf den Literatur- und Kulturbetrieb der DDR? Für die Beantwortung dieser Fragen lieferten die archivierten Bestände eine Vielzahl von Möglichkeiten. Eine zentrale Herausforderung bestand aber im Finden einer geeigneten Analyseebene, die einerseits über die insgesamt recht gut bekannten literatursoziologischen Vogelperspektiven hinausreicht, sich andererseits aber nicht in mikroskopischen Einzelfalluntersuchungen erschöpft. Aus der Fülle des Archivmaterials wurden daher vorerst drei Problemkonstellationen gewählt.

Anhand der Dokumente des Börsenvereins und der Bestände zur Auslandsarbeit des Schriftstellerverbandes wird gezeigt, wie im Hinblick auf die nach 1956 einsetzenden Prozesse der transnationalen Zusammenarbeit die Abgrenzungspolitik der DDR-Literaturgremien einen Grundvorgang darstellte. Sie fand nicht nur gegenüber den »westlichen« Kulturen und Literaturen statt, sondern wurde im Zeitraum 1958 bis 1965 auf den Transfer aus den anderen Ländern des »Ostblocks«, vor allem aus Polen, ausgedehnt. Was sich durch die versuchte Transnationalisierung paradoxerweise herausbildete, war eine besondere Variante autarkischer Kulturpolitik, welche mit dem »Kahlschlag« des 11. Plenums des ZK der SED im Dezember 1965 ihren Höhenpunkt erreichte. Danach wird gezeigt, dass der Kulturaustausch zwischen der DDR und den sozialistischen Partnern sich in der zweiten Hälfte der 1960er-Jahre relativ schnell von dem »Kahlschlag-Plenum« zu erholen begann und die sich rasant entwickelnden Verflechtungszusammenhänge auch bestimmte Innovationen im Literaturbetrieb der DDR sowie im literarischen Feld des gesamten »Ostblocks« zur Folge hatten. Schließlich wird im ersten Teil zu zeigen sein, dass die sich seit der Mitte der 1970er-Jahre intensivierende Zusammenarbeit sozialistischer Verlage, die unter anderem in gemeinsamen multilateralen Editionsprojekten und einem koordinierten Transfer der Übersetzungsliteratur aus kapitalistischen bzw. »Entwicklungsländern« ihren Ausdruck fand, als direkte Folge der im »Ostblock« entfachten Polemik auf die Realisierung der Schlussakte von Helsinki (1975) zu deuten ist.

Der zweite Teil widmet sich der Zirkulation einzelner Texte, Gattungen, Autorinnen und Autoren im Rahmen der politisch verordneten Übersetzungsströme. So trug das forcierte Transnationalitätsparadigma dazu bei, dass die multinationalen Literaturen der Sowjetrepubliken in ihrer kulturellen Eigenständigkeit in das

Literatursystem der DDR transferiert wurden; auch Literaturen der anderen »Brüderländer«, der »Entwicklungsländer« sowie Literaturen aus dem »kapitalistischen Ausland« waren im »Leseland« breit vertreten.[55] Zuerst wird die in der DDR veröffentlichte internationale Literatur statistisch sowie im Hinblick auf die geltenden Konzepte und Praktiken der Transnationalität überprüft. Dann werden die Mechanismen der Verhinderung und der Beförderung von Literatur analysiert: Die Aufmerksamkeit gilt sowohl dem obligatorischen Druckgenehmigungsverfahren, dem Habitus der Verlagslektorinnen und -lektoren, als auch den von Verlagen gehandhabten Textsorten wie Gutachten und Nachwort.

In diesem literatursoziologischen und kulturpolitischen Rahmen wird im Folgenden der Transfer polnischer Literatur in das Programm der Verlage Aufbau sowie Volk & Welt analysiert. Der Aufbau-Verlag gab in der untersuchten Zeitspanne 61 Werke klassischer und zeitgenössischer polnischer Autorinnen und Autoren heraus; im Verlag Volk & Welt erschienen 120 Titel. Die Erforschung der beiden Verlagsarchive ermöglicht es unter anderem, Logik und Struktur der von den Akteuren des politischen und verlegerischen Feldes initiierten wie auch verworfenen Beschlüsse und Kommunikationsprozesse zu rekonstruieren. Aus den Archivalien erschließt sich gleichsam die »*manufacture of translation*« polnischer Literatur in der DDR.[56]

---

55 Mit dem propagandistischen Topos des »Leselands« wurde zuerst eine quantitative Aussage zu Produktion, Vertrieb und Verleih von Büchern in der DDR gemacht. Zugleich sollte mit dem Slogan qualitativ das Leseverhalten beeinflusst und die Leserschaft erweitert werden. Der Begriff verwies auf die in den 1950er-Jahren von Johannes R. Becher beschworene »Literaturgesellschaft«. 1978 sprach auch Hermann Kant auf dem VIII. Schriftstellerkongress vom Buch als »Massengut« und von dessen Wertschätzung im Land. Die sozialistische Lesekultur sei nämlich der kapitalistischen in einem »Bestseller Country« überlegen; so belegte Kant die DDR mit dem »stolzen Titel Leserland« bzw. »Bücherland«. Auf dem X. SED-Parteitag 1981 sprach Erich Honecker in seinen Ausführungen zur Kulturpolitik vom »Leseland«, und der stellvertretende Kulturminister Klaus Höpcke verwendete 1982 den Begriff als Untertitel seines Sammelbandes mit Aufsätzen und Rezensionen: *Literatur in einem Leseland*. Vgl. Gerd Dietrich: Kulturpolitische Rahmenbedingungen für die Buchbranche in der DDR 1949–1990. In: Christoph Links, Siegfried Lokatis, Klaus G. Saur (Hrsg.): Geschichte des Deutschen Buchhandels im 19. und 20. Jahrhundert: Deutsche Demokratische Republik, Teil 1: SBZ, Institutionen, Verlage. Berlin, Boston 2022, S. 173–205, hier S. 198–201.

56 Hélène Buzelin: Translation in the Making. In: Michaela Wolf, Alexandra Fukari (Hrsg.): Constructing a Sociology of Translation. Amsterdam 2007, S. 135–169, hier S. 140. Das Archiv des Aufbau-Verlags aus der Zeit 1945–1990 befindet sich in der Berliner Staatsbibliothek. Die gescannten Dokumente stehen den Benutzerinnen und Benutzern im Haus Unter den Linden im Lesesaal der Handschriftenabteilung an einem separaten Bildschirmarbeitsplatz bereit. Die Entscheidung zur Einrichtung eines Archivs für das Schriftgut des Verlages und zur Bestandsbearbeitung fiel zum Jubiläum des Verlages im Jahr 1985. In die Archivierung wurden alle Abteilungen des Verlags

Die Bedeutung der polnischen Literatur für das Programm beider Verlage ist zum einen so substanziell, dass eine »Tiefbohrung« vorgenommen werden kann, zum anderen liegt hier ein überschaubarer Kasus vor. Das Aktenmaterial wird mit der gebotenen Vorsicht, unter Berücksichtigung institutioneller Hintergründe, der üblichen Camouflage, geltender Sprachregelungen und Spielräume, organisatorischer Anbindungen und konkreter »Verantwortlichkeiten« sowie nicht zuletzt des angesetzten Zensurmechanismus ausgewertet. Die beiden Verlagsarchive bieten zugleich Einsicht in Projekte, die in der verlegerischen Praxis auf der Strecke blieben, die aber trotz ihrer historiografischen Unsichtbarkeit als Teil der Rezeption gelten dürfen. Die analysierten Dokumente können selbstverständlich keine Daten liefern, die für den gesamten ostdeutschen Buchmarkt repräsentativ wären. Als Labor für die Erschließung des Literaturtransfers sind die umfangreich überlieferten Archivbestände jedoch kaum zu überschätzen.

Die Darstellung des polnisch-ostdeutschen Literaturtransfers wird ergänzt durch zwei Exkurse. Das südafrikanische Programm bei Volk & Welt illustriert Verbindungen des DDR-Literaturbetriebs mit dem globalen Süden. Es zeigt aber auch, dass es trotz seines heteronomen Rahmens keinesfalls auf eine kultur- und literaturpolitische Funktion reduziert werden kann. Interessant bleibt ebenfalls die Transitfunktion des peripheren DDR-Literaturmarktes, der vielen südafrikanischen Autorinnen und Autoren Zugang zu zentralen Literaturmärkten verschaffte. Die abschließende Analyse des niederländischen Volk-&-Welt-Programms verortet die literaturästhetischen Innovationen, welche mit den übersetzten Büchern in das Literatursystem der DDR eingingen, in den Kontext der Anerkennungspolitik des ostdeutschen Staates in den 1970er-Jahren.

Im dritten Teil wird der Frage nach der kulturpolitischen Funktion der Frankfurter sowie anderer internationaler Buchmessen nachgegangen, so wie diese im Bonner Auswärtigen Amt sowie in diversen Ostberliner und Warschauer Partei- und Kulturgremien definiert wurde. Damit werden die heteronomen Auflagen der Buchmessen in der auswärtigen Kulturpolitik der Bundesrepublik, der DDR und

---

einbezogen, mit Ausnahme der Vertragsstelle. Das Archiv baut auf die vorgefundene Ablage des Schriftgutes in den Abteilungen auf. Die Überlieferung ist ohne größere Lücken erfolgt. Somit handelt es sich um das einzige deutschsprachige Verlagsarchiv, das im vollen Umfang in gescannter Form zugänglich ist. Im Falle des Archives des Verlages Volk & Welt im Literaturarchiv der Berliner Akademie der Künste sind u. a. Vertragsakten zu Einzeltiteln, Reihen und Serien, Teilbestände der Gutachten, Korrespondenzen mit Autorinnen und Autoren, Dokumente der Werbeabteilung sowie Fotosammlung und Zeitungsausschnitte erhalten. Schmerzlich bleibt der Verlust der Germanistik- und Anglistik-Gutachten sowie der Protokolle der Lektoratssitzungen und des Titelannahmeverfahrens. Vgl. Siegfried Lokatis: Nimm den Elefanten – Konturen einer Verlagsgeschichte. In: Barck, Lokatis (Hrsg.): Fenster zur Welt. S. 15–30, hier S. 24.

Polens dokumentiert sowie transnationale Dimensionen der Literaturzirkulation zwischen »West« und »Ost« beleuchtet. Zuerst wird auf die Einladungspolitik mit Blick auf die Teilnahme von devisenschwachen, vor allem osteuropäischen Ländern auf der Frankfurter Buchmesse eingegangen. Zweitens richtet sich der Fokus auf die 1976 initiierten Themen- und Länderschwerpunkte der Frankfurter Buchmesse, welche bis heute den Verlauf der Veranstaltung bestimmen. Es wird an ausgewählten Fallbeispielen gezeigt, wie die einzelnen Projekte immer wieder an (kultur-)politischen Zielen orientiert waren und mit der Kulturabteilung des Auswärtigen Amts abgestimmt werden mussten. Drittens wird analysiert, welche Funktion der Frankfurter Buchmesse in der Kultur- und Verlagspolitik der DDR zugeschrieben wurde. Einerseits nutzte Ostberlin die Messe als Forum für seinen Kampf gegen den Alleinvertretungsanspruch der Bundesrepublik, manifestierte sein taktisches Interesse an der sich Ende der 1960er-Jahre formierenden »Gegenöffentlichkeit« und bewertete kritisch die kulturpolitische Ausprägung der Veranstaltung; anderseits spielte aber die Frankfurter Buchmesse eine nicht zu unterschätzende ökonomische Rolle für die dort ausstellenden DDR-Verlage und war von großer Bedeutung für die Konsolidierung der Ausstellungspolitik sozialistischer Länder. In diesem Abschnitt wird auch kursorisch auf die polnische Ausstellungspraxis auf der Frankfurter Buchmesse eingegangen.

Besondere Aufmerksamkeit wird im dritten Teil des Buches der Internationalen Buchmesse in Warschau gewidmet. Als Ost-West-Forum des Buchhandels sowie Kontaktplattform mit den sozialistischen »Entwicklungsländern« blieb die Warschauer Buchmesse bis Anfang der 1980er-Jahre die größte und wichtigste im europäischen »Ostblock«. Trotzdem ist ihre Geschichte noch un(ter)erforscht; die bisherige Forschung beschränkt sich auf eine einzige populärwissenschaftliche Skizze.[57] In einem umfangreichen Kapitel werden die Vorgeschichte, die institutionelle Infrastruktur sowie die Dynamik der Warschauer Buchmesse skizziert. Es wird dann ausführlich auf die Ausstellungspolitik der DDR und der bundesrepublikanischen Verlage eingegangen. Der liberale Charakter der Buchmesse in Warschau stieß mitunter auf Vorbehalte der ostdeutschen Parteifunktionäre, die bis Anfang der 1970er-Jahre sämtliche internationale Buchmessen als Foren für ideologische Abwehr und den Kampf gegen den westdeutschen Alleinvertretungsanspruch nutzten. Zugleich bildete die Warschauer Buchmesse ein geeignetes Instrument für die Konsolidierung des sozialistischen Verlagswesens. Für Westdeutschland bot Warschau zum einen eine auf der Frankfurter Buchmesse nicht immer gegebene Möglichkeit, mit Vertreterinnen und Vertretern aus osteuropäischen sowie »Entwicklungsländern« über Ankauf und Vergabe von Rechten und Lizenzen zu verhandeln.

---

57 Krzysztof Kaleta: Międzynarodowe Targi Książki w Warszawie. Historia i teraźniejszość. Warszawa 2005.

Zum anderen wurde die Teilnahme westdeutscher Verlegerinnen und Verleger an der Warschauer Buchmesse durch das Bonner Auswärtige Amt als eine Art »Ersatzdiplomatie« betrachtet und dementsprechend unterstützt. Das Kapitel zeigt auch, welche kulturpolitischen Überlegungen der Zensurpolitik auf der Bücherschau in Warschau zugrunde lagen, und kommentiert die Krisenerscheinungen der Veranstaltung seit Ende der 1970er-Jahre.

Im vorletzten Kapitel des dritten Teiles wird das Interesse der Kulturpolitiker aus der Bundesrepublik, Polen und der DDR an anderen internationalen Buchmessen – etwa in Jerusalem, Kairo, Brüssel und Moskau – präsentiert. So wird ersichtlich, unter welchen kulturpolitischen Rahmenbedingungen sich der scheinbar autonome Literaturaustausch entwickelte und wie seine Ziele aus der Bonner und Ostberliner Perspektive definiert wurden. Zum Schluss werden die präsentierten archivarischen Daten über die transnationale Dimension der Buchmessen im »kulturellen Kalten Krieg« auf eine methodologisch-theoretische Problemstellung bezogen.

Mit der kurzen Schilderung der terminologischen und methodologischen Vorüberlegungen, des Forschungsstandes sowie der zentralen Inhalte sind Programm und Struktur der vorliegenden Untersuchung in Grundzügen skizziert. Abschließend sei versichert, dass dieses Buch in sich durchaus kohärent ist – trotz der womöglich disparat wirkenden Teile. Alle Fallstudien erzählen nämlich von literarischen Zirkulationsprozessen in Zeiten des kulturellen Kalten Krieges, die meisten spielen sich im europäischen »Ostblock« ab. Somit leisten sie einen bescheidenen Beitrag zur soziologischen Erfassung der titelgebenden sozialistischen Transnationalisierung.

Teil 1

»Vom Blühen aller Blumen, oder von der Elbe bis zum gelben Meer« Mobilität und sozialistische Literaturplanung

Leipzig-Markkleeberg 1957

In einer Parkgaststätte auf dem Gelände der Gartenbauausstellung in Leipzig-Markkleeberg fand vom 7. bis 16. April 1957 die erste Konferenz des Verlagswesens der sozialistischen Länder statt. 220 Verleger und Vertreter verlegerischer Gremien aus zwölf Ländern – Albanien, Bulgarien, China, der DDR, der Koreanischen Volksdemokratischen Republik, der Mongolei, Polen, Rumänien, der Tschechoslowakei, Ungarn, der UdSSR sowie der Demokratischen Republik Vietnam – waren in Leipzig eingetroffen, um in zwei Hauptsprachen (Deutsch und Russisch) und in fünf Konferenzsprachen (Deutsch, Russisch, Französisch, Chinesisch und Polnisch) erstmals über Formen einer systematischen Zusammenarbeit zwischen Verlagen und Literaturverbänden des »Ostblocks« nachzudenken. Der Leiter der tschechoslowakischen Delegation schwärmte von einer »gesunden Internationalität« der Tagung und gab in einem Interview seine Eindrücke von der gemeinsamen Reise wieder. Die Teilnehmerinnen und Teilnehmer der Reisegruppe seien »in der Tat ein internationaler Autobus« gewesen: »Es schwirrten nur so die Sprachen herum, ein wahres Kolorit des internationalen Stelldicheins. Vom Deutschen bis zum Mongolischen, vom Russischen bis zum Chinesischen. [...] Und nun stellen Sie sich vor, diese Leute gingen in Wittenberg in eine kleine Gaststätte der HO, um zu frühstücken. Die Kellnerin hatte eine lange Zeit gebraucht, um alle Wünsche zu begreifen.«[1]

Die Leipziger Konferenz war ein Zeichen des sich ankündigenden Tauwetters. Nachdem auf dem XX. Parteitag der KPdSU im Februar 1956 Nikita Chruschtschow

---

1 N. N.: Wir fuhren in einem »internationalen Autobus«. In: Börsenblatt (Leipzig) vom 13. April 1957.

(1894–1971) in einer Geheimrede eine ebenso unverhohlene wie massive Kritik an Stalins Politik und seinem Personenkult geübt hatte, kehrte der an der Spitze des Zentralkomitees der Sozialistischen Einheitspartei Deutschlands (SED) stehende Walter Ulbricht (1893–1973), der anlässlich des Parteitags mit drei weiteren hochrangigen Genossen in Moskau weilte, taumelnd nach Ost-Berlin zurück. Am 4. März, also unmittelbar vor dem dritten Todestag des bisher gottgleich behandelten Generalissimus, veröffentlichte er im Neuen Deutschland einen recht umfangreichen Bericht, in dem er erstmals über »brüderliche Verbundenheit der Nationen«, »das Leninsche Prinzip der friedlichen Koexistenz der beiden Systeme« und »den sechsten Fünfjahresplan der Sowjetunion« räsonierte, um schließlich auf die »Leninschen Normen des Parteilebens« näher einzugehen. An seinem eigenen Denkmal sägend erklärte Ulbricht:

> Wenn man von Genossen gefragt wird, »ob Stalin zu den Klassikern des Marxismus gehört«, kann man darauf nur antworten: Zweifellos hat Stalin nach dem Tode Lenins bedeutende Verdienste bei dem Aufbau des Sozialismus und im Kampf gegen die parteifeindlichen Gruppierungen der Trotzkisten, Bucharinleute und bürgerlichen Nationalisten. Als sich Stalin jedoch später über die Partei stellte und den Personenkult pflegte, erwuchsen der KPdSU und dem Sowjetstaat daraus bedeutende Schäden. Zu den Klassikern des Marxismus kann man Stalin nicht rechnen.[2]

Das Tauwetter, dessen namengebender Roman von Ilja Ehrenburg in dem August-Heft der Zeitschrift Aufbau ausschnittsweise erschienen war,[3] führte in einen heißen Herbst. Am 21. Oktober 1956 wurde Władysław Gomułka (1905–1982), gegen den 1952 noch ein stalinistischer Schauprozess vorbereitet worden war, gegen den Willen der KPdSU zum Ersten Sekretär der Polnischen Vereinigten Arbeiterpartei gewählt. Zwei Tage später demonstrierten 200 000 Menschen in Budapest vor dem Parlamentsgebäude. Das ZK der ungarischen KP erfüllte eine ihrer zentralen Forderungen und ernannte den Reformer Imre Nagy (1896–1958) zum Ministerpräsidenten. Nachdem Nagy offiziell die Revolution anerkannt, eine Mehrparteienregierung gebildet und die parlamentarische Demokratie sowie die Neutralität Ungarns gefordert hatte, rückten sowjetische Panzer in Ungarn ein und schlugen die Revolution blutig nieder.

Vorerst wurden aber die Tauwetter-Erscheinungen aus allen europäischen »Ostblock«-Ländern in progressiven Kreisen des DDR-Literaturbetriebs sehr lebhaft

---

2 Walter Ulbricht: Über den XX. Parteitag der Kommunistischen Partei der Sowjetunion. In: Neues Deutschland vom 4. März 1956.
3 Ilja Ehrenburg: Tauwetter. In: Aufbau 8 (1956), S. 681–696.

aufgenommen. Im Juni 1956 kehrte der Cheflektor des von Walter Janka (1914–1994) geführten Aufbau-Verlags, Wolfgang Harich (1923–1995), begeistert von einer Reise mit Ernst Bloch aus Polen zurück, in dem sich noch vor Gomułkas Amtsantritt immer deutlicher politische Emanzipationstendenzen abzeichneten. Die Zeitschrift SONNTAG – ab Juli 1946 vom Kulturbund herausgegeben und bis 1978 als Teil des Aufbau-Verlages geführt – fungierte in der Zeit unter der Leitung des couragierten Chefredakteurs Heinz Zöger (1915–2000) als mehr und mehr offenes Diskussionsforum (bevor die Blattlinie im November 1956 durch einen neuen kommissarischen Chefredakteur, Klaus Gysi, energisch korrigiert wurde). Der stellvertretende Redakteur Gustav Just (1921–2011) plädierte im Mai 1956 für eine neue Streitkultur als »Vorbedingung für eine wahrhaft schöpferische Arbeit«: Man müsse sich »endlich angewöhnen, unbefangen miteinander zu reden«, »leidenschaftlich, um der Sache willen zu streiten, ohne persönliche Verdächtigungen, ohne falsch verstandene Ehrfurcht vor Autoritäten«.[4]

Unter solchen kulturpolitischen Bedingungen wurde auf der Leipziger Herbst-Messe 1956 über die Notwendigkeit einer gemeinsamen Konferenz der Verleger der sozialistischen Länder diskutiert. Der XX. Parteitag der KPdSU habe – so der Kulturminister Johannes R. Becher – zu einem verstärkten Austausch von Informationen, Ideen sowie literarischen Texten beigetragen, damit seien auch »Bedürfnisse der Verlage nach einer systematischen Zusammenarbeit« stark gestiegen.[5] Als Konferenzort wurde einstimmig Leipzig vorgeschlagen. Die Lage der Stadt war zwar unübersehbar peripher, den Vertretern der »Ostblock«-Länder ging es aber vorrangig um die »Aktualisierung seiner großen Tradition«, welche »für das gesamte Friedenslager und besonders für die Position der DDR keine geringe politische Bedeutung« hätte.[6] Unter großem Einsatz von Schreibkräften, Übersetzerinnen und Übersetzer, Übersetzungstechnikern und Protokollantinnen wurde innerhalb von wenigen Monaten eine internationale Veranstaltung vorbereitet, die sich zur Aufgabe stellte, die bisherige verlegerische Kooperation im gesamten »Ostblock« »aus dem Zufälligen herauszulösen« und »planmäßig« zu organisieren. Dabei sollte es sich nicht, wie man vorsichtshalber anmerkte, um »starre Beschlüsse« handeln; die Abmachungen der Tagung müssten »unter strenger Wahrung des Prinzips der Freiwilligkeit elastisch und individuell abwandlungsfähig bleiben«.[7]

---

4 Gustav Just: Schweigsame Partner oder über den Nutzen von Diskussionen. In: SONNTAG vom 27. Mai 1957.
5 Johannes R. Becher: Vermerk, 19.11.1956. In: SächsStA, 21766/1387.
6 Ebenda.
7 N. N.: Formen und Methoden der Zusammenarbeit. In: BÖRSENBLATT (Leipzig) vom 20. April 1957.

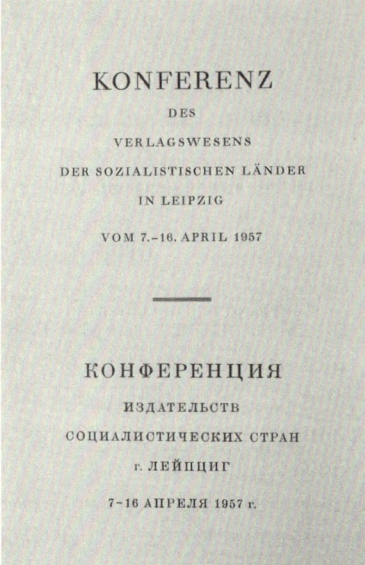 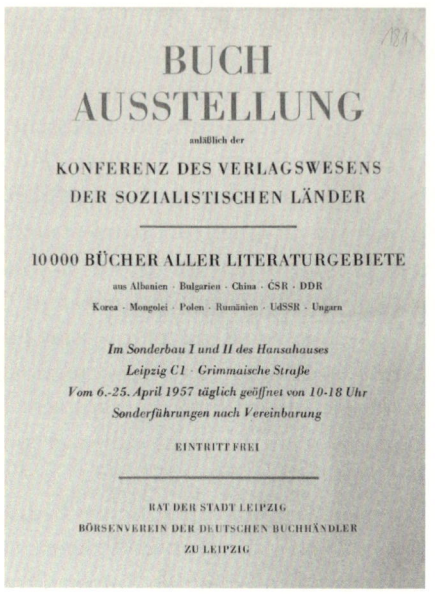

Abb. 1–2: Umschlag des Konferenzprogramms sowie Plakat anlässlich der Ausstellung von Büchern aus den Teilnehmerstaaten. Quelle: Sächsisches Staatsarchiv.

Zehn Tage lang wurde in Leipzig debattiert, u. a. über Kontrolle der Themenplanung, Organisation der redaktionellen Arbeit in Verlagen, Beziehungen zwischen Verlagen und Autorinnen und Autoren, schöpferischen Kollektiven und Schriftstellerorganisationen, vor allem aber über Formen und Methoden der Zusammenarbeit zwischen den Verlagen im gesamten »Ostblock«, gemeinsame Herausgabe von Büchern sowie gegenseitige Unterstützung bei der Durchsicht von Literatur.

Die Methodik der Zusammenarbeit plante das Ministerium für Kultur der DDR in einem ausführlichen, im Vorfeld der Konferenz vorbereiteten Thesenpapier. Demnach sollten Verlage des gleichen Themenbereiches ihre Themenpläne und Listen mit Neuerscheinungen austauschen und für jedes Land gesondert, je nach Interessenlage des Zielmarktes, Empfehlungen für einzelne Titel übersenden. Den Empfehlungen waren Annotationen zu Inhaltsangabe, »Ideengehalt und literarischer Form, politischer und fachlicher Einschätzung des Werkes sowie Kurzbiographie des Autors« beizufügen, möglichst »in einer für den empfangenden Verlag leichter zugänglichen Sprache«.[8] Wäre ein Verlag an einer Übersetzung interessiert, dann würden redigierte

---

8 Ministerium für Kultur: Thesen zum Referat der Delegation der DDR auf der Konferenz des Verlagswesens der sozialistischen Länder, Februar 1957. In: SächsStA, 21766/1387.

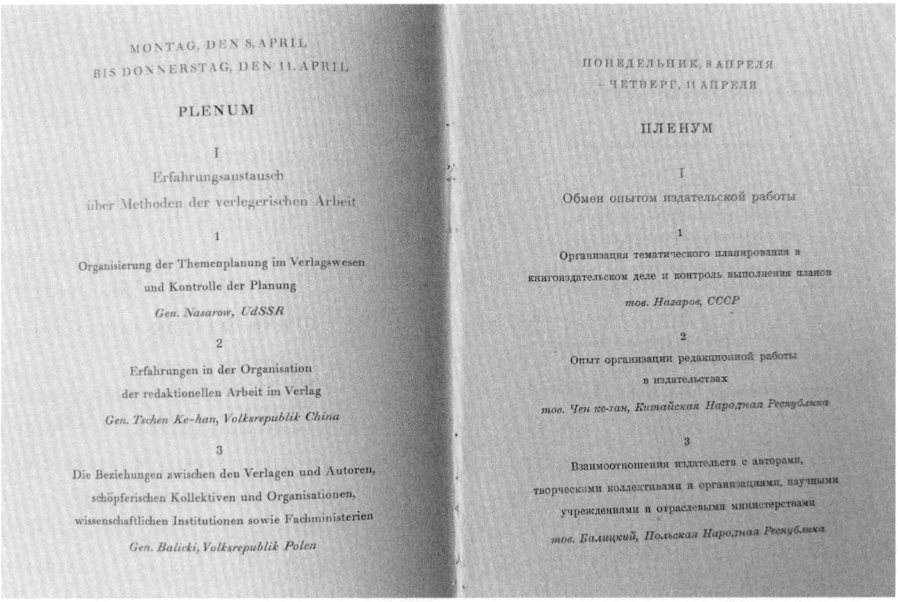
MONTAG, DEN 8. APRIL
BIS DONNERSTAG, DEN 11. APRIL

PLENUM

I
Erfahrungsaustausch
über Methoden der verlegerischen Arbeit

1
Organisierung der Themenplanung im Verlagswesen
und Kontrolle der Planung
Gen. Nasarow, UdSSR

2
Erfahrungen in der Organisation
der redaktionellen Arbeit im Verlag
Gen. Tschen Ke-han, Volksrepublik China

3
Die Beziehungen zwischen den Verlagen und Autoren,
schöpferischen Kollektiven und Organisationen,
wissenschaftlichen Institutionen sowie Fachministerien
Gen. Balicki, Volksrepublik Polen

ПОНЕДЕЛЬНИК, 8 АПРЕЛЯ
– ЧЕТВЕРГ, 11 АПРЕЛЯ

ПЛЕНУМ

I
Обмен опытом издательской работы

1
Организация тематического планирования в
книгоиздательском деле и контроль выполнения планов
тов. Назаров, СССР

2
Опыт организации редакционной работы
в издательствах
тов. Чен ке-хан, Китайская Народная Республика

3
Взаимоотношения издательств с авторами,
творческими коллективами и организациями, научными
учреждениями и отраслевыми министерствами
тов. Балицкий, Польская Народная Республика

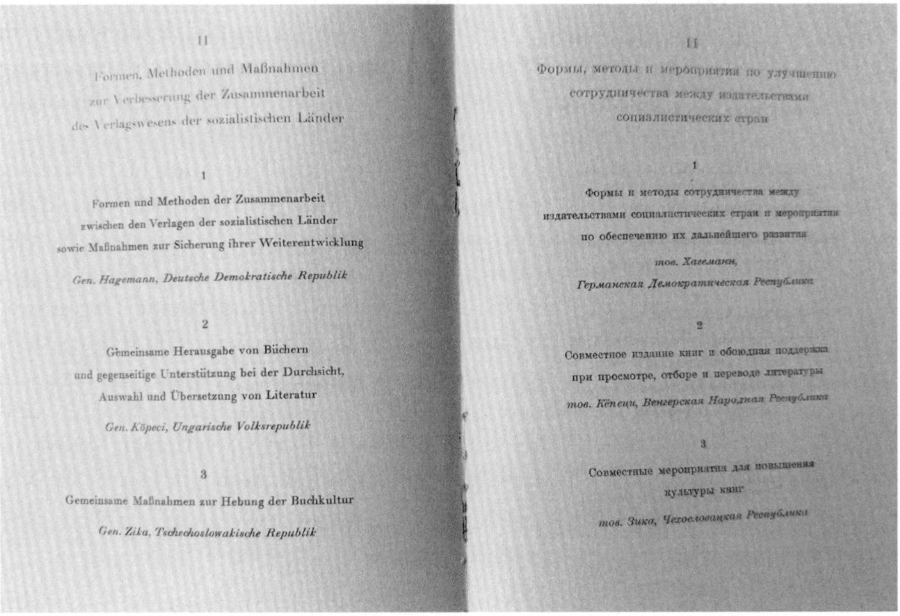
II
Formen, Methoden und Maßnahmen
zur Verbesserung der Zusammenarbeit
des Verlagswesens der sozialistischen Länder

1
Formen und Methoden der Zusammenarbeit
zwischen den Verlagen der sozialistischen Länder
sowie Maßnahmen zur Sicherung ihrer Weiterentwicklung
Gen. Hagemann, Deutsche Demokratische Republik

2
Gemeinsame Herausgabe von Büchern
und gegenseitige Unterstützung bei der Durchsicht,
Auswahl und Übersetzung von Literatur
Gen. Köpeci, Ungarische Volksrepublik

3
Gemeinsame Maßnahmen zur Hebung der Buchkultur
Gen. Zika, Tschechoslowakische Republik

II
Формы, методы и мероприятия по улучшению
сотрудничества между издательствами
социалистических стран

1
Формы и методы сотрудничества между
издательствами социалистических стран и мероприятия
по обеспечению их дальнейшего развития
тов. Хагеманн,
Германская Демократическая Республика

2
Совместное издание книг и обоюдная поддержка
при просмотре, отборе и переводе литературы
тов. Кёпеци, Венгерская Народная Республика

3
Совместные мероприятия для повышения
культуры книг
тов. Зика, Чехословацкая Республика

Abb. 3–4: Auszüge aus dem Konferenzprogramm. Quelle: Sächsisches Staatsarchiv.

Manuskripte und Druckfahnen zur Verfügung gestellt, sodass die Übertragung kurzfristig nach dem Erscheinen des Originals herausgegen werden könne; dem übersetzenden Verlag werde ebenfalls geholfen, die Verbindung zum Autor herzustellen. Innerhalb von Verlagsgruppen sollte fortan der Erfahrungsaustausch bezüglich einzelner Literaturgattungen leichter gemacht werden. Gedacht wurde an die Aufstellung von Listen mit Namen und Adressen von Mitarbeiterinnen und Mitarbeitern (samt Informationen über die für die Korrespondenz bevorzugte Sprache), ihre Mobilität in Form von Studienreisen sowie Förderung von gemeinsamen Ferienplätzen. Ferner sollten sich die Verlage gegenseitig informieren über ausländische Neuerscheinungen und über die von ihnen zur Übersetzung ausgewählten Werke (vor allem mit Blick auf das »kapitalistische Ausland«).[9]

Geplant wurde auch die Gründung eines viermal jährlich erscheinenden internationalen Verleger-Bulletins, mit dem Ziel der »Behandlung grundsätzlicher Fragen des internationalen Verlagswesens, Ermöglichung eines Erfahrungsaustauschs sowie Schaffung eines repräsentativen Anzeigeteils mit Ankündigung des Verlagsvorhaben aus einzelnen Ländern«.[10] Das Letztere war vor allem von Belang im Hinblick auf die Zusammenarbeit mit westeuropäischen Verlagen: Anzeigen sollten sowohl dem Export von Büchern als auch der Lizenzvergabe dienen. Als Aushängeschild des sozialistischen Verlagswesens müsste die Zeitschrift über ein modernes Layout sowie eine gute Papierqualität verfügen und in russischer, deutscher, englischer und französischer Sprache erscheinen. Der Verlagsort und Sitz der Redaktion wurden in den Plänen nach Prag verlegt. In den ersten Entwürfen erfolgte die Finanzierung durch Abonnements und Anzeigen über o. a. Tagungen, Ausstellungen, Personalien, Vorgänge in Organisationen sowie Übersetzungsvorhaben.

Während die meisten inhaltlichen Vorschläge und Präsentationen einzelner Nationaldelegationen in Form schriftlicher Ausführungen bereits im Vorfeld der Konferenz druckreif vorlagen, kamen mitunter auch mündliche Ergänzungen vor. Nachdem das polnische Referat unter dem etwas sperrigen Titel »Beziehungen zwischen den Verlagen und Autoren, schöpferischen Verbänden und Organisationen, wissenschaftlichen Institutionen sowie Fachministerien« den Tagungsteilnehmerinnen und -teilnehmern zur Verfügung gestellt worden war, meldete sich Stanisław Balicki zu Wort. Balicki (1909–1978) – ein polnischer Theater- und Literaturkritiker, vormaliger Leiter und Chefredakteur des Staatlichen Verlagsinstituts (Państwowy Instytut Wydawniczy) in Warschau, Generaldirektor im Ministerium für Kultur und Kunst sowie einer der Initiatoren des im Oktober 1956

---

9 Ebenda; vgl. N. N.: Empfehlungen von der Konferenz des Verlagswesens der sozialistischen Länder in Leipzig vom 7.–16. April 1957. In: BÖRSENBLATT (Leipzig) vom 27. April 1957.
10 Ministerium für Kultur: Thesen zum Referat der Delegation der DDR.

erstmals eröffneten Festivals »Warschauer Herbst«, welches als Plattform des musikalischen Dialogs zwischen Ost und West fungierte – sprach recht unverhohlen das Problem der Zensur an und sagte, dass in den vergangenen Jahren vielfach in die Verlagspläne nicht die interessantesten Bücher aufgenommen worden waren, sondern Titel, die bei den Mitarbeiterinnen und Mitarbeitern der Redaktion »keine Bedenken« erregt hätten. Die Verlage waren »teilweise überängstlich vorgegangen und hatten die Manuskripte endlos überprüft«.[11] Infolgedessen komme es jetzt darauf an, die »Sucht der Verlage zu korrigieren zu dämpfen«. Selbst bei einigen neuen Büchern junger Literaten, die nun »in das andere Extrem verfallen waren und schlechte Seiten und Verzerrungen gesellschaftlicher Erscheinungen übertrieben dargestellt« hätten, sei man in Polen der Meinung, dass der Verlag solche Manuskripte nicht ablehnen oder durch Korrekturen »versüßen« dürfe. Das Urteil über das Buch müsse man nach Erscheinen »der Gesellschaft überlassen, ohne dass jedoch bei einer solchen Verlagspraxis die Priorität und das Übergewicht der marxistischen Literatur verlorengehen« könne. Der Redakteur dürfe »kein Zensor oder Souffleur für den Autor sein«. Die Arbeit der Verlage müsse »kühn, verantwortlich, vor allem aber gefühlvoll« sein.[12] Dem polnischen Kritiker sekundierte Jiří Hájek (1913–1993) – Professor für Internationale Beziehungen an der Prager Karls-Universität und damaliger Botschafter der Tschechoslowakei in Großbritannien – und äußerte die Meinung, viel zu oft sei der Redakteur die »literarische Gouvernante« für den Autor gewesen.[13]

Bemerkenswert an beiden Wortmeldungen war nicht ihr gesellschaftskritischer Ton, der in der polnischen und tschechoslowakischen Tauwetter-Stimmung nicht ungewöhnlich war, sondern eher die Tatsache, dass sie im BÖRSENBLATT FÜR DEN DEUTSCHEN BUCHHANDEL erscheinen durften. Die Zeitschrift verstand sich nämlich seit ihrer Gründung 1946 als »buchhandelspolitisches Führungsinstrument«, und ihr Chefredakteur Wolfgang Böhme zeichnete sich, vor allem in seinen Beiträgen über das deutsch-deutsche Konkurrenzverhältnis, durch ein »agitatorisches

---

11 N. N.: Verlage – Autoren – Organisationen – Institutionen – Ministerien. In: BÖRSENBLATT (Leipzig) vom 20. April 1957.
12 Ebenda.
13 Ebenda. Beide Delegierten sind auch ein Beispiel dafür, wie hochkarätig die Delegationen für die Leipziger Konferenz zusammengesetzt waren. Hájek wurde 1962 zum stellvertretenden Außenminister ernannt. Von 1962 bis 1965 war er Ständiger Vertreter der ČSSR bei den Vereinten Nationen, in den darauffolgenden Jahren Erziehungsminister in der Regierung von Jozef Lenárt (1965 bis 1968). 1968 gehörte er zu den Unterstützern des vom neuen Generalsekretär der KPČ, Alexander Dubček, eingeleiteten Kurses des Prager Frühlings und wurde zum Außenminister berufen. Im September 1968 wurde er gezwungen, von seinem Amt zurückzutreten, und im Rahmen einer politischen Säuberung aus der Partei ausgeschlossen.

Sendungsbewusstsein« aus.[14] Sein »Starrsinn« führte aber mitunter auch dazu, dass das BÖRSENBLATT Meinungen abdruckte, denen später im Ministerium für Kultur eine »zersetzende« Wirkung attestiert wurde.[15] So mochte es auch in diesem Fall gewesen sein.

Abb. 5: Berichterstattung über die Leipziger Konferenz im BÖRSENBLATT.
Quelle: Sächsisches Staatsarchiv.

Als nicht weniger brisant erwiesen sich Diskussionen über juristische und verwaltungstechnische Aspekte der gemeinsamen Literaturproduktion. Die steigende

---

14 Stefan Tiepmar: »Eigentümliche Kontaktschwächen«. Das Leipziger BÖRSENBLATT FÜR DEN DEUTSCHEN BUCHHANDEL (1946 bis 1964). In: Simone Barck, Martina Langermann, Siegfried Lokatis (Hrsg.): Zwischen MOSAIK und EINHEIT. Zeitschriften in der DDR. Berlin 1999, S. 375–385, hier S. 376, 382.
15 Ebenda, S. 380.

Anzahl der Übersetzungen im »Ostblock« provozierte auf der Konferenz eine Debatte über die Integration des »Ostblocks« in das Regime des internationalen Urheberrechtschutzes. In den staatssozialistischen Gesellschaften stand das individuell orientierte geistige Eigentumsrecht der stärkeren Betonung der Nation und des Kollektivs entgegen und wurde mit dem Argument, dass die Rechte der »Allgemeinheit« zu wenig beachtet würden, infrage gestellt. Die Gesetzgebung der meisten sozialistischen Staaten hinterfragte daher radikal die Idee des geistigen wie gewerblichen Eigentums.[16]

Die UdSSR weigerte sich den ausländischen wie inländischen Urhebern staatsvertraglich gesicherte Rechte einzuräumen. Den Autorinnen und Autoren wurde das Verfügungsrecht in Bezug auf die Übersetzung ihrer Werke verweigert; somit herrschte im sowjetischen Literatursystem, wie auch früher im Zarenreich, die »Übersetzungsfreiheit«, welche der modernen Auffassung und Praxis im internationalen Urheberrecht widersprach.[17] Der Beitritt der DDR zu einer internationalen Konvention wie der Berner Übereinkunft (1887) oder dem Genfer Welturheberrechtsabkommen von 1952 war wiederum wegen des Alleinvertretungsanspruchs der Bundesrepublik und der völkerrechtlichen Nichtanerkennung der DDR bis zum Anfang der 1970er-Jahre weitgehend verhindert. Trotz zahlreicher Versuche, sich vom »bürgerlichen« Begriff des geistigen Eigentums abzugrenzen, kam es jedoch in Ostdeutschland nicht zu einem Bruch mit den Traditionen des deutschen und internationalen Urheberrechts.[18] Bis Mitte der 1960er-Jahre verblieb in beiden deutschen Staaten das Urheberrecht des Deutschen Reiches von 1901 bzw. 1907 die gesetzliche Grundlage.[19]

Bei aller blockpolitischen Abschottung konnten sich auch andere sozialistische Länder dem internationalen Markt der kulturellen Güter nicht gänzlich entziehen.

---

16 Matthias Wiesner: Die DDR und das internationale Urheberrechtsregime. In: COMPARATIV 16 (2006) H. 5/6, S. 249–267, hier S. 250.
17 Ferenc Majoros: Die Rechte ausländischer Urheber in der UdSSR seit dem sowjetischen Beitritt zur Genfer Konvention. Köln 1981, S. III.
18 Als Ende der 1950er-Jahre Walter Ulbricht die Behörden prüfen ließ, ob die DDR, im Hinblick auf die Ausgabe der Bände von Thomas Mann und Hermann Hesse im Aufbau-Verlag, nach dem Vorbild der Sowjetunion auf die Zugehörigkeit zur Berner Übereinkunft verzichten könne, erhob der Verleger Gottfried Bermann Fischer Anklage bei dem zuständigen Ostberliner Landgericht. Obwohl der Protest aus »kulturellen Gründen« zurückgewiesen wurde, warnte das Amt für Literatur und Verlagswesen im Ministerium für Kultur vor einer grundsätzlichen Aufkündigung der Berner Übereinkunft und rechnete die ökonomischen Nachteile vor. Der Aufbau-Verlag einigte sich mit den Autorinnen, Autoren und den Verlagen auf eine nachträgliche Legalisierung der Lizenzdrucke. Vgl. Mark Lehmstedt, Siegfried Lokatis (Hrsg.): Das Loch in der Mauer. Der innerdeutsche Literaturaustausch. Wiesbaden 1997, S. 32–55, hier S. 37 f.; Carsten Wurm: Jeden Tag ein Buch. 50 Jahre Aufbau-Verlag 1945–1995. Berlin 1995, S. 38–40.
19 Wiesner: Die DDR und das internationale Urheberrechtsregime, S. 251.

Staaten wie die DDR, Polen oder die Tschechoslowakei sahen sich als kulturell entwickelte Länder, die sich am internationalen Austausch aus politischen, wirtschaftlichen und kulturpolitischen Gründen beteiligen mussten und die eigenen Kulturproduzenten schützen wollten. Die Ausgangsbedingungen auf den jeweiligen Buchmärkten der Konferenzteilnehmer waren jedoch unterschiedlich. Nach dem ostdeutschen und bulgarischen Recht waren einzig und allein die Verfasserinnen und Verfasser ermächtigt, die Übersetzung und Herausgabe ihres Werkes in eine fremde Sprache zu genehmigen. Während die Urheber aus der Tschechoslowakei nur durch die Tschechoslowakische Anstalt zur Wahrung der Urheberrechte Verträge schließen konnten, waren die Autorinnen und Autoren aus Bulgarien oder Polen berechtigt, persönlich Verträge einzugehen, und schlossen sie nur selten über den entsprechenden Verband ab. Das Urheberrecht nach dem Tode des Urhebers dauerte in Polen zwanzig, in der DDR und der Tschechoslowakei fünfzig Jahre.[20] Das unterschiedliche Urheberrecht schuf somit die Grundlage für ungleichberechtigte Beziehungen innerhalb eines »sozialistischen Literatursystems«, das sich auf der Leipziger Konferenz erstmals zu konsolidieren versuchte. Das BÖRSENBLATT urteilte in diesem Kontext:

> Es muss dabei in Betracht gezogen werden, dass sozialistische Länder Mitglieder der UNESCO sind, mit deren Bemühung und Unterstützung eine Reihe kapitalistischer Länder das Abkommen über das Urheberrecht (Genf 1952) unterzeichnet haben. Wir sind diesem Abkommen nicht angeschlossen. Da unsere Bücher immer häufiger auf dem Weltbuchmarkt erscheinen, werden wir uns notwendigerweise mit der Frage zu beschäftigen haben, ob wir uns an diesem Abkommen beteiligen sollen.[21]

Die ersten Resultate ließen noch lange auf sich warten. Die ČSSR schloss sich bereits 1960 dem Genfer Welturheberrechtsabkommen an; in den 1970er-Jahren folgten Ungarn (1971), Bulgarien (1975) und Polen (1977). 1967 unterzeichnete die UdSSR ihr erstes Urheberrechtsabkommen mit Ungarn, ein Ereignis, das eine Wende in der sowjetischen Grundauffassung im Bereich des Schutzes ausländischer Urheber ankündigte. Anschließend schloss die Sowjetunion bilaterale Verträge mit Bulgarien, der ČSSR, der DDR und Polen. 1973 erfolgte dann der Beitritt zur Genfer Konvention.

Was zeigte aber diese Leipziger Debatte über das Urheberrecht? Beinahe gleichzeitig mit der Eingrenzung des »sozialistischen« Verlagswesens äußerten manche teilnehmenden Staaten die Absicht, einen Teil ihrer Steuerungskompetenz im Bereich

---

20 N. N.: Fragen des Urheberrechts müssen gemeinsam gelöst werden. In: BÖRSENBLATT (Leipzig) vom 20. April 1957.
21 Ebenda.

der Literaturproduktion abzugeben. Sie beabsichtigten, die Regelung des rechtlichen Rahmens dem Genfer Abkommen und damit einer internationalen Organisation in die Hände zu geben, die zwar (wie früher die Berner Union) nur auf der Basis von Mitgliedsentscheidungen neue Richtlinien erlassen konnte, von der aber als »quasi-autonomer supranationaler Akteur«[22] gleichzeitig unbedingt der Ausbau des Autorenschutzes verlangt wurde, den sie erfolgreich auch gegen die kurzfristigen Interessen ihrer Mitgliedsstaaten betrieb. Aufgrund der gewollten und geförderten Mobilität eigener geistiger Werke sahen die Vertreter der sozialistischen Staaten sich (früher als völkerrechtlich und kulturpolitisch möglich) gezwungen, ihre Funktion der Territorialisierung und ostblockinternen Organisation der Literatur in Teilen abzugeben und ihre Literaturproduzenten dem internationalen Wettbewerb auszusetzen, weil ihre Rechte nur durch Internationalisierung gestärkt werden konnten. Die Akteure verließen (zumindest konzeptionell) bewusst den politischen Raum des sowjetisch dominierten »Ostblocks« und überwanden somit eine »doppelte Grenze«. Innerhalb des sozialistischen Staatenblocks wurde in den darauffolgenden Jahren immer wieder versucht, den Erfahrungsaustausch über urheberrechtliche Fragen zu intensivieren und ein eigenes Vertragssystem zu schaffen; letztlich blieb der Bezugsrahmen für die Akteure auf dem Gebiet des Schutzes des geistigen Eigentums aber die westlich dominierte internationale Bühne.[23]

Am Dienstag, dem 16. April, neigte sich die lange Konferenz ihrem Ende zu. Über Empfehlungen und alle anderen Dokumente war bereits am Tag zuvor abgestimmt worden, jetzt stand nur der festliche Abschluss auf dem Programm. Den Abend eröffnete das Leipziger Gewandhausorchester unter der Stabführung von Nationalpreisträger Franz Konwitschny. Nachdem die Klänge des Vorspiels zu Wagners *Meistersingern* verebbt waren, betrat Johannes R. Becher das Rednerpodium.

Der Minister für Kultur der DDR war den meisten in der Kongresshalle versammelten Genossinnen und Genossen sehr wohl bekannt. Becher (1891–1958) hatte sich zunächst als expressionistischer Lyriker einen Namen gemacht, war dann nach Wanderjahren und Morphiumentzug zum KPD-Mitglied geworden und hatte 1928 mit u. a. Ludwig Renn, Anna Seghers und Erich Weinert den Bund proletarisch-revolutionärer Schriftsteller gegründet. 1933 ging er ins Exil nach Moskau, wo er den »Großen Terror« und Stalins »Schädlingswahn« unbeschadet überstand. 1944 wurde er in eine Arbeitskommission aufgenommen, die sich mit der »Gestaltung des

---

22 Hannes Siegrist: Geistiges Eigentum im Spannungsfeld von Individualisierung, Nationalisierung und Internationalisierung. Der Weg zur Berner Übereinkunft von 1886. In: Rüdiger Hohls, Iris Schröder, Hannes Siegrist (Hrsg.): Europa und die Europäer. Quellen und Essays zur modernen europäischen Geschichte. Wiesbaden 2005, S. 52–61, hier S. 55.
23 Wiesner: Die DDR und das internationale Urheberrechtsregime, S. 266.

neuen Deutschlands« nach dem Sturz Hitlers beschäftigen sollte.[24] Mit dabei waren viele künftige SED-Funktionäre wie Walter Ulbricht, Wilhelm Pieck, Hermann Matern, Rudolf Herrnstadt oder Alfred Kurella. Direkt nach Bechers Rückkehr in Deutschland im Juni 1945 wurde der Kulturbund zur demokratischen Erneuerung Deutschlands gegründet, dessen Präsident er wurde. In seiner Funktion bemühte sich Becher um die Heimkehr emigrierter Schriftstellerinnen und Schriftsteller sowie um die »inneren Emigranten«. Unter seinen damaligen literarischen Werken, die er als »Hilfsmittel in der Politik« verstand, findet sich etwa das Lied *Auferstanden aus Ruinen*, die Nationalhymne der DDR.[25] Im Januar 1954 wurde Becher erster DDR-Kulturminister. Auf der Leipziger Konferenz der Verleger trat er zwar in dieser Funktion auf, als Folge seines Eintretens für die Liberalisierung der Kulturpolitik nach der Parteitagsrede Chruschtschows und dem Ungarnaufstand verlor Becher aber jeden politischen Einfluss.[26]

In seiner Abschlussrede unter dem Titel »Vom Blühen aller Blumen, oder von der Elbe bis zum gelben Meer«, der sich auf den überlieferten Spruch der chinesischen Kaiserin Wu Zatian (625–705) bezog, skizzierte Becher den anspruchsvollen Entwurf eines verlegerischen und literarischen Feldes, das den gesamten sozialistischen »Ostblock« umspannen sollte. Die nach Leipzig berufene internationale Verlegerkonferenz habe nämlich gezeigt, dass das »weltweites System des Sozialismus« im Begriff sei, »nicht nur quantitativ sich auszudehnen, sondern auf allen Wissensgebieten konkrete Formen anzunehmen«. Das Verlagswesen füge sich »zu einem Neuen«, beginne sich zu einer »Verlagswissenschaft« zu entwickeln. Sie werde »gründlich untersuchen, welche Art von Verlagsproduktion historisch, geschichtlich, gesellschaftlich notwendig ist und welche Verlagsproduktion den Bedürfnissen gewisser Leserschichten entgegenkommen muss«.[27] Das »Neue« an der gerade entstehenden Verlagswissenschaft sei somit, so Becher, ihre transnationale Dimension gewesen. Das sozialistische »Verlagsschaffen« unterscheide sich von dem kapitalistischen durch seine »Planaufgaben und -wirtschaft«: »Während die kapitalistische Buchproduktion mit wenigen Ausnahmen als Geschäft betrieben wird und damit von der Tendenz des Marktes abhängig ist, plant das sozialistische Verlagswesen seine Tätigkeit in ihrer kulturellen und wirtschaftlichen Funktion.«[28]

---

24 Konstantin Ulmer: »Man muss sein Herz an etwas hängen, das es verlohnt«. Die Geschichte des Aufbau-Verlages 1945–2020. Berlin 2020, S. 17.
25 Alexander Behrens: Johannes R. Becher. Eine politische Biographie. Köln 2003, S. 252.
26 Jens-Fietje Dwars: Abgrund des Widerspruchs. Das Leben des Johannes R. Becher. Berlin 1998, S. 758 f.
27 Johannes R. Becher: Ansprache anlässlich der Konferenz des Verlagswesens der sozialistischen Länder in Leipzig. In: SächsStA, 21766/1206.
28 A. E.: Die große Konferenz. In: Börsenblatt (Leipzig) vom 13. April 1957.

Als Johannes R. Becher im Hinblick auf die transnationalen Verflechtungen im verlegerischen Feld über das »sozialistische Weltsystem« sprach, machte er de facto Gebrauch von einem Begriff, der als Selbstbezeichnung der »sozialistischen Staatengemeinschaft« unter der Führung der Sowjetunion erst seit den 1960er-Jahren fungierte.[29] Das Theorem des »sozialistischen Weltsystems« stützte sich auf die Theorie van den zwei Weltmärkten, welche von Josef Stalin (1878–1953) 1952 als Fassung der Ausweitung der Sphäre planwirtschaftlichen Außenhandels in der Welt eingeführt worden war. Dafür wurden in den darauffolgenden Jahren auch Bezeichnungen wie »sozialistisches Wirtschaftsgebiet«, »sozialistische Weltwirtschaft« oder »sozialistischer Weltmarkt« verwendet.[30] Das »sozialistische Weltsystem« sollte somit als eine klar abgegrenzte Einheit gekennzeichnet sein, durch gemeinsame Formen des Wirtschaftens, der Organisation der Gesellschaft und gemeinsame Interessen. Es stand in einem internationalen Klassenkampf mit dem »imperialistischen« Weltsystem, konnte aber auch die Form der »friedlichen Koexistenz« annehmen.[31]

Die Stichhaltigkeit des Begriffs wurde durch die spätere Forschung immer wieder infrage gestellt. So sprach Immanuel Wallerstein, ohne sich eingehend mit der realsozialistischen Begriffsverwendung auseinandergesetzt zu haben, dem selbstproklamierten »sozialistischen Weltsystem« den Charakter einer eigenständigen Entität ab und erklärte es zu einer Semiperipherie des kapitalistischen Weltsystems.[32] Berthold Unfried hielt dagegen die Verwendung des Begriffs in der historischen Forschung für zweckmäßig und argumentierte, dass man es in diesem Fall mit einem Wirtschafts- und Gesellschaftssystem eigener Funktionslogik zu tun habe. Die Debatte, »ob wir es als eigenes Weltsystem oder als Teil eines umfassenden Weltsystems ansehen«, erschien ihm demgegenüber nachrangig.[33]

In weiteren Teilen seiner Ansprache setzte sich Becher mit der sozialistischen Weltliteratur auseinander. Das künftig transnational agierende Verlagswesen der »Ostblock«-Länder stellte er vor die Aufgabe, über die kulturpolitischen und die

---

29 Berthold Unfried: Sozialistisches Weltsystem? Wie tauglich ist diese Selbstbezeichnung für die historische Forschung? Eine Erörterung anhand der Praxis außereuropäischer internationaler Zusammenarbeit der DDR. In: Zeitschrift für Weltgeschichte 22 (2021) Nr. 1/2, S. 183–207, hier S. 184.
30 Vgl. Alexej Rumjanzew (Hrsg.): Sozialistisches Weltsystem und revolutionärer Weltprozess. Berlin 1982, S. 15.
31 Vgl. Weltsystem. In: Georg Klaus, Manfred Buhr (Hrsg.): Philosophisches Wörterbuch. Berlin 1975, S. 1290 f.; Sozialistisches Weltsystem. In: Gerhard Schüssler (Hrsg.): Wörterbuch zum sozialistischen Staat. Berlin 1974, S. 307–310; Waltraud Böhme (Hrsg.): Kleines politisches Wörterbuch. Berlin 1986, S. 885–887.
32 Unfried: Sozialistisches Weltsystem, S. 184. Vgl. Immanuel Wallerstein: The Rise and Future Demise of the World Capitalist System. Concepts for Comparative Analysis. In: ders.: The Essential Wallerstein. New York 2000, S. 71–105, hier S. 102.
33 Unfried: Sozialistisches Weltsystem, S. 206.

damit zusammenhängenden ästhetischen und formellen Eigenarten des gemeinsamen Kanons nachzudenken. Als entscheidend hielt er dabei das kollektive Festhalten an Regeln des Sozialistischen Realismus, mit denen er sich während seines Exils in der Sowjetunion schnell anzufreunden wusste. Dennoch war die Leipziger Rede ein Zeichen Bechers ideologischer Verhärtung wie auch der Ideologisierung des Kulturdenkens nach 1946. Noch 1945 huldigte Becher dem Gedanken der Völkerverständigung durch die Rückbesinnung auf ein kulturelles Erbe. Programmgemäß plädierte er für eine Form der wechselseitigen Transnationalität, die sich vor allem in einem gesteigerten Bewusstsein gegenüber den sozialistischen Gesellschaftsmodellen ausdrückte. Mit seinem Kulturmodell wollte er als Präsident des Kulturbundes vorerst einen Neubeginn initiieren, der möglichst viele Intellektuelle und gesellschaftliche Gruppen in das Projekt integrierte.[34] Bechers »liberalkommunistische« Vorstellungen wurden jedoch rasch durch stalinistische Strömungen in seinem Umfeld eingeschränkt. Unter Alexander Abusch (1902–1982), der 1945 als Leiter der Politischen Abteilung des Kulturbundes eingesetzt worden war und als Mitglied des ZK der SED für eine engere ideologische Anbindung des Kulturbundes an die politischen Ziele der Partei stand, radikalisierte sich die Ausrichtung des Kulturbundes, was letztendlich zu dessen Verbot in den westlichen Zonen führte.[35] Nach Bechers Entmachtung im Jahr 1957 sollte Abusch auch seinen Vorgesetzten in der Funktion des Ministers für Kultur ersetzen.

Maßgeblich waren spätestens seit 1948 nicht mehr die bis dahin liberaleren Vorstellungen, die Bechers als Präsident propagiert hatte, sondern ein marxistisches Verständnis von Literatur und kultureller Entwicklung, das sich in der Sowjetunion im Kontext der Debatten um den Sozialistischen Realismus entwickelt hatte.[36] Der politisch geschwächte Becher hat wahrscheinlich vorsichtshalber in einem Teil seiner Rede einen recht doktrinären Ton angeschlagen, indem er mit Hinweis auf die titelgebende Blumen-Metapher über »Bodenverhältnisse« und die »Beschaffenheit der Beete« räsonierte: Manchmal seien sie nämlich von solcher Art, dass man »auf manches schöne Blühen« zu verzichten habe. Man müsse sich entschieden dagegen wehren, dass »das Unkraut und der Unsinn sich uns als Blumen anbieten, darum, weil sie oft nur allzu üppig blühen«.[37] Dann wurde der Kulturminister konkreter:

> Es kann nicht anders sein, als daß in einem Verlagswesen von sozialistischem Charakter eine Reihenfolge dessen feststellbar ist, was zunächst und vor allem

---

34 Peter Goßens: »Erbkriege um Traumbesitz«. Voraussetzungen des Begriffes »Weltliteratur« in der DDR. In: Peter Goßens, Monika Schmitz-Emans (Hrsg.): Weltliteratur in der DDR. Debatten – Rezeption – Kulturpolitik. Berlin 2015, S. 7–97, hier S. 59, 61.
35 Ebenda, S. 63 f.
36 Ebenda, S. 65.
37 Becher: Ansprache anlässlich der Konferenz des Verlagswesens.

dem Leserpublikum nahegebracht werden muß. Man muß heute das heute Notwendige tun, damit das morgen Notwendige getan werden kann. Wenn man das morgen und übermorgen Mögliche heute zu tun unternimmt, wird man es weder heute noch morgen noch übermorgen verwirklichen können. Jede Möglichkeit ist eine solche in einer bestimmten konkret gegeben Zeit und wird unmöglich, wenn man diese Tatsache nicht berücksichtigt. […] Auf diese Weise werden dann die schönen Träume viel später in Erfüllung gehen, als wenn man <u>die</u> kulturpolitischen Maßnahmen ergreift, wie sie heute real sind. Um ein Beispiel dafür anzuführen: Zweifellos gehört der große französische Schriftsteller Flaubert zur Weltliteratur, und eine der kulturpolitischen Aufgaben des Sozialismus besteht auch darin, solche Erscheinungen wie Flaubert allen Menschen zugänglich zu machen, aber – zunächst und vor allem haben wir die Aufgabe dafür zu sorgen, daß die Mehrzahl der Menschen z. B. *Die Mutter* Gorkis gelesen hat und die großen klassischen Autoren. Der Weg zu Flaubert führt über Gorki und die große Klassik und nicht umgekehrt, wie es zwar historisch, aber nicht kulturpolitisch richtig wäre. Die sozialistisch-realistische Methode gilt nicht nur für die Künste, sondern ist eine Betrachtungsweise, die auf allen Lebens- und Wissensgebieten ihre Gültigkeit hat, so auch im Verlagswesen. […] Wir beginnen mit den großen Klassikern und unseren fortschrittlichen Schriftstellern, und später werden wir es uns zweifelsohne leisten können, alles das, was zur Weltliteratur gehört, unseren Lesern in uneingeschränkten Auflagen zu vermitteln. […] Es ist ein anormales, man könnte sagen ein pervertiertes Verhältnis, wenn Menschen Bescheid wissen über den Maler Klee, den Komponisten Schönberg und über den irischen Schriftsteller Joyce, aber nichts wissen von Rembrandt, nichts von Beethoven, nichts von Tolstoi. Ein solches Verhältnis schließt ein ganz und gar unkritisches Verhältnis der Moderne gegenüber ein, und gerade dadurch, daß diesen Menschen jede Vergleichsmöglichkeit fehlt, werden sie zu geradezu süchtigen Anhängern einer falsch verstandenen Modernität.[38]

Das lange Zitat macht ersichtlich, dass der Plan zu einer neuen sozialistischen Literaturgesellschaft nicht nur die Etablierung eines neuen Bewusstseins für eine transnationale Gegenwartsliteratur vorsah, sondern auch die entschiedene Revision des Weltliteraturkanons, der in seiner Entwicklungsgeschichte eng mit dem bürgerlich-humanistischen Erbe verbunden war. Becher verwies unmissverständlich auf die Beschlüsse des 30. Plenums des ZK vom Februar 1957, auf dem Walter Ulbricht unter dem Motto, man müsse »nicht alle Blumen blühen lassen«, deutlich einen härteren Kurs signalisierte und ringsum die große »ideologische Offensive«

---

38 Ebenda (Hervorhebung im Original).

der SED einsetzte.[39] Bechers Abschlussrede musste den mehr liberal eingestellten Teilnehmern aus Polen oder der Tschechoslowakei anschaulich gemacht haben, dass die in der DDR einsetzende Kampagne gegen den »Revisionismus« – welche im Dezember 1956 die Verhaftung des Leiters des Aufbau-Verlags Walter Janka und seines Cheflektors Wolfgang Harich sowie beider Redakteure der Zeitschrift Sonntag, Gustav Just und Heinz Zöger, unter Anklage der konterrevolutionären Verschwörung zur Folge hatte – das antistalinistische Tauwetter in Ostdeutschland beendete.[40]

Mit Bechers Worten wurde die erste Konferenz des sozialistischen Verlagswesens abgeschlossen. Sie schwankte zwischen der Öffnung nach dem XX. Parteitag der KPdSU in vielen »Ostblock«-Ländern und dem kulturpolitischen Frosteinbruch in der DDR. Die Bedeutung der Konferenz für die Entstehung transnationaler verlegerischer Netzwerke sollte dennoch nicht unterschätzt werden. In zahlreichen Plenarsitzungen, Parallel- und Untersektionen sowie Werkstätten sind fast alle Bereiche des sozialistischen Verlagswesens erörtert worden. Empfehlungen in Hinsicht auf die Zusammenarbeit der Verlage behielten ihre Gültigkeit bis zur politischen Wende. Das Gefälle zwischen den entwickelten Buchkulturen und Ländern wie Vietnam oder der Mongolei, in denen der Buchmarkt weitgehend unterentwickelt war, wurde ebenfalls zu einem der Themen der Besprechung; das geplante Zusammenwirken sollte demnach zum verlegerischen Wissens- und Technologietransfer beitragen. Dass ein solches zentralisiertes Planungsvorhaben in den darauffolgenden Jahren nicht unbedingt im vollen Umfang in die Praxis umgesetzt wurde, wird noch

---

39 Siegried Lokatis: Vom Amt für Literatur und Verlagswesen zur Hauptverwaltung Verlagswesen im Ministerium für Kultur. In: Simone Barck, Martina Langermann, Siegfried Lokatis (Hrsg.): »Jedes Buch ein Abenteuer«. Zensur-System und literarische Öffentlichkeiten in der DDR bis Ende der sechziger Jahre. Berlin 1997, S. 19–60, hier S. 58.

40 Mit seiner Politik der geistigen Öffnung hatte der Aufbau-Verlag entscheidend zur demokratischen Selbstbesinnung der Intellektuellen nach dem XX. Parteitag der KPdSU beigetragen. Nachdem sich führende Mitarbeiter des Verlags direkt politisch zu Wort gemeldet hatten und eine demokratische Umstrukturierung der SED und der DDR forderten, ließ sie Walter Ulbricht verhaften, um mit ihnen stellvertretend alle innerparteilichen Gegner zu treffen. Im März 1957 wurden die Aufbau-Mitarbeiter in Schauprozessen zu mehrjährigen Haftstrafen verurteilt. Vgl. Wurm: Jeden Tag ein Buch, S. 48; ders.: Der frühe Aufbau-Verlag 1945–1961. Konzepte und Kontroversen. Wiesbaden 1996, S. 202–208. Zwar gehörte Johannes R. Becher dieser Opposition selber nicht an, aber – hier lag auch der Grund für seine spätere Entmachtung – er sympathisierte mit ihr und protegierte den Kreis um Janka und Harich. Nach der Verhaftungswelle distanzierte sich Becher opportunistisch von Aufbau-Mitarbeitern. Zwar behielt er pro forma Titel und Amt, wurde in Wahrheit aber von seinem Staatssekretär Alexander Abusch beerbt. Abusch entwarf eine neue kulturpolitische Linie und verlangte eine enge Bindung der Kulturschaffenden an die Partei. Vgl. Behrens: Johannes R. Becher, S. 288–297.

in weiteren Ausführungen zu zeigen sein. Auch auf die methodologischen Implikationen des sich formierenden literarischen Feldes des sozialistischen »Ostblocks« kommen wir noch zurück.

Transnationalisierungsprozesse und »Kahlschlag«

Aufschlussreich im Kontext der in der Tauwetterperiode einsetzenden internationalen literarischen und verlegerischen Kontakte zwischen der DDR und dem sozialistischen Ausland sind die archivierten Reiseberichte des Deutschen Schriftstellerverbandes (DSV) aus den Jahren 1956 bis 1965. Die Aufgabe dieses 1950 nach sowjetischem Vorbild gegründeten politischen Dachverbands der schöngeistigen Autorinnen und Autoren, Literaturkritikerinnen und -kritiker, Herausgeberinnen und Herausgeber, Lektorinnen und Lektoren sowie Übersetzerinnen und Übersetzer der DDR war vor allem die Umsetzung der Kulturpolitik der SED. Der DSV wirkte somit als Disziplinierungseinrichtung und war, wie von Joachim Walther ausführlich dokumentiert, »vom Haupt bis zu den Gliedern bemerkenswert üppig mit IM besetzt«.[41]

Die Auslandsarbeit des DSV, welche von der Forschung bislang kaum wahrgenommen wurde,[42] bot aber zugleich Möglichkeiten eines Meinungsaustausches, wie sie in der Öffentlichkeit so nicht gegeben waren. Ende der 1950er-Jahre bereisten die entsandten Delegationen des DSV zahlreiche internationale Kolloquien und Seminare, welche im Rahmen der Freundschaftsabkommen mit Ländern des europäischen »Ostblocks« stattfanden. Die DDR-Delegierten waren auf der Suche nach

---

41 Joachim Walther: Sicherungsbereich Literatur. Schriftsteller und Staatssicherheit in der Deutschen Demokratischen Republik. Berlin 1996, S. 730 f.

42 Vgl. Thomas Keiderling: Der Deutsche Schriftstellerverband / Schriftstellerverband der DDR. In: Christoph Links, Siegfried Lokatis, Klaus G. Saur (Hrsg.): Geschichte des deutschen Buchhandels im 19. und 20. Jahrhundert. Deutsche Demokratische Republik. Teil 1: SBZ, Institutionen, Verlage. Berlin 2022, S. 333–355; Carsten Gansel: Parlament des Geistes: Literatur zwischen Hoffnung und Repression 1945–1961. Berlin 2022, S. 26–30, 159–163; Thomas W. Goldstein: Writing in red. The German Writers Union and the role of literary intellectuals. New York 2017, S. 75–80. Sabine Pamperrien druckte im Anhang ihres Buches einige Dokumente zur Auslandsarbeit des DSV ab, ging jedoch auf diese analytisch nicht ein. Vgl. Sabine Pamperrien: Versuch am untauglichen Objekt. Der Schriftstellerverband der DDR im Dienst der sozialistischen Ideologie. Frankfurt/M. 2004, S. 200–220. Zu den wenigen Versuchen einer Auswertung von Dokumenten der Auslandsabteilung der DSV zählen die Anmerkungen im Beitrag von Jutta Müller-Tamm: Das geteilte Berlin als Katalysator der Internationalisierung des Literaturbetriebs. In: dies. (Hrsg.): Berliner Weltliteraturen. Internationale literarische Beziehungen in Ost und West nach dem Mauerbau. Berlin, Boston 2021, S. 1–37, hier S. 21–28.

potenziellen ideologischen Allianzen, sahen sich aber nicht selten konfrontiert mit theoretischen und ästhetischen Strömungen, die in Ostdeutschland noch immer als häretisch galten. Otto Braun (1900–1974) – der wissenschaftliche Mitarbeiter am Institut für Marxismus-Leninismus beim ZK der SED, ab 1961 der 1. Sekretär des DSV – berichtete 1958 über die Erste Internationale Übersetzerkonferenz in Warschau:

> Die äußeren Umstände waren typisch für die ganze Konferenz: Klares Überwiegen westlicher, nichtsozialistischer Elemente, starke revisionistische und liberalistische Einflüsse seitens vieler polnischer (und der beiden jugoslawischen) Teilnehmer, eine Atmosphäre beruflichen Praktizismus und ängstlichen politischen Neutralismus. […] Die literarischen Gespräche mit diesen Leuten schlugen oft in politische Auseinandersetzungen um, die zwar nicht erquicklich waren, aber immerhin Gelegenheit zu einem echten Meinungsstreit boten. Die Mitglieder der Delegation haben zweifelsohne ihren Horizont erweitert und ihren Standpunkt gefestigt. […] Abschließend sei jedoch noch einmal betont, dass eine Orientierung auf diese Konferenz oder ähnliche Veranstaltungen, die von bürgerlichen, revisionistischen und liberalistischen Elementen beherrscht werden, die Übersetzer der Deutschen Demokratischen Republik nicht vorwärtsbringen, sondern nur zurückwerfen könnte.[43]

Der zitierte Verweis auf den »echten« Meinungsaustausch sowie weitere Anmerkungen über den auf der Konferenz herrschenden »zünftlerischen, unpolitischen Geist«, gegen den sich die Sprecher aus der DDR nicht durchzusetzen vermochten, mögen aufgrund des offiziellen Status der Textsorte »Reisebericht« unterschiedlich bewertet werden. Einerseits hob Braun, gemäß den im DSV geltenden kulturpolitischen Richtlinien, die ideologischen Bündnisse o. a. mit dem in Warschau anwesenden ungarischen Übersetzungstheoretiker László Kardos (1898–1987) hervor, der in der Diskussion immer wieder auf die Methode des »Sozialistischen Realismus« einzugehen versuchte, kritisierte die »Überbetonung« westlicher Literatur in den jeweiligen Vorträgen sowie die institutionelle Einbettung der Tagung in die Strukturen des Internationalen Übersetzerverbandes (FIT) und der UNESCO. Andererseits findet sich aber in dem archivierten Bericht eine ausführliche Darstellung der 1957 erschienenen *Einführung in die Übersetzungstheorie* des polnischen Translationswissenschaftlers Olgierd Wojtasiewicz (1916–1995).[44] Dessen Einsichten, welche sich in die Methodik der zu diesem Zeitpunkt in den sozialistischen Ländern fast unbekannten kognitiven Linguistik einfügten und sich noch vor

---

43 Otto Braun: Zur Ersten Internationalen Übersetzerkonferenz in Warschau, o. D. (1958). In: AdK, Archiv des Schriftstellerverbandes 98.
44 Vgl. Olgierd Wojtasiewicz: Wstęp do teorii tłumaczenia. Wrocław, Warszawa 1957.

Jakobson auf den Begriff der Äquivalenz zu beziehen schienen,[45] beschrieb Braun zwar vorsichtshalber als »völlig gegenstandslos« und nicht übereinstimmend mit den »wesentlichen Grundsätzen der sowjetischen Übersetzungsschule«, attestierte ihnen jedoch zeitgleich einen »originellen Charakter« und hielt die wichtigsten Thesen schriftlich fest (»Übersetzung als linguistische Tätigkeit«, »Einteilung der Sprachen in natürliche, künstliche und gemischte«, Überwindung der »kulturellen Unterschiede zwischen den Völkern und ihren Sprachen durch eine Art der ›Universalbildung‹«).[46]

Brauns Reisebericht scheint exemplarisch zu sein für den »dualen Habitus« mancher DSV-Delegierter,[47] die seit Mitte der 1950er-Jahre die sozialistischen Brüderländer bereisten und an den zahlreichen internationalen Tagungen im »Ostblock« teilnahmen. In seiner obligatorischen Berichterstattung reagierte der altgediente Komintern-Funktionär Braun anhand des internalisierten normativen »öffentlichen Transkripts« auf kulturpolitische Dispositionen und adressierte die systemkonformen Ausführungen an die entsprechenden Stellen, welche die Dokumente auf ideologische Richtigkeit examinierten.[48] Im Hinblick auf die interne Zirkulation der archivierten Reiseberichte unter den DSV-Mitgliedern protokollierte er zugleich die nicht selten systemkritischen translations- und literaturwissenschaftlichen Debatten und versuchte somit die Anforderungen sowohl des kulturellen als auch des politischen Kapitals auszugleichen. Die rege Diskussionskultur, welche Braun nach 30 Jahren im Moskauer Exil in Warschau kennenlernte (erst 1954 durfte er nach Ostberlin zurückkehren), erschien ihm nicht ganz abwegig zu sein: Als 1961 Braun den Autor Erwin Strittmacher (1912–1994) auf dessen Posten als Erster Sekretär des Schriftstellerverbandes ablöste, sagte er zum Amtsantritt, statt auf Literaturpropaganda wolle er das Schwergewicht auf eine schöpferische Literaturdiskussion legen. Viel Zeit bekam er dafür nicht: Schon 1963 setzte ihn der SED-Chef Walter Ulbricht wieder ab.[49]

Die kulturpolitischen, wissenschaftssoziologischen und literaturästhetischen Tauwettererscheinungen im europäischen »Ostblock« setzten den DSV jedoch insgesamt in höchste Alarmbereitschaft. Während etwa in Polen und in der Tschechoslowakei die Legitimationskrise des stalinistischen Herrschaftssystems

---

45 Krzysztof Hejwowski: Olgierd Wojtasiewicz – Father of Polish Translation Studies. In: Przekładaniec 26 (2012), S. 108–114, hier S. 110.
46 Braun: Zur Ersten Internationalen Übersetzerkonferenz.
47 Matthew Philpotts: Double Agents: The Editorial Habitus and the Thick Socialist Literary Journal. In: Sara Jones, Meesha Nehru (Hrsg.): Writing Under Socialism. Nottingham 2011, S. 165–182, hier S. 168–170.
48 Jan Palmowski: Inventing a Socialist Nation: Heimat and the Politics of Everyday Life in the GDR. Cambridge 2009, S. 143–146.
49 Goldstein: Writing in red, S. 38.

zur Aufkündigung des kulturpolitischen Konzepts des sozialistischen Realismus führte und der weit verbreitete Affekt gegen politische Vorgaben und ästhetische Vorhalte die dortigen Funktionäre zur Reformulierung ihrer Literaturpolitik zwang, setzte die SED die bereits erwähnte Kampagne gegen den »Revisionismus« ein. Das Beharren auf dem Kern des stalinistischen Konzepts und seine Abgrenzung gegen Einflüsse »bürgerlicher Dekadenz« stand vor dem Hintergrund der polnischen und ungarischen Ereignisse. Verhaftungen in Zeitschriftenredaktionen und Verlagen, die unmittelbar nach der Zerschlagung der ungarischen »Konterrevolution« begannen, waren somit eine direkte Folge der kulturellen Mobilität innerhalb des »Ostblocks«.[50] Auf der Kulturkonferenz von 1957, deren Funktion vor allem in der politisch-ideologischen Disziplinierung der Kulturschaffenden lag, folgten im Jahr 1958 Veranstaltungen, die den normierenden Charakter des Sozialistischen Realismus für die wissenschaftliche Forschung bekräftigten.[51]

Die nach 1956 im sozialistischen Ausland neugegründeten Literaturzeitschriften wurden im DSV als mediale Zirkulationsformate »revisionistischer« Positionen eingehend analysiert. So urteilte der Literaturübersetzer Rudolf Pabel nach der Lektüre des polnischen Zweiwochenblattes WSPÓŁCZESNOŚĆ (1956 bis 1971) über Beiträge der Lyriker, in denen es sich um »Wortspielereien ohne tieferen Sinn, ohne jede Bezugnahme auf die Probleme unserer Zeit«, um »gegenwartsabgewandte«, »pessimistische« und »dekadente« Snobismen gehandelt haben sollte. Pabel konkludierte:

> Sie sind Snobs und Dekadenzler. Der Klüngel, der sich um sie schart, der ihnen applaudiert, hat verdammt große Ähnlichkeit mit den Kreisen der ungarischen Konterrevolution und den Revisionisten aus dem Bund der Kommunisten Jugoslawiens. [...] Wir und unsere jungen Autoren müssen überlegen, wie man diesen jungen Menschen, die in die Irre gehen, helfen kann, wie man zu einer wirklich lebendigen, fruchtbringenden und überzeugenden Diskussion mit ihnen kommen, wie man sie auf den rechten Weg, der für unser Bruderland allein möglichen Weltanschauung bringen kann.[52]

---

50 Katarzyna Śliwińska: Zu einigen Aspekten des sozialistischen Realismus in Polen und in der DDR. In: STUDIA GERMANICA POSNANIENSIA XXVII (2001), S. 201–217, hier S. 214.
51 Martina Langermann: Kanonisierungen in der DDR. Dargestellt am Beispiel »sozialistischer Realismus«. In: Renate Heydebrand (Hrsg.): Kanon – Macht – Kultur. Theoretische, historische und soziale Aspekte ästhetischer Kanonbildung. Stuttgart, Weimar 1988, S. 540–559, hier S. 548 f.
52 Rudolf Pabel: Zeitschrift der polnischen jungen Autoren GEGENWART, 11.7.1958. In: AdK, Archiv des Schriftstellerverbandes 1026.

Als Antwort auf die postulierte Überzeugungsarbeit intensivierte der Schriftstellerverband um 1960 seine Auslandsarbeit im »Ostblock«. Das Ministerium für Auswärtige Angelegenheiten gab den in die sozialistischen Länder reisenden Autorinnen, Autoren, Literaturkritikern, Zeitschriftenredakteuren, Übersetzerinnen und Übersetzern eine vertrauliche Handreichung mit auf den Weg: Bei »öffentlichen Auftreten, [...] auf Pressekonferenzen, öffentlichen Foren, bei Interviews für ausländische Zeitungen, Rundfunkstationen und Fernsehgesellschaften sowie in Gesprächen« hatten sich die Delegierten – insbesondere für die »Behandlung außenpolitischer Fragen des Friedensvertrages und des Westberlinproblems sowie der Beziehungen der DDR zu anderen Staaten« – streng an die veröffentlichten Beschlüsse zu halten.[53] Die bürokratischen Richtlinien war aber wenig behilflich bei den nicht einfachen Gesprächen mit Kolleginnen und Kollegen aus den Brüderländern, welche u. a. die eingeschränkte Zugänglichkeit der internationalen Literatur in der DDR, die programmatische Entwicklung des »Bitterfelder Weges«[54] sowie den sozialrealistischen Dogmatismus Alfred Kurellas (1895–1975) – damals in der Funktion des Leiters der Kulturkommission des Politbüros des ZK der SED an der Durchsetzung des Sozialistischen Realismus und zahlreichen kulturpolitischen Interventionen der SED beteiligt – in inoffiziellen Gesprächen dauernd unter Beschuss nahmen.[55]

So habe der Schriftsteller und Mitarbeiter des Ministeriums für Kultur Jan Koplowitz (1909–2001) auf dem »Kongress der Schriftsteller der westpolnischen Gebiete« in Breslau im Mai 1960 unter seinen polnischen Kollegen und Kolleginnen »vergeblich die Stimme der Partei« gesucht. Er sah sich konfrontiert mit der offenen Verteidigung des »Modernismus und seiner existenzialistischen, pessimistischen

---

53 Ministerium für Auswärtige Angelegenheiten (MfAA): Richtlinie zur öffentlichen Behandlung außenpolitischer Fragen (vertraulich), 10.12.1960. In: AdK, Archiv des Schriftstellerverbandes 969.

54 Der »Bitterfelder Weg« sollte in der DDR den Weg zu einer eigenständigen »sozialistischen Nationalkultur« weisen. Namensgebend war eine im April 1959 veranstaltete Autorenkonferenz des Mitteldeutschen Verlages im Elektrochemischen Kombinat Bitterfeld. Dabei sollte geklärt werden, wie den Werktätigen ein aktiver Zugang zu Kunst und Literatur ermöglicht werden kann. Die »Entfremdung zwischen Künstler und Volk« sollte überwunden, die Arbeiterklasse am Aufbau des Sozialismus umfassender beteiligt werden. Künstlerinnen, Künstler, Schriftstellerinnen und Schriftsteller sollten in den Fabriken arbeiten und Arbeiter bei deren eigener künstlerischer Tätigkeit unterstützen. Vgl. Siegfried Lokatis: Der Aufstieg des Mitteldeutschen Verlages (MDV) auf dem »Bitterfelder Weg«. In: Simone Barck, Martina Langermann, Siegfried Lokatis (Hrsg.): »Jedes Buch ein Abenteuer«. Zensur-System und literarische Öffentlichkeiten in der DDR bis Ende der sechziger Jahre. Berlin 1997, S. 127–172.

55 Bericht über die Reise der jungen Autoren Annemarie Herold und Rolf Sommer nach Szeged, August 1958. In: AdK, Archiv des Schriftstellerverbandes 969.

Züge«, einer »kämpferischen Debatte« um den Begriff des »Sozialistischen Realismus« sowie dem immer wieder geäußerten Vorwurf, dass sie »alles in der DDR zu sehr vereinfachen« und sich »zu wenig mit den verschiedenen geistigen Strömungen in der Welt auseinandersetzen«.[56] Auf den Vortrag des Literaturkritikers, Übersetzers deutscher Literatur und Kenners der klassischen Moderne, Egon Naganowski (1913–2000), der anhand der »Opulenztheorie« Hans Mayers (die Literatur der 1920er-Jahre sei ungleich reicher und vielfältiger gewesen als in der Gegenwart) einen »Niedergang« in der Literatur der DDR verkündet hatte,[57] reagierte Koplowitz mit einer Kritik an der Darstellung polnischer Literatur in der Bundesrepublik. Die im Münchner Hanser-Verlag von Karl Dedecius (1921–2016) herausgebrachte Anthologie *Lektion der Stille*, mit der man neue Akzente in den deutsch-polnischen Kultur- und Literaturbeziehungen zu setzen beabsichtigte,[58] solle »bei dem Leser den Eindruck hervorrufen, dass die Lyrik in Polen tot sei und dass nur einige Stimmen des Schweigens den eisernen Vorhang durchdringen«; sie liefere darüber hinaus den »westdeutschen Literaturbeflissenen« einen Beweis dafür, dass es »zwischen der westdeutschen Depressionslyrik und der polnischen Lyrik eine ideologische Koexistenz gäbe«.[59]

Die Parallelität der Transnationalisierung (verstärkter Austausch von Gremien, Autorinnen und Autoren, Übersetzerinnen und Übersetzern, Teilnahme an internationalen Tagungen) und der daraus resultierenden kulturpolitischen Abschottung des DDR-Literaturbetriebs kommt in den im DSV in der ersten Hälfte der 1960er-Jahre zirkulierenden Berichten immer wieder zum Ausdruck. Als der kulturpolitische Hardliner Hans Koch (1927–1986) die Konferenz des Polnischen Schriftstellerverbandes (PSV) in Lublin 1964 besuchte, wurden er und die gesamte ostdeutsche Delegation Zeugen einer »scharfen politischen Auseinandersetzung« sowie »ziemlich unerfreuliche[r]« Diskussionen, in denen die polnischen Gastgeber

---

56 Bericht von Jan Koplowitz und Alfred Schulz über ihre Reise in die VR Polen zur Teilnahme an dem Kongress der Schriftsteller der westpolnischen Gebiete in Wroclaw vom 3.–5. Mai 1960. In: AdK, Archiv des Schriftstellerverbandes 969.
57 Klaus-Dieter Hähnel: Dokument und Erinnerung. Zu Mark Lehmstedts Briefedition: Hans Mayer, Briefe 1948–1963. Hans Mayer (1907–2001) zum hundertsten Geburtstag. In: Zeitschrift für Germanistik 1 (2007), S. 184–194, hier S. 186. Die »Opulenztheorie« kam während eines nicht gesendeten Rundfunkvortrags zur Sprache, wurde aber 1957 in der Zeitschrift Sonntag abgedruckt und später auch in der Schweiz, Österreich, Polen und der Tschechoslowakei veröffentlicht. Mayers Darstellung eines »völligen Bankrotts der sozialistischen Literatur« wurde eingehend von der Staatssicherheit ausgewertet (Über den Literaturwissenschaftler Hans Mayer, 5.10.1963. In: Behörde des Bundesbeauftragten für die Unterlagen des Staatssicherheitsdienstes der ehemaligen DDR (weiter als BStU), MfS, ZAIG 787.
58 Vgl. Marek Zybura: »Lekcja ciszy« w głosach krytyki niemieckiej. Wrocław 2009.
59 Bericht von Jan Koplowitz und Alfred Schulz über ihre Reise in die VR Polen.

etwa behaupteten, dass Karl Jaspers »nicht nur der bedeutendste Philosoph, sondern der größte Deutsche« sei und dass die DDR einen »schweren Fehler beginge, ihn für einen Gegner zu halten«.[60] Jerzy Putrament (1910–1986), der Vizepräsident des PSV, bat daraufhin in Berlin offiziell um Entschuldigung und erklärte die Geschehnisse mit einer sehr schwierigen Situation bei den Intellektuellen. Diese Gleichzeitigkeit der zentralgeplanten, dennoch aber regen und sich immer eigenständiger entwickelnden sozialistischen Transnationalisierung und Abschottung zeigte für den Literaturbetrieb der DDR eine auffällige Sofortwirkung. Einerseits versuchten kritische Geister ausgetretene Pfade zu verlassen: Der Aufbau-Verlag plante für 1963 Ausgaben von Franz Kafka, Max Frisch, Friedrich Dürrenmatt und Martin Walser; im Verlag Volk & Welt arbeitete der Lektor Hans Petersen an einer Faulkner-Edition.[61] Andererseits waren in der Kulturpolitik neue Spannungen zwischen der SED und den Bruderparteien der restlichen sozialistischen Länder aufgetreten.

So ist die Kafka-Konferenz vom Mai 1963 – eine internationale Tagung des tschechoslowakischen Schriftstellerverbandes, die später in die Geschichte als ein Markstein des Demokratisierungsprozesses einging – »ins Kreuzfeuer des Kalten Krieges geraten« und »zum geistigen Verdun jenes Krieges« geworden.[62] Franz Kafkas Werk hatte in der DDR eine lange kulturpolitische Vorgeschichte. Trotz einiger Vorstöße einzelner Literaturwissenschaftler und Literaturwissenschaftlerinnen wurde Kafka, anders als in Polen oder der Tschechoslowakei, lange Zeit überhaupt nicht verlegt und von der Literaturkritik systematisch vernachlässigt. Gleichzeitig stand sein Name als Symbol in den gesellschafts- und geschichtstheoretischen, philosophischen und literaturwissenschaftlichen Diskussionen über Fragen des Realismus, über den Begriff der »Entfremdung« und über Konzepte der »Erbe-Aneignung«. 1947 konnte noch im Weimarer Gustav Kiepenheuer Verlag in einer geringen Auflage von 5000 Exemplaren der Band *Beim Bau der chinesischen Mauer* erscheinen, nach der Staatsgründung und mit dem Beginn des Kalten Krieges wurde Kafka aber zur »literarischen persona non grata«.[63] Sein Werk wurde als »dekadent« bzw. »formalistisch« abgestempelt und in einer Rede Johannes R. Bechers auf dem

---

60 Hans Koch: Aktennotiz (streng vertraulich), o. D. (1964). In: AdK, Archiv des Schriftstellerverbandes 969.
61 Ulmer: »Man muss sein Herz an etwas hängen« S. 132–148; Hans Petersen: Über Faulkner und die Erschließung der amerikanischen Literatur. In: Simone Barck, Siegfried Lokatis (Hrsg.): Fenster zur Welt. Eine Geschichte des DDR-Verlages Volk und Welt. Berlin 2003, S. 175–178, hier S. 176.
62 Eduard Goldstücker: Zur Ost-West-Auseinandersetzung über Franz Kafka. In: Franz Kafka. Nachwirkungen eines Dichters. München 1984, S. 62–70, hier S. 62.
63 Angelika Winnen: Kafka-Rezeption in der Literatur der DDR. Produktive Lektüren von Anna Seghers, Klaus Schlesinger, Gert Neumann und Wolfgang Hilbig. Würzburg 2006, S. 18.

Leipziger Kulturkongress 1951 für »unnütz« erklärt, da er von der »gesellschaftlichen Entwicklung bereits überholt« sei.[64] Die Auseinandersetzung um Kafka in der DDR wurde maßgeblich von Georg Lukács (1885–1971) beeinflusst, der in seinem Essay »Wider den mißverstandenen Realismus« Thomas Mann einem »lebenswahren Realismus« und Kafka hingegen der »artistisch interessanten Dekadenz« zuordnete.[65] Nachdem in den 1950er-Jahren einige Literaturwissenschaftler, u. a. Hans Mayer (1907–2001), erfolglos für die Publikation von Kafkas Werk plädiert hatten, wuchs nach dem Bau der Mauer der Druck, den Prager Autor in der DDR letztendlich erscheinen zu lassen. Im August 1962 forderte Jean-Paul Sartre auf dem Weltfriedenkongress in Moskau, das Werk Kafkas zum Prüfstein für einen friedlichen kulturellen Wettbewerb zwischen Ost und West zu machen.[66]

Die Konferenz in Liblice trug erneut zu einer Politisierung Kafkas in der DDR bei. Anlässlich des 80. Geburtstages des Prager Schriftstellers bat der Germanist und Mitarbeiter der Tschechoslowakischen Akademie der Wissenschaften Eduard Goldstücker (1913–2000) achtzehn tschechoslowakische und neun ausländische Teilnehmer um Referate mit dem Ziel, die »Stellung der marxistischen Literaturwissenschaft zu Kafkas Werk und seine Bedeutung für die sozialistische Gesellschaft zu klären«.[67] Auf der Tagesordnung stand der moderne europäische Roman und seine Wertung im Lichte des »kritischen Realismus«, die Definition der Dekadenz, die Bedeutung der Prager deutschen Literatur des 20. Jahrhunderts sowie das Problem der Entfremdung. Während die Teilnehmer aus der DDR – u. a. Klaus Hermsdorf (1929–2006) und Werner Mittenzwei (1927–2014) – die Meinung vertraten, Kafka sei zwar ein bedeutender Künstler gewesen, habe jedoch der sozialistischen Welt wenig zu sagen und müsse nur als historisches Phänomen betrachtet

---

64 Martina Langermann: »Faust oder Gregor Samsa?«. Kulturelle Tradierung im Zeichen der Sieger. In: Birgit Dahlke, Martina Langermann, Thomas Taterka (Hrsg.): LiteraturGesellschaft DDR. Kanonkämpfe und ihre Geschichte(n). Stuttgart, Weimar 2000, S. 173–213, hier S. 177.
65 Zit. nach Winnen: Kafka-Rezeption, S. 19.
66 Jean-Paul Sartre: Die Abrüstung der Kultur. Rede auf dem Weltfriedenskongreß in Moskau. In: Sinn und Form 14 (1962) H. 5–6, S. 805–815. In derselben Nummer erschien auch Ernst Fischers Aufsatz, mit dem der österreichische Schriftsteller und einer der Hauptredner der Kafka-Konferenz in Liblice, die Grenzen dessen sprengte, was in der DDR zu diesem Gegenstand publiziert worden war. Fischer wendete sich gegen die strikte Trennung von Realismus und Dekadenz in der bürgerlichen Literatur. Die Werke aller bedeutenden modernen bürgerlichen Künstler seien von Elementen der Dekadenz durchsetzt. Auch Thomas Mann bilde da keine Ausnahme. Ernst Fischer: Entfremdung, Dekadenz, Realismus. In: Sinn und Form 14 (1962) H. 5–6, S. 816–854.
67 Leoš Houska: Franz Kafka und Prag 1963. In: Philologica Pragensia 45 (1963) Nr. 6, S. 396–399, hier S. 395.

werden,⁶⁸ traten sämtliche tschechoslowakischen Literaturwissenschaftlerinnen und -wissenschaftler, der Slowene Dušan Ludvik (1914–2001), der Ungar Jenö Krammer (1900–1971), der Frazose Roger Garaudy (1913–2012) sowie der polnische Literaturkritiker Roman Karst (1911–1988) einer solchen These entgegen. Karst, der 1960 eine polnischsprachige Monographie über Kafka veröffentlicht hatte,⁶⁹ berief sich in den ersten Passagen seines Beitrags auf die Ausführungen der DDR-Germanisten und ihre Bemühungen, »Kafka gegen die bürgerliche Kritik zu verteidigen«, wobei man anscheinend vergessen habe, dass »wir viele Jahre nach dem letzten Weltkrieg kein Wort über Kafka geschrieben haben, daß man ihn verschwiegen hat«.⁷⁰ Man sollte, schlussfolgerte Karst, bei der Lektüre Kafkas unsere »Anschauungen« nicht »auszwingen«, nicht das suchen, »was wir nicht finden können«.⁷¹ Karst brachte zum Ausdruck, was man sich auf der Konferenz wünschte: das »Bekenntnis zu Kafka, nicht die Auseinandersetzung mit dem Dichter«.⁷²

Zur medienwirksamsten Stimme der Konferenz wurde aber der Beitrag Ernst Fischers.⁷³ Fischer (1899–1972) – ein österreichischer Dichter, Kritiker, Literaturtheoretiker, Publizist und Mitglied des Zentralkomitees der Kommunistischen Partei Österreichs – widersprach entschieden der Auffassung, dass Kafka »nur mehr eine historisch zu wertende Erscheinung sei« und sein »Werk der Vergangenheit angehöre«:

> Kafka ist ein Dichter, der uns alle angeht. Die Entfremdung des Menschen, die er mit maximaler Intensität dargestellt hat, erreicht in der kapitalistischen Welt ein schauerliches Ausmaß. Sie ist aber auch in der sozialistischen Welt keineswegs überwunden. Sie Schritt für Schritt zu überwinden, im Kampfe gegen Dogmatismus und Bürokratismus, für sozialistische Demokratie, Initiative und Verantwortung, ist ein langwieriger Prozess und eine große Aufgabe.

---

68 Vgl. Klaus Hermsdorf: Künstler und Kunst bei Franz Kafka. In: WEIMARER BEITRÄGE 10 (1964) H. 3, 404–412.
69 Roman Karst: Drogi samotności. Rzecz o Franzu Kafce. Warszawa 1960.
70 Roman Karst: Ein Versuch um die Rettung des Menschen. In: Paul Reimann (Hrsg.): Franz Kafka aus Prager Sicht 1963. Prag 1965, S. 141–148, hier S. 141. Vgl. Karol Sauerland: Teilnehmer der Kafka-Konferenz in Liblice. In: Steffen Höhne, Ludger Udolph (Hrsg.): Frank Kafka. Wirkung und Wirkungsverhinderung. Köln, Weimar, Wien 2014, S. 199–208.
71 Karst: Ein Versuch um die Rettung des Menschen, S. 148.
72 Werner Mittenzwei: Zur Kafka-Konferenz 1963. In: Günter Agde (Hrsg.): Kahlschlag. Das 11. Plenum des ZK der SED 1965. Studien und Dokumente. Berlin 1991, S. 84–92, hier S. 87.
73 Eduard Goldstücker: Zehn Jahre nach der Kafka-Konferenz von Liblice. In: Franz Kafka. Nachwirkungen eines Dichters. München 1984, S. 62–70, hier S. 62.

> Die Lektüre von Werken wie *Der Prozeß* und *Das Schloß* ist geeignet, zur Lösung dieser Aufgabe beizutragen. Der sozialistische Leser wird in ihnen Züge der eigenen Problematik wiederfinden, und der sozialistische Funktionär wird genötigt sein, in manchen Fragen gründlicher und differenzierter zu argumentieren. Anstatt Kafka als abgetan zu betrachten oder vor ihm Angst zu haben, sollte man seine Bücher drucken, und dadurch eine Diskussion auf hohem Niveau heraufbeschwören. [...]
> Der Vorwurf gegen Kafka reduziert sich schließlich darauf, daß er kein Marxist war, die Kraft der Arbeiterklasse, die Wirkung der sozialistischen Revolution unterschätzte. Dies aber wäre Thomas Mann und anderen Zeitgenossen Kafkas ebenso vorzuwerfen, und wäre ebenso ungeeignet, die Qualität ihrer Leistung zu würdigen. In einer Welt, in der so mannigfaltige Widersprüche ineinandergreifen, ist nicht nur eine Vielfalt künstlerischer Methoden unentbehrlich, sondern sind auch verschiedene soziale und individuelle Standpunkte unvermeidlich. [...] Es ist zu hoffen, daß diese Konferenz entscheidend dazu beiträgt, Kafka aus der Region des Kalten Krieges zu retten, sein Werk nicht Kommentatoren vorzubehalten, sondern dem sozialistischen Leser zu übergeben. Ich appelliere an die sozialistische Welt: Holt das Werk Kafkas aus unfreiwilligem Exil zurück! Gebt ihm ein Dauervisum![74]

Infolge der Konferenz erklärte der einflussreiche Kulturfunktionär und Klassikexperte Alexander Abusch, der Kulturaustausch der DDR mit der Volksrepublik Polen und der ČSSR sei nicht zweckmäßig, denn in diesen Ländern seien Erscheinungen des Modernismus sehr ausgeprägt.[75] Die DDR-Kulturpolitiker reagierten auf die ästhetische Fortschrittlichkeit eines Teils des sozialistischen »Ostblocks« mit einem Anspruch auf Definitionsmacht und stilisierten Kafkas »Ästhetik und Weltbild zum Negativbeispiel«, zum »Zeichen machtgestützter symbolischer Gewalt«, in dem es der »Konnotation negativer oder ausgegrenzter Sachverhalte« diente.[76] Ende 1963 deuteten SED-Kulturfunktionäre auf einer Konferenz der Schriftstellerverbände in Moskau an, dass die DDR sich bestimmter »negativer« Einflüsse aus Polen und der Tschechoslowakei stärker erwehren wolle, und begannen Anfang 1964 nach einer Möglichkeit zu suchen, die Nachbarländer auf vermeintliche Gefahren im künstlerischen Bereich hinzuweisen.[77] Der Bericht des Politbüros der SED vom

---

74 Ernst Fischer: Rede bei der Kafka-Konferenz. In: WIENER TAGEBUCH (1978) Nr. 7–8, S. 27–29, hier S. 27, 29.
75 Elke Scherstjanoi: Einleitung. In: dies. (Hrsg.): Zwei Staaten, zwei Literaturen? Das internationale Kolloquium des Schriftstellerverbandes in der DDR, Dezember 1964. Eine Dokumentation. München 2008, S. 7–43, hier S. 13.
76 Langerman: »Faust oder Gregor Samsa?«, S. 175 f.
77 Scherstjanoi: Einleitung, S. 14.

Februar 1964 prangerte den in manchen sozialistischen Ländern unternommenen Versuch an, »in Grundfragen der marxistisch-leninistischen Ästhetik und der Kulturpolitik einen revisionistischen Standpunkt durchzusetzen«. Zu einem Angriff auf den Marxismus wurde der von dem auch in Liblice anwesenden französischen Hochschullehrer für Kunst und Philosophie sowie Mitglied des Zentralkomitees der Kommunistischen Partei Frankreichs, Roger Garaudy, vertretene Begriff des »Realismus ohne Ufer« stilisiert.[78]

Der kulturpolitische Dogmatiker Alfred Kurella sah sich in Liblice in inakzeptabler Weise belehrt und trat mit einem im August 1963 in der Kulturzeitschrift SONNTAG publizierten Artikel gegen die auf der Tagung vertretene literaturästhetische und politische Linie auf:

> Franz Kafka und sein Werk sind weit überfordert, wenn man von ihnen behauptete, sie stellten in künstlerischer Form das dar, was Marx bei seiner Kritik der modernen bürgerlichen Gesellschaft unter dem Begriff der »Entfremdung« zusammengefaßt hat. Die marxistische Theorie der »Entfremdung« kannte Kafka nicht und konnte sie nicht kennen. [...] Was er kannte, was den Inhalt seines Lebens ausmacht, sein Fühlen und sein Denken bestimmte, war die Auswirkung einer besonders im Imperialismus hervortretenden Folgeerscheinung des Grundvorganges der kapitalistischen Entfremdung auf eine bestimmte und sehr begrenzte Gesellschaftsschicht, die die Herkunft und

---

78 Ebenda. Roger Garaudys 1963 in Paris unter dem Sammeltitel *D'un réalisme sans rivages* publizierte Essays (dt. 1981, *Realismus ohne Scheuklappen. Picasso, Saint-John Perse, Kafka*) haben maßgeblich die sowjetische Diskussion über die eigene Kunst und Kunsttheorie des sozialistischen Realismus beeinflusst. Nach dem Erscheinen der russischen Übersetzung im Jahre 1966 wurde immer wieder auf die Unvereinbarkeit der Realismus-Konzeption Garaudys mit den Grundprinzipien der marxistisch-leninistischen Ästhetik hingewiesen. Garaudy kritisierte die zu einseitige Orientierung der Theorie und Praxis des Sozialistischen Realismus an ästhetischen Konzepten des 19. Jahrhunderts, wendete sich gegen jede pauschale Ablehnung der »Dekadenz«, beließ den Autorinnen und Autoren die uneingeschränkte Freiheit zum Entwurf eines »universalen Humanismus«, welcher »der jeweiligen historisch-gesellschaftlichen Situation zwar entsprechen soll, nicht aber aus ihr abgeleitet werden kann«, und erteilte jeder »vulgärmarxistischen Auslegung der Wiederspiegelungstheorie« eine klare Absage. Jochen-Ulrich Peters: Réalisme sans rivages? Zur Diskussion über den sozialistischen Realismus in der Sowjetunion seit 1956. In: ZEITSCHRIFT FÜR SLAVISCHE PHILOLOGIE 37 (1974) Nr. 2, S. 291–324, hier S. 319. Der Revisionismus-Vorwurf gegen Garaudy basierte vor allem darauf, dass er die Autonomie der Kunst »von den natürlichen und materiellen Gesetzen der Welt« proklamierte und die »Rückbindung der künstlerischen Darstellung der Welt an eine rationale, wissenschaftliche Weltanschauung, wie die marxistisch-leninistische«, ablehnte (ebenda, S. 319 f.). Vgl. Roger Geraudy: Kafka, die moderne Kunst und wir. In: Reimann (Hrsg.): Franz Kafka aus Prager Sicht, S. 199–207.

das Milieu Kafkas bestimmte. [...] Bleibt die Frage, ob wir wirklich etwas zu gewinnen haben, wenn wir von den philosophischen Ideen und der literarischen Praxis Franz Kafkas ausgehend den Begriff der »Dekadenz« beseitigen und die Konzeption des Realismus nach der Seite Kafkas hin erweitern und bereichern wollten. Uns scheint, daß auch dazu kein Anlaß vorliegt.[79]

Abb. 6: Reaktion Alfred Kurellas auf die Kafka-Konferenz in Liblice 1963 in der Kulturzeitschrift SONNTAG. Quelle: Deutsches Literaturarchiv Marbach.

Trotz Kurellas zorniger Worte trug die Auseinandersetzung um das Werk Franz Kafkas in Liblice zu dessen verzögerter Aufnahme in der DDR bei. Bereits im März

---

79 Alfred Kurella: Der Frühling, die Schwalben und Franz Kafka. Bemerkungen zu einem literaturwissenschaftlichen Kolloquium. In: SONNTAG vom 4. August 1963, S. 10–12, hier S. 11.

1962 wurde im Sektor »Schöne Literatur« der Abteilung Literatur und Buchwesen des Ministeriums für Kultur erstmals über Kafkas Werk debattiert. Im einleitenden Referat stellte einer der Mitarbeiter fest, dass Kafka zwar nicht »zur Volksliteratur« gehöre, das Verbot seiner Texte in der Nazizeit »den Ruhm seiner Werke« jedoch gefördert habe; daher gehe von ihm »eine breite Wirkung auf das Denken der bürgerlich-intellektuellen Bildungselite und großer Teile kleinbürgerlicher Schichten in Westdeutschland« aus.[80] Die bei Kafka »in Inhalt und Form vorhandene Dekadenz« finde in der DDR zwar »keinen Nährboden«, sie spiegele aber »reale gesellschaftliche Zustände und Widersprüche der imperialistischen Gesellschaft wider« und zerstöre »ihre scheinbare Harmonie«.[81] In zwei vorbereiteten Diskussionsbeiträgen wurde Kafka einerseits »den großen bürgerlichen kritischen Realisten« (Thomas Mann, Hermann Hesse, Gerhard Hauptmann) gegenübergestellt, welche in ihren Werken, vermeintlich anders als der Prager Autor, die »Zurücknahme des Humanismus bekämpft« hätten; andererseits unterzog man das Werk Kafkas dem Vergleich mit »Dekadenzliteratur seiner Zeit« (Rainer Maria Rilke, Stefan George, Hugo von Hofmannsthal) und kam zu dem Schluss, dass Kafka nicht zum »Apologeten der bestehenden Gesellschaftsordnung wurde, sondern dass er innerhalb seiner Klasse mit den Zuständen und Auswirkungen des verfaulenden und parasitären Kapitalismus unzufrieden war«.[82]

Daraufhin wurde beschlossen, dass es »aus Gründen der Information und solchen der Literaturgeschichtsbetrachtung« möglich wäre, anlässlich des 80. Geburtstags Kafkas eine Auswahl seiner Schriften herauszugeben. Während den Beamten der Abteilung Literatur eine für die DDR-Leser »gereinigte« Kafka-Ausgabe vorschwebte, plädierte der Staatssekretär im Ministerium für Kultur, Erich Wendt (1902–1965), für einen möglichst repräsentativen Band, und nicht für »eine Auswahl, die uns besonders passt und den Imperialismus besonders entlarvt. Sonst können wir aus der Forderung nach Kafka doch nicht heraus!«[83] Die Aufgabe des Buches sei demnach nicht, »einen einseitig idealisierten Kafka in Erscheinung treten zu lassen«, sondern »Einblick zu geben in jene Werke, die im Mittelpunkt der Diskussion stehen, die typisch sind für Kafka und den Kafka-Kult, wie er heute in den westlichen Ländern betrieben wird«.[84] Die Verantwortung für die Ausgabe übertrug man dem Verlag Rütten & Loening, in dem bereits zwei wissenschaftliche Monographien über Kafka erschienen waren; die Edition und das Nachwort hatte

---

80 Ministerium für Kultur der DDR, Abteilung Literatur und Buchwesen: Protokoll, 9.4.1962. In: BArch, DR1/5009.
81 Ebenda.
82 Ebenda.
83 Handschriftliche Notiz von Erich Wendt an Anneliese Kocialek, 22.10.1962. Ebenda.
84 Abteilung Literatur und Buchwesen des Ministeriums für Kultur an Erich Wendt, 20.11.1962. Ebenda.

der junge Kafka-Spezialist Klaus Hermsdorf zu übernehmen. Da es sich bei Kafka um eine »periphere literarische Erscheinung« handelte, sollte die Auflage 5000 Exemplare nicht überschreiten und vorläufig einmalig sein.[85]

Bemerkenswert war in diesem Kontext die Begründung der an sich gewagten und umfangreichen Ausgabe: »Natürlich kann man nicht voraussagen, ob eine einmalige Publikation dieser Art ausreicht, um eine Kafka-Diskussion zum Stillstand zu bringen oder nicht in ein paar Jahren doch wieder eine erneute Ausgabe aus den Werken von Kafka unter Umständen notwendig werden könnte«.[86] In den Überlegungen des Ministeriums spielte somit der literarische Wert von Kafkas Dichtung eine untergeordnete Rolle, noch weniger die angemessene editorische Präsentation seiner Schriften oder ihr Platz in der Literaturgeschichte des 20. Jahrhunderts. Das Hauptinteresse galt lediglich der Kanalisierung möglicher Wirkungen und der kulturpolitischen Selbstpräsentation im Ausland. Mit Kafka sah man das sich in die 1970-er Jahre ziehende Problem der Veröffentlichung der klassischen Moderne in der DDR aber keinesfalls geklärt: »Die Frage, ob wir uns weiterhin von Autor zu Autor, von Buch zu Buch regelrecht treiben lassen oder ob es politisch nicht richtiger wäre […], eine Konzeption oder ein Herausgabeprogramm für die nächsten Jahre zu erarbeiten, bleibt nach wie vor offen. Entscheidend ist die Frage, wie soll die Politik unserer Partei und unseres Staates im Hinblick auf diese Literatur angewendet und verwirklicht werden.«[87]

Wenige Monate später wurde der Kafka-Band auf Eis gelegt. Die Stornierung war kein spontaner Einfall untergeordneter Instanzen oder einer einzelnen Person. Im Januar 1963 war Kurt Hager (1912–1998) zum Mitglied des Politbüros der SED berufen und als Sekretär des Zentralkomitees für die Kulturpolitik zuständig geworden. Ende März 1963 befassten sich das Politbüro der SED und der Ministerrat der DDR nach einem Referat Kurt Hagers mit den Moskauer Attacken gegen Kunst und Literatur der »Tauwetter«-Jahre. Mit der »Märzberatung« traf zwar keine Wendung der Kulturpolitik der DDR ein, aber eine entschiedene Bekräftigung einer eigenen sozialistischen Arbeiterkultur, welche auch eine Überprüfung der Verlagspläne einschloss.[88] So erklärte Bruno Haid, Leiter der Hauptverwaltung Verlage und Buchhandel, in einem Brief an den übergeordneten Staatssekretär Wendt, dass die von Klaus Hermsdorf vorgelegte Auswahl den Autor Kafka »zu sehr als Entlarver

---

85 Anneliese Kocialek (Abteilung Literatur und Buchwesen des Ministeriums für Kultur) an Erich Wendt (Staatssekretär im MfK), 2.5.1962. Ebenda.
86 Abteilung Literatur und Buchwesen des Ministeriums für Kultur an Erich Wendt, 20.11.1962. Ebenda.
87 Sektor Schöne Literatur der Abteilung Literatur und Buchwesen des Ministeriums für Kultur an Bruno Haid. Hausmitteilung, 5.12.1962. Ebenda.
88 Klaus Hermsdorf: Kafka in der DDR. Erinnerungen einer Beteiligten. Berlin 2006, S. 142 f.

der Lebensunmöglichkeit der Gesellschaft« darstelle; da Kafka »in den ideologischen Auseinandersetzungen« ohnehin »zu einer Art ›Fahne‹ geworden« sei, wurde vorgeschlagen, von einer Publikation abzusehen.[89]

Anfang 1964 kam im Verlag Rütten & Loening, zum damaligen Zeitpunkt bereits ein Subunternehmen des Aufbau-Verlags, der zurückgezogene Band wieder ins Gespräch. Nach dem publizistischen Wirbelsturm in Folge der Liblice-Konferenz sollte vor dem für Mai 1965 geplanten Internationalen Schriftstellertreffen in Berlin und Weimar auch in der DDR eine mustergültige Kafka-Ausgabe erscheinen. Die verlagstaktischen Vorüberlegungen waren die gleichen: Zu erzielen sei eine »möglichst große Geschlossenheit«, um »keine neuen Bedürfnisse zu wecken«. Die Auflage sollte auf 10 000 Exemplare verdoppelt werden; die ursprünglich geplante wäre nämlich rasch vergriffen und hätte dem Buch mehr Aufmerksamkeit verschafft, als ihm zustehe.[90] Das von Klaus Hermsdorf beigesteuerte Nachwort wurde im Ministerium für Kultur kritisch beurteilt: Der Verfasser betone zu einseitig die »Genialität von Kafkas dichterischer Phantasie«, es gelinge ihm nur unzureichend, auch »ihre Grenzen, d. h. die Grenzen der historischen und weltanschaulichen Einsicht Kafkas und die Problematik seiner Gestaltungsmittel zu zeigen«. Außerdem bleibe er »hinter von ihm selbst und von anderen schon erreichten Positionen zurück«: »Hier mochten taktische Erwägungen eine Rolle gespielt haben. Dennoch stellt sich die Frage, ob ein solches Vorgehen dem Ansehen des Verfassers selbst und dem unserer Republik dient«.[91] Dass die Liblice-Konferenz auch den DDR-Exegeten des Kafka-Werks zum Umdenken gebracht hatte, ist der Zensurbehörde offenbar nicht entgangen: Hermsdorf identifiziere sich »zu stark mit der Auffassung des Dichters«, es gelinge ihm nicht, »ihre ganze Widersprüchlichkeit und deren gesellschaftliche Ursachen aufzudecken und so bestimmten mystifizierenden Deutungsversuchen energisch genug entgegenzutreten. Viel klarer müsste in diesem Zusammenhang die Frage des bürokratischen Machtapparats und der Entfremdung behandelt werden.«[92] Der Verlag wurde aufgefordert, das Nachwort zu überarbeiten.

Von diesem Schreiben hat Klaus Hermsdorf aber nichts mitbekommen. Die Zeit drängte. Das von dem Deutschen Schriftstellerverband aus Anlass des 20. Jahrestag der Befreiung vom Faschismus organisierte Internationale Schriftstellertreffen, angekündigt als »Welttreffen von Schriftstellern«, näherte sich mit großen Schritten. Der Kafka-Band ging daher in aller Eile in Druck und schmückte im Mai 1965 die Schaufenster der Weimarer und Berliner Buchläden, an denen die Literaten und Literaturkritiker aus aller Länder der Welt vorbeispazierten. Kafka wurde

---

89 HV Verlage und Buchhandel an Erich Wendt, 29.3.1963. In: BArch, DR1/5009.
90 Aufbau-Verlag an Abteilung Belletristik, 27.1.1964. Ebenda.
91 Anneliese Kocialek an Aufbau-Verlag, 29.1.1964. Ebenda.
92 Ebenda.

zum Zeichen eines nach außen hin inszenierten Kulturliberalismus der DDR, sei es auch nur für eine kurze Zeit.

Abb. 7: Franz Kafkas Debüt in der DDR. Quelle: Deutsches Literaturarchiv Marbach.

Die Kafka-Konferenz in Liblice brachte eine von vielen Wendepunkten im literarischen und verlegerischen Feld der DDR infolge der nach 1956 einsetzenden Mobilität.[93] Die von dem Transnationalisierungsschub verursachte »Schwingung«

---

93 Die Kafka-Konferenz in Liblice weckte in der DDR noch zwanzig Jahre später negative Konnotationen. Als das Zentralinstitut für Literaturgeschichte der Akademie der Wissenschaften der DDR im Juni 1983 eine Arbeitstagung anlässlich des 100. Geburtstages Kafkas organisierte, wurde auf ein »schwer ausrottbares Weiterwirken« der Tagung von 1963 verwiesen, welche einen »unvoreingenommenen Zugang zu diesem literarischen Erbe verstellt« habe. Eike Middell: Franz Kafka – Werk und Wirkung. In: ZEITSCHRIFT FÜR GERMANISTIK 5 (1984) H. 3, S. 319–321, hier S. 319.

hat an den DDR-Kulturfunktionären nochmals kräftig gerüttelt,[94] als Anfang Dezember 1964 das in Ostberlin organisierte internationale Kolloquium des Schriftstellerverbandes »Die Existenz zweier deutscher Staaten und die Lage der Literatur« ungewollt zu einem literaturpolitischen Ereignis wurde, welches die ostblockinternen Konflikte verdeutlichte. Zu der Veranstaltung reisten Teilnehmerinnen und Teilnehmer aus der Sowjetunion, Polen, der ČSSR, Ungarn, Rumänien und Jugoslawien an. Bereits am ersten Tag geriet das Konzept der Tagung ins Wanken.

Der tschechoslowakische Lyriker und Übersetzer Ludvík Kundera (1920–2010) thematisierte die Unterdrückung der kritischen Autoren und Zeitschriftenredakteure in der DDR. Der polnische Germanist Egon Naganowski (1913–2000) wollte den ästhetischen Faktor stärker behandelt wissen, bemängelte die Editionspolitik der DDR-Verlage und äußerte sich abwertend über die gegenwärtige ostdeutsche Prosa. Seine Landsleute – der Schriftsteller Stanisław Wygodzki (1907–1992) und der Publizist Hieronim Michalski (1913–1986) – plädierten für eine breite literarische Ost-West-Partnerschaft und warnten vor der Errichtung unnötiger Fronten auf dem Gebiet der Ästhetik. Der slowakische Schriftsteller, Drehbuchautor und Kritiker Juraj Špitzer (1919–1995) kam zwar den ostdeutschen Befindlichkeiten entgegen, indem er die DDR-Literatur zum »sozialistischen Festland« erklärte, forderte aber zeitgleich – unterstützt von dem jungen Moskauer Jurij Trifonow (1925–1981) und dem ungarischen Herausgeber deutschsprachiger Lyrik Gábor Hajnal (1912–1987) – eine breite Rezeption der Weltliteratur im »Ostblock«. Nur wenige ausländische Gäste, darunter der Germanist György Mihály Vajda (1914–2001) aus Ungarn, vertraten die titelgebende Position von den zwei Literaturen in jeder Nationalkultur, einer bürgerlichen und einer sozialistischen, und stützten damit das Selbstvertrauen der Veranstalter. Auch außerhalb des Plenarraums am Berliner Alexanderplatz ging es recht freimütig zu: Die tschechoslowakischen Teilnehmer machten einen Abstecher nach Westberlin und hielten dort eine Lesung, die polnischen und ungarischen Kollegen waren bei dem politisch verfolgten Peter Huchel (1903–1981) zu Gast.[95]

Somit verwundert es nicht, dass sich im Anschluss an die Tagung die kulturpolitischen Hardliner in der DDR hervorwagten. Anfang Januar platzierten sie im NEUEN DEUTSCHLAND unter Pseudonym eine scharfe Kritik an dem zurückliegenden Kolloquium.[96] Fast gleichzeitig unterbreitete der bereits erwähnte

---

94 Bernadette Grubner: »In Schwingung versetzt«: Das Internationale Schriftstellerkolloquium 1964 in Ostberlin. In: Müller-Tamm (Hrsg.): Berliner Weltliteraturen, S. 135–149, hier S. 153.
95 Scherstjanoi: Einleitung, S. 31–34.
96 [T.] Münsterman: Fragen an Schreibende. In: NEUES DEUTSCHLAND vom 8. Januar 1965, S. 4.

Kulturwissenschaftler Hans Koch – habilitiert am Institut für Gesellschaftswissenschaften beim ZK der SED und 1963 auf Betreiben der Kulturabteilung des ZK zum 1. Sekretär und stellvertretenden Vorsitzenden des DSV gewählt – dem Politbüro eine Vorlage, in der er strategisch mit den während der Dezember-Tagung geäußerten Vorwürfen abrechnete. Im Hinblick auf das bereits erwähnte, für Mai 1965 geplante Internationale Schriftstellertreffen Berlin und Weimar schlug er vor, dass Fragen der Literatur und literarischen Anschauungen diesmal nicht im Vordergrund der Konferenz stehen sollten. Stattdessen initiierte er die Gründung dreier Arbeitsgruppen: Der Literaturwissenschaftler und Germanist Hans Kaufmann (1926–2000) war verantwortlich für den »Nachweis der nationalen und internationalen Bedeutung der DDR-Literatur«, Klaus Gysi (1912–1999) – Chef des Aufbau-Verlags sowie Mitglied des Politikbüros des ZK der SED – für das »Problem der realistischen Traditionen, ihrer Aneignung und Fortführung in der DDR-Literatur sowie der Auseinandersetzung mit der Traditionslinie der Moderne«; der »Überblick über theoretische Auffassungen in sozialistischen Ländern und unter fortschrittlichen Kreisen des Westens sowie über die Grundströmungen der Literaturentwicklung in westlichen Ländern« sollte von einer Gruppe unter Leitung des Literaturhistorikers, Publizisten, Politikers sowie Chefredakteurs der Zeitschrift SINN UND FORM, Wilhelm Girnus (1906–1985), gegeben werden.[97]

Auch wenn sich die Entscheidungszusammenhänge des Jahres kompliziert darstellten, gehörte zum Nachbeben des Berliner Treffens auch das 11. ZK-Plenum im Dezember 1965, das berüchtigte »Kahlschlag-Plenum«, mit seinen heftigen Angriffen gegen einige Schriftstellerinnen, Schriftsteller und Filmemacher und deren kritische Betrachtungen zum sozialistischen Alltag. Es war der rigoroseste und folgenreichste Eingriff der SED-Führung in Kunst- und Literaturprozesse. Alle liberalen und modernen Tendenzen in der DDR-Kultur, die in den Jahren zuvor aufgeblüht waren, wurden radikal beendet. Auf dem Plenum, das ursprünglich als »Wirtschaftsplenum« konzipiert war, wurden zahlreiche Filme, Theaterstücke, Bücher und Musikgruppen verboten. Zum internationalen Kontext des »Kahlschlags« gehörte u. a. das deutsch-deutsche Verhältnis und die dazugehörige Annahme, dass die »friedliche Koexistenz den unversöhnlichen ideologischen Kampf« einschließe; es galt also, die »Kämpfer« mit einer »Wechselbad-Therapie« zu disziplinieren.[98] Auch die Einstellung auf die außereuropäischen Länder mit »sozialistischer Orientierung«, »Regimes, die das antiimperialistische Vokabular am besten

---

[97] Hans Koch: Vorlage für das Politbüro des ZK der SED, 7.1.1965. In: AdK, Archiv des Schriftstellerverbandes 359.
[98] Horst Grunert: Aspekte internationaler Entwicklungen. In: Günter Agde (Hrsg.): Kahlschlag. Das 11. Plenum des ZK der SED 1965. Studien und Dokumente. Berlin 1991, S. 15–19, hier S. 18.

beherrschten« sowie der immer schärfer werdende Streit zwischen der Sowjetunion und der Volksrepublik China gehörten zu internationalen Entwicklungen, welche auf das 11. Plenum des ZK der SED hinführten.[99] Es wurde aber auch gezeigt, dass nach dem XX. Parteitag der KPdSU und mit dem Mauerbau die DDR sich nicht nur radikal vom Westen abgrenzte, sondern sich auch weiter nach dem Osten geöffnet hatte. Die Vereinigung der sozialistischen Länder zum »sozialistischen Weltsystem« wurde auf die Tagesordnung gesetzt. Einerseits war es eine Losung weit entfernt von allen Realitäten, andererseits wurden die Mitarbeiter und Mitarbeiterinnen der Verlage, Zeitschriften, Parteigremien und Schriftstellerverbände mit kulturpolitischen und ästhetischen Standpunkten konfrontiert. Die Reiseberichte des Schriftstellerverbandes und die politisch überspannte Kafka-Polemik musste die DDR-Führung in eine Alarmbereitschaft versetzt haben. Sie sah die sich aus dieser Entwicklung ergebenden Gefahren und versuchte, ihnen durch ideologische Abgrenzung zu begegnen.

Kulturpolitische und ästhetische Revisionen

Die Archivalien belegen aber auch, dass der Schriftstellerverband nicht nur die Forderungen der Politik umsetzte, sondern, bei aller Abhängigkeit von der SED-Führung, mitunter auch selbstständig agierte. Einerseits verhielt sich der DSV kulturpolitisch doktrinär, indem er z. B. die Kulturabteilung des ZK der SED laufend über oppositionelle und revisionistische Strömungen u. a. im polnischen und tschechoslowakischen Literaturbetrieb informierte; andererseits aber initiierte der Verband den Austausch von Übersetzerinnen und Übersetzern sowie Studienbesuche von Autorinnen und Autoren sowie Verlagslektorinnen und -lektoren, organisierte Treffen der Chefredakteure von Literaturzeitschriften und war ein aktiver Vermittler zwischen osteuropäischen Verlagen und den »humanistisch gesinnten und demokratischen« Schriftstellern aus der Bundesrepublik.[100]

Infolge der analysierten Leipziger Konferenz des Verlagswesens der sozialistischen Länder (1957) entstand ein dichtes Netzwerk ähnlicher Gremien. Fortan wurden u. a. bei bi- und multilateralen Konsultationen der profilgleichen Verlage sowie Seminaren für Übersetzerinnen und Übersetzer Empfehlungslisten gesellschaftspolitischer und schöngeistiger Literatur ausgetauscht, die der Auswahl von Texten zugrunde lagen. Mit der Gründung eines »Goldenen Übersetzungsfonds« schlugen die Partnerländer die wichtigsten Werke aus ihren Nationalliteraturen vor und

---

99 Ebenda, S. 18 f.
100 Abteilungsleiter Hörnig an Kurt Hager, 9.11.1967. In: SAPMO, DY30/85312.

informierten sich über den Zustand der Beziehungen zu Verlagen aus kapitalistischen und Entwicklungsländern.

An diesen literarischen und verlegerischen Transnationalisierungsprozessen waren nicht alle Länder des europäischen »Ostblocks« gleichermaßen beteiligt. Jugoslawische Verlage, welche noch 1964 auf einer Konferenz der Balkanschriftsteller konkrete Formen der blockinternen Zusammenarbeit erörtert hatten, verhielten sich gegenüber den späteren Initiativen zurückhaltend.[101] Vor dem Hintergrund des 1964 von der Rumänischen Arbeiterpartei proklamierten Anspruchs auf einen nationalen Sonderweg innerhalb der kommunistischen Weltbewegung waren auch die Beziehungen mit rumänischen Verlagsleitern spannungsreich. Als Beispiel: Nach der Beratung in Warschau im Jahr 1973 nahm die rumänische Delegation eine ablehnende Haltung im Hinblick auf den Gesamtbericht ein. Verworfen wurde die These über den »Kampf gegen die bürgerliche Ideologie und die Politik des Imperialismus und Neokolonialismus«; man erzielte keine Übereinstimmung bezüglich der Ausdrücke wie »Integration und Koordinierung des Verlagswesens« sowie der konkreten Fragen der Zusammenarbeit.[102]

Trotz dieser internen Risse tagte die »sozialistische Großfamilie« (Wilhelm Girnus) zwischen 1957 bis 1989 mehrere Male pro Jahr, jeweils in einer anderen Hauptstadt des »Ostblocks«, in unterschiedlichen institutionellen und personellen Konstellationen: u. a. als Konferenz der Leiter des Verlagswesens, Beratung der Sekretäre bzw. leitenden Vertreter der Schriftstellerverbände oder als Tagung der Chefredakteure von Literaturzeitschriften. Diese multilateralen Treffen waren eine nicht zu unterschätzende Form der »Weltvergesellschaftung« der sozialistischen Literatursysteme.[103] Dass die Arbeit dieser pluri-lokal agierenden Gremien nicht unbedingt die Kulturpolitik der jeweiligen Länder vertrat, sondern die Herausbildung relativ dauerhafter und nationalstaatliche Grenzen überschreitender sozialer Praktiken zur Folge hatte, zeigt das Beispiel der Debatten über eine gemeinsame Literaturpolitik. Nebst wenig problematischen Fragen der Qualifizierung von Übersetzerinnen und Übersetzern, der gegenseitigen Literaturinformation sowie der am Ende

---

101 Protokoll von der Begegnung leitender Mitglieder der Schriftstellerverbände aus den europäischen sozialistischen Ländern vom 22.–23.9.1965 in Moskau. In: AdK, Archiv des Schriftstellerverbandes 948.
102 Klaus Höpcke an Peter Heldt (Leiter der Kulturabteilung beim ZK der SED), 19.11.1973. SAPMO, DY30/85367.
103 Zum Begriff der »Vergesellschaftung« vgl. Ludger Pries: Transnationalisierung. Theorie und Empirie grenzüberschreitender Vergesellschaftung. Wiesbaden 2010, S. 10; Christoph Görg: Einheit und Verselbstständigung. Probleme einer Soziologie der »Weltgesellschaft«. In: Zeitschrift für internationale Beziehungen (2002) Nr. 2, S. 275–304, hier S. 282.

der 1960er-Jahre immer wieder in Erwägung gezogenen, jedoch nicht realisierten »Schaffung eines Zentrums zwecks Koordination des literarischen Austauschs« und Herausgabe einer Literaturzeitschrift, an der »alle Schriftstellerverbände teilhaben sollen«, wurde auch über weitaus stärker umstrittene Probleme der »Literatur-Außenpolitik« beraten.[104] Die Positionen der einzelnen Akteure waren sehr unterschiedlich. Während auf der Berliner Beratung der Sekretäre der Schriftstellerverbände 1967 der polnische Vertreter, Jerzy Putrament (1910–1986), den Transfer osteuropäischer Literatur in die westeuropäischen Verlage als »politische Diversion« und das dortige Interesse an »systemkritischen Autoren« als »Achillesferse in der gesamten ideologischen Arbeit der sozialistischen Länder« kritisierte, plädierte die tschechoslowakische Delegation für die Nutzung »jede[r] Möglichkeit der literarischen Darstellung im kapitalistischen Ausland«.[105] Diese progressive Haltung hat sich auch weitgehend durchgesetzt.

Die Frage der westeuropäischen Einladungs- und sozialistischen Entsendungspolitik wurde in diesem Kontext konkret am Fallbeispiel der von Wolfgang Kraus (1924–1998) 1961 gegründeten und geleiteten Österreichischen Gesellschaft für Literatur (ÖLG) erörtert, welche sich, wie Kraus einmal gegenüber dem Verleger Siegfried Unseld formulierte, vordergründig dafür einsetzte, den »wirklichen Persönlichkeiten Osteuropas im Westen jene Positionen zu verschaffen, die sie verdienen«.[106] Seine kulturpolitische Tätigkeit gründete auf der Überzeugung, dass eine ausbleibende Unterstützung osteuropäischer Autoren »sehr nachteilige Folgen für die Liberalisierung des Ostens« hätte.[107] Die ÖLG fungierte als Instrument der österreichischen Außenpolitik. Leitmotivisch stand sie für die »Nachbarschaftspolitik« des Außenministers Bruno Kreisky, welche die traditionell-österreichische Vorstellung von Mitteleuropa miteinbezog. In seiner Einladungspolitik östlicher Autorinnen und Autoren orientierte sich Kraus vor allem am politischen Dissens und organisierte von 1965 bis 1967 groß angelegte und breit rezipierte »Round-Table-Gespräche«.[108]

Es sei in diesem Kontext daran erinnert, dass die ÖGL und ihr Gründer Kraus den während des Kalten Krieges in den 1960er-Jahren dominierenden Tendenzen sehr aktiv entgegentraten. Die politischen Kontakte von Kraus reichten über das österreichische Netzwerk hinaus: literarischer Berater im Europaverlag, Berufung

---

104 Protokoll der Beratung der Sekretäre der Schriftstellerverbände sozialistischer Länder in Berlin, 28.2.1967. In: AdK, Archiv des Schriftstellerverbandes 366.
105 Protokoll der Beratung.
106 Wolfgang Kraus an Siegfried Unseld, 11.1.1965. In: DLA, SUA: Suhrkamp/01VL.
107 Ebenda.
108 Stefan Maurer: Wolfgang Kraus und der österreichische Literaturbetrieb nach 1945. Wien, Köln, Weimar 2020, S. 183–190.

in das Außenministerium im Jahre 1975, in dem er eine »Kulturkontraktstelle« aufbaute und ab 1988 das Konzept der Österreich-Bibliotheken entwickelte. Die von der ÖFG veranstalteten Round-Table-Gespräche kamen nicht ohne wesentliche Unterstützung des Kongresses für Kulturelle Freiheit (CCF) zustande, jenes durch die CIA finanzierten Akteurs des kulturellen Kalten Krieges. Die Auswahl der beteiligten Autorinnen und Autoren sowie die inhaltliche Gestaltung der Diskussionen wurden mit dem Pariser Büro des CCF abgesprochen.[109]

Inwieweit die kulturpolitischen Netzwerke von Kraus den in Berlin beratenden Sekretären der Schriftstellerverbände bekannt waren, bleibt dahingestellt. Die Vertreter der Sowjetunion, Polens und der DDR standen der Wiener Einladungspolitik zunächst kritisch gegenüber: Angesichts der »ausgesprochen antikommunistischen Einstellung« könne ein Dialog »nicht vom Nutzen sein«, somit sei es auch nicht ratsam, Autorinnen und Autoren aus dem »Ostblock« zu entsenden. Infolge der Debatte über Kraus und die ÖFG wurde aber im Protokoll eine Übereinstimmung im Hinblick auf Klärung des »Verhältnisses zu Persönlichkeiten und Institutionen des literarischen Lebens im Westen« festgehalten: Es bestünden zwar, wie die tschechoslowakische Delegation anmerkte, »keine Illusionen« über die »westeuropäische kulturpolitische Konzeption«, man müsse sich aber der dortigen »Öffentlichkeit stellen und mitdiskutieren«.[110] Die neue multilaterale »Elastizität in der Literatur-Außenpolitik« hatte auch Folgen für das deutsch-deutsche Konkurrenzverhältnis. So waren die Goethe-Institute im kapitalistischen Ausland nicht nur »Zentren des Alleinvertretungsanspruchs« der Bundesrepublik; auch hier galt für die übrigen sozialistischen Länder die Regel einer »elastischen Politik, mit genauer Prüfung in jedem konkreten Fall«.[111]

Auch die Struktur der COMES (Comunitá europea degli scrittori) – einer 1958 von Giovanni Battista Angioletti gegründeten europäischen Schriftstellerorganisation mit politisch linker Orientierung – sorgte für die ostblockinterne literarische Zirkulation sowie den Literaturtransfer zwischen West- und Osteuropa. Exemplarisch hierfür steht das Treffen, das im August 1963 in Leningrad stattfand. Gegenstand der Tagung, an der 42 Schriftstellerinnen und Schriftsteller sowie Literaturwissenschaftler aus 15 Ländern teilnahmen, waren »Probleme des zeitgenössischen Romans«, weil, wie man hoffte, »im Bereich der Romanliteratur die relativ geringsten Differenzen zwischen den sozialistischen Ländern

---

109 Michael Hansel, Stefan Maurer: »In Wien sind Dinge möglich, die in Berlin schon nicht mehr möglich sind.« Wolfgang Kraus und die Netzwerke des kulturellen Kalten Krieges. In: Michael Hansel, Michael Rohrwasser (Hrsg.): Kalter Krieg in Österreich. Literatur – Kunst – Kultur. Wien 2010, S. 244–264, hier S. 245–248.
110 Protokoll der Beratung.
111 Ebenda.

existieren«.[112] Die Teilnehmer – u. a. Jean Paul Sartre, Simone de Beauvoir, Nathalie Sarraute, Alain Robbe-Grillet, Angus Wilson, William Golding, Giuseppe Ungaretti, Hans Werner Richter, Hans Magnus Enzensberger, Michail Scholochow, Ilja Ehrenburg, Konstantin Fedin, Hans Koch, Alexander Twardowski, Jewgeni Jewtuschenko, Jerzy Putrament und Tibor Déry – unterzeichneten eine gemeinsame Resolution, in der sie den damals in Moskau abgeschlossenen Vertrag über die Einstellung atomarer Sprengversuche begrüßten; die voraussetzungsreiche Annahme von literarästhetischen Gemeinsamkeiten wurde aber schnell von der Dynamik der Tagung korrigiert.[113] In der offiziellen Berichterstattung wurde der Dissens als ein für alle Teilnehmende selbstverständliches »Streitgespräch« kaschiert. Der Schriftsteller Wolfgang Joho (1908–1991) schrieb in der NEUEN DEUTSCHEN LITERATUR, dem offiziellen Organ des Schriftstellerverbandes:

> Wie dann überhaupt ein Gespräch zwischen den Schriftstellern aus Ost und West möglich sei, wenn es nach sozialistischer Auffassung keine friedliche Koexistenz auf ideologischem Gebiet geben könne, – diese gezielte Frage wurde von einem westlichen Journalisten auf einer Pressekonferenz über die Leningrader COMES-Tagung an einen ihrer prominentesten Teilnehmer gestellt, an Jean-Paul Sartre. Die vom Fragesteller vermutlich nicht in dieser Eindeutigkeit erwartete Antwort des französischen Schriftstellers lautete: »Als Sozialist trete ich für den Wettbewerb ein. Im Wettbewerb der Weltanschauungen wird nach meiner Überzeugung der Sozialismus siegen. Diskussion aber ist unbedingt notwendig. Wie auf wirtschaftlichem Gebiet, so muß es auch in geistigen Fragen einen Wettbewerb zwischen den Verfechtern zweier gegensätzlicher Weltanschauungen geben.«[114]

Demnach sei es »entsprechend dem Sinn und Zweck der COMES« nicht darum gegangen, »aus Saulussen Paulusse zu machen«. Man hätte sich zwar »um die Begriffe Tradition und Neuertum«, »den Wert des literarischen Erbes also und um die Frage der Vorbilder für die Romanschriftsteller von heute« gestritten; von westlicher Seite sei die klassische Moderne als Anknüpfungspunkt ins Treffen geführt worden, die sowjetischen Vertreter hätten dagegen auf Namen wie Tolstoi, Turgenjew, Gorki hingewiesen.[115]

---

112 Stellvertretender Abteilungsleiter der Kulturabteilung des ZK der SED an Kurt Hager, 28.8.1963. In: SAPMO, DY30/85311.
113 Vgl. Hans Magnus Enzensberger: Tumult. Berlin 2014, S. 9–16.
114 Wolfgang Joho: Europäisches Streitgespräch über den Roman. Bemerkungen zur Tagung des COMES in Leningrad. In: NEUE DEUTSCHE LITERATUR (1963) H. 11, S. 155–158, hier S. 155.
115 Ebenda, S. 157.

> Diese stichwortartigen und unvollständigen Andeutungen über einige der hauptsächlichen Gesprächsthemen in Leningrad könnten den Anschein erwecken, als hätten auf der COMES-Tagung gleichsam zwei große Monologe mit verteilten Rollen stattgefunden, als sei im Grunde nichts bewegt worden. Dieser Eindruck würde ein falsches Bild von der Atmosphäre der Tagung vermitteln. Trotz aller grundsätzlichen Meinungsverschiedenheiten in vielen Fragen – literarischen Meinungsverschiedenheiten, die Ausdruck der gegensätzlichen Ideologien der Partner und darum nicht zu überbrücken waren – wurden, in persönlichen Gesprächen während der Konferenzpausen noch mehr als in den Debatten selbst, manche Mißverständnisse und Vorurteile ausgeräumt. So dürften die Vertreter der bürgerlichen Welt [...] Leningrad kaum mit jener simplifizierten, falschen Vorstellung verlassen haben, es sei in der Literatur des sozialistischen Realismus kein Platz für Individualitäten.[116]

In Wirklichkeit kam es, wie Kulturfunktionäre der SED berichteten, zu heftigen Auseinandersetzungen zwischen »Vertretern der extrem-modernistischen spätbürgerlichen Literatur«, die »höchst bedenkliche Thesen über die Dekadenz verfochten«, und dem »sozialistischen Standpunkt«.[117] Für die Konfrontation der Standpunkte sorgte vor allem Robbe-Grillet mit seinem Protest gegen den fortgesetzten Druck auf die Schriftstellerinnen und Schriftsteller, ihre Arbeit politisch zu rechtfertigen; was allein zähle, so einer der Väter des Nouveau Roman, sei die Veränderung der Romanformen, die notwendigerweise einen Bruch mit dem realistischen Roman des 19. Jahrhunderts einschließe. Das Festhalten an traditionellen Formen, wie der sozialistisch-realistische Roman dies tue, sei illusorisch und rückständig.[118] Sowjetische Literaturwissenschaftlerinnen und Literaturwissenschaftler verfuhren in ihrer Kritik am Nouveau Roman analog: Er sei, gegenüber dem klassischen bürgerlichen Roman, Rückschritt, Primitivismus und Verfall, verhindere die literarische Aneignung der Welt und führe die Romanform in eine Krise.[119] Andere, wie Jean-Paul Sartre, schlugen wiederum vor, anhand der gesellschaftlichen Unterschiede

---

116 Ebenda.
117 Stellvertretender Abteilungsleiter der Kulturabteilung des ZK der SED an Kurt Hager, 28.8.1963. In: SAPMO, DY30/85311.
118 Brigitte Burmeister: Streit um den Nouveau Roman. Eine andere Literatur und ihre Leser. Berlin 1983, S. 66 f.
119 Kritische Beiträge sowjetischer Teilnehmerinnen und Teilnehmer erschienen nach der COMES-Tagung in der Zeitschrift Sowjetwissenschaft, Kunst und Literatur. Vgl. Boris Rjurikow: Der Roman und die geistigen Werte unserer Zeit. Einige Gedanken nach der COMES-Tagung in Leningrad. In: Sowjetwissenschaft, Kunst und Literatur 11 (1963) H. 7, S. 1266–1277; Tamara Motyljowa: Der Streit um den Roman. In: Sowjetwissenschaft, Kunst und Literatur 12 (1964) H. 3, S. 350–376.

die Unmöglichkeit einer gemeinsamen ästhetischen und ideologischen Basis des Romans zu begründen.[120]

Der interne Bericht der SED-Kulturabteilung unterstrich dennoch vor allem den durch die Leningrader COMES-Tagung erzeugten Wissenstransfer: »Unsere Kenntnisse der hauptsächlichen Strömungen in den Literaturen des Westens waren erschreckend gering (vom *nouveau roman*, der den Hauptdiskussionsstoff bot, hatte keiner auch nur eine Zeile gelesen, die meisten hörten in Leningrad erstmals von seiner Existenz). Auch die neuesten Entwicklungen in der Literatur der Volksdemokratien waren uns viel zu wenig vertraut.«[121]

Der konstatierte Nachholbedarf führte in der zweiten Hälfte der 1960er-Jahre zu Übersetzungen der aus der ersten Entwicklungsphase des Nouveau Roman stammenden Werke von Nathalie Sarraute (1900–1999) und Michel Butor (1926–2016), die im Verlag Volk &Welt und im Aufbau-Verlag erschienen.[122] Die Romanform, welche in Leningrad des »erkenntnistheoretischen Skeptizismus« und des »ethischen Nihilismus« bezichtigt worden war, galt auf einmal in den als Hilfsmittel fungierenden Nachworten als das Streben, »die Literatur dem utilitaristischen Gebrauch des ›bourgeois‹ zu entziehen« und ihr eine »ästhetische Autonomie zu erobern, die sie davor schützen soll, von der kapitalistischen Gesellschaft […] in Dienst genommen zu werden.«[123] Beschlossen wurde eine weitere Verstärkung der multilateralen Zusammenarbeit sozialistischer Länder mit der COMES: 1966 fand in Warschau eine Zusammenkunft europäischer Literaturkritiker statt, ein Jahr später organisierte der sowjetische Schriftstellerverband in Moskau eine interdisziplinäre COMES-Tagung zum Thema »Wissenschaft und Literatur in der Welt von heute«, und der italienische COMES-Generalsekretär und Herausgeber der Zeitschrift L'Europa Letteraria (1960–1965), Gianfranco Vigorelli (1913–2005), erkundete Möglichkeiten weiterer Treffen in Schweden und in der Schweiz.

Dazu kam es aber nicht. Nach der Zerschlagung des Prager Frühlings im August 1968 sowie dem Ausschluss Solschenizyns aus dem Sowjetischen Schriftstellerverband im November 1969 geriet die gemeinsame Mitarbeit der »Ostblock«-Länder in der COMES ins Stocken. Der Präsident der Europäischen Schriftstellergemeinschaft, Guiseppe Ungaretti (1888–1970), und der Generalsekretär Vigorelli

---

120 Burmeister: Streit um den Nouveau Roman, S. 67.
121 Stellvertretender Abteilungsleiter der Kulturabteilung des ZK der SED an Kurt Hager, 28.8.1963. In: SAPMO, DY30/85311.
122 Nathalie Sarraute: Die goldenen Früchte. Übers. von Elmar Tophoven. Berlin 1966; Michel Butor: Der Zeitplan. Übers. von Helmut Scheffel. Nachwort von Manfred Naumann. Berlin 1966; ders.: Paris–Rom oder die Modifikation. Übers. von Helmut Scheffel. Berlin 1967.
123 Burmeister: Streit um den Nouveau Roman, S. 9, 67.

erklärten sich in einem »Informationsbericht über die Stellung der COMES zu den Vorgängen in der Tschechoslowakei« solidarisch mit den tschechoslowakischen Schriftstellern, »welche die unerschrockenen Interpreten der Freiheit des tschechoslowakischen Volkes waren und bleiben«, und setzten sich mit dem »Manifest der COMES zur Verteidigung Solschenizyns« für die kulturelle Autonomie und den literarischen Pluralismus ein. Im Mai 1968 wurde den DDR-Vertretern von den italienischen Behörden die Einreisegenehmigung zur COMES-Tagung in Rom verweigert; in den folgenden Jahren reagierte der DSV mit »prinzipiellen Protesterklärungen«. Es bleibt dennoch zu beachten, dass in dieser spannungsreichen Periode vor allem die polnischen und bulgarischen Delegierten sich weiterhin aktiv an COMES-Aktivitäten beteiligten und mit detaillierten Berichten für den DSV für den Informationsaustausch sorgten.[124]

Ästhetische (Teil-)Revisionen stützten sich ebenfalls auf die in der DDR weitgehend verdrängte, jedoch in anderen »Ostblock«-Ländern vorhandene und sowohl ostblockintern als auch in den Westen exportierte sozialistisch-avantgardistische Tradition. Als im Oktober 1966 in Budapest »Tage der europäischen Dichtkunst« stattfinden sollten, vermutete der ostdeutsche Schriftstellerverband, mit gutem Recht, die »Brisanz des Themas« und erkundigte sich bei den Organisatoren, welche westdeutsche Autorinnen und Autoren eine Einladung erhielten.[125] Unter den zahlreichen ausländischen Gästen, die Themen wie »Universalität der Dichtkunst«, die »Rolle der Poesie bei der Widerspiegelung der Wirklichkeit« sowie das Verhältnis zwischen »modernen und klassischen Formen der Dichtung« erörterten, sorgte jedoch nicht die aus der Bundesrepublik eingeladene Ingeborg Bachmann (1926–1973), sondern die ungarischen Gastgeber Gyula Illyés (1902–1983) und Lajos Kassák (1887–1967) für den meisten Gesprächsstoff.

Illyés – ein Dichter, Dramatiker, Prosaschriftsteller und Essayist, der bis dahin internationale Anerkennung in sozialistischen Ländern wie in Frankreich, Belgien, Italien und in den USA gefunden hatte – beklagte in seinem Referat die »Vereinsamung und Atomisierung des Menschen in der modernen Gesellschaft«, seine Diagnose führte ihn aber zu einem Lösungsvorschlag, der weit über den damaligen literarästhetischen DDR-Kanon hinausreichte. Der Entfremdung der Menschen sollte nach der Auffassung von Illyés – wie der anonyme DSV-Berichterstatter notierte – die Poesie entgegenwirken: Der Dichter müsse »wieder Avantgardist sein im wahrsten Sinne des Wortes«, er müsse »stets original sein, die Welt auf eigene

---

124 Hausmitteilungen der Abteilung Kultur des ZK der SED, 12.11.1968, 5.2.1970; Hausmitteilungen des DSV, 9.2.1968, 17.6.1968. In: SAPMO, DY30/85311.
125 DSV: Bericht über die »Tage der europäischen Dichtkunst in Budapest im Oktober 1966«, o. D. In: AdK, Archiv des Schriftstellerverbandes 997.

Weise interpretieren und die Worte des Alltags mit neuem Zauber erfüllen«; es sei an der Zeit, dass die »Poeten in Offensive übergehen und sich der uralten Sendung der Kunst bewusst werden, nämlich die Menschen glücklich zu machen«.[126] Der avantgardistische Autor, Maler und Architekt Lajos Kassák, dessen bereits in den 1920er-Jahren in der Wiener Emigration entwickelte Ideen im diametralen Gegensatz zum organisierten Proletkult standen,[127] plädierte angesichts der rasanten technischen Entwicklung in der zweiten Hälfte des 20. Jahrhunderts wiederum für die »Zerstörung« der alten sowie den »Bau« der neuen Formen und bekannte sich zur »Intellektualisierung der Poesie«: Der »Konstruktivismus« sei »die am meisten soziale Tat in unseren Tagen«.[128]

Der DSV-Bericht versuchte die auf der Budapester Tagung eruierten Differenzen über die Moderne und die modernen Formen der Poesie sowie über die Entfremdung als Aspekt des Lebens im real existierenden Sozialismus zu kaschieren durch die Bemerkung, dass auch »die leidenschaftlichsten Fürsprecher der formalen Experimente und der neuen Formen niemals im Namen der *l'art pour l'art* sprachen, sondern ausdrücklich ihr Engagement betonten«.[129] Im verlegerischen Feld der DDR wurden die neuen Impulse aber schnell in die Praxis umgesetzt: Nachdem der polnische Dichter und Teilnehmer des Budapester Treffens, Artur Międzyrzecki (1922–1996), eine Auswahl aus Illyés' Lyrik in seiner Übersetzung 1967 sowie 1970 veröffentlichte, zog 1973 auch der Verlag Volk & Welt nach.[130] Der im Gutachten monierte »spezifische pathetische Gestus« des »zum modernen Dichter« aufgestiegenen Illyés musste zwar mit einem ausführlichen Nachwort abgesichert werden, die angestrebte »Möglichkeit einer erwünschten Wechselwirkung der beiden sozialistischen Literaturen« war dennoch gegeben.[131]

Es bleibt auffällig, wie die internationale Aufwertung der DDR zu Beginn der 1970er-Jahre und die ostblockinternen Transnationalisierungsprozesse die Ablösung

---

126 Ebenda.
127 László Illés, József Farkas, Miklós Szabolcsi: Einleitung. In: dies. (Hrsg.): Befunde und Entwürfe. Zur Entwicklung der ungarischen marxistischen Literaturkritik und Literaturtheorie (1900–1945). Berlin 1984, S. 13–57, hier S. 30.
128 DSV: Bericht über die »Tage der europäischen Dichtkunst in Budapest im Oktober 1966«, o. D. In: AdK, Archiv des Schriftstellerverbandes 997.
129 Ebenda.
130 Gyula Illyés: Poezje. Ausgewählt und übers. von Artur Międzyrzecki. Warszawa 1967; ders.: Poezje wybrane. Ausgewählt, übersetzt und mit einer biographischen Notiz versehen von Artur Międzyrzecki. Warszawa: 1970; ders.: Mein Fleisch und mein Netz. Gedichte. Übers. von Paul Kárpáti, mit einem Nachwort von Heindrun Hegewald. Berlin 1973.
131 Georgina Baum: Gutachten zu Gyula Illyés, Mein Fisch und mein Netz, o. D. In: BArch, DR1/2352.

der Kulturdoktrin des »Sozialistischen Realismus« beschleunigten. Noch 1971 sah man die »Entwicklung der sozialistisch-realistischen Literatur« gefährdet durch den Einsatz »kleinbürgerlich-revisionistischer Ansichten und Taktiken«. Gewarnt wurde vor der Tatsache, dass »vonseiten des Klassengegners mit Begriffen hantiert wird, die im Grunde der marxistischen Literaturbetrachtung entlehnt sind«.[132] Im Einzelnen bezog sich diese Kritik auf den bundesrepublikanischen »neuen Realismus«, so wie er von u. a. Walter Jens, Dieter Wellershoff oder Fritz Raddatz vertreten wurde. Dieser erschöpfte sich angeblich im »Vorherrschen der Triebhaftigkeit des Menschen«, dem »Trend zur Sachlichkeit und zur Entideologisierung der Weltsicht« sowie in der »Widerspiegelung der Existenz des Menschen, der sich gar nicht mehr in Machtstrukturen zurechtfinden« könne, ihnen aber »im Grunde hilflos ausgeliefert« sei.[133]

In den darauffolgenden Jahren wurde aber während der multilateralen Treffen das »Grundprinzip nichtdogmatischer Gemeinsamkeit« auch mit Blick auf »Weite und Spielraum des sozialistischen Realismus« angewendet. Die Literaturpolitik der DDR wurde herausgefordert durch die ostblockinterne Diskussion, welche den »sozialistischen Realismus« als »historisch offenes ästhetisches System« zu definieren versuchte, in dem Sinne, dass er »bei aller kämpferischer Treue zu seinen weltanschaulichen Grundlagen sein künstlerisches Instrumentarium (Formen, Mittel, Stile, Kunstlösungen, individuelle Handschriften) ständig bereichert und weiterentwickelt«.[134] So wurden in der Literaturwissenschaft der DDR Adaptionsversuche unternommen, den Begriff möglichst extensiv auszulegen: Er wurde gleichbedeutend mit der in der DDR erschienenen »sozialistischen Literatur« oder zur »führenden Methode« der »sozialistischen Weltliteratur« erklärt, jedoch mit dem Vermerk, auch andere ästhetische (und methodologische) Tendenzen anzunehmen.[135]

UNESCO, Helsinki und die sozialistische Transnationalisierung

Anfang der 1970er-Jahre deuteten sich in der sozialistischen Staatengemeinschaft neue Tendenzen zur engeren verlegerischen Zusammenarbeit an. Dies geschah selbstverständlich nicht unabhängig von einem kulturpolitischen Kontext. Im November 1970 erklärte die Generalversammlung der UNESCO unter dem Motto »Bücher für alle« das Jahr 1972 zum Internationalen Jahr des Buches, das zugleich als

---

132 Thesen für das Rundtischgespräch zwischen sowjetischen Literaturkritikern und Kritikern der DDR, Januar 1971. In: AdK, Archiv des Schriftstellerverbandes 898.
133 Ebenda.
134 Bericht über die konsultative Zusammenkunft zur Realismus-Forschung in Moskau, 13.4.1977. In: AdK, Archiv des Schriftstellerverbandes 970.
135 Śliwińska: Zu einigen Aspekten des sozialistischen Realismus, S. 202 f.

Modernisierungsinstrument der Entwicklungsländer gedacht war.[136] Die aus zehn Punkten bestehende Buch-Charta, die zu diesem Anlass ausgearbeitet wurde, hob u. a. das allgemeine Recht auf Lesen, die Bedeutung des Buches für die Bildung, die Notwendigkeit eines entwickelten Buch- und Bibliothekswesens sowie den Belang eines freien Buchtransfers für die internationale Verständigung und friedliche Zusammenarbeit hervor. Auch wenn der auf der Buch-Charta fußende Aktionsplan genauso schwer durchzusetzen war wie die ihm zugrunde liegende Deklaration der Menschenrechte,[137] bot er für die »Ostblock«-Länder, und insbesondere für die DDR, eine medienwirksame Bühne für kulturpolitisches Branding.[138]

Abb. 8–9: UNESCO-Aktionsplan sowie die deutschsprachige Ausgabe der UNESCO-Zeitschrift KURIER zum »Internationalen Jahr des Buches 1972«. Quelle: Sächsisches Staatsarchiv.

---

136 Sarah Brouillette: UNESCO and the Fate of the Literary. Stanford 2019, S. 82–86. Vgl. Christina Lembrecht: Bücher für alle. Die UNESCO und die weltweite Förderung des Buches 1946–1982. Berlin, Boston 2013.
137 Gottried Bürgin: Kritische Gedanken zum Internationalen Jahr des Buches 1972. In: FACHBLATT FÜR SCHWEIZERISCHES HEIM- UND ANSTALTSWESEN 43 (1972), S. 442 f., hier S. 442. Vgl. International Book Year. A Programme of Action 1972. Louvain 1971.
138 Christian Saehrendt: Kunst als Botschafter einer künstlichen Nation. Studien zur Rolle der bildenden Kunst in der auswärtigen Kulturpolitik der DDR. Stuttgart 2009, S. 64.

Schon 1955 hatte die DDR eine »nationale Kommission für die UNESCO-Arbeit« gegründet, mit dem Rektor der Humboldt-Universität Berlin, Albrecht Neye, als Leiter. Der Antrag auf UNESCO-Mitgliedschaft wurde aber zunächst abgelehnt. Erst der Grundlagenvertrag der beiden deutschen Staaten schuf die Voraussetzung dafür, dass die DDR im November 1972 mit der Stimme der Bundesrepublik in die UNESCO aufgenommen wurde und seitdem mit einer höchst »selektiven Mitgliedschaftspolitik« ihr »Selbstbild von der aktiven uneingeschränkten Mitarbeit in diesem System« abzugeben versuchte.[139] Das von der UNESCO proklamierte Jahr des Buches wurde daher von politisch orchestrierten und mit sozialistischen Partnern gut besetzten Aktivitäten begleitet. Auf der konstituierenden Sitzung des DDR-Komitees wurde hervorgehoben, die DDR sei ein Land, »in dem Kunst und Literatur geliebt und gefördert werden – umso ungerechtfertigter ist es, daß ihr die Aufnahme in die UNESCO noch vorenthalten wird«.[140] Üblicherweise führte man Zahlen aus den Statistiken des Buchhandels als »ein[en] recht überzeugende[n] Beweis für Weltoffenheit, Reichtum und Vielfalt« des DDR-Buchschaffens an: Demnach erschienen 1950 in der DDR 2025 Buchtitel mit einer Gesamtauflage von 40,1 Millionen, 1960 kamen Bücher mit einer Gesamtauflage von 96,4 Millionen heraus, 1970 erschienen 5234 Titel mit einer Gesamtauflage von 121,8 Millionen; jedes siebente Buch davon war eine Übersetzung.[141]

Das Komitee unter der Schirmherrschaft des Ministers für Kultur koordinierte sämtliche Aktivitäten der Verlage, des Buchhandels, der Bibliotheken sowie gesellschaftlicher Organisationen und staatlicher Einrichtungen. Den propagandistischen Höhepunkt bildete die vielerorts organisierte »Woche des Buches«, in Berlin fanden »Tage des sowjetischen Buches« sowie »Tage der internationalen Kinder- und Jugendliteratur« statt, in Rostock trafen sich polnische, deutsche und sowjetische Autorinnen und Autoren anlässlich des »Buchbasars zur Ostseewoche«, und auf der Internationalen Leipziger Buchmesse betonte der Vorsitzende der Kommission für UNESCO-Arbeit der DDR, Günther Rienäcker, in seiner Eröffnungsrede die »selbstverständliche Pflicht« des ostdeutschen Staates, die »in dem Motto ›Bücher für alle‹ dokumentierte humanistische Forderung zu unterstützen und einen Beitrag für die Verbreitung des dem Frieden, dem sozialistischen Fortschritt und der Freundschaft der Völker dienenden Buch zu leisten«.[142] Angesichts der anfangs

---

139 Wilhelm Bruns: Politik der selektiven Mitgliedschaft. Das Verhältnis der DDR zu den UN-Sonderorganisationen, insbesondere zur UNESCO. In: Vereinte Nationen: German Review on the United Nations (1978) H. 5, S. 154–159, hier S. 154.
140 Bruno Haid: Begrüßungsansprache zur konstituierenden Sitzung des DDR-Komitees »Internationales Jahr des Buches 1972«, 21.12.1971. In: SächsStA, 21766/3237.
141 Ebenda.
142 Abschlussbericht des Komitees der Deutschen Demokratischen Republik zum Internationalen Jahr des Buches 1972, 1.3.1973. In: BArch, SAPMO, DY30/23024.

ausbleibenden Berichterstattung gab der Börsenverein in zweiwöchigen Abständen einen speziellen Pressedienst DDR-Buch heraus, in dem alle Events erfasst und der Presse im gewünschten Wortlaut mitgeteilt wurden. Die Herausgabe des Bulletins wurde auch in den darauffolgenden Jahren fortgesetzt und diente der Information über das DDR-Buchwesen für das Ausland. Zur Internationalen Herbstbuchmesse 1972 entwarfen Studierende der Leipziger Hochschule für Grafik und Buchkunst ein Plakat »Bücher für alle«, dessen Logo auch die aus diesem Anlass edierten Sonderbriefmarken schmückte.

Abb. 10: Das Bulletin DDR-Buch, erstmals herausgegeben anlässlich des »Internationalen Jahres des Buches 1972«. Quelle: Bundesarchiv.

Abb. 11: Das von Studierenden der Leipziger Hochschule für Grafik und Buchkunst entworfene Plakat »Bücher für alle«. Quelle: Sächsisches Staatsarchiv.

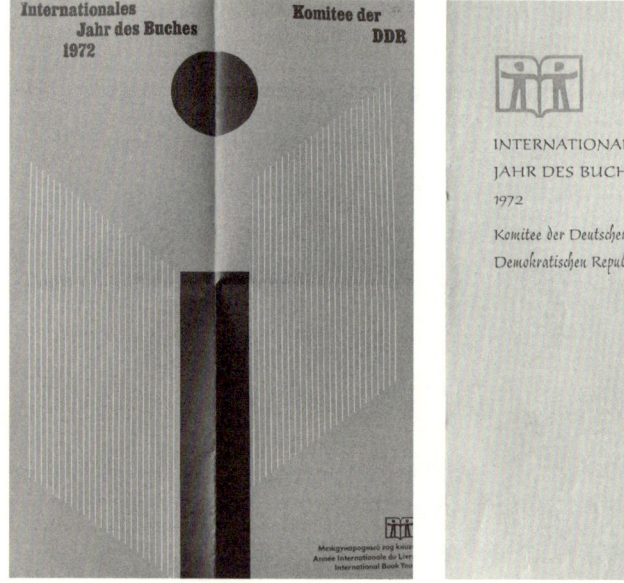

Abb. 12–13: Plakat, Erklärung und Arbeitsprogramm des DDR-Komitees zum »Internationalen Jahr des Buches 1972«. Quelle: Sächsisches Staatsarchiv.

Das DDR-Komitee beteiligte sich 1972 an zahlreichen in anderen sozialistischen Ländern veranstalteten Tagungen. Im verstärkten personellen Kontingent wurde an internationalen Buchmessen teilgenommen, in Zusammenarbeit mit den Freundschaftsgesellschaften der DDR sind Wanderbuchausstellungen in Dänemark, Finnland, Kanada, Australien sowie acht lateinamerikanischen Staaten organisiert worden; die Arbeit der Kultur- und Informationszentren der DDR (vor allem in osteuropäischen Ländern, in Stockholm und Helsinki undin arabischen Ländern) sowie der Einrichtungen der Liga für Völkerfreundschaft lief auf Hochtouren. Den ideologischen Höhepunkt bildete das von der UNESCO gemeinsam mit der nationalen UNESCO-Kommission der UdSSR im September 1972 in Moskau veranstaltete internationale Symposium »Das Buch im Dienste des Friedens, des Humanismus und des Fortschritts«. Die Buchschaffenden der DDR bekundeten anlässlich des Internationalen Jahres des Buches ihre »feste Solidarität mit dem kämpfenden Volk in Vietnam«. Die Bibliotheken der DDR wurden aufgefordert, tatkräftig beim Aufbau eines Bestandes von DDR-Literatur in der Nationalbibliothek in Hanoi zu helfen; rund 8000 Bände wurden übergeben.[143]

Mit der Organisation sämtlicher Aktivitäten hatte die DDR-Führung vorrangig die Aufnahme in die UNESCO im Blick. Man rechnete in diesem Zusammenhang auf die aktive Unterstützung asiatischer und afrikanischer »Entwicklungsländer«, deren Pläne und Arbeitsberichte im Hinblick auf das »Internationale Jahr des Buches« in Ostberlin eingehend studiert wurden. So berichtete die Botschaft der DDR in der Republik Tschad an das Ministerium für Auswärtige Angelegenheiten über Gespräche mit dem dortigen Generalsekretär der UNESCO-Kommission, »um ihm die Haltung der DDR zur Universalität der UNO und ihrer Spezialorganisationen zu erläutern«. Man bat um die Zusendung der Bücher über Afrika, Publikationen afrikanischer Autoren, die in der DDR aufgelegt wurden, sowie »anderer Werke, welche in Bezug zu afrikanischen Problemen stehen«: »Die Realisierung dieser Maßnahme könnte geeignet sein, die Positionen der DDR in Tschad zu festigen.«[144]

Zur wichtigen kulturpolitischen Zäsur wurde auch die im August 1975 unterzeichnete Schlussakte der Konferenz über Sicherheit und Zusammenarbeit in Europa (KSZE), deren Ergebnis in jeder Hinsicht ein Novum in der Geschichte der internationalen Beziehungen der Nachkriegszeit darstellte. Die Diplomaten vereinbarten einen Katalog von Prinzipien zwischenstaatlichen Verhaltens, darunter das Prinzip der Souveränität und Unversehrtheit der Staaten, des Gewaltverzichts und der Achtung der Menschenrechte. Eine Fülle von Empfehlungen und potenziellen Kooperationsbereichen wurden in drei sogenannten »Körben« geordnet. Der erste

---

143 Ebenda.
144 Ebenda.

Korb enthielt Absprachen zur militärischen Vertrauensbildung, der zweite Verpflichtungen zur wirtschaftlichen, wissenschaftlichen und technischen Zusammenarbeit. Der dritte Korb war gefüllt mit humanitären Maßnahmen. Gedacht wurde an die Erleichterung menschlicher Kontakte, die Freiheit des Informationsflusses sowie den Ausbau des Kulturaustausches.

Im Zusammenhang mit der Implementierung der KSZE-Schlussakte sind sowohl in der DDR wie auch in den übrigen »Ostblock«-Staaten polemische Vorwürfe an die Adresse des Westens gerichtet worden. Sie betrafen überwiegend nur einige Punkte aus dem »dritten Korb«, darunter – bezogen auf den Literaturtransfer – »Aufnahme von Werken von Schriftstellern [...] aus den anderen Teilnehmerstaaten« sowie »Vorbereitung, Übersetzung und Veröffentlichung von Artikeln, Studien und Monographien sowie von Büchern [...] aus Kunst und Literatur, die geeignet sind, die jeweiligen kulturellen Leistungen bekannt zu machen«.[145] Andere Punkte, insbesondere die Erleichterung menschlicher Kontakte sowie die Freiheit des Informationsflusses – blieben dagegen unerwähnt.[146] Diese auf »Korb 3« selektiv bezogene Polemik versuchte nachzuweisen, dass der Westen der KSZE-Schlussakte nicht nachgekommen sei, dass aber die osteuropäischen Staaten, entgegen den westlichen Propagandabehauptungen, mit der Implementierung der Schlussakte den Westen überrundet hätten.

Im Hinblick auf die KSZE-Überprüfungstreffen in Belgrad (1977–1978), Madrid (1980–1983) und Wien (1986–1989) wurde der Literaturtransfer (vor allem Zahlen zu Veröffentlichung und Vertrieb aus der Belletristik des Auslands, der Buchexport und -import zwischen den »Ostblock«-Ländern spielte eine geringere propagandistische Rolle) besonders herausgestellt und immer wieder aufgegriffen, weil die Literatur der Sympathiewerbung galt und sich gut eignete, geistige Offenheit zu dokumentieren, eine Offenheit hinter welcher der Westen angeblich weit zurückblieb.[147] So erklärte Hermann Kant die Schriftstellerverbände sozialistischer Länder im Hinblick auf die Erfüllung der Schlussakte von Helsinki zu »Umschlagplätzen der Literatur« und beanstandete die ausbleibende »Einhole-Ideologie« in westlichen Ländern: »Wenn ich so sehe: Kafka, Musil, Proust, Joyce, Mauriac, Green, Carpentier, Frisch und Böll, das gibt es in allen sozialistischen Ländern zu lesen. Wo sind

---

145 Konferenz über Sicherheit und Zusammenarbeit in Europa. Schlussakte. Helsinki 1975, S. 69.
146 Matthias Peter, Hermann Wentker: »Helsinki-Mythos« oder »Helsinki-Effekt«? Der KSZE-Prozess zwischen internationaler Politik und gesellschaftlicher Transformation: Zur Einleitung. In: dies. (Hrsg.): Die KSZE im Ost-West-Konflikt. Internationale Politik und gesellschaftliche Transformation 1975–1990. München 2012, S. 1–14, hier S. 1.
147 Peter Hübner: Literatur der Bundesrepublik in der UdSSR – Sowjetliteratur in der Bundesrepublik 1974–1976. In: OSTEUROPA 27 (1977) Nr. 11, S. 978–995, hier S. 978 f.

die Entsprechenden? [...] Wir haben jeden Grund, das vorzuzeigen, dass die Demokratie der Literatur bei uns stattfindet und nicht woanders.«[148]

Der propagandistische Eifer resultierte aber auch in realen Formen der Zusammenarbeit zwischen den sozialistischen Verlagen und in einer Steigerung von Literaturübersetzungen. Bereits im November 1973, drei Monate nachdem die Außenminister aus 35 Staaten in Helsinki eine Staatenkonferenz eröffnet hatten, entschieden Vertreter der leitenden Organe des Verlagswesens der sozialistischen Länder auf einer Beratung in Warschau über die notwendige Erweiterung der Zusammenarbeit auf bi- und multilateraler Grundlage. Im Januar 1976 tagte die gleiche Runde in Havanna, mit dem Ziel der »Verwirklichung von Aufgaben, die sich aus der Schlussakte der Konferenz [...] in Helsinki ergeben«.[149] Beschlossen wurde u. a. die Erhöhung der Qualifikationen von Verlagsübersetzerinnen und -übersetzer durch einen verstärkten internationalen Austausch und Durchführung von gemeinsamen Seminaren sowie eine engere Zusammenarbeit profilgleicher Verlage.[150] Anhand der Konferenzberichte und Verlagskorrespondenzen aus den darauffolgenden Jahren kann tatsächlich eine qualitative Umstellung verzeichnet werden: Fortan wurden bei bi- und multinationalen Konsultationen sowie Seminaren für Übersetzerinnen und Übersetzer reger als zuvor Empfehlungslisten gesellschaftpolitischer und schöngeistiger Literatur ausgetauscht, die der Auswahl von Übersetzungen zugrunde lagen. Die Verlagslektoren informierten sich gegenseitig über Neuerscheinungen in den jeweilgen Ländern sowie über den Zustand der Beziehungen zu Verlagen aus kapitalistischen und »Entwicklungsländern«.

Das einschlägige Archivmaterial belegt, dass die Bedeutung eines Literaturtransfers in den europäischen »Ostblock« als Folge der KSZE-Schlussakte sich

---

148 Zugleich wetterte Kant gegen die ebenfalls im Kontext der Helsinki-Konferenz geplante Dissidentenzeitschrift Kontinent, welche 1974 auf Initiative des damaligen Ullstein-Verlagsleiters Wolf Jobst Siedler (1926–2013) zusammen mit dem gerade nach Paris emigrierten russischen Schriftsteller und Regimekritiker Wladimir Maximow (1930–1995) sowie mit Andrej Sinjawski (1925–1997) und Alexander Solschenizyn (1918–2008) gegründet wurde. Kontinent erschien als Lizenzausgabe in mehreren Sprachen. Die russische Version existierte am längsten (1974 bis 1992), die deutsche Ausgabe genoss dagegen das größte Ansehen und entwickelte sich zu einem unabhängigen Forum und Sprachrohr osteuropäischer Autorinnen und Autoren. Laut Kant wurde die Zeitschrift »zu keinem anderen Zweck gegründet außer zu dem Zweck, unterhaltend zu sein, literarisch zu tun und politisch zu handeln«. Stenografisches Protokoll des XIII. Treffens leitender Vertreter der Schriftstellerverbände sozialistischer Länder vom 13. bis 15. Juli 1976 in Berlin. In: AdK, Archiv des Schriftstellerverbandes 650/1.
149 HV Verlage und Buchhandel: Empfehlungen der Beratung von Vertretern der leitenden Organe des Verlagswesens sozialistischer Länder in Havanna 1976, o. D. In: BArch, DR1/21348.
150 Ebenda.

nicht nur in der ideologischen Polemik erschöpfte. So wurde etwa die Politik der »moralischen Solidarität« mit Chile,[151] welche für die DDR in der deutsch-deutschen Systemkonkurrenz in Lateinamerika von besonderer Wichtigkeit war,[152] zwar ebenfalls propagandistisch im Helsinki-Kontext ausgelegt; sie trug aber auch zu einer verstärkten Rezeption der für die sozialistischen Literatursysteme ästhetisch innovativen lateinamerikanischen Prosa bei.[153] Der im DSV gegründete »Neruda-Fonds« unterstützte die in der DDR lebenden chilenischen Schriftstellerinnen und Schriftsteller, die dort ihre Verbandstagungen abhielten und 1976 eine spanischsprachige Anthologie fertigstellten, welche durch den DSV in den lateinamerikanischen Länder verbreitet wurde.[154] Ähnliches geschah auch in anderen sozialistischen Ländern: So erhielt die 1976 initiierte lateinamerikanische Reihe des Krakauer Verlages Wydawnictwo Literackie nach der Havanna-Beratung eine kulturpolitische und finanzielle Unterstützung des polnischen Kultusministeriums, welche die Ausbildung der Übersetzerinnen und Übersetzer sowie Kontakte mit u. a. kubanischen Verlagen ermöglichte.[155] Auch ungarische Verleger vertraten den Standpunkt, dass »die gesamte revolutionäre Literatur Lateinamerikas möglichst breiten Kreisen zugänglich gemacht werden muss« und in der UdSSR, wo ein Tanker unter dem Namen »Pablo Neruda« vom Stapel lief und Nerudas Witwe Matilde zu Besuch kam, wurde eine ganze Reihe exilierter Autoren übersetzt.[156]

Multinationale Editionsreihen

In einem Punkt wurden die Teilnehmerinnen und Teilnehmer der Havanna-Tagung konkreter, indem sie es für »zweckmäßig« hielten, »mit vereinten Kräften die Herausgabe von Koeditionen und mehreren multilateralen Reihen zu organisieren,

---

151 Stenografisches Protokoll des XIII. Treffens leitender Vertreter der Schriftstellerverbände sozialistischer Länder vom 13. bis 15. Juli 1976 in Berlin.
152 Georg J. Dufner: Chile als Partner, Exempel und Prüfstein. Deutsch-deutsche Außenpolitik und Systemkonkurrenz in Lateinamerika. In: VIERTELJAHRSHEFTE FÜR ZEITGESCHICHTE (2013) H. 4, S. 513–548.
153 Vgl. Jens Kirsten: Lateinamerikanische Literatur in der DDR. Publikations- und Wirkungsgeschichte. Berlin 2004.4
154 Die deutschsprachige Ausgabe der Anthologie erschien 1979 im Verlag Volk & Welt unter dem Titel ... *ein Fluss aus Feuer und Blut. Chilenische Dichter besingen Neruda.*
155 Polnisches Kultusministerium: Realisierung der Empfehlungen der Beratung von Vertretern der leitenden Organe des Verlagswesens sozialistischer Länder in Havanna (1976), 20.1.1978. In: AAN, 2/1354/0/2.6.3/LVI-231.
156 Stenografisches Protokoll des XIII. Treffens leitender Vertreter der Schriftstellerverbände sozialistischer Länder vom 13. bis 15. Juli 1976 in Berlin.

durch die die Ideen der Konferenz von Helsinki propagiert und [die] zur Festigung des Friedens und Sicherheit in Europa […] beitragen werden«.[157] Den Auftakt bildete die »Bibliothek des Sieges« (BdS), welche von den staatlichen Leitungen des Verlagswesens der Sowjetunion, der ČSSR, der DDR, Polens, Ungarns, Bulgariens sowie der Mongolischen Republik bereits im März 1974 auf einer Tagung in Warschau beschlossen wurde. Nach August 1975 wurde sie immer wieder als »Beispiel für die multinationale Zusammenarbeit auf dem Gebiet des Verlagswesens« herausgestellt, die »auch im Schlussdokument von Helsinki als wichtige Zielstellung formuliert« sei.[158]

Der Abschluss der Reihe sollte im Zusammenhang mit dem 35. Jahrestag des Sieges über den Faschismus erfolgen. Es wurde festgelegt, die BdS auf allen wichtigen nationalen Buchmessen des Jahres 1980, u. a. in Warschau, Leipzig und Sofia, geschlossen in allen Sprachen zu zeigen. Die Programmatik der Reihe entsprach den geltenden literaturwissenschaftlichen Vorüberlegungen zur »Dialektik von Internationalem und Nationalem«,[159] die sich in dem Thema des antifaschistischen Widerstands besonders charakteristisch manifestiert haben sollte:

> Der antifaschistische Kampf und die Gestaltung des Zweiten Weltkrieges erscheinen […] außerordentlich breit und vielgestaltig; sie besitzen in den einzelnen Ländern eine besondere stoffliche Spezifik. In der Sowjetunion steht der Große Vaterländische Krieg im Zentrum. Die polnische Literatur entwickelt das antifaschistische Thema in der Gegenüberstellung des bürgerlichen Vorkriegspolens mit der sich formierenden Volksmacht, in der Abrechnung mit den Verbrechen des deutschen Faschismus und in der Gestaltung des Partisanenkampfes. Auch in jugoslawischen Literaturen herrscht das Partisanensujet vor. In der slowakischen Literatur bildet der Nationalaufstand den eigentlichen Kulminationspunkt. Für die DDR ist die Darstellung des zweiten Weltkriegs als Frontgeschehen sehr gering ausgeprägt. Dafür wird die epische Gestaltung des Leidens und des Triumphes im Konzentrationslager und in der Illegalität, aber auch der Umerziehungsprozeß verführter

---

157 HV Verlage und Buchhandel: Empfehlungen der Beratung von Vertretern der leitenden Organe des Verlagswesens sozialistischer Länder in Havanna 1976, o. D. In: BArch, DR1/21348.

158 HV Verlage und Buchhandel: Verwirklichung der Hinweise und Empfehlungen der Konferenz über Sicherheit und Zusammenarbeit in Europa in der Editionspolitik der DDR, o. D. (1976). Ebenda.

159 Klaus Geißler: Das Nationale und das Internationale in den Literaturen europäischer sozialistischer Länder. In: Zeitschrift für Slawistik 24 (1979) Nr. 3, S. 390–394, hier S. 392.

Jugendlicher von einer neuen Autorengeneration wieder aufgenommen und neu akzentuiert.[160]

Da laut den kulturpolitischen Richtlinien auch der »Imperialismus« als »gesellschaftliche Basis« des Faschismus galt,[161] war die antifaschistische Literatur im Besonderen als »Internationale des Geistes« zu begreifen. Trotz der unterschiedlichen nationalen Ausgangspunkte habe sie die Grenzen der Nationalliteraturen transzendiert und sei somit zu einer »sozialistischen Weltliteratur« geworden, die nicht identisch war »mit der Literatur der sozialistischen Welt«. Es war die »Literatur der sozialistischen Gedanken- und Ideenwelt«.[162]

Die beratenden Leitungen der Verlage hielten es im Sinne der Beschlüsse von Helsinki für medienwirksam und kulturpolitisch erwünscht, die Reihe in der Öffentlichkeit als »offen für alle Länder der Anti-Hitler-Koalition« gelten zu lassen. Während der internen Beratungen war man sich aber darüber einig, dass die Kontaktaufnahme zu westeuropäischen Ländern, mit dem Ziel, sie für die Teilnahme an der BdS zu gewinnen, in erster Linie eine politische und nicht so sehr eine verlegerische Frage war. Niemand in diesem Kreis glaubte an einen Erfolg ohne staatliche Vereinbarungen.[163] Auch waren nicht alle »Ostblock«-Länder für die Reihe zu begeistern: Trotz zahlreicher Gespräche haben sich Rumänien und Jugoslawien an dem Editionsprojekt nicht beteiligt.

Die Koordination des Gemeinschaftsunternehmens der sieben sozialistischen Staaten übernahm der Warschauer Verlag Czytelnik, in der DDR erschien die Reihe im Verlag Volk & Welt. Als Voraussetzung galt, dass die Reihe den Zeitraum von 1933 bis zur Gegenwart umfassen sollte, die Wahl der Werke den nationalen Redaktionskollegien überlassen wird und die BdS in einer einheitlichen polygraphischen Ausstattung der Bände – Ganzleinen mit Schutzumschlag, versehen mit dem Signum – erscheint. In den Jahren 1975 bis 1981 wurden in der BdS 35 Titel, darunter fünf Anthologien herausgegeben: 12 aus der UdSSR, 3 aus Bulgarien, 4 aus der Tschechoslowakei, 4 aus der DDR, 5 aus Polen, 4 aus Ungarn, 1 aus der Mongolischen Republik sowie 2 multinationale Sammelbände mit Dramen und Lyrik. Der Volk-&-Welt-Direktor, Jürgen Gruner (geb. 1930), und der Leiter des Lektorats Sowjetliteratur, Leonhard Kossuth (1923–2022), stellten im Januar 1975

---

160 Ebenda, S. 393.
161 Ebenda, S. 392.
162 Klaus Geißler: Probleme sozialistischer Weltliteratur. In: ZEITSCHRIFT FÜR SLAWISTIK 29 (1984) Nr. 5, S. 665–673, hier S. 668.
163 Marianne Richter (HV Verlage und Buchhandel) & Gerhard Böttcher (Volk & Welt): Bericht über die Reise nach Warschau vom 14. bis 20. Dezember 1977. In: BArch, DR1/21348.

auf der Pressekonferenz die ersten Bände der Reihe vor. Die Verlagszeitschrift DER BÜCHERKARREN berichtete:

> Kooperation zwischen Ländern gehört längst zur Gewohnheit. Auf vielen Gebieten wurden die Integrationsbeziehungen verstärkt, so auch im Verlagswesen. Oft jedoch blieb es bei bilateralen Abmachungen. Was lag näher, als nach Wegen zu suchen, um auch multinationale Aspekte mehr zu berücksichtigen. Dies gilt sowohl für kulturpolitische Gesichtspunkte – gegenseitige Annäherungen und Wechselbeziehungen der verschiedenen sozialistischen Kulturen treten seit geraumer Zeit stärker in den Vordergrund – als auch für die praktische Zusammenarbeit bei der Buchproduktion zum Nutzen für alle Beteiligten. Erstmals unter all diesen Aspekten wird nun in diesem Jahr ein verlegerisches Großunternehmen gestartet, das in der Geschichte seinesgleichen sucht: die Bibliothek des Sieges.[164]

Die meisten Manuskripte fanden die Zustimmung der ostdeutschen Verlagsgutachter, kritisch wurde mitunter lediglich die Zusammenstellung der Anthologien beurteilt, in denen »zu viel Schwächliches neben Gutem« stand und deren Inhalt daher »ganz mit politisch-ideologischen Maßstäben zu werten ist«.[165] Zu dieser nun kanonischen »Wiederspiegelung des schweren, ungeheure Opfer fordernden Sieges der Menschheit über den imperialistischen Krieg« zählte bemerkenswerterweise auch *Asche und Diamant* von Jerzy Andrzejewski – ein Buch aus dem Jahr 1947, das in der DDR erstmals als ein »pessimistischer, bedrückender« Roman eine 16 Jahre dauernde Zensurgeschichte erlebt und dessen Autor in der zweiten Hälfte der 1970er-Jahre wegen seiner Teilnahme an Aktivitäten des Komitees zur Verteidigung der Arbeiter (KOR) wiederholt als »aufrührerisches Element« gegolten hatte (vgl. Teil 2).[166]

---

164 Manfred Küchler: Bibliothek des Sieges. Gemeinschaftsunternehmen sozialistischer Länder. In: DER BÜCHERKARREN (1975) 1, S. 1 f., hier S. 1.
165 Karl-Heinz Jähn: Gutachten zur Anthologie der Lyrik der sozialistischen Länder »Verhangen war mit Tränenrauch«, o. D. (1980). BArch, DR1/2375; ders.: Gutachten zur Anthologie tschechischer und slowakischer Erzählungen »Unter dunklem Himmel«, o. D. (1979). In: BArch, DR1/2370a.
166 [G.] Taneva: Verlagsgutachten, 1.10.1948; Helga Albrecht: Verlagsgutachten, März 1977. In: AdK, Archiv Verlag Volk und Welt 3859. Vgl. Marek Rajch: Der Roman *Asche und Diamant* von Jerzy Andrzejewski und die Zensur in der DDR. In: Siegfried Lokatis, Martin Hochrein (Hrsg.): Die Argusaugen der Zensur. Begutachtungspraxis im Leseland DDR. Stuttgart 2021, S. 511–528. Aus diesem Grund wurde in einer im NEUEN DEUTSCHLAND erschienenen Besprechung der Reihe auf drei Autoren aus Polen – Jerzy Putrament, Zbigniew Załuski und Leon Kruczkowski – eingegangen, Andrzejewski blieb dagegen vorsichtshalber unerwähnt. Manfred Küchler: Die »Bibliothek des Sieges« hat Millionen Leser erreicht. Einzigartiges editorisches Gemeinschaftsunternehmen sozialistischer Verlage. In: NEUES DEUTSCHLAND vom 10. April 1980, S. 4.

Abb. 14: Ausgabe des Romans *Das siebte Kreuz* von Anna Seghers in der »Bibliothek des Sieges«. Quelle: Deutsches Literaturarchiv Marbach.

Ein Werk aus der polnischen Empfehlungsliste sorgte aber in diesem aus kulturpolitischer Sicht scheinbar wenig problematischen multilateralen Editionsprojekt reichlich für Diskussionsstoff: *Frontwege* von Waldemar Kotowicz. Das 1958 im Original erschienene Buch, das 1969 verfilmt und dessen 6. Auflage 1973 veröffentlicht wurde, ist eine literarische, in vielen Partien romanhafte Züge aufweisende Bearbeitung der Erinnerungen des Verfassers aus den letzten Wochen des Zweiten Weltkrieges. Der Autor, 1945 ein neunzehnjähriger Leutnant in der 2. polnischen Armee, berichtete aus der Perspektive des Zugführers vom Marsch seines Regiments von Pommern nach Breslau, vom Vorrücken zur Lausitzer Neiße und von den letzten Kämpfen bei Bautzen. Zu diesem Titel, dessen Erscheinen in der BdS für 1979 geplant war, wurde im September 1974 als erstes die Meinung des Historikers Heinz Lemke eingeholt. In seinem insgesamt zurückhaltenden Gutachten wies Lemke u. a. auf die mangelnde literarische Qualität des Textes, den latenten Antisemitismus sowie die klischeehafte Darstellung der Deutschen hin. Die Popularität des Buches in Polen konnte nach seiner Einschätzung in erster Linie daran gelegen haben, dass es »die in der polnischen Armee herrschende Atmosphäre relativ gut eingefangen hat«, für den Leser in der DDR, der »über die notwendigen historischen Kenntnisse nicht verfügt«, war es aber nicht geeignet.[167]

---

167 Heinz Lemke, September 1974. In: BArch, DR1/2370.

Auch die übrigen Verlagsgutachterinnen und -gutachter, Jutta Janke (1932–2004) und Henryk Bereska (1926–2005), vertraten einen ablehnenden Standpunkt. Die Lektorin erinnerte in ihrem Resümee daran, dass bereits 1949 Leon Kruczkowski (1900–1962) während seiner Arbeiten an dem Drama *Die Sonnenbruchs* gegen ein stark vereinfachtes und primitives Bild der Deutschen in der polnischen Literatur polemisiert habe und meinte, dass »das Bild vom kläffenden Deutschen in den zeitgenössischen Romanen, Erzählungen und Filmen mit Okkupationsthematik von sehr geringem oder fast keinem Erkenntniswert wäre«. »Was zu beanstanden ist«, fuhr Janke fort, »ist nicht die Darstellung des Stoffs, sondern die Mittelmäßigkeit der Darstellung, die dann bewirkt, dass der Text passagenweise immer wieder ins Vulgäre oder Ordinäre entgleist.«[168] Bereska beanstandete darüber hinaus »das Wuchern des Fragmentarischen und Nebensächlichen«.[169]

Die drei Gutachten wurden daraufhin in der Lektoratssitzung zur Diskussion gestellt. Dabei ging es nicht nur um die Frage der klischeehaften Figuren an sich; vielmehr wurde die Befürchtung geäußert, ob sich die auf dem Handlungsschauplatz (Orte Horka und Niesky) lebende sorbische Bevölkerung nicht beleidigt fühlen würde. Angesichts der Tatsache, dass es sich bei dem Titel um ein Buch aus der kulturpolitisch wichtigen Reihe handelte und die polnischen Partner auf ihrer Empfehlungsliste die *Frontwege* gezielt neben Jerzy Andrzejewski (*Asche und Diamant*), Bohdan Czeszko (*Lehrjahre der Freiheit*), Jerzy Putrament (*Der Hochverräter*) und Zbigniew Załuski (*Das Jahr 44*) gestellt hatten, wurde jedoch beschlossen, den Text übersetzen zu lassen und dann erneut zu diskutieren. Vor dieser Diskussion wurde ein weiteres Gutachten der Cheflektorin des Verlags, Georgina Baum, eingeholt (sie bemängelte das »Ignorieren geschichtlicher und ideologischer Zusammenhänge«) und das Manuskript von allen Teilnehmerinnen und Teilnehmern der Sitzung gelesen.[170] Man wollte klären, ob der Verlag auf diesen Beitrag verzichten könnte bzw. ob die mögliche Missdeutung durch eine Revision der beanstandeten Textpassagen und einen distanzierenden Kommentar des Autors aufzuheben wäre. Auch die Chefetage des Kulturministeriums nahm sich der Sache persönlich an: Gerhard Dahne (geb. 1934), Leiter der Abteilung Belletristik, alarmierte den stellvertretenden Minister Klaus Höpcke (1933–2023) und bat ihn um die Lektüre des Manuskripts.

Ende September 1977 kam Kotowicz auf Einladung des Verlags nach Berlin und arbeitete mit der slawistischen Lektorin Jutta Janke den gesamten Text durch. Das Ergebnis dieser Zusammenarbeit ist in einer fünfseitigen Aktennotiz festgehalten. Kotowicz verpflichtete sich, eine Einführung zu schreiben, in der er »aus historischer Distanz zu den im Buch geschilderten Ereignissen Stellung nimmt und auf

---

168 Jutta Janke, 9.12.1974. Ebenda.
169 Henryk Bereska, Oktober 1974. Ebenda.
170 Georgina Baum, Oktober 1975. Ebenda.

die neuen positiven Beziehungen zwischen der DDR und Polen hinweist«. Ferner sollte die einheitliche Benennung der »Deutschen« von einem »einfühlsamen und politisch erfahrenen Redakteur« relativiert und die sich an konkreten Orten der Lausitz abspielende Handlung, in der die Vertreter der einheimischen Bevölkerung als »niederträchtig und heimtückisch« dargestellt werden, in ein fiktives Dorf verlegt werden. Auch »antisemitische Zungenschläge« sowie negative Bilder der deutschen Zivilbevölkerung wurden abgeschwächt oder gestrichen.[171] Die archivierte Anlage mit Änderungsdirektiven galt sowohl für die Volk-&-Welt-Ausgabe der *Frontwege*, als auch für alle an der BdS beteiligten Verlage. Die ostdeutsche Edition war somit mustergültig für die gesamte Reihe (auch in den nächsten polnischen Ausgaben wurden die mit dem Verlag Volk & Welt vereinbarten Änderungen vorgenommen).

Im August 1978 fand in der HV Verlage und Buchhandel eine erneute Beratung statt, in der die Teilnehmerinnen und Teilnehmer das Für und Wider und die Fragen des politischen Nutzens oder Schadens, den dieses Buch in der DDR anrichten könnte, abwogen. Zwei weitere Gutachterinnen und Gutachter der Zensurbehörde beanstandeten in der geänderten Fassung die »bürgerlich-nationalistische Grundhaltung« und den »fehlenden Klassenstandpunkt« des Autors, »undifferenziert dargebotene Wertungen« sowie »unkommentierte Emotionen«.[172] Auch die eingereichte Einleitung entsprach nach Meinung der Gutachter nicht den festgehaltenen Vereinbarungen. Trotz der Einwände hielt das Gremium es nicht für angebracht, auf die Publikation zu verzichten. Unabdingbare Voraussetzung für die Veröffentlichung war jedoch das Vorwort im ursprünglich konzipierten Sinn, d. h. eine erneute Zusammenarbeit mit dem Autor und Verschiebung des Herstellungstermins um etliche Monate. Im Dezember 1978 legte Volk & Welt der HV Verlage und Buchhandel zur Begutachtung die Einleitung vor, die, samt den Änderungen im Haupttext, das Erscheinen der *Frontwege* in der internationalen »Bibliothek des Sieges« erst möglich machte. Kotowicz rekonstruierte seine Kriegserfahrungen und rechnete nachträglich mit antideutschen Ressentiments ab:

> Das bedeutet nicht, dass mich dabei irgendwelche feindlichen oder […] rachsüchtigen Intentionen gegenüber dem deutschen Volk lenkten, einem Volk, das diesen Krieg ebenfalls schmerzhaft zu spüren bekam und für das der Krieg eine hinreichende Lektion war. Lektion in einer Geschichte, in deren Ergebnis sich ein so bedeutender Teil des deutschen Volkes in der Deutschen Demokratischen Republik einen neuen, ganz und gar anderen deutschen Staat schuf, der sich auf die höchsten menschlichen Werte stützt und auf reale Zukunftspläne, die bei anderen Völkern Achtung weckten. Einen Staat, durch dessen Existenz zum ersten Mal in der Geschichte die Möglichkeit gegeben

---

171 Jutta Janke: Aktennotiz, 5.10.1977. Ebenda.
172 Wolfgang Teichmann, 2.7.1978; Ingeborg Klaas-Ortloff, 6.8.1978. Ebenda.

war, dauerhafte Grundlagen für wirklich freundschaftliche Beziehungen zwischen unseren Völkern zu schaffen.¹⁷³

Die Editionsgeschichte der *Frontwege* illustriert somit, wie eine autobiographische Erinnerung in ein transnationales antifaschistisches Narrativ der »Bibliothek des Sieges« überführt wurde und die kulturpolitische Selbstdarstellung der DDR bestätigte.

Abb. 15: Ausgabe des Romans *Frontwege* von Waldemar Kotowicz in der »Bibliothek des Sieges«. Quelle: Universitäts- und Landesbibliothek Sachsen-Anhalt.

Während die »Bibliothek des Sieges« bereits im Vorfeld der Schlussakte von Helsinki konzipiert worden war, wurde die »Bibliothek der europäischen Poesie des zwanzigsten Jahrhunderts« auf der Beratung in Havanna als eine »gute Möglichkeit empfohlen, die Ideen von Helsinki praktisch umzusetzen«.¹⁷⁴ Sie hatte die Aufgabe, »die Vielfalt des literarischen Ausdrucksvermögens eines Volkes widerzuspiegeln, ohne das Editionsvermögen kleiner Länder zu überfordern«.¹⁷⁵ Im Hinblick auf »unvermeidbare politische Differenzen« wurde, anders als im Falle der »Bibliothek

---

173 Waldemar Kotowicz: Vorwort des Autors zur Ausgabe in der DDR, Dezember 1978. Ebenda.
174 Exposé zur »Bibliothek der europäischen Poesie«, o. D. (1976). In: BArch, DR1/21348.
175 HV Verlage und Buchhandel: Gedanken zur Herausgabe einer »Bibliothek der europäischen Poesie«, 5.5.1976. In: BArch, DR1/21348.

des Sieges«, auf ein internationales Herausgeberkollegium verzichtet.[176] Die für das Verlagswesen eines Landes zuständigen staatlichen Institutionen sollten daher einen/ mehrere Verlag(e) beauftragen, eine einbändige repräsentative nationale Lyrikanthologie zu erarbeiten, die dann allen anderen an dem Projekt beteiligten Partnern zur Edition angeboten würde. Jedem Land blieb vorbehalten, aus dem angebotenen Band auszuwählen, nicht aber Texte hinzuzufügen, die im autorisierten Band nicht enthalten waren. Die durch die Sowjetunion koordinierte Reihe sollte dem »bürgerlichen Westeuropa-Zentrismus« das »sozialistische Europa-Bild« entgegensetzen und »ausgehend vom Standpunkt der Arbeiterklasse und ihrer Avantgarde, die historisch neue Qualität unserer Lyrik an bedeutenden Beispielen zeigen«.[177]

Eine potenzielle Edition der Reihe in westeuropäischen Verlagen wurde in bilateralen Gesprächen erkundet: Polen sondierte das Interesse der auf der Warschauer Buchmesse anwesenden kapitalistischen Gäste, Bulgarien führte Verhandlungen mit Verlegern in Griechenland und der Türkei, die Sowjetunion untersuchte die Aufnahmebereitschaft der Verlage in Finnland und in den USA und verschickte Einladungen zur Teilnahme an der Reihe nach Frankreich und Italien. Das Ministerium der Kultur der DDR beauftragte den Aufbau-Verlag, seine Beziehungen zum Luchterhand-Verlag dafür zu nutzen, dessen Bereitschaft zu testen, an einem solchen internationalen Vorhaben mitzuwirken. Der Lyriker Paul Wiens (1922–1982), der einen für die »Bibliothek der europäischen Poesie« vorgesehenen Band der DDR-Lyrik erarbeitete, stand im Gespräch mit dem Pariser Verlag Gallimard und sollte, ebenfalls im Auftrag des Ministeriums, eine Möglichkeit der Herausgabe weiterer Bände der sozialistischen Länder prüfen. Das Ergebnis war negativ: Nach Einschätzung des französischen Verlegers war der Markt für die osteuropäische Lyrik wenig aufnahmebereit und so ein »unkommerzielles Objekt« nicht ohne staatliche Fördergelder zu machen. Ein geringes Interesse bestände eventuell daran, eine fertige französischsprachige Auflage zu übernehmen, für die Gallimard lediglich seinen Namen gebe, und das auch nur dann, wenn der Absatz einen finanziellen Gewinn verspreche.[178]

Auch im »Ostblock« blieb der editorische Erfolg der Poesie-Reihe überschaubar. Als 1988 die Vertreter der leitenden Organe des Verlagswesens sozialistischer Länder in Warschau tagten, konnte nur der Moskauer Verlag Chudožestvennaya literatura über das abgeschlossene Editionsprojekt der repräsentativen Anthologien berichten; in Ungarn erschienen wenige Bände, dafür aber auch einige mit zeitgenössischen Gedichten aus der Bundesrepublik, Österreich und der Schweiz. Die polnischen Staatsverlage zeigten sich erstmals unzufrieden mit der Einschränkung auf das zwanzigste

---

176 Ebenda.
177 Beratung der gemeinsamen Arbeitsgruppe DDR-UdSSR in Ufa, September 1977. Ebenda.
178 Ebenda.

Jahrhundert, wodurch die wichtigsten polnischen Dichter dann nicht berücksichtigt seien, meinten aber auch, bereits in den Jahren 1977 bis 1987 zahlreiche Nationalanthologien der Lyrik, u. a. aus der UdSSR, Bulgarien, Ungarn, Kuba und der DDR unabhängig von der anvisierten Reihe publiziert zu haben.[179] Da die Bände der »Bibliothek der europäischen Poesie« in den jeweiligen Ländern auf der Grundlage des Prinzips der Gegenseitigkeit erschienen, legten die polnischen Partner ihrerseits auch kein Manuskript vor. Rumänien und Jugoslawien erteilten, wie auch früher im Fall der »Bibliothek des Sieges«, von Anfang an ihre Absage für das Projekt.

In der DDR erschien die Reihe, wenn auch mit Verzögerung, fast vollständig. Sie sollte, gemäß den Absprachen mit dem Ministerium für Kultur, von den beiden größten Verlagen für internationale Literatur, Aufbau und Volk & Welt, getragen werden, wobei der Aufbau-Verlag die koordinierende Funktion übernahm. Volk & Welt wollte sich der Lyrik aus der Sowjetunion und Bulgarien annehmen, Aufbau war verantwortlich für Anthologien mit Gedichten aus Polen, Ungarn und der Tschechoslowakei. Die Einengung des multilateralen Projektes auf Literaturen aus sozialistischen Ländern wurde jedoch im Ministerium für Kultur als kulturpolitischer Misserfolg gewertet. Eine medienwirksame Realisierung der Schlussakte von Helsinki sollte nämlich in einem möglichst breitgefächerten Programm der Reihe ihren Ausdruck finden. Klaus Höpcke notierte missmutig: »Hauptfrage, die mich interessiert: Was ist mit Frankreich, Italien, England, Belgien, Schweden, Finnland, Jugoslawien, Griechenland usw. Wer hat das inzwischen besprochen?«.[180] Beide Verlage wurden daher beauftragt, neue editorische Vorhaben mit dem Vorhandenen abzustimmen und die in den Perspektivplänen enthaltenen Anthologien der Lyrik aus kapitalistischen Ländern in das Gesamtunternehmen »Bibliothek der Europäischen Poesie« einzubeziehen. Die ministeriellen Richtlinien wurden aber nicht realisiert.

Die bei Volk & Welt 1984 erschienene *Bulgarische Lyrik des zwanzigsten Jahrhunderts*, deren Auswahl der Bulgarische Schriftstellerverband traf, wurde in Verlagsgutachten als »solide für einschlägig Interessierte, […] andererseits für fachlich unvorbelastete Lyrikkonsumenten vielleicht nicht übermäßig attraktiv« befunden.[181] Dennoch war das verlegerische Verdienst des Unternehmens – mit 89 bulgarischen Dichterinnen und Dichtern, von Iwan Wasow bis Mirjana Baschewa – unbestreitbar. Das unter Federführung des Verlags Chudožestvennaya literatura entwickelte und 1980 übersandte Manuskript des sowjetischen Beitrags konfrontierte dagegen die Volk-&-Welt-Herausgeber mit der schwierigen Frage der bei der Reihe

---

179 Beratung von Vertretern der leitenden Organe des Verlagswesens sozialistischer Länder in Warschau, 28.11 bis 5.12.1988. In: ANN, 2/1354/0/2.6.3/LVI-1537.
180 HV Verlage und Buchhandel, Abteilung Belletristik an Klaus Höpcke (handschriftliche Notiz von Höpcke), 18.11.1979. In: BArch, DR1/21348.
181 Barbara Antkowiak: Gutachten zur »Bulgarischen Lyrik des zwanzigsten Jahrhunderts«, o. D. (1984). In: BArch, DR1/2382.

vorausgesetzten Begrenzung auf Europa, was eben für die UdSSR die Konsequenz hatte, nicht von ihrer gesamten multinationalen Poesie des 20. Jahrhunderts, wie es in der Editionspraxis der DDR üblich war, ausgehen zu können. Nach langem Zögern entschied sich die Verlagsleitung dafür, die aufwendige Auseinandersetzung mit dem Material zu unterlassen und die Anthologie *Der flammende Dornbusch. Lyrik aus der Sowjetunion* (1987) gemäß der ursprünglichen Fassung herauszugeben.[182] Im gleichen Jahr erschien im Aufbau-Verlag die *Ungarische Lyrik des zwanzigsten Jahrhunderts*. Der Aufwand war nicht klein: Basierend auf der inhaltlichen Konzeption, die 1979 von der Ungarischen Akademie der Wissenschaften vorgelegt wurde, konnten bereits übersetzte Gedichte aus 27 verschiedenen deutschsprachigen Ausgaben übernommen werden. Ungeachtet dessen musste annähernd ein Viertel des Bandes neu übertragen werden. Nachdichter wie Günther Deicke (1922–2006), Richard Pietraß (geb. 1946), Brigitte Struzyk (geb. 1946), Uwe Grüning (geb. 1942) und Hans-Jörg Rother (geb. 1941) übersetzten insbesondere ungarische Lyriker der jüngeren Generation (u. a. István Kormos, László Nagy, Gábor Garai, András Fodor und Sándor Csoóri). Somit lieferte der Verlag die »bislang größte Auswahl zeitgenössischer Dichtung im gesamten deutschen Sprachraum«, ein »verlegerisches Unternehmen, das auf Jahre hinaus den Anspruch auf Repräsentativität wird erheben können«.[183]

Abb. 16–17: Anthologie der ungarischen (Aufbau-Verlag) und der sowjetischen Lyrik (Verlag Volk & Welt) in der »Bibliothek der europäischen Poesie«. Quelle: Deutsches Literaturarchiv Marbach.

---

182 Leonhard Kossuth: Verlagsstellungnahme zur Anthologie »Der flammende Dornbusch. Lyrik aus der Sowjetunion«, 22.5.1986. In: BArch, DR1/2389a.
183 Jörg Buschman: Verlagsgutachten zu »Ungarische Lyrik des zwanzigsten Jahrhunderts«, o. D. (1987). In: BArch, DR1/2136.

Der im Aufbau-Verlag neun Jahre lang vorbereitete tschechoslowakische Sammelband hat das Tageslicht nie erblickt. Der archivierte Vorgang sowie spätere autobiografische Reminiszenzen des Herausgebers gestatten uns einen Blick hinter die Kulissen dieses aufwendigen, jedoch nicht abgeschlossenen Projekts. Erschwert wurde die Edition u. a. durch die tschechoslowakische Ausfuhrzensur, die von Anfang an viel strenger war als etwa in Polen, Ungarn oder Jugoslawien. In den 1970er- und auch noch in den frühen 1980er-Jahren haben die Autorenagenturen DILIA in Prag und LITA in Bratislava als untergeordnete Einrichtungen der jeweiligen Kulturministerien die dogmatische Kulturpolitik der KPČ propagiert und vor allem jene Autorinnen und Autoren auf die Vorschlagslisten für Übersetzungen gesetzt, die den nach 1968 neugegründeten Schriftstellerverbänden angehörten.[184]

Die Grundlage für das tschechoslowakische Projekt bildeten zwei umfangreiche Lyrik-Anthologien,[185] die, abgestimmt mit den beiden nationalen Schriftstellerverbandsleitungen, gleichsam die Poesieentwicklung im 20. Jahrhundert in beiden Nationalliteraturen kanonisierten. Manfred Jähnichen (1933–2019), verantwortlich für die Herausgabe der deutschen Anthologie tschechischer und slowakischer Dichtung, notierte in seinem Gutachten: »Wer von den Dichtern hier Eingang gefunden hat, gehört – nach der offiziellen Einschätzung Ende der 70er bzw. Anfang der 80er Jahre – zum goldenen Bestand der jeweiligen Poesie […].«[186] Das kritische Urteil über die beiden Sammelbände betraf somit auch die 1980 vorgelegten Exposés des tschechischen Literaturwissenschaftlers Milan Blahynka und des slowakischen Dichters Lubomír Felder, mit deren Hilfe die beiden Schriftstellerverbände der in der DDR edierten Anthologie einen offiziellen Charakter nach den Wertungskategorien der 1970er-Jahre verleihen wollten.

Problematisch fand Jähnichen erstmals die Orientierung auf die »formale Gleichmäßigkeit« in der paritätischen Darstellung der beiden Literaturen, wodurch die Ungleichzeitigkeit in der Entwicklung der slowakischen Poesie nicht genügend berücksichtigt wurde: »[B]ei aller Respektierung der slowakischen Poesie […] seit dem Modernisten J. Krasko« sei bis in die ausgehenden 1950er-Jahre die tschechische Lyrik eine »literarische Großmacht«. Solle die geplante DDR-Anthologie also einen kulturpolitischen Gewinn aus der einheitlichen Darstellung »beider eng

---

184 Manfred Jähnichen: Erfahrungen mit der Zensur bei der Herausgabe von Anthologien aus slawischen Literaturen in der DDR. In: Birgit Bödeker, Helga Eßmann (Hrsg.): Weltliteratur in deutschen Versanthologien des 20. Jahrhunderts. Berlin 1997, S. 344–352, hier S. 344.
185 Vojtech Mihálik (Hrsg.): Antológia slovenskej poézie XX storočia. Bratislava 1979; Milan Blahynka (Hrsg.): Česká poezie dvacátého století. Praha 1980.
186 Manfred Jähnichen: Gutachten zu dem Projekt ›Tschechische und slowakische Poesie des 20. Jhs.‹, vorgelegt vom Ministerium für Kultur der ČSR und vom Ministerium für Kultur der SSR, Januar 1982. In: SBB, IIIA/38/A589.

verbundenen Nationalliteraturen« ziehen, müsse für die erste Hälfte des Jahrhunderts der Akzent auf die tschechische »Poesie der anarchistischen Rebellengeneration, die proletarische Poesie, den Poetismus, die Lyrik der antifaschistischen Verantwortung und der Befreiung sowie des sozialistischen Aufbaus« gelegt werden;[187] seit Ende der 1950er-Jahre hätte dann aber in der ostdeutschen Anthologie die slowakische Poesie ein größeres Gewicht, zumal von den entsprechenden Dichterinnen und Dichtern in dem tschechischen Kontext nur wenige offiziell unumstritten und auch in dem vorgelegten Exposé vertreten waren. In diesem Kontext formulierte Jähnichen eine weitere kritische Bemerkung:

> Auf ein Problem der tschechischen Entwicklung ist allerdings noch zu verweisen, das […] auf die Auswahl Rückwirkungen hat: Dass die tschechische Lyrik gerade der 60er-Jahre auch ein umkämpftes ideologisches Feld war und eine Reihe begabter Dichter auf zeitweilig andere oder überhaupt andere Positionen übergegangen ist. Während es zu den letzteren, die zumeist zu politischen Emigranten wurden, ein einhelliges Urteil gibt, ist die Frage der zeitweilig auf andere oder schwankende Positionen übergegangenen Dichter noch nicht völlig entschieden bzw. in jedem einzelnen Fall neu zu entscheiden […]. Diese Dichter sind demnach im Projekt nicht repräsentiert. Sollte es zu ihnen in absehbarer Zeit zu neuartigen Einschätzungen kommen, wäre die Frage ihrer ev. Aufnahme im Laufe des Arbeitsprozesses noch einmal zu stellen.[188]

Somit war der sich über mehrere Jahre hinziehende Editionsprozess nicht nur dem Problem verschuldet, typologisch verwandte Nachdichterinnen und Nachdichter für die ursprünglich vorgesehenen 90 Dichterinnen und Dichter zu gewinnen. Jähnichen nutzte auch die sich aus der Gorbatschowschen Perestrojka und Glasnost ergebenden Möglichkeiten und versuchte das von tschechischen und slowakischen Schriftstellerverbänden eingereichte Manuskript zu ändern. So schlug er u. a. vor, Dichter wie Donat Šajner (1914–1990) oder Karel Boušek (1922–2003), die ihren Platz auf der Vorschlagliste der »Normalisierung« zu danken hatten, zu streichen und die für die 1960er-Jahre repräsentativen, jedoch seit der Niederschlagung des Prager Frühlings 1968 bis Anfang der 1980er-Jahre einer Veröffentlichungssperre unterworfenen Miroslav Holub (1923–1998) sowie Jan Skácel (1922–1989) in den Band aufzunehmen. Auch jüngere slowakische Autoren wie Jaroslav Čejka (geb. 1943), Ján Strasser (geb. 1946) oder Ivan Štrpka (geb. 1944) sollten in der Anthologie vertreten sein.[189] Die Arbeit an der Anthologie ging weit über den üblichen Editionsprozess hinaus. Es wurden 91 Autorinnen und Autoren mit etwa

---
187 Ebenda.
188 Ebenda.
189 Jähnichen: Erfahrungen mit der Zensur, S. 347.

350 Gedichten aufgenommen, es waren ständige Rücksprachen mit tschechischen und slowakischen Schriftstellerverbänden und neue Verträge mit den jeweiligen Autorenagenturen notwendig, bei allen Änderungen musste stets auf das Gleichgewicht zwischen den beiden Nationalliteraturen geachtet werden. An den deutschen Fassungen waren 29 Nachdichterinnen und Nachdichter beteiligt.[190]

Im Juni 1988 wurde die Arbeit an dem Sammelband abgeschlossen und im August 1989 die erforderliche Druckgenehmigung erteilt. Laut dem beigefügten Gutachten lag mit dem Band *Tschechische und slowakische Lyrik des zwanzigsten Jahrhunderts* eine »repräsentative Auswahl der Lyrik beider Völker« vor, ein »Standardwerk, das die Lyriker um die Jahrhundertwende, der zwanziger, dreißiger Jahre, der Zeit des Krieges und vor allem der Zeit nach 1945 mit ihren besten Gedichten vorstellt«.[191] Was die Gutachterin in der Mitte des Jahres 1988 für »repräsentativ« hielt, lag für den Herausgeber ein Jahr später unterhalb der Grenze des kulturpolitisch Möglichen. Bereits nach der Erteilung der Druckgenehmigung forderte Jähnichen die Aufnahme von Dichtern des inneren Exils (Karel Šiktanc, Peter Kabeš, Ivan Wernisch), im Exil lebenden Autoren (Jiří Gruša, Antonín Brousek, Ivan Kupec) oder der slowakischen katholischen Moderne.[192] Da der Verlag sowie die HV Verlage und Buchhandel diese ultimative Bedingung nicht akzeptierten, wurde der Editionsvorgang in seiner letzten Etappe abgebrochen.[193] Im Hinblick auf die Tatsache, dass aus der Sicht des Herausgebers die besondere Bedeutung dem slowakischen Teil des Bandes zukam – mit Ludvík Kunderas Anthologien und zahlreichen Einzelbänden lagen für den tschechischen Teil grundsätzlich Werke vor – wurde dieser von Jähnichen umgearbeitet und erschien 1996 als *Weiße Nächte mit Hahn. Eine Anthologie der slowakischen Poesie des 20. Jahrhunderts*.[194]

In der Zeit, als die »Bibliothek der europäischen Poesie des zwanzigsten Jahrhunderts« im mühsamen Editionsprozess entstand, planten die Vertreter leitender Organe des Verlagswesens auf ihrer Moskauer Beratung im Jahr 1984 eine neue Reihe schöngeistiger Literatur sozialistischer Länder, die unter dem Namen »Neue Welt« als Fortsetzung der »Bibliothek des Sieges« zum 70. Jahrestag der Oktoberrevolution 1987 gedacht war. Die Edition, deren Koordination die tschechoslowakischen

---

190 Antje Pose: Verlagsnotiz, 18.7.1988. In: SBB, IIIA/38/A589.
191 Antje Pose: Verlagsgutachten zu »Tschechische und slowakische Lyrik des 20. Jahrhunderts«, 22.6.1988. In: BArch, DR1/2142.
192 Christa Rothmeier: Terra incognita? Die Erschließung der tschechischen Lyrik des 20. Jahrhundert durch deutsche Übersetzungen. In: WIENER SLAVISTISCHES JAHRBUCH 46 (2000), S. 203–212, hier S. 209.
193 Jähnichen: Erfahrungen mit der Zensur, S. 347.
194 Ludvík Kundera: Die Glasträne. Berlin 1964; ders.: Die Sonnenuhr. Leipzig 1987; Manfred Jähnichen (Hrsg.): Weiße Nächte mit Hahn: Eine Anthologie der slowakischen Poesie des 20. Jahrhunderts. Blieskastel 1997.

Verlage übernahmen, wurde von Anfang an von Meinungsverschiedenheiten begleitet; nachdem die involvierten Akteure die Notwendigkeit eines neuen Konzepts eingesehen hatten, kam die Wende und damit auch das Ende der Staatsverlage.[195]

Nach der Schlussakte von Helsinki sind auch zahlreiche multilaterale Reihen im Bereich der marxistischen Soziologie und Philosophie realisiert bzw. lediglich mit dem dazugehörigen propagandistischen Enthusiasmus geplant worden. Die inhaltliche und redaktionelle Zusammenarbeit an diversen multilateralen Bibliotheken – wie etwa »Sozialismus. Erfahrungen, Probleme, Perspektiven« (später umbenannt in »Der reale Sozialismus – Theorie und Praxis«), »Kritik der bürgerlichen Ideologie und des Revisionismus«, »Die Menschheit an der Schwelle zum 21. Jahrhundert« oder »Sozialismus – Zusammenarbeit und gegenseitige Hilfe« – wurde zwar immer wieder in zahlreichen Empfehlungen angeregt, ihre Effektivität jedoch als äußerst gering eingestuft. Somit blieb die »Propagierung der Errungenschaften des realen Sozialismus« in allen beteiligten Ländern ein »Subventionsobjekt«, die sozialgesellschaftlichen Reihen wurden daher bis Ende 1987 »kritisch überprüft« und die meisten aus »verlagsökonomischen Gründen« eingestellt.[196]

Diese literaturhistorische sowie buch- und literaturwissenschaftliche Auseinandersetzung mit multinationalen Reihen zeigt, dass der durch die normative Literaturwissenschaft vorausgesetzte »Abbau nationaler Grenzen in der Gegenstandsbestimmung der sozialistischen Weltliteratur« in der Verlagspraxis größtenteils im Bereich des Utopischen blieb, da die meisten Akteure noch sehr stark in Kategorien des Nationalen und der Nationalliteraturen dachten.[197] Dennoch wurde, mit den dazugehörigen ideologischen Widersprüchen sowie organisatorischen Komplikationen und Rückschlägen, zumindest ansatzweise der Versuch unternommen, den üblichen Rahmen einer nationalen Literaturgeschichtsschreibung zu überwinden und die »neue Gemeinsamkeit der sozialistischen Literaturen« darzustellen.[198] In der »Bibliothek des Sieges« wurden Autorinnen, Autoren und Texte aus den einzelnen Nationalliteraturen zu einem typologischen Bild der antifaschistischen Front zusammengefügt. Somit realisierte man die ebenfalls durch die Literaturwissenschaft postulierte »Gegenstandserweiterung«, mit der »Erscheinungen der nationalen Literatur

---

195 Hauptverwaltung Polnischer Verlage: Bericht über die Erfüllung der Aufgaben der Leitung des Verlagswesens sozialistischer Länder in Berlin, 12.11.1998. In: ANN, 2/1354/0/2.6.3/LVI-1537.
196 Karlheinz Selle (HV Verlage und Buchhandel): Bericht über die Erfüllung der Aufgaben der Protokollnotiz der Moskauer Beratung von Vertretern leitender Organe des Verlagswesens vom 20.–21. November 1984. In: BArch, DR1/19469.
197 Harril Jünger, Klaus Geißler, Manfred Jähnichen: Literatur der sozialistischen Staatengemeinschaft. Zur Gegenstands- und Methodenbestimmung. In: ZEITSCHRIFT FÜR SLAWISTIK 19 (1974) Nr. 1, S. 513–519, hier S. 514.
198 Ebenda, S. 518.

zugleich als Ausdruck internationaler Prozesse« erfasst werden sollten.[199] Auch Archivalien zur bei der Havanna-Beratung initiierten »Bibliothek der europäischen Poesie des 20. Jahrhunderts« zeugen vom Versuch einer »Internationalisierung der Nationalkulturen«.[200] Zwar wurden die Manuskriptvorlagen von nationalen Herausgebergremien gemäß den inneren, nationalen Erfordernissen vorgelegt, im Editionsprozess wurde aber über die Inhalte immer wieder neu verhandelt.

Obwohl es auf den ersten Blick kaum Verbindungen zwischen dem Konzept der Transnationalität und dem Phänomen der Zensur gibt, zeigte Victoria Pöhls an exemplarischen Beispielen, dass mit gewisser Berechtigung trotzdem von drei Aspekten transnationaler Implikationen in Bezug auf von Zensur beeinflusster Literatur gesprochen werden kann. Der erste Aspekt hänge mit dem Entstehungskontext zusammen: Es handele sich um Werke, die im Exil verfasst oder veröffentlicht wurden, aber trotzdem direkte literarische Reaktionen auf die Zensur im Heimatland darstellen. Der zweite Aspekt beziehe sich auf eine transnationale »Gemeinschaft der Zensierten«: Autorinnen, Autoren und Werke, die auf Ähnlichkeiten der Funktionsweise verschiedener Zensursysteme sowie auf die weltweite Verbreitung der Zensur aufmerksam machen. Letztlich: Diese transnationale Gemeinschaft sei auch in Bezug auf die angesprochene Leserschaft wichtig, welche auf die exklusive Vorstellung nationaler Kulturräume verzichten müsse.[201] Die Beschäftigung mit multinationalen Editionen liefert einen weiteren Aspekt transnationaler Implikationen der Zensur im Bereich der Verlagspraxis. Das Beispiel des im Aufbau-Verlag geplanten tschechoslowakischen Sammelbands zeigt, wie bei Transfer aus Literaturen der sozialistischen »Bruderländer« nach Ostdeutschland mittels der Lizenzvergabe die kulturpolitischen Vorgaben der jeweiligen Staaten in die DDR transponiert wurden. Die Tatsache, dass die Änderungsdirektiven für die Volk-&-Welt-Ausgabe der *Frontwege* von Waldemar Kotowicz auch von allen an der »Bibliothek des Sieges« beteiligten Verlagen übernommen wurden, illustriert wiederum die transnationale Zirkulation von den DDR-spezifischen Zensurbedingungen.

Schließlich: Dass die Reihe »Bibliothek der europäischen Poesie« neben den kulturpolitischen auch den kommerziellen Erwägungen folgte (wie aus den archivierten

---

199 Harril Jünger: Die Entwicklung der Literaturen sozialistischer Länder und die Methodologie der Literaturwissenschaft. In: Zeitschrift für Slawistik 20 (1975) Nr. 1, S. 441–456, hier S. 442, 447.
200 Anton Hiersche: Probleme der Erforschung der Literaturen europäischer sozialistischer Länder der Gegenwart. In: Zeitschrift für Slawistik 22 (1977) Nr. 1, S. 295–300, hier S. 299.
201 Victoria Pöhls: Literatur und Zensur. Transnationale Implikationen. In: Doerte Bischoff, Susanne Komfort-Hein (Hrsg.): Handbuch Literatur & Transnationalität. Berlin 2019, S. 228–242, hier S. 229 f., 231, 237.

Sondierungsgesprächen mit Verlagen aus kapitalistischen Ländern hervorgeht), bleibt ein anderer spannender Aspekt des sozialistischen Literatursystems, in dem Marktmechanismen und mediale Öffentlichkeit bekanntlich unterinstitutionalisiert, politische Handlungsparameter dagegen überinstitutionalisiert waren.[202] Dem in der Helsinki-Schlussakte proklamierten Literaturaustausch wurde in osteuropäischen Verlagen nicht nur kulturelles und politisches Prestige, sondern auch ökonomisches Kapital zugemessen.

Sozialistische »Kalkulationszentren«

Im Juni 1986 tagten die Leiter der sozialistischen Schriftstellerverbände erneut in Havanna und schmiedeten weitreichende Pläne für künftige multilaterale Projekte. Zwei Jahre später wurden sie in Budapest von der neuen politischen Großwetterlage eingeholt. Die Vertreterinnen und Vertreter der DDR berichteten zwar unbeeindruckt über die »neuen Tendenzen in der internationalen Arbeit des Verbandes« und die »Förderung des literarischen Nachwuchses«, hielten aber zugleich in ihrem Reisebericht missmutig den neuen Zeitgeist fest: Der gastgebende ungarische Verband kümmere sich um die »Gewährleistung der literarischen Autonomie« gegenüber dem Paternalismus der Partei, wolle ein »unbewegliches Wertesystem« abschaffen und suche Kontakte zu Schweden, der Bundesrepublik und Israel; der Beitrag Bulgariens bestehe in der »Beteuerung der Perestrojka, Glasnost und Pluralismus«, die Tschechoslowakei möchte nicht mehr als »Musterbeispiel des Dogmatismus« gelten, der reaktivierte polnische Verband setze sich aus »Personen mit oppositionellen Haltungen« zusammen, und selbst die sowjetische Delegation informiere hauptsächlich über »Debatten inmitten des Reformprozesses«. Angesichts der neuen Lage im europäischen »Ostblock« hätten auch die kubanischen Kolleginnen und Kollegen zur Kenntnis gegeben, ihre internationalen Kontakte neu »durchdenken zu müssen«; in nächster Zeit würden sie ihre Beziehungen eher nach Mexiko, Panama, Ekuador, Argentinien und Bolivien entwickeln.[203]

Im Dezember 1989 trafen sich die Leiter der Schriftstellerverbände zum allerletzten Mal in Sofia. Diesmal waren sämtliche Fahnen auf halbmast gesetzt oder trugen Trauerflor. Unisono berichteten die Teilnehmenden über Verlust der politischen

---

202 Kirsten Thietz: Zwischen Auftrag und Eigensinn. Der Hinstorff-Verlag in den 60er und 70er Jahren. In: Birgit Dahlke, Martin Langermann, Thomas Taterka (Hrsg.): LiteraturGesellschaft DDR. Kanonkämpfe und ihre Geschichte(n). Stuttgart 2000, S. 240–274, hier S. 244.

203 Bericht zum Verlauf des XXIV. Treffens der Leitungen der Schriftstellerverbände sozialistischer Länder (November 1988) in Budapest, o. D. In: AdK, Archiv des Schriftstellerverbandes 950.

Funktion, Gründungen neuer Verbände und feindliche Haltung seitens der Emigrantenkreise. Die Polen fühlten sich von ihrem eigenen Ministerium nicht mehr vertreten: Der Warschauer Verband müsse sich fortan allein dafür einsetzen, dass »gute Literatur erscheinen kann, nicht nur Krimis und Pornos«.[204] Die sozialistische Großfamilie wünschte sich zum Abschluss der Tagung eine bessere Zukunft und hatte das nächste Treffen für das Jahr 1991 in Moskau anberaumt.

Das Ende der Geschichte ist allzu gut bekannt, dennoch sollte das Urteil nicht voreilig ins Negative ausfallen. In dem hier vertretenen literatursoziologischen Ansatz wurde gezeigt, dass es in der DDR wie im restlichen europäischen »Ostblock« Prozesse von »sozialistischer« Transnationalisierung gab, die als das komplizierte Zusammenspiel von Grenzauflösungen und von gleichzeitig neuen Grenzbildungen aufzufassen sind. Hierbei wurde selbstverständlich nicht vergessen, dass nationalstaatliche und nationalgesellschaftliche Bezüge in sozialistischen Staaten weiterhin von großer Bedeutung waren; trotz der zahlreichen Verflechtungsansätze gelang es nicht, die von nationalen Interessen diktierte Abschottung der Literatursysteme zu überwinden und eine vertiefte Integration zu erreichen. Daher auch die Rede von Transnationalisierungsprozessen und nicht von der Transnationalität: Während das Letztere eher eine Strukturperspektive zum Ausdruck bringen soll, wurde mit dem Terminus »Transnationalisierung« weniger das Ergebnis als vielmehr die Dynamik von Vergesellschaftung als etwas Prozesshaftes betont.[205] Die analysierten Transnationalisierungsprozesse resultierten zwar aus der zentralistisch geplanten Intensivierung zwischenstaatlicher und intergouvernementaler Beziehungen, dabei handelte es sich aber häufig nicht um Beziehungen zwischen Regierungen und Staaten als korporativen Akteuren, sondern um alltagsweltliche, organisationsbezogene und um institutionalisierte Verflechtungsbeziehungen zwischen individuellen (Autorinnen und Autoren, Lektorinnen und Lektoren, Übersetzerinnen und Übersetzer, Zeitschriftenredakteure) und kollektiven Akteuren (Schriftstellerverbände, Verlage).[206]

Die institutionelle Infrastruktur kultureller Zirkulation zwischen den sozialistischen »Bruderstaaten« lässt sich somit – etwas zugespitzt formuliert – als »Spinnennetz« veranschaulichen, in dem (paradoxerweise) keine Staatsgrenzen, sondern, wie bei Aufnahmen des Erdballs bei Nacht, lediglich Interaktionsräume zu sehen sind.[207] Auf dem entstandenen Bild würden Städte wie Moskau, Berlin, Warschau, Prag, Budapest, Sofia oder Havanna als wichtige Transaktionsorte erscheinen, in denen sich kulturelle Interaktionen zu Netzwerken und Strukturen

---

204 XXV. Treffen der Leitungen der Schriftstellerverbände sozialistischer Länder in Sofia (Dezember 1989), o. D. In: AdK, Archiv des Schriftstellerverbandes 950.
205 Ludger Pries: Die Transnationalisierung der sozialen Welt. Sozialräume jenseits von Nationalgesellschaften. Frankfurt am Main 2007, S. 44 f.
206 Ebenda, S. 16.
207 John Burton: World Society. Cambridge 1972, S. 35–51.

verdichteten.[208] Die Zirkulationsprozesse in der sozialistischen »Kontaktzone«[209] bedurften nämlich zentraler Punkte, ohne die eine ideologische Absicherung des Literaturtransfers sowie der Literaturproduktion nicht möglich gewesen wäre. Sie erfüllten eine doppelte Funktion: Zum einen dienten sie der Steuerung weit voneinander wie auch von der Moskauer Metropole entfernter Akteure, zum anderen der Weiterverarbeitung und Aufbewahrung des an diversen Orten zusammengetragenen Wissens über Literatur. Die vernetzten Orte der Literaturplanung können nach Bruno Latour als »Kalkulationszentren« verstanden werden, in denen durch formelle und informelle Gespräche, Beobachtungen und persönliche Eindrücke der Delegationsmitglieder jeweiliger Gremien, Kommissionen, Konferenzen und Tagungen zusammengetragene Daten prozessiert wurden. Diese Daten wurden dann in »*immutable mobiles*« – etwa in interne Berichte, Statistiken, Tabellen und Literaturpläne – transformiert, die wiederum in die sozialistischen Länder hinaus zirkulierten.[210]

Die Handlungsspielräume von Verlagsgremien wurden im transnationalen institutionellen Umfeld in ihren Entscheidungsfreiheiten eingeengt, etwa durch gemeinsame Beschlüsse oder kulturpolitische Normen. Die zunehmende Institutionalisierung und Transnationalisierung des sozialistischen Verlagswesens führte zu einer Isomorphie, d. h. Strukturähnlichkeiten innerhalb eines sich konstituierenden gemeinsamen Feldes. In dem als Gründungsdokument des Neo-Institutionalismus klassifizierten Beitrag aus dem Jahr 1983 unterschieden Paul DiMaggio und Walter Powell Isomorphie durch Zwang (*coercive isomorphism*), durch Nachahmung *(mimetic isomorphism)* und durch normativen Druck (*normative isomorphism*).[211] In den

---

208 Jürgen Osterhammel, Niels Petersson: Geschichte der Globalisierung. Dimensionen, Prozesse, Epochen. München 2003, S. 21.
209 Mary Louise Pratt: Imperial eyes. Travel writing and transculturation. London 1992, S. 27.
210 Vgl. Bruno Latour: Science in Action. How to follow scientists and engineers through society. Milton Keynes 1987, S. 215–257; ders.: Visualization and Cognition: Drawing Things Together. In: STUDIES IN THE SOCIOLOGY OF CULTURE PAST AND PRESENT (1986) Nr. 6, S. 1–40, hier S. 7–13.
211 Paul J. DiMaggio, Walter W. Powell: The Iron Cage Revisited: Institutional Isomorphism and Collective Rationality in Organizational Fields. In: AMERICAN SOCIOLOGICAL REVIEW 48 (1983) Nr. 2, S. 146–160, hier S. 150–154. Der Fokus auf Isomorphie und Gleichheit als Resultat institutioneller Feldstrukturierung war eines der prägenden Merkmale des Neo-Institutionalismus in den späten 1970er-Jahren und Anfang der 1980er-Jahre. Die statische Auffassung des organisatorischen Feldes, in dem (un-bewusste) Angleichungsprozesse stattfinden, geriet in den späteren Jahren in die Kritik. In der neoinstitutionalistischen Forschung berücksichtigte man seit den 1990er-Jahren immer stärker Faktoren wie Heterogenität, Wandel, Translation, Interessen, politische Aushandlungsprozesse und Konflikte. Es ging seitdem mehr um Variation

dargestelllten Vorgängen waren alle drei Typen der Isomorphie präsent und sind empirisch kaum voneinander zu trennen. Die in den jeweiligen sozialistischen Staaten gefassten kulturpolitischen Beschlüsse betrafen große Mengen von Organisationen gleichzeitig, die Strukturähnlichkeiten resultierten aber auch aus dem formellen und informellen Druck sowjetischer Gremien. Die in der DDR hoch entwickelten Buchkultur und Buchindustrie hatten wiederum zur Folge, dass buchhändlerische und verlegerische Organisationen aus anderen sozialistischen Ländern bei der Gestaltung interner (vor allem buchtechnischer) Prozesse sich am erfolgreicheren DDR-Modell orientierten. Die zunehmende Professionalisierung des sozialistischen Verlagswesens war letztlich auch durch normativen Druck begleitet. Dieser bezog sich sowohl auf die kulturpolitischen Richtlinien wie auch auf Absprachen hinsichtlich der gemeinsamen Kontrolle der Themenplanung, Organisation der redaktionellen Arbeit in Verlagen, Formen und Methoden der Zusammenarbeit zwischen den Verlagen im gesamten »Ostblock«, gemeinsamen Herausgabe von Büchern sowie gegenseitigen Unterstützung bei der Durchsicht von Literatur.

So gesehen bietet sich im Hinblick auf die transnationale Zusammenarbeit der Gremien und Institutionen das Konzept eines »sozialistischen verlegerischen und literarischen Feldes« als analytische Kategorie an, welche Zugleich eine Korrektur bzw. Erweiterung traditioneller Konzeptualisierungen des Literatursystems/-feldes mit den dazugehörigen intrinsischen Kategorien von Autonomie und sozialer Differenzierung erfordert. Pierre Bourdieus Theorie des literarischen Feldes setzt zwei Arten der Autonomie – jenes »Unstofflich-Vergeistigten des reinen Interesses für die reine Form«[212] – voraus: das Vorhandensein eines eigenständigen sozialen Raumes, der sich durch die Eigenlogik der Handlungen seiner Akteure auszeichnet, sowie die Kommunikation von Autonomie durch diese Akteure. Die Autonomie der Literatur bedeutet bei Bourdieu auch, sich von der herrschaftskonformen Literatur einerseits und von der Trivialliteratur andererseits abzusetzen.[213] Eine externe Autonomisierung des literarischen Feldes als Entkoppelung vom politischen Feld

---

innerhalb der Felder, um sich ändernde Interaktionsmuster, Machtungleichgewichte und De-Institutionalisierung von Praktiken. Vgl. Konstanze Senge: Das Neue am Neo-Institutionalismus. Der Neo-Institutionalismus im Kontext der Organisationswissenschaft. Wiesbaden 2011, S. 103 f. Die theoretischen Unterscheidungen aus der frühen Rezeption des neoinstitutionalistischen Ansatzes machen es dennoch möglich, Strukturmerkmale innerhalb des relativ stabilen und politisierten transnationalen sozialistischen Verlagsfeldes zu erfassen.
212 Pierre Bourdieu: Die Regeln der Kunst. Genese und Struktur des literarischen Feldes. Übers. von Bernd Schwibs. Frankfurt am Main 1999, S. 16.
213 Henning Wrage: Feld, System, Ordnung. Zur Anwendbarkeit soziologischer Modelle auf die DDR-Kultur. In: Ute Wölfel (Hrsg.): Literarisches Feld DDR. Bedingungen und Formen literarischer Produktion in der DDR. Würzburg 2005, S. 53–73, hier S. 55.

hat es in der DDR nicht gegeben; eine nicht unreflektierte feld- oder systemtheoretische Herangehensweise könnte somit ausschließlich ex-negativo-Beschreibungen hervorbringen, weil in der Logik der Konzepte von Bourdieu und Niklas Luhmann der Sozialismus als Gesellschaftsformation schlichtweg nicht vorkommt.[214] Die wenigen Versuche, die DDR systemtheoretisch zu charakterisieren, führten zu dem Ergebnis, dass man diese als ständisch organisierte, vormoderne – im Sinne einer mangelnden funktionalen Differenzierung ihrer Subsysteme – und feudalistische Gesellschaft beschrieb.[215]

Bei der theoretischen und methodologischen Konzeptualisierung der engen Verzahnung von Literatur und Politik, welche das charakteristische Merkmal der sozialistischen Gesellschaften im Allgemeinen und der DDR im Besonderen war,[216] sollte dennoch daran erinnert werden, dass das »verordnete Konformitätsverhalten« einer Literatur auf die Dauer nicht haltbar war. Sie löste sich immer wieder von politischen Vorgaben, gewann ihre »agonale Dynamik« zurück und trug ein »Element der Revolte in den sich verschärfenden Konflikt«, welches »der verordneten Planbarkeit eines geschichtlichen Verlaufes« widersprach.[217] Die Thesen von der »Entdifferenzierung einzelner gesellschaftlicher Teilsysteme« in totalitären Gesellschaftsformen und von der Hierarchisierung gesellschaftlicher Strukturen als »entscheidendem Strukturdefekt« der DDR müssen daher in Bezug auf die in diesem Teil des Buches präsentierten transnationalen Verflechtungen des verlegerischen Systems der DDR neu justiert werden.[218]

Bemerkenswert bleibt in diesem Kontext der Vorschlag Henning Wrages, das Verhältnis von Kultur und Politik in der DDR sowie in anderen sozialistischen

---

214 Ebenda, S. 59.
215 Vgl. Ekkehard Mann: »Dadaistische Gartenzwerge« versus »Staatsdichter«. Ein Blick auf das Ende der DDR-Literatur mit systemtheoretischer Optik. In: Henk de Berg, Matthias Prangel (Hrsg.): Kommunikation und Differenz. Systemtheoretische Ansätze in der Literatur- und Kulturwissenschaft. Opladen 1993, S. 159–182; ders.: Untergrund, autonome Literatur und das Ende der DDR. Eine systemtheoretische Analyse. Frankfurt am Main 1996; Carsten Gansel: Kinder- und Jugendliteratur in der SBZ/DDR in modernisierungstheoretischer Sicht. Aufriß eines Problemfeldes. In: Reiner Wild (Hrsg.): Gesellschaftliche Modernisierung und Kinder- und Jugendliteratur. St. Ingbert 1997, S. 177–197.
216 Ute Wölfel: Einleitung. In: Ute Wölfel (Hrsg.): Literarisches Feld DDR. Bedingungen und Formen literarischer Produktion in der DDR. Würzburg 2005, S. 5–10, hier S. 5.
217 Leon Hempel: Die agonale Dynamik des lyrischen Terrains. Herausbildung und Grenzen des literarischen Feldes der DDR. In: ebenda, S. 13–29, hier S. 17 f.
218 Christo Stojanow: Das »Immunsystem« des »real existierenden Sozialismus«. In: Aus Politik und Zeitgeschichte 19 (1991), S. 36–46, hier S. 45; Gert-Joachim Glaeßler: Der schwierige Weg zur Demokratie. Vom Ende der DDR zur deutschen Einheit. Opladen 1992, S. 30.

Ländern, welches entweder auf Instrumentalisierung oder Autonomie reduzierten Positionen verengt wird, als »doppelt soziomorph« zu beschreiben. Dieses alternative Konzept beruht auf einer Kritik der bisherigen auf die DDR bezogenen Totalitarismusforschung und versucht die emanzipativen Strömungen der DDR-Kultur als »Effekt eines grundlegenden sich-Bedingens von Kunst und Politik in der DDR-Gesellschaft« zu beschreiben.[219] Zum zentralen Element des Konzepts gehört Ralph Jessens Annahme, dass die totale Steuerung der Gesellschaft der DDR viel eher Anspruch als Fakt war.[220] Jessen setzte kein einseitiges Abhängigkeitsverhältnis zwischen Staat und Gesellschaft voraus, welches die Metapher von der »verstaatlichten Gesellschaft« zum Ausdruck gebracht hatte,[221] sondern unterstellte die relative Autonomie der sozialen Dimension:

> Die diktatorische Gesellschaftspolitik mag in dem einen oder anderen Fall ihre angestrebten Zwecke erreicht haben; in den meisten Fällen löste sie aber auch eine ganze Kaskade von Nebenfolgen aus, die weder beabsichtigt noch kalkuliert waren. [...] Die Realität des »Realsozialismus« war eine hochkomplexe Mischung aus dem ideologiegeleiteten diktatorischen Konstruktionsversuch auf der einen und dem verbleibenden und neu entstehenden Eigengewicht sozialer Strukturen und Prozesse auf der anderen Seite.[222]

Jessen plädierte deswegen dafür, die Gesellschaft auch im Staatssozialismus ernst zu nehmen und dabei die gleichzeitige und wechselseitige Wirksamkeit diktatorischer Gesellschaftskonstruktion, langfristig wirkender Traditionsbestände, industriegesellschaftlicher Funktionserfordernisse sowie relativ autonomer sozialer Handlungszusammenhänge zu berücksichtigen. Er empfahl auch, der Beziehung zwischen formellen und informellen Strukturen und Prozessen besondere Aufmerksamkeit zu widmen.[223] An dieser Stelle setzt auch Wrages Konzept der »doppelten Soziomorphie« an, das die Positionen von Instrumentalisierung und Autonomie über den Mechanismus von Ordnung und Ambivalenz integriert. Die ästhetische Kommunikation in der DDR wird durch die Kluft markiert: Einerseits war die Literatur der DDR auf die Gesellschaft bezogen (soziomorph), weil sie auf sie verpflichtet war; andererseits brachte sie aber einen enttäuschten Versuch der Integration mit dieser

---

219 Wrage: Feld, System, Ordnung, S. 55.
220 Ralph Jessen: Die Gesellschaft im Staatssozialismus. Probleme einer Sozialgeschichte der DDR. In: Geschichte und Gesellschaft. Zeitschrift für Historische Sozialwissenschaft 21 (1995) H. 1, S. 96–110, hier S. 99 f.
221 Claus Offe: Die deutsche Vereinigung als »natürliches Experiment«. In: Bernd Giesen, Claus Leggewie (Hrsg.): Experiment Vereinigung. Ein sozialer Großversuch. Berlin 1991, S. 77–86, hier S. 78.
222 Jessen: Die Gesellschaft im Staatssozialismus, S. 100.
223 Ebenda, S. 110.

Gesellschaft zum Ausdruck; sie blieb also weiterhin auf die Gesellschaft bezogen, widmete sich aber »nicht mehr der Projektion (eines kollektiven Imaginären), sondern [...] der Repräsentation (eines gesellschaftlich Realen)«.[224] Was Wrage über die Schriftstellerinnen und Schriftsteller aus der Gruppe der mittleren Generation schreibt, gilt auch im Hinblick auf die Akteure des verlegerischen Feldes. Durch ihre Teilnahme an transnationalen Gremien im Rahmen der Zusammenarbeit mit sozialistischen Ländern diagnostizierten sie nicht selten Nachholbedürfnisse im eigenen Literatursystem und trugen, soweit es kulturpolitisch möglich war, zu formellen und inhaltlichen Innovationen im literarischen Feld der DDR bei.

Der Einblick in die archivierten Vorgänge aus den Jahren 1956 bis 1965 zeigte, wie die Öffnung auf das Ausland, Teilnahme an internationalen Debatten sowie Partizipation in neu geschaffenen Netzwerken rückwirkend die Schaffung einer autarkischen Literaturpolitik in der DDR zur Folge hatte. Das präsentierte Material ist aus zweierlei Gründen interessant. In literaturhistorischer Hinsicht weist es auf die Tatsache hin, dass das Auf und Ab im Pendelspiel der ideologischen Großwetterlage in der DDR bisher weitgehend im nationalen Rahmen untersucht wurde. Zu fragen war allerdings, inwieweit dramatische Frosteinbrüche, welche die frühe Zensurgeschichte der DDR prägten, auch mit den sich ab 1956 intensivierenden transnationalen Verflechtungen innerhalb des »Ostblocks« in Verbindung gebracht werden können. In methodologischer Hinsicht konnte herausgestellt werden, dass transnationale Praktiken nicht unbedingt per definitionem als *emanzipatorisch* anzusehen sind. Solche Vorannahmen sind nicht nur analytisch ungenügend, sie verzerren auch den Blick auf die Vielfalt transnationaler Prozesse. Diese dienten nämlich mitunter auch dazu, die diskursiven Abgrenzungsstrategien von Gesellschaften herauszuarbeiten, mit denen diese ihren angeblich »eigenen Weg« legitimierten.[225]

Die Archivalien belegen auch, dass die ostblockinterne Vernetzung der Literaturplanung sowie die Zusammenarbeit mit Gremien wie COMES eine innovative Eigendynamik bewirkten. Die Polemik im Hinblick auf die Realisierung der Helsinki-Schlussakte mündete ebenfalls in reale Formen der verlegerischen Zusammenarbeit sowie in einen verstärkten Transfer der Literatur, sowohl im Rahmen des »Ostblocks« als auch aus kapitalistischen und »Entwicklungsländern«. Trotz der zentral geplanten und getakteten kulturellen Zusammenarbeit der sozialistischen Länder hat sich nämlich ab Mitte der 1960er-Jahre die Funktion und Arbeit der Gremien innerhalb der institutionellen Verflechtungszusammenhänge weitgehend verselbstständigt, indem die jeweiligen Akteure nicht unbedingt die übergeordneten

---

224 Wrage: Feld, System, Ordnung, S. 66 f.
225 Kiran Klaus Patel: Transatlantische Perspektiven transnationaler Geschichte. In: Geschichte und Gesellschaft 29 (2003) H. 4, S. 625–647, hier S. 629, 635.

politischen Ziele verfolgten, sondern sich »loyal-subversiv« verhielten:[226] An der Schnittstelle von intellektueller Anpassung, Gefälligkeit und Dissens nutzten sie die entstandenen Ermöglichungsräume für literaturpolitische und ästhetische Revisionen, welche als nicht-intendierte Nebenfolgen der »kulturellen Konsolidierung« auszulegen sind.[227] Die progressive literarische Außenpolitik gegenüber dem kapitalistischen Ausland, die Assimilierung des Nouveau Roman, die Wiederbelebung der sozialistisch-avantgardistischen Tradition sowie der Übergang vom selbstverständlichen Kampfcharakter des Sozialistischen Realismus zur stillschweigenden Akzeptanz der Moderne wurden nicht in der Kulturabteilung der SED geplant. So kann den Nebenfolgen der sozialistischen Transnationalisierung eine *subversive* Qualität zugeschrieben werden: Der grenzüberschreitende Weg kultureller Transaktionen überforderte in vielen Fällen das Handlungsrepertoire einer in nationalstaatlichen Institutionen organisierten Literaturpolitik, erzeugte im literarischen und verlegerischen Feld der DDR Funktionsstörungen und beschleunigte den Prozess seiner Erneuerung auf verschiedenste Weise.

---

226 Vgl. Axel Fair-Schulz: Loyal Subversion. East Germany and its Bildungsbürgerlich Marxist Intellectuals. Berlin: Trafo 2009.

227 Der sowjetische Kulturtheoretiker Arnold I. Arnoldov schuf den Begriff von der »kulturellen Konsolidierung« der sozialistischen Länder, und zwar in der Einheit von zwei Bedeutungsinhalten: einmal im Sinne der Festigung der sozialistischen Kultur in jedem Land, zum anderen mit Bezug auf den dadurch erfolgten engeren Zusammenschluss der Nationalkulturen (Arnold Arnoldov: Der internationale Charakter der sozialistischen Kultur. In: Einheit. Zeitschrift für Theorie und Praxis des Wissenschaftlichen Sozialismus (1973) H. 4, S. 449–458, hier S. 456; ders.: Kulturelle Prozesse im Sozialismus. Aspekte, Tendenzen, Perspektiven. Berlin 1975, S. 107–145).

Teil 2

»Helsinki sind wir«
Internationale DDR-Literatur

Übersetzungsliteratur in DDR-Verlagen

Am 10. Oktober 1979 hielt Arno Lange, Sekretär in der Abteilung Kultur des Zentralkomitees der Sozialistischen Einheitspartei Deutschlands, seine Rede zum Pressegespräch anlässlich der Internationalen Frankfurter Buchmesse. Im üblichen Sprachidiom eines Parteifunktionärs skizzierte Lange nicht nur die Erfolgsgeschichte der Buchproduktion östlich von Werra und Elbe – nach seinen Angaben 6000 Titel im Jahr, 140 Millionen Exemplare, immerhin rund 8 Bücher pro Kopf der Bevölkerung –, sondern betonte ausdrücklich die internationale Ausrichtung des Buchmarktes in der DDR: Jedes siebte Buch sei eine Übersetzung, in der Belletristik sogar jedes dritte, die Verlage übersetzten aus rund 50 Sprachen und realisierten somit einen wesentlichen Gedanken zur kulturellen Zusammenarbeit der Völker und Staaten im Sinne der Schlussakte der Konferenz für Sicherheit und Zusammenarbeit in Europa (KSZE). Die auf der Buchmesse präsentierten Neuerscheinungen im Bereich der Übersetzungsliteratur seien ein Beweis der engen Zusammenarbeit mit Verlagen, wissenschaftlichen Einrichtungen und Literaturverbänden der anderen sozialistischen Länder.[1] Arno Lange resümierte seine Aufzählung:

> Daher gilt es, im Zeichen von Helsinki, ein Missverständnis zu überwinden: die nach wie vor stark beschränkte Verbreitung der Literatur sozialistischer Länder in wichtigen kapitalistischen Unterzeichnerstaaten des Dokuments von Helsinki. Wie Genosse Honecker in seinem Interview »Helsinki und wir« gesagt hat, werden in der DDR weit mehr Filme aus Frankreich, der

---

[1] Arno Lange: Entwurf zum Pressegespräch in Frankfurt, 10.10.1979. SAPMO, DY/30/22239.

BRD, aus den USA und anderen kapitalistischen Ländern gespielt, als Filme aus der DDR in jenen Ländern gezeigt werden. Das gilt voll und ganz auch für die Literatur.[2]

Die Stilisierung der Deutschen Demokratischen Republik zum Musterschüler der im August 1975 unterzeichneten KSZE-Schlussakte, in der 35 Teilnehmerstaaten u. a. eine Intensivierung des Austausches auf den Gebieten von Bildung, Kultur und Information vereinbarten, war in der zweiten Hälfte der 1970er- und in den 1980er-Jahren eine Paradedisziplin der SED-Kulturabteilung. Die für die Literaturproduktion zuständige Hauptverwaltung Verlage und Buchhandel im Ministerium für Kultur lieferte – wie bereits im ersten Teil des Buches dargestellt – immer wieder Listen mit Daten über die »kontinuierliche und systematische Erschließung der Gegenwartsliteraturen sozialistischer und kapitalistischer KSZE-Teilnehmerstaaten hinsichtlich der Repräsentanz vorgestellter Nationalliteraturen als auch der verlegerischen Leistungsfähigkeit des DDR-Verlagssystems«, mit dem Ziel, den »Nachholbedarf der westlichen Staaten« nachzuweisen.[3] Trotz des »herrschaftssprachlichen« Charakters der überlieferten Akten sollte nicht übersehen werden, dass der u. a. auf der Frankfurter Buchmesse 1979 pompös inszenierten kulturpolitischen

---

2 Ebenda.
3 Peter Lorf (Stellvertreter des Ministers für Auswärtige Angelegenheiten) an Klaus Höpke, 9.12.1987. In: BArch, DR1/16806. Laut des 1984 vorgelegten »Faktenmaterials für die Erarbeitung einer Bilanz der Leistungen der DDR bei der Verwirklichung der Schlußakte von Helsinki« umfaßte die gesamte Buchproduktion der DDR in der Zeitspanne 1975 bis 1984 61 050 Titel, davon 9150 Übersetzungen; 4805 Übersetzungen entfielen auf die Literatur aus kapitalistischen Teilnehmerstaaten der KSZE. Im Jahr 1987 wurde das Ministerium für Kultur wieder beauftragt, Fakten und Informationen zur »Nachweisführung des Nachholbedarfs der westlichen Staaten« vorzulegen, insbesondere im Hinblick auf »Durchführung von Kulturtagen der DDR in kapitalistischen Teilnehmerstaaten sowie gleichartigen Veranstaltungen in der DDR«, »Entsendung bzw. Empfang von Leihgaben einschließlich Kollektionen aus Museen in kapitalistische Teilnehmerstaaten der KSZE bzw. in der DDR«, »repräsentative Beispiele für die Entsendung und den Empfang von Ensembles«, »Buchproduktion der DDR und Anteil der Übersetzungsliteratur«, »in der DDR herausgegebene Literatur aus kapitalistischen Teilnehmerstaaten der KSZE«, »Erwerb und Vergabe von Buchrechten (Buchlizenzen) durch das Büro für Urheberrechte« sowie »Durchführung von Buchausstellungen der DDR in kapitalistischen Teilnehmerstaaten der KSZE bzw. von Buchausstellungen dieser Staaten in der DDR«. Fast in jeder Sparte des kulturellen Sektors konnte ein »im Widerspruch zur Schlußakte von Helsinki stehendes destruktives Verhalten kapitalistischer Teilnehmerstaaten« festgestellt werden. Für den Bereich der Literatur standen für das Jahr 1987 113 DDR-Übersetzungen literarischer Werke aus kapitalistischen KSZE-Ländern 71 Übertragungen der DDR-Literatur in westlichen KSZE-Teilnehmerstaaten gegenüber. Im Bereich der Belletristik seien im gleichen Jahr 440 Lizenzen erworben und 314 vergeben worden. HV Verlage und Buchhandel: Vermerk, 27.01.1988. Ebenda.

Selbstrepräsentanz des ostdeutschen Staates seine seit Ende der 1950er-Jahre aktive Teilnahme an Literaturzirkulationsprozessen vor allem in Ländern des europäischen »Ostblocks«, aber auch im »kapitalistischen Ausland« in den Entwicklungsländern zugrunde lag.

In tonangebenden theoretischen Debatten wurden die weltliterarischen Prozesse in der DDR und im »Ostblock« weitgehend ausgeblendet. Als Beispiel: Ein *global turn* in der Literaturwissenschaft, eingeleitet von Pascale Casanovas *La République mondiale des Lettres* (1999), ging auf die Vorüberlegung zurück, der Fall des Eisernen Vorhangs habe auf einmal eine ungehinderte Zirkulation literarischer Texte ermöglicht. Eine solche Vorannahme negiert jedoch weitgehend ausgeprägte internationalistische Ambitionen der kommunistischen Kulturpolitik sowie den Einfluss sozialistischer und linker Ästhetik auf die Entwicklung der Emanzipationsbewegungen in Afrika und Asien als auch auf die zunehmende Kritik des nationalistischen Imperialismus in Japan und Korea. Der amerikanische Kulturhistoriker Michael Denning machte daher in seinem richtungsweisenden Buch *Culture in the Age of Three Worlds* auf die transnationale Zirkulation und globalen Ansprüche der proletarischen Literatur in der zweiten Hälfte des 20. Jahrhunderts aufmerksam. Laut Denning wurde diese Art der Literatur besonders wirksam in durch ein kommunistisches Regime regierten Ländern, in Staaten mit faschistischen/autoritären Regimes, in kreolisierten Kulturen Südamerikas sowie in kolonisierten Ländern Afrikas und Asiens.[4] Somit wurde von Denning eine Karte der Weltliteratur skizziert, die in Darstellungen von u. a. David Damrosch, Wai Chee Dimock oder Emily Apter nicht zu finden ist.[5]

Auf dieser Karte nahm die DDR samt anderen »Ostblock«-Ländern einen besonderen Platz ein. Bereits Johannes R. Becher und der Kulturbund für die Demokratische Erneuerung Deutschlands haben programmgemäß gegen die nationale Beschränktheit des Faschismus eine Form der wechselseitigen Transnationalität proklamiert, die sich in einem Bewusstsein gegenüber den sozialistischen Gesellschaftsmodellen ausdrückte. Sie wurde jedoch rasch als »liberalkommunistisch« durch die Kulturpolitik der Sowjetischen Besatzungszone unterbunden.[6] Dennoch gehörte das Programm einer literarischen Internationalisierung zum festen Bestandteil der

---

4 Michael Denning: Culture in the Age of Three Worlds. London: 2004, S. 60.
5 Vgl. David Damrosch: What is World Literature. Princeton 2003; Wai Chee Dimock: Through Other Continents. American Literature Across Deep Time. Princeton 2006; Emily Apter: Against World Literature. On the Politics of Untranslatability. London, New York 2013.
6 Peter Goßens: »Erbkriege um Traumbesitz«. Voraussetzungen des Begriffes »Weltliteratur« in der DDR. In: Monika Schmitz-Emans, Peter Goßens (Hrsg.): Weltliteratur in der DDR. Debatten – Rezeption – Kulturpolitik. Berlin 2016, S. 17–97, hier S. 63 f.

Verlagsplanung und war eingebettet in kulturpolitische Entwürfe einer sozialistischen Weltliteratur. Diese grenzte sich von den Transnationalitätskonzepten der westlichen Literaturwissenschaft ab und wurde als ein aktiver Beitrag zur gesellschaftlichen Gestaltung der Welt verstanden. Spätestens Ende der 1960er-Jahre hat man in der DDR die wechselhafte Vorgeschichte des sozialistischen Weltliteraturbegriffs diskursiv überwunden, indem man Goethes Vorüberlegungen als Vorausdeutung eines Prozesses auslegte, der von Marx und Engels im *Kommunistischen Manifest* benannt und von dort in den wissenschaftlichen Sozialismus überführt wurde. Die sozialistische Weltliteratur bedeutete das international verstandene kulturelle Miteinander der Arbeiterklasse, worauf u. a. Konzepte der »multinationalen Sowjetliteratur« und der »Literaturen europäischer sozialistischer Länder« fußten.[7]

Die transnationale Programmatik des von allerlei Grenzen geprägten ostdeutschen Literatursystems war an sich paradox. Im Inneren wachten die Kulturabteilung des ZK der SED sowie das Ministerium für Kultur über (nicht) druckbare Werke und Autoren in Form des Druckgenehmigungsverfahrens, nach außen erhielt die DDR mit dem Mauerbau am 13. August 1961 den Status einer weitgehend geschlossenen Gesellschaft. Dank miteinander vernetzter Kommunikation blieb die DDR aber Teil einer Weltgesellschaft. Trotz intendierter Verhinderung veröffentlichten Verlage und Redaktionen von Zeitschriften, wenn auch mit beträchtlicher Verzögerung, Werke und Texte aus der ganzen Welt, die mitunter als Gegendiskurse zur offiziellen Parteilinie wahrgenommen wurden. Permeabel für Globalität war das Literatursystem der DDR sowohl durch seine zwangsläufige Vernetzung mit diversen literarischen und verlegerischen Gremien des gesamten Warschauer Paktes als auch durch die Mitgliedschaften in den internationalen Schriftstellervereinigungen wie COMES und PEN (vgl. Teil 1). Somit wurden auch die streng überwachten inneren und äußeren Grenzen immer wieder an überraschenden Stellen »überschrieben«.[8]

An dieser Stelle stellt sich erstmals die Frage, ob die Zahlenreihen zum Übersetzungsfeld der DDR jene transnationale Ausrichtung bestätigen. Daten aus statistischen Jahrbüchern der DDR lassen uns die dortige Buchproduktion in ihrer Gesamtheit betrachten:[9]

---

7 Ebenda, S. 91–96.
8 Julija Boguna, Alexey Tashinskiy: Grenzüberschreibungen im Übersetzungsland DDR. Vorbemerkung. In: Alexey Tashinskiy, Julija Boguna, Andreas F. Kelletat (Hrsg.): Übersetzer und Übersetzen in der DDR. Translationshistorische Studien. Berlin 2020, S. 7–16, hier S. 7 f.
9 Statistisches Jahrbuch der Deutschen Demokratischen Republik. Berlin 1950–1989.

Jahr	Titel insgesamt	Titel Belletristik	Titel Übersetzungen
1950	2480	796	-
1951	2142	658	-
1952	3401	1096	-
1953	4310	1216	896
1954	5410	1412	1200
1955	4809	1670	1038
1956	5902	1636	988
1957	5640	1519	740
1958	6205	1623	823
1959	5631	1686	805
1960	6103	1774	904
1961	6493	1751	913
1962	6540	1737	902
1963	5748	1595	860
1964	5594	1623	820
1965	5374	1547	800
1966	5310	1411	735
1967	5312	1472	744
1968	5568	1496	763
1969	5167	1437	660
1970	5234	1492	804
1971	5068	1407	743
1972	5102	1406	803
1973	5330	1531	912
1974	5697	1717	861
1975	5963	1874	924
1976	5955	1907	918
1977	6015	1925	1003
1978	5906	1933	879
1979	6009	2070	851
1980	6109	2084	864
1981	6180	2103	914
1982	6130	2038	950
1983	6388	2179	903

Jahr	Titel insgesamt	Titel Belletristik	Titel Übersetzungen
1984	6395	2223	944
1985	6471	2282	972
1986	6543	2350	937
1987	6572	2339	932
1988	6590	2410	879
1989	6073	2201	765

Sollen diese Zahlen im Hinblick auf die internationale Ausrichtung der Buchproduktion interpretiert werden, muss man sie mit analogen Daten aus der Bundesrepublik abgleichen. Im dortigen verlegerischen Feld gestalteten sich die Anzahl der übersetzten Titel sowie der prozentuelle Anteil der Übersetzungen an der Gesamtproduktion im vergleichbaren Zeitraum folgendermaßen: 1960 – 2613, 11,6 Prozent; 1970 – 5526, 11,7 Prozent; 1980 – 6739, 10 Prozent. Der Anteil der Belletristik an der Gesamtzahl der Übersetzungen sank dagegen von 51 Prozent im Jahr 1960 auf 40,1 Prozent zwanzig Jahre später.[10] Somit wurde in der DDR, gemessen an der gesamten Buchproduktion, nicht nur vergleichsweise mehr übersetzt (im gesamten Zeitraum circa 14 Prozent); auch war die Sparte der übersetzten Belletristik deutlich voluminöser vertreten. Zwar schwankten in manchen Jahresplänen die Zahlen beträchtlich (Sparzwänge beim Papier und Einschränkungen bei den Druckkapazitäten waren oftmals zuerst in Auslandslektoraten zu spüren), dennoch zeigen die statistischen Erhebungen aus den Jahren 1962 bis 1982, dass belletristische Titel durchschnittlich 57 bis 64 Prozent der Übersetzungsliteratur ausmachten.[11]

Veröffentlichte Daten mit Aufgliederung der Übersetzungsliteratur nach Sprachen liegen nicht vor, sie können lediglich anhand der bruchstückhaft überlieferten Statistiken der Abteilung Ökonomie der Hauptverwaltung (HV) Verlage und

---

10 Norbert Bachleitner, Michaela Wolf: Einleitung: Zur soziologischen Erforschung der literarischen Übersetzung im deutschsprachigen Raum. In: dies. (Hrsg.): Streifzüge im translatorischen Feld. Zur Soziologie der literarischen Übersetzung im deutschsprachigen Raum. Berlin, Wien 2010, S. 8–29, hier S. 15.

11 Statistiken der Abteilung Ökonomie der HV Verlage und Buchhandel. In: BArch, DR1/12203, DR1/22001, DR1/12935. Der Grund hierfür war auch, dass der Anteil der Belletristik an der gesamten Buchproduktion in der DDR im Vergleich zur Bundesrepublik sehr hoch lag, was den kulturpolitischen Grundsätzen des Verlagswesens entsprach. In der BRD betrug er im Durchschnitt etwa ein Viertel aller Titel (bei teilweise erheblichen Abfällen bis ca. 20 Prozent), während die Belletristik in der DDR etwa ein Drittel der Titel ausmachte. Vgl. Dietrich Löffler: Buch und Lesen in der DDR. Ein literatursoziologischer Überblick. Berlin 2011, S. 266.

Buchhandel erschlossen werden. Für die Jahre 1958 bis 1982 soll in der Folge ein Überblick geboten werden:[12]

	1962	1963	1964	1965	1966	1967	1968	1971	1972	1973	1974	1975	1976	1977	1978	1981	1982	GESAMT
Russisch	398	418	362	304	266	285	280	331	381	431	427	463	402	475	343	369	359	6294
Französisch	108	99	74	83	69	75	65	65	63	64	57	64	64	77	76	90	90	1283
Englisch	80	52	83	71	71	63	66	74	79	72	65	57	61	78	61	74	85	1192
Amerikanisch	43	44	57	45	57	59	65	49	52	64	46	47	50	53	57	53	50	891
Polnisch	40	27	30	32	41	29	43	36	37	51	48	45	50	53	54	47	67	730
Tschechisch	57	61	51	53	48	38	42	22	24	31	36	45	46	35	41	43	50	723
Ungarisch	31	30	31	26	30	26	33	31	33	36	37	30	41	46	46	40	41	588
Spanisch	20	13	16	15	15	11	17	13	12	24	21	21	28	21	30	24	28	329
Italienisch	19	15	17	24	21	17	15	16	15	14	16	20	12	17	16	14	16	284
Bulgarisch	8	12	10	5	2	7	8	10	11	16	10	16	20	12	16	15	10	188
Schwedisch	9	8	11	10	7	10	9	15	9	10	12	10	16	12	17	13	8	186
Lateinisch	13	6	8	27	13	22	11	7	9	7	5	5	8	5	13	10	14	183
Dänisch	14	8	7	17	8	7	10	10	7	9	13	13	7	16	7	8	9	170
Altgriechisch		8	5	10	8		10	9	9	6	7	11	10	6	11	13	9	132
Rumänisch	8	7	12	3	7	3	3	7	10	7	2	11	17	7	7	9	5	125
Slowakisch							2	5	6	6	7	7	8	13	8	9	11	82
Norwegisch	4	8	5	8	5	4	5	3	5	6	4	3	4	4	7	2	5	82
Portugisisch	9	7	6			7	5	1	3	3	5	7	3	5	7	7	1	76
Sorbisch			1	8	13	1	8	25		2	2	1	2		2	3	7	76
Chinesisch	9	5	2	1	1	5	4	2	1	3	4	3	9	6	6	6	5	72
Serbokroatisch	2	6	3			11	6	4	2	5	2	6	5	6	2	5	4	69
Holländisch	1	5	4			7	6	3		7	4	3	5	9	3	4	4	65
Neugriechisch	9						9	1	2	3	4	2	3	4	2	3	4	48
Arabisch	2		2	3	1	4	3	1	3	3	3	1	5	4	4	3	5	47
Finnisch	2		3				3	2	2	4	1	3	4	5	7	4		40
Japanisch							1	1	1	3	3	4	2	2	3	2	4	26
Ukrainisch							1			2	1	3	2	2	5		1	17
Türkisch	2						3	1		2	1	2	1	1		1	1	15
Jiddisch							1	1			1			2	1	3	4	1	14
Sanskrit							1	1				1		2	1	1	4	3	14
Slowenisch							2		2					2	1	3	2	12
Vietnamesisch							1					2	1	2	1	1	2	10
Flämisch								1		1	2	1			2	1	2	10
Persisch	2						1			1					1	3		8
Mongolisch													1	1	1		2	5
Hindi	1									1			2					4
Koreanisch									1	1						1		3
Indonesisch	1												1		1			3
Albanisch													1	1				2
Althebräisch																	2	2
Neuhebräisch																1		1
Sonstige Sprachen	10	20	13	50	64	37	14	20	15	17	18	18	22	20	24	26	42	430
GESAMT	902	860	820	800	735	744	763	743	803	912	861	924	918	1003	879	914	950	14531

Abb. 1: Übersetzungstitel in der DDR nach Sprachen in den Jahren 1962 bis 1982

Die Aufteilung der Übersetzungsliteratur nach Sprachen in dem untersuchten Zeitraum zeigt die wenig verwunderliche Dominanz des Russischen. Hierbei sind

---

12 Statistiken der Abteilung Ökonomie der HV Verlage und Buchhandel. In: BArch, DR1/12203, DR1/22001, DR1/12935. Statistiken zur Aufgliederung der Übersetzungsliteratur nach Sprachen wurden in den Beständen des Ministeriums für Kultur lediglich für die Periode 1962 bis 1982 gefunden. Hierbei fehlen aber Unterlagen für die Jahre 1969 bis 1970 sowie 1979 bis 1980.

jedoch zwei Bemerkungen erforderlich. Erstens ist dem Gebiet der Belletristik aus der russischen Sprache nur circa ein Drittel der aufgeführten Anzahl der Übersetzungen zuzurechnen. Der Rest entfällt in den meisten Statistiken auf Sparten wie Gesellschafts- und Naturwissenschaften, Mathematik und Technik. Zweitens verschleiert die prominente Stellung des Russischen in Unterlagen der Abteilung Ökonomie der Hauptverwaltung Verlage und Buchhandel und die dort vorgenommene Subsumierung anderer Literaturen der Sowjetrepubliken unter »sonstige Sprachen« die systematische Erschließung der sowjetischen Literatur in ihrer Multinationalität. Dieses forcierte Transnationalitätsparadigma, das dem 1934 vorgestellten ostentativ nachkolonialen und antiimperialen Kanonprojekt Maxim Gorkis (1868–1936) folgte,[13] war eine Räson des sowjetischen Literaturbetriebs und wird als solche durch die Forschung kritisch gesehen. Alfrun Kliems schieb in diesem Kontext:

> Die Kulturpolitik propagierte damit den Mythos eines vielstimmigen Ganzen, einer sowjetisch-sozialistischen literarischen Völkerfamilie. Freilich blieb auch die von Armeniern, Georgiern, Litauern, Ukrainern oder Usbeken geschriebene (National)Literatur unter dem Rubrum des »Multinationalen« den wechselnden ideologischen wie ästhetischen Dogmatismen unterworfen, namentlich dem narrativen Primat der sozialen Kategorie »Klasse«. Zudem

---

13 Maxim Gorki und Wladimir Lenin (1870–1924) entwickelten nach 1917 ein eigenständiges Konzept sozialistischer Weltliteratur, welches als das gesellschaftliche und kulturelle Interagieren der Arbeiterklasse zu verstehen war. Bereits während seines Exils auf der Insel Capri (1907 bis 1913) entwarf Gorki seine Idee eines Verlages, in dem diverse Nationalliteraturen der sowjetischen Republiken als »multinationales Miteinander« verlegt werden sollten. Der 1919 von Gorki gegründete Verlag für Weltliteratur (Vsemirnaja Literatura) stellte in den gleich nach der Gründung veröffentlichten Katalogen das umfangreiche Programm vor, welches den literarischen Kanon der Arbeiterklasse vom Mittelalter bis zur Gegenwart aus westeuropäischen, slawischen, asiatischen wie arabischen Literaturen umfasste. Gorkis Idee, breite Bevölkerungsschichten mit wichtigen Werken der Weltliteratur aus der Perspektive des revolutionären Sozialismus vertraut zu machen, war von einem kosmopolitischen Humanismus geprägt und betonte im starken Maße die Funktion des Intellektuellen als Individuum. Als solche stand sie im Konflikt mit der kommunistischen Doktrin und zog schnell die Kritik der politischen Führungsschichten auf sich. 1921 kam es zu einem Bruch zwischen Gorki und Lenin, die Verlagstätigkeiten wurden eingestellt, und Gorki ging erneut ins Exil. Der von Gorki erarbeitete Kanon der proletarischen Weltliteratur sowie der Modus ihrer Präsentation – mit Vor- und Nachworten, Skizzen über die Epoche und Biografien der Autorinnen und Autoren – wurde allerdings zur Vorlage für den weiteren editorischen Umgang mit Weltliteratur im Sozialismus, auch in der späteren DDR. Vgl. Goßens: »Erbkriege um Traumbesitz«, S. 28–32; Tatiana Bedson, Maxim Schulz: Sowjetische Übersetzungskultur in den 1920er und 1930er Jahren. Die Verlage Vsemirnaja Literatura und Academia. Berlin 2015; Natalia Bakshi: Maksim Gor'kijs Verlag »Vsemirnaja literatura« und die Übersetzungspolitik nach der Revolution. In: Elena Korowin, Jurij Lileev (Hrsg.): Russische Revolutionen 1917. Kulturtransfer im europäischen Raum. Paderborn 2020, S. 239–249.

fungierte letztlich das Russische als *lingua franca*, sicherte den Zugang zu Literaturbetrieb und Rezeption sowie die Chance auf Wahrnehmung im Ausland. Nicht zuletzt deshalb blieb die transnationale faktisch eine (neo-)imperiale Konstellation, die nach dem Teilzerfall der Sowjetunion in der Russischen Föderation überdauert hat.[14]

Die editorische Praxis der DDR-Verlage belegt dennoch den Versuch, die einzelnen Nationalliteraturen der UdSSR »aus der Vereinnahmung durch die russische Literatur herauszulösen und ihrer kulturellen Eigenständigkeit gerecht zu werden«.[15] Die Bibliografie des führenden DDR-Verlages für internationale Literatur, Volk & Welt, führt für die Periode 1947 bis 1989 657 Werke der russischen Literatur (mitgezählt sind auch Titel, die im 1964 mit Volk & Welt fusionierten Verlag Kultur und Fortschritt erschienen) sowie 260 Werke aus anderen Literaturen der Sowjetunion auf.[16] Ihre Aufgliederung nach Sprachen ergibt folgendes Bild:

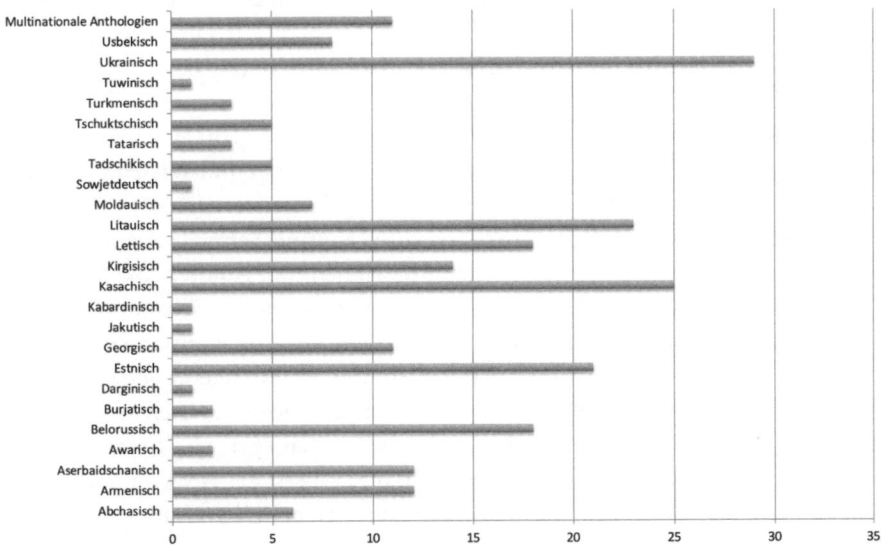

Abb. 2: Verlag Volk & Welt. Sowjetliteratur in ihrer Multinationalität (1947 bis 1989).

---

14 Alfrun Kliems: Exil, Migration und Transnationalität in den Literaturen Ost- und Mitteleuropas. In: Doerte Bischoff, Susanne Komfort-Heim (Hrsg.): Handbuch Literatur & Transnationalität. Berlin, Boston 2019, S. 443–458, hier S. 446.
15 Christina Links: Als noch Milch und Honig flossen – Ein Verlag als Literaturinstitut. In: Simone Barck, Siegfried Lokatis (Hrsg.): Fenster zur Welt. Eine Geschichte des DDR-Verlages Volk & Welt. Berlin 2003, S. 62–64, hier S. 62.
16 H. D. Tschörtner: 40 Jahre internationale Literatur. Bibliographie 1947–1986. Berlin 1987; ders.: Internationale Literatur 1987–1989. Nachtrag zur Verlagsbibliographie. Berlin 1989.

Es bleibt zu ergänzen, dass die Vermittlung der multinationalen sowjetischen Literatur bei Volk & Welt bis auf wenige Ausnahmen (wie z. B. Tadschikisch, Usbekisch, Armenisch) durch Übersetzungen aus den Originalsprachen erfolgte und diese Texte nicht selten als Innovation im Literatursystem der DDR galten.[17]

Wurden sie aber wirklich gelesen? Selbstverständlich fühlten sich lesehungrige DDR-Bürger deutlich mehr angezogen von der Literatur des kapitalistischen Auslandes als von der sozialistischen Wirklichkeit mit bevorzugten Themen wie dem Antifaschismus und dem frühen Aufbauwerk. Untersuchungen zur illegalen Praxis der »Plusauflagen« gaben bereits einige Aufschlüsse über westliche Titel, von denen Verlage wie Aufbau und Volk & Welt deutlich mehr Exemplare gedruckt und verkauft haben, als es die Lizenzverträge mit den westlichen Originalverlagen vorsahen.[18] Dennoch gab es keine repräsentativen Umfragen zum Leseverhalten in der DDR.

Desto interessanter ist in diesem Kontext ein Konvolut von Briefen an den damaligen Kulturminister der DDR, Hans-Joachim Hoffmann (1929–1994), welches das Deutsche Literaturarchiv Marbach 2023 als Ergänzung zu seinen Sammlungen zur Literaturgeschichte der DDR erwarb. Hoffmann hatte 1983 in einem Rundbrief ausgewählte Persönlichkeiten aus allen sozialen Bereichen um Auskunft über ihre Lesegewohnheiten und -erfahrungen gebeten. In fast 300 Antwortschreiben berichteten Kombinatsdirektoren vieler Branchen, vom Schienenfahrzeugbau bis zur Oberbekleidung, Offiziere der Nationalen Volksarmee, Wissenschaftler und Wissenschaftlerinnen, Hochschullehrer und Hochschullehrerinnen, Theaterleute, Ärzte, Bibliotheksleiter, Museumsdirektoren, Parteifunktionäre und Kulturschaffende über Bücher, die sie besonders beeindruckt hätten. Zu den Autorinnen und Autoren, die Hoffmann antworteten, gehören Volker Braun, Hanns Cibulka, Günter de Bruyn, Peter Hacks, Erik Neutsch und Christa Wolf, bildende Künstlerinnen und Künstler wie Wieland Förster, Núria Quevedo und Werner Tübke, Theater- und Filmleute wie Inge Keller, Kurt Maetzig, Hans-Peter Minetti und Gret Palucca, Komponisten wie Siegfried Matthus, Schlagersänger wie Frank Schöbel, Olympiasieger wie Waldemar Cierpinski und nicht zuletzt der Fliegerkosmonaut und Oberst der NVA Sigmund Jähn.

Hoffmann ließ die Zuschriften hausintern auswerten, und im August 1984 übersandte der stellvertretende Minister für Kultur Klaus Höpcke (1933–2023) dem Vorsitzenden der Ideologischen Kommission in der Kulturabteilung des ZK der SED, Kurt Hager (1912–1998), einen 14-seitigen Bericht »mit Vorschlägen, Anregungen,

---

17 Links: Als noch Milch und Honig flossen, S. 62–63. So brachte beispielsweise der konzentrierte Aufschub der litauischen Literatur in den 1960-Jahren neue formelle Lösungen ein und Begriffe wie »der litauische Roman des inneren Monologs« prägten neue Entwicklungstendenzen. Gutachten zu Justinas Marcinkevičius: Die Fichte, die gelacht hat, o. D. (1965), BArch, DR1/5034.

18 Christoph Links: Das Schicksal der DDR-Verlage. Die Privatisierung und ihre Konsequenzen. Berlin 2009, S. 41–43.

Kritiken, Titelbegründungen, Meinungen zur Literatur und literarischen Entwicklungen sowie speziellen Wünschen und Forderungen«.[19] Zum unverzichtbaren Bestandteil der Lektüre erklärten die Briefempfänger die Sowjetliteratur. Zum absoluten Erfolgsautor wurde der hauptsächlich auf Russisch schreibende Kirgise Tschingis Aitmatow: 92 Absender nannten ihn in ihren Angaben, 80 Prozent von ihnen ausdrücklich nur das Buch *Der Tag zieht den Jahrhundertweg* aus dem Jahr 1982. Nach Aitmatow folgten Michail Scholochow, Maxim Gorki, Valentin Rasputin und Wladimir Tendrjakow. Im Gegensatz zur Sowjetliteratur haben Titel oder Autorinnen und Autoren aus anderen sozialistischen Ländern kaum Erwähnung gefunden: neben Stanisław Lem nur Tadeusz Breza (1), Ivo Andrić (2), Menyhért Lakatos (1), Bohumil Hrabal, Tibor Déry (2), Sławomir Mrożek (1), Jerzy Putrament (1) und Ladislav Fuks (1). Aus dem Bereich der nichtsozialistischen Literaturen wurden rund 130 Autoren genannt, am häufigsten die Autoren des deutschsprachigen Auslandes und Lateinamerikas sowie Kriminalromane (vor allem Werke von Maj Sjöwall und Per Wahlöö, Agatha Christie und Raymond Chandler).[20] Die DDR-Literatur wurde deutlich abgesetzt von der Wertschätzung der Sowjetliteratur. Die Pianistin und Hochschullehrerin Annerose Schmidt (1936–2022) bekannte:

> Unsere Literatur erschien mir immer glatt, oberflächlich und von wenig handwerklichem Können geprägt. Ich habe diese Bücher immer wieder gelangweilt beiseitegelegt. Das Ergebnis war, daß ich die DDR-Literatur nicht mehr las. Ich bin davon überzeugt, daß wir im Moment keine wirklich große Literatur besitzen, die sich im deutschsprachigen Raum etwa mit Siegfried Lenz, Heinrich Böll oder Günter Grass vergleichen ließe. Um es deutlich zu sagen, ich teile in den allermeisten Fällen nicht im Geringsten die philosophische oder politische Haltung dieser Autoren […].[21]

Ein nicht geringer Teil der Befragten führte nicht nur bislang ausschließlich im Westen verlegte Titel und Literaturbereiche als wichtig an, sondern machte gleichzeitig Vorschläge, diese auch in der DDR zu edieren. Der Grafiker und Hochschullehrer Karl-Georg Hirsch (geb. 1938) schrieb: »In welche Richtung würde ich denken, kennte ich nicht die Bücher von Rosa Luxemburg, Friedrich Engels, W. I. Lenin, Karl Marx? Aber da ich mir auch gern eigene Gedanken mache, mir nichts gern vorenthalten lasse, lese ich Erich Fromm, Marcuse, Adorno, Horkheimer, unangefochten, genießend selbst zu entdecken, wo die Fehler liegen; dadurch wurde ich weniger anfällig.«[22]

---

19 Klaus Höpcke an Kurt Hager, 30.8.1984. In: SAPMO, DY30/23031.
20 Ebenda.
21 Ebenda.
22 Ebenda.

Es bleibt unbekannt, wie sich Kurt Hager zu den Ergebnissen der Auswertung geäußert hat. Die Aufforderungen zu einer liberaleren und inklusiveren Editionspolitik mochten ihm sicher auch Mitte der 1980-Jahre wenig gefallen haben. Selbst in den letzten Jahren der DDR landeten auf seinem Schreibtisch zahlreiche »problematische« Manuskripte engagierter Autorinnen und Autoren und ruhten dort lange bis zu einer Entscheidung. Erst Ende 1987 versuchte Klaus Höpcke in konzentrierter Aktion mit dem Schriftstellerverband, Hager unter öffentlichen Druck zu setzen und eine Zensurreform, welche auf der Übertragung der Verantwortung für die Druckfreigabe auf die Verlage beruhte, durchzuführen. Da jene »innerparteiliche Umverteilung der ideologischen Definitionsmacht von oben nach unten« erst Anfang 1989 in Kraft trat, lassen sich ihre Auswirkungen unter DDR-Bedingungen kaum einschätzen.[23]

Bevor in weiteren Ausführungen anhand der Publikationsgeschichte polnischer, niederländischer und südafrikanischer Literatur auf die internationale Programmatik der DDR-Literatur sowie ihre Einbettung in außerkulturpolitische Rahmenbedingungen eingegangen wird, sollte daher zuerst Klarheit über Entwicklungen in einem kulturpolitischen System herrschen, das vier Jahrzehnte lang seinen Führungsanspruch gegenüber allen Formen der Künste aufrechterhielt.

Verhinderung und Beförderung der Literatur

Auf der Ersten Zentralen Kulturtagung der Kommunistischen Partei Deutschlands (KPD) vom 3. Februar 1946 machte Anton Ackermann (1905–1973) eine programmatische Aussage: »Unser Ideal sehen wir in einer Kunst, die ihrem Inhalt nach sozialistisch, ihrer Form nach realistisch ist. Wir wissen auch, daß diese Kunst erst in einer sozialistischen Gesellschaft zur Geltung kommen kann und selbst dann noch lange Zeit zu ihrer Entwicklung braucht.«[24] Der Vorbildcharakter der Sowjetunion hat hier im doppelten Sinne Pate gestanden: Das ästhetische und ideologische »Ideal« hatte sie zum einen bereits im Vorlauf geschichtlicher Entwicklung realisiert und besaß somit für die Kulturpolitik anderer sozialistischer Gesellschaften Modellcharakter, zum anderen war die Doktrin des »Sozialistischen Realismus« keineswegs mit der Oktoberrevolution zur geltenden Richtlinie geworden. Ihr war vielmehr eine lange Phase der »Umerziehung« vorangegangen, ehe mit der Ersten

---

23 Siegfried Lokatis: Die Abschaffung der Buchzensur durch Klaus Höpcke. Oder doch nicht? Ein »exemplarisches« Modell für Umverteilung der Macht. In: ders.: Verantwortliche Redaktion. Zensurwerkstätten der DDR. Stuttgart 2019, S. 533–538, hier S. 537.
24 Zit. nach: Elmar Schubbe (Hrsg.): Dokumente zur Kunst-, Literatur- und Kulturpolitik der SED. Stuttgart 1972, S. 55.

Allunionskonferenz der sowjetischen Schriftsteller im Jahre 1934 die Autorinnen und Autoren verpflichtet wurden, »die werktätigen Menschen im Geiste des Sozialismus umzuformen und zu erziehen«.[25]

Die als »demokratisch« und »antifaschistisch« deklarierte Übergangsperiode betrug in der Sowjetischen Besatzungszone (SBZ) und in der DDR sechs Jahre. Mit der Gründung des »Kulturbundes zur Demokratischen Erneuerung Deutschlands« wurde zunächst eine gesamtdeutsche Organisationsform geschaffen, welche in ihrem Statut absichtlich auf das Attribut »sozialistisch« verzichtete; im Sinne der Volksfront hatte sie zur Aufgabe, alle Intellektuellen zu vereinen, die bereit waren, in Anknüpfung an das klassische Erbe zur Überwindung der Folgen der NS-Diktatur beizutragen.[26] Der Kulturstaat DDR bot in der unmittelbaren Nachkriegszeit ein durchaus bürgerliches Erscheinungsbild. Seine Repräsentanten waren durch die »Hebungsideologie« der alten Sozialdemokratie geprägt worden. Im Vordergrund standen Wiederaufbau und Wiedereinsetzung zerstörter Kultureinrichtungen sowie der Ausbau der kulturellen Infrastruktur.[27] In den 1950er-Jahren existierten keine festen kulturpolitischen Strukturen; es gab lediglich diverse bürokratische Ansätze, Einrichtungen und Versuche. Für die kulturellen Fragen war direkt nach der Gründung des ostdeutschen Staates das Ministerium für Volksbildung zuständig. 1951 wurden nach sowjetischem Vorbild neue Strukturen geschaffen.[28]

In dieser Zeit kam es zu einer radikalen Weichenstellung im kulturpolitischen Bereich. Nachdem im Januar 1951 unter dem Pseudonym N. Orlow (Wladimir S. Semjonow) in der TÄGLICHEN RUNDSCHAU der Artikel »Wege und Irrwege der modernen Kunst« erschienen war, mit dem die in der Sowjetunion bereits 1946 durch Andrei A. Schdanow eingeleitete Formalismuskampagne auch die DDR erreichte, wurde auf dem 5. Plenum des Zentralkomitees der Sozialistischen Einheitspartei Deutschlands (SED) ein »radikaler Umschwung auf allen Gebieten des Kulturlebens« gefordert. Der damals erklärte »Kampf gegen Formalismus in Kunst und Literatur«[29] führte zu organisatorischen Neuregelungen: Der Schriftstellerverband wurde aus dem Kulturbund ausgegliedert und auf den »Sozialistischen Realismus« verpflichtet; mit der Errichtung des »Amtes für Literatur und Verlagswesen«

---

25 Ebenda. Vgl. Theo Mechtenberg: Der Emanzipationsprozess der DDR-Literatur von der Kulturpolitik. In: DEUTSCHE STUDIEN 38 (1996) H. 128, S. 5–13, hier S. 6.
26 Ebenda.
27 Gerd Dietrich: Kulturpolitische Rahmenbedingungen für die Buchbranche in der DDR 1949–1990. In: Christoph Links, Siegfried Lokatis, Klaus G. Saur (Hrsg.): Geschichte des Deutschen Buchhandels im 19. und 20. Jahrhundert: Deutsche Demokratische Republik, Teil 1: SBZ, Institutionen, Verlage. Berlin, Boston 2022, S. 173–205, hier S. 175 f.
28 Ebenda, S. 177.
29 Mechtenberg: Der Emanzipationsprozess der DDR-Literatur, S. 7.

(ALV) schuf sich die Partei ein Organ der Literatursteuerung, das faktisch einer Zensurbehörde gleichkam. Die Vorläuferinstitution des Amtes für Literatur war der 1946 gegründete Kulturelle Beirat, der mit seinen ehrenamtlichen Gremien für langwierige Prozeduren berüchtigt gewesen war. Das ALV sollte nun seine Arbeit zügig erledigen, um Stockungen im Produktionsprozess zu vermeiden.[30]

In späteren Jahren verbarg sich die Zensur hinter den Namen Hauptverwaltung Verlagswesen (1956 bis 1958) sowie Abteilung für Literatur und Buchwesen (1958 bis 1962) und war sehr instabil. In verschiedenen Wellen lösten einander alte und neue, harte und weiche Kurse ab. Die Handlungsspielräume der Verlage fielen unterschiedlich aus. Die Handhabungsweise der Begutachtungspraxis war jeweils von der Durchsetzungskraft des Unternehmens innerhalb des Literaturapparats abhängig: Als besonders privilegiert galten partei- und organisationseigene Verlage (zum Beispiel Dietz, Volk & Welt, Aufbau).[31] Nach der Gründung der Hauptverwaltung (HV) Verlage und Buchhandel im Ministerium für Kultur im Jahre 1963 als literarischer Superbehörde kontrollierte die HV alle Verlagsprogramme, legte verlegerische Schwerpunkte fest und setzte die durch die SED vorgegebene Kulturpolitik in den Verlagen durch.

Selbstverständlich fand die Zensur nicht nur in der HV statt, sondern auch in Verlagen sowie in der Kulturabteilung der SED; somit war sie eine »kollektiv verrichtete Arbeit«, eingespannt in ein »Netz streng gestaffelter Verantwortlichkeiten«.[32] Der eigenartige Kosmos der Zensur, der sich aus dem Zusammenwirken von Autorinnen und Autoren, Lektoren, Verlagsleitungen, Mitarbeiterinnen und Mitarbeitern der HV sowie SED-Funktionären konstituierte, war in starkem Maße abhängig von der politischen Großwetterlage. Aufschlussreich in diesem Kontext bleibt aber das von Holger Brohm formulierte Forschungsdesiderat, die HV als staatliche Zensurbehörde institutionstheoretisch nicht ausschließlich in Hinblick auf ihre Selbstlegitimierung, Professionalisierung und Bürokratisierung, sondern gleichzeitig unter Berücksichtigung ihrer Auseinandersetzung mit konkurrierenden parteilichen Institutionen zu untersuchen.[33]

Ein illustratives Beispiel hierfür ist Klaus Höpcke, der die Geschichte der HV nicht nur erlebte, sondern sie als stellvertretender Kulturminister und von 1973 bis 1989 als Chef der Behörde maßgeblich mitgestaltet hat. Selbstverständlich hinderte

---

30 Siegfried Lokatis: Vom Amt für Literatur und Verlagswesen zur Hauptverwaltung Verlagswesen im Ministerium für Kultur. In: Simone Barck, Martina Langermann, Siegfried Lokatis: »Jedes Buch ein Abenteuer«. Zensur-System und literarische Öffentlichkeiten in der DDR bis Ende der sechziger Jahre. Berlin 1994, S. 19–69, hier S. 27.
31 Vgl. Lokatis: Verantwortliche Redaktion, S. 71.
32 Ebenda, S. 8.
33 Vgl. Holger Brohm: Die Koordinaten im Kopf. Gutachtenwesen und Literaturkritik in der DDR in den 1960er Jahren. Fallbeispiel Lyrik. Berlin 2001, S. 19.

der Zensurminister Höpcke zahlreiche DDR-kritische Manuskripte an der Überführung in die Literatur, wobei er sich mit dem Apparat des Zentralkomitees und dem für Ideologie verantwortlichen Mitglied des Politbüros, Kurt Hager, verständigte. Für den Schriftsteller Erich Loest (1926–2013), der seine Autobiografie in keinem DDR-Verlag herausbringen durfte, blieb Höpcke ein »Regierungskrimineller«.[34] In den 1980er-Jahren verkörperte Höpcke jedoch einen spät erwachten Reformsinn und hat nicht unbedingt als »Vollzugsbeamter der Direktiven des Politbüros«, wie der Schriftsteller Friedrich Dieckmann (geb. 1937) ihn genannt hat, die jeweilige Generallinie der Partei exekutiert.[35]

So zeigt auch seine Korrespondenz mit dem Verleger Siegfried Unseld (1924–2002), den er 1984 kennenlernte, dass Höpcke sich in dieser Zeit immer wieder bereit erklärte, den im Westen verlegten DDR-Autoren die Reise in die Bundesrepublik zu gestatten; er baute auch diverse Hindernisse für westdeutsche Gäste ab, welche die DDR-Bürokratie bei West-Ost-Begegnungen aufzurichten beliebte. Höpcke setzte sich für die 30-bändige gesamtdeutsche Brecht-Ausgabe von Suhrkamp und Aufbau ein, die, wie der Briefwechsel belegt, ohne ihn nicht zustande gekommen wäre.[36] In den 1980er-Jahren vermittelte Höpcke zwischen den Schriftstellerinnen und Schriftstellern, Verlagen und den Machthabern. So trat er einmal im Jahr mit Publikationsplänen der Verlage in eine polemische Schlacht mit hartgesottenen Ideologen der Kulturabteilung der SED, angeführt von Ursula Ragwitz (geb. 1928). Der Roman *Neue Herrlichkeit* von Günter de Bruyn (1926–2020) – eine kunstvoll komponierte Geschichte über Karriere und Anpassung, welche an der Parteispitze für regelrechte Empörung sorgte – ging mit Höpckes Segen 1985 in den Druck. Im gleichen Jahr verteidigte Höpcke öffentlich Volker Brauns (geb. 1939) sozialkritischen *Hinze-Kunze-Roman* und musste dafür eine förmliche Rüge einstecken.[37]

---

34 A. A.: Zensor als Biedermann. In: DER SPIEGEL 43 (1992), S. 302 f., hier S. 303.
35 Ebenda.
36 Der Briefwechsel belegt zugleich Höpckes Sensibilität für politische Konjunkturen. Als die DDR sich ihrem Ende neigte, inszenierte Höpcke sich als Vertreter des SED-Reformflügels. Seine Zusammenarbeit mit Siegfried Unseld diente ihm als Nachweis seines »nimmermüden Einsatzes für Literatur, Künste und Kultur insgesamt«. Als Höpcke im Juni 1990 in der Deutschen Staatsoper einen Vortrag über den DDR-Literaturbetrieb halten sollte, versuchte er (vergebens), Unseld »zum Gespann zu verbinden«, um den Beteiligten über das »frühere Zusammenwirken« zu erzählen. Klaus Höpcke an Siegfried Unseld, 25.3.1990. In: DLA, SUA: Suhrkamp/01VL/Allgemeine Korrespondenz/Höpcke, Klaus.
37 York-Gothart Mix: Ein »Oberkunze darf nicht vorkommen«. Materialien zur Publikationsgeschichte und Zensur des Hinze-Kunze-Romans von Volker Braun. Wiesbaden 1993.

Jene regelrechten Kämpfe zwischen der HV und der Kulturabteilung der SED untergraben somit die manichäische Sichtweise von der Zensur.[38] Christine Horn, eine auf die DDR-Belletristik spezialisierte Zensorin in der HV, unterstrich ebenfalls in einem Interview ihre Funktion eines Mittlers »zwischen Verlag/Autor und Partei/Staatssicherheit«, der die autonome Literatur gegen die Machtpolitik des gefürchteten »vierten Zensors« im Politbüro durchzusetzen hatte.[39] Das scheinbar changierende *post factum* formulierte Selbstbild spricht möglicherweise nicht nur für die Blindheit gegenüber dem eigenen Tun, sondern auch für die Erfahrung von Auseinandersetzungen mit anderen Teilen des Machtapparates.

Im Hinblick auf die im ersten Teil bereits skizzierte »agonale Dynamik« des Literatursystems der DDR bedarf auch das obligatorische Druckgenehmigungsverfahren einer literatursoziologischen Lektüre. Laut 1960 entstandenen und für alle Buchtitel, samt Vor- und Nachworten, offiziös geltenden »Arbeitsrichtlinien für die Begutachtung« war dem Antrag auf Druckgenehmigungsverfahren ein Verlagsgutachten beizufügen, das unter anderem folgende Aspekte berücksichtigen sollte: Gründe für die Aufnahme des Buches in den Jahresplan, das Verhältnis zwischen dem politisch-ideologischen Gehalt, der wissenschaftlichen Qualität und den gesellschaftlichen Bedürfnissen, kurze Darstellung des Autors, Bestimmung des zu erreichenden Leserkreises sowie Hinweis auf fragwürdige Textstellen. Darüber hinaus waren ein beziehungsweise mehrere Außengutachten vorzulegen. Auch hier galten ausgearbeitete Grundsätze: Darstellung des Inhalts, Bewertung der ideologischen Ausrichtung aus der Sicht des Marxismus-Leninismus, Einschätzung der gesellschaftlichen Notwendigkeit der geplanten Veröffentlichung, potenzielle Schwächen des Manuskripts und Änderungsvorschläge.[40] Aufgrund dieser systematischen Vorzensur wurde in der Hauptverwaltung Verlage und Buchhandel entschieden, ob und in welcher Form ein Manuskript erscheinen konnte. Für die Jahre zwischen der Gründung der Literaturbehörde 1951 und 1989 sind allein im Bestand des Ministeriums für Kultur knapp 200 000 Gutachten aufbewahrt. Somit ist die Entstehungsgeschichte aller in der DDR erschienenen Literatur überliefert.[41]

---

38 Vgl. Robert Darton: Die Zensoren. Wie staatliche Kontrolle die Literatur beeinflusst hat. Vom vorrevolutionären Frankreich bis zur DDR. München 2014, S. 13, 192.
39 Christine Horn: Irrgarten. Über Zensur und Staatssicherheit. In: TEXT UND KRITIK (1993) H. 120, S. 36–47, hier S. 39; Erich Loest: Der vierte Zensor. Köln 1984.
40 Siegfried Lokatis: Die Hauptverwaltung Verlage und Buchhandel. In: Simone Barck, Martina Langermann, Siegfried Lokatis (Hrsg.): »Jedes Buch ein Abenteuer«. Zensur-System und literarische Öffentlichkeiten in der DDR bis Ende der sechziger Jahre. Berlin 1994, S. 173–226, hier S. 193 f.
41 Siegfried Lokatis: Der Argusblick des Zensors. In: Siegfried Lokatis, Martin Hochrein (Hrsg.): Die Argusaugen der Zensur. Begutachtungspraxis im Leseland DDR. Stuttgart 2021, S. 13–25, hier S. 13.

Anhand der Lektüre von Gutachten kann nachvollzogen werden, mit welchen Argumenten die Aufnahme eines Titels in das Verlagsprogramm gerechtfertigt wurde. Jeder Gutachter hatte seinen eigenen Stil und hob in der Bewertung unterschiedliche Schwerpunkte hervor. Dabei bediente er sich eines »breiten Repertoires zensurtaktischer Methoden«.[42] Zu gängigen Legitimationsstrategien gehörte es, »politisch brisante Inhalte umzuinterpretieren, sie zu ignorieren, in ihrer Bedeutung herunterzuspielen, politisch konforme Gehalte besonders herauszustellen oder lediglich literarische Aspekte des Manuskriptes zu beurteilen«.[43] Die Gutachten waren insofern durch ihre Wirkungsintention geprägt und geben nicht unbedingt die tatsächliche Meinung der Verfasserinnen und Verfasser wieder. Für die Lektorin des Verlags Volk & Welt Heidi Brang war in diesem Kontext entscheidend, ob ein Gutachten nur verlagsintern wirken oder die HV zur Druckgenehmigung bewegen sollte; sie gab auch Beispiele für »Gefälligkeitsgutachten« und reine »Fleißgutachten« im Lektoratsalltag und betonte die Zweckgebundenheit jedes Gutachtens.[44] Karlheinz Steinmüller unterschied wiederum aufgrund seiner Erfahrung als Autor und Gutachter zwischen Arbeitsgutachten als verlagsinterner Gesprächsgrundlage sowie explorativen, legitimatorischen und dezisionistischen Gutachten.[45] Florian Gödel, der das Verhältnis zwischen Gutachten und öffentlicher Literaturkritik thematisierte, kam zum Ergebnis, dass die Textsorte Gutachten auch einen geschützten Raum für ästhetische Urteile bieten konnte, die öffentlich in der DDR so nicht mehr möglich waren.[46]

Der Befund, dass die Gutachten zur internen Selbstverständigung gebraucht wurden, veranlasste die Organisatoren der im September 2019 von der Leipziger Buchwissenschaft organisierten Tagung dazu, die Gutachten mit dem Schlagwort der »Ersatzöffentlichkeit« zu benennen. Einen solchen Zugriff fand Benedikt Jager in seinem im Tagungsband veröffentlichten Beitrag jedoch problematisch. Jager erinnerte mit Verweis auf die *Theorie des kommunikativen Handelns* von Jürgen Habermas aus dem Jahr 1981, die bürgerliche Öffentlichkeit sei »idealtypisch durch eine symmetrische Kommunikationssituation geprägt, in der die verschiedenen Teilnehmer durch Kommunikation und den sich daraus ableitenden Konsens zu

---

42 Siegfried Lokatis: Das Volk & Welt-Lektorat V für englischsprachige Literatur. In: Barbara Korte, Sandra Schaur, Stefan Welz (Hrsg.): Britische Literatur in der DDR. Würzburg 2008, S. 13–22, hier S. 16.
43 Michael Westdickenberg: Fehlverhalten individualisieren und positive Gegengewichte schaffen! Die Begutachtung belletristischer Literatur in der DDR in den 1960er Jahren. In: Lokatis, Hochrein (Hrsg.): Die Argusaugen, S. 33–62, hier S. 36.
44 Heidi Brang: Von Gutachten, Zensoren und anderen Geheimnissen. Ebenda, S. 441–451.
45 Lokatis: Der Argusblick des Zensors, S. 17.
46 Florian Gödel: Das Gutachten als Refugium literarischer Autonomie? Lektürevorschläge für eine Textsorte zwischen Kritik und Zensur. In: Lokatis, Hochrein (Hrsg.): Die Argusaugen, S. 452–460.

wahren Aussagen finden«. Der »freie, gleiche und letzten Endes herrschaftsfreie Zugang zur Kommunikation und die Akzeptanz des zwanglosen Zwanges des besseren Argumentes« seien insofern Elemente des Öffentlichkeitsbegriffes, die sich nicht mit dem Druckgenehmigungsverfahren vereinen lassen.[47] Als theoretisches Konzept, anhand dessen das Verfahren der Druckgenehmigung heuristisch adäquat untersucht werden könnte, benannte Jager dagegen Ludwig Wittgensteins Theorem des »Sprachspiels«, mit dem ein Verständnis von Regeln und dem Erlernen von Regeln verknüpft ist. Die Befolgung der Regeln – etwa beim Erlernen einer Sprache durch ein Kind – geschehe laut Wittgenstein nicht durch Erklärung, sondern durch »Abrichten«: durch den Gebrauch und durch Nachahmung sowie die Korrektur durch die erwachsenen Sprecher.[48] Es gibt in dem Sinne Richtig oder Falsch:

> Übertragen auf [...] die Zensurkommunikation [...] kann man auch von richtig und falsch sprechen, da die Spielpraxis der Gutachten aus Sicht der Verlage den Sinn hatte, Texte zu publizieren. Eine Besonderheit dieses Sprachspiels bestand darin, dass die Spielregeln nicht kodifiziert waren. Lediglich durch den Erfolg (Publikation) oder Misserfolg (Verbot) konnte implizit abgeleitet werden, welches Regelwerk gerade angenommen werden konnte. Diese Regeln waren zudem extrem kontextabhängig, konnten sich also innerhalb von kurzer Zeit verändern.[49]

Fragmente der Gutachten wurden wiederum nicht selten in Nachworten wiederverwendet. Im Literaturbetrieb der DDR war das Nachwort eine besondere Textsorte. Aus der Perspektive der Zensurbehörde sollte sie die jeweils bevorzugten Lesarten der veröffentlichten literarischen Werke sichern. Dies galt vor allem für die schrittweise Veröffentlichung der von der DDR-Editionspolitik lange ausgesparten »spätbürgerlichen« Autorinnen und Autoren. Je breiter das Erschließungsprogramm der modernen Literatur in der zweiten Hälfte der 1970er-Jahre wurde, desto höher waren die Anforderungen an die marxistische Kommentierung und Interpretation. Nachworte zu politisch abweichenden Texten hatten vor allem die Funktion, den Zensoren und Kritikern Brücken zu bauen; sie waren eine Art Inszenierung und eine Absicherung sowohl des Romans wie auch der Funktionsträger, die für seine Herausgabe verantwortlich waren.[50]

---

47 Benedikt Jager: Zwischen Sprachspiel und Spiegel. Schwede und Birckholz als Gutachter skandinavischer Literatur. Ebenda, S. 333–365, hier S. 335.
48 Ebenda, S. 336 f.
49 Ebenda, S. 337.
50 Michael Westdickenberg: »Es ist zu empfehlen, dem Buch ein Nachwort über die Alternative beizugeben.« Veröffentlichungsstrategien und Literaturzensur westdeutscher belletristischer Literatur in der DDR am Beispiel von Thomas Valentins Roman »Die Unberatenen«. In: INTERNATIONALES ARCHIV FÜR SOZIALGESCHICHTE DER DEUTSCHEN LITERATUR 28 (2003) H. 1, S. 88–110, hier S. 100, 103.

Der abgebildete Briefwechsel (Abb. 3–4) zwischen dem Chef des Verlages Volk & Welt Jürgen Gruner (geb. 1930) und dem Suhrkamp-Direktor Siegfried Unseld illustriert, dass man in ostdeutschen Nachworten zu Lizenzausgaben nicht selten wissentlich Fehlinterpretationen vorlegte, diese aber auf Widerwillen bei den westdeutschen Partnern stießen. So zeigte Unseld als Lizenzgeber wenig Verständnis für die schulmeisterliche und ideologisierte Poetik des Nachwortes für *Ein Porträt des Künstlers als junger Mann* von James Joyce (1882–1941) und wollte erstmals, wie früher bei den Lizenzen für Werke von Max Frisch, T. S. Eliot oder Samuel Beckett, das Erscheinen des Nachwortes (und somit auch des Buches) untersagen. In diesem Fall erklärte sich der Verleger letztendlich kompromissbereit: Joyce' Roman erschien 1979 im Verlag Volk & Welt samt dem von Unseld beanstandeten Nachwort von Joachim Krehayn.

Für Verlage und Herausgeber bot das Nachwort die Chance, »offizielle Lesarten zu unterlaufen und ideologischen Vereinnahmungen entgegenzuwirken«.[51] Für die Absicherung der Texte war daher ein geschickter Gebrauch bestimmter Codewörter wichtig. So fungierte die »Herrschaftssprache«[52] nicht selten als eine Art kommunikative »Kontaktsprache«,[53] mit deren Hilfe ausgeblendete Themen, Autorinnen und Autoren in das Literatursystem der DDR eingeschleust werden konnten. Angebliche ideologische Gefahren wurden unterminiert; man legte den Nachdruck auf die Übereinstimmung der präsentierten Thematik mit kulturpolitischen Richtlinien.

Zu einer populären Inklusionshilfe, um thematisch sowie formell innovative Texte zu veröffentlichen, avancierte der bereits erwähnte Begriff einer »sozialistischen Weltliteratur«. Bis in die 1970er-Jahre war die DDR-Weltliteratur dem Konzept des Sozialistischen Realismus verschrieben. 1975 veranstalteten das Zentralinstitut für Literaturgeschichte der Akademie der Wissenschaften der DDR und das Institut für Weltliteratur Maxim Gorki der Akademie der Wissenschaften der UdSSR die Gemeinschaftskonferenz »Verantwortung für die Welt«. Die Organisatoren verkündeten, dass »das Einzugsgebiet des sozialistisch-realistischen Erbes bei weitem mehr umfasst als nur die Traditionen des kritischen Realismus«, und plädierten für die »Verschiedenheit und Vielfalt der individuellen Schreibweisen«.[54]

---

51 Barbara Korte, Sandra Schaur, Stefan Welz: Britische Literatur in der DDR – Vorbemerkungen. In: dies. (Hrsg.): Britische Literatur in der DDR, S. 1–12, hier S. 3.
52 Simone Barck, Martina Langermann, Siegried Lokatis: Vorbemerkung. In: dies. (Hrsg.): »Jedes Buch ein Abenteuer«, S. 9–17, hier S. 14.
53 Mary Louise Pratt: Imperial Eyes. Travel Writing and Transculturation. London, New York, S. 27. Eine Übernahme dieses von Mary Louise Pratt im Kontext der kolonialen Reiseliteratur gebrauchten Terminus soll auf den interaktiven und improvisatorischen Charakter der Kommunikation im Zensursystem verweisen.
54 Horst F. Müller: Literaturkolloquium »Verantwortung für die Welt«. In: ZEITSCHRIFT FÜR DEUTSCHUNTERRICHT 28 (1977), S. 514–516, hier S. 516.

Verlag Volk und Welt
Verlagsleitung
Herrn Jürgen Gruner
Glinkastraße 13 - 15

DDR 108 Berlin

am 8. August 1978

Sehr geehrter Herr Gruner,

ich bekam das Nachwort und die Worterklärungen zu

    Joyce, Ein Portrait des Künstlers als junger Mann.

Immer wieder wundere ich mich über die Editionspraxis der Verlage in Ihrem Land. Man bemüht sich um Lizenzen von Autoren, die bei uns oder im westlichen Ausland erscheinen. Kaum hat man diese Lizenz und damit das Recht zur Veröffentlichung, qualifiziert man die betreffenden Werke im Nachwort ab. Das Nachwort ist eine Gradwanderung zwischen einer Klippschule für ABC-Schüler und einer ideologischen Auseinandersetzung. Unsere Wissenschaft hier hat nun einmal nach Meinung des anonymen Nachwort-Schreibers den Sinn dieses Werkes "verfälscht". Lesen Sie einmal S. 8 dieses Textes und dann, was sich Ihr anonymer Nachwort-Schreiber auf Se 14 ff. ausdenkt: der Roman sei "eine Mischung von Widersprüchen und Gegensätzen". Wenn dem so ist, warum soll das Werk überhaupt in der DDR erscheinen?

Es ist immer derselbe Konflikt, den wir miteinander haben, der, das sehe ich schon, ein grundsätzlicher ist und in Ihrem Land im Bereich des Selbstverständnisses verankert ist, und eine Lösung kann ich nur so sehen, daß die Texte ohne Nachwort gebracht werden und Sie, wie wir dies auch vielfach tun, wichtigen Werken sogenannte 'Materialienbände' beigeben, und hier können die Beiträger dann wirklich schreiben, was sie wollen, ohne daß sie die Substanz des Textes beeinträchtigen, die wir als Lizenzgeber einfach wahren müssen.

Bitte haben Sie Verständnis, daß wir mit diesem Nachwort nicht einverstanden sein können.

                                  Mit freundlichen Grüßen
                                  Ihr

                                  Dr. Siegfried Unseld

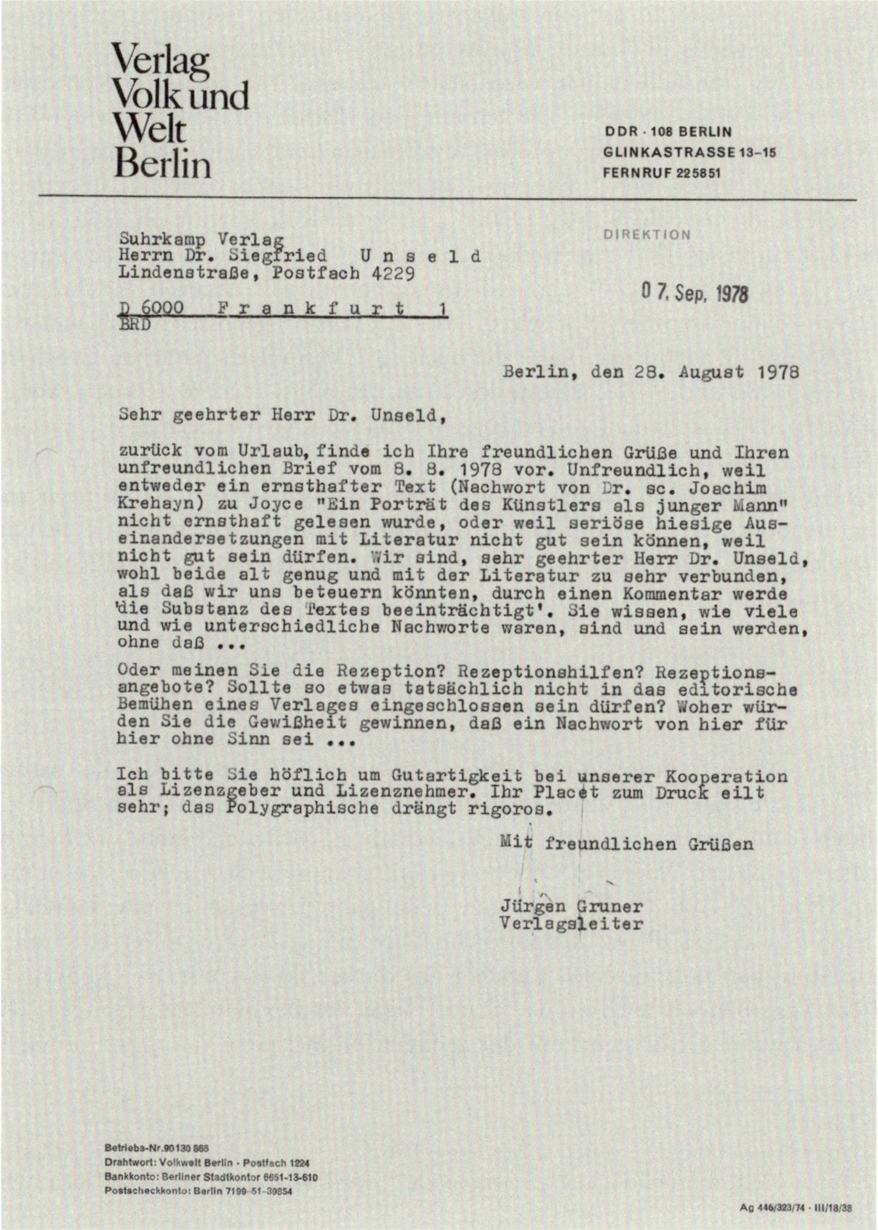

Verlag
Volk und
Welt
Berlin

DDR · 108 BERLIN
GLINKASTRASSE 13–15
FERNRUF 225851

Suhrkamp Verlag
Herrn Dr. Siegfried U n s e l d
Lindenstraße, Postfach 4229

D 6000 F r a n k f u r t 1
BRD

DIREKTION

07. Sep. 1978

Berlin, den 28. August 1978

Sehr geehrter Herr Dr. Unseld,

zurück vom Urlaub, finde ich Ihre freundlichen Grüße und Ihren unfreundlichen Brief vom 8. 8. 1978 vor. Unfreundlich, weil entweder ein ernsthafter Text (Nachwort von Dr. sc. Joachim Krehayn) zu Joyce "Ein Porträt des Künstlers als junger Mann" nicht ernsthaft gelesen wurde, oder weil seriöse hiesige Auseinandersetzungen mit Literatur nicht gut sein können, weil nicht gut sein dürfen. Wir sind, sehr geehrter Herr Dr. Unseld, wohl beide alt genug und mit der Literatur zu sehr verbunden, als daß wir uns beteuern könnten, durch einen Kommentar werde 'die Substanz des Textes beeinträchtigt'. Sie wissen, wie viele und wie unterschiedliche Nachworte waren, sind und sein werden, ohne daß ...

Oder meinen Sie die Rezeption? Rezeptionshilfen? Rezeptionsangebote? Sollte so etwas tatsächlich nicht in das editorische Bemühen eines Verlages eingeschlossen sein dürfen? Woher würden Sie die Gewißheit gewinnen, daß ein Nachwort von hier für hier ohne Sinn sei ...

Ich bitte Sie höflich um Gutartigkeit bei unserer Kooperation als Lizenzgeber und Lizenznehmer. Ihr Placet zum Druck eilt sehr; das Polygraphische drängt rigoros.

Mit freundlichen Grüßen

Jürgen Gruner
Verlagsleiter

Betriebs-Nr.90130 865
Drahtwort: Volkwelt Berlin · Postfach 1224
Bankkonto: Berliner Stadtkontor 6651-13-610
Postscheckkonto: Berlin 7199-51-39854

Ag 446/323/74 · III/18/38

Abb. 3–4: Briefwechsel zwischen Siegfried Unseld (Suhrkamp) und Jürgen Gruner (Volk & Welt) über das Nachwort zum *Porträt des Künstlers als junger Mann* von James Joyce. Foto und Quelle: Deutsches Literaturarchiv Marbach.

Somit standen auch kunstavantgardistische Elemente, jene »zusammengespannten Strömungen wie Symbolismus, Expressionismus, Surrealismus«, im Dienst der sozialistischen Transnationalität. Man behielt sich zwar vor, dass diese Konzession keinesfalls zu einer »globalen Anerkennung« der »ästhetisch nicht geglückten bzw. im Zwischenstadium des Experiments verbliebenen Leistungen von Übergangsentwicklungen« führen sollte.[55] Die neue Botschaft war dennoch nicht zu überhören. War die Moderne noch bis in die 1970er-Jahre für die Kulturpolitik ein Tabu und für die Literaturwissenschaft, von wenigen Ausnahmen abgesehen, ein Anathema gewesen,[56] gab es Mitte der 1970er-Jahre dann neue potenzielle Lesarten, die aber nach wie vor – darauf kommen wir noch zurück – mit Vorsicht genossen werden mussten.

1985 musste auch Kurt Hager, der noch 1972 den unversöhnlichen Gegensatz von Realismus und Moderne postuliert hatte, das längst anachronistisch gewordene Verdikt zurücknehmen und erklärte: »Pauschale Aburteilungen etwa expressionistischer und avantgardistischer Werke als ›dekadent‹ oder ›formalistisch‹ haben sich, wie bekannt, nicht als förderlich für das Verständnis dieser Richtungen und die Intentionen der Schriftsteller und Künstler erwiesen«.[57] Damit wurde auch die Entwicklung zu einer nicht mehr von der SED gelenkten Literatur und Kunst beschleunigt.

Polnische Literatur und die Kulturpolitik der DDR

Die polnischen Autorinnen und Autoren, von denen in der DDR in den Jahren 1949 bis 1982 über 850 Werke (darunter 311 Neuauflagen) erschienen sind,[58] gehörten zu den am öftesten verlegten ausländischen Schriftstellerinnen und Schriftstellern (nach den Werken aus der Sowjetunion, Frankreich, Großbritannien und den USA, vgl. Abb. 1). Wie auch die Herausgabe der gesamten internationalen Literatur in der DDR war die polnische Übersetzungsliteratur selbstverständlich sowohl an bereits in diversen Kapiteln des Buches skizzierte interne kulturpolitische Vorgaben wie auch an den Status bilateraler Beziehungen gebunden. Die letzteren wurden zutreffend mit der griffigen Formel einer »zwangsverordneten

---

55 Ebenda.
56 Vgl. Günter Erbe: Die verfemte Moderne. Die Auseinandersetzung mit dem »Modernismus« in Kulturpolitik, Literaturwissenschaft und Literatur der DDR. Opladen 1993, S. 9.
57 Kurt Hager: Tradition und Fortschritt. Rede zur Gründung der »Nationalen Forschungs- und Gedenkstätten der DDR für deutsche Kunst und Literatur des 20. Jahrhunderts. In: ders.: Beiträge zur Kulturpolitik. Bd. 2: 1982–1986. Berlin 1987, S. 91.
58 Ingrid Kuhnke: Polnische Prosaliteratur in DDR-Verlagen 1949–1982. Übersetzungsbibliographie. Berlin 1982.

Freundschaft« beschrieben.⁵⁹ Die Tragfähigkeit des Begriffs stößt natürlich an seine Grenzen. Auf der nichtstaatlichen Ebene der gesellschaftlichen, kulturellen, kirchlichen und privaten Begegnungen waren die Beziehungen viel mehr als eine »Kette von Absurditäten«.⁶⁰

Die staatlich-politischen ostdeutsch-polnischen Kontakte waren von 1948 bis 1989/90 relativ konstant. Die DDR stand unter dem Zwang, ihre Existenz nicht nur als sozialistischer Staat, sondern auch als deutscher Teilstaat neben der Bundesrepublik nach außen wie nach innen legitimieren zu müssen, indem sich die kommunistische Führung als Moskaus Musterschüler ohne Widersprüche in den »Ostblock« einfügte.⁶¹ Für die Anknüpfung kultureller Kontakte wurde 1948 die Hellmut-von-Gerlach-Gesellschaft gegründet. Der Impuls entstand bei Vorüberlegungen zwischen der Polnischen Militärmission mit Walter Ulbricht (1893–1973), Wilhelm Pieck (1876–1960) und Otto Grotewohl (1894–1964), die Ende 1947 stattfanden. Da von Anfang an darauf abgezielt wurde, die Gründung nicht als reine Parteiangelegenheit zu diskreditieren, gelang es, für die Vorstandsarbeit einige Nichtkommunisten zu gewinnen, u. a. zwei Professoren der Humboldt-Universität – Johannes Stroux (1886–1954) und Peter Alfons Steiniger (1904–1980) – sowie den Journalisten Carl Helfrich (1906–1960). Die Gesellschaft verwies auf die Tradition des 1935 im Exil verstorbenen deutschen Pazifisten Hellmut von Gerlach (1866–1935), der nach dem Ersten Weltkrieg für die Aussöhnung mit Polen eintrat.⁶²

---

59 Basil Kerski, Andrzej Kotula, Kazimierz Wóycicki (Hrsg.): Zwangsverordnete Freundschaft? Die Beziehungen zwischen der DDR und Polen 1949–1990. Osnabrück 2003.
60 Ludwig Mehlhorn: Zwangsverordnete Freundschaft? Die Entwicklung der Beziehungen zwischen der DDR und Polen 1949–1990. In: Wolf-Dieter Eberwein, Basil Kerski (Hrsg.): Die deutsch-polnischen Beziehungen 1949–2000. Eine Werte- und Interessengemeinschaft? Opladen 2001, S. 61–73, hier S. 62.
61 Ebenda.
62 1950 folgte die Gründung der Gerlach-Gesellschaft in Düsseldorf. Sie änderte ihren Namen in Deutsche Gesellschaft für Kultur- und Wirtschaftsaustausch mit Polen und 1971 ein weiteres Mal in Deutsch-Polnische Gesellschaft der Bundesrepublik Deutschland. Die Ostberliner Gesellschaft wurde 1950 in Deutsch-Polnische Gesellschaft für Frieden und gute Nachbarschaft umbenannt und 1953 in die Gesellschaft für kulturelle Verbindungen mit dem Ausland integriert, um schließlich 1961 in der Liga für Völkerfreundschaft aufzugehen. In der Anfangsphase war die Arbeit beider Gesellschaften inhaltlich und organisatorisch weitgehend von der SED-Führung und dem polnischen Außenministerium geprägt. In Düsseldorf sicherten sich die SED- und Warschauer Stellen ihren Einfluss durch regelmäßige Arbeitsbesprechungen, finanzielle Unterstützung sowie die Herstellung der vereinseigenen Zeitschriften. Man wollte in der deutschen Bevölkerung die Akzeptanz der Oder-Neiße-Grenze vergrößern und die Stimmung gegenüber Polen beeinflussen. Der offizielle Duktus spiegelte sich in den von der Gerlach-Gesellschaft in Ost und West herausgegebenen Informationsblättern – BLICK NACH POLEN und JENSEITS DER ODER. Vorherrschende Themen waren der sozialistische Aufbau Polens und

Hatten die bilateralen Kulturbeziehungen direkt nach dem Ende des Krieges mehr oder weniger einen spontanen Charakter, erhielten sie mit der Gründung der DDR einen rechtlich-organisatorischen Rahmen. Die Grundlage bildete das im Januar 1952 in Warschau unterzeichnete »Abkommen über die kulturelle und wissenschaftliche Zusammenarbeit«. Zum wichtigen Anknüpfungspunkt für nachhaltige kulturpolitische Kontakte wurde der 100. Todestag von Adam Mickiewicz im Jahr 1955, das in der DDR (wie auch in der Bundesrepublik) zum Mickiewicz-Jahr erklärt worden war. Die Ostberliner Akademie der Künste gründete ein Komitee zur Ehrung des polnischen Nationaldichters, den Vorsitz übernahm der Schriftsteller, Dichter und Autor der offiziellen Hymne der SED Louis Fürnberg (1909–1957). Die von Mickiewicz verhandelte Freiheitsidee inszenierte Fürnberg im Sinne des Klassenkampfes und erklärte über den in Dresden geschriebenen dritten Teil des Dramenzyklus *Dziady* (Totenfeier):

> Daß es unter dem Himmel einer deutschen Stadt geschah, daß hier sich des Dichters Brust der ewige Gesang von den kämpfenden Helden entrang, die Verheißung kommender Größe, ein »Sterben wirst du, um zu leben!« – dies war die Vorwegnahme, die Perspektive, wenn sie auch länger als ein Jahrhundert brauchte, um wenigstens in einem Teil Deutschlands wahr zu werden. Es ist das Deutschland der Arbeiter und Bauern, das, wie wir aus tiefer Seele hoffen, nun, indem es sich auch hier der Dichtung Mickiewiczs nähert, fühlen lernen wird, warum der Dichter seiner Nation ja allen Menschen teuer ist, die das Gute und Schöne lieben.[63]

Nachdem das Ministerium für Kultur die einzelnen Redaktionen zum Abdruck entsprechender Artikel aufgefordert hatte (zum Teil wurden die Texte auch von der polnischen Botschaft an die Redakteure verschickt), fand Mickiewicz 1955 ein großes Echo in der Presselandschaft der DDR. Der Aufbau-Verlag brachte das Versepos *Pan Tadeusz* in einer Nachdichtung von Walter Panitz heraus, Stephan Hermlin hielt die Ansprache bei einem Festakt in Ostberlin.[64]

Im Oktober 1964 wurde ein neues Abkommen über die kulturelle Zusammenarbeit unterzeichnet; im März 1967 kam ein »Abkommen über Freundschaft,

---

die Auslegung deutsch-polnischer Vergangenheit im Sinne des Klassenkampfes zwischen deutschen Kapitalisten und polnischen Arbeitern. Vgl. Christian Lotz: Zwischen verordneter und ernsthafter Freundschaft. Die Bemühungen der Hellmut-von-Gerlach-Gesellschaft um eine deutsch-polnische Annäherung in der DDR und in der Bundesrepublik (1948–1972). In: Hans Henning Hahn, Heidi Hein-Kircher, Anna Kochanowska-Nieborak (Hrsg): Erinnerungskultur und Versöhnungskitsch. Marburg 2008, S. 201–218.

63 Zit. nach Susanne Misterek: Polnische Dramatik in Bühnen- und Buchverlagen der Bundesrepublik Deutschland und der DDR. Wiesbaden 2002, S. 277.

64 Ebenda.

Zusammenarbeit und gegenseitige Hilfeleistung« hinzu, und seit den 1970er-Jahren wurden kulturelle Beziehungen anhand von Perspektivplänen geregelt. Die Umsetzung konkreter Formen des kulturellen Austausches legten die beiden Regierungen in Arbeitsplänen fest, jeweils für den Zeitraum von einem oder zwei Jahren. Mit Blick auf den literarischen Transfer einigte man sich, wie auch mit anderen sozialistischen Ländern, auf einen Plan, demzufolge beide Seiten Listen mit den zur Übersetzung und Veröffentlichung im Partnerland zu empfehlenden Werken austauschen sollten; übermittelt wurden ebenfalls verlegerische Themenpläne sowie Verzeichnisse der im vergangenen Jahr übersetzten und der im laufenden Jahr zur Übersetzung vorgesehenen Werke des Partnerlandes.[65] Vertraglich geregelt wurde der literarische Austausch mit Vereinbarungen zwischen den jeweils zuständigen Ministerien sowie den Schriftstellerverbänden, welche eigene Abteilungen für internationale Arbeit beherbergten.

Die »Freundschaftsverträge« der jeweiligen Schriftstellerverbände umfassten unter anderem eine festgelegte Aufenthaltsquote, die bestimmte, wie viele Personen für welche Dauer in das jeweilige Land reisen sollten, sowie Regelungen zur Übernahme der Kosten. Das Prinzip der Austauschbeziehungen lief interessanterweise nicht über Einladungen, sondern über Entsendungen. Der jeweilige Verband wählte aus, wer – neben den leitenden Funktionären, die zur Aushandlung der Verträge oder zur Kontaktpflege in die DDR reisten – zu Arbeitsaufenthalten in die DDR geschickt wurde bzw. wen der ostdeutsche Schriftstellerverband ins Ausland entsandte. Gezielte Einladungen an Schriftstellerinnen und Schriftsteller aus sozialistischen Ländern wurden lediglich anlässlich größerer Veranstaltungen, Festivals oder Kolloquien ausgesprochen (Vgl. Teil 1).[66]

---

65 Marek Rajch: »Unsere andersartige Kulturpolitik«. Zensur und Literatur in der DDR und in der Volksrepublik Polen. Poznań 2015, S. 90–94.
66 Jutta Müller-Tamm: Berlin International. Literaturpolitik in den 1970er und 80er Jahren. In: Susanne Klengel, Jutta Müller-Tamm, Lukas Nils Regeler, Ulrike Scheider (Hrsg.): Berlin International. Literaturszenen in der geteilten Stadt (1970–1989). Berlin, Boston 2023, S. 1–33, hier S. 20–22. Zur Geschichte des ostdeutschen Schriftstellerverbandes vgl. Thomas Keiderling: Der Deutsche Schriftstellerverband / Schriftstellerverband der DDR. In: Christoph Links, Siegfried Lokatis, Klaus G. Saur (Hrsg.): Geschichte des deutschen Buchhandels im 19. und 20. Jahrhundert. Deutsche Demokratische Republik. Teil 1: SBZ, Institutionen, Verlage. Berlin 2022, S. 333–355; Carsten Gansel: Parlament des Geistes: Literatur zwischen Hoffnung und Repression 1945–1961. Berlin 2022; Thomas W. Goldstein: Writing in red. The German Writers Union and the role of literary intellectuals. New York 2017; Sabine Pamperrien: Versuch am untauglichen Objekt. Der Schriftstellerverband der DDR im Dienst der sozialistischen Ideologie. Frankfurt/M. 2004; Jutta Müller-Tamm: Das geteilte Berlin als Katalysator der Internationalisierung des Literaturbetriebs. In: dies. (Hrsg.): Berliner Weltliteraturen. Internationale literarische Beziehungen in Ost und West nach dem Mauerbau. Berlin, Boston 2021, S. 1–37.

Abb. 5: Eine Vereinbarung über die Zusammenarbeit für 1976 zwischen den Schriftstellerverbänden der DDR und der VR Polen unterzeichneten am 20.1.1976 die Vizepräsidenten der Verbände Hermann Kant (rechts) und Jerzy Putrament (links). Foto: Erwin Schneider, Bundesarchiv.

Abb. 6: Teilnehmer des V. Schriftstellerkongresses legten am 26.5.1961 in Berlin-Friedrichsfelde an den Gräbern von Friedrich Wolf und Erich Weinert Kränze nieder. Von links nach rechts: Harald Hauser, Jarosław Iwaszkiewicz, Alexander Eser und Nasso Grahner. Foto: Bundesarchiv.

Trotz vieler bürokratischer Regelwerke und pompöser kulturpolitischer Kraftakte soll daran erinnert werden, dass bereits Walter Ulbricht in den 1950er-Jahren die kulturellen Kontakte mit Polen auf ein Minimum beschränkte und auch später immer darauf bedacht war, den Import widerständiger Ideen, die Polen periodisch produzierte, zu unterbinden.[67] Immer dann, wenn die Polen einen neuen Anlauf zur inneren Liberalisierung nahmen, reagierten die Funktionäre der SED hysterisch und drängten sich in die Rolle des Musterschülers der Sowjetführung. Bereits der erste Versuch Warschaus, einen eigenständigen, nationalen Weg zum Sozialismus auszuloten, ließ in Berlin Zweifel an der Prinzipientreue polnischer Genossen aufkommen. Als in Polen infolge der Umwälzungen des Jahres 1956 eine weitgehende Liberalisierung des kulturellen und wissenschaftlichen Lebens gefordert und teilweise auch erreicht wurde, notierte Ruth Hexel, Lektorin des Aufbau-Verlags, während ihres Besuchs in Warschauer Verlagen im Juli 1956:

> Aus den Diskussionen mit Schriftstellern und Redakteuren entnahm ich u. a., daß das Vertrauen zu unserer Presse nicht groß ist und man von unserer Gegenwartsliteratur und dem Mut unserer jungen Schriftsteller nicht sehr angetan ist. Dagegen interessiert man sich für die westdeutsche Presse. [...] Einige Unterhaltungen waren für mich so peinlich, daß ich meinte, es mit westlichen Agenten zu tun zu haben; wie sich herausstellte war das ein Irrtum. [...] Zweifellos hat die Demokratisierung der Literatur und Presse in Polen einen unvergleichlich höheren Stand erreicht als bei uns.[68]

Hexels Bestandsaufnahme stammt genau aus der Mitte jenes bewegten Jahres. Nikita Chruschtschows (1894–1971) Rede »Über den Personenkult und seine Folgen« auf dem XX. Parteitag der KPdSU im Februar 1956 war in ganz Polen in wenigen Tagen bekannt geworden. Kurz danach verstarb während eines Moskaubesuchs Bolesław Bierut (1892–1956). Die wichtigsten Verantwortlichen des berüchtigten Sicherheitsamtes wurden aus der Partei ausgeschlossen und etwa 35 000 Menschen aus Gefängnissen entlassen. Die studentische Wochenzeitung PO PROSTU galt als prominentestes Zeichen des aufziehenden »Tauwetters«. Ende Juni mündete die Unzufriedenheit der Arbeiter mit der im Eiltempo betriebenen Industrialisierung in die blutig niedergeschlagene Revolte in Posen. Die Drohungen des Ministerpräsidenten Józef Cyrankiewicz (1911–1989), man werde jede Hand abhacken, die sich gegen den Sozialismus erhebe, erwiesen sich angesichts der nervösen internationalen Lage im Nahen Osten (Suezkrise) als schwer durchführbar. Am 21. Oktober 1956

---

67 Frank Trommler: Kulturmacht ohne Kompass. Deutsche auswärtige Kulturbeziehungen im 20. Jahrhundert. Köln, Weimar, Wien 2013, S. 662.
68 Zit. nach Jerzy Kochanowski, Klaus Ziemer (Hrsg.): Polska – Niemcy Wschodnie 1945–1990. Wybór dokumentów. Bd. 3: Lata 1956–1957. Warszawa 2008, S. 146.

wurde Władysław Gomułka (1905–1982), der 1948 wegen »nationalistischer Abweichung« auf Befehl Stalins und zur Zufriedenheit der SED seines Amtes in der Parteiführung enthoben worden war und drei Jahre im Gefängnis verbracht hatte, zum Ersten Sekretär der PVAP gewählt.[69]

Der anfängliche Reformkurs Gomułkas wurde in Ostberlin als Konterrevolution betrachtet und versetzte die SED-Führung in erhöhte Alarmbereitschaft. Die Botschaft der DDR in Warschau berichtete im Juli 1956 über die aktuelle kulturpolitische Entwicklung in Polen:

> Die bis jetzt veröffentlichten literarischen und plastischen Werke sind wohl ein Zeichen vollkommener künstlerischer Freiheit und Individualität, scheinen aber keinesfalls der Ausdruck eines neuen belebten revolutionären Geistes zu sein. Das Bestreben, in der westlichen Welt vorhandene Kunstformen nachzuahmen, ist zurzeit größer als die Tendenz, sich mit der neuen Lage und den großen Perspektiven der Zukunft auseinanderzusetzen. Die augenblickliche perspektivlose Situation unter einem großen Teil von Kulturschaffenden hat ihre Ursache in den im Verlaufe der Diskussionen zutage getretenen bürgerlichen, kleinbürgerlichen und nationalistischen Auffassungen.[70]

Als im Dezember 1956 in Warschau der 7. Kongress des Polnischen Schriftstellerverbandes tagte, referierte der Attaché der DDR-Botschaft über die »außenpolitische Demonstration« mit der ungarischen Bevölkerung, die auch von »konsequent kommunistischen Dichtern und Schriftstellern« unterstützt worden sei. Die Anwesenden hätten über die »Bevormundung und Einengung der Literatur in dem vergangenen Zeitabschnitt«, von der »wiedererlangten Freiheit des Gewissens« sowie von der »Rückkehr zu demokratischen Prinzipien« debattiert. Auf dem Kongress habe es keine einzige Stimme gegeben, die für den Sozialistischen Realismus als Schaffensprinzip eingetreten wäre. Dafür gab es umso mehr »Verurteilungen und Abrechnungen«.[71]

Nebst der Einschränkung und Kontrolle des Reiseverkehrs begann die SED eine scharfe Polemik gegen polnische Veröffentlichungen und gegen Intellektuelle, die sich auf Polen bezogen. Mit der Verhaftung von Wolfgang Harich (1923–1995) Ende November 1956 statuierte die DDR-Führung ein Exempel für die Repressionen an den Universitäten, in Verlagen und Zeitschriften. Der vormalige Professor für Philosophie an der Humboldt-Universität (entlassen nach seiner Kritik der

---

69 Vgl. Włodzimierz Borodziej: Geschichte Polens im 20. Jahrhundert. München 2010, S. 295–300.
70 Zit. nach Rajch: »Unsere andersartige Kulturpolitik«, S. 64.
71 Attaché der DDR-Botschaft in Warschau: Bericht über den VII. Kongress des Polnischen Schriftstellerverbandes, 14.12.1956. In: PA AA, M 1-A/3917.

dogmatischen Kultur- und Medienpolitik der Partei nach dem 17. Juli 1953) war zum Cheflektor des von Walter Janka (1914–1994) geführten Aufbau-Verlages geworden und beteiligte sich nach dem XX. Parteitag der KPdSU an Gesprächen des von György Lukács (1885–1971) und Ernst Bloch (1885–1977) beeinflussten »Kreises der Gleichgesinnten«, einer informellen Gruppe der marxistischen Intellektuellen, die parteiinterne Reformen forderte. In einem von Harich vorbereiteten Thesenpapier über politische Veränderungen in der DDR, das er in der Zeitschrift EINHEIT veröffentlichen wollte, fanden sich auch Bezüge zu Diskussionen in Polen. In einem im NEUEN DEUTSCHLAND publizierten, mit Anschuldigungen der Anklage gespickten Bericht hieß es, Harich habe sein Programm von Polen aus propagieren wollen, weil er mit der Unterstützung polnischer Intellektueller gerechnet habe.[72] So versuchte die SED-Führung mit der Betonung der vermeintlichen Verbindungen der »Harich-Gruppe« (so lautete die diffamierende Bezeichnung der DDR-Justiz) nach Polen, das Gerichtsverfahren international auszuweiten und Kontakte mit polnischen »Gleichgesinnten« zu kriminalisieren. In einem Schauprozess wurde Harich zu zehn Jahren Zuchthaus verurteilt, Walter Janka sowie andere Mitdenker der »Harich-Gruppe« erhielten ebenfalls mehrjährige Zuchthausstrafen.

Der Prozess gegen Wolfgang Harich wurde in Polen mit großer Aufmerksamkeit verfolgt. Bereits im Dezember 1956 protestierten zahlreiche Wissenschaftlerinnen und Wissenschaftler des Lehrstuhls für Philosophie und Soziologie der Warschauer Universität mit einem Brief an die Redaktion der DEUTSCHEN ZEITSCHRIFT FÜR PHILOSOPHIE gegen die Verhaftung von Harich.[73] Der Sekretär der DDR-Botschaft in Warschau berichtete über sein Gespräch mit Roman Karst (1911–1988), in dem der polnische Germanist und Literaturkritiker sein Unverständnis über ein »gewisses Mißtrauen« der SED-Führung gegenüber Polen zum Ausdruck brachte:

> Wie Prof. Karst weiter erzählte, herrscht unter den polnischen Intellektuellen zurzeit ein großes Unbehagen und eine Mißstimmung darüber, dass Genosse Walter Ulbricht bei der Behandlung des Falles Harich vor dem 30. Plenum als Begründung für die Verhaftung [...] auch den Kontakt von Harich zu einigen polnischen Intellektuellen angeführt hat. Prof. Karst ist der Ansicht, dass dies eine Beleidigung der polnischen Intelligenz sei. Prof. Karst erklärte, dass er nicht nur für sich persönlich spreche, sondern die Meinung eines großen Teiles der fortschrittlichen polnischen Intelligenz vertrete. Nach der Ansicht dieser Kreise herrsche in der DDR zurzeit eine starke geistige und moralische Unterdrückung. [...] Die Äußerungen von Prof. Karst [...] lassen erkennen, dass auch im polnischen Schriftstellerverband die Konterrevolution

---

72 Marion Brandt: Für eure und unsere Freiheit? Der Polnische Oktober und die Solidarność-Revolution in der Wahrnehmung von Schriftstellern aus der DDR. Berlin 2002, S. 204.
73 Ebenda, S. 209.

wahrscheinlich eine ihrer Hauptstützen hat. Die Analysierung der einzelnen Personengruppen wird für uns allerdings insofern sehr erschwert, als wir bisher niemanden antreffen konnten, der in der Einschätzung polnischer Ereignisse und internationaler Vorgänge mit unserer Auffassung übereinstimmt [...].[74]

Nach den Verhaftungen von Harich und Janka kam es zu zahlreichen Entlassungen und Umbesetzungen in Verlagen und in den Redaktionen von Zeitungen und Zeitschriften; zum Prüfstein wurde jeweils das Verhältnis der Verleger, Lektoren, Journalistinnen und Journalisten zu Polen und Ungarn. Im kulturpolitischen Bereich reagierte die DDR-Führung mit einer im Oktober 1957 stattfindenden orchestrierten Kulturkonferenz der SED mit der Aufgabe, die »Lehren aus Polen und Ungarn zu ziehen« und die »Prinzipien unserer neuen, sozialistischen Kultur« zu bestätigen. Hauptangriffsziel waren der »Revisionismus« und die »schädlichen« Einflüsse aus Polen.[75]

Von nun an bewegten sich alle inoffiziellen Kontakte zwischen den ostdeutschen und polnischen Schriftstellerinnen und Schriftstellern in einem »gefährlichen Tabubereich«.[76] Auch der Austausch zwischen Verlagsangestellten wurde erheblich eingeschränkt. Im November 1956 konnte noch der durch den Leipziger Börsenverein im Auftrag des Amtes für Literatur organisierte »Austausch von Urlaubern aus Verlagswesen und Buchhandel« stattfinden; für den Winter 1957 war ein Gegenbesuch deutscher Vertreterinnen und Vertreter in Polen geplant. Die Fahrt wurde jedoch auf Empfehlung des Ostberliner Ministeriums für Kultur zurückgestellt.[77] Somit kam es nach 1956 zu einem Einschnitt in der Rezeption polnischer Literatur in der DDR. Für etwa ein Jahrzehnt ging die Zahl der Übersetzungen der Gegenwartsliteratur stark zurück.[78]

Auf der Ebene der Kultur- und Literaturpolitik blieben die Beziehungen zwischen Polen und der DDR in den 1960er-Jahren weiterhin angespannt, auch nachdem der polnische Reformgeist erlahmte. Die Kulturabteilung der DDR-Botschaft in Warschau berichtete immer wieder über »oppositionelle Strömungen« im Polnischen Schriftstellerverband.[79] Im Hinblick auf die landweiten Proteste der Studentinnen und Studenten, die das verkrustete Regime anprangerten, worauf die PVAP mit

---

74 Sekretär der DDR-Botschaft in Warschau (Schmidt): Aktennotiz, 13.2.1957. In: PA AA, M1-A/3917.
75 Brandt: Für eure und unsere Freiheit, S. 213.
76 Ebenda, S. 259.
77 Börsenverein der Deutschen Buchhändler an das Ministerium für Kultur (HV Verlagswesen), 15.10.1957. In: SächsStA, 21766/777.
78 Brandt: Für eure und unsere Freiheit, S. 259.
79 Botschaft der DDR in Warschau: Vermerk, 20.11.1965. In: SAPMO, DY30/85311.

Repressionen reagierte und eine antisemitische Kampagne in Gang setzte, kritisierte der Polnische Schriftstellerverband die staatliche Kulturpolitik; in einer programmatischen Entschließung forderte er mehr Freiheit für die Kunst.[80] Nachdem in der Nacht zum 21. August 1968 etwa eine halbe Million Soldaten der Sowjetunion, Polens, Ungarns und Bulgariens in die Tschechoslowakei einmarschiert waren und den Versuch, einen »Sozialismus mit menschlichem Antlitz« zu schaffen, gewaltsam niedergeschlagen hatten, wurden die Lage unter den polnischen Autorinnen und Autoren sowie die Perspektiven eines »Näherrückens auf kulturellem Gebiet« als »kulturpolitisch äußerst kompliziert« eingestuft.[81] Als es Gomułka zunächst einmal gelang, die Spitzen der Macht gegen den erfolgreichen Vormarsch der Reformkräfte abzuschirmen, berichtete die Auslandsabteilung des Deutschen Schriftstellerverbandes vom 17. Schriftstellerkongress in Bromberg mit gewisser Genugtuung über die Nichtzulassung der »oppositionellen Verbandsmitglieder« wie Jerzy Andrzejewski und Stanisław Lem sowie über die »Auseinandersetzung mit antisozialistischen Auffassungen, mit Modernismus, mit abstrakten ästhetischen Qualitätskriterien« und der »kritischen Übernahme dekadenter westlicher Richtungen«.[82]

Die Freude der DDR-Funktionäre über die »politische Einmütigkeit« war aber von kurzer Dauer.[83] Im Mai 1969 schlug Gomułka der Bundesrepublik Verhandlungen über eine Normalisierung des Verhältnisses vor. Ulbricht reagierte mit Forderungen zur Revision des Görlitzer Abkommens (1950), laut denen die Oder-Neiße-Linie als Grenze zwischen Polen und der DDR gelten solle und als solche von der Bundesrepublik nicht anerkannt werden könne. Da nach dem Regierungsantritt der SPD/FDP-Koalition im Herbst 1969 und der Einleitung der entscheidenden Phase der »Neuen Ostpolitik« die Gesprächsrunden über den Vertrag zwischen Westdeutschland und Polen auch die Zustimmung anderer »Ostblock«-Länder erhielten, fand sich mit der neuen politischen Lage schlussendlich auch die DDR ab.

Nach Gomułkas Amtsenthebung infolge zahlreicher Protestaktionen gegen angekündigte Preiserhöhungen, die zu blutigen Auseinandersetzungen führten, wurde Edward Gierek (1913–2001) Erster Parteisekretär. Mit sowjetischer Wirtschaftshilfe und Anleihen im Westen gelang es ihm relativ rasch, die Lage im Land wieder zu stabilisieren. Die neue Entspannungspolitik zeichnete sich in den 1970er-Jahren auch in den Beziehungen zwischen Warschau und Ostberlin ab, nachdem Erich Honecker im März 1971 mit Rückendeckung aus Moskau Walter Ulbricht gestürzt

---

80 Borodziej: Geschichte Polens im 20. Jahrhundert, S. 314.
81 Botschaft der DDR in Warschau an Oskar Fischer (Stellvertreter des Ministers für Auswärtige Angelegenheiten), 13.9.1968. In: PA AA, M1-C/42471.
82 DSV-Auslandsabteilung: Kurzbericht über den 17. Schriftstellerkongress in Bydgoszcz, 14.2.1969. In: SAPMO, DY30/85311.
83 Ebenda.

hatte und dessen Nachfolge antrat. Anfangs konnte man eine relative Liberalisierung – überwiegend im Kulturbereich – beobachten. Die kulturpolitische Öffnung währte jedoch in beiden Ländern nur kurze Zeit.

Da anfänglich den beiden Parteichefs an spektakulären Aktionen lag, wurde 1972 die gemeinsame Grenze für den visafreien Reiseverkehr geöffnet. Die Zahl der direkten Begegnungen – auch im verlegerischen, literarischen und kulturellen Bereich – nahm rapide zu. Die 1970er-Jahre haben die Aufgeschlossenheit der DDR-Verlage und Leserschaft gegenüber der polnischen Literatur zweifellos erhöht. In der Presse erschienen jetzt häufiger Kultur- und Reiseberichte aus Polen; zahlreiche namhafte Autoren – u. a. Rolf Schneider, Arno Fischer, Erich Loest und Gerald Große – schrieben persönlich gestaltete Reisebücher. Die Zahl der übersetzten Bücher ist zwar nicht abrupt gestiegen (in den Jahren 1960 bis 1970 erschienen 129 Erstauflagen Prosa, in der Periode 1971 bis 1980 wurden 154 Titel herausgebracht), das Angebot ist aber – wie noch zu zeigen sein wird – vielfältiger geworden.[84]

Die Verschärfung der wirtschaftlichen und politischen Krise in Polen 1980 bis 1981 verfolgten die politischen Eliten der DDR mit zunehmender Unruhe und Argwohn. Eine große Streik- und Protestwelle, ausgelöst durch eine im Juli 1980 angekündigte Fleischpreiserhöhung, führte zur Gründung der Solidarność – der ersten freien Gewerkschaft im »Ostblock«, die in kurzer Zeit neun bis zehn Millionen Mitglieder aufnahm. Die Ängste der DDR-Führung gründeten in der Annahme, die Liberalisierung im Nachbarland könne die DDR militärstrategisch von der Sowjetunion isolieren. Da Edward Gierek bereits im September 1980 entmachtet wurde, fürchtete auch Erich Honecker um seinen Posten. Im ostdeutschen Diskurs wurde die politische Lage in Polen mit dem alarmierenden Begriff »Konterrevolution« belegt.[85] Die Verhängung des Kriegszustands in Polen am 13. Dezember 1981 wurde durch die erhöhte Einsatzbereitschaft der DDR-Grenztruppen flankiert.

Die SED-Führung reagierte darüber hinaus mit einer Isolierungspolitik gegenüber Polen. Bereits am 30. Oktober 1980 wurde auf Wunsch der DDR-Behörden der visafreie Verkehr zwischen Polen und der DDR eingestellt. Die feindselige Reaktion der ostdeutschen Führungsriege auf die Solidarność spiegelte sich auch in den DDR-Medien wider. Von großer Relevanz für die Gestaltung des negativen Polenbildes war vor allem die Presse, in der »antisozialistische Elemente« angeprangert wurden und die vermeintliche Unmöglichkeit einer friedlichen Lösung betont wurde. Die öffentliche Diskreditierung betraf nicht nur Ziele und Aufgaben der Solidarność,

---

84 Heinrich Olschowsky: Das Ähnliche und das Andere. Polnische Literatur in der DDR. In: Heinz Kneip, Hubert Orłowski (Hrsg.): Die Rezeption der polnischen Literatur im deutschsprachigen Raum und die der deutschsprachigen in Polen, 1945–1980. Darmstadt 1988, S. 41–76, hier S. 66 f.
85 Brandt: Für eure und unsere Freiheit, S. 289.

sondern die gesamte polnische Gesellschaft, die mit einem überkommenen Arsenal antipolnischer Stereotype (Neigung zu Chaos und Unordnung, Topos der »polnischen Wirtschaft«) belegt wurde. Erst nach der Einführung des Kriegsrechts am 13. Dezember 1981 avancierte Polen wieder zu einem »Bruderland« und seine Bevölkerung zu einem »Brudervolk«.[86] Die offizielle Garde der Kulturschaffenden verhielt sich nicht weniger propagandistisch. Auf der Vorstandssitzung des Schriftstellerverbandes der DDR im Dezember 1980 äußerte Hermann Kant seine Hoffnung, dass »in Polen, im sozialistischen Polen, nichts von dem verlorengeht, was durch ungeheuerliche Mühen zustande kam«, und betonte zugleich, er mische sich nicht ein, sondern bleibe eingemischt, »wo es um Polen und um den Sozialismus in Polen geht«.[87] Kants öffentliche Kritik an der politischen Lage in Polen bedeutete nicht, dass es unter Schriftstellerinnen und Schriftstellern keine Sympathiebekundungen gegeben hätte, es handelte sich jedoch meistens um junge und weniger bekannte Autorinnen und Autoren (unter anderen Richard Pietraß oder Heinz Czechowski) sowie jene, die sich nicht mehr im offiziellen Literaturbetrieb bewegten (z. B. Franz Fühmann oder Christa und Gerhard Wolf).[88]

Im Spätsommer und im Herbst 1980 wurde der kulturelle und literarische Transfer aus Polen weitgehend eingeschränkt. Die Kulturabteilung der SED führte fortan öfter als gewohnt Konsultationen mit polnischen Genossen über »Abstimmung der kulturell-propagandistischen Arbeit gegenüber den kapitalistischen Ländern und über das Zusammenwirken im Kampf gegen die ideologische Diversion auf kulturellem Gebiet«. Die SED-Führung zeigte sich unzufrieden über die weiterhin liberale polnische Kulturpolitik: Die meisten »antisozialistisch eingestellten Schriftsteller und Künstler« seien trotz der »spezifischen Situation« noch stets Mitglied in den entsprechenden Verbänden, ihre Werke erschienen ohne größere Einschränkungen in kapitalistischen Ländern und würden »in größerer Anzahl nach Polen eingeschleust«; dagegen würden »keine administrativen Mittel durch die staatlichen Organe eingesetzt«.[89] Angesichts einer solchen Kritik habe das Polnische Informations- und Kulturzentrum in Berlin sich zwar von den »konterrevolutionären politischen Ereignissen in der VR Polen« distanziert und u. a. Aufführungen einiger Filme von Andrzej Wajda aus dem Programm gestrichen, die Berichterstattung über Aktivitäten des Berliner Zentrums in der Presse und anderen Massenmedien der DDR wurde aber durch die höchsten Parteistellen unterbunden.[90] Die Kritik bezog sich auch auf das Programm des Polnischen Informations- und Kulturzentrums in

---

86 Ebenda, S. 300–303.
87 Ebenda, S. 312.
88 Ebenda, S. 313.
89 Abteilung Kultur der SED: Vermerk, 20.8.1980. In: SAPMO, DY30/18765.
90 Abteilung Kultur der SED: Vermerk, 10.11.1980. Ebenda.

Leipzig: Die im Februar 1981 eröffnete Ausstellung »Für ein freies und gerechtes Polen« habe nicht in genügendem Maße berücksichtigt, dass die »jahrhundertelange soziale Lage des polnischen Volkes auch durch den polnischen Adel und die nationale Bourgeoisie, also die Klassengegensätze im Lande mitverschuldet wurde«. Somit vermisse man einen »Ausblick auf den Sieg des Sozialismus in Polen«.[91]

Auf dem Kongress des Polnischen Schriftstellerverbandes im Dezember 1980 kam es zu einer Weichenstellung, welche durch die Führungsgremien in Ostberlin als »politisch recht ungünstig« eingestuft wurde.[92] Zum neuen Verbandspräsidenten wählten die Autorinnen und Autoren den katholischen Publizisten und Schriftsteller Jan Józef Szczepański (1919–2003). Als die wichtigsten Ziele seiner Präsidentschaft erklärte Szczepański die Bemühung, »nach Kräften für das Buch einzustehen, die Probleme der Zensur zu lösen, dem Schriftsteller die Möglichkeit breiterer Kontakte mit der Welt und das Recht auf ungehinderte Reisen zu gewährleisten«.[93] Der überzeugte Kommunist und führende Literaturfunktionär Jerzy Putrament (1910–1986) – seit den 1960er-Jahren ein enger Vertrauter der SED-Führung – wie auch andere parteitreue Repräsentanten der bisherigen Leitung wurden als Delegierte ausgeladen. Der Minister für Kultur Józef Tejchma (1927–2021) soll den Anwesenden verkündet haben, dass der Literatur als »Barometer wichtiger gesellschaftlicher Probleme« und als »Signal herannahender Unruhen« gerade in der politisch schwierigen Zeit eine besonders wichtige Funktion im geistigen Leben eingeräumt werden müsse, und versprach die Herausgabe auch jener Werke, deren Veröffentlichung bisher hinausgezögert wurde.[94]

Nachdem das neue Präsidium die ostdeutschen Kolleginnen und Kollegen für Februar 1981 zu einer gemeinsamen Tagung der Leitungen beider Verbände nach Warschau eingeladen hatten, riet die Kulturabteilung der SED von diesem Treffen ab.[95] Stattdessen versuchte man, vor Ort individuelle Kontakte zu den wenigen Mitglieder der PVAP im Vorstand des Warschauer Schriftstellerverbandes – u. a. Tadeusz Drewnowski (1926–2018) und Marian Grześczak (1934–2010) – aufzunehmen, mit dem Ziel, »die Lage unter den polnischen Schriftstellern besser einschätzen zu können« sowie »Möglichkeiten zu finden, die Vertreter der marxistischen Positionen wirksam zu unterstützen bzw. Schwankende zu ermuntern«.[96] Aus den ersten

---

91 Abteilung Kultur der SED: Vermerk, 24.2.981. Ebenda.
92 DSV an Ursula Ragwitz, 9.1.1981. Ebenda.
93 Ebenda.
94 MfAA: Bericht über den XXI. Kongress des Polnischen Schriftstellerverbandes (streng vertraulich), 9.1.1981. Ebenda.
95 Ursula Ragwitz an Kurt Hager: Handschriftliche Mitteilung (Kurzerhand), 16.1.1981. Ebenda.
96 Gerhard Henninger (DSV) an Ursula Ragwitz, 5.6.1981. Ebenda.

Sondierungsgesprächen wurde jedoch schnell eine negative Bilanz gezogen: Die vermeintlich parteitreuen Autoren kritisierten die Entwicklungen in Polen in den 1970er-Jahren als »technokratische Herrschaft« und »höchste Unmoral der Parteiführung«, bagatellisierten »antisozialistische Erscheinungen« und lehnten das von der DDR-Delegation vorgestellte »aktivierende Kampfprogramm« entschieden ab. Gerhard Henninger (1928–1997) – der erste Sekretär des DSV, der sich trotz seiner rigorosen Literaturpolitik unermüdlich für die Rehabilitierung der Romane Karl Mays in der DDR eingesetzt hatte – schrieb entmutigt über Unterredungen mit polnischen Schriftsteller-Genossen:

> Wenn man bedenkt, dass es sich bei meinen Gesprächspartnern um die restlichen wenigen Mitglieder der PVAP in leitenden Funktionen des polnischen Schriftstellerverbandes handelte, so muss man den Schluss ziehen, dass von einer marxistischen Parteiposition und arbeit nichts mehr im Verband übriggeblieben ist. Meine Gesprächspartner empfahlen mir, die Gesichter der Menschen zu studieren, die in den langen Schlangen vor den Geschäften stehen. […] Der Ton meiner Gesprächspartner war streckenweise der Ton von Missionaren, die sich vorgenommen haben, die Welt von der Einmaligkeit und Richtigkeit des »polnischen Weges« zu überzeugen und sie wiesen mich darauf hin, dass schon viele Verbandskollegen auf die Möglichkeit warten, in die DDR zu kommen, um die »wahre« Einschätzung der Entwicklung in Polen vortragen zu können.[97]

Als Henninger und Herman Kant wenige Wochen später den ideologisch immer verlässlichen Jerzy Putrament in Moskau getroffen und um Erklärung der Lage gebeten hatten, erwiderte der Partei- und Kulturfunktionär, dass die Partei in Polen »kaputt« sei. Im Schriftstellerverband hätten »sozialdemokratische Kräfte« die Führung in der Hand, viele seien weltanschaulich »vollkommen verloren«.[98] Als Trost erhielt Putrament eine Einladung zu einem einmonatigen Urlaub in der DDR. Zum Abschied sagte er zu Henninger und Kant, hoffentlich könne er nach Ostberlin zur Erholung kommen und nicht in die Emigration.

Die Verhängung des Kriegsrechtes am 13. Dezember 1981 sicherte die vorab informierte SED-Führung propagandistisch und außenpolitisch gut ab. Am gleichen Wochenende trafen sich in der DDR Helmut Schmidt und Erich Honecker; in Berlin kamen ost- und westdeutsche Schriftstellerinnen und Schriftsteller zu einem Gespräch über den Weltfrieden zusammen. Das Ziel dieser von der Akademie der Künste der DDR organisierten »Berliner Begegnung« war es, »vor allem wirksam

---

97 Ebenda.
98 DSV: Notiz über ein Gespräch mit Genossen Jerzy Putrament, 6.7.1981. Ebenda.

Auffassungen über die angebliche Aggressivität der Politik der UdSSR und der sozialistischen Länder politisch, ökonomisch und moralisch-ethisch zu entkräften«.[99] Gespräche über die Lage in Polen wurden auf der Tagung unterdrückt. Auf den ersten Sitzungen des Schriftstellerverbandes und in der Akademie der Künste war die Ausrufung des Kriegszustands in Polen zunächst kein Gesprächsthema. Im Gegensatz zur Niederschlagung des Ungarnaufstandes 1956 und des Prager Frühlings 1968 gab es aber auch wohl keine namhaften ostdeutschen Autorinnen und Autoren, die das militärische Vorgehen gegen die Opposition öffentlich verteidigten. Nur in offiziellen Presseerklärungen fanden sich gewünschte Floskeln über die »Maßnahmen« der polnischen Regierung, die mit »Erleichterung« und »Genugtuung« »begrüßt« worden seien.[100]

Die Kulturabteilung der SED verfolgte aufmerksam die Reaktionen im polnischen literarischen und verlegerischen Feld. Die Teilnahme der DDR-Verlage an der Warschauer Buchmesse im Mai 1982 wie auch in den darauffolgenden Jahren betrachtete man als Teil der gewünschten »Normalisierung« bilateraler Beziehungen.[101] Das gleiche Urteil der SED betraf die Aussetzung der Tätigkeit des als »Mikroopposition« verstandenen Schriftstellerverbandes sowie dessen Auflösung im Juni 1983.[102] In Kreisen des Ministeriums für Auswärtige Angelegenheiten schätzte man die kulturelle Situation in Polen dennoch sehr nüchtern ein: »Abwartende Haltung« großer Teile der Kunstschaffenden, Boykott des Rundfunks und Fernsehens sowie ausbleibende »administrative Gegenmaßnahmen« galten als Beweis für die geschwächte Position der PVAP.[103] Die künftige kulturelle Zusammenarbeit mit Polen sollte fortan auf höchster Parteiebene geplant werden und durch Vermittlung spezieller Kommissionen beider Ministerien für Kultur erfolgen. Alle bis Ende der 1980er-Jahre durchgeführten Kultur- und Literaturveranstaltungen fanden unter dem Motto der »Stabilisierung und Normalisierung« statt. Durch offizielle Berichterstattung in den ostdeutschen wie polnischen Medien sollte eine hohe propagandistische Wirksamkeit erzielt werden. So schätzte man die 1986 organisierten Kulturtage der VRP in der DDR als »politischen Erfolg« und als »größte und breiteste Vorstellung polnischer kultureller Leistungen nach den Kulturtagen der VRP in der UdSSR im Jahr 1984« ein.[104]

---

99 Zit. nach Brandt: Für eure und unsere Freiheit, S. 364.
100 Ebenda, S. 354, 367.
101 Kulturabteilung der SED: Information zu einigen kulturpolitischen Fragen in der VRP, 24.5.1982. In: SAPMO, DY30/18766.
102 Botschaft der DDR in Warschau: Notiz, 4.7.1984. Ebenda.
103 MfAA: Kulturelle Situation in Polen (streng vertraulich), 7.9.1982. Ebenda.
104 Botschaft der DDR in Warschau: Polnische Einschätzung über die Kulturtage der VRP in der DDR, 19.6.1986. Ebenda.

Die Korrespondenz der höchsten Funktionäre der Kulturabteilung der SED aus der zweiten Hälfte der 1980er-Jahre illustriert eine erstaunliche Weltabgewandtheit der Parteiführung. In hausinternen Dienstvermerken gab es immer wieder ritualisierte Bestätigungen der vermeintlich »sachlichen und nüchternen Einschätzung der gegenwärtigen Lage in der Volksrepublik« sowie der »Bereitschaft und des großen Interesses« an der weiteren Vertiefung der Zusammenarbeit.[105] Die in der polnischen Öffentlichkeit gängigen Begriffe wie »sozialistischer Pluralismus« oder »proreformatorische Koalition und Antikrisenpakt« ließen aber die Beamten der DDR-Botschaft in Warschau aufhorchen. Sie rapportierten über die »veränderte Haltung gegenüber der Sowjetunion und den Staaten der sozialistischen Gemeinschaft«, die »Aufarbeitung der ›weißen Flecken‹ in der polnisch-sowjetischen Geschichte« sowie die Aufmerksamkeit der Polen für die Vorgänge in jenen Ländern, die als »Vorreiter (Ungarn) oder Mitgestalter (Tschechoslowakei, Bulgarien) der Umgestaltungsprozesse« eingestuft werden. Gegenüber der DDR werde dagegen verstärkt eine »abwartende Haltung« eingenommen, weil die Meinung weit verbreitet sei, dass die DDR diesen Prozessen »bremsend« entgegenwirke.[106]

Im Februar 1989 begannen in Warschau die Gespräche zwischen Staatsmacht und Opposition. Politisch bedeuteten die Ergebnisse des »Runden Tisches« vor allem die Festlegung der vorgezogenen Neuwahlen auf den 4. Juni 1989. Dennoch setzte die SED-Führung ihre Arbeit unbekümmert fort. Die DDR-Verlage forderte man auf, sich mit einer »repräsentativen Leistungsschau der wissenschaftlichen, technischen und künstlerischen Literatur« an der Warschauer Buchmesse zu beteiligen. Im Mai 1989 fand in Berlin die Beratung von Kulturabteilungen der SED und PVAP statt, auf der die seit 1987 vorbereitete »Gemeinsame Deklaration über Grundsätze, Aufgaben und Ziele der weiteren Entwicklung der kulturellen Zusammenarbeit zwischen der DDR und VR Polen bis zum Jahr 2000« für druckreif erklärt wurde. Für die kommenden 1990er-Jahre schmiedeten die Kulturfunktionäre große Zukunftsvisionen: Man plante zahlreiche Gemeinschaftsausstellungen, gemeinsame Editionen der belletristischen sowie wissenschaftlichen Verlage und wünschte sich eine »noch stärkere« Einbeziehung der Kultur- und Informationszentren in Warschau, Krakau, Berlin und Leipzig. Am 19. Mai 1989 wurde die »Gemeinsame Deklaration« während des Besuches von Wojciech Jaruzelski in Berlin unterzeichnet. Drei Wochen später kam es in Polen zu einem politischen Erdbeben mit unerwarteten Folgen. Am 3. Oktober 1990 ging das über vierzig Jahre dauernde Kapitel der ostdeutsch-polnischen Geschichte zu Ende.

---

105 Ursula Ragwitz an Kurt Hager, 27.2.1985. Ebenda.
106 Botschaft der DDR in Warschau: Zur aktuellen Lage im Bereich der Intelligenz, 10.7.1988. In: SAPMO, DY30/18768.

Verlage: Aufbau und Volk & Welt

Der im August 1945 gegründete Aufbau-Verlag avancierte schnell zum bedeutendsten Verlag der SBZ und der DDR. Als organisationseigene Einrichtung des Kulturbundes konzentrierte sich Aufbau vor allem auf das klassische und humanistische Erbe sowie die Literatur des Exils. Ein erster Bestseller des Verlags war der 1945 erschienene Roman *Stalingrad* von Theodor Plievier, ein zweites wichtiges Buch der ein Jahr später verlegte Roman *Das siebte Kreuz* von Anna Seghers.[107] In den 1950er-Jahren erschien bei Aufbau viel hochsubventionierte Planungsliteratur. Trotzdem blieb der Verlag offen für den politischen Dissens und verlegte auch Autorinnen und Autoren, die mit der dogmatischen Politik der Regierung Ulbricht unzufrieden waren. Tonangebend war auf diesem Gebiet der bereits erwähnte Wolfgang Harich, der 1954 die Leitung des Lektorats Klassisches Erbe und Philosophie übernahm. Der Verlagsleiter Walter Janka übte Kritik an der Vorzensur und engagierte sich für den deutsch-deutschen Austausch. Erfolgreich wurde Aufbau Mitte der 1950er-Jahre mit Veröffentlichungen moderner Autoren wie Jean-Paul Sartre, Ernest Hemingway oder Alberto Moravia.[108] Die Verhaftung und Verurteilung der wagemutigen Verlagsmitarbeiter in den Jahren 1956 bis 1957 wurde zu einem Trauma, das sich in die »Verlags-DNA« einbrannte. Zum Nachfolger Jankas wurde Klaus Gysi (1912–1999), dessen wichtigste Aufgabe es war, den Verlag wieder auf Linie zu bringen.[109]

Im Rahmen der Profilierung des DDR-Literaturbetriebs nach dem Mauerbau übernahm Aufbau 1964 den Verlag Rütten & Loening samt Neuübersetzungen russischer und französischer Klassiker. Ende der 1970er-Jahre betreuten bei Aufbau circa 25 Lektoren die in vier Fachgebiete aufgeteilte fremdsprachige Literatur. Wichtig war vor allem die Literatur Lateinamerikas, wo zahlreiche linke Bewegungen Hoffnung auf einen sozialistischen Kontinent gemacht hatten.[110] Zum Programm gehörte u. a. der kolumbianische Erzähler Gabriel García Márquez (1927–2014), von dem bei Aufbau die zuerst in die deutsche Sprache übersetzten Romane *Unter dem Stern des Bösen* (1966) und *Kein Brief für den Oberst* (1968) herausgegeben worden sind. Das exorbitante Werk *Cien años de soledad* haben die Lektoren aber

---

107 Konstantin Ulmer: Aufbau-Verlag. In: Christoph Links, Siegfried Lokatis, Klaus G. Saur (Hrsg.): Geschichte des Deutschen Buchhandels im 19. und 20. Jahrhundert. Deutsche Demokratische Republik. Teil 1. Berlin, Boston 2022, S. 523–546, hier S. 523 f.
108 Ebenda, S. 526.
109 Ebenda, S. 528.
110 Konstantin Ulmer: »Man muss sein Herz an etwas hängen das es verlohnt«. Die Geschichte des Aufbau-Verlages 1945–2020. Berlin 2020, S. 211.

leider verkannt; so erschien *Hundert Jahre Einsamkeit* 1970 bei Kiepenheuer & Witsch in Köln.[111]

Der größte Teil der Publikationen des Auslandslektorats entfiel auf die Literatur aus dem europäischen »Ostblock«. An erster Stelle stand die Sowjetunion: Um 1984 waren bereits mehr als 360 Werke russischer und sowjetischer Autorinnen und Autoren bei Aufbau mit Einzelausgaben erschienen; zudem war eine zweistellige Anzahl von Anthologien aufgelegt worden.[112] Weit vorn in den Statistiken lagen vor allem die Klassiker wie Fjodor Dostojewski, Konstantin Fedin, Nikolai Gogol, Maxim Gorki, Konstantin Paustowski, Alexander Puschkin, Alexej Tolstoi oder Iwan Turgenjew. Es gab aber auch interessante Entdeckungen. In der zweibändigen Sammlung *Frühe sowjetische Prosa* (1978) stellte der Verlag den ostdeutschen Lesern etliche Erzähler vor, die bisher aus dem Kanon ausgeklammert waren. Ein Jahr später erschien die Anthologie *Als die Wale fortzogen* mit Texten des Tschuktschen Juri Rytchëu (1930–2008), des Esten Jaan Kross (1920–2007) oder des Litauers Mykolas Sluckis (1928–2013).[113] Das blockfreie Jugoslawien war im Programm größtenteils durch den Nobelpreisträger Ivo Andrić (1892–1975) vertreten; Publikationen anderer jugoslawischer Autorinnen und Autoren waren jedoch von der politischen Großwetterlage abhängig. Weniger problematisch war die Tschechoslowakei: Die zwei wichtigsten Schriftsteller – Karel Čapek (1890–1938) und Jaroslav Hašek (1883–1923) – liefen als klassische Autoren. Dass dem Verlag die Vermittlung fremdsprachiger Literatur wichtig war, demonstrierten nicht zuletzt auch die 1978 aufgelegten Übersetzerpreise.

In der Wahrnehmung der DDR-Bürger galt aber vor allem Volk & Welt als »Fenster zur Welt«.[114] Der 1947 von Michael Tschesno-Hell (1902–1980) gegründete Verlag war anfangs der Pflege deutscher antifaschistischer Literatur und sowjetischer Belletristik verpflichtet, avancierte aber schnell zum unumstrittenen Leitverlag für internationale Gegenwartsliteratur. Unter der Leitung Jürgen Gruners (geb. 1930, Verlagsleiter in den Jahren 1970 bis 1991) wurde der Verlag intern neu gegliedert:

> Die fünf großen Verlagslektorate hatten nicht nur Europa, sondern die ganze Welt unter sich aufgeteilt. Volk und Welt propagierte seit seiner Gründung den »antiimperialistischen Kampf«, mit »progressiver internationaler Literatur« und stellte sich auf die Seite der unterdrückten Minderheiten. Der Verlag sympathisierte mit algerischen und palästinensischen Unabhängigkeitskämpfern,

---

111 Ebenda, S. 211 f.
112 Klaus-Dieter Hoeft, Christa Streller: Aufbau-Verlag 1945–1984. Eine Bibliografie. B. 2. Berlin, Weimar 1985, S. 104–115.
113 Ulmer: »Man muss sein Herz an etwas hängen«, S. 216 f.
114 Simone Barck, Siegfried Lokatis (Hrsg.): Fenster zur Welt. Eine Geschichte des DDR-Verlages Volk & Welt. Berlin 2003.

optierte in Lateinamerika unter Hintansetzung vertrauter ästhetischer Vorstellungen für den autochthonen »magischen Realismus«, favorisierte in Afrika die Literaturströmung der Négritude, in den Vereinigten Staaten trotz ideologischer Differenzen die »Black-Power«-Autoren. In den siebziger Jahren experimentierte man entsprechend dieser Ausrichtung mit einem eigenständigen Dritte-Welt-Lektorat, das Afrika, Asien und Lateinamerika umfassen sollte.[115]

Die drei Westlektorate – Germanistik, Angloamerikanistik und Romanistik – waren anderen Bewertungsgesetzen unterworfen als die beiden slawischen Lektorate für sowjetische Literatur und die der Volksdemokratien. In den Westlektoraten herrschte eine permanente Valutaknappheit, die SED lieferte aber als Eigentümerin des Verlages genug Papier, um mit den nach der Wende berüchtigt gewordenen »Plusauflagen« die Parteikasse zu füllen.[116] Die Ostlektorate waren dagegen wegen der Papierknappheit zur strengsten Auswahl gezwungen.

Das Germanistiklektorat unter Roland Links (1931–2015) musste die westdeutsche Literatur dem Aufbau-Verlag überlassen. Links konzentrierte sich daher auf die Schweiz (80 Titel) und Österreich (85 Titel), betreute aber auch die Niederlande und Belgien (14 Titel) sowie Skandinavien (allein aus Schweden kamen 67 Titel, die meisten davon Krimis). Bei den Romanisten wurde viel aus Frankreich (179) und Italien (81) herausgebracht, während die iberische Halbinsel vernachlässigt wurde (Spanien – 15, Portugal – 15). Zum größten Erfolg des romanischen Lektorats gehörte die Erschließung der südamerikanischen Literatur mit Autoren wie Miguel Ángel Asturias, Alejo Carpentier, Carlos Fuentes, Augusto Roa Bastos, Juan Rulfo

---

115 Lokatis: Nimm den Elefanten, S. 26.
116 Viele Verlage der DDR hatten vor allem im Bereich der »westlichen« Literatur deutlich mehr Exemplare von Lizenztiteln drucken lassen, als vertraglich vereinbart gewesen waren. Mit den »Plusauflagen«, von der HV Verlage und Buchhandel gebilligt, wollte die DDR der notorischen Devisenknappheit entgegenwirken. Betroffen waren auch Rechtserben und im Westen lebende Autorinnen und Autoren, mit denen der Verlag direkt Verträge abgeschlossen hatte. In den 1990er-Jahren musste die Treuhand als neue Eigentümerin von Volk & Welt allein an die Verlage Rowohlt, Suhrkamp, Carl Hanser, Diogenes und Karl Rauch über 20 Mio. DM nachzahlen. Diese Summe überstieg die zwischen 1961 und 1989 entrichteten Lizenzgebühren um mehr als das doppelte. Siegfried Lokatis schrieb in diesem Kontext: »Die rechtliche Bewertung der kriminellen ›Plusauflagen‹ ist eindeutig, und die tiefe Enttäuschung westlicher Kontraktpartner über den systematischen Betrug verständlich. Auf der anderen Seite beweist die illegale Praxis, wie ungemein beliebt die westliche Volk und Welt-Produktion seit dem Mauerbau geworden war, denn selbst märchenhafte Auflagezahlen änderten nichts daran, dass Volk und Welt-Titel meist vergriffen und begehrte Bückware waren.« Siegfried Lokatis: Volk und Welt und die internationale Literatur in der DDR. In: Links, Lokatis, Saur (Hrsg.): Geschichte des Deutschen Buchhandels im 19. und 20. Jahrhundert. Deutsche Demokratische Republik, S. 625–644, hier S. 638.

und Mario Vargas Llosa. Zu den Domänen des Lektorats gehörten auch die ehemaligen Kolonien in Afrika, Südamerika und Vorderasien. Das angloamerikanische Lektorat verwaltete außer Großbritannien (108), Irland (16), Australien (22), den USA (185) und Kanada (6) auch asiatische und afrikanische Literatur, soweit diese durch die englische Sprache zu erschließen war.[117]

Im Lektorat I für die sowjetische Literatur erschienen pro Jahr durchschnittlich 25 Titel, davon 18 russische. Der Leiter des Lektorats Leonard Kossuth (1923–2022) legte, wie bereits gezeigt, Wert darauf, dass Bücher aus den Originalsprachen übersetzt wurden. Im benachbarten Lektorat II für die Literatur der Volksrepubliken führte Polen mit 120 Titeln die Statistik an, gefolgt von der ČSSR (85), Ungarn (75), Rumänien und Bulgarien (37). Mit jugoslawischen Autorinnen und Autoren (30) bildete die für die Südslawen zuständige Barbara Antkowiak das Schlusslicht, »dann kamen nur noch die Mongolen«.[118]

Zuständig für die polnische Literatur im Lektorat II war Jutta Janke (1932–2004). Direkt nach dem Studium der Slawistik mit Schwerpunkt Polonistik in den Jahren 1952 bis 1956 begann Janke ihre Arbeit bei Volk & Welt und blieb im Verlag bis zu seiner Auflösung im Jahr 2001. Sie pflegte Kontakte zu allen wichtigen Übersetzerinnen und Übersetzern aus dem Polnischen, u. a Henryk Bereska (1926–2005), Roswitha Matwin-Buschmann (geb. 1939), Hubert Schumann (1941–2013), Charlotte Eckert (geb. 1933), Christa Vogel (1943–2005), Caesar Rymarowicz (1930–1993) und Heinrich Olschowsky (geb. 1939).[119] Der Letztere erinnerte sich an das erste Treffen mit der Lektorin Mitte der 1960er-Jahre:

> Mit Jutta Janke begegnete mir eine strenge, anspruchsvolle und eigensinnige Kennerin der schönen Literatur, die mit allen Fallstricken des Verlagsgeschäfts in der DDR vertraut war. Sie schätzte das Nicht-Kanonische, den extravaganten formalen Einfall, wofür sie einen europäischen und keineswegs national-provinziellen Maßstab anlegte. Aber sie wollte auch mehr; Literatur sollte zwischen Völkern und Kulturen vermitteln, Verständnis und Neugier füreinander wecken – Verständigung fördern. Es lag ihr viel daran, ein brisantes Thema, ein politisches Problem, eine kulturelle Tradition in literarischer Verschlüsselung an den Leser zu bringen. Darum drehte sich alles in den von Geist und Zigarettenrauch stets schwangeren Debatten in ihrem Büro

---

117 Ebenda, S. 634.
118 Barbara Antkowiak: Ein Zensor in Ulan Bator. In: Barck, Lokatis (Hrsg.): Fenster zur Welt, S. 92–94, hier S. 92.
119 Amelia Łagocka: Redaktorka i tłumaczka. Biografia translatorska Jutty Janke. In: Jadwiga Kita-Huber, Renata Makarska (Hrsg.): Wyjść tłumaczowi naprzeciw. Miejsce tłumacza w najnowszych badaniach translatologicznych. Kraków 2020, S. 149–164, hier S. 152, 155.

mit dem großen, von Manuskripten und Zeitschriften überladenen Schreibtisch. An dessen Seitenwand, dicht am Fenster, durften vertraute Gäste sich zu einem besonderen Foto bücken, zum Bildnis eines ansehnlichen Mannes, der gemütlich seine Pfeife stopfte: Josef W. Stalin. Der Generalissimus in der Nachbarschaft des Papierkorbs. Die Attitüde eigensinniger Ironie bereitete ihr hier wie in der Verlagsarbeit sichtbares Vergnügen.[120]

Auch Henryk Bereska widmete der Übersetzerin und Lektorin, die »Präzision und Phantasie im Blut hatte«, ein vom Zigarettenqualm umwobenes Porträt:

> Jutta Janke gehörte zu den Lektoren, die ihren Beruf als Berufung empfanden. Unvorstellbar der Gedanke, sie könnte außerhalb des Verlages existieren, etwa als Übersetzerin – dabei übersetzte sie ausgezeichnet –, doch sie arbeitete gern mit Menschen zusammen, erwies sich auch als überlegene Leiterin und hatte irgendwann – bis auf die Sowjetliteratur – die gesamte Slawistik am Hals. Den Begriff Teamwork gab es damals bei uns noch nicht, es gab das Kollektiv und Jutta Janke war im besten Sinn eine starke Kollektiv-Dame. Ohne die anderen hätte ihr auch das Rauchen keinen Spaß gemacht, und Rauchen gehörte in ihr Lektorat. Beim Betreten ihres Zimmers tauchte man wie in ein bläuliches geistvolles Gewölk ein.[121]

Jankes Lektorat war nicht nur für die Volksdemokratien, sondern auch für Griechenland und Israel zuständig. Diese Zuteilung entsprach ihrem Engagement für die jüdische Literatur: Janke lernte Hebräisch, plante die erste Ephraim-Kishon-Edition in einer Zeit, als der Sechs-Tage-Krieg 1967 die Herausgabe israelischer Titel bis Anfang der 1980er-Jahre unmöglich machte, begründete die Publikation Isaac Singers und verhalf dem russisch-jüdischen Maler, Bildhauer und Grafiker Anatoli Kaplan mit seinen Buchgrafiken zu einer Karriere in der DDR.[122] Der Werbetexter und Redakteur bei Volk & Welt Jürgen Rennert erinnerte sich an eine Szene bei einer Geburtstagsfeier im Verlag, bei der auch der stellvertretende Minister für Kultur, Bruno Haid, zugegen war: Janke ging »demonstrativ in die Knie« und »flehte ihn mit großer Geste an, die Herausgabe der *Zimtläden* von Bruno Schulz nicht zu verhindern«.[123]

---

120 Heinrich Olschowsky: Grenzen überschreiten – Die polnische Literatur. In: Barck, Lokatis (Hrsg.): Fenster zur Welt, S. 75–80, hier S. 75.
121 Henryk Bereska: Porträt einer Lektorin – Jutta Janke. Ebenda, S. 81–86, hier S. 81 f.
122 Lothar Reher: Jüdische Literatur 2: Kaplans »Der behexte Schneider«. Ebenda, S. 297–300, hier S. 297.
123 Jürgen Rennert: Jüdische Literatur 1: Mit Engagement und Liebe herausgebracht. Ebenda, S. 295–297, hier S. 296.

Produktionsromane, Klassiker, Stanisław Lem und Krieg

Vor Jankes Eintritt in den Verlag Volk & Welt war die ostdeutsche Kultur- und Editionspolitik maßgeblich bestimmt durch die »Notwendigkeit der Umerziehung des Volkes im antifaschistisch-demokratischen Geiste«.[124] Von einem systematischen Literaturtransfer aus Polen in die DDR kann erst ab 1949 gesprochen werden. Die damaligen Auswahlkriterien lassen bestimmte Schwerpunkte erkennen, die in den einzelnen Verlagen nebeneinander zur Geltung kamen: Auseinandersetzung mit Krieg und Besatzung, die Klassik des 19. Jahrhunderts, insbesondere der historische Roman und der Gesellschaftsroman, unterhaltsame Abenteuerliteratur sowie »Aufbauliteratur«.[125]

Die polnischen Produktionsromane, Reportagen und Gedichte mit agitatorisch-didaktischem Gestus galten unter den ostdeutschen Literaturkritikerinnen und -kritikern als »getreues und überhöhtes Abbild« einer »vorbildlichen Wirklichkeit«.[126] Unter den Büchern dieser Art stellte der Roman *Kohle* von Aleksander Ścibor-Rylski einen exemplarischen Fall dar. Er wurde 1951 in Polen mit dem Staatspreis für Literatur ausgezeichnet, ein Jahr später ins Deutsche von Rudolf Pabel übersetzt, bei Volk & Welt herausgegeben und bis 1953 dreimal aufgelegt. Der Paratext bestätigte das stereotype Muster des Genres:

> Noch im März 1949 lebten viele Kumpel der Grube »Anna Weronika« dahin wie zu Zeiten der alten Konzernherren. Die Arbeit war ihnen eine Last, das Zuhause ein Greuel und der Schnaps ihr einziger Trost. Noch nie hatte ihr Betrieb den Plan erfüllt. Da wurde Jan Migon zum Vizedirektor ernannt. Die Kleinbürger und Bummelanten lachten über ihn, den Arbeiter, der von Rechtschreibung wenig und von Geologie fast nichts verstand. Und als das Lachen nicht mehr genügte, schreckten sie auch vor Sabotage und Brandstiftung nicht zurück. Aber immer mehr Arbeiter schlossen sich um die Partei und Migon zusammen. Endlich erkannten sie ihr Ziel: Sie erfüllten den Plan und bahnten den Weg zu einem besseren Leben.[127]

Trotzdem gelang es dem Autor, mit einem Schuss Erotik und einer leicht nuancierten Zeichnung der Nebenfiguren das Schema aufzulockern. Die Kritik nahm ihm das übel: Der »positive Held« erschien nicht vollkommen genug, man hielt dem Verfasser Naturalismus vor, weil er die Fehler der Protagonisten mit »krasser Farbe«

---

124 Alois Hermann: Die polnische Literatur in der DDR. In: ZEITSCHRIFT FÜR SLAWISTIK 14 (1969) H. 3, S. 453–456, hier S. 453.
125 Ebenda, S. 454; Olschowsky: Das Ähnliche und das Andere, S. 46 f.
126 Ebenda, S. 50.
127 Aleksander Ścibor-Rylski: Kohle. Übers. von Rudolf Pabel. Berlin 1952.

ausmalte.[128] Die Leserinnen und Leser sahen das aber anders: In einer Zuschrift an den Verlag schrieb einer von ihnen, er habe das Buch neben Hans Marchwitzas *Kindheit* gelesen und finde ihn »wohltuend ungeschminkt, weil keinem Menschen die Zwangsjacke unmotivierter Handlungen angezogen wird«. Der Autor verstehe die Anstrengungen »friedlicher Arbeit für ein besseres Leben« ohne »Phrase klarzumachen«.[129]

Abb. 7: Umschlag des Romans *Kohle* (1952) von Aleksander Ścibor-Rylski.
Quelle: UAM-Universitätsbibliothek.

Anfang der 1950er-Jahre erfüllte die bereits erwähnte Hellmut-von-Gerlach-Gesellschaft, 1950 umbenannt in Deutsch-Polnische Gesellschaft für Frieden und gute Nachbarschaft, die Funktion eines aktiven Literaturvermittlers. Von zwanzig Gründungsmitgliedern wuchs ihre Mitgliederzahl 1952 auf etwa 110 000. Sie veranstaltete Konzerte polnischer Künstlerinnen und Künstler, Filmvorführungen und Kunstausstellungen. In der hauseigenen Zeitschrift BLICK NACH POLEN (1949–1953) wurden literarische Arbeiten von u. a. Tadeusz Borowski, Witold Zalewski, Grzegorz Lasota, Jerzy Andrzejewski, Jacek Bocheński und Leon Kruczkowski publiziert.

---

128 Olschowsky: Das Ähnliche und das Andere, S. 50.
129 Ebenda.

Ein eigener Verlag edierte ab 1950 die »Kleine deutsch-polnische Reihe«, in der Texte von Borowski, Henryk Sienkiewicz und Eliza Orzeszkowa erschienen.[130] An Volk & Welt trat die Hellmut-von-Gerlach-Gesellschaft u. a. mit einem Vorschlag zur Herausgabe des autobiografischen Erzählungsbandes *Sedan* (1948) von Paweł Hertz (1918–2001) heran, in dem der Autor seine (Nach-)Kriegserfahrungen bearbeitete. Kazimierz Brandys' *Samson* (1948) und *Antygona* (1951) – ein kritisches Bild der polnischen Intelligenzija der Zwischenkriegs- und der unmittelbaren Nachkriegszeit – empfahl die Gesellschaft als ein »besonders anspruchsvolles Werk«, wegen der »darin enthaltenen marxistischen Analyse«.[131]

Erfolgreich wurden die Mitglieder aber erst beim Aufbau-Verlag mit Romanen von Bolesław Prus. Übersetzungen von Werken des 19. Jahrhunderts und der Jahrhundertwende wurden ab Anfang der 1950er-Jahre von den Verlagen in zunehmendem Maße angeboten als Folge der kulturellen Strategie, die von dem Nationalsozialismus verzerrte »klassische« Literatur wiederzuentdecken und in den gesellschaftlichen Umlauf zu bringen. In den Jahren 1952 bis 1963 betrug der Anteil des Erbes etwa 24 Prozent der insgesamt 173 polnischen Titel.[132] Dabei konnte zum Teil an Übersetzungstraditionen aus der Zeit vor 1918 angeknüpft werden, so bei Adam Mickiewicz, Henryk Sienkiewicz, Władysław Stanisław Reymont, oder Gabriela Zapolska. Andere Autoren – etwa Bolesław Prus, Juliusz Słowacki, Józef Ignacy Kraszewski – waren kaum bekannt oder mussten gänzlich neu angeeignet werden. Gemessen an der Auflagenzahl wurde das literarische Erbe Polens von der ostdeutschen Leserschaft in außergewöhnlichem Maße angenommen: *Quo Vadis* von Sienkiewicz erreichte bis 1972 in sechs Auflagen eine Gesamthöhe von über 100 000 Exemplaren; *Die Kreuzritter* wurden in zwei Ausgaben mit 51 000 Exemplaren verlegt. Kraszewskis *Brühl* ging 1980 in die neunte Auflage mit 80 000 verkauften Exemplaren.[133]

Gern gelesen wurden vor allem Bücher mit entfernten geschichtlichen Gegenständen, welche sich deutlich von dem »einseitigen und forcierten Angebot an Gegenwartsliteratur« unterschieden. Diese divergierende Leseresonanz veranschaulichen die vier bei Aufbau verlegten Romane von Bolesław Prus. Seine klassischen Gesellschaftsromane – *Die Puppe* (1954) und *Die Emanzipierten* (1957) – erlebten in der DDR keine einzige Neuauflage. Die Erzählung *Die Welle strömt zurück* – eine Geschichte eines deutschen Fabrikanten und dessen Sohnes, der durch seine Verschwendungssucht den Vater zur immer härteren Ausbeutung seiner Untergebenen treibt – kursierte zwischen 1959 und 1977 auf dem ostdeutschen Markt in drei

---

130 Ebenda, S. 46.
131 Hellmut-von-Gerlach-Gesellschaft an Michael Tschesno-Hell, 3.2.1950. In: AdK, VuW 2373.
132 Olschowsky: Das Ähnliche und das Andere, S. 53.
133 Ebenda, S. 54.

Ausgaben (auch als Sammelband mit anderen kleinen und mittleren Prosaformen von Prus). Die Gutachter deuteten den Text als Ausdruck des »antagonistischen Widerspruchs zwischen Arbeiterklasse und Bourgeoisie«; darüber hinaus sei das Buch zu dem »später von Gorki gestalteten Generationsproblem in den Bourgeoisfamilien« vorgedrungen. Zur Popularität des Werks habe nicht zuletzt die einleuchtend skizzierte Nationalitätenfrage beigetragen: Der »deutsche Kapitalist« stand dem »einheimischen polnischen Proletariat« gegenüber.[134]

An der Spitze der Beliebtheitsskala befand sich der erstmals 1952 verlegte *Pharao*: Bis 1982 erreichte das Buch in drei Ausgaben 19 Auflagen und eine Gesamthöhe von über 200 000 Exemplaren. Die Geschichte über den jungen Ramses und seinen Kampf um die Vormachtstellung im maroden altägyptischen Staat betrachteten die Verlagsgutachter als Quelle dringend benötigter Kenntnisse, um das Bild der Kulturgeschichte Polens zu vervollständigen. Demnach war *Pharao* ein »großangelegter Schlüsselroman«, »das Ergebnis langer und gründlicher Studien der sozialen Verhältnisse in den russischen Teilgebieten von Polen«.[135] Zur Popularität des Buches trug der gleichnamige Monumentalfilm von Jerzy Kawalerowicz bei. 1966 erhielt er eine Nominierung für die Goldene Palme bei den Internationalen Filmfestspielen in Cannes und 1967 eine Nominierung als bester fremdsprachiger Film für einen Oscar.

Die zitierten Verlagsgutachten zu Werken von Bolesław Prus machen anschaulich, dass die Auswahl aus dem Übersetzungsangebot der klassischen polnischen Literatur unter den Bedingungen des durch den SED-Staat kontrollierten Literaturbetriebs vielschichtig und kompliziert war. »Erben« wurde in der Verlagspraxis der DDR als Aktivität verstanden, wofür explizit das Schlüsselwort »Aneignung« stand. Hierbei ging es vor allem darum, sich für wertvoll erachtete Bestandteile der Tradition so anzueignen, dass sie vom westdeutschen Teilstaat nicht mehr beansprucht werden konnten.[136] Ein postuliertes »marxistisches Herangehen« schloss die Behandlung des Erbes als – wie es im Duktus der einschlägigen Erbe-Theorie hieß – »Rohmaterial willkürlicher Interpretationen« ebenso aus wie die »undifferenzierte, bis zur Apologetik gehende uniforme Einverleibung all dessen, was nur alt und ›ehrwürdig‹ ist und irgendwann einmal eine große Rolle in der Kulturgeschichte gespielt hat«.[137] Die Auswahl verstand man daher als »gesellschaftliche[n] Auftrag« und als »Problem der politischen Entscheidung«.[138] Vorrangig richtete

---

134 Wolf Düwl: Gutachten zu »Die Welle strömt zurück« von Bolesław Prus:, o. D. (1958). In: BArch, DR1/5057a.
135 N. N.: Verlagsgutachten zu »Pharao« von Bolesław Prus, o. D. (1952). Ebenda.
136 Stefan Willer: Erbfälle. Theorie und Praxis kultureller Übertragung der Moderne. Paderborn 2014, S. 309.
137 Thomas Höhlein: Probleme der sozialistischen Rezeption des Erbes (Rundtischgespräch). In: WEIMARER BEITRÄGE 16 (1970) H. 2, S. 10–51, hier S. 19.
138 Ebenda.

man sich also auf die Aufnahme der proletarisch-revolutionären Literatur. Bei der Orientierung auf andere Traditionslinien waren die Sichtungskriterien komplizierter, vor allem bei jenen Werken, in denen »eine von den geschichtlichen Widersprüchen unangefochtene humanistische Tradition« nicht explizit vorhanden war.[139] Der Polonist, Übersetzer und Verlagslektor Otto Mallek (1931–2015) schrieb im Kontext der Erberezeption aus dem Bereich der polnischen Literatur:

> Das setzt eine äußerst kritische Aneignung der vergangenen Kulturwerte voraus. Kritisches Vorgehen bedeutet aber keineswegs, dass bei der Sichtung und Wertung literarischer Erscheinungen, deren Aussagekraft widersprüchlich ist und deren mögliche Übernahme mehr oder weniger erschwert zu sein scheint, das Widersprüchliche und Negative in den Vordergrund gerückt werden. […] Ein jedes literarisches Werk ist also sowohl aus seiner Entstehungszeit, aus der Vielfalt der damals wirkenden gesellschaftlichen, ideologischen und literarischen Erscheinungen heraus als auch vom Standpunkt unserer Erkenntnisse über die dargestellte Epoche zu sichten und zu interpretieren, wobei das für uns Brauchbare und Produktive wirkungsvoll deutlich gemacht werden muß. Dies ist keinesfalls einfach, weder bei solchen Werken, die sichtbar antizipatorische, auf den Sozialismus vorgreifende Gehalte aufweisen, noch bei solchen Werken, in denen die Allgemeingültigkeit der Aussage durch objektiv oder individuell bedingte Grenzen im Erkenntnisstand des Autors stark eingeschränkt ist bzw. wo untaugliche Mittel, Wege und Möglichkeiten zur Entwicklung und Bewahrung der Humanität des Individuums in der Klassengesellschaft dargestellt werden.[140]

Als »weitestgehend anachronistisch« galt unter anderem der »in der Romantik propagierte Messiasgedanke von der Auserwähltheit des polnischen Volkes« sowie das »in den Dienst einer nationalistisch-klerikalen Ideologie« gestellte »Bild eines überhöhten Polentums«.[141] Problematisch waren aber auch Autoren wie Stefan Żeromski (1864–1925), denen man eine »klare sozialkritische Tendenz« sowie »realistische Gestaltungsweise« attestierte.[142] Das Manuskript des 1954 bei Aufbau erschienenen Romans *Die Heimatlosen*, der für viele Leser in der DDR zum »künstlerischen Erlebnis« und zu einem »festen Begriff« geworden sei,[143] wurde erstmals von Carola

---

139 Ebenda, S. 13.
140 Otto Mallek: Zu einigen Fragen der Erberezeption am Beispiel des literarischen Werkes von Władysław Stanisław Reymont. In: Zeitschrift für Slawistik 22 (1977) H. 1, S. 766–773, hier S. 767 f.
141 Ebenda, S. 768 f.
142 Friedhilde Krause: Zur Wirkung der polnischen Literatur in Deutschland vor und nach dem Zweiten Weltkrieg. Ein Beitrag zur Rezeption der Werke Stefan Żeromskis. In: Zeitschrift für Slawistik 18 (1973) H. 1, S. 1–17, hier S. 16.
143 Ebenda, S. 17.

Gärtner-Scholle – einer freischaffenden »Geheimrätin« der Literaturbehörde, die den Ruf genoss, Autorinnen und Autoren immer wieder an der »Überführung in die Literatur« zu hindern[144] – begutachtet. Gärtner-Scholle zeigte sich »nicht recht froh« über die geplante Veröffentlichung. In der Geschichte eines aus einer Handwerkerfamilie stammenden Arztes, der seinen Beruf als selbstlosen Dienst an den Leidenden auffasst, an der feindseligen Haltung seiner Umwelt scheitert, auf das persönliche Glück verzichtet und seinen Weg allein weiter als »heimatlos« geht, sah die Gutachterin »falsche Grundtendenzen«.[145] Die Arbeiter seien zu schwach, um »vereintes Vorgehen zur Befreiung zu führen«, ein Intellektueller müsse als Einzelner für soziale Verbesserungen eintreten. Sie schrieb:

> Zweifelsohne würde der Roman Anklang finden bei Kleinbürgerinnen, da er in dem Helden, dem blutarmen, jungen Arzt Judym wieder einen von jenen schmachtend-leidenden, dunkeläugigen Liebhabertypen aus der Chamisso- und Lenau-Zeit bringt, und seine Vorliebe für seidene Mantillen und Unterröcke, die entzückenden jungen Damen der »Gesellschaft« lassen solche Leser auf ein happy end mit Heirat hoffen, das dann allerdings nicht eintritt [...]. Da Judym das ablehnt [...] ohne jedoch dieses Opfer für einen aussichtsreichen Plan zu machen, der wirklich den Arbeitern Hilfe brächte, verbleibt im Leser zum Schluss nur schwermütiger Pessimismus, gewissermaßen Fatalismus. Ist die Öffentlichkeit der DDR dagegen bereits gefeit genug?[146]

Angesichts vieler einzelner Bedenken plädierte Gärtner-Scholle dafür, den Roman für einige Jahre zurückzustellen oder in der kleinsten Auflage herauszugeben. Gegengelesen wurden Żeromskis *Heimatlose* durch Henryk Bereska. Geboren im oberschlesischen Kattowitz, lebte Bereska seit 1947 in Berlin. Während seiner 40-jährigen Tätigkeit in der DDR vermittelte er polnische Literatur und Kultur als Übersetzer, Herausgeber und Verlagslektor. Durch eine geschickte Argumentation bemühte sich Bereska in den 1950er-Jahren – zwischen 1953 und 1955 arbeitete er als Verlagslektor bei Aufbau – um die Legitimierung politisch bedenklicher Werke. Daher waren seine damaligen Gutachten bestimmt durch die Logik des marxistisch-leninistischen Diskurses.[147]

Bereska ging auf die durch Gärtner-Scholle formulierten Vorbehalte ein und versuchte diese abzuschwächen mit Verweis auf orthodoxe Theoreme. Auf der

---

144 Siegfried Lokatis: Ein Literarisches Quartett – Vier Hauptgutachter der Zensurbehörde. In: Barck, Lokatis (Hrsg.): Fenster zur Welt, S. 333–336, hier S. 335 f.
145 Carola Gärtner-Scholle: Gutachten. Stefan Żeromski: Die Heimatlosen, 15.5.1954. In: BArch, DR1/5110.
146 Ebenda.
147 Agata Paluszek: Henryk Bereska als Vermittler polnischer Literatur in der DDR (1949–1990). Leipzig, Berlin 2007, S. 108–113.

einen Seite zählte er jene Stellen im Buch auf, in denen Żeromski wegen seiner fehlenden Einsicht in die »starke Strömung des organisierten Kampfes« und eine »neue menschliche Ordnung« in seiner Schilderung der »Widersprüche der kapitalistischen Gesellschaftsordnung« zu scheitern droht.[148] Zu stark setze Żeromski seine Hoffnung auf die Intelligenz; nicht ganz geglückt sei auch die Behandlung mancher proletarischen Helden, die sich von egoistischen Interessen leiten ließen. Auf der anderen Seite betonte Bereska aber den »Mut« und die »Aufrichtigkeit« des Autors, der »im Gegensatz zu den meisten bürgerlichen Schriftstellern seiner Zeit, die im Irrealen-Mystischen und Weltabgewandten umherirrten, zu den Hauptfragen seiner Zeit Stellung bezog«.[149] Ausgesprochen gelungen fand der Gutachter die Kritik an den »menschenunwürdigen Wohnzuständen des Proletariats in Warschau«, besonders der jüdischen Armut, sowie die »Entlarvung der an die Phrasen der Philanthropie glaubenden, mit der Bourgeoisie paktierenden Intelligenz«. Alles in allem enthalte Żeromskis Stellungnahme eine »außerordentlich harte Anklage gegen einige Erscheinungsformen der kapitalistischen Gesellschaftsordnung«. Darüber hinaus entspreche das Buch auch in formaler Hinsicht den kulturpolitischen Richtlinien: Es trage »auf weiten Strecken Elemente des kritischen Realismus«.[150]

Durch den Machtwechsel im Polnischen Oktober 1956, die in Polen stattfindende Abrechnung mit dem Stalinismus und die kulturpolitische Öffnung zur Moderne kam es in der DDR zu einer Rezeptionsblockade polnischer Literatur, die knapp zehn Jahre dauerte. In den Jahren 1956 bis 1964 mussten die Verlage zwischen »Scylla der freizügigen Angebote aus Polen und Charybdis des ideologischen Argwohns der Behörden« lavieren.[151] Die Zahl der Übersetzungen aus dem Polnischen ging deutlich zurück: Zwischen 1950 und 1956 erschienen durchschnittlich 15 Bücher jährlich, in der Periode 1957 bis 1963 waren es 10,3. In der spärlich vorhandenen polnischen Übersetzungsliteratur wurde die zeitgenössische Thematik weitgehend ausgeklammert. Die entstandene Lücke füllten historische Romane, Abenteuer- und Reiseliteratur, Unterhaltungsromane, Krimis sowie Science-Fiction.

Die letztgenannte Gattung war bei Volk & Welt prominent mit dem Werk Stanisław Lems (1921–2006) vertreten. Mit dem 1954 erschienenen Roman *Der Planet des Todes* und dem zwei Jahre später verlegten *Gast im Weltraum* – beide in der Übersetzung von Rudolf Pabel – erstürmte Lem auf der Stelle die Herzen der ostdeutschen SF-Leserschaft. Die Schilderungen der Venusexpedition und der Sternenreise, verfasst im Geiste des dialektischen Materialismus, konnten auch ideologisch fruchtbar gemacht werden und stimmten mit den erwünschten politischen

---

148 Henryk Bereska: Gutachten. Stefan Żeromski: Die Heimatlosen, o. D. (1954). In: BArch, DR1/5110.
149 Ebenda.
150 Ebenda.
151 Olschowsky: Grenzen überschreiten, S. 76.

Positionen überein.¹⁵² Sie dienten »deutlich der Erziehung und Bildung des Lesers im Sinne des scheinbar unaufhaltsamen wissenschaftlich-technischen und politisch-sozialen Fortschritts«, brachten »vorbildhafte Helden, auch Abrechnung mit Krieg und Faschismus, Verurteilung des Imperialismus« sowie die »Gewissheit einer (bald zu realisierenden) kommunistischen Zukunft der Menschheit«.¹⁵³ Zwei immanente Varianten des menschlichen Schicksals – den Sieg und die Niederlage – kodierte Lem als »zwei aufeinander bezogene Faktizitäten« und löste das damit aufgeworfene Problem »im Sinne der materialistisch geprägten Zukunftsvorstellung und sozialistischen Moral«: »Die gesellschaftliche Klassenlosigkeit sei eine Panazee gegen alle Missstände, die jeglicher Existenzberechtigung des kapitalistischen Systems den Boden entzögen. Im Sieg des Sozialismus spiegle sich nämlich die Niederlange des Kapitalismus«.¹⁵⁴ Nach einer Vorlage von *Der Planet des Todes* drehte Kurt Maetzig (1911–2012) den ersten Science-Fiction-Film der DDR: *Der schweigende Stern* (1960) wurde zu einem internationalen Erfolg und lief in der Bundesrepublik, in Großbritannien und in den USA.

1959 erschien bei Volk & Welt Lems Roman *Die Irrungen des Dr. Stefan T.* in der Übertragung von Caesar Rymarowicz – einem vielseitigen und vielsprachigen Übersetzer polnischer Literatur ins Deutsche, der sich in späteren Jahren einen Namen als herausragender Übersetzer Lems gemacht hat. Die Geschichte des jungen Mediziners in der ostpolnischen Provinz, Stefan Trzyniecki, der sich während der deutschen Besatzung als Assistentsarzt in eine Nervenheilanstalt zurückzieht, dort Bekanntschaft mit der Belegschaft schließt und mit der Ermordung der Patienten durch SS-Truppen konfrontiert wird, wurde im Bücherkarren, der hauseigenen Zeitschrift des Verlags, als »einprägsamer Roman der neuen polnischen Literatur« vorgestellt. Die Anstalt, jene »weltentrückte Insel des menschlichen Verfalls« sei erstmals der rechte Boden für »individualistisch-dekadente« Anschauungen des Protagonisten; durch die späteren Stationen seines Lebens – Flucht, »tatenlose« Jahre in Warschau, Verhaftung und die »Schreckenszeit« in einem Konzentrationslager – werde er aber aus seiner »wirklichkeitsfremden Ideenwelt« herausgerissen. Somit stelle das Buch die »Auseinandersetzung eines bürgerlichen Intellektuellen mit seiner Umwelt, sein inneres Reifen vom Irrtum zur Erkenntnis« dar.¹⁵⁵

Der ostdeutschen Ausgabe der *Irrungen* lag ein dreibändiger Romanzyklus mit dem Titel *Czas nieutracony* (1955, Nicht verlorene Zeit) zugrunde, der von der

---

152 Jacek Rzeszotnik: Ein zerebraler Schriftsteller und Philosoph namens Lem. Zur Rekonstruktion von Stanisławs Lems Autoren- und Werkbild im deutschen Sprachraum anhand von Fallbeispielen. Wrocław 2003, S. 18.
153 Dagmar Ende: Untersuchungen zum Menschen- und Gesellschaftsbild in ausgewählten Science-Fiction-Werken Stanisław Lems und zu deren Aufnahme durch die Literaturkritik der DDR 1954–1990. In: Quarber Merkur 30 (1992) H. 2, S. 3–13, hier S. 6.
154 Rzeszotnik: Ein zerebraler Schriftsteller und Philosoph namens Lem, S. 84.
155 N. N.: Blickpunkt Polen. In: Der Bücherkarren 9 (1959), S. 2.

ursprünglichen Fassung des einzigen von Lem verfassten realistischen Romans in erheblichem Maße abwich. Das 1948 fertiggestellte Manuskript fiel in eine kulturpolitisch ungünstige Zeit, nachdem auf der Stettiner Tagung des Polnischen Schriftstellerverbands der Sozialistische Realismus als offizielle und für die gesamte Kunst gültige Schaffensmethode anerkannt worden war. *Das Hospital der Verklärung* – so lautete der Titel des originellen Werks – befanden die Verlagslektorinnen und -lektoren als ideologisch und parteipolitisch zu indifferent und mit der nun vorgeschriebenen Poetik nicht konform. Lem ließ sich zu Überarbeitungen und Ergänzungen überreden: Die gelegentlichen »dekadenten« Stellen sollten durch eine doktrinäre Argumentation in den zwei rasch nachgeschobenen Bänden zum Verklingen gebracht werden. Das Einlenken des Schriftstellers verfehlte jedoch das anvisierte Ziel: Nachdem der Roman 1955 erschienen war, wirkten die erzwungenen Änderungen weitgehend anachronistisch und ließen sich mit der fortschreitenden Aufweichung des von sozialrealistischen Ideen geprägten Weltbildes nicht mehr in Einklang bringen.[156] Lem bearbeitete nochmals das ursprüngliche Manuskript, das 1975 im Verlag Czytelnik und in demselben Jahr in der deutschen Übertragung von Rymarowicz auch im Insel-Verlag verlegt worden ist.

Abb. 8: Stanisław Lem signiert im Mai 1975 in der Ostberliner Buchhandlung »Das Internationale Buch« anlässlich der Woche des Buches Ausgaben seiner Romane. Foto: Sigrid Kutscher, Bundesarchiv.

---

156 Rzeszotnik: Ein zerebraler Schriftsteller und Philosoph namens Lem, S. 100 f.

Mit 24 Titeln, davon viele mit mehreren Auflagen, war Lem der am meisten publizierte polnische Autor bei Volk & Welt. Neben Rudolf Pabel und Caesar Rymarowicz traten als Übersetzer auch Roswitha Matwin-Buschmann, Charlotte Eckert, Kurt Kelm, Henryk Bereska, Friedrich Griese und Hubert Schumann in Erscheinung. Jutta Janke betreute Lem 35 Jahre lang als Lektorin. Ihr Engagement für das Werk des »prominentesten Vertreters des utopischen Genres in den sozialistischen Ländern«[157] verhinderte nicht, dass sie manche Elemente in seinem Schaffen kritisch betrachtete. 1962 wurde die Übersetzung von *Solaris* von Janke mit dem Argument abgelehnt, alle Lesarten des Romans mündeten in »Pessimismus und Negation«. Die Unbegreiflichkeit des Buches säe »nihilistische Zweifel an der Erkennbarkeit der Welt«.[158] In einem späteren Gutachten konstatierte Janke, dass die literarische Logik »auf sehr wackligen Füßen« stehe: Nach der Vernichtung der Traumfrau müsste der Planetenozean Solaris doch eigentlich eine neue produzieren; ob die Leserinnen und Leser die inhaltlichen Inkonsistenzen »als makabre Möglichkeit oder als Heiterkeit auslösenden Blödsinn« auffassen, sei deren »seelischen Konstitution« überlassen.[159] So kam *Solaris* in der DDR mit zwanzigjähriger Verspätung erst 1983 heraus. Die *Rückkehr zu den Sternen* hatte die Lektorin 1961 als »allzu seicht« abgelehnt: Das Buch sei »viel zu abstrus, um noch diskutabel zu sein«. Über *Tagebuch, gefunden in der Badewanne* urteilte Janke »nach anstrengender Lektüre«, man könne es »mit einigem guten Willen bestenfalls als Karikatur auf das Unwesen der Geheimdienste« auffassen, es sei aber zu bedenken, dass der Autor »in seiner Phantasmagorie einen verborgenen philosophischen Sinn gefunden wissen möchte. Ich sehe keine Ursache, unsere Leser mit Lems Gespenstersehrei zu behelligen.«[160]

In der Bundesrepublik debütierte Lem erst Anfang der 1970er-Jahre, als die phantastische Literatur dort wieder im Kommen war und sich neue Leserschichten eroberte. Zum Suhrkamp-Autor ist Lem 1973 geworden: Es war die späte Entdeckung eines inzwischen 52-jährigen polnischen Schriftstellers mit einem sehr umfangreichen Oeuvre. Seine etwa 30 Bücher, unter denen sich auch wissenschaftliche Werke befanden, waren zu der Zeit in 25 Sprachen übersetzt und erreichten eine Gesamtauflage von sechs Millionen (die Hälfte davon in der Sowjetunion).[161] Die Einführung des Science-Fiction-Stars in den bundesrepublikanischen Markt war nicht unproblematisch. Zum einen war der frühe Lem dermaßen sozialistisch, dass seine Texte ohne starke Veränderungen nicht publizierbar gewesen wären. So

---

157 Jutta Janke: Phantastische Erzählungen von Stanisław Lem. In: Der Bücherkarren 2 (1968), S. 12.
158 Siegfried Lokatis: Stanisław Lem – unterschiedlich gekürzt in Ost und West. In: Barck, Lokatis (Hrsg.): Fester zur Welt, S. 305–307, hier S. 305.
159 Ebenda.
160 Ebenda.
161 Hans Dieter Tschörtner: Stanisław Lem. In: Der Bücherkarren 8 (1970), S. 1.

war die Suhrkamp-Ausgabe der *Astronauten* (1978) mit dem DDR-Erstling *Planet des Todes* identisch – bis auf die letzte Seite, wo der Verweis auf den die Menschheit mit sich ins Verderben ziehende Imperialismus gestrichen wurde.[162] Von den *Irrungen des Dr. Stefan T.* wollte Lem bei Suhrkamp am liebsten nichts erscheinen lassen; in Abstimmung mit Volk & Welt wurde schließlich unter dem Titel *Das Hospital der Verklärung* nur der erste Teil publiziert, in dem keine kommunistischen Helden vorkamen.[163] Auf den *Gast im Weltraum* verzichteten die Frankfurter auf Dringen des Autors ganz. Es sei nicht so sehr die künstlerische Qualität des Werkes gewesen, die Lem dazu bewog, es zu »supprimieren«, sondern die »implizit dort sich auswirkende Doktrin«, die er im Nachhinein als »Aufopferungstheorie des sozialen Meliorismus« bezeichnete. Da er damals die Idee vertrat, dass man »bestimmte Menschengenerationen aufopfern <u>darf</u>, um einen zukünftigen arkadischen Zustand auf dieser Welt zu verwirklichen«, wirkte der Roman auf ihn wie ein »Fremdkörper«.[164]

Zum anderen wurden die Übersetzerfrage sowie die Parallelausgaben bei Suhrkamp und bei Volk & Welt zum Stein des Anstoßes. Siegfried Unseld bat seinen polnischen Autor immer wieder darum, die neuen Bücher nicht mehr in der DDR lizenzieren zu lassen. Suhrkamp wollte unbedingt über die gesamtdeutschen Rechte verfügen, um die Übersetzungen auch für den ostdeutschen Markt verkaufen zu dürfen. Die Tatsache, dass Lem immer wieder Teile seines bei Suhrkamp erschienenen oder angekündigten Werkes gleichzeitig bei Volk & Welt erscheinen ließ, hielt Unseld für eine Zumutung: »Wir wollen Ihr Werk professionell verlegerisch betreuen. Wir sind keine Drucker, schon gar keine Nachdrucker«.[165] Da Lems Texte die »größten Abforderungen an die Verdeutscher« stellten, plädierte der Autor von Anfang an für die Übernahme der »tüchtigen Lem-Übersetzer« aus der DDR.[166] So haben Rymarowicz, Matwin-Buschmann und Schumann auch an westdeutschen Ausgaben mitgewirkt.

Die Übersetzerfrage sowie das Problem der DDR-Ausgaben hatten zur Folge, dass die *Kyberiade* – ein Zyklus von fünfzehn Erzählungen, die vom Ende der 1950er- bis zum Anfang der 1970er-Jahre entstanden waren – erst verpätet in einer einheitlichen deutschen Übersetzung erschienen sind. Karl Dedecius, der bereits Mitte der 1960er-Jahre eine Erzählung aus der *Kyberiade* übersetzt und in der im Hanser-Verlag verlegten Anthologie *Polnische Prosa des 20. Jahrhunderts* (1966) veröffentlicht hatte, hielt das »ungeheure Gesamtwerk dieses Vielschreibers« zunächst

---

162 Lokatis: Stanisław Lem, S. 306.
163 Stanisław Lem an Werner Berthel, 18.1.1973. In: SUA: Suhrkamp/03Lektorate/Borchers/Aktenordner/Stanisław Lem, SF, 1973–1980.
164 Ebenda (Hervorhebung im Original).
165 Siegfried Unseld an Stanisław Lem, 16.1.1986. In: SUA: Suhrkamp/01VL/Autorenkonvolute/Lem, Stanisław.
166 Stanisław Lem an Werner Berthel, 9.1.1973. In: SUA: Suhrkamp/03Lektorate/Borchers/Aktenordner/Stanisław Lem, SF, 1973–1980.

für eine »Gratwanderung an der Oberfläche von psychologischem Kitsch und technologischem Klamauk«.[167] Nachdem Lem zu einem erfolgreichen Suhrkamp-Autor geworden war und Dedecius doch sein Interesse an der Übersetzung des gesamten Zyklus bekundet hatte, lehnte der Autor den Vorschlag kategorisch ab: Lem ohne *Kyberiade* sei zwar ein »verstümmelter« Lem, dem Übersetzer fehle aber »der gut ausgebildete Sinn für Humor«.[168] Nach mehreren Aufforderungen Lems, für *Kyberiade* »einen vortrefflichen Übersetzer aus dem Boden zu stampfen«,[169] zeigte sich 1981 schließlich Jens Reuter bereit, den gesamten Zyklus für ein für den Verlag ungewöhnlich hohes Honorar zu übertragen. Weil der Autor der Vergabe der gesamtdeutschen Rechte aber nicht zustimmte, wurde auf das Vorhaben zunächst verzichtet. Die Übersetzung des 1983 erschienenen und auch später neu aufgelegten Werks stammte aus der Feder von vier Übersetzern (Caesar Rymarowicz, Karl Dedecius, Jens Reuter und Klaus Staemmler).

Abb. 9: Stanisław Lem liest im April 1977 als Gast des Verlages Volk & Welt im Theater im Palast aus seinen Werken. Foto: Katja Rehfeld, Bundesarchiv.

---

167 Karl Dedecius an Siegfried Unseld, 31.12.1970. In: SUA: Suhrkamp/01VL/Allgemeine Korrespondenz/Briefwechsel mit Dedecius, Karl.
168 Stanisław Lem an Siegfried Unseld, 17.3.1976. In: SUA: Suhrkamp/01VL/Autorenkonvolute/Lem, Stanisław.
169 Elisabeth Borchers an Siegfried Unseld, 11.6.1981. Ebenda.

Auch wenn Lems Beliebtheit in der DDR gewissen Schwankungen ausgesetzt war, insbesondere wenn in seinen Romanen ethisch-moralische Aspekte der menschlichen Existenz mit Blick auf ideologische Vorüberlegungen differenziert erörtert oder längere Pausen zwischen neuen Auflagen beziehungsweise neuen Titeln eingelegt wurden (zwischen 1961 und 1967), erfreute sich Lem dort bis zur Wende einer unverminderten Popularität.

Zurück zur Rezeptionsphase der polnischen Literatur nach 1956. Trotz der äußerst kritischen Wahrnehmung der kulturpolitischen Wende in Polen wurde der thematische Strang der Auseinandersetzung mit Krieg und faschistischer Judenverfolgung nicht durchtrennt. 1956 erschienen bei Aufbau die Auschwitzerzählungen *Medaillons* von Zofia Nałkowska (1884–1954). Für Henryk Bereska war es die erste Übersetzung aus diesem thematischen Bereich, ein Buch, das man – wie er die Wahl in einem späteren Interview begründete – »den Deutschen unbedingt vermitteln muss«.[170]

Während Nałkowska laut den Gutachtern »in künstlerisch vollendeter Form« die »Grausamkeiten des faschistischen Regimes« und das »Leiden des verfolgten Menschen« zeigte,[171] stieß die Herausgabe der Werke Adolf Rudnickis (1909–1990) auf verlagsinterne Vorbehalte. Eine Gutachterin betonte zwar die antifaschistische politische Stellungnahme des Autors, bemängelte aber nach der Lektüre des Erzählungsbandes *Goldene Fenster* das Fehlen einer »klaren revolutionären klassenmäßigen Betrachtung« der Situation im Warschauer Ghetto. Der Kampf der Roten Armee wie der polnischen Widerstandsbewegung sei insbesondere in der Erzählung *Der sterbende Daniel* zu oberflächlich behandelt worden; dafür gelte das »parteiliche« Interesse Rudnickis dem »chaotischen Kampf um Pässe und Reisevisa der jüdischen Bevölkerung«.[172] Dass der Band dennoch 1959 erscheinen konnte, verdankte der Aufbau-Verlag dem Zweitgutachter. Dieser hielt das Buch für wichtig, da es sich hier »in keinem Fall um eine Idealisierung und Heroisierung der polnischen Bevölkerung handelt«.[173] Auch bei dem folgenden Erzählungsband Rudnickis, *Das lebendige und das tote Meer* (1960), musste vorsichtshalber in einem der Gutachten erwähnt werden, dass die historischen Ereignisse nicht von einer »parteilich proletarischen Position her« beleuchtet worden seien und der Autor »keineswegs als sozialistischer

---

170 Stanisław Szypulski: Nowa książka, nowy problem. In: Radar (1979) H. 4, S. 26 f., hier S. 26.
171 Wolfgang Grycz: Gutachten zu dem Manuskript. Zofia Nałkowska »Medaillons«, 30.4.1956. BArch, DR1/3941.
172 Nadja Ludwig: Gutachten zu »Goldene Fenster« von Adolf Rudnicki, o. D. In: BArch, DR1/5065.
173 Wolfgang Grycz: Gutachten zu »Goldene Fenster« von Adolf Rudnicki, 30.12.1957. Ebenda.

Realist« gelesen werden könne.[174] Darüber hinaus wurden im Manuskript als ideologisch bedenklich geltende Fragmente geändert.

1957 kündigte der Aufbau-Verlag gegenüber dem Warschauer Verlag PIW das Interesse an der Veröffentlichung des Romans *Asche und Diamant* von Jerzy Andrzejewski (1909–1983) an. Das Buch handelt von Soldaten der Polnischen Heimatarmee, die nach dem Kampf gegen die deutschen Besatzer den Auftrag erhalten, nun den kommunistischen Parteisekretär zu töten. Andrzejewski schrieb das Buch 1946, und es erschien in seiner ersten Fassung in der noch vor Ende des Krieges von kommunistischen Kulturfunktionären gegründeten Zeitschrift ODRODZENIE (Wiedergeburt). Nachdem der Roman in Buchform im Verlag Czytelnik herausgegeben worden war, meldeten sich kritische Stimmen zu Wort, die eine eindeutige Aburteilung der Mitglieder der polnischen Untergrundarmee, eine Akzeptanz der polnischen Bevölkerung für die neue Regierung sowie eine eindeutig positive Darstellung der polnischen Kommunisten vermissten. In den Jahren 1948 bis 1954 wurde der Text mehrere Male überarbeitet, um den gewünschten ideologischen wie literaturpolitischen Positionen gerecht zu werden. Die DDR-Ausgaben gingen auf die ideologisch konforme Fassung von 1954 zurück.[175]

Bevor *Asche und Diamant* 1964 erstmals im Aufbau-Verlag erscheinen konnte, hatte das Buch eine längere Zensurgeschichte erlebt. Im Oktober 1948 wurde der Text im Auftrag des Verlages Volk & Welt von Georgia Tanewa begutachtet. Tanewa (1923–2013) las den »pessimistischen und bedrückenden Roman« gemäß ihrer damaligen kommunistischen Sozialisierung.[176] Sie kam in Bulgarien zur Welt, emigrierte 1924 nach Warschau, weil ihr Vater sich an der bulgarischen Revolution beteiligt hatte, und besuchte dort eine jüdische Schule. Im Krieg verlor sie ihre Eltern, wurde zu Zwangsarbeit verurteilt und war Häftling in den Konzentrationslagern Auschwitz und Ravensbrück. Nach 1945 arbeitete Taneva als Dolmetscherin in einer sowjetischen Kommandantur, trat in die KPD ein und war in den Jahren 1948 bis 1949 als Theaterreferentin im »Haus der Sowjetkultur« und bei den Verlagen Kultur und Fortschritt sowie Neues Deutschland tätig. 1951 wurde sie nach der Parteiüberprüfung aus der SED ausgeschlossen, heiratete einen britischen Journalisten und erwarb 1957 die britische Staatsbürgerschaft. Die Biografie der Literaturvermittlerin macht deutlich, warum das »im Übrigen spannende, interessante und mit ausgezeichneter Milieukenntnis« geschriebene Buch aus rein politischen

---

174 Arno Hausmann: Gutachten zu »Das lebendige und das tote Meer« von Adolf Rudnicki, 12.12.1958. Ebenda.
175 Marek Rajch: Der Roman *Asche und Diamant* von Jerzy Andrzejewski und die Zensur in der DDR. In: Lokatis, Hochrein (Hrsg.): Die Argusaugen der Zensur, S. 511–528, hier S. 513 f.
176 Georgia Taneva: Gutachten zu »Asche und Diamant« von Jerzy Andrzejewski, 1.10.1948. In: AdK, VuW 3859.

Gründen abgelehnt wurde. »Sumpf, moralische Verkommenheit, Korruption, Orgien auf Regierungsbanketten, blutrünstige Jugend und käufliches Volk« waren ihrer Meinung nach nicht das neue Polen, das man den deutschen Leserinnen und Lesern präsentieren sollte.[177]

Sieben Jahre nach dem negativen Gutachten Tanevas versuchte Henryk Bereska, das Buch dem Aufbau-Verlag schmackhaft zu machen. Als vormaliger fester Verlagsmitarbeiter und inzwischen erprobter Autor von zahlreichen Gutachten beherrschte Bereska die Regeln des »Sprachspiels« innerhalb der Zensurkommunikation. Er schrieb daher im obligatorischen marxistisch-leninistischen Duktus von einer »Leistung ersten Ranges«, die eine klare Vorstellung von der »Schwierigkeit des Klassenkampfes« wie von den Problemen des »Aufbaus einer neuen Ordnung« vermittle. *Asche und Diamant* sei daher nützlicher als »viele andere Bücher, die die wahren Sachverhalte verschleiernd, Epochen des Umbruchs mit billigem Optimismus abhandeln«.[178] Zugleich führte Bereska aber auch die wesentlichen Mängel auf: das Fehlen eines konkreten und positiven Lösungsvorschlags und die zu oberflächliche Charakterisierung positiver Helden. Der Argumentation von Bereska schlossen sich weitere Gutachter, Caesar Rymarowicz und Alois Hermann, an. Auch sie empfahlen die Übertragung des Romans ins Deutsche und antizipierten zugleich die Kritik der Zensurbehörde, indem sie die potenziellen Einwände aufzählten.[179]

Nachdem Bereska Ende 1958 die Übersetzung abgeliefert hatte, äußerte das Slawische Lektorat des Verlages »starke Bedenken« mit Blick auf die Veröffentlichung des Buches und traf die Entscheidung, den Roman in den nächsten Jahren nicht herauszugeben.[180] Die Unsicherheit hinsichtlich der Konzipierung der historischen »Wahrheit« über die polnische Exilregierung und die Heimatarmee mochte gewiss eine Rolle gespielt haben. Auch die Krise in den kulturpolitischen und literarischen Beziehungen zwischen der DDR und der Volksrepublik sowie die politische Haltung des Autors dürften nicht ohne Einfluss auf den negativen Entschluss gewesen sein. Andrzejewski, der seit 1952 Parteimitglied und Sejmabgeordneter war, ist 1957 aus der PVAP ausgetreten. Das politische Engagement des Schriftstellers in der Opposition nach 1956 machte die ostdeutsche Staatssicherheit auch auf seinen Übersetzer aufmerksam.[181]

---

177 Ebenda.
178 Henryk Bereska: Gutachten zu »Asche und Diamant« von Jerzy Andrzejewski, 4.1.1956. In: SBB, IIIA, Dep. 38, A581.
179 Caesar Rymarowicz: Gutachten zu »Asche und Diamant« von Jerzy Andrzejewski, 14.1.1957; Alois Hermann: Gutachten zu »Asche und Diamant« von Jerzy Andrzejewski, 4.12.1958. Ebenda.
180 Slawisches Lektorat (Dr. Voigt) an Verlagsleitung, 23.9.1959. Ebenda.
181 Paluszek: Henryk Bereska als Vermittler, S. 139; Ewa Matkowska, Krzysztof Polechoński, Jacek Rzeszotnik: Literatura polska w tajnych dokumentach NRD. Portrety i szkice. Warszawa 2017, S. 60.

Nachdem der Aufbau-Verlag die Veröffentlichungsrechte für *Asche und Diamant* an den westdeutschen Verlag Langen-Müller verkauft hatte, wurde der Roman unerwarteterweise vom Ministerium für Kultur »zur schnellsten Veröffentlichung empfohlen«.[182] Den Erinnerungen des Übersetzers zufolge war die Publikationsgenehmigung auf eine persönliche Befürwortung des polnischen Parteisekretärs Władysław Gomułka zurückzuführen, der sich während eines Staatsbesuchs in der DDR im Jahr 1962 für das Buch eingesetzt haben soll.[183] *Asche und Diamant* erschien 1964 mit dem Nachwort des Historikers Felix-Heinrich Gentzen, in dem die Handlung in den ideologisch abgesicherten Kontext der polnischen Vor- und Nachkriegsgeschichte verortet wurde.[184]

---

182 Zit. nach Paluszek: Henryk Bereska als Vermittler, S. 139.
183 Ebenda; Hans-Christian Trepte: Anmerkungen zur Begutachtung und Kommentierung polnischer Literatur in der DDR. In: Lokatis, Hochrein (Hrsg.): Die Argusaugen der Zensur, S. 501–510, hier S. 509.
184 Abgesehen von den Nachauflagen von *Asche und Diamant* konnten weitere Texte Andrzejewskis vorerst nicht erscheinen. So war die Herausgabe eines Erzählungsbandes unter dem ursprünglichen Titel *Daß der Roggen gut gedeih'* für 1969 vorgesehen. Die Übersetzungen besorgten Henryk Bereska, Roswitha Buschmann und Kurt Kelm. Da aber Andrzejewski im September 1968 in einem offenen Brief gegen die polnische Teilnahme am Einmarsch in die Tschechoslowakei während des Prager Frühlings protestierte, durften seine Werke nicht mehr gedruckt werden. Die im Mai 1976 erteilte Druckgenehmigung wurde im August 1977 wieder zurückgezogen, weil von der polnischen Seite die Veröffentlichung der Werke Andrzejewskis im Ausland stark eingeschränkt worden war. Als Protest gegen eine geplante Verfassungsänderung unterzeichnete Andrzejewski im Januar 1976 den *Memoriał 101* und war im September 1976 Mitbegründer des Komitees zur Verteidigung der Arbeiter (KOR), einer Gruppe der polnischen Bürgerrechtsbewegung; sie entstand als Reaktion der Intellektuellen auf Repressionen der Staatsführung gegen die Teilnehmer der Arbeiterprotesten im Jahr 1976. So konnte der Ende der 1960er-Jahre in Aussicht gestellte Erzählungsband erst 1982 unter dem Titel *Die fiktive Gattin* erscheinen. Protokoll: Die fiktive Gattin, o. D. (1976). In: SBB, IIIA, Dep. 38, A367. Aus dem gleichen Grund verzögerte sich die Herausgabe von Andrzejewskis Kurzromanen. *Siehe, er kommt und hüpft über die Berge* wurde 1964 von Jutta Janke als »realistische Gesellschaftssatire« zwar gelobt, das satirische Spiel mit Texten von u. a. Thomas Mann, James Joyce, William Faulkner, Marcel Proust und Witold Gombrowicz wäre aber ohne Vorkenntnis der modernistischen Literatur für den DDR-Leser unverständlich geblieben. Jutta Janke: Gutachten zu »Idzie skacząc po górach« von Jerzy Andrzejewski, 30.1.1964. In: AdK, VuW 3859. Nachdem die Rezeption der westlichen Moderne in der DDR der ersten Hälfte der 1970er-Jahre zumindest zum Teil nachgeholt worden war, befürwortete Janke die Herausgabe dieses »parodistischen Schlüsselromans«, einer »bösen Abrechnung mit den verschiedensten modernistischen Richtungen und ästhetischen Haltungen«. Jutta Janke: Gutachten zu »Idzie skacząc po górach« von Jerzy Andrzejewski, o. D. (Juni 1973). Ebenda. Aus kulturpolitischen Gründen erschien der Roman 1984 im Aufbau-Verlag (in den Verlagsunterlagen befindet sich eine Kopie des Beitrags aus der FRANKFURTER

Eine bemerkenswerte Zensurgeschichte erlebten auch die Lagererzählungen von Tadeusz Borowski (1922–1951). 21-jährig kam Borowski, ein Student der Warschauer Untergrund-Universität, ins KZ Auschwitz. Gegen Ende des Krieges machte er die Evakuierung des Lagers mit nach Dachau-Allach, wo ihn amerikanische Truppen 1945 befreiten. Über ein Jahr lang weilte Borowski in München, wo er 1946 den dokumentarischen Erinnerungsband *Wir waren in Auschwitz* mitherausgegeben hat. Darin findet sich schon die Erzählung *Bei uns in Auschwitz*. Sie gehört zu den frühesten aus dem Zyklus der Lagererzählungen und veranschaulicht den »Kristallisationsprozeß einer bestimmten ideologisch-ästhetischen Haltung«: Zeugnis ablegen über die »Anstalt zur Entmenschlichung des Menschen und eine zukunftsträchtige künstlerische Antwort [...] finden auf die beispiellose Herausforderung durch die faschistischen Konzentrationslager«.[185]

In der DDR war Borowski kein Unbekannter. Von Juni 1949 bis August 1950 war er Kulturreferent im Polnischen Informationsbüro, das in den ersten Nachkriegsjahren die Verbreitung kultureller, politischer und wirtschaftlicher Informationen über Polen in Deutschland organisierte. Dort lernte Borowski den Übersetzer Henryk Bereska kennen und knüpfte Kontakte zu deutschen Intellektuellen und Schriftstellern, u. a. Viktor Klemperer, Kurt Barthel, Paul Wiens und Stephan Hermlin. Vereinzelte Erzählungen Borowskis erschienen in Zeitschriften und Anthologien; in zahlreichen polnischen Zeitungsartikeln berichtete er über das gesellschaftliche Leben des neuentstandenen ostdeutschen Teilstaates. Auf dem 2. Deutschen Schriftstellerkongress im Juli 1950 hielt Borowski eine viel beachtete Rede über die erzieherischen Aufgaben der sozialistischen Literatur.[186]

Im Aufbau-Verlag wurde die Herausgabe von Borowskis Erzählungen bereits 1960 in Erwägung gezogen. Der Slawist und Tolstoi-Spezialist Eberhard Dieckmann (geb. 1931) begutachtete den 1959 im Warschauer Verlag PIW erschienenen Erzählungsband und stellte seinen Autor als den »führenden Vertreter der jungen

---

ALLGEMEINEN ZEITUNG vom 26.10.1976, in dem Anmerkungen zu systemkritischen Passagen im Andrzejewskis Werk sowie seiner westdeutschen Rezeption durch Unterstreichungen markiert wurden). Schließlich: Das Buch *Die Pforten des Paradieses* – die Geschichte eines Kreuzzuges aus dem 13. Jahrhundert, mit einer klaren antidogmatischen und rationalen Aussage – wurde von Caesar Rymarowicz und Jutta Janke im Juli 1975 für die Publikation in der Reihe »Volk und Welt Spektrum« empfohlen, konnte aber erst 1982 herausgegeben werden.

185 Heinrich Olschowsky: Reise an die Grenzen einer Moral. Tadeusz Borowskis Auseinandersetzung mit Auschwitz als einem Modell des faschistischen Systems. In: ZEITSCHRIFT FÜR SLAWISTIK 16 (1971) H. 1, S. 615–621, hier S. 615.
186 Hermann Müller: Der Friede, unsere Wirklichkeit und die Jugend. Die Hauptprobleme des Deutschen Schriftstellerkongresses – Der Deutsche Schriftstellerverband vor großen Aufgaben. In: NEUES DEUTSCHLAND vom 8.7.1950, S. 4.

marxistischen Literatur« dar. In einer Zeit – fuhr Dieckmann fort –, als die »westdeutschen Faschisten ihr Haupt [erheben], als sei Nürnberg nie gewesen«, müsse das Erscheinen von Borowskis Texten als eine politische Aufgabe betrachtet werden.[187] Im diskursiven Feld des Lagerdiskurses in der DDR war Borowskis künstlerische Wiedergabe der Lagerereignisse – das »dunkle Chaos menschlicher Schicksale«, die »Entindividualisierung« von »Helden ohne Alternative« sowie die Relativierung der Begriffe »Mörder« und »Opfer«[188] – alles andere als kulturpolitisch gewünscht.

Abb. 10: Wolfgang Joho, Tadeusz Borowski und Mieczysław Jastrun (v. l. n. r.) auf dem Deutschen Schriftstellerkongress am 4. Juli 1950. Foto: Bundesarchiv.

Der Lagerdiskurs der DDR konfigurierte sich in drei Schritten. Vom Kriegsende bis zum Anfang der 1950er-Jahre standen verschiedene Geschichtsbilder nebeneinander, noch erhob keine Deutung einen Ausschließlichkeitsanspruch. Diejenigen, die dem Lager entkamen, konnten, nachdem sie einen Verleger gefunden und die Hürden der Zensur genommen hatten, ihre Geschichte berichten, gleich ob sie ihre Lagererfahrungen als »eine kommunistische, eine sozialdemokratische, eine

---

187 Eberhard Dieckmann: Lektorat zu Tadeusz Borowski »Ausgewählte Erzählungen« von Jerzy Andrzejewski, 31.3.1960. In: SBB, IIIA, Dep. 38, A0098.
188 Jerzy Andrzejewski: Aus dem Vorwort der polnischen Ausgabe. In: Tadeusz Borowski: Die steinerne Welt. Erzählungen. München 1963, S. 5 f., hier S. 5; Andrzej Wirth: Die unvollständige Rechnung des Tadeusz Borowski. Ebenda, S. 269–278, hier S. 270.

jüdische, eine religiöse, eine nationalliberale oder eine konservative Geschichte« erzählten.[189] In den Jahren 1952 bis 1955 erschienen in der DDR keine Lagertexte im engeren Sinne. Das diskursive Feld »ruhte«, während sich in dieser Zeit Vorgänge ereigneten, die dem Lagerdiskurs später seine endgültige Gestalt geben sollten: die Sicherung der Hegemonie der Ulbricht-Fraktion in der SED-Führung, die Kampagne gegen die »Westemigranten«, der Exodus der jüdischen Gemeinden in die Westzonen sowie die Ersetzung der nominell überparteilichen Mitgliederorganisation der Vereinigung der Verfolgten des Naziregimes als Interessenvertretung aller Opfer des Nationalsozialismus durch ein handverlesenes Komitee der antifaschistischen Widerstandskämpfer.[190] Ab Mitte der 1950er-Jahre etablierten sich verbindliche Leitvorstellungen des Lagerdiskurses, die bis zum Untergang der DDR ihre Gültigkeit behielten. Zum Kristallisationspunkt wurde die Errichtung einer Gedenkstätte in Buchenwald. Im literarischen Bereich avancierte der Buchenwald-Roman *Nackt unter Wölfen* von Bruno Apitz (1900–1979) aus dem Jahre 1958, der 1959 zum Hörspiel, 1960 zum Fernsehfilm und 1963 zum DEFA-Film umgesetzt wurde, zu einem »absoluten Text«, von dem alle anderen Lagertexte nur den »Status relativer Texte« beanspruchen konnten. Apitz' propagandistische Darstellung eines fiktiven kommunistischen antifaschistischen Widerstandskampfes im KZ Buchenwald wurde zu einer »fleischgewordenen Axiomatik«, die eine »nicht nur abschneidende, sondern auch konstruktiv orientierende Norm« lieferte.[191]

Mit einem 1971 eingereichten Exposé versuchte Heinrich Olschowsky, die durch den offiziellen Lagerdiskurs der DDR »blockierte Rezeption« von Borowskis Erzählungen zu durchbrechen.[192] Olschowsky erklärte Borowski zum »modernen Klassiker«, welcher der »internationalen Literaturwissenschaft« als »militanter, sozialistischer Humanist« bekannt sei; sein Werk zähle zum »fundamentalen Bestandteil der Literatur Volkspolens«.[193] Der Gutachter schlug vor, im Unterschied zur westdeutschen Ausgabe auf die Kurzerzählungen aus dem Zyklus *Die steinerne Welt* zu verzichten, welche die »Problematik der großen Auschwitz-Erzählungen variieren

---

189 Thomas Taterka: »Buchenwald liegt in der Deutschen Demokratischen Republik«. Grundzüge des Lagerdiskurses der DDR. In: Birgit Dahlke, Martina Langermann, Thomas Taterka (Hrsg.): LiteraturGesellschaft DDR. Kanonkämpfe und ihre Geschichte(n). Stuttgart, Weimar 2000, S. 312–365, hier S. 314.
190 Ebenda, S. 315.
191 Ebenda, S. 316, 318.
192 Heinrich Olschowsky: Ideologiczne wzorce odbioru. Polska literatura a krytyka literacka NRD. In: Teksty Drugie (1995) H. 1, S. 49–61, hier S. 55. In der Bundesrepublik erschienen zwei Auflagen von Borowskis Lagererzählungen (*Die steinerne Welt*, übers. von Vera Cerny mit einem Nachwort von Andrzej Wirth. München 1963, 1970).
193 Heinrich Olschowsky: Exposé zu einem Erzählband von Tadeusz Borowski, o. D. (1971). In: SBB, IIIA, Dep. 38, A0098.

und durch sehr starke Komprimierung die Perspektive verengen«.[194] Ausführlich ging Olschowsky auf (potenziell umstrittene) persönlich-gesellschaftliche Zusammenhänge als Ursache des 1951 von Borowski begangenen Selbstmordes ein; bei der Zusammenfassung einzelner Erzählungen bediente er sich einer literaturwissenschaftlichen Einordnung, mit der er Borowski für anschlussfähig an den ideologisierten ostdeutschen Lagerdiskurs zu erklären versuchte. Borowski habe demzufolge das Lager als »System« dargestellt, eine »philosophische Formel für das Ganze« gesucht und dafür einen »medialen Erzähler« konstruiert. Der Gutachter machte an mehreren Stellen deutlich, dass Borowski keinesfalls mit dem Erzähler zu identifizieren sei und sein tatsächliches Verhalten in Auschwitz genauso wenig dem der fiktiven Erzählinstanz entspreche: Die Letztere sei nämlich ein »Produkt des Lagerlebens«, sie repräsentiere ein »lagerinternes, verkürztes Bewußtsein, das dem Leser gegenüber mit herausfordernder Unbefangenheit die systematische Entwürdigung der Menschen in Auschwitz aufzeigt«.[195] Somit würde ein Borowski-Band der bisher in der DDR zur KZ-Problematik erschienenen Literatur nicht widersprechen, sondern sie »in wertvoller und fruchtbarer Weise« ergänzen.[196]

Die weiteren Gutachter schlossen sich dem empfehlenden Exposé Olschowskys ohne Vorbehalte an. Anton Hiersche (geb. 1934) – Slawist und wissenschaftlicher Mitarbeiter der Akademie der Wissenschaften der DDR – verfasste sein Plädoyer im ideologischen Duktus eines Literaturfunktionärs. Die Herausgabe der Werke Borowskis sei kein »verspätetes Wiederaufreißen von Wunden«, sondern eine »Notwendigkeit unseres Kampfes gegen den Imperialismus«. Die Praktiken von Auschwitz erinnerten uns an die »globale imperialistische Politik«, die das »Elend in der von ihr beherrschten Welt ins Extrem steigert, um mit dem aus dem Elend gewonnenen Reichtum, Luxus und Duldung auf der einen Seite und Extermination ganzer Völker auf der anderen Seite […] bezahlen zu können.« Nach der Lektüre der Werke Borowskis werde man ein weiteres Mal erfahren, dass der deutsche Faschismus »keine Abnormität war, die mit dem Jahre 1945 der Geschichte angehörte, sondern der gesetzmäßige Ausdruck der Entwicklung eines Systems, die auch danach konsequent so weiter verlief, ja, sich in globale Maßstäbe hinaufsteigerte«.[197] Günter Caspar (1924–1999) – ehemaliger Cheflektor und amtierender Leiter des Lektorats »Zeitgenössische deutsche Literatur« bei Aufbau – versprach für das Projekt die Unterstützung des Verlages und wies auf die Notwendigkeit eines fachkundigen Kommentars hin.[198]

---

194 Ebenda.
195 Ebenda.
196 Ebenda.
197 Anton Hiersche: Gutachten zum Exposé eines Erzählbandes von Tadeusz Borowski, vorgelegt von Dr. H. Olschowsky, 26.4.1971. Ebenda.
198 Günter Caspar: Gutachten zum Exposé eines Erzählbandes von Tadeusz Borowski, o. D. (1971). Ebenda.

Dennoch scheiterte das Projekt fünf Jahre später am kategorischen Veto des Komitees der antifaschistischen Widerstandskämpfer sowie der Arbeitsgemeinschaft ehemaliger Auschwitzhäftlinge in der DDR. Borowskis Lagererzählungen wurden für unannehmbar befunden, ihre literarischen Qualitäten, auf die Olschowsky in seinem Exposé mehrmals hingewiesen hatte, fielen für diese Instanzen nicht ins Gewicht. Im aggressiven Ton hat Lilli Segal (1913–1999) – Auschwitzüberlebende und wissenschaftliche Mitarbeiterin der Sektion Tierproduktion der Humboldt-Universität – den Autor als Zeugen der Lagerwirklichkeit, als literarischen Berichterstatter und als KZ-Überlebenden abqualifiziert.[199] Die Lektoratsleiterin schrieb entmutigt an ihren Kollegen im Ministerium für Kultur:

> Lieber Reinhard! Anbei übersenden wir Dir ein Gutachten zu Borowski von Frau Dr. Segal, das wir schon vor längerer Zeit bestellt hatten, aber erst jetzt bekommen haben. Auf dem Kuvert hat Frau Dr. Segal folgendes schriftlich vermerkt: »Ich habe eine ausführliche Stellungnahme geschrieben, da das Buch ein Skandal ist. Sie können der Redaktion sagen, falls es erscheint, mache ich persönlich eine Aktion, die von sich reden macht [...].« Das scheint uns Grund genug, von einer Veröffentlichung dieses Buches in der DDR Abstand zu nehmen.[200]

Während der Buchenwald-Mythos mit seinen Ideologemen die Folie bildete, auf die bis zum Untergang der DDR alle Rede vom Konzentrationslager eingetragen werden musste, stieg Ende der 1970er-Jahre die Akzeptanz für andere thematische Bereiche der »unerwünschten« Kriegserfahrung.[201] So fasste die Kulturabteilung der SED vor der Einführung des Kriegsrechts im Dezember 1981 den Entschluss, propagandistische Beiträge in polnischer Sprache im Radio Berlin International (RBI) auszustrahlen.[202] Neben wenig medienwirksamen Themenvorschlägen wie »Beitrag der

---

199 Lilli Segal: Gutachten zu »Der Steinerne Weg« (sic) von Tadeusz Borowski, o. D. (1971). Ebenda; Kurt Julius Goldstein an Margit Bräuer, 16.7.1975. Ebenda.
200 Helga Wendler an Reinhard Lehmann (Ministerium für Kultur), 23.1.976. Ebenda. Das Veto des Komitees antifaschistischer Widerstandskämpfer verhinderte 1984 auch die Veröffentlichung der Werke *Ist das ein Mensch?* sowie *Atempause* von Primo Levi (1919–1987) im Aufbau-Verlag. Vgl. Joachim Meinert: Geschichte eines Verbots. Warum Primo Levis Hauptwerk in der DDR nicht erscheinen durfte. In: SINN UND FORM 52 (2000) H. 2, 149–165.
201 Ursula Heukenkamp (Hrsg.): Unerwünschte Kriegserfahrung. Kriegsliteratur und Zensur in der DDR. Berlin, Weimar 1990.
202 RBI wurde 1959 gegründet mit dem Ziel, den »Hörern in aller Welt den sozialistischen deutschen Staat näher zu bringen«. Unter den vielen Sprachen des Senders – u. a. Deutsch, Englisch, Französisch, Spanisch, Portugiesisch, Dänisch, Arabisch, Hindi und Suaheli – war Polnisch bis dahin nicht vertreten und wurde eingeführt »zur Unterstützung der politisch-ideologischen Arbeit der polnischen Bruderpartei«.

Freien Deutschen Jugend zur Förderung und Entwicklung von Kultur und Kunst in der DDR« oder »Der sozialistische Jugendverband der DDR als Inspirator und Organisator eines anspruchsvollen geistig-kulturellen Lebens der jungen Generation in der DDR« wurde Klaus Höpcke um einen Kommentar zum Platz der polnischen Literatur im Editionsprogramm der ostdeutschen Buchverlage gebeten. In seinem Beitrag hob Höpcke zwei Neuerscheinungen des Jahres 1981 hervor. *Die Stimme des Herrn* Stanisław Lems – ein Buch, das gleichzeitig im Frankfurter Insel-Verlag und im Verlag Volk & Welt erschien – las der stellvertretende Minister für Kultur im Kontext des atomaren Wettrüstens als Hinweis auf die »Gefahr des Missbrauchs der Wissenschaft durch menschheitsfeindliche Kräfte«.[203] Eine aus kulturpolitischer Perspektive recht unerwartete Empfehlung Höpckes war aber das Buch *Kolumbus Jahrgang 20* von Roman Bratny. Es sei besonders wichtig, so der stellvertretende Minister für Kultur, weil damit »einer der bedeutendsten Romane der polnischen Literatur über den Warschauer Aufstand 1944 vorliegt, also ein Gegenstand, der eine der vitalsten Interessen unserer beiden Völker – Kampf gegen Faschismus in all seinen Auswirkungen, Verwurzelungen, Neuauflagen berührt«.[204]

Den 1957 in Polen erschienenen Roman, in dem das Thema des Warschauer Aufstands und der im Untergrund wirkenden Heimatarmee aufgegriffen wurde, beurteilte Jutta Janke 1958 als »literarische[s] Versagen«.[205] Auch andere Werke über die auf die Hauptstadt konzentrierte Erhebung von 1944, der innerhalb von 63 Tagen Zehntausende Bewaffnete der aufständischen Heimatarmee und nahezu ein Fünftel der Warschauer Bevölkerung zum Opfer fielen, las die Volk-&-Welt-Lektorin noch bis Ende 1970er-Jahre im Rahmen der sowjetisch dominierten Geschichtsschreibung. Für Janke stellte der Aufstand ein angeblich von den Westmächten gefördertes oder gar von ihnen initiiertes »reaktionäres« und unausweichlich zum Scheitern verurteiltes Unterfangen dar. Die von Stalin angeordnete Tatenlosigkeit der Roten Armee hingegen, die einsatzbereit östlich von Warschau abgewartet hatte, galt für Janke erinnerungspolitisch als tabu.[206] Erst 1981 setzte sich Heinrich Olschowsky mit seinem Gutachten über Bratnys Roman, der in Polen inzwischen zum griffigen

---

Peter Schneider: Es war einmal … Radio Berlin International. In: https://www.radio-journal.de/radiojournal-best-of/memories/rbi/rbi.htm (letzter Zugriff am 4.6.2024); Ursula Ragwitz an Klaus Höpke, 20.11.1981. In: SAPMO, DY30/18765.
203 RBI: Klaus Höpcke zu polnischen Büchern in der DDR, 1.12.1981. Ebenda.
204 Ebenda.
205 Jutta Janke: Gutachten zu »Kolumbus Jahrgang 20« von Roman Bratny, 16.4.1958. In: AdK, VuW 3862.
206 Jutta Janke: Gutachten zu »Der Warschauer Aufstand« von Lesław Bartelski. In: AdK, VuW 3860; dies.: Gutachten zu »Pamiętnik z Powstania Warszawskiego« von Miron Białoszewski, 18.12.1979. In: AdK, VuW 3861.

Code einer historisch-kulturellen Konstellation geworden war, gegen ein verzerrtes Bild von dem Warschauer Aufstand und der Heimatarmee durch. Das Buch erschien sorgfältig ediert, mit historischen Anmerkungen und einem Lageplan der Stadt versehen, im Verlag der Nation.

Anthologien polnischer Literatur

Mit der Anthologie *Moderne polnische Prosa* wurde 1964 die Blockade der Tauwetter-Literatur durchbrochen und ein Kanon anspruchsvoller Prosa vorgelegt. In diesem Kontext soll vermerkt werden, dass das Medium der Anthologie sich unter den DDR-Verlegern einer großen Beliebtheit erfreute. In der Zeitspanne 1945 bis 1990 erschienen in der SBZ/DDR 3250 Anthologien. Im Leitverlag für ausländische Gegenwartsliteratur Volk & Welt sind über vierzig Jahre hinweg etwa 170 Anthologien erschienen. Bei insgesamt 3300 Volk-&-Welt-Titeln scheint dies zunächst wenig, hinzugefügt werden sollte aber an dieser Stelle, dass sich die Zahl der Autorinnen und Autoren durch die Anthologien von 1500 auf etwa 3000 verdoppelte. Die Popularität des Mediums hatte primär verlagsökonomische Gründe: Angesichts des permanenten Devisennotstands konnte so für relativ wenig Geld eine Vielzahl von Schriftstellerinnen und Schriftsteller für die Leserschaft erschlossen werden. Wichtiger war aber die Schutzfunktion von Anthologien. Das Format wurde demnach öfters genutzt, um die in der DDR umstrittenen Namen an unauffälliger Stelle und in einer kleinen Auflage auf dem Buchmarkt zu platzieren, mit der Absicht, jene Texte in größerem Umfang in den Kanon der DDR-Literatur einzuführen. Schließlich war die diplomatische Funktion von Anthologien bemerkenswert. Sie signalisierten die Aufgeschlossenheit des Literatursystems der DDR sowie eine Verbesserung der Beziehungen zu einzelnen Ländern.[207]

Der Band *Moderne polnische Prosa*, in dem 26 Schriftstellerinnen und Schriftsteller vertreten sind, versuchte zweierlei Ziele zu verwirklichen. Zum einen wollte er eine Lücke schließen und den Leserinnen und Lesern in der DDR die moderne polnische Erzählung vorstellen. Auf diesem Gebiet war, sah man von einzelnen Auswählbänden aus dem Erzählschaffen von Iwaszkiewicz, Dąbrowska, Rudnicki, Putrament und Nałkowska, wenig getan worden. Der 1959 bei Aufbau erschienene Band *Polnische Meistererzählungen* beschränkte sich mehr oder minder

---

207 Vgl. Simone Barck: Die »Anthologitis« – ein Phänomen des Literaturbetriebes in der DDR. In: Günter Häntzschel (Hrsg.): Literatur in der DDR im Spiegel ihrer Anthologien. Wiesbaden 2005, S. 1–14, hier S. 3; Siegfried Lokatis: Die zensurpolitische Funktion der Anthologien im Verlag Volk & Welt. Ebenda, S. 47–58, hier S. 47, 50, 56.

auf Autorinnen und Autoren des 19. Jahrhunderts, vor allem auf Vertreter des polnischen Positivismus (Eliza Orzeszkowa, Bolesław Prus, Stefan Żeromski, Adolf Dygasiński). Die bei dem Weimarer Volksverlag im gleichen Jahr veröffentlichte Anthologie *Die Kette* ging nur wenig darüber hinaus. Mit der *Modernen polnischen Prosa*, die aus Anlass des 20. Jahrestags der Volksrepublik Polen geplant worden war, ließ die Herausgeberin Jutta Janke die meisten bedeutenden Namen der Nachkriegsliteratur zu Wort kommen. Der Band gliedert sich in drei Abschnitte. In dem ersten wird die Vorkriegssituation nachgezeichnet, der zweite Abschnitt ist der Abrechnung mit Krieg und Besatzung gewidmet, und der dritte Teil bemüht sich, die literarische Entwicklung Nachkriegspolens zu veranschaulichen.

Die Anthologie wurde von der Kritik sehr hoch bewertet, als »eines der interessantesten Bücher der letzten Zeit«.[208] Anerkennung fand die illusionslose Analyse der Wirklichkeit, eine »ungewöhnliche Empfindsamkeit für jede Vibration des gesellschaftlichen Lebens«.[209] Die Rezensenten betonten die Schärfe und die Sachlichkeit in der Auseinandersetzung mit dem Alltag der Nachkriegszeit sowie den Reichtum unkonventioneller Formen. Für Gesprächsstoff sorgten vor allem die kritische Tendenz in der polnischen Gegenwartsliteratur, die Zurschaustellung gesellschaftlicher und politischer Defizite wie auch das Formprinzip der kurzen Prosa. Besondere Aufmerksamkeit fanden Erzählungen, die auf eine in der DDR unübliche und eigenwillige Art und Weise die Kriegsproblematik thematisierten (Tadeusz Borowski, Kazimierz Brandys). Das »weltoffene, unkonventionelle und interessante« Gesicht der polnischen Prosa war zugleich auch ein »Widerschein des an die eigene Literatur gerichteten Wunsches«.[210]

Dass es überhaupt so weit kommen konnte, war nicht zuletzt dem Vorwort der Herausgeberin zu verdanken. Der Text sowie die an ihm geübte Kritik veranschaulichen, dass die Herausgabe polnischer Literatur Mitte der 1960er-Jahre stets ein Vabanquespiel war. Potenziell problematische Erzählungen aus der Zwischenkriegszeit, etwa *Pan* von Bruno Schulz, versuchte Janke den kulturpolitischen Wächtern mundgerecht zu machen, indem sie den Autor als Schriftsteller darstellte, dessen nach der nationalen Befreiung entstandene »Wunschbilder in der grauen Wirklichkeit des bürgerlich-kapitalistischen Staates zerrannen, als sich 1929 Piłsudski zum Diktator aufwarf und alle fortschrittlichen Bestrebungen mit Terror zu unterdrücken begann«. Dies hatte zur Folge, dass Schulz, ein »Außenseiter der polnischen Literatur jener Jahre«, in die »exklusive Sphäre des literarischen Ästhetizismus« floh.[211] Für Schulz

---

208 Zit. nach Olschowsky: Das Ähnliche und das Andere, S. 59.
209 Ebenda.
210 Ebenda, S. 59 f.
211 Jutta Janke: Vorwort. In: dies. (Hrsg.): Moderne polnische Prosa. Berlin 1964, S. 5–15, hier S. 3.

sei die Wirklichkeit zwar »verworren und undurchschaubar« geworden, er registrierte sie nur als ein »Konglomerat von Einzeleindrücken«, wurde aber zu einem »Gestalter ihrer äußerlichen Symptome«.[212] Einmal in die Anthologie aufgenommen, konnte Schulz sechs Jahre später bei Volk & Welt mit seinem Erzählungsband *Die Zimtläden* erscheinen. Die »Eigentümlichkeit« des Werkes – die »Beziehungslosigkeit der Impressionen«, das Fehlen einer »verbindlichen Idee«, wodurch »vorläufig der Eindruck des Fragmentarischen« zurückbleibe – erklärte Janke in einem Nachwort mit dem stark autobiografischen Charakter der »merkwürdigen literarischen Welt«.[213] Die von Schulz eingenommene Position eines »Fechtmeisters der Einbildungskraft« deutete die Lektorin als seine Absage an eine »spätbürgerliche« Wirklichkeit, die »nicht zu ertragen wäre, fände man nicht die Entschädigung in einer anderen Dimension«: »In dieser seiner phantastischen Welt aus dynamischen Bildern und explodierenden Farben, in der er die Grenzen von Zeit und Raum sprengt, kann sich Schulz seiner Liebe zu allem Lebendigen, seiner ungebändigten, vielleicht in der jiddisch-chassidischen Erzähltradition wurzelnden Fabulierfreude hingeben.«[214]

Auch die von Janke für die *Moderne polnische Prosa* selektierten Schilderungen der Kriegs- und Besatzungszeit waren erklärungsbedürftig. Problematisch war vor allem die von Henryk Bereska übersetzte Erzählung von Tadeusz Borowski »Bei uns in Auschwitz«. Bereska präsentierte damit ein ungewöhnliches Dokument, das durch sein schonungsloses Bild des KZ-Alltags sich von der offiziellen Darstellungsweise der Thematik in der DDR unterschied. Anstatt einer hoffnungsvollen Beschreibung der heldenhaften Kommunisten handelte Borowskis Text von der

---

212 Ebenda, S. 3 f.
213 Jutta Janke: Nachwort. In: Bruno Schulz: Die Zimtläden. Übers. von Joseph Hahn. Berlin 1970, S. 251–257, hier S. 251 f.
214 Ebenda, S. 256. Im Verlagsgutachten, in dem sich Janke mit dem in der Kulturabteilung der SED formulierten Vorwurf der »Dekadenz« im Hinblick auf das Schaffen von Schulz auseinanderzusetzen hatte, schrieb die Lektorin: »Bruno Schulz, der zur polnischen Avantgarde gehörte, gelangte nach seinem Tod zum literarischen Weltruhm. Realistischer Ausgangspunkt für die Traum- und Spiegelwelt der Erzählungen sind Erinnerungen an die eigene Kindheit […], die Schulz in poetischen Visionen heraufbeschwört. Ihre dichterische Intensität und Kraft verdanken die Erzählungen dem Umstand, dass sie den Verfall der bürgerlichen Ordnung […] veranschaulichen. Jutta Janke: Verlagsgutachten. Bruno Schulz: Die Zimtläden, Juli 1969. In: BArch, DR1/2344. Marianne Dreifuß – die vormalige Cheflektorin und Leiterin des Lyrik-Aktivs im Schriftstellerverband – sekundierte: »Eine Rechtfertigung für die Veröffentlichung eines Teils seiner Arbeiten sehe ich […] in der poetischen Kraft und Originalität seiner Aussage. Als Repräsentanten jener spätbürgerlichen Literatur – die unfähig, die Realität zu bewältigen, mit Flucht ins Irrationale reagiert – kann ich ihn nicht ansehen.« Marianne Dreifuß: Außengutachten. Bruno Schulz: Die Zimtläden, o. D. (1969). Ebenda.

moralischen Degradierung des Menschen.²¹⁵ Janke kommentierte Borowskis erzählerische Perspektive folgendermaßen:

> In seinen Erzählungen […], die heute in Polen bereits zu den klassischen gezählt werden, beschwört er die gespenstische Wirklichkeit des Todeslagers Auschwitz. Dabei bedient er sich einer nahezu beispiellosen Objektivität, die in ihrer unergründlichen Härte bei flüchtigem Hinsehen zynisch anmuten mag. Es steht außer Zweifel, daß die Bitternis dieser Erzählungen einer tiefen Verzweiflung des Zwanzigjährigen entsprungen ist; angesichts einer Menschenverachtung, die ihre Opfer nicht nur physisch vernichtete, sondern sie zu korrumpieren, zu entwürdigen, in den Schmutz zu treten suchte, widerstand er der Versuchung, sich in eine Mystik des Leidens zu flüchten.²¹⁶

 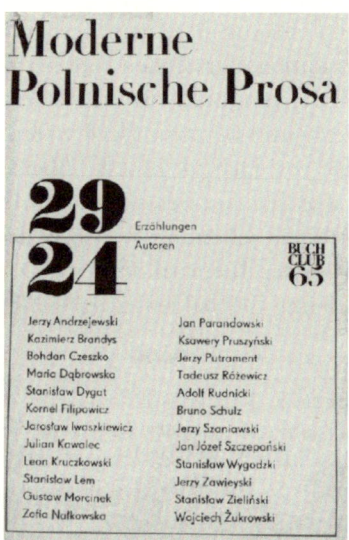

Abb. 11–12: Umschlag der Anthologie *Moderne polnische Prosa* (1964)
mit 26 Autorinnen und Autoren (links). Daneben die gekürzte Nachauflage (1966).
Quelle: Deutsches Literaturarchiv Marbach.

---

215 Paluszek: Henryk Bereska als Vermittler, S. 146.
216 Janke: Vorwort. In: dies. (Hrsg.): Moderne polnische Prosa. Berlin 1964, S. 9 f. In der zweiten Auflage der Anthologie (1966) wurde die Erzählung Borowskis zurückgezogen. Der Entschluss ist aber weniger auf ideologische als auf finanzielle Motive zurückzuführen. Die Veröffentlichungsrechte lagen beim Piper-Verlag, und für die zweite Auflage konnte sich der Verlag Volk & Welt Borowskis Text aus Devisengründen nicht mehr leisten. Paluszek: Henryk Bereska als Vermittler, S. 147.

Mit einer kulturpolitisch konformen Erklärung der polnischen Nachkriegsliteratur hat sich Janke am schwersten getan. Mit Blick auf die Forderungen des Sozialistischen Realismus schrieb die Lektorin über Werke, die ihrem Gegenstand »nicht immer gerecht wurden«. Erst Mitte der 1950er-Jahre seien Romane entstanden, die »echte Ansätze zur Überwindung des anfänglichen Schematismus« zeigten.[217] In ihrer literaturgeschichtlichen Skizze nannte Janke den XX. Parteitag der KPdSU als Auslöser entscheidender Veränderungen in der Gesellschaft und Kultur Polens, das Oktober-Plenum und der neue Parteichef Gomułka fanden jedoch keine Erwähnung. Die starke kritisch-satirische Tendenz der nach 1956 entstandenen Literatur, die »manchmal die Darstellung der positiven Seiten der Wirklichkeit zurückdrängt«, entschuldigte Janke mit dem Formprinzip des Genres: »Erzählung, Novelle, Kurzgeschichte wollen und können nicht die komplexe Struktur der Gesellschaft enthüllen, ihre Stärke liegt in der Konzentration auf ein Einzelproblem. Die kleine Form erzwingt den Sonderfall.«[218] Die künstlerische Absicht sei durch »äußerste Zuspitzung und Überspitzung« sowie die »Hereinnahme phantastischer und allegorischer Elemente« verwirklicht. Diese »Tendenz zur Übersteigerung scheint zuweilen von der Wirklichkeit wegzuführen«; trotzdem lasse sich immer wieder feststellen, dass »die Absicht des Autors auf die Realität gerichtet« sei.[219]

Der Band wurde Helfried Schreiter (1935–1992) – einem Schriftsteller von Kriminalromanen, Hörspielen und Filmdrehbüchern – zur externen Begutachtung vorgelegt. Trotz seiner Unkenntnis der polnischen Sprache und Gegenwartsliteratur äußerte Schreiter unumwunden seine Zweifel an der Anlage des Vorworts sowie an einer »politisch richtigen« Auswahl der Texte.[220] Laut Schreiter ließ Janke in ihrer literaturgeschichtlichen Einführung in die Entwicklungstendenzen der polnischen Literatur nach 1945 »jeglichen Unterschied der Gesellschaftsordnung« außer Acht und erteilte den polnischen Schriftstellerinnen und Schriftstellern eine »Generalabsolution«, indem sie die verzerrte und nicht immer ins Positive ausfallende Abbildung der sozialistischen Gesellschaft in den übersetzten Texten durch die Formprinzipien der Erzählung zu erklären versuchte. Janke habe die von ihr ausgewählten Autorinnen und Autoren viel zu naiv entschuldigt, als ob »nicht jeder wüsste, dass der Schriftsteller sich der Form bedient, die seinen Absichten adäquat ist«.[221] Dass die Lektorin auch den phantastischen Elementen ihre Realitätsbezogenheit attestierte, hielt der externe Gutachter für nicht plausibel. So präsentierte Schreiter Lems Erzählung

---

217 Janke: Vorwort. In: dies. (Hrsg.): Moderne polnische Prosa. Berlin 1964, S. 12.
218 Ebenda, S. 13.
219 Ebenda, 15.
220 Helfried Schreiter: Gutachten zur Anthologie polnischer Erzählungen, Februar 1964. In: BArch, DR1/5040.
221 Ebenda.

Von der Rechenmaschine, die mit dem Drachen kämpfte als ein »Musterbeispiel für die eigenwillige Art der Behandlung gesellschaftlicher Phänomene durch viele polnische Literaten«: Die Handhabung des Stoffes über ein atomares Wettrüsten öffne hier »jeglicher Auslegung Tür und Tor« und ignoriere dabei die »Tatsache von der Spaltung der Welt in zwei feindliche Lager«.[222] Insgesamt fand Schreiter Jankes Vorwort »zu literarisch« und plädierte angesichts der »Schwierigkeit des gesamten Unternehmens« für eine »gründlichere« und ausführlichere Einführung.

Darüber hinaus hielt Schreiter es für notwendig, einige Texte aus dem Band herauszunehmen. Sławomir Mrożeks *Die Giraffe* beurteilte er wegen der »Gleichstellung von Materialisten und Idealisten« als nicht legitim: Der Autor versuche den »Dogmatikern eins auszuwischen«, und dem Leser werde beigebracht, »an der Notwendigkeit einer wissenschaftlichen Weltanschauung überhaupt zu zweifeln«. Jerzy Andrzejewski sei ein »übersensibler, ästhetisierender Literat«: »Aus dem ganzen Machwerk spricht ein so unerträglicher Zynismus und eine Verachtung des ›ungebildeten‹ Menschen, daß ich mich wundere, wie es überhaupt hierher geraten ist.« Jan Józef Szczepańskis *Lumpenkerl* entheroisiere den Widerstandskampf gegen den Hitlerfaschismus: »Wenn diese Art Auseinandersetzung mit den psychischen Gefahren, denen die Partisanen ausgesetzt waren, in Polen notwendig ist, dann braucht das bei uns wirklich nicht zu erscheinen.« Interessanterweise setzte sich Schreiter aber für zwei andere »an der Grenze zum Zynismus« liegende Werke über die Besatzungsperiode ein: Borowskis *Bei uns in Auschwitz* sowie Stanisław Wygodzkis *Wunschkonzert* würden nämlich durch ihre »erbarmungslose Faktenschilderung« wie auch ihre »großartige Sprache und literarische Technik« herausragen. Die politisch wenig problematische Erzählung *Stille* von Gustaw Morcinek – dem »polnischen Hans Marchwitza«, der sich u. a. mit dem Leben der Bergarbeiter beschäftigte – ordnete Schreiter unter dem Motto des »menschlichen Geworfenseins« ein und schlug vor, einen Tausch gegen *Viktoria* vom selben Autor vorzunehmen, eine Arbeit die den Menschen »als Sieger über Gefahren des Bergwerks« zeige.[223]

Dass die Anthologie mit den von Janke gewählten Erzählungen und dem Vorwort dennoch erscheinen durfte, war zwei weiteren Gutachten zu verdanken. Die bereits erwähnte »Geheimrätin« der Literaturbehörde, Carola Gärtner-Scholle, stellte fest, dass die literarische Darstellung der Besatzungs- sowie Nachkriegszeit den »Eindruck überwiegenden Elends« vermittle, und forderte eine chronologische Anordnung des Bandes: In dem ursprünglichen Entwurf begann das Buch mit Zofia Nałkowskas *Am Bahndamm*, einer Erzählung über den antijüdischen Terror nach dem faschistischen Einmarsch; dazwischen wurden periodisch unterschiedliche Inhalte und Aussageformen »derart durcheinander gebracht, dass nicht ein

---

222 Ebenda.
223 Ebenda.

planvolles Mosaik der vielschichtigen Gegenwartsliteratur entstand, sondern ein schlechthin genießbares Mixtum«.[224] Das Niveau des Vorworts und der Auswahl stand aber für die in ideologischer Hinsicht sonst strenge Gutachterin außer Frage: »Man möchte bezüglich des literarischen Wertes kaum eins der zu großem Teil brillant geschriebenen Stücke missen.«[225]

Marianne Dreifuß – die vormalige Cheflektorin und eine »hochsensible Stilistin«,[226] die zusammen mit ihrem Stellvertreter Fritz J. Raddatz in den Jahren zwischen Stalins Tod (1953) und Johannes R. Bechers Beerdigung (1958) nicht nur die Atmosphäre im romanistischen Lektorat bestimmte, sondern auch den gesamten Verlag nachhaltig prägte[227] – rechtfertigte das Erscheinen der zur Begutachtung vorgelegten Anthologie vor allem mit außenkulturpolitischen Argumenten. Sie schrieb:

> Es wird nicht leicht sein, in der polnischen Gegenwartsliteratur Werke zu entdecken, die als aktivierender Beitrag zur Förderung der sozialistischen Entwicklung angesehen werden können und von deren Veröffentlichung in der DDR daher eine positive Wirkung im Sinne unserer Kulturpolitik zu erwarten wäre. Dennoch ist es auf die Dauer untragbar, daß wir der polnischen Literatur gegenüber eine ablehnende oder zumindest ausschließlich abwartende Haltung einnehmen. Die Bemühungen von westdeutscher Seite um eine Verstärkung der Handelsbeziehungen mit Polen und anderen sozialistischen Ländern werden zweifellos auch zu einer Intensivierung der bereits bestehenden kulturellen Kontakte führen – mit der Tendenz, kulturpolitische Differenzen zwischen der DDR und eben diesen Ländern zu konstruieren. Wir können solchen Versuchen nur entgegentreten, indem wir mit einer gewissen Großzügigkeit die polnische Literatur bei uns zu Wort kommen lassen. Selbstverständlich kann diese Großzügigkeit nicht so weit gehen, daß wir Werke publizieren, deren Wirkung wir für schädlich halten [...]. Aber wir müssen uns mit dem Gesamtcharakter der polnischen Gegenwartsliteratur abfinden (dem Überwiegen der kritischen Züge, der Experimentierleidenschaft, dem Intellektualismus) und versuchen, aus dem Vorhandenen die Aussagen auszuwählen, die durch ihren Ernst, ihre Ehrlichkeit und ihr literarisches Niveau überzeugen. Dabei muß noch einmal betont werden, daß der Gesamtcharakter der polnischen Literatur auf keinen Fall verfälscht werden kann. Es wäre vielleicht möglich eine Auswahl zusammenzustellen, die

---

224 Carola Gärtner-Scholle: Gutachten zur Anthologie »Moderne polnische Prosa«, 8.2.1964. Ebenda.
225 Ebenda.
226 Bereska: Porträt einer Lektorin, S. 81.
227 Roland Links: Der Umgang mit deutschsprachiger Literatur von 1954 bis in die siebziger Jahre. In: Barck, Lokatis (Hrsg.): Fenster zur Welt, S. 97–102, hier S. 97.

ausschließlich unproblematische (wenn schon nicht in unserem Sinne positive) Beiträge enthält. Aber abgesehen davon, daß man dann weitgehend gerade auf literarisch bedeutsame Erscheinungen verzichten müßte, würden uns die polnischen Freunde solches Auswahlprinzip zweifellos übelnehmen und seine Anwendung als eine Art geistiger Bevormundung ansehen, eine Wirkung, die in der oben erwähnten allgemeinen Situation unbedingt zu vermeiden ist.[228]

Die angesprochenen Probleme habe der Verlag »taktvoll und zugleich verantwortungsbewußt« gelöst: Zum 20. Jahrestag der Gründung der Volksrepublik liege eine Auswahl vor, welche der »Eigenständigkeit der polnischen Literatur Gerechtigkeit« widerfahren lasse, ohne dass Zugeständnisse gemacht wurden, die eine »Kollision« mit der Kulturpolitik der DDR bedeuten würden. Unter den Erzählungen mit unmittelbarer Gegenwartsthematik gebe es keinen einzigen Beitrag, der in seiner Kritik »zynisch-verantwortungslos wirkt oder sich im Stil von Marek Hłasko darin gefällt, unter dem Vorwand der Kritik im Schmutz zu wühlen«. Die ausgewählten Texte zeichneten sich durch eine bemerkenswerte literarische Qualität aus; die einzige »sehr mäßige« Erzählung *Die Jungen* von Wojciech Żukrowski (1916–2000) sollte man dagegen »hingehen lassen«, da hier »sehr wichtige politische Akzente gesetzt werden (Oder-Neiße-Friedensgrenze)«[229]. Ein »gewagter Drahtseilakt« der Herausgeberin und Gutachterinnen endete mit Erfolg: Im Mai 1964 konnte *Moderne polnische Prosa* in einer eher bescheidenen Auflage von 9000 Exemplaren erscheinen.

1966 gab Jutta Janke bei Volk & Welt den Band *Polnische Dramen* heraus. In ihrem Gutachten verwies Janke nicht nur auf die dürftige Kenntnis polnischer Dramatik in der DDR: Außer Leon Kruczkowskis *Sonnenbrucks* und Gabriela Zapolskas *Moral der Frau Dulska* habe sich wohl kein Stück aus Polen tiefer im Bewusstsein verankert. Die Präsenz polnischer Dramen im anderen deutschen Teilstaat habe sich zunächst primär nach den politischen Auswahlkriterien gerichtet: Man suchte nach Titeln, in denen man »eine Art Opposition gegen das sozialistische Gesellschaftssystem zu finden glaubte«.[230] In der letzten Zeit seien aber auch »mehr ehrlichere Motive« im Spiel: Literarische Qualitäten dieser Literatur fänden Zugang zu westdeutschen Bühnen, auch das dortige Fernsehen und der Rundfunk würden polnische Stücke senden. Die geplante Anthologie wolle somit eine »kulturpolitische Aufgabe gegenüber unseren Lesern und gegenüber Polen erfüllen«, sie sollte aber unter anderem auch dem »Argument entgegenwirken, das besagt, wir in der DDR hinkten hinter Westdeutschland nach«.[231]

---

228 Marianne Dreifuß: Gutachten zur Anthologie polnischer Erzählungen, o. D. (1964). Ebenda.
229 Ebenda.
230 Jutta Janke: Gutachten zu »Polnische Dramen«, o. D. In: BArch, DR1/2328.
231 Ebenda.

Bei der Auswahl der Texte habe sie sich, so Janke, nicht nach dem Kriterium der Aufführbarkeit gerichtet. Sie wollte eher die gegenwärtigen Strömungen mit den Autorinnen und Autoren vorstellen, die »echtes künstlerisches Verantwortungsbewußtsein gegenüber ihrer Gesellschaft, ihrer Epoche zeigen, denen dieses Merkmal bei aller Unterschiedlichkeit der Ausdrucksformen gemein« sei.[232] Janke skizzierte die Entwicklungslinie der polnischen Dramatik nach dem Krieg und unterschied dabei drei Richtungen: das realistische, das parabolische und das realistisch-poetische Theater. Die realistische Dramatik wurde in der Anthologie mit *Zwei Theater* von Jerzy Szaniawski, mit Leon Kruczkowskis *Der Tod des Gouverneurs* sowie mit Jerzy Jurandots *Der neunte Gerechte* dargestellt. Mit diesen drei Texten illustrierte Janke die Tendenzen des politischen Theaters, das in Polen Ende der 1950er-Jahre zur Blüte gelangte (Szaniawski), präsentierte den international erfolgreichsten polnischen Dramenautor der unmittelbaren Nachkriegszeit, »das Ideal des gesellschaftlich engagierten Künstlers« (Kruczkowski), und verwies auf eine Reihe von Komödien und Satiren, die »geschult an Brecht« die »Frage nach Gut und Böse« stellen, vor allem aber »heiter belehren« wollten.[233]

Das parabolische Theater führte Janke mit Konstanty Ildefons Gałczyńskis *Die Zentralheizung* ein. Die Lektorin und Herausgeberin widersprach in diesem Punkt dem Gutachten des Theaterwissenschaftlers und Übersetzers Peter Ball, der Gałczyński zwar für einen originellen Lyriker und Satiriker, jedoch nicht für einen Dramatiker hielt.[234] Ohne Gałczyński, so Janke, würde Sławomir Mrożek, der sich in seinen grotesken Erzählugen und parabolischen Satiren am Werk des Letzteren orientiert hatte, »für den oberflächlichen Betrachter wie ein Epigone des westlichen absurden Theaters [wirken] – was er nicht ist und nicht sein will«.[235] Die Entscheidung für Mrożek war im modernefeindlichen Klima der DDR in den 1960er-Jahren keinesfalls selbstverständlich. Jankes Wahl fiel auf den Einakter *Karl*, dem Ball eine »Unsicherheit in der Beherrschung der dramatischen und theatralischen Mittel« sowie eine mangelnde soziale Determiniertheit vorwarf.[236] Indem Janke die von Ball vorgestellten Stücke *Striptease* und *Auf hoher See*, die bereits als deutsche Übersetzungen von Ludwig Zimmerer beim Westberliner Henssel-Verlag vorlagen, als »unreal« und »statisch abstrakt« ablehnte, die konkret angelegte Handlung *Karls* als eine »groteske Darstellung des deutschen kleinbürgerlichen Faschisten« interpretierte und das positive Urteil eines marxistischen Theaterkritikers Stefan Żółkiewski (1911–1991) heranzog, konnte die Herausgeberin den ästhetisch-ideologischen

---

232 Ebenda.
233 Ebenda.
234 Peter Ball: Gutachten zu »Polnische Dramen«, Januar 1966. Ebenda.
235 Janke: Gutachten zu »Polnische Dramen«.
236 Ball: Gutachten zu »Polnische Dramen«.

Bedenken der kulturpolitischen Entscheidungsträger im Ministerium für Kultur geschickt entgegenwirken.[237] Im Nachwort verwies sie auf den von Żółkiewski angestellten Vergleich mit Athur Millers *Hexenjagd* und Max Frischs *Biedermann und die Brandstifter* und brachte somit den polnischen Dramatiker in die Gesellschaft der von der SED als »progressiv« beurteilten westlichen Autoren.[238] Mrożeks Theaterstücke fügten sich darüber hinaus in die Tradition der »formalen Mannigfaltigkeit« im polnischen Drama, die jedoch nie »Selbstzweck« gewesen sei:

> Wie bei den polnischen Romantikern und Neoromantikern die leidenschaftliche Diskussion um nationale und soziale Fragen ein wichtiger Impuls des dramatischen Schaffens war, so ist auch für die modernen polnischen Dramatiker […] das künstlerische Engagement, der Wunsch, einen Beitrag zur Auseinandersetzung mit der Gegenwart zu leisten, Ausgangspunkt ihrer gemeinsamen Bemühungen.[239]

Mrożeks Texte seien ein Zeichen einer »Theaterrevolution« in der zweiten Hälfte der 1950er-Jahre, die als Antwort auf die schematische Konzeption des Realismus verstanden werden müsse. Jene Zeit der »dramatischen Experimente«, die Suche nach neuen Ausdrucksmitteln hatte die Auflösung des herkömmlichen Dramas zur Folge: »die Reduzierung der Handlung auf den bloßen Monolog«, »die Beschränkung auf Ideenfarcen«, »die poetische Deklaration der Geisteshandlungen«.[240] Das parabolisch-groteske Theater rückte Janke aus dem Bannkreis eines potenziellen Formalismus-Vorwurfes, indem sie ihm seine Berechtigung und Nutzen für den Literaturbetrieb der DDR bescheinigte:

> Mrożeks Theaterstücke unterscheiden sich von den phantastischen Grotesken eines Stanisław Witkacy, […] ebenso wie vom bürgerlich-modernistischen absurden Theater. Bei Mrożek […] sind das Absurde und das Groteske nie Selbstzweck, sie sind der auf die Wirklichkeit abzielenden satirisch-kritischen Intention untergeordnet.[241]

Das poetische Theater sollte vertreten werden von Stanisław Grochowiak, Zbigniew Herbert und Tadeusz Różewicz. Grochowiaks *Partita für ein Holzinstrument* – ein Stück, das aus Anlass des 20. Jahrestages der PVAP geschrieben wurde und sich dem Problem des deutschen Faschismus und seiner Auswirkungen auf das Verhalten des Einzelnen zuwendete – war ideologisch unproblematisch. Herberts *Das andere*

---

237 Janke: Gutachten zu »Polnische Dramen«; Misterek: Polnische Dramatik, S. 311.
238 Ebenda; Jutta Janke: Nachwort. In: dies. (Hrsg.): Polnische Dramen. Berlin 1966, S. 331–338, hier S. 336.
239 Ebenda, S. 331.
240 Ebenda, S. 335.
241 Ebenda, S. 336.

Zimmer wurde dagegen im Gutachten von Ball als »unausgereifte Arbeit« betrachtet, voller »Reflektionen von Aussichtslosigkeit und tiefer allgemeiner Resignation«.²⁴² Janke entschied sich aber gegen das von Ball vorgestellte Stück *Die Höhle des Philosophen*, da es aus Sicht der Lektorin unter die »Abrechnungsstücke« einzureihen sei, auf die bei diesem Band aus verlagstaktischen Gründen bewusst verzichtet wurde. Für *Das andere Zimmer* plädierte sie vor allem wegen der im zwischenmenschlichen Bereich angesiedelten Sozialproblematik.

Zum wichtigsten Vertreter des poetischen Theaters und dem bedeutendsten Lyriker der mittleren Schriftstellergeneration in Polen avancierte in der geplanten Anthologie Tadeusz Różewicz:

> [Er] spürt den Konflikten der Gegenwart nach, mit seismographischer Empfindlichkeit notiert er alles, was die Existenz der Menschen gefährdet. […] Er durschaut die Betriebsamkeit jener kleinbürgerlichen, Phrasen und Klischees produzierenden Ästhetenschicht, die sich berufen fühlt, kulturelle Pseudowerte entsprechend der jeweiligen Mode zu lancieren. […] Seine *Laokoongruppe* ist eine heftige Attacke gegen den sich intellektuell gebärenden Mittelstand. In seinem *Akt przerywany* (Der abgebrochene Akt) setzt er sich parodistisch mit dem modernistischen Theater auseinander, das er für eine Sackgasse hält.²⁴³

Das zitierte Fragment aus dem Entwurf des Vorworts zeigt, mit welchen zensurtaktischen Methoden Janke die gattungspoetische Fremdheit des »poetischen Realismus« von Różewicz umzuinterpretieren versuchte. Als Folge der ausbleibenden Auseinandersetzung mit der westlichen Moderne und der Favorisierung realistisch-mimetischer Verfahren reagierten die zeitgenössischen DDR-Rezipienten auf Różewiczs Stücke in den 1960er-Jahren zumeist mit Ablehnung und Unverständnis. Nachdem die Studentenbühne der Leipziger Karl-Marx-Universität in der Regie von Bernd Engel *Die Zeugen oder Unsere kleine Stabilisierung* in der Übersetzung von Ilka Boll aufgeführt hatte, musste das Stück nach zwei Vorpremieren abgesetzt werden. *Die Zeugen* wurden auf dem »Kahlschlag«-Plenum als Beispiel dafür präsentiert, »wieweit die ideologische Aufweichung an einigen Stellen vorangeschritten ist«.²⁴⁴

Die Absetzung der Leipziger Inszenierung und die öffentliche Kritik auf dem 11. Plenum blieb nicht ohne Folgen für die im April 1966 erteilte Druckgenehmigung: Jankes Anthologie musste, trotz der geschickten Argumentation der Herausgeberin, ohne *Laokoongruppe* erscheinen. Schwerwiegend war in diesem Fall auch das nachträglich eingeholte Zweitgutachten, in dem lediglich realistisch-mimetische oder die nationalsozialistische deutsche Vergangenheit thematisierende Stücke befürwortet wurden. Nachdem der Zweitgutachter mit Gałczyński, Mrożek und

---

242 Ball: Gutachten zu »Polnische Dramen«.
243 Jutta Janke: Vorwort, o. D. In: BArch, DR1/2328.
244 Zit. nach Misterek: Polnische Dramatik, S. 300.

Herbert abgerechnet hatte, lehnte er auch die Veröffentlichung der *Laokoongruppe* ab. Die dort geübte Kritik der kleinbürgerlichen Intelligenz erschöpfe sich lediglich in »Negationen«: »Der Verfasser findet keine Lösung, weil er keine Bindung, keine klassenmäßige Bindung seiner Personen findet.«[245]

Die zensierten Dramatiker sollen aber auf dem Schutzumschlag markiert worden sein: Während in der ersten Spalte fünf Namen aufgeführt sind, finden sich in der zweiten Spalte nur drei. Die zwei Leerstellen, so berichtete Jutta Janke später, symbolisieren das Fehlen von Różewicz und Stanisław Witkiewicz. Das Stück des Letzteren dürfte noch vor Einreichen des Druckgenehmigungsantrags aus der Auswahl gestrichen worden sein, da ein ministerielles Veto abzusehen war.[246] Mit der Anthologie lag dennoch ein repräsentatives polnisches Dramenrepertoire vor. Sie übernahm in der DDR zugleich die Funktion des »Vorboten für die sich allmählich erweiternden ästhetischen Möglichkeiten und die Überwindung der ausschließlichen Konzentration auf die eigene Literatur mit ihrer Orientierung an ›künstlerischer Widerspiegelung‹ von Wirklichkeit«.[247]

Abb. 13: Umschlag der Anthologie *Polnische Dramen*. Quelle: Deutsches Literaturarchiv Marbach.

---

245 Hermann Burkhardt: Gutachten zu »Polnische Dramen«, 15.3.1966. In: BArch, DR1/2328.
246 Misterek: Polnische Dramatik, S. 310, 313.
247 Doris Lemmermeier: Polnisch-deutsche Dramenübersetzung 1830–1998. Grundzüge und Bibliographie. Mainz 1990, S. 32.

1972 erschien in der Verlagsreihe *Erkundungen* ein Band von 19 polnischen Erzählerinnen und Erzählern. Die Reihe gehörte zu den Markenzeichen des Verlages Volk & Welt und präsentierte dem ostdeutschen Leser kurze Prosawerke aus diversen Nationalliteraturen. Ihr wichtigstes Kennzeichen war die Fokussierung auf die letzten Jahrzehnte, verbunden mit dem Versuch, ein möglichst umfassendes Bild der jeweiligen Gesellschaft zu vermitteln. Die ersten sieben Bände erschienen in den 1960er-Jahren, einsetzend 1964 mit einer Anthologie westdeutscher Erzähler. Der größere Teil folgte in den 1970er- (26) und in den 1980er-Jahren (23). Obwohl die Auflagenhöhe der *Erkundungen* nicht selten 20 000 Exemplare erreichte, waren die Bücher rasch ausverkauft und erlebten mehrere Auflagen.[248] In den 1970er-Jahren wuchs der Reihe auch eine diplomatische Funktion zu. So signalisierte der Polen-Band der *Erkundungen* die Aufgeschlossenheit der DDR der polnischen Kultur und Literatur gegenüber nach der Einführung des visafreien Reiseverkehrs. In diesem kulturpolitischen Zusammenhang erschienen auch die in einem weiteren Kapitel analysierten *Erkundungen* über Belgien und die Niederlande sowie Bände über Albanien (1976), China (1984) oder Israel (1987).[249]

Der polnische Erkundungsband umfasste Autorinnen und Autoren, die fast ausnahmslos in den 1930er-Jahren geboren worden waren. Somit schloss er sich organisch an den 1964 erschienenen Titel *Moderne polnische Prosa* an, in dem vor allem Vertreter der damals mittleren und älteren Generation mit ihren bis Anfang der 1960er-Jahre veröffentlichten Erzählungen zu Wort gekommen waren. Die Sammlung dokumentierte einen Generationenwechsel. Die vorgestellten Schriftstellerinnen und Schriftsteller hätten bereits ihren Platz in einer literarischen Landschaft gefunden, die in einem »ständigen Wandel begriffen ist und nicht zuletzt deshalb immer wieder Gegenstand lebhafter Debatten auf Literaturseminaren und Schriftstellerkongressen, Thema kritischer Analysen und scharfsinniger Abhandlungen ist«.[250] Dabei ging es vor allem um Texte, die »Konfrontation mit der sie umgebenden Realität nehmen« und »weit davon entfernt [sind], die Wirklichkeit mit dem rauschgoldenen Glorienschein des Pathetisch-Heroischen zu versehen«: »Sie bleiben auf der Erde, im Alltag, der ständig Bewährung fordert, sei es in der Arbeit, sei es in den zwischenmenschlichen Beziehungen. Diesem weitgefassten Thema Alltag werden die verschiedensten Aspekte abgewonnen.«[251]

---

248 Lokatis: Die zensurpolitische Funktion der Anthologien, S. 55.
249 Ebenda, S. 56.
250 Jutta Janke: Nachwort. In: dies. (Hrsg.): Erkundungen. 19 polnische Erzähler. Berlin 1972, S. 373–380, hier S. 373.
251 Barbara Antkowiak: Gutachten zu »Polnische Erkundungen«, o. D. In: BArch, DR1/2349.

Das Alltägliche, die Formel des »kleinen Realismus« wurde durch die ostdeutsche Zeitkritik für bare Münze genommen, weil sie sich leicht als Analogie zur hiesigen »Ankunftsliteratur« (miss-)deuten ließ. Jene Literaturströmung, der Brigitte Reimanns Roman *Ankunft im Alltag* (1961) ihren Namen gegeben hatte, löste die Aufbauliteratur der 1950er-Jahre ab, für die die Betriebs- und Produktionsromane im Geiste des Sozialistischen Realismus typisch waren. Die Ankunftsliteratur bediente sich weiterhin industrienaher Sujets, aber mit einer stärkeren Betonung der Subjektivität und einem souveränen Umgang mit vielfältigen ästhetischen Mitteln.[252] Der Vergleich mit der polnischen Literatur der 1960er-Jahren war somit wenig zutreffend, milderte aber das bekannte, in Jankes Nachwort zitierte Schlagwort der »Wachablösung«, mit dem der Literaturkritiker Jan Błoński (1931–2009) die »literarische Revolution der Generationen« beschrieb.[253] Mit der kulturpolitischen Kontextualisierung der zweiten Hälfte der 1960er-Jahre verfuhr Janke äußerst sparsam: Über den Protest der Warschauer Studentinnen und Studenten im März 1968 und die anschließende antisemitische Kampagne hat sie kein Wort verloren.

In diesem Kontext bleibt aber zu bedenken, dass die erwähnte diplomatische Funktion des *Erkundungen*-Bandes mit einer entsprechend erhöhten Aufmerksamkeit der Zensur einherging. So waren im ursprünglichen Entwurf der Anthologie 20 Autorinnen und Autoren geplant. Laut Jankes Aktennotiz musste auf die Erzählung *Wechselstube der Träume* Andrzej Brychts (1935–1998) verzichtet werden, nachdem der Autor 1971 von einer Rundreise in Italien und Belgien nicht mehr nach Polen zurückgekehrt war und in Kanada politisches Asyl erhalten hatte.[254] Die überlieferten Dokumente des ostdeutschen Ministeriums für Auswärtige Angelegenheiten belegen aber, das Brycht bereits vor seiner Ausreise unter ideologischem Verdacht stand und in der Anthologie ohnehin nicht hätte erscheinen dürfen.

Die Gründe für diese negative Einschätzung datieren auf das Jahr 1968. Brycht galt noch damals, in ostdeutschen wie polnischen Parteikreisen, als ideologisch bewährter Deutschlandexperte: In seiner 1967 im Warschauer PAX-Verlag publizierten Schrift *Raport z Monachium* (Rapport aus München), die rasch mehrere Auflagen erlebte, befestigte er das Zerrbild der Bundesrepublik in Polen. Seine Gesprächspartner waren enttäuschte Randfiguren der Gesellschaft; der Autor sparte nicht mit Anspielungen auf die nationalsozialistische Gewaltherrschaft und seine eigene Kriegserlebnisse. Das politische Pamphlet bekam Lob von höchster Stelle. Das Buch, so befand der damalige Innenminister Mieczysław Moczar (1913–1986),

---

252 Matthias Aumüller: Ankunftsliteratur. Explikationen eines literaturhistorischen Begriffs. In: WIRKENDES WORT 61 (2011) H. 2, S. 293–311, hier S. 294, 296; Frank Tietje: Die Ankunftsliteratur. Begriff und Spannbreite. Baden-Baden 2019, S. 12–15.
253 Janke: Nachwort. In: dies. (Hrsg.): Erkundungen, S. 375.
254 Jutta Janke: Aktennotiz, 26.7.1971. In: BArch, DR1/2349.

habe unter der polnischen Jugend ein breites Echo gefunden, weil sein Autor »zur tiefsten Strömung vorgestoßen ist, in der die Revisionisten Westdeutschlands die junge deutsche Generation lenken«.[255] Den Moczar-Freund und PAX-Direktor Bolesław Piasecki (1915–1979) begeisterte an seiner Neuerscheinung die »Frische des Blicks, das tiefe patriotische Engagement und das durchdingende Urteil über die kompliziertesten Probleme in den polnisch-deutschen Beziehungen«.[256]

Abb. 14: Umschlag der Anthologie *Erkundungen. 19 polnische Erzähler* (1972). Quelle: Deutsches Literaturarchiv Marbach.

Besonders begeistert vom »München-Rapport« zeigte sich die Presse in der DDR. Die Botschaft der DDR in Warschau versuchte durch Vermittlung des Ministeriums für Kultur, diverse ostdeutsche Verlage für Brychts Erzählungsband *Dancing w kwaterze Hitlera* (1966, Tanz im Führerhauptquartier) wie auch für seinen Münchner Bericht zu begeistern.[257] Mit Empfehlung der Kulturabteilung der PVAP und auf Einladung des Ostberliner Schriftstellerverbands bezog Brycht im Januar 1968 ein feudales Hotel im Erzgebirge, um eine Reportagereihe über das sozialistische Deutschland

---

255 N. N.: Tote Kröte. In: Der Spiegel 35 (1971), S. 70 f., hier S. 70.
256 Ebenda, S. 71.
257 Botschaft der DDR Warschau an Bruno Haid (Leiter der HV Verlage im Ministerium für Kultur), 28.11.1967. In: PA AA, M1–C/42471.

für die Warschauer Wochenzeitschrift KULTURA zu schreiben.[258] Die Gastgeber wurden aber schnell enttäuscht. Nachdem im Mai 1968 Brycht über die Eindrücke seines Aufenthaltes im Krakauer Journalistenklub erzählt hatte, berichtete der Erste Sekretär der DDR-Botschaft, der Schriftsteller habe das Wesen des sozialistischen Staates nicht begriffen. Sein Bericht sei eine »Aneinanderreihung von Behauptungen, Halbwahrheiten und unzulässiger Verallgemeinerung von Einzelerscheinungen« gewesen, wodurch ein »verzerrtes Bild unserer Republik entstand«.[259] Die geplante Publikation wurde auf diplomatischem Weg unterbunden.

Der polnische *Erkundungen*-Band wurde in der Literaturkritik als »Ausdruck gewachsener literarischer Information wahrgenommen, die zuletzt deutlich in jene Breite gegangen ist, durch die erste authentische Unterrichtung erfolgen kann«.[260] Das Leseerlebnis sei »groß genug, daß man lernt, Land und Leute zu achten und zu verstehen«.[261]

Anlass zu einer ausführlicheren Beschäftigung mit polnischer Poesie war die 1975 im Aufbau-Verlag erschienene Anthologie *Polnische Lyrik aus fünf Jahrzehnten*. Der erste Auswahlvorschlag zu diesem Projekt wurde 1965 vom ursprünglich alleinigen Herausgeber Henryk Bereska vorgelegt, der jedoch noch keine klare Vorstellung vermittelte, welche Dichterinnen und Dichter aufzunehmen waren und wie die thematischen Proportionen auszusehen hatten. Als wichtigste Motivation galt für Bereska die stockende Rezeption der zeitgenössischen Lyrik aus Polen in der DDR: Die erste und letzte Sammlung erschien 1953 bei Volk & Welt und war vornehmlich auf die revolutionäre Thematik der Vor- und Nachkriegszeit konzentriert; sie ließ viele bedeutende Namen und weite poetische Bereiche unberücksichtigt. In der Bundesrepublik gab Karl Dedecius nach dem Erfolg seiner ersten Anthologie polnischer Lyrik *Lektion der Stille* (1959) einen umfangreichen Band mit *Polnischer Poesie des 20. Jahrhunderts* (1964) im Hanser-Verlag heraus; bei dieser »vorrangig ästhetisierend und geschmäcklerisch zusammengestellten Auswahl« hätten aber wichtige Strömungen polnischer Lyrik gefehlt, so die revolutionäre, proletarische sowie die gesellschaftskritisch engagierte Lyrik.[262]

---

258 Die Einladung wurde außerhalb des Freundschaftsvertrages ausgesprochen. Der dreiwöchige Aufenthalt und zahlreiche Reisen des Ehepaars Brycht waren finanziell so aufwendig, dass der Schriftstellerverband an das Ministerium für Auswärtige Angelegenheiten mit der Bitte um eine Teilfinanzierung herantrat. Deutscher Schriftstellerverband (Auslandsabteilung) an die Kulturabteilung des Ministeriums für Auswärtige Angelegenheiten, 30.4.1968. Ebenda.
259 Botschaft der DDR Warschau an die Kulturabteilung des Ministeriums für Auswärtige Angelegenheiten, 1.7.1968. Ebenda.
260 Zit. nach Olschowsky: Das Ähnliche und das Andere, S. 67.
261 Ebenda, S. 68.
262 Henryk Bereska: Exposé Anthologie polnische Lyrik 1918–1970, o. D. (Dezember 1971). In: SBB, IIIA, Dep. 38, A0109.

Abb. 15: Umschlag der Anthologie *Polnische Lyrik aus fünf Jahrzehnten* (1975). Quelle: Deutsches Literaturarchiv Marbach.

In der anfänglichen Konzeption der Anthologie dominierten die Natur- und Bekenntnislyrik, nach und nach gewann dann die gesellschaftsbezogene Poesie an Raum. Im Oktober 1967 legte Heinrich Olschowsky sein Gutachten zur von Bereska vorgeschlagenen Gedichtauswahl vor. Es erschien ihm plausibel, dass man bei der Lyrik der Nachkriegszeit eine Begrenzung auferlegt hatte, für unverständlich hielt der Gutachter aber die Fülle des Materials aus den 1930er- und 1940er-Jahren. Ausschließen müsse man also jene Gedichte, die »entweder den Schritt von der Prosa zur lyrischen Dichte nicht geschafft haben [...], oder sich im banalen lyrischen Alltagsweltklischee bewegen«. Verzichten könne man auch auf Verse, die »zur epischen Breite drängen, ohne zugleich die nötige gedankliche Konsistenz aufzuweisen«.[263] Reine Chronologie fand Olschowsky als Ordnungsprinzip nicht fruchtbar, man solle besser Gruppierungen literaturhistorischer Art vornehmen. Zugleich wies er auf die simple Tatsache hin, dass es sich um Lyrik handele, die übersetzt werden müsse:

---

263 Heinrich Olschowsky: Gutachten zur vorgeschlagenen Gedichtauswahl für die Anthologie polnischer Lyrik, 19.10.1967. Ebenda.

Broniewskis Gedicht *Ballady i romanse* (der Titel müsste schon in doppelte Anführung gesetzt werden), das auf das bahnbrechende Gedichtbändchen gleichen Namens von Adam Mickiewicz (1822) anspielt und in den Text Fragmente der Ballade *Romantyczność* kontrastisch montiert, ist in seiner literaturhistorischen Reminiszenz, aus der es seine Wirkung bezieht, für jeden polnischen Oberschüler durchsichtig. Was sagt es aber dem deutschen Leser? Das Fragment scheint nicht austauschbar; es hätte verheerende Folgen und ein Kommentar würde das Gedicht erdrücken und seines spielerischen Ernstes berauben. Ähnliches gilt für das zweite Gedichtfragment des revolutionären Avantgardisten Bruno Jasieński. Der Dichter setzt virtuos das versifikatorische und lexikalische Muster des Volksliedes ein und gewinnt aus der Spannung zu ihm stärkste Aussagen. Von wo sollte eine deutsche Nachdichtung diesen oppositionellen Hintergrund beziehen?[264]

Ein anschließendes Gutachten lieferte der Warschauer Literaturwissenschaftler und Übersetzer Andrzej Lam (geb. 1929). Lam kommentierte die Auswahl einzelner Gedichte, präsentierte eigene Gegenvorschläge und erinnerte den Herausgeber daran, dass die Anthologie schließlich ihre kulturpolitischen Aufgaben zu erfüllen habe. So dürften im Band die von Bereska gewählten Texte Arnold Słuckis (1920–1972) – eines polnisch-jiddischen Autors, der 1968 infolge der antisemitischen Kampagne nach Westberlin emigrierte – nicht aufgenommen werden. Auch bei Adam Ważyk (1905–1982) war Vorsicht geboten. Seine *Chronik* habe ein »einseitiges und infolgedessen heute in politischer Hinsicht falsch erscheinendes Bild von der Nachkriegssituation« vermittelt, die *Ballade* sei »lyrisch schwach und im Inhalt vereinfacht«, und die Argumente aus dem *Poem für Erwachsene* »bestätigen die Auffassung, daß dieses Poem, das aus der Verbitterung des Autors heraus entstand, leere und prätentiöse Gedanken enthält«.[265]

Als das Anthologieprojekt wegen zahlreicher Übersetzungsverpflichtungen Bereskas ins Stocken geriet, erfolgte 1971 die Hinzuziehung von Heinrich Olschowsky als zweitem Herausgeber. Die endgültige Auswahl der Dichterinnen, Dichter und Gedichte wurde in den nächsten vier Jahren nach intensiven Beratungen mit dem Verlag und unter den Herausgebern mehrmals verändert und verbessert. Die gesichteten 225 Gedichte von 64 Autorinnen und Autoren wurden schließlich auf eine ganze Reihe von Interlinearübersetzerinnen und -übersetzern verteilt, mit dem

---

264 Ebenda.
265 Andrzej Lam: Rezension zur Anthologie »Polnische Lyrik« von Henryk Bereska, 7.10.1968. Ebenda. Heinrich Olschowsky bemerkte, dass auch die Veröffentlichung der Gedichte von Czesław Miłosz am »kategorischen Veto der polnischen Kulturbehörde« scheiterte. Heinrich Olschowsky: Das Erbe der schwierigen Nachbarschaft. Polnische Literatur in der DDR. In: Dialog 57 (2000), S. 88.

Ziel, entsprechend der Vielzahl von Texten, möglichst viele Nachdichterinnen und Nachdichter für die Anthologie zu gewinnen. Nachdichtungen, denen eine wortgetreue Rohübersetzung zugrunde lag, gehörten zu einer gängigen Praxis in den DDR-Verlagen. Mit der Nachdichtungsarbeit war auch ein kulturpolitisch erzwungenes Ausweichen verbunden, weil für eigene Gedichte vieler als »ideologisch unreif« geltenden Schriftstellerinnen und Schriftsteller sich nach dem »Kahlschlag-Plenum« des Jahres 1965 auf lange Zeit keine Möglichkeit der Veröffentlichung bot.[266] So kam es zu der »Renaissance der Nachdichtungen«, bei dem sich vor allem Vertreterinnen und Vertreter der sogenannten sächsischen Dichterschule hervortaten.[267]

Viele bedeutende Namen – u. a. Franz Fühmann (1922–1984), Rainer Kirsch (1934–2015), Reiner Kunze (geb. 1933), Günther Deicke (1922–2006) und Jürgen Rennert (geb. 1943) – lehnten die Einladung zur Teilnahme an der Nachdichtung der polnischen Lyrik aus terminlichen Gründen ab.[268] Für Elke Erb (1938–2024) – bekannt für ihre kritische Haltung zu den Verhältnissen in der DDR, ihre herausfordernden Sprachexperimente, ihren poetischen Eigensinn sowie ihre Nachdichtungen der Texte von Marina Zwetajewa – haben die Interlinearversionen den poetischen Gehalt der Gedichte nicht verraten können; die vorgelegte Auswahl kritisierte sie als »unkundig« und »energielos«.[269] Wulf Kirsten (1934–2022) hatte dagegen nur Interesse an reimlosen, freien Versformen, die bereits an andere Dichter vergeben waren.[270] Deutsche Verse berühmter polnischer Autorinnen und Autoren stammten aus der Feder von prominentesten zeitgenössischen ostdeutschen Poetinnen und Poeten: Annemarie Bostroem (1922–2015), Heinz Kahlau (1931–2012), Martin Remané (1901–1995), Jens Gerlach (1926–1990), Wilhelm Tkaczyk (1907–1982), Heinz Czechowski (1935–2009), Richard Pietraß (geb. 1946), Christine

---

266 Jürgen Rennert: Nachdichtungen 3 – Keineswegs nur Selbstverleugnung. In: Barck, Lokatis (Hrsg.): Fenster zur Welt, S. 318.
267 Simone Barck: Nachdichtungen 1 – Verfemte Poeten und die sächsische Dichterschule. Ebenda, S. 314 f., hier S. 314. Die Nachdichtungsarbeit wurde durch den Deutschen Schriftstellerverband in vielen Fällen großzügig gefördert, u. a. indem Reisen in die Ursprungsländer finanziert wurden. Zu einem der aufwendigsten Projekte wurde der von Adolf Endler und Rainer Kirsch 1971 herausgegebene Band *Georgische Poesie aus acht Jahrhunderten*. Anhand von »achttausend rohen Verszeilen« in Interlinearübersetzung galt es 4000 auszuwählen und »in Form« zu bringen. Als Gäste des georgischen Schriftstellerverbandes hatten die beiden Herausgeber die Möglichkeit, das Land und seine Literatur vor Ort kennenzulernen. So wurde, wie sich Endler später erinnerte, trotz fehlender Kenntnisse der Sprache die »georgische Poesie in Deutschland erfunden«. Ebenda, S. 315.
268 Kristiane Lichtenfeld: Protokoll zur Anthologie »Polnische Lyrik aus fünf Jahrzehnten«, 22.4.1974. In: SBB, IIIA, Dep. 38, A0109.
269 Elke Erb an Aufbau-Verlag, 9.9.1971. In: SBB, IIIA, Dep. 38, A0110.
270 Wulf Kirsten an Kristiane Lichtenfeld, 17.1.1973. Ebenda.

Wolter (geb. 1939), Günter Kunert (1929–2019), Kito Lorenc (1938–2017), Bernd Jentzsch (geb. 1940) und Sarah Kirsch (1935–2013).

Fertige Nachdichtungen wurden im Verlag stark bearbeitet, bei unterschiedlicher Bereitschaft vonseiten der Nachdichter.[271] Nicht wenige wurden von der betreuenden Redakteurin, Kristiane Lichtenfeld, für unbrauchbar erklärt. Nachdem Uwe Grüning seine Nachdichtung von Bolesław Leśmians *Soldat* geliefert hatte, äußerte sich Lichtenfeld kritisch über seine »poetische Kompetenz«:[272] Das polnische Original sei »schlichter« gewesen, die deutschen Reime zu »aufdringlich«; die Gegensätze, von denen das Gedicht »lebt«, seien in der Übertragung »eher geglättet, denn herausgearbeitet«.[273] Auch Texte des Avantgardisten Anatol Stern hätten in der nachgedichteten Fassung Wolfgang Tilgners (1932–2011) den »emotionale[n] Gehalt« des Originals, die »Freude am Sinnlichen, am kräftigen, treffenden Ausdruck« nicht erreicht.[274] Lichtenfelds Absage liest sich wie eine theoretische Reflexion über das Nachdichten:

> Das Nachdichten ist ein komplexer Vorgang. Es soll die optimale Wiedergabe von Inhalt, Form und emotionalem Gehalt des Originals erreicht werden. Dabei sind im Einzelnen die Gegebenheiten des Originals mit den Möglichkeiten der Zielsprache in Einklang zu bringen. Im Ganzen muß aber der Entwurf des gesamten Gedichts, des Originals, in der Zielsprache nachvollzogen werden. Ein Gedicht ist eine formale und gedankliche Einheit mit eigenen inneren Gesetzmäßigkeiten, mit einer inneren Spannung. In diesem Sinne muß auch das übertragene Gedicht wieder ein Gedicht sein. Dazu gehört ebenfalls eine hochgradige Textverständlichkeit, soweit die Möglichkeiten dafür gegeben sind. Da das Nachdichten ein höchst individueller Vorgang ist, eine intime Auseinandersetzung des Nachdichters mit dem Text, kann es vorkommen, daß eine Nachdichtung gelingt und eine andere nicht. [...]
>
> Das Grundproblem dieser Nachdichtung ist, daß sie sich zu wenig vom Original bzw. der Interlinearübersetzung, von deren Wortwörtlichkeit gelöst hat. Es fand keine oder nur eine geringe »Verdichtung« im Sinne von »dichter machen« statt. Dadurch ist auch die Verständlichkeit der Nachdichtung beeinträchtigt. Die einzige Beweglichkeit beim Nachdichten äußerte sich im Austausch jeweils einzelner Wörter durch Synonyme, die dann auch nicht

---

271 Lichtenfeld: Protokoll zur Anthologie »Polnische Lyrik aus fünf Jahrzehnten«.
272 Rainer Kirsch: Nachdichtungen 2 – Das Wort und seine Strahlung. Über Poesie und ihre Übersetzung. In: Barck, Lokatis (Hrsg.): Fenster zur Welt, S. 316 f. hier S. 316.
273 Kristiane Lichtenfeld an Uwe Grüning, 5.4.1973. In: SBB, IIIA, Dep. 38, A0110.
274 Kristiane Lichtenfeld an Wolfgang Tilgner, o. D. (Mai 1974). In: SBB, IIIA, Dep. 38, A0111.

immer die glücklichsten waren und in Wortumstellungen aus rhythmischen oder Reimgründen. Bei all dem fehlt die künstlerische Umsetzung.[275]

Polnische Lyrik aus fünf Jahrzehnten erschien als offizieller Beitrag des Aufbau-Verlages zum 30. Jahrestag des Bestehens der Volksrepublik Polen. Die Anthologie, der Grafiken von polnischen Gegenwartskünstlern beigefügt wurden, deckte den Nachholbedarf im Bereich der polnischen Poesie und suchte durch das informationsreiche Nachwort Heinrich Olschowskys sowie biografische Angaben ein möglichst umfassendes Bild der Lyrikentwicklung zwischen 1918 und 1970 zu vermitteln. Die Kritik begrüßte den Band als eine Möglichkeit, literarische Entdeckungen – mit Namen wie Wisława Szymborska, Tadeusz Nowak, Jerzy Harasymowicz oder Stanisław Grochowiak – zu machen.

Im Jahr 1985 gaben Jutta Janke und Hubert Schumann die Anthologie *Nachbarn. Texte aus Polen* heraus. Bei ihrer Konzipierung Ende 1977 war sie ursprünglich als ein *Heute*-Band geplant, der vom Polen der 1970er-Jahre erzählen sollte. Nach bereits erschienenen Auswahlbänden *Schweiz heute* (1976) und *Österreich heute* (1978) erschien das Vorhaben eines Polen-Bandes als kulturpolitisch nützlich.[276] Die Auswahl der Beiträge erfasste sämtliche Genres, von schöner Literatur bis zu anspruchsvoller Publizistik. Gedacht war auch an Fragmente von Szenarien vieldiskutierter Gegenwartsfilme, Texte über Musik, Theater und bildende Kunst. Sie sollten auf die Frage antworten, »was Polen heute ist, wie sich polnische Art und polnisches Leben mit den Erfordernissen und den Gegebenheiten der zweiten Hälfte des 20. Jahrhunderts vertragen«.[277] Die beabsichtige Wirkung des Buches war, »den Deutschen aus der DDR hinter die Kulissen schauen zu lassen, ihm zu zeigen, was hinter anziehenden und abstoßenden Schauseiten steckt, welchem Wesen das alles entspringt, was einem vordergründig ins Auge fällt trotz nahezu dreißigjähriger zunächst nur befohlener Freundschaft und endlich nach und nach praktiziertem Miteinander [...]«.[278]

Die politische Entwicklung in Polen Ende der 1970er- und Anfang der 1980er-Jahre zwang die Herausgeber zu konzeptionellen Änderungen. Bei »Ausbruch der Krise« seien bereits übersetzte und viele geplante Texte inaktuell geworden. Den ursprünglichen Entwurf beschrieb Janke als »illusionär«, denn »das Polen folgender Monate bot das Bild einer völlig in sich zerstrittenen Gesellschaft, in der neben antisozialistischen, vor allem antisowjetischen und chauvinistischen Auswüchsen, einem

---

275 Ebenda.
276 Jutta Janke: Gutachten zu »Nachbarn. Texte aus Polen«, 11.3.1984. In: BArch, DR1/2386.
277 Hubert Schumann: Gutachten zu »Nachbarn. Texte aus Polen«, 22.11.1977. Ebenda.
278 Ebenda.

Überschwappen des Katholizismus und des anarchistischen Wunderglaubens [...] Anarchismus und Intoleranz dominierten [...]«.[279] Die geplante Aktualität – Einblick in die polnische Literaturszene der letzten Jahre – sollte daher durch »leicht distanzierte Repräsentanz ersetzt« werden: »Für den oberflächlichen Betrachter mag der vorgelegte Band inaktuell anmuten, weil er das Chaos der letzten Jahre nicht reflektiert, er ist aber nichtsdestoweniger nicht überholt, und dem mitdenkenden Leser werden manche Texte die Frage beantworten, wieso es zu dem innerpolnischen Zerwürfnis kam [...].«[280]

Abb. 16: Umschlag der Anthologie *Nachbarn. Texte aus Polen* (1985).
Quelle: Deutsches Literaturarchiv Marbach.

In der Anthologie musste von »Machwerken«, die in den Untergrundverlagen erschienen, abgesehen werden.[281] So wurde unter anderem die längere, von Hubert Schumann übersetzte Erzählung *Im Vollbesitz der Kräfte* von Adam Zagajewski

---

279 Janke: Gutachten zu »Nachbarn. Texte aus Polen«.
280 Ebenda.
281 Ebenda.

(1945–2012) kurz vor der Drucklegung des Buches gestrichen.[282] Der Dichter lebte zu dieser Zeit in Paris und bat im März 1984 auf dem Kongress des Verbandes deutscher Schriftsteller in Saarbrücken um Solidarität mit dem aufgelösten polnischen Schriftstellerverband. Zensiert wurde auch ein Beitrag des inzwischen verhafteten Marek Nowakowski (1935–2014). Interessanterweise fanden sich aber unter den »bedeutendsten Erzählern, die an Einzelschicksalen Auskunft über das Polen der siebziger Jahre geben« Jan Józef Szczepański und Jerzy Andrzejewski, die mit der Opposition in Polen zusammengearbeitet und das Komitee zur Verteidigung der Arbeiter (KOR) mitbegründet haben, sowie Kornel Filipowicz (1913–1990), der seit 1977 im sogenannten »Zweiten Umlauf« arbeitete.[283] Neben diesen Namen, zu deren Publikation einige Courage gehörte, findet sich der eines Jerzy Urban (1933–2022), des langjährigen Regierungssprechers, bei dessen Text es sich aber am ehesten um eine Glosse handelt. Heinrich Olschowsky lobte in seinem Gutachten die Zusammenstellung der Anthologie:

> Das Anliegen der Herausgeber war es, keinen künstlerisch repräsentativen Querschnitt polnischer Prosa vorstellen zu wollen, sondern mit den Mitteln verschiedener literarischer und paraliterarischer Formen dicht an die Alltagswirklichkeit des vergangenen Jahrzehnts heranzukommen. Das stärker soziographische als ästhetische Interesse der Herausgeber ist wichtig, wenn wir nachträglich wenigstens authentische Auskunft darüber einholen wollen, ob und wie in der literarischen Öffentlichkeit Polens die Anzeichen einer Situation wahrgenommen worden sind, die zu einer schweren sozialen und in deren Folge politischen Krise […] geführt hat.[284]

---

282 Erika Worbs: Das Schicksal der Bücher. Hubert Schumann (1941–2013) und seine Übersetzungen aus dem Polnischen. In: Alexey Tashinskiy, Julia Boguna, Andreas F. Kelletat (Hrsg.): Übersetzer und Übersetzen in der DDR. Translationshistorische Studien. Berlin 2020, S. 207–221, hier S. 219.
283 Marion Brandt: Vor dem Sturm. Zur Anthologie »Nachbarn. Texte aus Polen (1985)«. In: Barck, Lokatis (Hrsg.): Fenster zur Welt, S. 87–91, hier S. 89.
284 Heinrich Olschowsky: Gutachten zu »Nachbarn. Texte aus Polen«, 30.3.1984. In: BArch, DR1/2386. Nach dem Erscheinen der Anthologie lehnte es das Neue Deutschland ab, in seiner Literaturbeilage Olschowskys Rezension der Anthologie abzudrucken. Olschowsky: Grenzen überschreiten, S. 80. Zum Essay erweitert, erschien die Besprechung in der Zeitschrift Sinn und Form der Akademie der Künste (Ost). Olschowsky äußerte sein Unbehagen, dass man der polnischen Literatur mit einem »oberflächlichen politischen Raster« beizukommen versucht: Die Anthologie sei nicht mit einer politischen Analyse zu verwechseln. Sie »wird gewiß aber nicht nur als Vergrößerungsglas wirken, das die Konturen eines exotischen Gegenstandes überscharf hervortreten läßt, sondern auch als Spiegel, der dem Leser durchaus Vertrautes verfremdend in den Blick hebt«. Heinrich Olschowsky: Ein polnisches Lesebuch. In: Sinn und Form 38 (1986) H. 6, S. 1283–1288, hier S. 1284, 1288.

Im kurzen Vorwort konnten die beiden Herausgeber die Bemerkung von der »schweren Gesellschaftskrise der letzten Jahre mit ihren konterrevolutionären und anarchistischen Auswüchsen« nicht vermeiden, aber ihr Vorsatz stand deutlich quer zur Desinformationskampagne der DDR-Medien. Sie wollten »kritische Einblicke vermitteln, vorbei an allem vordergründig Spektakulären auf den Alltag sehen, den Land und Leute ungeachtet aller Emotionen zu bestehen haben«.[285]

Reichtum polnischer »Handschriften und Ausdrucksweisen«

Die analysierten Anthologien polnischer Literatur erwiesen sich als ein relativ unbehelligter, schützender Ort, in dem die schwierigsten Publikationsprojekte heranwachsen und ihre Zeit abwarten konnten. Jene DDR-Anthologien sollten deshalb, trotz aller skizzierten Widersprüchlichkeiten, im Rahmen ihres konkreten verlagsökonomischen und zensurpolitischen Hintergrundes interpretiert werden. Die dort veröffentlichten Texte verwiesen häufig genug auf größere, noch nicht publizierbare Werke und bereiteten deren Erscheinen vor.

An dieser Stelle muss auch der neue (außen-)kulturpolitische Kontext der 1970er-Jahre berücksichtigt werden. Obwohl die Grenzen des nach dem Amtsantritt Erich Honeckers als Erster Sekretär der SED verkündeten Öffnungsprozesses spätestens mit der Ausbürgerung Wolf Biermanns und der Kampagne gegen Reiner Kunze sichtbar geworden waren, wurde im Zuge der Anerkennung der heterogenen Gesellschaftsstruktur in der DDR nun der Auseinandersetzung mit ästhetischen Formen stattgegeben, die diese Vielschichtigkeit zum Ausdruck bringen konnten. Mit der Aufwertung der Unterhaltungskunst und -literatur sowie der Rehabilitierung der Moderne hat sich die ostdeutsche Kulturpolitik von dem Ideal der homogenen »sozialistischen Menschengemeinschaft« verabschiedet.[286] Der in Aussicht gestellte Reichtum von »Handschriften und Ausdrucksweisen« ermutigte die Autorinnen und Autoren zur Anwendung neuer Gestaltungsmittel.[287] Die zögernde Aufnahme der Groteske und des Theaters des Absurden fand größtenteils über den Umweg über die Literatur anderer sozialistischer Länder statt. Die literaturästhetische Öffnung hing mit der neuen außenpolitischen Lage zusammen: Nach der »Politik der Selbstisolierung« in den 1960er-Jahren bemühte sich die DDR intensiv um die Anerkennung ihrer staatlichen Souveränität durch die Einbindung in die internationale Politik. Nach dem Abschluss des Grundlagenvertrags mit der Bundesrepublik

---

285 Jutta Janke, Herbert Schumann: Vorwort. In: dies. (Hrsg.): Nachbarn. Texte aus Polen. Berlin 1985, S. 5 f., hier S. 6.
286 Misterek: Polnische Dramatik, S. 315 f.
287 Erbe: Die verfemte Moderne

1972 waren diplomatische Beziehungen mit zahlreichen westlichen Staaten aufgenommen worden. Gleichzeitig praktizierte die DDR die bereits im ersten Teil des Buches untersuchte Politik der sozialistischen Transnationalisierung. Innerhalb des »Bruderbundes« kam der Volksrepublik Polen und der Tschechoslowakei besondere Aufmerksamkeit zu.

Der Öffnungsprozess der SED-Politik ermöglichte eine Auseinandersetzung mit den modernen polnischen »Handschriften und Ausdrucksweisen«. So kam die Veröffentlichung von *Hafen der Sehnsucht* (1979) Marek Hłaskos (1934–1969) – eines ehemals zornigen jungen Mannes der polnischen Literatur, der seit 1958 ruhelos in diversen Ländern im Exil lebte und schließlich in Wiesbaden an einer Überdosis Schlaftabletten starb – einer kleinen Sensation gleich. Dass der schmale Erzählband zu einer begehrten Bückware wurde, war nicht nur auf die politischen Gründe zurückzuführen. Hłasko, mit der westdeutschen Schauspielerin Sonja Ziemann verheiratet, war wegen seines dekadenten Lebensstils und seiner »vulgären Individualästhetik« berühmt-berüchtigt geworden.[288]

Henryk Bereska bemühte sich bereits 1957 um die Herausgabe von Hłaskos erstem Erzählband *Pierwszy krok w chmurach* (Der erste Schritt in den Wolken). Er präsentierte den jungen Debütanten als das stärkste Talent der neuen Schriftstellergeneration in Polen und seine Texte als »Reaktion auf die in der Vergangenheit oft zu sehr simplifizierte, oberflächliche und hurraoptimistische und von der Wahrheit entfernte Darstellung der Wirklichkeit«. Hłasko war das »Sprachrohr« einer Generation, die den Krieg nicht kämpfend erlebte, sondern mit »altklugen Kindesaugen« beobachtete, die der Krieg »früh der Illusionen beraubte und sie den Zynismus lehrte«.[289] Jutta Janke (damals Stabrey) bekräftigte das positive Urteil: Die »Entwertung der Dinge durch den Alltag« zwinge den Autor zum Protest. In seiner Neigung, Negatives aufzudecken, »schießt er oft eruptiv über das Ziel hinaus«, der »Drang nach der Auffindung der Wahrheit« bleibe aber das Geheimnis seiner großen Aussagekraft.[290] Kritische handschriftliche Anmerkungen und Fragezeichen auf beiden Gutachten beweisen, dass nach 1956 polnische Bücher mit unbotmäßigen Botschaften auf offizielle Förderung nicht mehr rechnen konnten. Erst Ende der 1970er-Jahre durften Hłaskos Momentaufnahmen aus dem Alltag in den Warschauer Vorstadtvierteln erscheinen, nachdem Hubert Schumann sie von dem »denunziatorischen« und »abgestandenen« Begriff der »Abrechnungsliteratur« befreit und in den Kontext der sozialistischen Literaturgeschichte verortet hatte:

---

288 Trepte: Anmerkungen zu Begutachtung, S. 509 f.
289 Henryk Bereska: Gutachten zu »Der erste Schritt in den Wolken« von Marek Hłasko, März 1957. In: AdK, VuW 3869.
290 Jutta Stabrey: Gutachten zu »Der erste Schritt in den Wolken« von Marek Hłasko, März 1957. Ebenda.

Herb, illusionslos bis zur Bitterkeit, decken diese Werke moralische Unzulänglichkeiten auf, eine schmerzende Sehnsucht nach mehr Menschlichkeit liegt an ihren Wurzeln. Die Kraßheit und Schonungslosigkeit der Schilderungen, die einst die Befürchtung weckten, es könne zu einer einseitigen Überzeichnung der Wirklichkeit kommen, dieser Ausbruch von Verzweiflung und Ungeduld ist verbunden mit der damals in der polnischen Literatur verstärkt einsetzenden Hinwendung zum Ich, zum Schicksal der Einzelpersönlichkeit, einer Entwicklung, die in anderen sozialistischen Ländern zu ganz ähnlichen Ergebnissen führte und führt. In dieser Hinsicht zumindest hat Hłasko schon mit Babel und Platonow sehr viel gemeinsam.[291]

Zu den ungewöhnlichen Autoren in Jutta Jankes polnischem Verlagsprogramm zählte Michał Choromański (1904–1972) – ein Autor, der spät aus der Emigration in Brasilien und Kanada nach Posen zurückgekehrt war und Romane schrieb, die in den skurrilen Verhältnissen der Vorkriegszeit angesiedelt waren. Die Pflege dieses von der polnischen Literaturkritik kaum wahrgenommenen Literaten – in den Jahren 1975 bis 1986 erschienen bei Volk & Welt sechs Romane von Choromański – gehörte zu einer bemerkenswerten Transferleistung der Lektorin, die mit ihrem Repertoire auch dem »elementaren Unterhaltungsbedürfnis des Lesers« entgegenkommen wollte.[292] Mitte der 1970er-Jahre führte man in der ostdeutschen Literaturwissenschaft immer noch eine rege Diskussion darüber, ob es unter sozialistischen Bedingungen eine Literatur gebe, die in ihrer Spezifik eine unterhaltende Funktion erfülle. Als Konsens galt: Die Unterhaltung existiere nicht als isolierte Erscheinung, sie stehe immer in Wechselwirkung mit anderen Funktionen, der aufklärenden, der erzieherischen.[293] Um einem solchen Anspruch gerecht zu werden, stellte Janke Choromański nicht nur in eine Reihe mit Stanisław Ignacy Witkiewicz, Witold Gombrowicz, Bruno Schulz und Stefan Grabiński, sondern erhob ihn sogar zum Vorläufer der genannten Schriftsteller.[294]

Mitte der 1980er-Jahre konnte bei Volk & Welt schließlich auch *Ferdydurke* von Witold Gombrowicz (1904–1969) erscheinen. Janke las das Buch zum ersten Mal im Jahr 1957, zeitgleich mit Hłaskos *Erstem Schritt in den Wolken*. Während die Lektorin aber bei Hłasko als *gatemaker* aufzutreten versuchte, erfüllte sie bei dem seit 1939 im Exil lebenden Gombrowicz die Funktion eines dezidierten *gatekeepers*:

---

291 Hubert Schumann: Gutachten zu »Hafen der Sehnsucht« von Marek Hłasko, o. D. (1977). BArch, DR1/2369a.

292 Jutta Janke: Nachbemerkung zu »Eifersucht und Medizin« von Michał Choromański, Juni 1986. In: BArch, DR1/2389a.

293 Werner Deicke: Ein Begriff im Widerstreit: Unterhaltungsliteratur. In: Untersuchungen zur sozialistischen Unterhaltungsliteratur 15 (1975) H. 1, S. 11–25, hier S. 14.

294 Jutta Janke: Gutachten zu »Eifersucht und Medizin« von Michał Choromański, o. D. (1986). In: BArch, DR1/2389a.

Der Roman übe mit seiner »existentialistisch anmutende Satire« Kritik an einer »Erscheinungsform jeder Gesellschaft schlechthin« und mache sich über dieses »Verstricktsein« des Menschen in die Gesellschaft lustig.[295] Auch in späteren Jahren blieb Janke kritisch gegenüber dem Werk von Gombrowicz: Noch 1989 schrieb sie einen dreiseitigen Verriss über den Roman *Die Besessenen*, den sie für einen »auf den schlechten Lesergeschmack zugeschnittenen Gruselroman« hielt.[296]

Es war vor allem der Übersetzer Hartmut Kühn (geb. 1947), der sich spätestens 1976 für eine DDR-Ausgabe von *Ferdydurke* einsetzte. In seinem damals erstellten Gutachten hielt Kühn das »artifiziell« und »philosophisch« Innovative bei Gombrowicz den »abstrakten« und »partiellen« Neuerungen anderer polnischer Autorinnen und Autoren entgegen: Gombrowicz »beobachtete nicht allein Ebenen, Zonen, Milieus, Stimmungen der Wirklichkeit selbst, sondern auch das Bewusstsein und Beobachtungen darüber. In gewisser [...] Weise schrieb er Meta-Literatur.«[297] Als »eine der farbigsten Gestalten der polnischen und der Weltliteratur« mit *Ferdydurke* 1985 in das Verlagsprogramm aufgenommen wurde, distanzierten sich die Gutachter zensurtaktisch von der »Legende und Mythologie über Gombrowicz«, die »gewisse Kreise im Westen« mit seinen *Tagebüchern* zu kolportieren versuchten.[298] Mit *Ferdydurke* wollte der Verlag »den Anfang machen«, um ein »wirkliches Bild vom Schaffen und von der literarischen Bedeutung dieses Autor zu schaffen«.[299] Ende 1988 erschien noch *Trans-Atlantik*. Wenige Monate später war das Schicksal der DDR besiegelt.

Die kulturpolitische Öffnung in den 1970er-Jahren bereitete vor allem aber das Feld für eine erstmals als repräsentativ zu bezeichnende Erschließung der polnischen Dramatik. Nach der bemerkenswerten Einführung Sławomir Mrożeks in der *Modernen polnischen Prosa* und den *Polnischen Dramen* konnten 1977 auch seine *Stücke* erscheinen. In ihrem Gutachten erklärte die Herausgeberin Jutta Janke, dass es nach den bei Volk & Welt herausgegebenen Anthologien mit Texten von Tadeusz Różewicz und Leon Kruczkowski und im Hinblick auf die vorzubereitende Sammlung von Witkiewicz-Stücken an der Zeit sei, auch Mrożek durch eine eigenständige Buchpublikation zu präsentieren.[300] Möglichen Bedenken, Mrożek als einen

---

295 Jutta Stabrey: Gutachten zu »Ferdydurke« von Witold Gombrowicz, o. D. (1957, Hervorhebung im Original). In: AdK, VuW 3867.
296 Jutta Janke: Gutachten zu »Die Besessenen« von Witold Gombrowicz, 15.6.1989. Ebenda.
297 Hartmut Kühn: Gutachten zu »Ferdydurke« von Witold Gombrowicz, 8.8.1976. Ebenda.
298 Hubert Schumann: Gutachten zu »Ferdydurke« von Witold Gombrowicz, o. D. (1984). In: BArch, 2376a; Hartmut Kühn: Gutachten zu »Ferdydurke« von Witold Gombrowicz, o. D. (1984). Ebenda.
299 Ebenda.
300 Jutta Janke: Verlagsgutachten zu »Stücke« von Sławomir Mrożek, o. D. (1975). In: BArch, DR1/2364.

»Vertreter und Epigonen des absurden Theaters westlicher Prägung« abzustempeln, wurde der Verweis auf die »spezifisch polnische Tradition der Romantik«, mit der sich Mrożeks Werke kritisch auseinandergesetzt hätten, entgegengestellt. Janke betonte ein gesellschaftliches Engagement des Autors der grotesken Parabeln, indem sie den polnischen Theaterkritiker Edward Csató (1915–1968) zitierte:

> Ich glaube, es ist die leidenschaftliche Sorge, die Republik (und die Welt) zu verbessern, durch die sich unsere Dramatikeravantgarde von jenen avantgardistischen Kreisen unterscheidet, deren Werk das sogenannte absurde Theater, das Theater der Hoffnungslosigkeit repräsentieren. Mir scheint, in vielen Stücken unserer Avantgarde [...] hat jene aggressive Verfolgung des Absurden das Ziel, das Absurde zu bekämpfen, sich ihm im Namen einer vorausgeahnten oder doch erstrebten Harmonie, im Namen von Sinn und Ordnung entgegenzustellen.[301]

In der Auswahl wurden »die besten Stücke des Autors« mit den »drei für Mrożek charakteristischen« Problemkreisen vorgestellt: die Freiheitsthematik (*Auf hoher See, Striptease, Karol*), die »Auseinandersetzung mit den romantischen Traditionen und ihren heldischen Idealen« (*Die Polizei, Der Truthahn, Tango*) sowie die Thematisierung von Gegenwartsproblemen (*Emigranten*).[302] Der Anthologie wurde ein Essay der polnischen Theaterwissenschaftlerin Marta Fik (1937–1995) beigegeben, in dem die nationalen Traditionslinien sowie die Biografie des Autors skizziert wurden. Bemerkenswert war vor allem die Publikation der parabolischen Groteske auf den Polizeistaat im angespannten kulturpolitischen Klima der DDR nach der Ausbürgerung Wolf Biermanns im Jahr 1976.[303] *Die Polizei* wurde in den Kontext des polnischen »Tauwetters« verortet und als »Parodie auf die Abrechnungsliteratur jener Jahre« bezeichnet.[304] *Emigranten* wurden wiederum als ein »eindeutiges Bekenntnis gegen Emigrantentum« gedeutet;[305] somit lieferte die Gutachterin zensurtaktisch ein Gegenargument für die Ausreisebestrebungen von DDR-Bürgern und den Exodus zahlreicher Künstlerinnen und Künstler nach der Ausbürgerung Biermanns.[306]

Anfang der 1980er-Jahre sorgte das Erscheinen der *Stücke* von Stanisław Ignacy Witkiewicz (Witkacy, 1895–1939) – einem Dramatiker, Maler und Philosophen, der sich nach dem Einmarsch der Roten Armee in Ostpolen umgebracht hatte – für große Verwunderung. Seine in der Vorkriegszeit geschriebenen Stücke erschienen in einer polnischen Buchausgabe erst 1972 und waren auch in der DDR lange Zeit ein

---

301 Ebenda.
302 Ebenda.
303 Misterek: Polnische Dramatik, S. 349.
304 Janke: Verlagsgutachten zu »Stücke« von Sławomir Mrożek.
305 Georgina Baum: Gutachten zu »Stücke« von Sławomir Mrożek, o. D. (1975). Ebenda.
306 Misterek: Polnische Dramatik, S. 350.

Geheimtipp. Witkiewicz nahm das absurde Theater von Ionesco, Beckett und Genet vorweg. Obwohl er aber in der Bundesrepublik seit den 1960er-Jahren rege übersetzt worden war, verwirrten seine Stücke das Publikum sichtlich. In der DDR standen dagegen Witkacys »elitäres Menschenbild und seine Warnung vor der drohenden Nivellierung und Kollektivierung des Individuums in der Massengesellschaft einer politisch-ideologisch zu legitimierenden Auseinandersetzung im Rahmen der sozialistischen Kulturdoktrin entgegen«.[307] Ende der 1970er-Jahre spielte das Berliner Ensemble mit dem Gedanken, Witkacys Stück *Die Schuster* – eine Travestie des Spiels um die Macht – aufzuführen, bekam aber keine Genehmigung. Die Herleitung einer Legitimation für die Dramen des Avantgardisten erforderte daher viel Geschick. Henryk Bereska und Hubert Schumann erteilten Witkacy eine Berechtigung für das sozialistische Theater durch Relativierung der »katastrophischen« Perspektive sowie Hervorhebung der antikapitalistischen Position des Autors. Darüber hinaus wurde auf Berührungspunkte mit Brechts Theater hingewiesen, mit dem Witkacy das Anliegen verbinde, konventionelle Formen zu verfremden.[308] Die endgültige Erteilung der Druckgenehmigung war aber nicht ausschließlich der Argumentation beider Gutachter zu verdanken. Die ministerielle Entscheidung ist auch im kulturpolitischen Kontext der 1980er-Jahre zu betrachten; im Rahmen der zeitgenössischen Politik der »Schadensbegrenzung« waren die Zensurgremien zu derartigen Zugeständnissen bereit, solange kritische Verweisungsbezüge nicht *expressis verbis* aufgezeigt wurden.[309] Der Dramenband erschien bei Volk & Welt 1982, eine Inszenierungstätigkeit von Witkacys Bühnenwerken blieb aber bis zum Ende der DDR aus.

Schließlich legte Jutta Janke 1974 mit der Dramenanthologie von Tadeusz Różewicz bei Volk & Welt den Grundstein für die Erschließung eines der bedeutendsten polnischen Dramenautoren in der DDR. Sehr wohl wissend, dass dem Theater von Różewicz deutliche kulturpolitische Grenzen gesetzt wurden, an denen wenige Jahre zuvor bereits *Die Zeugen* und *Die Laokoon-Gruppe* gescheitert waren, bereitete die Herausgeberin das geplante Anthologieprojekt sorgfältig vor. 1969 ließ sie zunächst einen Band mit Różewiczs Poesie erscheinen, in dem sie den Dichter zu einem »Rebellen« stilisierte, der mit der polnischen Avantgarde der Zwischenkriegszeit abrechnete und sich als »Zeuge aus der Zeit der Menschenverachtung« gegen die »schöne« Lyrik abwandte.[310] Zum Schluss des Nachworts verwies Janke auf die in der DDR noch nicht publizierten Theaterstücke, in denen der Autor den »Bildungsdünkel intellektueller Kleinbürger, ebenso wie die Selbstzufriedenheit

---

307 Misterek: Polnische Dramatik, S. 407 f.
308 Ebenda, S. 384–386.
309 Ebenda, S. 386.
310 Jutta Janke: Nachwort. In: Tadeusz Różewicz: Gesichter und Masken. Berlin 1969, S. 105–108, hier S. 105 f.

und die Gleichgültigkeit konformistischer Spießer« karikiere; es seien »boshafte Attacken gegen das absurde Theater, geschrieben aus Aversion gegen den westlichen Literaturbetrieb«.[311] 1971 erschien bei Volk & Welt Różewiczs Kurzprosa, die an die Kriegserlebnisse anknüpft. Janke präsentierte den polnischen Autor als einen »strengen Moralisten, der jeder literarischen Unverbindlichkeit abhold ist«.[312]

Abb. 17: Umschlag der Dramenanthologie von Tadeusz Różewicz (1974).
Quelle: Deutsches Literaturarchiv Marbach.

Mit dem Prosawerk und der Lyrik bereitete Janke den Boden für die vom DDR-Kanon abweichende Dramatik von Różewicz vor. In ihrem Gutachten verortete die Herausgeberin Różewiczs »poetisches Theater« in die Tradition polnischer Klassiker (Adam Mickiewicz, Juliusz Słowacki), Neoromantiker (Stanisław Wyspiański, Stanisław Przybyszewski) sowie das Werk von Stanisław Ignacy Witkiewicz, der »noch vor Beckett das absurde Theater praktizierte und heute im Westen Triumphe feiert«.[313] Da der Autor einen »Durchschnittsbürger« im Prozess der großen

---

311 Ebenda, S. 107 f.
312 Jutta Janke: Gutachten zu »In der schönsten Stadt der Welt« von Tadeusz Różewicz. In: BArch, DR1/2347.
313 Jutta Janke: Gutachten zu »Stücke« von Tadeusz Różewicz. In: BArch, DR1/2356.

Wandlungen des 20. Jahrhunderts beschreibe, seien die Mittel des herkömmlichen Realismus nicht mehr ausreichend. Mit seinem Bekenntnis zum »inneren« Theater – für das die »Atmosphäre«, die »Leere zwischen den Ereignissen«, das »Schweigen zwischen den Worten«, die »Erwartung« ausschlaggebend seien – gerate Różewicz in Konflikt mit den Gesetzen des dramatischen Genres.[314]

Dass die Dramenanthologie trotz der Abweichung vom gattungspoetischen Code des Sozialistischen Realismus in einer bescheidenen Auflage von 3000 Exemplaren erscheinen konnte, war vor allem dem Nachwort von Werner Mittenzwei zu verdanken.[315] Mittenzwei (1927–2014) war damals ein prominenter SED-Funktionär und ordentliches Mitglied der Akademie der Wissenschaften der DDR, genoss aber als Brecht-Forscher internationales Renommee. Mit seinen Gutachten zu einer

---

314 Ebenda.
315 Die kulturpolitische Öffnung für andere »Handschriften und Ausdrucksweisen« wurde besonders nach der Ausbürgerung von Wolf Biermann im November 1976 in der Kulturabteilung der SED kritisch bewertet. Die literaturpolitischen Berührungsängste illustriert ein Vorgang in der Zeitschrift SINN UND FORM, die im Dezember 1976 ein von Jean Guégan redigiertes »Pariser Gespräch über die Prosa der DDR« (H. 6, S. 1164–1192) nachgedruckt hatte (der Text erschien ursprünglich in LA NOUVELLE CRITIQUE). Die Teilnehmer des Gesprächs gingen davon aus, in der DDR sei »eine im eigentlichen Sinne sozialistische Literatur« im Entstehen begriffen, »die versuchen kann, die dem Sozialismus eigentümlichen Widersprüche aufzudecken« (S. 1169). Die neueren Romane und Erzählungen wurden als »Anfänge einer entkrampften Literatur« gewürdigt, die für ein »Ende« oder einen »Rückzug der Tabus« charakteristisch sei (S. 1168–1170). Kennzeichnend für die gegenwärtige Literaturentwicklung sei der Übergang zu einer »nichtlinearen« Schreibweise, eine Absage an das traditionelle Romanmodell. Zu erkennen sei »die Auswirkung einer vertieften Kenntnis der internationalen Literatur«, besonders von Proust, Joyce, Faulkner und der lateinamerikanischen Literatur (S. 1184). Als Ursache für die Dauerhaftigkeit der »traditionellen, tolstoischen, linearen« Schreibweise wurde die Orientierung auf Lukács und auf die Sowjetliteratur angesehen. Ursula Ragwitz beurteilte die Veröffentlichung als einen »politischen Fehler« und forderte eine »prinzipielle Auseinandersetzung« mit der Redaktion sowie »kadermäßige Konsequenzen«. Ursula Ragwitz an Kurt Hager, 6.12.1976. In: SAPMO, DY30/85367. In einem Brief an Erich Honecker denunzierte Hager den SINN-UND-FORM-Herausgeber Wilhelm Girnus: »Genosse Girnus geht von der falschen Auffassung aus, dass bei einer Abonnentenzahl von 3000 in der DDR und von 6000 im Ausland unsere ›Weltoffenheit‹ und der ›Mut‹ auch ›heiße Eisen‹ anzupacken erkennbar sein sollte und international honoriert würde! Ich erklärte, dass es notwendig sei, in unseren Publikationen unsere auf dem IX. Parteitag beschlossene Politik zu interpretieren und nicht irgendwelche Arten von Sozialismusmodellen, die für uns keine Gültigkeit haben.« Ursula Ragwitz an Erich Honecker, 13.12.1976. Ebenda. In der darauffolgenden Diskussion wusste Girnius aber seine Position zu verteidigen mit Verweis auf das kulturpolitische und symbolische Kapital der Zeitschrift. Vgl. Stephen Parker, Matthew Philpotts: Sinn und Form. The Anatomy of a Literary Journal. Berlin, New York 2009, S. 211–215.

Ausgabe moderner französischer Dramen sowie zu einer Neuausgabe der *Menschheitsdämmerung* (1968), der legendären Sammlung expressionistischer Lyrik, hatte Mittenzwei einen bedeutenden Anteil an der Rehabilitierung der Moderne und Avantgarde in der Literaturwissenschaft der DDR. Während Kurt Hager Anfang der 1970er-Jahre noch die Unversöhnlichkeit des Modernismus und sozialistischen Realismus verkündete, waren Literaturwissenschaftler wie Mittenzwei schon auf dem Wege, den Problemkomplex Dekadenz-Modernismus-Avantgarde historischanalytisch zu durchdringen.[316] Mittenzweis ausführliches Nachwort war mitunter nicht unkritisch. Różewiczs Absage an die traditionelle Fabelführung verlange »skeptisches Verständnis«; seine Polemik gegen das andere Theater – das der Fabel, der Handlung – sei von einer »Rigorosität« gekennzeichnet, die nicht geteilt werden könne.[317] Mittenzwei schlussfolgerte:

> Dieses Theater hat seine Berechtigung, aber es macht Theater anderer Art nicht überflüssig. Man kann Freude und Spaß daran haben, auch wenn man andere Richtungen für wesentlicher und dringlicher hält. Und zweifellos ist ein Drama, das stärker auf die gesellschaftlichen Probleme und Lösungen ausgerichtet ist, ein eingreifendes, ein politisches Theater in unserer Zeit der großen weltanschaulichen Auseinandersetzungen noch immer vonnöten. Aber auch eine Dramatik wie die Różewiczs kann unsere Gesellschaft nicht missen. Das Theater braucht für seine Entwicklung Gegensätze: in der Schreibweise, in den dramaturgischen Konzeptionen, in den Techniken. Es gibt die Brecht-Anekdote, die diese Problematik auf recht schöne und eindringliche Art verdeutlicht. Zu dem jungen Philosophen H. sagte Brecht einmal: Sie können sich sicher vorstellen, daß die Stücke Oscar Wildes nicht das sind, was ich unter Theater verstehe. Aber wenn der Mann hier bei uns schriebe, würde ich dafür sorgen, daß er jeden Tag seine frische Chrysantheme bekäme. Eine Chrysantheme für Tadeusz Różewicz.[318]

Die Anthologie ebnete Różewicz den Weg auf die Bühnen der DDR. Elf Jahre nach dem Leipziger Verbot der *Zeugen* waren seine Stücke erst in der Provinz zu sehen: in Nordhausen, Rudolfstadt, Rostock und Halle. In den 1980er-Jahren intensivierte sich die Inszenierungstätigkeit: In den Aufführungen Rolf Winkelgrunds (1936–2021) gelangte Różewicz auf die renommierten Bühnen der Hauptstadt und wurde zum meistgespielten polnischen Autor in der DDR.[319]

---

316 Erbe: Die verfemte Moderne, S. 127.
317 Werner Mittenzwei: Der Traum des Tadeusz Różewicz vom konsequenten Theater. In: Tadeusz Różewicz: Stücke. Hrsg. von Jutta Janke. Berlin 1974, S. 355–383, hier S. 368, 383.
318 Ebenda, S. 383.
319 Misterek: Polnische Dramatik, S. 363–366.

Ungeachtet der Bühnenerfolge musste von einer Nachauflage seiner *Stücke* bei Volk & Welt wegen Absatzschwierigkeiten der Dramenbände abgesehen werden.[320] 1985 nahm Jutta Janke ein Różewicz-Lesebuch in Angriff und bat den Autor, »so rasch wie möglich, alle Texte, die noch nicht in deutsch erschienen sind (neue Gedichte, Essays, Erzählungen, Stücke, Tagebuchaufzeichnungen) zuzuschicken«.[321] Drei Jahre später schickte Różewicz der Lektorin eine Postkarte, nachdem er erfahren hatte, die Auswahl werde erst 1990 erscheinen: »Hat der Verlag kein Interesse mehr für meine Kritzeleien?«[322] Immer wieder erkundigte sich der Autor, wie es in den politisch bewegten Zeiten mit »Verlagsdingen« in der DDR stehe: So ein Lesebuch komme ja schließlich »einmal im Leben« heraus. Sollte man nicht gleich zwei Bände machen? Denn der eine Band wird ja »sehr dick« ausfallen, »unhandlich für eine Damenhandtasche«. Am liebsten würde er gleich in der Glinkastraße vorbeikommen und alles persönlich regeln.[323]

Noch Anfang Dezember 1989 berichtete die Lektorin stolz von einer attraktiven Ausstattung des Lesebuches. Mehr als ein Jahr später überbrachte der Verlagsleiter dem Autor die Hiobsbotschaft: Die »Veränderung der ökonomischen Strukturen« hätte dazu geführt, dass man die editorischen Vorhaben des Verlages habe einschränken müssen. Volk & Welt habe nicht die Kraft, Różewiczs Werk »unter den heutigen Bedingungen ausreichend abzusetzen«.[324] Das *Lesebuch* wurde aus dem Programm genommen. Es war auch das letzte polnische Buch, das in der über 40-jährigen Geschichte des DDR-Verlages für internationale Literatur in Erwägung gezogen ist. Nach 1989 musste die Treuhandanstalt den Verkauf des Verlages zweimal, 1991 und 1992, rückgängig machen. Trotz mancher verlegerischen Erfolge wurde Volk & Welt mit dem Literaturverlag Luchterhand zusammengelegt. 2001 erschienen die letzten Bücher.

Exkurs 1: Südafrikanische Literatur in der DDR

Im Kontext der sozialistischen Transnationalität sowie internationaler Verlagspolitik der DDR bleibt der Literaturtransfer aus Südafrika ein nicht uninteressantes Fallbeispiel. Auf dem Kompass des Kalten Krieges nahmen beide Länder entgegengesetzte Positionen ein: auf der einen Seite ein kapitalistischer Staat mit rassistischer Ideologie, auf der anderen ein Vorzeigeland des kommunistischen »Ostblocks«. Dennoch

---

320 Jutta Janke an Tadeusz Różewicz, 22.2.1979. In: AdK, VuW 3646.
321 Jutta Janke an Tadeusz Różewicz, 11.12.1985 (Hervorhebung im Original). Ebenda.
322 Tadeusz Różewicz an Jutta Janke, 29.2.1988. Ebenda.
323 Tadeusz Różewicz an Jutta Janke, 27.11.1989. Ebenda.
324 Jürgen Gruner an Tadeusz Różewicz, 19.4.1991. Ebenda.

gab es zwischen den beiden Polen bemerkenswerte kulturelle und politische Kontakte. Die DDR spielte eine sehr aktive Rolle in der »transnationalen politischen Kultur« der Anti-Apartheid-Bewegung.[325] Es war ein merkwürdiges Paradoxon: Man forderte Freiheit für die Mehrheit der Bevölkerung in Südafrika, während den eigenen Bürgerinnen und Bürgern grundlegende demokratische Rechte versagt blieben. Die internationale Solidarität war jedoch in der DDR-Staatsräson verankert. Auf dem 5. Parteitag der SED im Juni 1958 wurde sie von Walter Ulbricht als verbindliche Moralnorm verkündet und im Jahr 1974 mit Verfassungsrang festgesetzt.[326] Die Unterstützung des Befreiungskampfes in Asien und Afrika wurde in der Tradition der deutschen und internationalistischen Arbeiterbewegung verortet und an das marxistisch-leninistische Geschichtsverständnis gebunden, nach dem man sich in der Epoche des Übergangs vom Kapitalismus zum Sozialismus befand.[327] Demnach sollten nationale Befreiungsbewegungen und junge Nationalstaaten in ihrem Bestreben nach Emanzipation entsprechend unterstützt werden. Da der Begriff »Entwicklungshilfe« als kapitalistisch kontaminiert galt, entschied man sich in der DDR für Worthülsen wie »antiimperialistische Solidarität« oder »sozialistische Hilfe«.[328]

Die Außenpolitik der DDR war durch die Blockkonfrontation des Kalten Krieges und den Alleinvertretungsanspruch der Bundesrepublik bestimmt. Mit der offiziellen Unterstützung des ANC versuchte sich die SED als der moralisch überlegene deutsche Staat zu positionieren. Die nukleare Zusammenarbeit der Bonner Regierung mit Südafrika sowie Besuche südafrikanischer Politiker in der BRD wurden in der DDR medienwirksam begleitet. Nach der Aufnahme in die Vereinten Nationen unterzeichnete die DDR die Internationale Konvention über die Bekämpfung und Bestrafung des Verbrechens der Apartheid, war Mitglied im Sonderausschuss

---

325 Håkan Thörn: Anti-Apartheid and the Emergence of a Global Civil Society. London 2006, S. 69; ders.: The Meaning(s) of Solidarity: Narratives of Anti-Apartheid Activism. In: JOURNAL OF SOUTHERN AFRICAN STUDIES 35 (2009) H. 2, S. 417–436.

326 Detlev Brunner: DDR »transnational«. Die »internationale Solidarität« der DDR. In: Alexander Gallus, Axel Schildt, Detlef Siegfried (Hrsg.): Deutsche Geschichte transnational. Göttingen 2015, S. 64–80, hier S. 64.

327 Ilona Schleicher: Elemente entwicklungspolitischer Zusammenarbeit in der Tätigkeit von FDGB und FDJ. In: Hans-Jörg Bücking (Hrsg.): Entwicklungspolitische Zusammenarbeit in der Bundesrepublik Deutschland und in der DDR. Berlin 1998, S. 111–137, hier S. 111.

328 Ulf Engel, Hans-Georg Schleicher: Die beiden deutschen Staaten in Afrika. Zwischen Konkurrenz und Koexistenz 1949–1990. Hamburg 1998, S. 91; Ulrich van der Heyden: Zwischen Solidarität und Wirtschaftsinteressen. Die »geheimen« Beziehungen der DDR zum südafrikanischen Apartheidregime. Berlin 2005, S. 71; Wolf-Dieter Graeve: Entwicklungspolitische Zusammenarbeit in der DDR. In: Bücking (Hrsg.): Entwicklungspolitische Zusammenarbeit, S. 81–93, hier S. 81.

gegen Apartheid und fungierte 1974 und 1981 als Gastgeber für den Sonderausschuss in Ostberlin.[329] Weniger idealistisch gestaltete sich jedoch die Realpolitik. Das rohstoffarme Land konnte sich nur schwer aus den Handelsbeziehungen mit Südafrika lösen. Obwohl diese 1963 offiziell aufgegeben wurden, lässt sich nicht eindeutig bestimmen, inwieweit sie weiter über Drittländer liefen.[330] Im Jahr 1960 wurde das der SED unterstellte Komitee der DDR für die Solidarität mit den Völkern Afrikas gegründet (später bekannt als Solidaritätskomitee der DDR); es war zuständig für die Kontakte zu nationalen Befreiungsbewegungen sowie für die Koordinierung von Hilfsmaßnahmen.

Während man sich in der Bundesrepublik nicht einigen konnte, welche südafrikanische Anti-Apartheid-Strömung am ehesten unterstützenswert war, entschied sich die SED für die Unterstützung des ANC. Ausschlaggebend waren vor allem der Rückhalt der Organisation in der Bevölkerung und die langjährige Erfahrung in der Befreiungsbewegung.[331] Die Beihilfe nahm diverse Formen an. So war zum Beispiel die Druckerei Erich Weinert in Neubrandenburg verantwortlich für Layout, Druck und Vertrieb des Informationsblattes des ANC Sechaba, und in einem geheimen Ausbildungscamp in Teterow unterstützte die DDR ein militärisches Training von Umkhonto we Sizwe. 1978 eröffneten der Präsident des ANC, Oliver Tambo (1917–1993), und der Generalsekretär des Solidaritätskomitees der DDR, Kurt Seibt (1908–2002), die ANC-Vertretung in Ostberlin.[332] Indres Naidoo (1936–2016), ehemaliger stellvertretender Repräsentant des ANC in der DDR, schrieb rückblickend:

> The friendship, the solidarity, the GDR gave us, was second to none. As far as the ANC is concerned, one of our best friends was the GDR. And, of course, I must make it clear, there was no attempt whatsoever to make us follow the same line politically as the GDR, no. They knew what our policies were, and they let us.[333]

---

329 Ilona Schleicher, Hans-Georg Schleicher: Die DDR im südlichen Afrika: Solidarität und Kalter Krieg. Hamburg 1997, S. 248.
330 Ulrich van der Heyden: GDR Development Policy in Africa. Doctrine and Strategies between Illusions and Reality. Berlin 2013.
331 Ilona Schleicher: Zwischen Herzenswunsch und Kalkül. DDR-Solidarität mit dem Befreiungskampf im südlichen Afrika. Annäherungen an ein Erbe. Berlin 1998, S. 14.
332 Eric Singh: Sechaba – Zeitschrift des ANC printed in the GDR. In: Ulrich van der Heyden, Ilona Schleicher, Hans-Georg Schleicher (Hrsg.): Engagiert für Afrika. Die DDR und Afrika. Berlin 1994, S. 129–140, hier S. 134.
333 Anja Schade: Brüderliche Verbundenheit mit allen aufrechten Kämpfern. Die Solidarität der DDR mit dem südafrikanischen Befreiungskampf. In: Andreas Bohne, Bernd Hüttner, Anja Schade (Hrsg.): Apartheid No! Facetten von Solidarität in der BRD und DDR. Berlin 2019, S. 27–37, hier S. 37.

Das Anti-Apartheid-Engagement in der DDR bediente sich diverser Kunstrepertoires. Plakate und Musik waren von Anfang an wichtige Medien des Protestes; die südafrikanische Sängerin Miriam Makeba (1932–2008) trat ab den 1970er-Jahren mehrmals in Ostberlin auf. Der Verlag Volk & Welt, der seit seiner Gründung mit »progressiver internationaler Literatur« den »antiimperialistischen Kampf« propagierte und sich auf die Seite der unterdrückten Minderheiten stellte,[334] widmete sich in besonderer Weise literarischen Texten aus unterschiedlichen afrikanischen Literaturen. Bis 1989 erschienen bei Volk & Welt sechzig Übertragungen aus Algerien, Angola, der Elfenbeinküste, Ghana, Guinea, Kamerun, Kenia, dem Kongo, Madagaskar, Mali und Nigeria. Mit zwanzig übersetzten Büchern sowie drei weiteren Erzählungen von Harry Themba Gwala (1920–1995), Alex La Guma (1924–1985) und Ezekiel Mphahlele (1919–2008) aus der Anthologie *Erkundungen. 27 afrikanische Erzähler* (1978) war Südafrika im Afrikaprogramm des Verlags am stärksten vertreten.[335] Selbstverständlich waren jene Übertragungen Teil des offiziellen Solidaritätsdiskurses. Die Annahme, dass die südafrikanische Literatur ausschließlich aufgrund ideologischer Planung ausgewählt, übersetzt und herausgegeben worden wäre, ist jedoch nicht unbedingt richtig.

Die Ausgabe von Peter Abrahams' (1919–2017) *Reiter der Nacht* (1957) war seit 1953 in Vorbereitung, in einer Zeit als der »Neue Kurs« angekündigt wurde. Mit Lockerungen der Zensurrichtlinien versuchte man in DDR-Verlagen attraktive Unterhaltungsliteratur auf den Markt zu bringen, mit der breite Bevölkerungsschichten erreicht werden sollten. Über Abrahams' Buch, das verlagsintern als ein »Liebesroman mit gesellschaftlichem Hintergrund« galt und damit bereitwilliger gelesen werden sollte als »deklariert politische Bücher«, wurde im Lektorat positiv entschieden.[336] Es entsprach den Erwartungen der Zensurbehörde, darüber hinaus waren die Urheberrechte erschwinglicher im Vergleich zu zeitgenössischen westeuropäischen und US-amerikanischen Autorinnen und Autoren.

1957 war das Manuskript der Übersetzung druckreif, die Zensurvorgaben waren aber inzwischen verschärft worden: Unter dem bereits im ersten Teil zitierten Motto, man müsse »nicht alle Blumen blühen lassen«, signalisierte Walter Ulbricht unmissverständlich einen härteren Kurs, auch die Hauptverwaltung Verlagswesen

---

334 Lokatis: Nimm den Elefanten, S. 26.
335 Tschörtner: 40 Jahre internationale Literatur, S. 374–442; ders.: Internationale Literatur 1987–1989, S. 40–47.
336 Verlagsnotiz zu »Reiter der Nacht« von Peter Abrahams, o. D. (1957). In: BArch, DR1/3938. Negativ begutachtet wurde aber Abrahams' Roman *Wild Conquest* (1950), den Fritz Raddatz wegen eines »vor Mitleid triefenden« und damit politisch nicht korrekten Bildes der Buren abgelehnt hat. Fritz J. Raddatz: Gutachten zu »Wilder Weg« von Peter Abrahams, 6.10.1955. AdK, VuW 4100.

hatte die Aufgabe, die »ideologische Offensive« durchzusetzen.[337] Demnach sollte die Übertragung auf Gesuch des Ministeriums für Kultur nochmals kritisch von Carola Gärtner-Scholle gegengelesen werden. Sie verfasste aber ein Gutachten, das dem Buch eine »Anklage gegen die Unmenschlichkeit des kapitalistischen Systems in den Kolonien« attestierte. Ausgezeichnet fand sie die Figur des jungen jüdischen Protagonisten Isaak, wodurch Gärtner-Scholle sich an eine »gedankliche Parallele zur Rassenverfolgung im Herzen Europas« wagte und den Text in die Tradition des in der DDR verordneten Antifaschismus stellte.[338]

Bei Dan Jacobsons (1929–2014) *Tanz in der Sonne* (1967) war es nicht die Apartheidthematik, die das Buch für den Verlag interessant machte. Die Gutachter tangierten zwar in ihren Berichten obligatorisch die kulturpolitische Bedeutung des Werks, unterstrichen aber vor allem das »beachtliche literarische Niveau«, den »kriminalistischen Einschlag des Plots«, die »Zurückhaltung des Autors«, der sich als »Meister der Psychologie« herausstelle und in seiner »novellistischen Objektivität« kaum zu übertreffen sei.[339] Zwar wurde Jacobson in eine Reihe gestellt mit Nadine Gordimer, Stuart Cloete, Doris Lessing und Harry Bloom, galt aber nicht unbedingt als Vertreter der »Protestliteratur«. Es ist nicht uninteressant, dass die Gutachterinnen und Gutachter gerade in der Zeit nach dem Massaker von Sharpeville (1960) und dem darauffolgenden Verbot des ANC den Nachdruck auf die Form legten und Jacobsons Schreibweise mit »Mitteln moderner amerikanischer Erzähler« verglichen.[340]

Spätestens ab 1966 änderte sich die bis dahin im Verlag übliche Rezeption der südafrikanischen Literatur, in der vor allem ökonomische und ästhetische Faktoren (gut verkäufliche Genres wie Liebes- und Kriminalroman, moderne Schreibart) ausschlaggebend waren. Ein möglicher Grund hierfür war der steigende kulturpolitische Bedarf, die Anti-Apartheid-Bewegung in der DDR sowie die offizielle Zusammenarbeit zwischen der SED und dem ANC auch mit literarischen Neuerscheinungen zu flankieren. Die Übersetzung des historischen Romans *Aufstand der Speere* (1966) von Jack Copes (1913–1991) wurde in einem Gutachten als »ideologische Aufklärungsarbeit« angekündigt.[341] Hilda Bernsteins (1915–2006) *Die Männer von Rivonia* (1970) gehörte »zu den anklagendsten Materialien, die in der DDR bisher

---

337 Barck, Langerman, Lokatis: »Jedes Buch ein Abenteuer«, S. 58 f.
338 Carola Gärtner-Scholle: Gutachten zu »Reiter der Nacht« von Peter Abrahams, 9.7.1957. In: BArch, DR1/3938.
339 Hans Petersen: Gutachten zu »Tanz in der Sonne« von Dan Jacobson, o. D. (1963). In: BArch, DR1/5006.
340 Carola Gärtner-Scholle: Gutachten zu »Tanz in der Sonne« von Dan Jacobson, 4.8.1963. Ebenda.
341 Hans Petersen: Gutachten zu »Aufstand der Speere« von Jack Copes, o. D. (1966). In: BArch, DR1/2328.

zu dem Thema veröffentlicht wurden«.³⁴² Dass diese Anklage sich nicht nur gegen das Apartheidregime richtete, machten die Gutachter deutlich. Den Bericht über den Gerichtsprozess, in dem führende ANC-Mitglieder zu lebenslanger Haft verurteilt worden waren und der die internationalen Sanktionen gegen Südafrika eingeleitet hatte, lasen sie als »Erinnerung an braune Vergangenheit in Deutschland«.³⁴³ Darüber hinaus fanden die Gutachter das Buch hilfreich, um »jene faschistischen Methoden in Aktion zu zeigen, die die westdeutschen herrschenden Kreise mithilfe von Notstandsgesetzgebung in Westdeutschland einführen wollen«, sodass es die »größte Aktualität für die nächsten Jahre erhält«.³⁴⁴

Abb. 18: Titelseite von Hilda Bernsteins *Die Männer von Rivonia* (1970).
Quelle: Philologische Bibliothek der Freien Universität Berlin.

---

342 Manfred Küchler: Gutachten zu »Die Männer von Rivonia« von Hilda Bernstein, 15.4.1969. In: BArch, DR1/2342.
343 Klaus Schultz: Gutachten zu »Die Männer von Rivonia« von Hilda Bernstein, o. D. (1969). Ebenda.
344 Wolfang Schüßler: Gutachten zu »Die Männer von Rivonia« von Hilda Bernstein, o. D. (1969). Ebenda.

Auch Alex La Gumas Romane wurden aus kulturpolitischen Gründen für die Publikation ausgewählt. La Guma war in der DDR kein Unbekannter. Mehrmals besuchte er das Land als Mitglied des ANC und der Südafrikanischen Kommunistischen Partei (SACP), traf sich regelmäßig mit der SED-Parteiführung.[345] So war zum Beispiel *Im Spätsommernebel* (1975) für die Gutachterinnen und Gutachter vor allem ein Buch über die Notwendigkeit des bewaffneten Widerstands, eine begrüßenswerte Entwicklung im Verhältnis zu früheren Werken, in denen La Guma mit naturalistischen Mitteln lediglich einen passiven Kampf seiner Protagonisten geschildert habe. Bemängelt wurde aber die Tatsache, dass die Solidarität zwischen den Afrikanern verschiedener »Rassen« nicht genug dargestellt werde und eine klare theoretische Linie der kommunistischen Bewegung fehle.[346] Unübersehbar fand man auch die literarischen Schwächen: überwiegende Zustandsschilderung, keine Entwicklung der Gestalten, eine nur in Ansätzen vorhandene Handlung. Dennoch fiel die Entscheidung positiv aus: Es sei ein Buch, das »gewiss nicht zu einer großen Kunst gezählt werden kann, dem jedoch eine wichtige aufklärerische Funktion zukommt«.[347] Ähnlich ging es den Gutachterinnen und Gutachtern bei der Lektüre von La Gumas *Die Zeit des Würgers* (1982): Die Figuren seien nichts weiter als Träger politisch-sozialer Haltungen, hätten kein Eigenleben, die Komposition sei schematisch. Dennoch stelle das Buch die »untadelige Haltung des Autors unter Beweis« und sei »angesichts der Aktualität der Thematik« zu empfehlen.[348]

La Guma war der letzte südafrikanische Autor, bei dem der Verlag die kulturpolitischen Ziele der Publikation in den Vordergrund stellte. Als 1975 eine Anthologie mit Gedichten von Arthur Nortje (1942–1970), Oswald Mtshali (geb. 1940), Mazisi Kunene (1930–2006) und Dennis Brutus (1924–2009) vorbereitet wurde, wünschten sich die Gutachter eine »progressive realistische Literatur«, die aber zugleich »intellektuell anspruchsvoll« sein sollte.[349] Texte mit auffällig politischer Tendenz wurden nicht aufgenommen. In einem Gutachten über die 1980 verlegten Dramenwerke Athol Fugards (geb. 1932) kommen zwar die üblichen

---

345 Ulrich van der Heyden, Anja Schade: GDR Solidarity with the ANC of South Africa. In: Lena Dallywater, Chris Saunders, Helder Adegar Fonseca (Hrsg.): Southern African Liberation Movements and the Global Cold War »East«. Transnational Activism 1960–1990. Berlin, London 2019, S. 77–102, hier S. 97.
346 Udo Birckholz: Gutachten zu »Im Spätsommernebel« von Alex La Guma, 13.8.1974. In: BArch, 2357a.
347 Marianne Bretschneider: Gutachten zu »Im Spätsommernebel« von Alex La Guma, o. D. (1974). Ebenda.
348 Marianne Bretschneider: Gutachten zu »Die Zeit des Würgens« von Alex La Guma, o. D. (1981). In: BArch, DR1/2373a.
349 Burkhard Forstreuter: Gutachten zu »Gedichte« von Arthur Nortje, Oswald Mtshali, Mazisi Kunene und Dennis Brutus, o. D. In: BArch, DR1/2357a.

Schlüsselbegriffe wie »humanistische Grundhaltung« oder »Entfremdungssymptome des spätkapitalistischen Apartheidstaates« immer wieder vor;[350] interessant für den Verlag waren die Dramen aber vor allem wegen ihrer modernistischen Form. Dass die Gutachterinnen und Gutachter in diesem Kontext Samuel Beckett mehrmals als Vergleichsgröße einsetzten, war keineswegs zufällig. Volk & Welt bemühte sich nämlich in der gleichen Zeit um die Herausgabe ausgewählter Erzählungen des Iren. Positive Stellungnahmen zur Moderne verlangten, wie bereits am Beispiel der polnischen Literatur aufgezeigt, noch in der Mitte der 1970er-Jahre Fingerspitzengefühl, da Georg Lukács' Realismusverständnis der Verbreitung fremdsprachiger Vertreterinnen und Vertreter der Moderne in der DDR nach wie vor deutliche Grenzen setzte. Die Hüter sozialistischer Kunstwerte beanstandeten im Falle Becketts eine »vermeintliche Verzerrung des Menschenbildes ins Pathologische«.[351] Mit dem politisch unanfechtbaren Fugard und seiner »Unverbindlichkeit der absurden Dramatik« wollte das Lektorat ein Exempel statuieren, um eine spätere Publikation von Beckett zu ermöglichen.[352] Der verspätete Sieg über die Zensur mit der Veröffentlichung von Becketts Erzählungen kam erst 1990.

In den 1980er-Jahren publizierte Volk & Welt die bekanntesten Autorinnen und Autoren südafrikanischer Literatur: Wilma Stockenström (geb. 1933), Elsa Jourbert (1922–2020), André Brink (1935–2015) und Nadine Gordimer (1923–2014). Bis auf ein Buch von André Brink waren es jedoch keine Neuentdeckungen, sondern Lizenzausgaben von Titeln, die in der Bundesrepublik und in der Schweiz erschienen waren. Nicht uninteressant bleibt die verlagsinterne Rezeption, in der einerseits wegen markanter Lücken für die Übernahme in den internationalen DDR-Kanon plädiert wurde, andererseits waren die Gutachterinnen und Gutachter nicht sonderlich begeistert von der literarischen Qualität der Werke.

Für Stockenströms *Denn der siebte Sinn ist der Schlaf* (1988) – die Geschichte einer ehemaligen Sklavin, die ihre letzte Zuflucht in einem Baobab gefunden hat und nun Reisen in die Erinnerung unternimmt – überzeugte die Gutachterinnen und Gutachter am meisten. Sie berichteten von einem »komprimiert geschriebenen Kurzroman«, einem »Beispiel moderner außereuropäischer Prosa«, einem »Buch für Leser, die literarische Ansprüche, Bereitschaft zum poetischen Experiment mit dem Interesse an Vorgängen in der ›dritten Welt‹ verbinden«.[353] Inwieweit der

---

350 Marianne Bretschneider: Gutachten zu »Stücke« von Athol Fugard, John Kani und Winston Ntschona, o. D. (1979). In: BArch, DR1/2371a.
351 Berthold Petzina: »Todesglöckchen des bürgerlichen Subjekts« – Joyce, Beckett, Eliot und Pound. In: Barck, Lokatis: Fenster zur Welt, S. 188–192, hier S. 188.
352 Burkhard Forstreuter: Gutachten zu »Stücke« von Athol Fugard, John Kani und Winston Ntschona, o. D. (1979). In: BArch, DR1/2371a.
353 Marianne Bretschneider: Gutachten zu »Denn der siebte Sinn ist der Schlaf« von Wilma Stockenström, o. D. (1987). In: BArch, DR1/2393.

Enthusiasmus der Gutachter sich der Rezeptionsvorlage der schweizerischen Ausgabe verdankte, bleibt unbekannt. Nicht unbedeutend war aber für Volk & Welt die Tatsache, dass das ursprünglich auf Afrikaans erschienene Buch »von keinem geringeren als dem südafrikanischen Schriftsteller J. M. Coetzee ins Englische übersetzt wurde« (die englische Fassung lag der deutschen Übertragung zugrunde).[354] Verwiesen wurde auch auf das »sehr positive« Nachwort André Brinks, der für den deutschsprachigen Leser den keinesfalls einfachen, von Zwängen der Chronologie befreiten Text in Verbindung zu bringen wusste mit einem literarischen Vorgang, der »sowohl Proust als auch Bergson vertraut gewesen wäre«, und abschließend die stilistischen Finessen seiner Landsmännin vor Augen führte:

> Es ist vielleicht die Art, wie die Erzählung, durch die »weibliche« – und »afrikanische« – Erfahrung bestimmt ist, daß sie so eindrucksvoll ist. Es ist das Buch einer Poetin – vorausgesetzt, daß wir Poesie nicht als bloße Ausschmückung oder Dekoration verstehen, sondern als ganz eigene Spracherfahrung: lyrisch, dramatisch, episch zugleich –, doch es ist Poesie, die entstehen konnte aus der Erfahrung, eine Frau zu sein und um Unterdrückung und Leiden zu wissen, und um die schreckliche Herrlichkeit des Ursprungs. Auch wenn sich die Erzählung wirklich weder offenkundig noch unmittelbar mit dem heutigen Südafrika beschäftigt, so kenne ich nur wenige andere zeitgenössische Romane, in denen genau die »Südafrika-Frage« von heute so beunruhigend, ergreifend und unvergeßlich beleuchtet wird.[355]

In Bezug auf den bei Ullstein erschienenen Roman *Der lange Weg der Poppie Nongena* (1981) waren die Gutachterinnen und Gutachter weniger enthusiastisch. Das Thema – die Geschichte einer Xhosa-Großfamilie – sprach zwar für die Verbreitung des Buches in der DDR, bemängelt wurde jedoch die »zu breite Anlage des Romans«, die »Weitschweifigkeit« und der »unnötige, zuweilen verwirrende Wechsel der Perspektive« wie auch der Mangel an »sprachlicher Differenziertheit« und »dichterischer Gestaltung«.[356]

Dass auch André Brink »kein landeseigener Thomas Mann« war, wurde bereits im allerersten Gutachten vermerkt.[357] Das englischsprachige Lektorat bei Volk & Welt kannte die Besprechung von *An instant in the wind* aus der Feder von Raymond

---

354 Ebenda.
355 André Brink: Gedankenreisen. Eine Einführung in das Werk von Wilma Stockenström. In: Wilma Stockenström: Denn der siebte Sinn ist der Schlaf. Übers. von Renate Stendhal. Zürich 1987, S. 195–200, hier S. 199 f.
356 Marianne Bretschneider, Sabine Teichmann: Gutachten zu »Der lange Weg der Poppie Nongena« von Elsa Joubert, o. D. (1982). In: BArch, DR1/2380.
357 Klaus Schultz: Gutachten zu »Stimmen im Wind« von André Brink, o. D. (1980). In: BArch, DR1/2373.

A. Sokolov, in der der Rezensent der New York Times Brinks literarische Schwächen aufzählte:

> It would be a pleasure only to say that this book was a brave cry against the murdering, racist society that still rules South Africa today. It is, but novels must be more than political acts of defiance, and it is not enough to fill pages with material that will shock official taste. [...] It is important, for political reasons that Brink should be published, but doubtful [...] that he will be read for his art as a writer.[358]

Sokolovs Vorbehalte sind auch in der späteren angelsächsischen Rezeption des Werkes von André Brink wiederzufinden. Trotzdem entschied sich Volk & Welt für die Übernahme des Titels, was vor allem an der Tatsache lag, dass Brink in der Bundesrepublik nur mit einem einzigen Buch vertreten war und seit 1966 nicht mehr verlegt wurde. Ungeachtet der monierten künstlerischen Mängel wurde für den Verlag ein politischer Dissident gewonnen, der den »einfachen Leser nicht überfordert« und ihm zugleich die »Absurdität rassistischer Vorurteile und die Inhumanität weißer Überheblichkeit« nahebringt.[359] Die Volk-&-Welt-Übersetzung von *Stimmen im Wind* durch Christine Agricola aus dem Jahr 1981 war ein Türöffner für Brinks Karriere im bundesrepublikanischen Literaturbetrieb. Die Übertragung wurde noch in demselben Jahr durch den Verlag Steinhausen übernommen, weitere Titel erschienen in Westdeutschland in rascher Abfolge. Der Autor genoss in Westdeutschland, anders als im englischsprachigen Raum, den Ruf eines »adäquaten Márquez der Buren«, dem es gelingt »einen historischen Splitter zu einem faszinierenden Brennglas zu formen«.[360] Volk & Welt brachte 1985 noch eine Lizenzausgabe von Brink heraus: *Die Nilpferdpeitsche*. Die Meinung der Gutachterinnen und Gutachter war aber nicht günstiger. Die Thematik wies zwar den Verfasser als »humanistischen, für die politische und soziale Gleichberechtigung aller Südafrikaner eintretenden Schriftsteller« aus, man beanstandete aber seine »Trivialpsychologie«, »Mangel an erzählerischer Disziplin«, »reißerische Elemente und Klischees« sowie »überstrapazierte Symbole und Bilder«.[361]

Nadine Gordimer war eine andere südafrikanische Autorin, welche die Volk-&-Welt-Gutachterinnen und Gutachter literarisch wenig beeindruckte, die aber aufgrund ihrer weltliterarischen Stellung und vor allem als Ikone der

---

358 Raymond A. Sokolov: An Instant in the Wind. Review. In: New York Times vom 27.2.1977.
359 Schultz: Gutachten zu »Stimmen im Wind«.
360 Natalia Stachura: Przestrzeń intertekstualna i geohistoryczna w powieściach André P. Brinka. Poznań 2016, S. 21.
361 Marianne Bretschneider: Gutachten zu »Die Nilpferdpeitsche« von André Brink, o. D. (1985). In: BArch, DR1/2387.

Anti-Apartheid-Bewegung im Programm nicht fehlen durfte. Gordimer war seit 1956 eine Autorin des S.-Fischer-Verlages; vereinzelte Bücher erschienen auch in anderen Verlagen. Ihre westdeutsche Premiere, der Roman *Entzauberung* (1956), wurde von der Kritik mit gemischten Gefühlen aufgenommen. Man schrieb von einem »verheißungsvollen jungen Talent«, für das die Auseinandersetzung mit der Apartheid »niemals Selbstzweck wird, sondern sich zwanglos und wie selbstverständlich aus dem lebendigen Fluß der Erzählung und der Art ergibt, wie die Autorin ihr Thema behandelt«.[362] Es gab aber auch schroffe Töne, die von einem »tiefseinwollenden Bildungsroman«, einem »aufregend banalen Werk einer aufregend banalen Schriftstellerin« sprachen.[363]

Die westdeutschen Leserinnen und Leser waren anscheinend anderer Meinung, da *Entzauberung* bald in mehreren Auflagen erschien und der Verlag sich Rechte für weitere Titel Gordimers sicherte. Die Wahl neuer Bücher war jeweils durch die amerikanischen Kritiken bestimmt, die im Verlag eingehend gesammelt und gelesen wurden. In den 1970er-Jahren ließ das Interesse des Verlages für Gordimer deutlich nach. Nachdem aber der mit Gordimer und ihrem Mann Reinhold Cassirer befreundete Amerikanist Arnulf Conradi (geb. 1944) 1983 als Cheflektor zu S. Fischer gewechselt hatte und zum Programmgeschäftsführer befördert worden war, zählte Gordimer zum Kreis der wichtigsten Hausautorinnen und -autoren.

Der Nachholbedarf an einer schon längst nobelpreisverdächtigen südafrikanischen Schriftstellerin, die, wie später Susan Sontag auf dem Hamburger PEN-Kongress anmerkte, als die »einzige realistische Autorin von Rang in der modernen Weltliteratur« galt,[364] war bei Volk & Welt nicht zu übersehen. Als Auftakt entschied man sich 1980 für *Sechs Fuß Erde*, einen Erzählungsband, der 1959 erstmals auf Deutsch vorlag, jetzt aber neu übersetzt wurde. Das Buch erschien im »Volk und Welt Spektrum«, der zweifellos wichtigsten Reihe des Verlages, deren kulturpolitisches Konzept folgendermaßen charakterisiert wurde:

> Wir wollen aus dem großen Angebot der internationalen Literatur bei Wahrung eines relativ hohen literarischen Niveaus Literatur mit aktuellem Stellenwert für den Leser in unserer Republik auswählen, Literatur für sozialistische Zeitgenossen. Wir denken vor allem an drei Elemente, die für die Aufnahme in unserer Reihe Voraussetzung sind. Diese Werke sollten zur Persönlichkeitsentwicklung beitragen, sie sollten der Erweiterung

---

362 Friedrich Burschell: Weiss und schwarz. In: NEUE DEUTSCHE HEFTE. BEITRÄGE ZUR EUROPÄISCHEN GEGENWART (1956/57) H. 3, S. 496 f., hier S. 496.

363 Anna Keel: Drei Frauenbücher. In: SCHWEIZERISCHE RUNDSCHAU. MONATSSCHRIFT FÜR GEISTESLEBEN UND KULTUR 57 (1957/58), S. 185 f., hier S. 186.

364 Klaus Kreimeier: Der Freiheit ins Auge blicken. In: WESTERMANNS MONATSHEFTE 10 (1986), S. 20–23, hier S. 23.

des Horizonts im weitesten Sinne dienen und selbstverständlich der niveauvollen Unterhaltung.³⁶⁵

Gordimers Band erschien in der Reihe neben anderen großen Namen des Jahres 1980: den Brüdern Israel Joschua und Isaac Bashevis Singer, Ingmar Bergman und Paul Nizan. Die verlagsinterne Meinungsbildung unterschied sich jedoch gravierend von den Gutachten, die dem S.-Fischer-Verlag vor der deutschen Erstveröffentlichung vorlagen. Damals war man sich einig, dass die Autorin das »Wesentliche an gleichsam banalen Umständen« zu veranschaulichen und »exemplarische Ausschnitte aus dem Gesamtdasein« herauszulösen vermag, ihre Texte erinnerten den Gutachter »in ihrer Verhaltenheit an die große Kunst Catherine Mansfields« und hielten »jeden Vergleich mit dem Besten aus, was die Weltliteratur in diesem Genre aufzuweisen hat«.³⁶⁶ Die Veröffentlichung wurde dringend empfohlen. Nach über zwanzig Jahren lasen die Gutachterinnen und Gutachter in Ostberlin das Buch anders. Als »sensible Stenogramme aus dem südafrikanischen Alltag« waren die Erzählungen nicht uninteressant, die literarische Durchführung dagegen wenig überzeugend, weswegen drei Texte in der ostdeutschen Ausgabe weggelassen wurden. Einerseits wollte man Gordimer unbedingt in der Reihe sehen, andererseits störte die fehlende »allgemeingültige Aussage« ihres Werks.³⁶⁷

Bei der Übernahme der weiteren drei Titel – *Der Besitzer* (1983), *Julys Leute* (1984) und *Burgers Tochter* (1989) – galten die gleichen Bedenken: Dem Leser in der DDR konnte die weltbekannte Südafrikanerin nicht vorenthalten werden, dass sie aber die »große Form des Romans nicht mit der ihr zukommenden Komplexität« zu bedienen wusste, gab die literarisch streng geschulte Gutachterin mit zur Kenntnis.³⁶⁸ Um Gordimers *Burgers Tochter* erscheinen zu lassen, fand sie es trotzdem sinnvoll, politische Äußerungen der Protagonistin vor potenziellen Eingriffen der Zensurbehörde zu rechtfertigen:

> Für problematisch halte ich zum Teil von mir zitierte Äußerungen über den 17. Juni, über Ungarn, die ČSSR und vor allem die Sowjetunion. Allerdings handelt es sich in den meisten Fällen um Figurensprache (französische Linksintellektuelle, ein nationalistischer südafrikanischer Politiker, auch Rosa Burger). Zwar werden diese Meinungen weder widerlegt noch aufgehoben, dennoch

---

365 Heinz Dieter Tschörtner: Die Spektrum-Reihe des Verlages Volk und Welt. In: Marginalien. Zeitschrift für Buchkunst und Bibliophilie 51 (1973), S. 55–60, hier S. 55.
366 N. N.: Verlagsnotiz, 27.8.1956. In: DLA, A: Fischer, Samuel Verlag/Gordimer, Nadine.
367 Marianne Bretschneider: Gutachten zu »Sechs Fuß Erde« von Nadine Gordimer, o. D. (1979). In: BArch, DR1/2371.
368 Marianne Bretschneider: Gutachten zu »Der Besitzer« von Nadine Gordimer, o. D. (1982). In: BArch, DR1/2379.

stellen sie die Integrität der kommunistischen Weltbewegung [...] nicht ernstlich in Frage. Ihr Roman ist ein Plädoyer für die Bündnispolitik zwischen allen Apartheidgegnern, und als solchen sollten wir ihn veröffentlichen.[369]

Ende der 1980er-Jahre waren die verlegerischen Freiräume aber größer als die Bedenken der Gutachterin. Ihre Überlegung, die weltanschaulichen Positionen der Autorin im Klappentext deutlich zu machen und zu bewerten, wurde von dem Cheflektor fallengelassen. Die genannten »Stellen« müssten nämlich im »Umfeld der von der Sowjetunion selbst veröffentlichten Diskussion über Erscheinungen der Vergangenheit« gedeutet werden.[370] Die DDR-Staatsführung mochte nicht bereit gewesen sein, Gorbatschows Reformkurs und Glasnost mitzutragen; in der Kultur- und Literaturpolitik war die Botschaft aber schon längst angekommen.

Obwohl das Südafrikaprogramm bei Volk & Welt in einem heteronomen kulturpolitischen Rahmen entstand, kann seine Bedeutung nicht auf die politische Funktion reduziert werden. Die revolutionäre Anti-Apartheid-Thematik der selektierten Texte und die ihnen zugrundeliegende modellhafte Verbindung der Literatur mit den Fragen des politischen Kampfes, machten die südafrikanische Literatur zur wichtigen Komponente der sozialistischen und antiimperialistischen Weltliteratur. Diese Zuschreibung wurde zu einem gängigen Argument für den Verlag, um die Druckgenehmigung für Texte zu bekommen, die in bestimmten kulturpolitischen Phasen von der Zensurbehörde hätten abgewiesen werden können. Dies galt zum Beispiel für Athol Fugards avantgardistische Dramen, aber auch für Nadine Gordimer, wenn es in ihren Werken um ideologisch nicht unproblematische Stellen ging.

Durch das Programm einer kulturellen Internationalisierung wurde das Literatursystem der DDR zu einem Ermöglichungsraum, der sich mit einem Konzept des *»minor transnationalism«* analytisch erfassen lässt. Françoise Lionnet und Shu-meih Shih wiesen darauf hin, dass die Transnationalität grundsätzlich von dem Globalisierungsbegriff zu unterscheiden ist. Die Logik der Globalisierung ist zentripetal und zentrifugal zugleich, sie nimmt die Form eines universalen normativen Kerns an, der sich in der Welt verbreitet und an dem andere Kulturen gemessen werden. Die Transnationalität schafft dagegen einen Austauschraum für Kulturen, ohne Vermittlung eines universalen Zentrums; sie bleibt nicht gebunden an die binäre Opposition des Lokalen und des Globalen, sondern ist gekennzeichnet durch die Eröffnung diverser lokaler, nationaler oder globaler Ermöglichungsräume.[371] Die Idee

---

369 Marianne Bretschneider: Gutachten zu »Burgers Tochter« von Nadine Gordimer, o. D. (1988). In: BArch, DR1/2395.
370 Richard Richter: Gespräch mit Manfred Küchler am 9. Juni 1988, 13.6.1988. Ebenda.
371 Françoise Lionnet, Shu-meih Shih: Introduction. Thinking through the Minor, Transnationally. In: dies. (Hrsg.): Minor transnationalism. Durham, London 2005, S. 1–23, hier S. 5–11.

eines »*minor transnationalism*« ist ein potenziellerAusgangspunkt für die Analyse der Bewegungen zwischen (semi-)peripheren Literatursystemen.

So gesehen bleibt die Bewegung von Texten mancher südafrikanischen Autorinnen und Autoren ein interessanter Fall. Einerseits handelte es sich nämlich um eine vertikale Bewegung zwischen einer peripheren südafrikanischen Literatur (trotz des Mediums der englischen Sprache blieben viele Autorinnen und Autoren auf zentralen Literaturmärkten weitgehend unbekannt) und dem europäischen Zentrum; andererseits kann aber dieser Literaturtransfer aufgefasst werden als eine laterale Bewegung zwischen einer peripheren Literatur und einem Literatursystem, das durch weitgehende ideologische Einschränkungen auch eine periphere Position im europäischen literarischen Feld einnahm. Interessant ist das Fallbeispiel der südafrikanischen Literatur in der DDR vor allem deswegen, weil die laterale Bewegung durch die literarische DDR-Peripherie manchen südafrikanischen Autorinnen und Autoren den Zugang zu zentralen Literaturmärkten verschaffte. Dies illustriert unter anderem der Kasus André Brinks, dessen *Stimmen im Wind* in der Volk-&-Welt-Übertragung unverzüglich als Lizenzausgabe in der Bundesrepublik erschien und Übersetzungen weiterer Bücher von Brink nach sich zog.

Dass Volk & Welt Brink nicht unbedingt wegen seiner künstlerischen Exzellenz übernahm, sondern weil mehrere seiner Bücher in Südafrika verboten waren, verweist wiederum auf einen weiteren Aspekt transnationaler Implikationen der Zensur.[372] Im Auswahlprozess wurden bei Volk & Welt gerade jene Texte bevorzugt, die im Literatursystem eines »verfeindeten« Regimes auf der Zensurliste standen. Dies galt nicht nur für die analysierte südafrikanische Übersetzungsliteratur. Um die Weltoffenheit der DDR weltweit bekannt zu machen, publizierte Volk & Welt in seiner englischsprachigen Reihe *Seven Seas* – die durch das Ministerium für Kultur als »psychologische Waffe« im Kampf mit der »kapitalistischen Propaganda« gefördert wurde – auch südafrikanische Autoren wie Alex La Guma, Ezekiel Mphahlele, Jack Cope und Richard Rive, deren Bücher dann größtenteils ins kapitalistische Ausland gingen.[373] Das in Südafrika verbannte Buch La Gumas *And a Threefold Cord* erschien 1963 in der Reihe *Seven Seas*, und bis er 1988 bei Kliptown Books wieder herausgebracht wurde, reiste der Roman in der Ostberliner Edition durch die Welt.[374] La Gumas *The Stone Country* (1967) wurde ebenfalls erstmals bei Volk

---

372 Victoria Pöhls: Literatur und Zensur. Transnationale Implikationen. In: Doerte Bischoff, Susanne Komfort-Hein (Hrsg.): Handbuch Literatur & Transnationalität. Berlin, Boston 2019, S. 228–242.

373 Rebecca Jany: Seven Seas. Englische Taschenbücher für die Welt. In: Barck, Lokatis (Hrsg.): Fenster zur Welt, S. 344–346, hier S. 344.

374 Gareth Cornwell: And a Threefold Cord: La Guma's neglected masterpiece? In: Literator 23 (2002) H. 3, S. 63–80, hier S. 64.

& Welt verlegt und erst sieben Jahre später von Heinemann übernommen. Somit bleibt das Südafrikaprogramm bei Volk & Welt ein interessantes Beispiel der literarischen Transnationalität in der Zeit des Kalten Krieges.

Nach der Wende versuchte Volk & Welt, sein südafrikanisches Programm unter neuen marktwirtschaftlichen Bedingungen zu exploitieren. Zu einem der Markenzeichen des Verlages avancierte unerwarteterweise der einst aus literaturästhetischen Gründen verschmähte André Brink. Sein Roman *Im Gegenteil* (1994), mit dem der Autor einen Bogen zur zeitgenössischen Problematik Südafrikas nach 1990 schlug, galt auf einmal als »enormer Gewinn«, ein »Lesestoff erster Güte«, ein »Buch zum Wegschmökern und zum Verkaufen: aktionsreich, abenteuerlich, farbig, exotisch, in der Stimmung humorvoll und tragisch zugleich, von herrlicher Situationskomik wechselnd zu grausam-schmerzlichen Geschehnissen und wieder zurück – ein Buch, wie man es sich wünscht und nur selten unter die Finger bekommt.«[375] Die Verlagsankündigung lautete: »Abenteuerlich wie Defoe. Verwegen wie Villon. Sinnenfroh wie Casanova. Und doch unverwechselbar eigen. Ein solches Buch gibt es nicht? *Im Gegenteil*: André Brinks großer Abenteuerroman über das Südafrika des 18. Jahrhunderts: Urwüchsig wie das Land, heiter und tragisch, voll der Liebe, Lust und Fabelei. Literatur von Welt in einem Buch, das die Grenzen des Sagbaren erprobt.«[376]

1994 wurde André Brink mit einem großen finanziellen Aufwand zu einer Lesereise eingeladen. Der Ostdeutsche Rundfunk Brandenburg begrüßte ihn als einen der »streitbarsten Autoren Südafrikas«: Seine Bücher seien »Plädoyers für das groß angelegte, pralle und ausufernde Erzählen«, »Abenteuerromane, Kulturführer und Politthriller in einem«. So schien Brink ein perfekter Autor für einen Verlag zu sein, der sich mit großer Mühe im bundesdeutschen Wettbewerb zu behaupten versuchte. 1996 folgte der Roman *Sandburgen* – »eine farbenprächtige, sinnliche und dramatische Saga über zweihundert Jahre einer Familie aus weiblicher Sicht«.[377] Mit dem Buch wollte Volk & Welt zeigen, der magische Realismus sei »keine Domäne der Lateinamerikaner«. Brink habe ein *Geisterhaus* geschrieben, der Leser bekomme einen »mit der Gegenwartshandlung brandaktuell in das Südafrika des Umbruchs hineinleuchtenden Roman«.[378] 1988 wurde ein weiterer Titel erwogen: *Devil's Valley*. Die Gutachterin zweifelte jedoch, ob die mit Brink vertrauten Leserinnen und Leser sich auf dieses »im extrem ruhigen Tempo« erzählte Buch einlassen könnten: Die Technik erinnere zwar an Gabriel García Márquez mit seinem »stagnierende[n]

---

375 Joachim Meinert: Gutachten zu »On the Contrary« von André Brink, 27.1.1994. In: AdK, VuW 1032.
376 Verlagsankündigung, o. D. (1994). In: AdK, VuW 1032.
377 Verlagsankündigung, o. D. (1996). In: AdK, VuW 1087.
378 Joachim Meinert: Gutachten zu »Imaginings of Sand« von André Brink, 12.4.1995. Ebenda.

Zeitfluss«, im Fall des »wahlverwandten« Brink reiche das aber offenbar nicht.[379] Der Verlag suchte nach einem passenden Ersatz, wurde aber von der Zeit und dem wirtschaftlichen Druck überholt. Im April 2001 wurde Volk & Welt liquidiert, und die neuen Räume in der Westberliner Oranienstraße mussten binnen weniger Tage geräumt werden.

Exkurs 2: Gedichte aus Belgien und den Niederlanden

Auch den Übertragungen der internationalen Literatur aus dem »kapitalistischen Ausland« gingen nicht uninteressante kulturpolitische und literaturprogrammatische Vorüberlegungen voraus. Dies wird im Folgenden exemplarisch anhand der Publikationsgeschichte niederländischer Literatur im Verlag Volk & Welt dargelegt. Vorerst sollte aber kurz an die Editionsgeschichte niederländischer Literatur in der DDR erinnert werden. Bis Ende der 1960er-Jahre erschienen in ostdeutschen Verlagen vereinzelte Werke flämischer Autoren wie Ernest Claes (1885–1968), Stijn Streuvels (1871–1969) und Felix Timmermans (1886–1947). Jene beschauliche Heimatliteratur aus der Vorkriegszeit erfüllte einerseits sowohl im Westen als auch im Osten bestimmte Wunschbilder der deutschen Leserschaft, in der DDR war andererseits vornehmlich die kostenfreie Verwertung des vorwiegend im Ersten Weltkrieg von Anton Kippenberg geplanten und realisierten flämischen Programms (nach 1945 im Besitz des Leipziger Insel-Verlags) von gravierender Bedeutung.[380]

Als wichtigster Vertreter der niederländischen Literatur in der DDR galt, zumindest zwei Jahrzehnte lang nach dem Krieg, Theun de Vries (1907–2005). Als Mitglied der Kommunistischen Partei der Niederlande, Widerstandskämpfer sowie Autor traditionell-realistischer Romanprosa mit sozialistischer Tendenz genoss de Vries großes Ansehen; so wurde er zwischen 1949 und 1967 mehr als 40-mal im Neuen Deutschland, dem Zentralorgan der SED, erwähnt.[381] Auch in anderen sozialistischen Ländern – etwa in Polen, der Sowjetunion, der Tschechoslowakei und in Ungarn – wurde de Vries zu dem meistübersetzten niederländischen Autor, wobei die DDR-Ausgaben nicht selten als Vorlage dienten.[382] 1959 wurde de Vries

---

379 Johanna van Koppenfels: Gutachten zu »Devil's Valley« von André Brink., 4.5.1998. In: AdK, VuW 5814.

380 Vgl. Paweł Zajas: Niemilknące muzy. Wydawcy, pisarze, tłumacze i pośrednicy kulturowi na frontach Wielkiej Wojny. Poznań 2016, S. 255–367.

381 Axel Rekkers: Ein außergewöhnlicher Erinnerungsort der DDR-Zensur. Das ambivalente Veröffentlichungsverfahren von Theun de Vries. In: Flachware. Jahrbuch der Leipziger Buchwissenschaft 7 (2021), S. 143–157, hier S. 144.

382 Vgl. Stefan Kiedroń: Theun de Vries (1907–2005). A Dutch Autor in the Communist World – Text, Contexts and Translations. In: Études Interdisciplinaires en

zum korrespondierenden Mitglied der Ostberliner Akademie der Künste gewählt. Diese »Zuwahl« war konzipiert als eine demonstrative »Stütze für diesen hervorragenden sozialistischen Schriftsteller« nach dessen Ausschluss aus dem holländischen PEN-Club infolge seiner Rechtfertigung des kommunistischen Staatsstreichs in der Tschechoslowakei 1948 und des sowjetischen Einmarschs in Ungarn 1956. De Vries – argumentierte die Kinder- und Jugendbuchautorin Grete Weiskopf (1905–1966) – werde in den Niederlanden »wegen seiner konsequent fortschrittlichen Haltung nicht nur nicht gefördert, sondern oft gehemmt und sogar verfolgt«.[383] Bei der Überreichung der Mitgliedschaftsurkunde betonte Weiskopf de Vries' Kenntnis der deutschen Kultur sowie seine »lebendige Anteilnahme am Geschehen« in der DDR.[384]

Abb. 19: Theun de Vries im Jahr 1963. Foto: Nationaal Archiv Den Haag.

SCIENCES HUMAINES 8 (2021), S. 488–482; Jaap Graave: Nederlandse literatuur in het communistische Oost-Europa 1945–1990. In: INTERNATIONALE NEERLANDISTIEK 57 (2019) Nr. 1, S. 1–10; ders.: Theun de Vries in Eastern Europe (1945–1990). In: Jaap Graave, Irina Michajlova (Hrgs.): Dutch, Flemish and Scandinavian Literature to Eastern Europe 1945–1990. Moscow 2018, S. 65–67; Maxim Kopylow, Irina Michajlova: Theun de Vries in translation. Did the Russian translator use the German translation? In: Graave, Michajlova (Hrgs.): Dutch, Flemish and Scandinavian Literature, S. 90–97.
383 Alex Wedding (Grete Weiskopf): Begründung für die Zuwahl zum Korrespondierenden Mitglied der Deutschen Akademie der Künste, 12.8.1958. In: AdK, AdK-O 0123.
384 Alex Wedding (Grete Weiskopf): Ansprache bei der Überreichung der Mitgliedschaftsurkunde an das Korrespondierende Mitglied Theun de Vries, 20.11.1959. Ebenda.

Trotz der günstigen politischen Eintrittskarte und vieler in der DDR verlegten Bücher – zwischen 1950 und 1983 immerhin 17 Werke, manche in mehreren Ausgaben – waren die Manuskripte des kommunistischen Holländers nicht immer unproblematisch für die Zensur. Die Übersetzung seines Romans über das Wirken von Karl Marx und Friedrich Engels in der 1848er-Revolution sollte ursprünglich zu deren hundertjährigem Jubiläum erscheinen. Nachdem der erste Band der geplanten Trilogie aber Anfang 1948 von Bert Andréas (1914–1984) – einem deutschen Journalisten und Kommunisten, der die Zeit des Nationalsozialismus im holländischen Exil verbrachte, der niederländischen Résistance angehörte und in den Jahren 1944 bis 1952 für den Vertrieb und als Geschäftsführer des Verlags Republik der Letteren, in dem auch Werke von de Vries erschienen, arbeitete – übersetzt worden war, geriet der Gutachter des Verlages Volk & Welt in »beträchtliche Verwirrung«:

> Karl Marx im Bett liegend, schon in den ersten Zeilen mit einem Nachtgeschirr in Verbindung gebracht, dann eine Sturzflut von Gedanken nach der Technik von James Joyce montiert, die die Genesis des Kommunistischen Manifests enthalten; dazu eine Unmenge von Figuren, von denen der nicht genau orientierte Leser nicht weiß, ob sie sämtlich historisch oder zum Teil erfunden sind. Dann ein Stück Freud'scher Traumanalyse und endlich ein biedermeierisch breites Familienidyll.[385]

Die von Theun de Vries verwendete »Methode« wurde als ein »gefährliches Experiment« eingestuft und das Manuskript aufs Eis gelegt. Fünf Jahre später – inzwischen waren zwei von den drei Bänden fertig – wollte der Verlag dann doch mit dem Werk des holländischen Schriftstellers einen würdigen Beitrag zum Karl-Marx-Jahr 1953 liefern und bildete zur »vorfristigen Fertigstellung« und »Erzielung einer guten Qualität« der gesamten Trilogie eine »Brigade«, in der Übersetzer, Redakteur, Hersteller, Korrektoren und Grafiker »vereinigt« waren.[386] Der Verlag schaltete auch einen Historiker ein, dem einzelne, bereits übersetzte Teile der im Original veröffentlichten zwei Bände sowie des noch entstehenden dritten Teils des Romans kontinuierlich zugeschickt wurden. Im April 1953 war er mit den ersten 200 Seiten fertig: Den ersten Teil fand er »unnötig kompliziert«, beanstandete u. a. die »Vorliebe für die Darstellung von Liebesbeziehungen«, welche Marx »nicht mit der nötigen Klarheit und Reinheit der Gefühle« darstelle, und erhob Einwände gegen die Überbetonung von Bakunin sowie die »Hochachtung für die männlichen Qualitäten« des russischen Zaren.[387]

---

385 Lektorat Barckhausen: Gutachten zu »1848« (Feuertaufe) von Theun de Vries, 11.2.1958. In: AdK, VuW 3807.
386 Volk und Welt an Theun de Vries, 2.3.1953. Ebenda.
387 Gerhard Winkler an Volk und Welt, 7.4.1953. Ebenda.

Der Autor zeigte sich mit der Arbeit des wissenschaftlichen Gutachters und Zensors zufrieden: Die Initiative schien ihm »außerordentlich gut und fruchtbar wirken zu können«, er wünschte der Brigade »viel Glück« und fühlte sich »sehr gerührt und auch stolz«, dass der Verlag mit dieser neuen Art der kollektiven redaktionellen Bearbeitung gerade seinen Roman als erstes Werk »aufs Korn« genommen hätte.[388] Mit der Fertigstellung des letzten Bandes geriet er zwar in Verzug, da er in seiner Funktion des Präsidenten der Gesellschaft »Nederland – UdSSR« der »Beisetzung des Genossen Stalin« beiwohnen musste, kehrte aber aus Moskau »sofort zurück«, um die letzten Seiten des Werkes zu vollenden.[389] Das redaktionelle Team schliff inzwischen weiter an dem Text und nahm zahlreiche Streichungen vor. Dass viele Korrekturen von de Vries in den dritten Band übernommen wurden, belegt den Einfluss der ostdeutschen Zensur auf die niederländische Originalfassung, welche erst 1954 im Verlag Pegasus erschien.

Der größte Eingriff geschah aber ohne Mitwissen und Zustimmung des Autors kurz vor dem Erscheinen des Romans, welcher in der deutschen Übersetzung den Titel *Feuertaufe* erhielt. Der Verlag entschied sich »nach langen und sehr gewissenhaften Diskussionen und im Einvernehmen mit maßgeblichen Stellen« dafür, vier Kapitel, darunter die Schilderung der deutschen Revolution, fortfallen zu lassen. Das Lektorat argumentierte nachträglich:

> Wie Sie wahrscheinlich wissen, sind wir bestrebt, in den deutschen Lesern den berechtigten Stolz auf die positiven Leistungen und Errungenschaften der deutschen Arbeiterbewegung zu wecken. Es herrschte und herrscht zum Teil noch immer eine gewisse Neigung, die Vergangenheit ausschließlich als »deutsche Misere« aufzufassen. Gerade in der heutigen Situation, angesichts der Entwicklung, die sich in Westdeutschland vollzieht, ist es von besonderer Wichtigkeit, gegen solche Auffassungen anzukämpfen und jenen begründeten Stolz auf die deutsche Vergangenheit zu wecken, der sich auf die politische Haltung des heute lebenden Deutschen positiv auswirken muss. Es ist selbstverständlich, dass dieser ganze Fragenkomplex für den ausländischen Leser von geringer Bedeutung ist und dass die Lektüre der Schlusskapitel Ihres Buches, in denen ziemlich viel von dieser »deutschen Misere« enthalten ist, auf einen Holländer ganz anders wirkt als auf einen Deutschen.[390]

De Vries zeigte sich »erschüttert« über diese »Konjunktur-Ideologie«, »intellektuelle Devaluation« sowie »Unterschätzung des lesenden Publikums« und verhinderte die Versendung der Fahnen an den Warschauer Verlag Czytelnik.[391] Der polnischen

---

388 Theun de Vries an Volk und Welt, 10.4.1953. Ebenda.
389 Theun de Vries an Volk und Welt, 13.3.1953. Ebenda.
390 Volk und Welt an Theun de Vries, 16.9.1953. Ebenda.
391 Theun de Vries an Volk und Welt, 29.9.1953, 30.9.1953. Ebenda.

»Nicht-Übersetzung« der *Feuertaufe* lag somit der ostdeutsche ideologische Eifer zugrunde. 13 Jahre und viele publizierte de-Vries-Romane später signalisierte der Verlagsleiter Walter Czollek (1907–1972) seinem holländischen Autor erneut Verhandlungsbedarf im Hinblick auf die Übersetzung des Werkes *Wolfszeit* (*Wolfsgetij*): Sollte der Verlag Volk & Welt »alle Strömungen des modernen Romans wiedergeben wollen«, würde er dabei »vor allem mit Werken aus Schweden alle Gesetze sozialistischer Moral verletzen«.[392] Czollek bat daher um Genehmigung für eventuelle Kürzungen der Szenen, in denen Sexualität nicht unbedingt eine »künstlerische und politische Funktion« habe; de Vries stimmte zu, um nicht in das »schwedische Fahrwasser« zu geraten.[393] Das im Januar 1968 fertig gedruckte Buch musste dennoch »bis auf Widerruf auf Lager« genommen werden wegen vermeintlicher »antisowjetischer Äußerungen« des Autors.[394] Nachdem de Vries immer wieder nach der Veröffentlichung nachgefragt hatte – mit der deutschen Übertragung hoffte er das Interesse des englischsprachigen Marktes zu beeinflussen –, erhielt er eine definitive Absage von Czolleks Nachfolger Jürgen Gruner:

> Wir möchten Ihnen heute mitteilen, dass wir Ihren Roman »Wolfszeit« in absehbarer Zeit nicht herausbringen wollen. Uns bewegt vor allem ihre persönliche Haltung zum gemeinsamen Kampf der marxistisch-leninistischen Arbeiterpartei. Pressberichten müssen wir entnehmen, dass uns wenig Gemeinsames in politisch-ideologischen Anliegen verbindet. Wir bedauern das zutiefst, glaubten wir doch, in Ihnen einen zuverlässigen Mitstreiter gefunden zu haben. Nach unseren Informationen kann es sich aber auch nicht um Missverständnisse handeln. So bleibt uns zunächst nichts anderes übrig, als von Ihrer verlegerischen Betreuung in der Deutschen Demokratischen Republik Abstand zu nehmen. Das tut uns sehr leid.[395]

Wolfszeit, in der Übertragung von Udo Birckholz, erschien erst im Jahr 1983. Es war auch der letzte Roman von Theun de Vries, der in der DDR herausgegeben worden ist.

---

392 Walter Czollek an Theun de Vries, 4.10.1966. Ebenda.
393 Theun de Vries an Walter Czollek, 27.12.1966. Ebenda.
394 Walter Czollek: Verlagsinterne Notiz, 10.1.1968. Ebenda. Hierbei ging es um einen persönlichen Schlagabtausch zwischen de Vries und dem russischen Dichter und Liedtexter Jewgeni Domatowski (1915–1994). Der letztere schrieb einen negativen Artikel über de Vries in der Zeitschrift LITERATURNAJA GEZETA, als Folge eines antisowjetischen Artikels von de Vries in der Zeitschrift der Universität Nimwegen. Die sowjetische Zensurbehörde gab bekannt, dass keine Bücher des holländischen Autors mehr veröffentlicht würden. Auch die HV Verlage und Buchhandel entschied, dass die bereits auf dem Markt befindlichen Werke verkauft werden dürften, neue Veröffentlichungen aber verboten würden.
395 Jürgen Gruner an Theun de Vries, 19.6.1968. Ebenda.

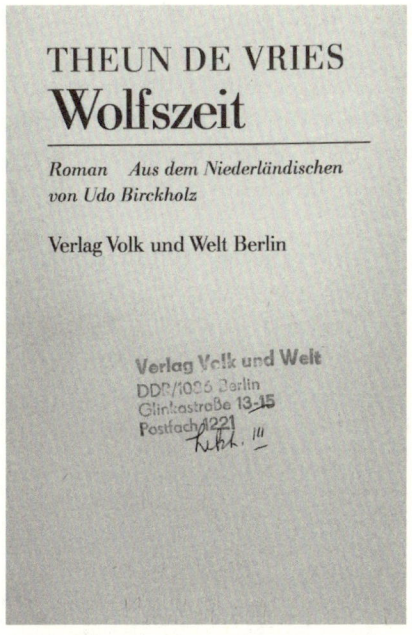

Abb. 20: Titelseite des Romans *Wolfszeit* von Theun de Vries.
Quelle: Philologische Bibliothek der Freien Universität Berlin.

Die beschaulichen flämischen Heimatromane und realistischen historischen Werke des holländischen Parteifunktionärs bestimmten somit bis Ende der 1960er-Jahre das Bild der niederländischen Literatur in der DDR. Andere zeitgenössische Literatur aus Belgien und den Niederlanden blieb der Leserschaft zunächst vorenthalten. Bevor der revolutionäre flämische Schriftsteller Louis Paul Boon (1912–1979), welcher eine Wende in der Literatur in Flandern nach dem Zweiten Weltkrieg einleitete, in den 1970er-Jahren als »schonungsloser Darsteller der sich selbst zerstörenden kapitalistischen Gesellschaft« entdeckt wurde,[396] hatte er bei den DDR-Gutachtern in den 1950er-Jahren keine Gnade gefunden. Sein Van-Gogh-Roman *Abel Gholaerts* (1944; dt. 1990) stellte die »soziale Not der Massen« als eine »metaphysische unabänderliche schicksals-bestimmte Kategorie dar«: »Was bleibt, ist dumpfe Resignation und Hoffnungslosigkeit.« Soziale oder gesellschaftliche Fragen würden nirgendwo ernsthaft behandelt, der Flame zeige dagegen »eine gewisse Vorliebe für erotisches Paprika, die das Buch für unsere Jugend nicht angebracht

---

396 Herbert Van Uffelen: Moderne niederländische Literatur im deutschen Sprachraum. Münster 1993, S. 441.

erscheinen« lasse.³⁹⁷ In *Mijn kleine oorlog* (1947; dt. 2012, *Mein kleiner Krieg*), eine biografisch geprägte Alltagschronik der Besatzungszeit, sei Boon nicht »über einen allgemeinen Pazifismus« hinausgekommen, und in seiner Erstveröffentlichung *De voorstad groeit* (1941) habe der Verfasser die sozialen Kämpfe der »kleinen Leute« in einer Weise beschrieben, die zu einer »Persiflage der Kämpfer« werde. So wurden die »hier und da gestreiften politischen Ansichten« Boons als »kleinbürgerlich-syndikalistisch« eingestuft.³⁹⁸

Dem flämischen Autor des magischen Realismus, Johan Daisne (1912–1978), attestierte man »belanglose Inhalte«, in denen »Schwächen und Krankheiten« zum »Gegenstand der ästhetischen Betrachtung« würden. Daisne versuche »die alte sattsam bekannte These« zu begründen, dass »der Sinn aller künstlerischen Tätigkeit in der Schaffung einer Traumwelt« bestehe, in die »der Mensch aus dem Alltag« flüchte.³⁹⁹ Ein anderer Vertreter des flämischen magischen Realismus, Hubert Lampo (1920–2006), fand keinen Eingang in die DDR aufgrund eines negativen Sammelgutachtens von Nico Rost. Rost (1896–1967) – ein niederländischer Journalist, Kommunist und Antifaschist – siedelte 1947 in die Sowjetische Besatzungszone über und blieb in der DDR bis 1951. Sein Tagebuch aus dem Konzentrationslager *Goethe in Dachau* erschien 1948 bei Volk & Welt und wurde insbesondere im Goethe-Jahr 1949 zum großen Erfolg. Lampos Werke klassifizierte Rost als »psychologische Durchschnittsromane«, welche »nicht mal für einen Verlag im Westen« infrage kommen würden: »Sie behandeln keine Probleme, die für den Leser der DDR in irgendeiner Hinsicht von Bedeutung sind. Die Milieuschilderung ist uninteressant, die Schilderung der belgischen Nachkriegs-Bourgeoisie sehr fade und unpolitisch.«⁴⁰⁰

Auch das *Tagebuch der Anne Frank* – dem, wie keinem anderen persönlichen Dokument aus der Zeit des Nationalsozialismus, ein dauerndes weltweites Interesse entgegengebracht wurde – betrachteten die ersten drei DDR-Gutachter vorerst kritisch. Claus Hubalek (1926–1995) – dessen bei Volk & Welt 1947 veröffentlichtes literarisches Debüt *Unsere jungen Jahre* sich ebenfalls autobiografisch mit der Kriegszeit auseinandersetzte – sah im *Tagebuch* ein »literarisches Novum«, beanstandete aber die Kluft zwischen der »Erschütterung eines wirklichen Kindes« und

---

397 Franz Stupp: Gutachten zu »Abel Gholaerts« von Louis Paul Boons, 18.10.950. In: AdK, VuW 4281.
398 Franz Stupp: Gutachten zu »Mijn kleine oorlog« von Louis Paul Boon, o. D. (1950). In: AdK, VuW 4280; ders.: Gutachten zu »De voorstad groeit« von Louis Paul Boon, o. D. (1950). In: AdK, VuW 4279.
399 Franz Strupp: Gutachten zu »Schimmen om een schemerlamp« von Johan Daisne, 10.11.1950. In: AdK, VuW 4336; ders.: Gutachten zu »De man die zijn haar kort liet knippen« von Johan Daisne, 10.11.1950. In: AdK, VuW 4337; ders.: Gutachten zu »De trap van stehen en wolken« von Johan Daisne, 10.11.1950. In: AdK, VuW 4338.
400 Nico Rost: Gutachten zu Hubert Lampo, 19.9.1950. In: AdK, VuW 4584.

der »ausgeprägten Beobachtungsgabe« der Erzählerin.[401] Hubalek schlug vor, das Manuskript von einem zweiten Lektor lesen zu lassen. Auch der zweite Gutachter wies auf »Ausdrucks- und Stilmittel eines Erwachsenen« hin und zweifelte an der Authentizität der Autorschaft; zudem beschrieb er die Erlebnisse der in Amsterdam untergetauchten Familien als ein »Kinderspiel im Vergleich mit den Qualen, denen Millionen von Juden in Deutschland und Polen ausgeliefert waren«.[402] Von dem dritten Gutachter wurde schließlich eingewendet, das Werk verschleiere die »zeittypischen, symptomatischen Vorgänge« und hebe dafür zu sehr »Spiegelungen individueller Erlebnisse«, »pubertäre Emotionen« wenn nicht gar »alltägliche Banalitäten« hervor.[403] Erst 1957 konnte das Buch als »Dokument der Menschlichkeit und der Menschenliebe« im protestantischen Union-Verlag erscheinen.[404]

Ende der 1960er-Jahre kann in der DDR nicht nur eine quantitative Zunahme, sondern auch eine qualitative Umstellung im Hinblick auf die niederländische Übersetzungsliteratur verzeichnet werden. In dieser Zeit wurden Übertragungen aus dem Niederländischen plötzlich zu einem der Jahresplanschwerpunkte der Hauptverwaltung Verlage und Buchhandel. Die HV plädierte für die Herausgabe spannender und geschickt konstruierter Erzählliteratur von Jan de Hartog (1914–2002), der Prosa sozialer Betroffenheit David de Jongs (1898–1963), christlicher Romane von Maria Rosseels (1916–2005) und literarischer Größen – unter anderem Louis Paul Boon, Hugo Claus (1929–2008), Marnix Gijsen (1899–1984), Heere Heeresma (1932–2011) und Cees Nooteboom (geb. 1933). Die Planvorgaben der HV wurden in den Verlagen unverzüglich realisiert. Sie trugen aber auch entscheidend zum Aufstieg einer inhaltlich sowie formal innovativen Übersetzungsliteratur aus Holland und Flandern bei.

Diese verlegerische Akzentverschiebung sollte in einem breiteren kulturpolitischen Kontext betrachtet werden. Zwischen 1966 und 1969 entwickelte sich nämlich in den Niederlanden – vor allem in den Reihen der Partei der Arbeit (PvdA), der Pazifistisch-Sozialistischen Partei und der neuen Partei Demokraten 66 (D66) – eine emotional aufgeladene Diskussion über die Anerkennung der DDR.

---

401 Claus Hubalek: Gutachten zu »Het achterhuis« von Anne Frank, o. D. (Mai 1949). In: AdK, VuW 4407.
402 N. N.: Gutachten zu »Het achterhuis« von Anne Frank, 20.5.1949. In: AdK, VuW 4406.
403 Lektorat Lys: Gutachten zu »Het achterhuis« von Anne Frank, 12.5.1949. In: AdK, VuW 4405.
404 Gerhard Desczyk: Gutachten zu»Het achterhuis« von Anne Frank, o. D. (1957), zit. nach Lut Mussine, Irina Michajlova: Anne Frank in de DDR en Rusland. In: INTERNATIONALE NEERLANDISTIEK 57 (2019) H. 1, S. 11–34, hier S. 17; vgl. Sylke Kirschnick: Anne Frank und die DDR. Politische Deutungen und persönliche Lesarten des berühmten Tagebuchs. Berlin 2009.

Die Debatte verlief im Schatten der Neuen Ostpolitik der Regierung Willy Brandts bis zur Anerkennung der DDR durch die Niederlande am 5. Januar 1973.[405] Obwohl man sich in Ostberlin der Abhängigkeit der Haager Diplomatie von den in Bonn getroffenen Entscheidungen bewusst war, reagierte das Politbüro der SED um 1970 mit orchestrierten Initiativen im Bereich der kulturellen Außenpolitik. Rudolf Greiser, ein Mitarbeiter des Ministeriums für auswärtige Angelegenheiten, sondierte während seiner holländischen Reise diverse Möglichkeiten einer kulturellen Selbstdarstellung. Er schrieb in seinem umfangreichen Bericht: »Dies entspricht der politischen Zielsetzung, auch mit den Mitteln der Kultur in westeuropäischen kapitalistischen Ländern stärker wirksam zu werden. Dabei spielt Holland eine nicht zu unterschätzende Rolle, da sich dort der Gedanke der Anerkennung der DDR stärker als in anderen Ländern durchsetzt.«[406]

Besondere Aufmerksamkeit galt den schönen Künsten. Als die Weimarer Ausstellung *Faust in der Malerei* im April 1970 nach Amsterdam reiste, wurde der Kurator und Faust-Kenner Hans Henning (1927–2015) durch die Deutsche Akademie der Künste zu Berlin mit zahlreichen Direktiven ausgestattet, nach denen die Vorbereitungsgespräche im Rijksmuseum und im akademischen Milieu benutzt werden sollten, um »den Anspruch der DDR auf völkerrechtliche Anerkennung zu erklären und auf die Bedeutung der europäischen Sicherheitskonferenz hinzuweisen«.[407] Einen Monat später unternahm eine Delegation des Ministeriums für Kultur den Versuch, »über bestehende Verbindungen mit holländischen Kulturschaffenden offizielle Gespräche im niederländischen Ministerium für Kultur zu führen«. Hierbei sollten auch Kontakte zu linksorientierten Studentenvereinigungen weiter gepflegt und in »konkrete Aktionen« umgesetzt werden.[408]

Geplant wurden gleichzeitig diverse Veranstaltungen zur DDR-Literatur. Das Programm bestand vor allem aus sozialistischen Klassikern: Bertolt Brecht und Johannes R. Becher. Das anvisierte Ziel wurde im DDR-Duktus folgendermaßen beschrieben:

> In der folgenden Diskussion müssen wir den parteilichen Charakter unserer Kunst- und Kulturpolitik als einen Bestandteil der gesamten Friedenspolitik der DDR unmissverständlich und offensiv markieren. Dabei sollten wir nicht darauf verzichten, die Auseinandersetzungsfreudigkeit unserer sozialistischen Kunst und Literatur mit allen antisozialistischen und antihumanistischen

---

405 Vgl. Jacco Pekelder: Die Niederlande und die DDR: Bildformung und Beziehungen 1949–1989. Münster 2003, S. 163–208.
406 Rudolf Greiser: Bericht über eine Dienstreise des Genossen Rudolf Greiser nach Holland in der Zeit vom 10. bis 18. August 1969. In: BArch, DR1/18509.
407 Deutsche Akademie der Künste an das MfAA, 20.4.1970. In: PA AA, MfAA 263/73.
408 MfAA an die Vertretung der DDR in den Niederlanden, 7.5.1970. Ebenda.

Erscheinungen und Tendenzen zu betonen. Wir müssen die Erfolge unserer Kunst- und Kulturpolitik auf dem Gebiet der Literatur, der Musik, des Theaters usw. in Zusammenhang stellen nicht nur mit dem Bitterfelder Weg unserer *kulturellen* Entwicklung, sondern auch mit der humanistischen Grundlage unserer *prinzipiellen* Politik des Friedens, der europäischen Sicherheit und der Freundschaft gegenüber allen Völkern und gerade auch gegenüber der Bevölkerung der Niederlande.[409]

Trotz der üblichen Rhetorik offizieller Stellungnahmen waren sich die Kulturfunktionäre der Tatsache bewusst, dass die potenziellen Erfolge auswärtiger Kulturpolitik in den Niederlanden weniger mit der Anziehungskraft des Bitterfelder Weges und mehr mit einem publikumsorientierten Darstellungsmodus zusammenhingen. Die Präsentation der DDR-Klassiker in den Niederlanden wurde daher mehrmals mit Gastauftritten des bekannten Ehepaares Eberhard Esche (1933–2006) und Cox Habbema (1944–2016) flankiert. Der Träger des Kunstpreises der DDR rezitierte mit seinem charakteristischen Timbre in Begleitung der in Ostberlin wohnhaften holländischen Schauspielerin und Regisseurin.[410]

Abb. 21: Von links: Hilmar Thate, Wolfgang Bayer, Cox Habbema und Eberhard Esche auf dem Flughafen Schiphol in Amsterdam 1971. Foto: Nationaal Archiv Den Haag.

---

409 Gewerkschaft Kunst an das MfAA, 9.9.1970 (Hervorhebung im Original). Ebenda.
410 Vgl. Cox Habbema: Mein Koffer in Berlin oder das Märchen von der Wende. Leipzig 2004.

Die ostdeutsche Anerkennungspolitik im Hinblick auf Holland führte auch zu einem verstärkten Transfer der niederländischen Literatur in die DDR. Dies hatte nicht zuletzt damit zu tun, dass die immer wieder unternommenen Maßnahmen der kulturellen Selbstdarstellung in Form von Ausstellungen, Entsendung der Orchester- und Theaterensembles sowohl in Holland als auch in Belgien als politisiert galten und unterbunden wurden. Daher empfahl das Ministerium für Kultur den Einsatz kleinerer kulturpolitischer Formate und einen Richtungswechsel der kulturpolitischen Auswirkung. Es hieß, die Veröffentlichung von Übertragungen niederländischer Prosa und Lyrik in den wichtigsten DDR-Verlagen unterstreiche die Funktion des hiesigen Literatursystems als Brücke zwischen Ost und West, sie trage auch entscheidend dazu bei, »die negative Haltung bestimmter holländischer Literaturkreise zur DDR« zu überwinden.[411]

Im Kontext des Transfers niederländischer Literatur in die DDR-Verlage war aber auch das Konkurrenzverhältnis gegenüber der Bundesrepublik auf dem Gebiet der auswärtigen Kulturpolitik von gravierender Bedeutung. In einer von der Botschaft der DDR 1975 verfassten »Einschätzung der Arbeitsweise und der Aktivitäten des Goethe-Institutes in den Niederlanden« hieß es:

> In diesem Zusammenhang muß besonders gesehen werden, daß die BRD seit Jahren diplomatische Beziehungen mit den Niederlanden unterhält und die Möglichkeit hatte, einen gut funktionierenden Apparat auf auslandspropagandistischem Gebiet aufzubauen. Weiterhin ist zu beachten, daß der jetzige Leiter der Abteilung für auswärtige Kulturpolitik im Auswärtigen Amt der BRD, Dr. Hans Arnold, von 1968 bis 1972 Botschafter in den Niederlanden war und die Aufgabe hatte, das ausgeprägte niederländische Mißtrauen gegenüber der BRD zurückzudrängen und abzubauen, und das Prestige in der niederländischen Öffentlichkeit zu erhöhen. Das, was seine Vorgänger bisher nicht erreichten, gelang Arnold zum Teil. Der Einsatz von Arnold geschah sicher auch darum, dass insbesondere im Jahre 1968 Antipathien gegenüber der BRD und Forderungen nach Anerkennung der DDR besonders stark hervorgetreten waren. Um seine Aufgabe erfolgreich abschließen zu können, wurde unter seiner Leitung ein breites Netz von auslandspropagandistischen Hilfsquellen über das Goethe-Institut aufgebaut.[412]

Eine verstärkte Präsenz der niederländischen Übersetzungsliteratur in der DDR resultierte somit nicht ausschließlich aus einem genuinen Interesse der Verlage, Übersetzerinnen und Übersetzer sowie Vermittler; sie war auch die Folge eines

---

411 Ministerium für Kultur: Einschätzung 1970, 19.1.1971. In: BArch, DR1/18532.
412 Botschaft der DDR in Amsterdam an das MfAA, 17.6.1975. In: PA AA, MfAA C 2.629.

planmäßigen politischen Handelns. »Verstärkung bestehender Verbindungen zum niederländischen Buchhandel und Verlagswesen«, so der Titel des Konvoluts im Berliner Bundesarchiv, wurde in den Jahren 1969 bis 1973 zum kulturpolitischen Imperativ, ließ aber auch in der Zeit nach der Aufnahme diplomatischer Beziehungen nicht nach. Auch in den darauffolgenden Jahren funktionierte der Import niederländischer Literatur als Lackmustest einer erfolgreichen Realisierung der Schlussakte von Helsinki im Bereich des Kulturaustausches[413] sowie einer gelungenen Zurückweisung der Alleinvertretungsanmaßung seitens der Bundesrepublik. Als dritter Faktor galt auch das von den Niederlanden in Aussicht gestellte Kulturabkommen, das 1979 unterzeichnet, jedoch erst 1984 vom niederländischen Parlament ratifiziert wurde. Offiziell zeigte die DDR kein Interesse am Abschluss des Kulturabkommens. Die wirtschaftlichen Belange – Holland galt als wichtiger Handelspartner und zentraler Transportknotenpunkt – sprachen aber für eine möglichst rasche Vereinbarung eines Kulturarbeitsprogramms, auch »auf den Gebieten der Literatur und des Verlagswesens«.[414]

In diesem kulturpolitischen Raum erschien bei Volk & Welt 1977 die von Hans Joachim Schädlich redigierte Anthologie *Gedichte aus Belgien und den Niederlanden*. Schädlich (geb. 1935) ist im heutigen deutschen Literaturbetrieb keine unbekannte Größe. Zum publizierten literarischen Autor wurde Schädlich jedoch erst nach seiner Übersiedlung in die Bundesrepublik im Dezember 1977, sieht man ab von vereinzelten Erzählungen in der SÜDDEUTSCHEN ZEITUNG und im LITERATUR-MAGAZIN sowie dem Prosaband *Versuchte Nähe*, der auf Vermittlung von Günter Grass im August 1977 (ohne die Genehmigung des DDR-Büros für Urheberrechte) im Rowohlt-Verlag erschien.[415] Schädlichs Prosa galt als nicht publizierbar. Es hieß, er beschwöre Vergleiche herauf, die nicht wünschenswert seien, seine Sprachbehandlung divergiere zu sehr von den anderen Geschichten einer im Rostocker

---

413 Als Antwort auf die offizielle Neujustierung der kulturellen Auslandsbeziehungen im niederländischen Parlament im Jahr 1976, die unter anderem den in der KSZE-Schlussakte gemachten Zusagen des Literatur- und Kulturaustausches einen besonderen Wert beigemessen hatte, beauftragte das MfAA die Erstellung einer »Bibliographie der Titel, die von 1945 bis einschließlich 1975 von Verlagen und Institutionen der DDR aus dem Niederländischen (Niederländisch-Flämisch) übersetzt wurden«. Das Verzeichnis von mehr als 50 publizierten Büchern fungierte als Anhang des »Positionspapiers zum Stand der Kulturaustauschbeziehungen DDR – Niederlande« und ist der Botschaft der DDR »für den internen Gebrauch« übersandt worden. In: MfAA, 3.12.1976. In: PA AA, MfAA C 2.628.
414 MfAA: Kulturelle Beziehungen DDR – Niederlande, 17.4.1975. In: PA AA, MfAA C 8.935.
415 Andrea Jäger: Hans Joachim Schädlich. In: dies.: Schriftsteller aus der DDR. Ausbürgerungen und Übersiedlungen von 1961 bis 1989. Autorenlexikon. Frankfurt am Main 1995, S. 529–531, hier S. 531.

Hirnstorff-Verlag geplanten Anthologie und falle damit nicht nur aus dem konzeptionellen Rahmen des Bandes, sondern vor allem aus dem kulturpolitischen Rahmen der DDR. Man riet ihm an, einen »Blick für die Wirklichkeit zu gewinnen« und einen »neuen Schreibansatz zu finden«.[416] Als wissenschaftlicher Mitarbeiter am Institut für Sprache und Literatur der Akademie der Wissenschaften in Ostberlin betätigte sich Schädlich im apolitischen Bereich der Phonologie des Ostvogtländischen sowie der deutschen Satzintonation und Sprachschichtung. Zugleich war er auch als Übersetzer aus dem Englischen und Niederländischen tätig.[417]

Die ersten Entwürfe der von Hans Joachim Schädlich geplanten Auswahl niederländischer Lyrik entstanden, in Übereinstimmung mit der HV, Mitte des Jahres 1974. Gleichzeitig erhielt auch Alfred Antkowiak (1925–1976) die Aufgabe, eine Anthologie niederländischer Erzählungen für die *Erkundungen*-Reihe vorzubereiten. Der Gesamtzusammenhang der überlieferten Gutachten und Korrespondenzen deutet auf eine verlagspolitische Entscheidung hin: Die Anthologie der Lyrikavantgarde aus Flandern und Holland sollte erst nach einer »ideologischen Ortsbesichtigung der niederländischen Prosa«,[418] das heißt in der Nachfolge des *Erkundungen*-Bandes aus der Hand Alfred Antkowiaks erscheinen. Dabei ging es weniger um die strategische Voranstellung der »lesbaren Ästhetik einer lesbaren Welt« (wie die realistische Prosa einst von dem politischen Hardliner Hans Koch beschrieben wurde),[419] sondern um die politische Labilität Schädlichs, der den Protest gegen die Ausbürgerung Wolf Biermanns unterschrieben hatte und seines Postens in der Akademie der Wissenschaften enthoben wurde. Für seine Übersetzungsarbeit bedeutete es, die laufenden Verträge würden eingehalten, neue Aufträge werde es nicht geben.[420] Erst in dem geschützten Ermöglichungsraum von Antkowiaks Nachwort aus dem *Erkundungen*-Band war die Darstellung der flämischen und holländischen Moderne aus der Feder des semioppositionellen Schädlich vertretbar.

---

416 Hans Joachim Schädlich: Kleine Geschichte des Versuchs, in der DDR Prosa zu veröffentlichen. In: ders.: Der andere Blick. Aufsätze, Reden, Gespräche. Reinbek bei Hamburg 2015, S. 155–165, hier S. 158 f.

417 Neben der Arbeit an der Anthologie *Gedichte aus Belgien und den Niederlanden* übersetzte Schädlich Paul Biegels Kinderbuch *Die Gärten von Dorr* (1973), Jaap ter Haars Roman *Behalt das Leben lieb* (1976), drei Erzählungen für die von Alfred Antkowiak herausgebrachte Sammlung niederländischer Prosa *Erkundungen. 21 Erzähler aus Belgien und den Niederlanden* (1976) sowie Marc Braets *Mein endlos beflaggtes Schiff. Gedichte* (1980). Vgl. Hans Vandevoorde: Drei Braets und was Anmerkungen. In: Internationale Neerlandistiek (2019) H. 1, S. 61–79.

418 Alfred Antkowiak: Niederländische Erkundungen. Exposé und Auswahlvorschlag, 8.6.1974. In: BArch, DR1/2360a.

419 Holger Brohm: Günter Kunert vor dem Gesetz. Gutachten als Kommentarformen des Kanons. In: Dahlke, Langermann, Taterka (Hrsg.): LiteraturGesellschaft DDR, S. 214–237, hier S. 227.

420 Vgl. Schädlich: Kleine Geschichte, S. 161.

Dass gerade Alfred Antkowiak mit seinem niederländischen *Erkundungen*-Band das Erscheinen der Lyrikanthologie von Schädlich arrangieren sollte, war keineswegs zufällig. Antkowiak gehörte zwar in der Zeit nicht mehr zum festen Mitarbeiterkreis des Verlages, als inoffizieller Mitarbeiter des Ministeriums für Staatssicherheit beeinflusste er jedoch weiterhin Selektionsprozesse im verlegerischen Feld der DDR.[421] Es mag sein, dass Antkowiak in seiner politischen Funktion einer der wenigen Gutachter war, der »explizit formulierte, dass es sich bei dieser Arbeit um eine ideologische Prüfung des Textes handelte« und seine Lektoratstätigkeit vorwiegend im Zeichen von »Verhinderungs- und Unterdrückungsversuchen« stand.[422] Sein Nachwort zu *Erkundungen. 21 Erzähler aus Belgien und den Niederlanden*, das sich größtenteils auf das 1974 verfasste Gutachten stützte, bleibt dennoch ein interessantes Beispiel der »Kontaktsprache«, ein Präzedenzfall, aus dem sich eine Art literarisches Aufenthaltsrecht für spätere Übertragungen aus dem Niederländischen ableiten ließ.

Laut Antkowiak formierte sich die moderne niederländische Literatur nach 1945 »unter dem Eindruck einer totalen Desillusion«: »ohne Hoffnung, desolat bis zur Schwermut, ja ohne jeden Erwartungseffekt, Resultat einer Schocksituation«.[423] Ein derart strategisch skizzierter literarhistorischer Hintergrund rechtfertigte Übertragungen aus dem Werk von unter anderem Louis Paul Boon, Jan Wolkers und Hugo Claus, deren »Glorifizierung des Outsiders« erklärungsbedürftig war. Eine Überführung solcher Protagonisten in die DDR-Literatur war nämlich nur dann denkbar, wenn man den potenziellen Vorwurf des Defätismus ausräumte und ihn als »Ersatzbildungen eines tief verwurzelten Selbstmitleids« auslegte, »welches der redlich denkende Bürger empfand, als er wider Hoffnung und Erwarten nach dem Krieg in die kapitalistische Unwirtlichkeit zurückgeworfen wurde«.[424] Nicht weniger problematisch waren der »Trend zum Phantastischen und Symbolischen« (etwa bei Willem Frederik Hermans und Harry Mulisch), »Distanz zur Wirklichkeit« sowie das Ausbleiben einer »objektivierende[n] Erzählebene«.

Dass die niederländischen Prosaisten die geltenden Regeln des Sozialistischen Realismus in ungenügendem Maße berücksichtigten, fand Antkowiak zweitrangig, denn »ob sie [als Protagonisten] in einer phantastischen oder der wirklichen Wirklichkeit agieren, ihrem intellektuellen Profil und ihrem Auftreten nach sind sie von frappanter

---

421 Vgl. Joachim Walther: Sicherungsbereich Literatur. Schriftsteller und Staatssicherheit in der Deutschen Demokratischen Republik. Berlin 1999, S. 592–597.
422 Ulrike Gahnz: Die Edition schwedischer Literatur. In: Barck, Lokatis (Hrsg.): Fenster zur Welt, S. 117–123, hier S. 118; Jens Kirsten: Lateinamerikanische Literatur in der DDR. Publikations- und Wirkungsgeschichte. Berlin 2004, S. 132.
423 Alfred Antkowiak: Moderne Prosa niederländischer Sprache oder die Stagnation der Enttäuschung. In: ders.: (Hrsg.): Erkundungen. 21 Erzähler aus Belgien und den Niederlanden. Berlin 1976, S. 296–306, hier S. 297 f.
424 Ebenda, S. 299.

Ähnlichkeit. [...] Sie sind mit der bürgerlich-kapitalistischen Welt fertig, ohne mit ihr – auch wenn sie in den Traum flüchten – fertig werden zu können«.[425] Einer besonderen rhetorischen Rechtfertigung bedurfte auch ein »schlechthin katastrophales Defizit an Geschichtsbewußtsein«. Antkowiak erläuterte: »Wo die gesellschaftliche Zukunft verbaut erscheint, kann die Vergangenheit schwerlich als Vorbereitung auf die Gegenwart gesehen werden, sie ist allenfalls Fluchtpunkt.«[426] Den zeitgenössischen Autoren (unter anderem Jan Wolkers, Hugo Claus, Mensje van Keulen, Maarten Biesheuvel) attestierte Antkowiak dennoch einen gewissen »Stimmungsumschwung«: Jene junge Generation niederländischer Schriftsteller bringe Charaktere ins Bild, die in der Lage seien, »sich ironisch über das Geschehen zu erheben«.[427]

Antkowiaks Nachwort dokumentiert somit die Importbedingungen fremder Literaturen in die DDR. Unter der Dachintention der Vermittlung der gesellschaftlichen Realität in den Niederlanden und Flandern machte der Herausgeber Themen und Motive publizierbar, die im damaligen Literatursystem der DDR nur mit größter Vorsicht zu genießen waren.

 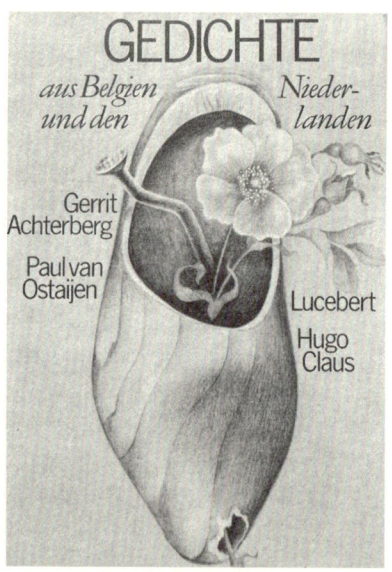

Abb. 22–23: Umschläge der Volk-&-Welt-Anthologien *Erkundungen. 21. Erzähler aus Belgien und den Niederlanden* (1976) und *Gedichte aus Belgien und den Niederlanden* (1977). Quelle: Philologische Bibliothek der Freien Universität Berlin und Deutsches Literaturarchiv Marbach.

---

425 Ebenda, S. 301.
426 Ebenda, S. 303 f.
427 Ebenda, S. 304.

Paul van Ostaijen, Gerrit Achterberg, Lucebert (Lubertus Jacobus Swaanswijk) und Hugo Claus – nach einem langen Hin und Her blieb es bei den vier modernistischen Autoren. Die Wahl der über 140 Gedichte wurde in einem langen Selektionsprozess getroffen, in dem sowohl ästhetische Vorlieben des Herausgebers und Übersetzers als auch potenzielle Einwände der Zensur berücksichtigt worden waren. Die Arbeit an der Anthologie fiel in eine Zeit, in der Moderne und Avantgarde zum großen Teil rehabilitiert waren. Nachdem in den 1960er-Jahren unter anderem Werke Franz Kafkas, Gedichte von Georg Heym (mit einem Nachwort von Stephan Hermlin), zwei Bände mit expressionistischen Dramen sowie ein Band mit expressionistischer Lyrik erschienen waren, konnte man eine kontinuierliche Zunahme des Verlagsangebots an moderner Weltliteratur beobachten.[428] In den 1970er-Jahren erschienen in den DDR-Verlagen unter anderem Marcel Prousts Romanzyklus *Auf der Suche nach der verlorenen Zeit*, Robert Musils *Der Mann ohne Eigenschaften*, Autoren wie Charles Baudelaire, Paul Valéry, T. S. Eliot und Virginia Woolf wie auch ideologisch problematische Dichter (Ezra Pound, Gottfried Benn, Jean Genet). 1980 brachte Volk & Welt James Joyce' *Ulysses* in sicherer Auflage von 8000 Exemplaren. Die bereits erwähnte Konferenz »Verantwortung für die Welt« (1975) lieferte auch offizielle literaturwissenschaftliche Argumente für die gewagte Verlagspraxis.

Liest man aber die der HV vorgelegten Verlagsgutachten sowie Nachworte zu den gerade genannten Publikationen, dann fällt immer wieder der obligatorische Hinweis auf kanonische Prinzipien des Sozialistischen Realismus auf. Obwohl das von Alfred Kurella (1895–1975) verhängte Verdikt über die »zerstörerische Grundhaltung« des Expressionismus[429] in der DDR-Literaturwissenschaft bereits seit Jahren in eine defensive Lage geraten war, wurde die expressionistische Literatur in den 1970er-Jahren noch stets von Paratexten begleitet, die vor allem ihre sozialkritische Funktion hervorhoben. Nachdrücklich betonte man die These, die modernistische Literatur illustriere, unabhängig von ihrem scheinbar formellen Charakter, die prekäre Lage des absteigenden Bürgertums von circa 1850 bis zur Gegenwart.[430] Somit wurde die Moderne auf ein rückwärtsgewandtes literatur- und kunsthistorisches Phänomen reduziert. Von einem nicht unproblematischen Status modernistischer Autoren im Literatursystem der DDR in den 1960er- und 1970er-Jahren zeugt auch der Umfang der Verlagsgutachten und Nachworte. Als Beispiel: Klaus Kändlers Nachwort zur 1967 im Aufbau-Verlag herausgebrachten Anthologie *Expressionismus. Dramen*

---

428 Vgl. Erbe: Die verfemte Moderne, S. 117.
429 Alfred Kurella: Schlusswort. In: ders.: Zwischendurch. Verstreute Essays 1934–1940. Berlin 1961, S. 145–173, hier S. 171.
430 Vgl. Jost Hermand: Das Gute-Neue und das Schlechte-Neue: Wandlungen der Modernismus-Debatte in der DDR seit 1956. In: Uwe Hohendahl, Patricia Herminghouse (Hrsg.): Literatur und Literaturtheorie in der DDR. Frankfurt am Main 1976, S. 73–99, hier S. 89.

zählt über 40 Seiten und präsentiert die Textsammlung vorsichtshalber als »literaturgeschichtliches Quellenmaterial« und »Dokumentation zum Entwicklungsgang der neueren deutschen Literatur«.[431] Eine vergleichbare Länge brauchte Silvia Schlenstedt für ihre Kritik der »Unfähigkeit zu produktiver Fortsetzung und echt historischer Betrachtung« in der expressionistischen Dichtung;[432] das Erscheinen des *Ulysses* wurde wiederum eingefädelt durch hermeneutische Äquilibristik der Verlagsgutachter, die zehn (Joachim Krehayn) beziehungsweise ganze 22 Seiten (Erwin Pracht) benötigten (die Standardlänge der Gutachten betrug vier bis sechs Manuskriptseiten), um die vermeintlichen »naturalistischen Verirrungen«, »pseudowissenschaftliche Kunstbezogenheit«, das »Obszöne« und »Pornografische« rhetorisch zu relativieren und den Roman als »Ausdruck der weltanschaulichen Ratlosigkeit des Autors« in seiner »kulturpolitischen Bedeutung« in den Literaturkanon der DDR zu überführen.[433]

Abb. 24: Illustration zu Gedichten von Paul van Ostaijen in der Anthologie *Gedichte aus Belgien und den Niederlanden* (1977). Quelle: Deutsches Literaturarchiv Marbach.

---

431 Klaus Kändler: Nachwort. In: ders. (Hrsg.): Expressionismus. Dramen 2. Berlin 1967, S. 363–404, hier S. 365.
432 Silvia Schlenstedt: Nachwort. In: Martin Reso (Hrsg.): Expressionismus. Lyrik. Berlin 1969, S. 617–658, hier S. 658.
433 Joachim Krehayn: Gutachten zu »Ulysses« von James Joyce, o. D. In: BArch, DR1/2371a.

Überlieferte Verlagsnotizen, Korrespondenzen sowie Gutachten, die der Veröffentlichung der von Hans Joachim Schädlich herausgegebenen *Gedichte aus Belgien und den Niederlanden* vorausgingen, tragen ebenfalls Spuren von ideologischen und ästhetischen Vorüberlegungen, die im Hinblick auf die Publizierbarkeit der Anthologie zu berücksichtigen waren. Der Auswahl aus dem Werk von Paul van Ostaijen (1896–1928) – der bedeutendsten Gestalt der flämischen Literatur zwischen den beiden Weltkriegen – lag die Übertragung von Klaus Reichert (geb. 1938) in der Suhrkamp-Ausgabe aus dem Jahr 1966 zugrunde. Im Nachwort erklärte Reichert dem westdeutschen Leser, in der frühexpressionistischen und in der Berliner Zeit van Ostaijens (1918 bis 1921) handele es sich um Jugendwerke beziehungsweise historisch bedingte Texte. Aus diesem Grund konzentrierte sich die Auswahl auf die nachgelassenen Gedichte: eine »inhaltslose, alles Außerlyrische und Persönliche ausschaltende *poésie pure*« sowie »induktive Lyrik« mit »zufälliger Kausalität« oder »kausaler Zufälligkeit« der Wörter.[434]

Die Komposition des Suhrkamp-Bandes fand Schädlich in seinem ersten verlagsinternen Gutachten über die Wahl der Quellentexte gänzlich ungeeignet für die geplante DDR-Anthologie. In dieser Skizze trat Schädlich in zwei sich überlagernden Rollen auf: der des Literaturkenners, der die Arbeit des Verlages zu vertreten hat, und der des Kulturpolitikers, der auf die potenziellen Bedenken der Zensur eingehen muss und für das notwendige Gleichgewicht zwischen Veränderung und Resistenz des Kanons sorgt. So schlug er vor, ein größeres Gewicht auf die erste expressionistische Phase zu legen, in der van Ostaijen seine »pathetische Verzweiflung über den Verfall der moralischen Werte in der bürgerlichen Gesellschaft« zum Ausdruck bringt. Wichtig seien aber auch seine in Berlin entstandenen Gedichte, die als »unmittelbare Reaktion auf die gescheiterte Novemberrevolution und die Ermordung Liebknechts zu verstehen« sind.[435] Aufgrund einer Interlinearübersetzung fügte Schädlich den mehr als dreißig von Reichert übertragenen Gedichten dreizehn eigene Nachdichtungen hinzu.[436]

Schließlich bedurfte die Aufnahme von Gedichten aus der letzten Schaffensperiode einer besonderen Rechtfertigung. Van Ostaijens postum veröffentlichter Brüsseler Vortrag »Gebrauchsanweisung der Lyrik«, der für Reicherts Auswahl

---

[434] Klaus Reichert: Nachwort. In: Paul van Ostaijen: Poesie. Übers. von Klaus Reichert. Frankfurt am Main 1966, S. 139–145, hier S. 144.

[435] Hans Joachim Schädlich: Gutachten (o. D., 1975). In: DLA, A: Schädlich.

[436] Wer die Interlinearübersetzungen von 13 Gedichten van Ostaijens, 19 Gedichten Achterbergs und 8 Gedichten von Hugo Claus anfertigte, lässt sich aufgrund des Archivmaterials nicht bestimmen. Schädlich konsultierte für seine Nachdichtungen regelmäßig die Leipziger Literaturwissenschaftlerin und Niederlandistin Helga Hipp (1934–1996) sowie den Archivar des Nederlands Letterkundig Museum en Documentatiecentrum, Gerrit Borgers (1917–1987).

nahezu programmatisch war, wurde in die DDR-Anthologie aus nachvollziehbaren Gründen nicht übernommen. In diesem Essay verdeutlichte van Ostaijen nämlich den Unterschied zwischen dem humanitären Expressionismus der frühen Lyrik und dem organischen Expressionismus der späteren Jahre. Die Lyrik war nun nicht länger Trägerin einer ethischen Botschaft; im Zentrum stand das autonome Gedicht – weder einer rationalen Logik noch dem individuellen Ich des Dichters verpflichtet. Dennoch wollte Schädlich nicht gänzlich auf die »reine« Lyrik der letzten Entwicklungsstufe van Ostaijens verzichten. Er argumentierte im Exposé:

> Es wäre allerdings ganz verfehlt, wollte man aus allem den Schluß ziehen, van Ostaijens Gedichte der letzten Schaffensperiode seien rein sprachlich bestimmte Gebilde ohne gesellschaftlich relevante Gegenstände. Im Gegenteil: Die Qualität vieler Gedichte [...] besteht meines Erachtens gerade darin, daß sich die assoziative Technik an relevanten Gegenständen entfaltet. Die unterbewußten Geschehnisse van Ostaijens erweisen sich eben häufig als Widerspiegelungen höchst relevanter sozialer Phänomene. Am deutlichsten zeigt sich dies in der von Hans Magnus Enzensberger ins Deutsche übertragenen »Ode an Singer«, in der van Ostaijen unter anderem die sprachlichen Techniken der kapitalistischen Reklame ad absurdum führt. [...] Die in die vorliegende Suhrkamp-Ausgabe aufgenommenen Gedichte [...] können in diesem Sinne in zwei Gruppen unterteilt werden. Einerseits die Gedichte, in denen sich die Wortkunst der »reinen Poesie« an gesellschaftlich relevanten Gegenständen entwickelt. [...] Auf der anderen Seite stehen die im engeren Sinne musikalisch-assoziativen Gedichte, in denen van Ostaijens Poesie auf das Gedicht als Gegenstand selbst zielt. [...] Bei einer in der DDR erscheinenden Auswahl müßten bei den Gedichten der letzten Schaffensperiode etwas andere Akzente als in der Suhrkamp-Auswahl gesetzt werden. Einerseits könnten bei den kleineren Gedichten aus der Gruppe der rein musikalisch-assoziativen Gedichte Abstriche gemacht werden; andererseits sollten Gedichte mit stärker gesellschaftlichem Bezug aufgenommen werden, die in der Suhrkamp-Auswahl nicht enthalten sind [...]. Unter den Voraussetzungen einer solchen Auswahl und angesichts der Bedeutung Paul van Ostaijens ist eine Veröffentlichung von Gedichten dieses Autors in der DDR zu befürworten. Die Veröffentlichung [...] würde sich zum Teil in das Bild einfügen, das durch die große Expressionismus-/Lyrik-Anthologie des Aufbau-Verlages (1969), durch die Neuauflage der Anthologien *Menschheitsdämmerung* (1968) und *Kameraden der Menschheit* (1971) sowie durch Einzelpublikationen expressionistischer Lyrik (z. B. Oskar Loerke, Iwan Goll, Franz Werfel, Else Lasker-Schüler) in der DDR gegeben ist.[437]

---

437 Schädlich: Gutachten.

Abb. 25: Illustration zu Gedichten von Gerrit Achterberg in der Anthologie *Gedichte aus Belgien und den Niederlanden* (1977). Quelle: Deutsches Literaturarchiv Marbach.

Bei der strengen Poesie des Innenlebens von Gerrit Achterberg (1905–1962) nahm Schädlich zunächst eine reservierte Haltung ein. Problematisch war vor allem die wenig vorbildhafte Biografie des holländischen Dichters: Infolge psychischer Störung und pathologischer Aggressivität wurde Achterberg mehrmals in eine psychiatrische Einrichtung eingewiesen. Bei der Lektüre des dem Verlag zur Verfügung stehenden Bandes *Niederländische Gedichte* von Jérôme Decroos[438] bemängelte Schädlich darüber hinaus den »stark romantisierenden Realismus des Alltags« in Achterbergs Versen und plädierte für die Aufnahme eines stärker gesellschaftskritischen Dichters, der für die niederländische Lyrik der Jahre 1930 bis 1950 repräsentativ wäre.[439] Für argumentative Abhilfe sorgten verlagsinterne Gutachterinnen und Gutachter, indem sie eine ideologische Korrektur des Autorenprofils vorschlugen, unter anderem durch stärkere Betonung von »echten Werten« sowie »aktuellen

---

438 Jérôme Decroos: Niederländische Gedichte aus neun Jahrhunderten. Freiburg, Basel 1960.
439 Schädlich: Gutachten.

232   Teil 2

politischen Gegenständen (Judenverfolgung, faschistischer Krieg)«.[440] Mit 19 von Schädlich neu nachgedichteten und zwölf aus der Anthologie von Decroos übernommen Versen wurde Achterberg letztendlich mit gebührenden realistischen und politischen Bezugspunkten als »Diesseitiger« ausgewiesen und dem ostdeutschen Leser präsentiert.[441]

Abb. 26: Illustration zu Gedichten von Lucebert in der Anthologie *Gedichte aus Belgien und den Niederlanden* (1977). Quelle: Deutsches Literaturarchiv Marbach.

Zwecks der Aufnahme des Werkes von Lucebert (1924–1994) – eines niederländischen Malers, Grafikers, Lyrikers und Schriftstellers sowie Mitbegründers der Gruppe Cobra – musste vorerst die in der Bundesrepublik geltende Rezeption umformuliert werden. In der Suhrkamp-Ausgabe hatte Helmut Heißenbüttel (1921–1996) nämlich die »totale Autonomität« zu einer zentralen Interpretationskategorie der Dichtung Luceberts hervorgehoben:

---

440 Helga Hipp, Joachim Schreck: Verlagsgutachten zu »Gedichte aus Belgien und den Niederlanden«, 19.6.1976. In: BArch, DR1/2363.
441 Ebenda.

Luceberts Gedicht versucht auf seine Weise über etwas zu reden, das nur in dieser Rede noch vorhanden ist. [...] Der Zusammenhang des Gedichts besteht in diesem versuchten Reden über etwas, das es nicht mehr oder noch nicht gibt. Der Zusammenhang des Gedichts wird dadurch hergestellt, daß die Sätze, aus denen das Gedicht besteht, sich isolieren. [...] Über etwas reden im Gedicht heißt in diesem Fall auch, immer schon den Versuch machen, Sätze sozusagen sich selber vorzeigen zu lassen.[442]

Auf die »besonderen Formmittel« Luceberts wollte Schädlich keinesfalls verzichten, war aber der Meinung, dass die Darstellung der »Wortkunst« sparsamer ausfallen sollte zugunsten jener Gedichte, in denen die »Spannung des Individuums innerhalb einer als chaotisch empfundenen kapitalistischen Gesellschaft als Kritik, Anklage, Protest« artikuliert werde.[443] Schädlichs Wahl unterstützten weitere Verlagsgutachter. Die Leipziger Niederlandistin Helga Hipp wies auf Luceberts »soziale Aufgeschlossenheit« sowie seine »äußerst kritische Sicht der bürgerlichen Gesellschaft« hin. Der Germanist Joachim Schreck sekundierte:

Des Holländers Lucebert wundersame Welt der Metaphern ist offensichtlich stark durch Surrealismus geprägt. Er gehört zur Generation derer, die in den fünfziger Jahren die literarische Szene betraten, angeekelt vom Krieg, angewidert von der Ausweglosigkeit bürgerlichen Lebens der Nachkriegszeit. Seine Attacke gegen die glatte unmenschliche Schönheit konventioneller Dichtung, gegen die Poesie des schönen Scheins, seine Polemik gegen die »Reimratte« gebiert zugleich eine neue Art Poesie, eine dichterische Wirklichkeit, die zur kapitalistischen eine Gegenwelt aufbaut. Sie fühlt sich autonom, aber sie sieht sich auch als Zeuge.[444]

Das von Schreck im Gutachten zitierte Gedicht *Schule der Poesie* stand nicht zufällig ganz oben in dem Lucebert gewidmeten Kapitel der Anthologie. In diesem Gedicht nahm Lucebert Abstand zur lieblichen Stimme des »Dichters im Samt« und verkündete: »Lyrik ist die Mutter der Politik.« Er verglich sich mit »einer Ratte in der Falle« und verlangte nach der »Gosse der Revolution«.[445] Dabei verwies der Titel auf den 1897 von Herman Gorter verfassten Lyrikband *School der poëzie*.

---

442 Helmut Heißenbüttel: Sieben Anläufe zur Unterscheidung von Malerei und Literatur im Hinblick auf den Maler und Gedichtschreiber Lucebert. In: Lucebert: Wir sind Gesichter. Gedichte und Zeichnungen. Übers. von Ludwig Kunz. Frankfurt am Main 1972, S. 7–18, hier S. 13.
443 Hans Joachim Schädlich: Verlagsgutachten zu »Gedichte aus Belgien und den Niederlanden«, Juni 1976. In: BArch, DR1/2363.
444 Hipp, Schreck: Verlagsgutachten.
445 Lucebert: Schule der Poesie. In: Hans Joachim Schädlich (Hrsg.): Gedichte aus Belgien und den Niederlanden, Berlin 1977, S. 106.

Gorter (1864–1927) – ein niederländischer Dichter, kommunistischer Theoretiker und Mitbegründer der Kommunistischen Partei der Niederlande – war ein passender Pate. Lucebert wurde in der DDR politisch gelesen.

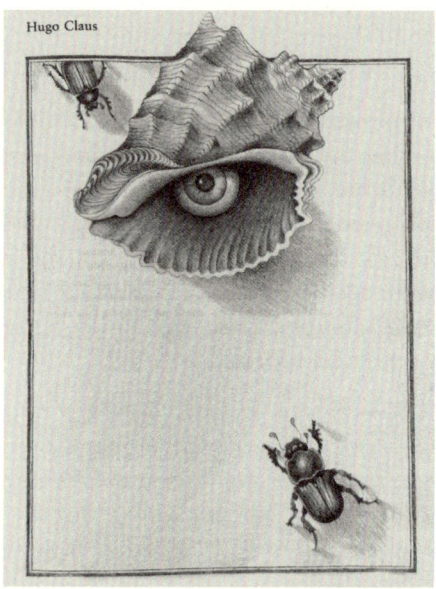

Abb. 27: Illustration zu Gedichten von Hugo Claus in der Anthologie *Gedichte aus Belgien und den Niederlanden* (1977). Quelle: Deutsches Literaturarchiv Marbach.

Der Abdruck der dreißig früher unveröffentlichten Übertragungen von Gedichten des flämischen Dichters, Prosaikers und Dramatikers Hugo Claus (1929–2008) aus der Feder von Ludwig Kunz (1900–1976),[446] ergänzt von acht Nachdichtungen Schädlichs, resultierte schließlich aus einem geringen Interesse für die niederländische Literatur im damaligen verlegerischen Feld der Bundesrepublik. Nehmen wir den Suhrkamp-Verlag als Beispiel. Im März 1973 war Siegfried Unseld nach Amsterdam gereist und notierte in sein Notizbuch:

> Zeitgenössische niederländische Literatur, es gibt sie, nur wir nehmen sie hier nicht wahr. Die sehr wenigen Bücher, die aus dem Niederländischen bisher

---

[446] Zur Rolle von Ludwig Kunz im niederländisch-deutschen Literaturtransfer vgl. Els Andringa (Hrsg.): Avantgarde & Exil. Ludwig Kunz als Kulturvermittler: Autor und Vermittler zwischen den Künsten und Sprachen. Zürich 2017.

übertragen wurden, blieben ohne Erfolg. […] Wenn wir Suhrkamp als europäischen Verlag begreifen wollen, dann sollten wir neben unseren punktuellen Publikationen von Michiels, Hamelink und van Ostaijen eine deutsche Bemühung setzen. […] Wir sollten den niederländischen Bereich doch stärker beobachten und in unsere Verlagsüberlegungen einbeziehen.[447]

Hugo Claus wird in den Notizen und der sich anschließenden Verlagskorrespondenz mehrfach als »Paradepferd« des neu geplanten niederländischen Programms zitiert. Der initiale Enthusiasmus des Verlegers ließ jedoch rasch nach: Trotz des Vorschlags von Hans Magnus Enzensberger (1929–2022), ein »Claus-Programm« bei Suhrkamp aufzubauen, lehnten Unseld und seine Verlagslektorin Elisabeth Borchers (1926–2013) die fertigen Übertragungen von Ludwig Kunz bereits im Dezember 1973 ab.[448] Kurz danach erwarb Volk & Welt die gesamtdeutschen Rechte für Claus und berichtete dem Kulturministerium über den wichtigen Beitrag des Verlages »für die schrittweise Erschließung der insbesondere nach dem Ersten Weltkrieg bis in die 1960er-Jahre erschienenen niederländischen Literatur«.[449]

Im Hinblick auf die potenziellen Einwände der Zensur war Claus relativ unproblematisch. Schädlich und andere Verlagsgutachter betonten den sozialkritischen Ton seiner Dichtung. Wegen der Vorliebe von Hugo Claus für erotische Bilder brauchte sich Schädlich keine Sorgen mehr zu machen. In die erwähnte Anthologie der Reihe *Erkundungen* hat Alfred Antkowiak Claus' Erzählung *Liebe in Jikys Nightclub* aufgenommen und damit ein Exempel statuiert. In seinem Gutachten legte Antkowiak die vermeintliche Pornografie aus als die »Unmöglichkeit der Liebe in einer Gesellschaft […], deren Gesetz eine falsche, verkrampfte, unmenschliche Moral ist«: »In seinen Romanen und Erzählungen ist die Liebe allenfalls ein tierischer und häßlicher Akt, sie ist Zote, mechanische *secretio seminis*, wie Marx und Engels es in ›Die heilige Familie‹ treffend nannten. Sie bringt keine menschliche Erfüllung, nicht einmal wirkliche Beglückung.«[450]

Galt Claus einmal als Autor, der »sich betont antibürgerlich gebärdet«, so konnten ein Jahr später auch seine »surrealistischen Auffassungen« und sein »militanter Individualismus« samt dem Werk von Paul van Ostaijen, Gerrit Achterberg und Lucebert dem DDR-Leser präsentiert werden.[451] Die Anthologie von Hans Joachim Schädlich bot dem Verlag darüber hinaus die Chance, sich an Hugo Claus vorsichtig

---

447 Siegfried Unseld: Reisebericht Köln – Bochum – Niederlande – Köln – Bonn 17.–25. März 1973, 26.3.1973. In: DLA, SUA: Suhrkamp/01VL/Reiseberichte.
448 Elisabeth Borchers an Siegfried Unseld, 13.12.1973. In: DLA, SUA: Suhrkamp/03 Lektorate/Borchers, Elisabeth.
449 Hipp, Schreck: Verlagsgutachten.
450 Antkowiak: Moderne Prosa niederländischer Sprache, S. 303.
451 Hipp, Schreck: Verlagsgutachten.

heranzutasten und sein Werk zu einem späteren Zeitpunkt selbstständig erscheinen zu lassen. So wurde der Roman *Die Verwunderung* von Hugo Claus bereits 1978 herausgebracht, unter dem Motto – wie es im Gutachten hieß – der »erschreckend reichen Tradition der europäischen Literatur«.[452]

Die skizzierte Entstehungsgeschichte der von Hans Joachim Schädlich herausgebrachten Anthologie bleibt zumindest aus drei Gründen bemerkenswert. Erstens: Trotz einer bescheidenen Auflage von 3000 Exemplaren zeigt sie den Stellenwert der niederländischen Übersetzungsliteratur sowohl im Kontext der Anerkennungspolitik der DDR als auch im kulturpolitischen Konkurrenzverhältnis zwischen der DDR und der Bundesrepublik. Zweitens: Aus dem Gesamtzusammenhang der überlieferten Gutachten sowie den Korrespondenzen aus Schädlichs Vorlass entsteht eine Szenografie, in der viele für den literarischen Transfer in die DDR typische Argumente erscheinen und gegeneinander abgewogen werden. Die Rhetorik der Gutachten war eine Art »Kontaktsprache«, mit der die transferierte Übersetzungsliteratur in Übereinstimmung mit ideologischen Koordinaten der Zielkultur gebracht wurde. Die angeführte Argumentation beweist zugleich, dass die westlich-modernistische Literatur im verlagsinternen Selektionsprozess auch in den 1970er-Jahren einer rhetorischen Rechtfertigung bedurfte. Drittens: Die kulturpolitische und diplomatische Relevanz der niederländischen Übersetzungsliteratur wurde zum Ermöglichungsraum für literarische Innovationen.

Es bleibt letztlich zu bedenken, dass viele in der Bundesrepublik erstmals kaum rezipierte niederländische Autoren gerade im Literatursystem der DDR für den deutschsprachigen Leser entdeckt, zugänglich gemacht und erst später durch Verlage wie Suhrkamp oder Hanser übernommen wurden. Dies trifft auch auf Cees Nooteboom zu, die holländische Gallionsfigur bei Suhrkamp. Nachdem ihn Suhrkamp in den 1960er- und 1970er-Jahren mehrmals abgelehnt hatte, wurden die gesamtdeutschen Rechte für Nooteboom 1984 durch Volk & Welt erworben. Der Verlag war zweifelsohne sein »Fenster zur Welt«.[453] Am Tag der Maueröffnung kam Cees Nooteboom »demonstrativ« ins Verlagshaus an der Glinkastraße, aber »Volk und Welt war leer«.[454]

---

452 Roland Links: Verlagsgutachten zu »Die Verwunderung« von Hugo Claus, Juni 1978. In: BArch, DR1/2116.
453 Paweł Zajas: Mutmaßungen über die Rolle des Lektors. Über Cees Nootebooms Eintritt in den Suhrkamp Verlag. In: Jaap Grave, Lut Mussine (Hrsg.): Tussen twee stoelen, tussen twee vuren. Nederlandse literatuur op weg naar de buitelandse lezer. Gent 2018, S. 75–96.
454 Dietrich Simon: Steine des Anstoßes – Rückblicke. In: Barck, Lokatis (Hrsg.): Fenster zur Welt, S. 103–110, hier S. 110.

Teil 3

»Politikum ersten Ranges«
Internationale Buchmessen zwischen »Ost« und »West«

Ouvertüre: »Bücher mit neuem Geist« in Leipzig

Der Antrag auf einen Wiederaufbau der seit 1165 in Leipzig angesiedelten »Mutter aller Messen« wurde in der unmittelbaren Nachkriegszeit zunächst abschlägig beschieden. Die Initiative stammte von der Stadt selbst: Sie ging vom Messeamt und den Messehausbesitzern aus. Sie verdankten der Schau ihre berufliche und ökonomische Existenz und wollten den Messestandort Leipzig unbedingt behaupten. Der Initiatorenkreis argumentierte nicht zuletzt damit, dass die Leipziger Messe auch einen Beitrag zum Wiederaufbau Europas leisten könnte. Der amerikanischen Militärregierung, die vom 18. April bis Anfang Juli 1945 in Leipzig die Besatzungsmacht ausübte, ging aber ein solcher ortsübergreifender Unternehmungsgeist viel zu weit. Die Zeit war noch nicht reif für das Wiederbeleben der sächsischen Messetradition. Die Potsdamer Konferenz, auf der Truman, Stalin und Churchill über die Zukunft Deutschlands verhandelten, hatte noch nicht einmal begonnen, den Amerikanern war aber klar, dass man an den auf der Kriegskonferenz in Jalta im Februar 1945 ausgehandelten Besatzungszonen festhalten wird. Dies bedeutete, dass sie sich noch im Sommer 1945 aus Mitteldeutschland zurückziehen würden und die Wiederbegründung der Leipziger Messe nicht in ihrem Kompetenzbereich lag.[1]

Direkt nach dem Abzug der Amerikaner meldeten sich die Initiatoren mit ihrem Memorandum bei dem neuen sowjetischen Stadtkommandanten, Generalleutnant Nikolai Iwanowitsch Trufanow (1900–1982). Diesmal argumentierten sie nicht mit dem kontinentalen Wiederaufbau durch deutsche Wirtschaftskontakte, sondern erinnerten an die gute Tradition des deutsch-sowjetischen Handels, die herausragende Wirkung der sowjetischen Landesausstellungen auf den Leipziger

---

1 Karsten Rudolph, Jana Wüsterhagen: Große Politik – kleine Begegnungen. Die Leipziger Messe im Ost-West-Konflikt. Berlin 2006, S. 17.

Vorkriegsmessen sowie die Bedeutung einer starken Handelspräsenz der UdSSR an einem zentralen europäischen Messeort. Trufanows Interesse wurde geweckt. Der 45-jährige Veteran der Schlacht von Stalingrad und der Operation Don, machte sich die Idee zu eigen und verfügte sogleich die Durchführung einer »Musterschau Leipziger Erzeugnisse«, die noch im Oktober 1945 stattfand und als Platzhalter für eine zukünftige Leipziger Messe dienen sollte.[2] Der Russe legte viel Wert darauf, in seinen guten Absichten nicht verkannt zu werden, und forderte alle in der Sowjetischen Besatzungszone tätigen Verleger auf, die angekündigte Musterschau mit Büchern zu beschicken. Auf Veranlassung der sowjetischen Kulturkommission wurden von allen lieferbaren Werken Musterstücke zusammengetragen und mit zwei Autos nach Berlin verfrachtet, wo sie auf »ihren Inhalt und ihre Eignung zu Bestellungen durch die russischen Bibliotheken« geprüft wurden.[3]

Acht Monate später verschickte das Messeamt offizielle Einladungsbriefe zur ersten Leipziger Messe, die vom 8. bis 12. Mai 1946 stattfinden sollte. Es hieß:

> Wenn die Messe auch das glanzvolle Bild und den Umfang vergangener Jahrzehnte nicht bieten kann, so wird sie durch den starken Aufbauwillen der Aussteller ein vielfältiges Angebot der Industrie und des Handwerks aufzeigen und dem Warenaustausch innerhalb der sowjetischen Besatzungszone sowie zwischen dieser und den westlichen Besatzungszonen einen erheblichen Auftrieb geben.[4]

Auch auf der ersten »Friedensmesse« befand sich eine bescheidene Buchausstellung. Sie war vom Glauben an das Wiedererstehen des »Leipziger Platzes« – die Stadt war bereits seit Mitte des 18. Jahrhunderts das Zentrum des deutschen Buchhandels – geprägt.[5] Die Presse erinnerte auch an die Internationale Ausstellung für Buchgewerbe und Graphik (Bugra), die am Vorabend des Ersten Weltkrieges im Mai 1914 von dem in Leipzig ansässigen Deutschen Buchgewerbeverein eröffnet wurde und Gäste aus über zwanzig Ländern in die damals führende deutsche »Buchstadt« zog.[6] Nach einem Gang durch das Messehaus, in dem die Branchen Papier, Bilder, Bücher und Schreibwaren untergebracht waren, attestierte die SÄCHSISCHE ZEITUNG dem ausstellenden Verlags- und Sortimentsbuchhandel einen »neuen Geist« und

---

2 Ebenda, S. 18.
3 Raimund Köhler an die Wirtschaftskammer Leipzig, 15.8.1945. In: SächsStA, 21766/1082.
4 Leipziger Messeamt: Einladung zur Leipziger Messe, 15.4.1946. Ebenda.
5 Patricia F. Zeckert: Deutsch-deutsche Literaturpolitik. Die internationale Leipziger Buchmesse 1946 bis 1990. In: https://www.bundesstiftung-aufarbeitung.de/sites/default/files/uploads/files/2019-11/zeckert_0.pdf (letzter Zugriff am 18.11.2024).
6 N. N.: Ein »Bugra«-Jubiläum. Messestadt und Bücherstadt vereint. In: SÄCHSISCHE ZEITUNG vom 7.5.1946.

schrieb von einem »Durchbruch«, dessen »kulturpolitische Bedeutung noch gar nicht abzuschätzen ist«.[7]

Abb. 1: Amtlicher Ausweis für die erste Leipziger Messe 1946.
Quelle: Sächsisches Staatsarchiv Leipzig.

Abb. 2: Umschlag des »Kulturprogramms« für die Leipziger Frühjahrsmesse 1949.
Quelle: Sächsisches Staatsarchiv Leipzig

---

7 N. N.: Bücher mit neuem Geist. Ein Gang durch die Buchmesse. In: SÄCHSISCHE ZEITUNG vom 11.5.1946.

Trotz eines gesamtdeutschen und internationalen Anspruchs blieb die Wirkung der Leipziger Messe in den ersten Jahren innerzonal. Erst Anfang der 1950er-Jahre wuchs langsam die Zahl der Aussteller aus der Bundesrepublik wie auch aus anderen westlichen und osteuropäischen Ländern. Stets fand die Buchmesse innerhalb der universalen Leipziger Handelsmesse statt, auf der die unterschiedlichsten Branchen in den Messehäusern der Innenstadt und auf dem Messegelände ausstellten. Mit der Leipziger Messe in ihrem Gesamtvolumen begründete die DDR-Führung zweifelsohne ihre wirtschaftliche Vorreiterrolle unter den kommunistischen Bruderländern. In den 1950er-Jahren fanden im europäischen »Ostblock« zwar zahlreiche andere internationale Ausstellungen statt – u. a. in Posen, Brünn und Budapest, die Belgrader Internationale Messe, die Zagreber Internationale Herbstmesse, die Landwirtschaftsmesse im jugoslawischen Neusatz sowie die Herbstmesse im bulgarischen Plovdiv. Allein die UdSSR verzichtete in den Nachkriegsjahren auf die Veranstaltung turnusartiger Messen und setzte stattdessen auf unregelmäßig stattfindende Fachmessen und Länderausstellungen. Trotz dieser Anstrengungen der ost- und südeuropäischen Länder behielt Leipzig seine Schlüsselstellung unter den »Ostmessen«.[8]

Gemessen an den absoluten Zahlen der Aussteller in allen Branchen, war die Leipziger Messe unter ihren osteuropäischen Pendants tatsächlich die größte gewesen, als reine Buchmesse hinkte sie aber Warschau deutlich hinterher. Die quantitative und qualitative Überlegenheit der 1956 in Posen gegründeten und 1958 nach Warschau verlegten internationalen Buchmesse dürfte nicht gering gewesen sein, sodass sich der polnische Ministerpräsident Józef Cyrankiewicz (1911–1989) auf der allerersten in der polnischen Hauptstadt stattfindenden Bücherschau verpflichtet sah, gegenüber dem Direktor des Außenhandelsunternehmens Deutscher Buch-Export und -Import zu beteuern, »Leipzig sei und bleibe die Hauptstadt des Buches«.[9] Der ostdeutsche Berichterstatter hielt ein Jahr später die internationale und vor allem westliche Ausrichtung der Warschauer Buchmesse fest – von den insgesamt 100 Ausstellern kamen 41 aus Polen, 53 aus dem kapitalistischen Ausland und nur 6 aus den sozialistischen Ländern[10] – und notierte missmutig:

> Sollte Leipzig sich tatsächlich als Hauptstadt des Buches bewähren, müsste die Buchmesse eine stärkere politische Unterstützung erhalten. Anders wird es nicht gelingen, unserer Buchmesse das Gesicht einer sozialistischen Messe zu sichern, die nicht allein handels-, sondern auch kulturpolitischen Zielsetzungen gerecht wird. Zudem bedarf eine Buchmesse im Rahmen einer

---

8 Rudolph, Wüsterhagen: Große Politik – kleine Begegnungen, S. 10.
9 Walter Richter: Rückblick auf die III. Internationale Buchmesse in Warszawa. In: BÖRSENBLATT (Leipzig) vom 28.7.1958.
10 Krzysztof Kaleta: Międzynarodowe Targi Książki w Warszawie. Historia i teraźniejszość. Warszawa 2005, S. 89.

allgemeinen Mustermesse besonderer Aufmerksamkeit und besonderer Betonung des eigenartigen Charakters der Ware Buch.[11]

Mit Blick auf die Warschauer Erfahrungen wurde überlegt, auf welchem Wege die Leipziger Buchmesse im stärkeren Maße zu einer »kulturellen Manifestation des sozialistischen Lagers« werden sollte und wie, neben den sozialistischen Ländern, auch dem »kapitalistischen Buchhandel mehr Möglichkeit zu Ausstellungen und Besuch« geboten werden könnte.[12] Die damals konstatierte »räumliche Benachteiligung« wurde vier Jahre später aufgehoben, als das Leipziger Messeamt im Herbst 1963 ein für die Buchmesse eigens errichtetes Messehaus am Markt eröffnete.

Für bundesrepublikanische Verleger wurde die Messe in den 1960er und 1970er-Jahren zum beständigen Bindeglied der deutsch-deutschen Beziehungen: Sie bot Raum für seltene persönliche Begegnungen, Informations- und Gedankenaustausch zwischen den Verlagsleitern, Lektoren sowie Autorinnen und Autoren.[13] Auch für die DDR-Staatsführung boten die jährlichen Pressekonferenzen des Börsenvereins der Deutschen Buchhändler die Gelegenheit, ihre kulturpolitischen Standpunkte gegenüber der westdeutschen Presse zu erklären und auf die Einzelheiten des deutsch-deutschen Literaturaustauschs einzugehen.[14] Die sozialistischen Verlagsleiter, Verlagsmitarbeiterinnen und -mitarbeiter sowie Parteifunktionäre pilgerten zwar regelmäßig in die sächsische Buchmetropole und pflegten politisch korrekte bilaterale Kontakte mit ostdeutschen Verlagen;[15] als Ost-West-Forum des Buchhandels sowie Kontaktplattform mit den sozialistischen »Entwicklungsländern« waren Warschau und seit den 1980er-Jahren auch Moskau jedoch viel wichtiger. Zu »*der* sozialistischen Buchmesse« sowie einem »echten Anziehungspunkt für die kapitalistischen Länder« ist Leipzig aber nie richtig geworden.[16]

Anfang der 1980er-Jahre stagnierte die Anziehungskraft der Leipziger Buchmesse beträchtlich. Die sozialistischen Verlage, darunter auch ostdeutsche, sowie Vertreter

---

11 Hans-Joachim Müller: Rückblick auf die IV. Internationale Buchmesse in Warschau. In: Börsenblatt (Leipzig) vom 27.6.1959.

12 Börsenverein der Deutschen Buchhändler: Entwurf eines Exposés über Neugestaltung der Leipziger Buchmesse, 23.11.1959. In: SächsStA, 21766/1109.

13 Zur Funktion der Leipziger Buchmesse im westdeutschen literarischen und verlegerischen Feld vgl. Anke Jaspers: Suhrkamp und DDR. Literaturhistorische, praxeologische und werktheoretische Perspektiven auf ein Verlagsarchiv. Berlin, Boston 2022, S. 159–186; Patricia F. Blume: Die Geschichte der Leipziger Buchmesse in der DDR. Literaturtransfer, Buchhandel und Kulturpolitik in deutsch-deutscher Dimension. Berlin, Boston 2024.

14 Sämtliche stenografischen Protokolle der Pressekonferenzen sind im Bestand des Börsenvereins im Sächsischen Staatsarchiv Leipzig archiviert.

15 Jerzy Wittlin: Vorläufige Werbevorschläge für das Jahr 1985, 12.12.1984. In: AAN, 2/1354/0/2.6.3/LVI-1806.

16 Ebenda (Hervorhebung im Original).

der »Entwicklungsländer« tauschten die Informationen über Literaturangebot, sicherten sich Optionen für Neuerscheinungen und kauften ihre Lizenzen vorrangig in Warschau und Frankfurt am Main, oder sie gingen zur 1977 gegründeten »kommunistischen Weltbuchmesse« nach Moskau, welche immer mehr an Bedeutung gewann. Die für Messegeschäfte erforderlichen Valutamittel fehlten, die Frage nach der weiteren Existenz der Buchmesse stellte sich den zuständigen Mitarbeiterinnen und Mitarbeiter des Ministeriums für Kultur dringender denn je.[17]

Die Welt zu Gast in Frankfurt

In dem für das vorliegende Buch relevanten Kontext der sozialistischen Transnationalisierung blieb die Leipziger Buchmesse als institutioneller Akteur im literaturgeschichtlichen Hintergrund. Zu einer der zentralen Institutionen der Literaturzirkulation zwischen »Ost« und »West« avancierte dagegen – dies ist wenig erstaunlich – die 1949 gegründete Frankfurter Buchmesse (FMB). Sie behielt sowohl in der Zeit der politischen Systemkonfrontation als nach 1989 ihre Führungsposition und erreichte mit ihren infrastrukturellen Ressourcen bald nach ihrem Entstehen Größenausmaße und einen Grad an Internationalität, an die weder Leipzig noch andere Buchmessen in der Welt herankamen.

Auch die Frankfurter Buchmesse blickte auf eine jahrhundertelange Tradition zurück. In dem nahegelegenen Mainz hatte Johannes Gutenberg den Buchdruck revolutioniert, bekannte Buchdrucker – u. a. Johannes Fust, Peter Schöffer und Konrad Henckis – machten Frankfurt am Main zum Umschlagsort des den Handschriftenhandel ablösenden Verlagsbuchhandels. Bis zur Zeit der reformatorischen Umwälzungen, welche die Geschäfte zunehmend beeinträchtigten, blieb Frankfurt die zentrale Buchmessestadt Europas. Nach dem Ersten Weltkrieg versuchte das Frankfurter Messeamt, parallel zur Neuausrichtung der Frankfurter Internationalen Messe auch die Buchmesse wieder zu etablieren. 1920 zeigte die Deutsche Gesellschaft für Auslandsbuchhandel auf der Herbstmesse mit großem Erfolg die Ausstellung *Das deutsche Buch*, in den Jahren 1921 bis 1925 wurde dann eine Buchmesse für den Südwesten Deutschlands organisiert, an der sich jährlich circa 80 Verlage beteiligten. Die schlechte Wirtschaftslage und die Hyperinflation der Nachkriegsjahre machten schließlich die Wiederbelebungsversuche zunichte.[18]

---

17 Ministerium für Kultur, HV Verlage und Buchhandel, 15.1.1981. In: SAPMO, DY30/18532.

18 Stephan Füssel: Ein Frankfurter Phoenix. Die Anfänge der Frankfurter Messe und ihre frühe Internationalisierung. In: ders. (Hrsg.): 50 Jahre Frankfurter Buchmesse 1949–1999. Frankfurt am Main 1999, S. 12–25, hier S. 12 f.

Die Idee, gerade in Frankfurt ein Zentrum des westdeutschen Buchhandels zu schaffen, wurde durch die Protektion der Leitung der amerikanischen Zone realisiert. Noch vor dem Abzug der Amerikaner aus Leipzig konnten eine Reihe von Verlegern die Stadt in einem Konvoi Richtung Wiesbaden verlassen.[19] Im Mai 1947 wurden in Frankfurt die Deutsche Bibliothek und die Buchhändler-Vereinigung gegründet, ein Jahr später fand anlässlich der Jubiläumsfeierlichkeiten »100 Jahre Paulskirche« eine Ausstellung *Bücherplatz Frankfurt* statt, mit dem Ziel, »die geografischen Vorteile der Stadt Frankfurt am Main im Schnittpunkt der Westzonen« zu zeigen und die »bisher erzielten Leistungen des Frankfurter Platzes augenscheinlich zu machen«.[20] Auf Initiative des Hessischen Buchhändler- und Verlegerverbandes versammelten sich im September 1949 die Verleger in der Paulskirche zur ersten Buchmesse der Nachkriegszeit, im gleichen Jahr übernahm der Börsenverein die Leitung der Messe. Bereits die zweite Buchmesse 1950 weckte das Interesse der benachbarten Länder: Zu den nunmehr 360 deutschen gesellten sich auch 100 ausländische Aussteller. Seitdem nahm die Frankfurter Buchmesse ihren unaufhaltsamen Weg in die Internationalisierung auf: 1953 standen den 475 ausstellenden deutschen Verlagen 494 Verlage aus dem Ausland gegenüber.[21]

Auf der dritten Buchmesse 1951 fand erstmalig in der Paulskirche die Verleihung des Friedenspreises des Deutschen Buchhandels statt, dem bis heute eine herausragende gesellschaftliche und politische Bedeutung beigemessen wird. Ein Jahr zuvor wurde der Preis in einem Privathaus in der Nähe Hamburgs an den deutsch-norwegischen Schriftsteller und Verlagslektor Max Tau (1897–1976) übergeben. Der Börsenverein übernahm die Idee; auf Vorschlag von Tau sollte der deutsch-französische Arzt, Philosoph, evangelische Theologe und Pazifist Albert Schweitzer (1875–1965) der nächste Preisträger sein. Der Friedenspreis habe fortan – wie der spätere Direktor der Buchmesse, Peter Weidhaas (geb. 1938) bemerkte – eine wichtige Funktion übernommen: »Er bildete den kulturpolitischen Überbau der Buchmesse und befreite sie erst einmal von dem Anspruch, dieses allein aus sich selbst heraus leisten zu müssen, wozu sie als Veranstaltung des Handels auch nur schwerlich in der Lage war. Von nun an konnte sich die Buchmesse befreiter ihren handelspolitischen Zielsetzungen widmen.«[22]

Die kulturpolitische Funktion der Frankfurter Buchmesse

Die Äußerung von Peter Weidhaas legt die Vermutung einer reinen Branchenveranstaltung nahe: Während die fortbestehende Staatsnähe des Friedenspreises sich in

---

19 Peter Weidhaas: Zur Geschichte der Frankfurter Buchmesse. Frankfurt am Main 2003, S. 144.
20 Börsenblatt (Frankfurt am Main) vom 30.4.1948.
21 Füssel: Ein Frankfurter Phoenix, S. 24.
22 Weidhaas: Zur Geschichte der Frankfurter Buchmesse, S. 166 f.

der regelmäßigen Teilnahme hoher staatlicher Repräsentanten an den Feiern in der Paulskirche sowie in einer phasenweise sehr großen Übereinstimmung der Wahlentscheidungen mit dem außenpolitischen Kurs der Bundesregierung manifestiert habe, sei die Messe selbst von kulturpolitischen Vorgaben weitgehend befreit geblieben.[23] Dass diese Darstellung alles andere als wahr ist, wird sich in den folgenden Analysen deutlich und anschaulich zeigen.

In der einschlägigen Forschung ist das Bild einer politisierten Frankfurter Buchmesse mehrmals skizziert worden. Das bedeutet aber noch nicht, dass der kulturpolitischen Funktion der Buchmesse im genügenden Maße Rechnung getragen wurde. Als in den späten 1990er- und frühen 2000er-Jahren die FBM anlässlich ihres 50-jährigen Bestehens eine erhöhte Aufmerksamkeit der deutschen Buchwissenschaft genoss,[24] analysierten Ulrike Seyer und Ute Schneider ihre Politisierung in der turbulenten Phase der Studentenproteste. Detailliert beschrieben die beiden Autorinnen das staatskonforme Verhalten des Börsenvereins des Deutschen Buchhandels im Hinblick auf die Zulassung der ostdeutschen Parallelverlage, die Nichtanerkennung der DDR und den Alleinvertretungsanspruch der Bundesrepublik. Anhand zahlreicher Beispiele schilderten sie auch die Beschwörung der »Gegenöffentlichkeit« durch Vertreter der außerparlamentarischen Opposition, etwa Aufrufe gegen die Gefährdung der Meinungsfreiheit durch Monopolisierung (Anti-Springer-Kampagne), lautstarke Demonstrationen am Gemeinschaftsstand griechischer Verleger gegen die Errichtung eines diktatorischen Regimes, Protestkundgebungen gegen die Vergabe des Friedenspreises des Deutschen Buchhandels an den senegalischen Staatspräsidenten Léopold Sédar Senghor (1906–2001) sowie die Gründung der »Gruppe Literaturproduzenten«, welche die Messeorganisation wie den gesamten Literaturbetrieb einer harschen Kritik unterzog.[25] Die archivarische Forschung zur Funktion der Buchmesse im System der Politik beschränkte sich somit auf die Auswirkungen der binnenpolitischen Entwicklungen der 1960er- und 1970er-Jahre – die Konfrontation zwischen Linksintellektuellen und Studierenden auf der einen und der Bundesregierung auf der anderen Seite – auf das Messegeschehen.

Die heutige politische Funktion der Buchmesse wird dagegen unter Begriffen wie »Repräsentation« und »Imagepflege« subsumiert: Die Messe diene als medienwirksame

---

23 Vgl. auch Britta Scheideler: Von Konsens zu Kritik. Der Friedenspreis des Deutschen Buchhandels. In: Füssel (Hrsg.): 50 Jahre Frankfurter Buchmesse, S. 46–88.

24 Füssel (Hrsg.): 50 Jahre Frankfurter Buchmesse; Weidhaas: Zur Geschichte der Frankfurter Buchmesse.

25 Ulrika Seyer: Die Frankfurter Buchmesse in den Jahren 1967–1969. In: Stephan Füssel (Hrsg.): Die Politisierung des Buchmarkts: 1968 als Branchenereignis. Wiesbaden 2007, S. 159–214; Ute Schneider: Literarische und politische Gegenöffentlichkeit. Die Frankfurter Buchmesse in den Jahren 1967–1969. In: Füssel (Hrsg.), 50 Jahre Frankfurter Buchmesse, S. 89–114.

Bühne für Personen, Meinungen, politische Erklärungen und Appelle an die Öffentlichkeit.[26] Untersuchungen zu Schwerpunktthemen und Länderschwerpunkten der FBM heben ebenfalls die (kultur-)politische Selbstinszenierung der beteiligen Akteure hervor.[27] Während manche Forscherinnen und Forscher in ihren Betrachtungen der politischen Dimension der heutigen FBM »Funktionsverluste« verzeichnen,[28] verweisen wiederum andere auf brisante Diskussionen über Einladungen an die von Zensur und Unterdrückung geprägten Ehrengastländer wie die Türkei (2008) und China (2009) sowie Reaktionen über die Teilnahme »rechter« Verlage.[29]

Dass die Frankfurter Buchmesse als eine grundsätzlich privatrechtliche Veranstaltung der Ausstellungs- und Messe-GmbH, mit dem Börsenverein des Deutschen Buchhandels als alleinigem Eigentümer, spätestens seit Mitte der 1960er-Jahre in enger Zusammenarbeit mit dem Auswärtigen Amt veranstaltet und aus dessen Perspektive als »Politikum ersten Ranges« und wirksames Mittel der auswärtigen

---

26 Sabine Niemeier: Funktionen der Frankfurter Buchmesse im Wandel – von den Anfängen bis heute. Wiesbaden 2001, S. 102.
27 Peter Ripken: Der Gigant und seine Übersetzungen. Indiens Literaturen auf dem deutschen Buchmarkt. In: SÜDASIEN 33 (2013) H. 3, S. 8–12; Paul Sark, Maaike Pleging: Van Boekenweek naar Buchmesse. Op zoek naar lezerspubliek voor vier Nederlandse auteurs. In: VOOYS. TIJDSCHRIFT VOOR LETTEREN 34 (2016) H. 1–2, S. 97–107; Marcello Giovanni Pocai Stella: A Literatura Brasileira foi a Frankfurt: o Brasil como Homenageado da Frankfurter Buchmesse (1994 e 2013). In: MEDIAÇÕES 25 (2020) H. 1, S. 161–187; Kathryn A. Woolard: Branding like a State: Establishing Catalan Singularity at the Frankfurt Book Fair. In: SIGNS AND SOCIETY 4 (2016) H. 1, S. 29–50; Helmi-Nelli Körkkö: How many authors does Finland have? The Frankfurt Book Fair as a platform for the export of literature and culture. In: IMAGINATIONS. JOURNAL OF CROSS-CULTURAL IMAGE STUDIES 11 (2020) H. 3, S. 165–181; Helmi-Nelli Körkkö: Finnland. Cool – zwischen Literaturexport und Imagepflege. Eine Untersuchung von Finnlands Ehrengastauftritt auf der Frankfurter Buchmesse 2014. Vaasa 2017; Marco Thomas Bosshard: Die Rezeption des Frankfurter Buchmesseschwerpunkts *Francfort en français* 2017 in der Politik, beim Publikum, bei Fachbesuchern und bei Buchhändlern. In: LANDEMAINS 43 (2018) H. 170–171, S. 26–46; Jana Sommeregger: Kulturaustausch. Die Ehrengast-Tradition der Frankfurter Buchmesse. In: BÜCHEREIPERSPEKTIVEN (2008) H. 3, S. 8–9; Ana Kvirikashvili: The internationalization of Georgian literature: Georgia as the guest of honour at the 2018 Frankfurt Book Fair. In: PERSPECTIVES 30 (2020) H. 5, S. 776–791; Marion Rütten: Die Länderschwerpunkte ab 1988. Fallbeispiele Italien und Frankreich: In: Füssel (Hrsg.): 50 Jahre Frankfurter Buchmesse, S. 139–149; Ernst Fischer: Geglückte Imagekorrektur? Bilanz des Schwerpunktthemas Österreich 1995. In: Füssel (Hrsg.): 50 Jahre Frankfurter Buchmesse, S. 150–162.
28 Vgl. Niemeier: Funktionen, S. 103.
29 Corinna Norrick-Rühl: »Die Buchwelt zu Gast in Frankfurt«: Understanding the Impact of the Guest of Honour Presentation at Frankfurt Book Fair on the German Literary Marketplace. in: MÉMOIRES DU LIVRE / STUDIES IN BOOK CULTURE 11 (2020) H. 2, S. 1–34, hier S. 9.

Kulturpolitik betrachtet wurde,[30] wird in der Forschung weitgehend übergangen. Die gängige (Wunsch-)Vorstellung eines autonomen Literatursystems mag hierbei eine nicht unbedeutende Rolle gespielt haben. So haben auch die vormaligen Leiter der FBM in ihren Memoiren die enge Verzahnung der Buchmesse mit Plänen und Aktivitäten des Auswärtigen Amts weitgehend heruntergespielt.

Sigfred Taubert (1914–2008) – ab 1958 Leiter des Büros für die FBM unter dem Verlegerausschuss des Börsenvereins und ab 1964 als Geschäftsführer der Ausstellungs- und Messe-GmbH offizieller Direktor der Buchmesse – erwähnte in seinen Erinnerungen die kultur- und wirtschaftspolitische Bedeutung von Buchausstellungen, welche der Börsenverein seit den 1950er-Jahren »ohne die Notwendigkeit einer prinzipiellen vertraglichen Vereinbarung« in Zusammenarbeit mit der Kulturabteilung des Auswärtigen Amts im Ausland organisierte.[31] Auf der Buchmesse habe es selbstverständlich immer wieder Besuche des Bundespräsidenten gegeben, eine Art »Schutzpatronat, von dessen Fluidum man sich gern einhüllen ließ«; das Auswärtige Amt sei darüber hinaus an einem Sonderprogramm »Entwicklungsländer auf der FBM« sowie an der Visaerteilung beteiligt gewesen, sodass die Buchmesse »als Weltereignis auch die Präsenz der kommunistischen Länder gewährleisten sollte«.[32] Alles in allem betonte Taubert aber sein »durch die große Politik unbeeinflusstes Bemühen um strikte Neutralität« der FBM.[33]

Tauberts Nachfolger, der bereits zitierte Peter Weidhaas, welcher seinen Direktorposten im Jahr 1975 zur Zeit der von Willy Brandt propagierten auswärtigen Kulturpolitik als dritter Säule der Außenpolitik antrat, sah sich zwar selbstbewusst als »deutscher Kulturpropagandist im Ausland«,[34] die Rolle des Auswärtigen Amts bei der Veranstaltung der Buchmessen blendete er aber nachträglich aus oder reduzierte sie wenig schmeichelhaft zur Funktion einer »öffentlichen Subventionskuh«, deren »geldspendende [...] Euter« einem »gnadenlosen Controlling« unterlagen.[35] Ausführlich schilderte Weidhaas dagegen jene spannungsvollen Momente, in denen sich die AA-Kulturabteilung als »Hauptfinanzier« an eine Korrektur der im Ausland veranstalteten Buchausstellungen wagte.[36] Die Frankfurter Buchmesse betrachtete Peter Weidhaas in seiner Amtszeit von 1975 bis 2000 als einen Einmannbetrieb, in dem die kulturpolitischen Auftraggeber kaum Mitbestimmungsrecht hatten:

---

30 Auswärtiges Amt (künftig: AA), Referat IV 7: Vermerk zur 20. Internationalen FBM, 30.9.1968. In: PA AA, B95 ZA 109644.
31 Sigfried Taubert: Mit Büchern die Welt erlebt. Stuttgart 1992, S. 293 f.
32 Ebenda, S. 86, 89.
33 Ebenda, S. 83.
34 Peter Weidhaas: Und kam in die Welt der Büchermenschen. Erinnerungen. Berlin 2007, S. 91.
35 Ebenda, S. 16, 43.
36 Ebenda, S. 115–117.

»Ich war zur Buchmesse selbst geworden. Ihre Glieder waren meine Glieder, ihre Schmerzen waren meine Schmerzen, ihre Ziele waren meine Ziele.«[37]

Frankfurter Einladungspolitik und Buchförderungsprogramm

Die historische Realität sah aber anders aus. Spätestens seit Mitte der 1960er-Jahre zeigte die westdeutsche Außenkulturpolitik Interesse an der Mitgestaltung der Frankfurter Buchmesse. Im Jahr 1966 sondierte das Auswärtige Amt die infrastrukturellen Möglichkeiten, die Teilnahme von Vertretern aus »devisenschwachen« Ländern an der FBM finanziell zu unterstützen. Bei diesem von Taubert erwähnten »Sonderprogramm« ging es aber dezidiert nicht um bloße »Beteiligung« der Diplomatie. Im Gegenteil: Kulturpolitische Vorüberlegungen des Auswärtigen Amts spielten hierbei eine vorrangige Rolle.

Mit Verweis auf das von der UNESCO propagierte Prinzip des *»free flow of books«*, welches zeitgleich als Modernisierungsinstrument der Entwicklungsländer gedacht war,[38] sollte die »Verhinderung politischen Missbrauchs und das lautlose und deshalb so erfolgreiche Festhalten an deutschen Interessen, vor allem auch an dem Alleinvertretungsanspruch«, hervorgehoben werden.[39] Bei den geplanten Förderungsmaßnahmen galt es dreierlei zu bedenken. Erstens waren sie konzipiert als eine »Gegenoffensive« im Hinblick auf die »ideologische und politische Propaganda« der kommunistischen Länder sowie auf die »internationale Wettbewerbsfähigkeit der DDR-Literatur«, womit der ostdeutsche Staat seine »Position besonders in den Entwicklungsländern zu verstärken« versucht hätte.[40] Zweitens sei die neue Förderung – wie der Außenminister Gerhard Schröder in seiner Rede anlässlich der Eröffnung der FBM 1966 betonte – ein Beweis für die »Weltoffenheit unseres Volkes« und »seine Rolle als Mittler und Vermittler kultureller Güter« sowie eine »regierungsamtliche Bestätigung der kulturellen Öffnung nach Osten« gewesen.[41] Bei der proklamierten Öffnung auf die osteuropäischen Buchmärkte waren schließlich auch die rein ökonomischen Faktoren von Bedeutung: Zwar waren Mitte der 1960er-Jahre Österreich, die Schweiz und die USA mit einem Austauschwert von

---

37 Ebenda, S. 58; vgl. Peter Weidhaas: Das Zimmer der verlorenen Freunde. Erinnerungen. Göttingen 2017.
38 Sarah Brouillette: UNESCO and the Fate of the Literary. Stanford 2019, S. 82–86.
39 AA: Aufzeichnung. 18. Internationale Buchmesse 1966, 4.10.1966. In: PA AA, B95 ZA 109644.
40 Ebenda.
41 AA: Ansprache des Herrn Bundesministers des Auswärtigen Dr. Gerhard Schröder zur Eröffnung der Buchmesse in Frankfurt am 21. September 1966. In: PA AA, B40 REF. II A3 134.

jeweils circa 45 Mio. DM die wichtigsten Handelspartner der westdeutschen Buchbranche, gefolgt von den Niederlanden, England, Frankreich, Italien, Belgien, Luxemburg und Japan; unter den osteuropäischen Ländern stand aber Polen mit dem Außenhandelsvolumen von 4 Millionen DM an der Spitze (3,7 Prozent Steigerung seit 1964), gefolgt von der Tschechoslowakei (3,4 Mio.), Ungarn (2,2 Mio.), Russland (1 Mio.), Rumänien (700 000) und Bulgarien (400 000).[42]

Zur Buchmesse des Jahres 1967, welche als ein »Aktivposten nicht nur der deutschen Kulturpolitik, sondern auch eine deutsche Möglichkeit politischer Vermittlung schlechthin« bezeichnet wurde, finanzierte das Auswärtige Amt mit einer »Soforthilfe« Standgebühren sowie Reise-, Aufenthalts- und Transportkosten für Verleger, Autorinnen und Autoren aus der Tschechoslowakei, Polen, Rumänien und Jugoslawien.[43] Ab 1968 koordinierte das im Auswärtigen Amt zuständige Referat für bilaterale und multilaterale Zusammenarbeit, im Einvernehmen mit der Ausstellungs- und Messe-GmbH, die Handhabung von Auswahlkriterien, anhand derer jährlich Vertreter aus circa 12 Ländern Afrikas, Asiens, Lateinamerikas und Osteuropas nach Frankfurt eingeladen wurden. Im institutionalisierten Verfahren war nicht nur der kulturpolitische Stellenwert des jeweiligen Landes entscheidend; bundesdeutsche diplomatische Vertretungen sammelten mit einem standardisierten Fragebogen detaillierte Informationen u. a. zu »politischer Grundhaltung«, »kulturellem Ansehen«, »Einstellung zur Bundesrepublik«, »speziellen Interessen auf beruflichem Gebiet« sowie früheren Aufenthalten in Deutschland der infrage kommenden Gäste.[44]

Der ostdeutsche Börsenverein bewertete das Förderungsprogramm des Auswärtigen Amts in seinen jährlichen Berichten von der Frankfurter Buchmesse als »bedeutsames Instrument der kulturpolitischen Propaganda«: »Damit setzt sich die BRD-Politik fort, jungen Nationalstaaten bzw. wirtschaftlich schwachen Ländern die Messeteilnahme durch die finanzielle Unterstützung zu ermöglichen.«[45] Nach Angaben des DDR-Börsenvereins wurden von 1968 bis 1974 auf diesem Wege 45 Länder nach Frankfurt »geholt«.[46] Auch die Kulturabteilung des ZK der SED betrachtete die »großzügige und ideelle« Beihilfe der Bundesregierung für Aussteller aus sozialistischen und Entwicklungsländern als »weitere politische und geistige

---

42 AA: Aufzeichnung. 18. Internationale Buchmesse 1966, 4.10.1966. In: PA AA, B95 ZA 109644.
43 AA (Referat IV 7): Bericht über die 19. Internationale Frankfurter Buchmesse, 26.10.1967. Ebenda.
44 AA: Fragebogen zu eingeladenen Gästen aus devisenschwachen Ländern, 1968–1974. In: PA AA, B 95 ZA 154679.
45 Siegfried Hoffmann: Bericht über die Teilnahme des Verlagswesens der DDR an der FBM, 14.11.1974. In: SächsStA, 21766/3080.
46 Ebenda.

Profilierung der Messe«. Die stellvertretende Abteilungsleiterin Ursula Ragwitz (geb. 1928) schrieb an den ZK-Sekretär und »Chefideologen der SED« Kurt Hager (1912–1998): »Dem liegt offenbar die Konzeption zugrunde, die internationale Repräsentation zu erhöhen, sich als vorgeblicher Förderer von Literaturen dieser Länder zu erweisen und die politische Bindung zu verstärken.«[47]

Ragwitz hatte natürlich nicht ganz unrecht in der Sache. Während bei öffentlichen Darstellungen des Förderungsprogramms immer wieder die Autonomie der Literatur betont wurde,[48] genoss in der Einladungspraxis die Literatur des ostmitteleuropäischen Dissens eine besondere Anerkennung. Zum Auftakt der neuen kulturpolitischen Ausrichtung lud das Auswärtige Amt den stellvertretenden Kultusminister der Tschechoslowakei, Josef Grohman, als ersten Vertreter der »Ostblock«-Staaten zur Eröffnung der Buchmesse 1966 ein. Grohman (1920–1995) – Mitglied der Kommunistischen Partei bereits in der Vorkriegszeit, während des Kriegs in einem Konzentrationslager inhaftiert, in den Jahren 1946 bis 1952 Vorsitzender des Internationalen Studentenbundes und ab 1954 Direktor des Staatsverlages für Fachliteratur – erinnerte in seiner Ansprache in »fehlerfreiem Deutsch« an den im tschechischen Niwnitz geborenen Pädagogen und Philosophen Jan Amos Komenský (Comenius, 1592–1670), der die damaligen Verleger auf die Wahrheitssuche verpflichtet hatte, und versprach mit den in Frankfurt ausgestellten tschechischen Büchern »Licht in das Dunkel« bringen zu wollen.[49] Grohman führte dem Publikum zugleich auch die transnationale Dimension des Verlagswesens vor Augen:

> Es ist unsere Pflicht, unserem Leser das Beste und Wertvollste vorzulegen, das in der Weltliteratur geschaffen wurde und noch geschaffen wird. Dadurch fördern wir das gegenseitige Kennenlernen und Verständnis unter den Nationen, dadurch bereichern wir die Kultur unserer Länder und vermitteln dem Ausland die Ergebnisse der schöpferischen Tätigkeit einheimischer Autoren. Dies erfordert ständige Entwicklung einer wirksamen internationalen Zusammenarbeit auf dem Gebiet des Verlagswesens. Daher begrüßen wir aufrichtig die Möglichkeiten, die uns die Internationale Buchmesse in Frankfurt am Main bietet.[50]

---

47 Ursula Ragwitz an Kurt Hager, 20.11.1979. In: SAPOMO, DY30/23021.
48 Werner Dodeshöner (Vorsitzender des Ausschusses für Fragen des Interzonenhandels): Pressekonferenz auf der Frankfurter Buchmesse 1966, 21.9.1966. In: PA AA, B95 ZA 109644.
49 AA: Aufzeichnung. 18. Internationale Buchmesse 1966, 4.10.1966. In: PA AA, B95 ZA 109644.
50 Heinz Köhler: Bericht über die Frankfurter Buchmesse 1966, 29.10.1966. In: SächsStA, 21766/1877.

Der Vorsteher des ostdeutschen Börsenvereins Heinz Köhler (1928–1986) qualifizierte das Auftreten und die Rede der tschechischen Genossen als eine »politische Fehlleistung«. »Gerade in Frankfurt«, fuhr Köhler fort, »wo sich die revanchistischen Forderungen der Bonner Regierung auch gegenüber der ČSSR in zahllosen Publikationen widerspiegeln« und wo »die Verlage der DDR den diskriminierenden Bedingungen unterworfen« seien, wäre »ein einheitliches Vorgehen der Vertreter der sozialistischen Länder wünschenswert«.[51]

Ein Jahr später hielt Witold Wirpsza (1918–1985) als erster Autor aus den »Ostblock«-Staaten eine Eröffnungsrede, womit ein »freundliches Moment in den gemeinsamen Bemühungen der Bundesrepublik im Ausland« bekräftigt werden sollte.[52] Die Wahl des Gastes wurde nicht dem Zufall überlassen. Der Schriftsteller erfreute sich in der Bundesrepublik seit Mitte der 1960er-Jahre eines medienwirksamen Interesses der Kritiker und kulturpolitischen Einrichtungen. Dargestellt in der von Karl Dedecius (1921–2016) herausgegebenen Anthologie *Polnische Poesie des zwanzigsten Jahrhunderts* (1964), wurde Wirpsza 1967 erster polnischer Stipendiat des Berliner Künstlerprogramms des DAAD und brachte bei Hanser seinen Roman *Orangen im Stacheldraht* heraus. Die Deutsche Akademie für Sprache und Dichtung in Darmstadt verlieh im Mai 1967 Wirpsza und seiner Frau, Maria Kurecka, den Johann-Heinrich-Voß-Preis für Übersetzung; die wichtigsten literarischen Podiumsdiskussionen im deutschsprachigen Raum kamen ohne den polnischen Prosaisten und Dichter nicht aus (u. a. sprach Wirpsza im April 1967 in Konstanz mit Wolfgang Kraus, Karl Dedecius, Georg Schlocker, Siegfried Unseld und Milo Dor zum Thema »Das Buch als Mittler zwischen West und Ost«). Er publizierte in den wichtigsten deutschen überregionalen Tages-, Wochen- und Kulturzeitschriften, knüpfte Kontakte zu literarischen Größen der Bundesrepublik (u. a. Heinrich Böll und Günter Grass) und wurde damit zum »polnischen Dichter vom Dienst«.[53]

Die Frankfurter Eröffnungsrede von Wirpsza trug den Titel »Die Kunst des Lesens oder das Lesen, eine Kunst« und wurde im Auswärtigen Amt als »Laudatio auf die Freiheit des Wortes, des Buches und des literarischen Austausches« gelobt. Der anwesende Carlo Schmid dankte für den Beitrag des polnischen Dichters, erinnerte daran, »was in deutschem Namen in der Vergangenheit geschehen« sei, und erklärte die Buchmesse für eröffnet.[54] Der kulturpolitische Kraftakt blieb auch in Ostberlin nicht unbemerkt. Der Leiter der Abteilung Wissenschaften des

---

51 Ebenda.
52 AA an Sigfred Taubert, 6.4.1967. In: PA AA, B95 ZA 109644.
53 Dorota Cygan, Marek Zybura: Wstęp. In: dies. (Hrsg.): »Salut Henri! Don Witoldo!« Witold Wirpsza – Heinrich Kunstmann. Listy 1960–1983. Kraków 2015, S. 5–29, hier S. 11.
54 AA (Referat IV 7): Bericht über die 19. Internationale Frankfurter Buchmesse, 26.10.1967. In: PA AA, B95 ZA 109644.

Zentralkomitees der SED, Johannes Hörnig (1921–2001), berichtete an den Chefideologen Kurt Hager über »wirre und antimarxistische Gedanken«, die ohne Genehmigung der polnischen Behörden vorgetragen worden seien. Wirpszas Vortrag sei eine »moderne Spielart des Formalismus« gewesen: »Die Literatur wird willkürlich ihres festen, weltanschaulich fundierten Inhalts beraubt, löst sich auf in Artistik seitens des Künstlers und seitens des Lesers in die Kunst, literarische Kreuzworträtsel. Es ist ein sinnfälliges Beispiel eines negativen westlichen Einflusses auf solche Künstler, die kein festes marxistisches Fundament haben.«[55]

Ähnlich kritisch reagierte die Kulturabteilung der SED auf der Buchmesse 1968 – zwei Monate nach der gewaltsamen Niederschlagung des »Prager Frühlings« durch die einmarschierenden Truppen des Warschauer Pakts – auf die Einladung systemkritischer Autorinnen und Autoren aus der Tschechoslowakei. Dank Zuschüssen des Auswärtigen Amts präsentierte Rowohlt der deutschen Leserschaft den nach Österreich emigrierten slowakischen Prosaisten Ladislav Mňačko (1919–1994), der den Fokus auf die Aufarbeitung des Stalinismus und der Schauprozesse sowie seine Abkehr vom Kommunismus richtete. Zur Sensation der Messe wurden Werke des tschechischen Ökonomen Ota Šik (1919–2004), eines überzeugten Kommunisten, der die Korruption und den Gesinnungsterror in der Prager Parteiorganisation anprangerte und das Modell eines »Dritten Weges« zwischen Sozialismus und Marktwirtschaft entwickelte. Die tschechischen Presseorgane schrieben über »Dumping der konterrevolutionären Literatur«, mit der »unter Mitwirkung der westdeutschen Propagandazentrale in den kommenden Jahren der Markt im Westen aus tschechischen Quellen überschwemmt« werde.[56]

In der zitierten Eröffnungsrede aus dem Jahr 1966 verwies der Bundesaußenminister Schröder auf die Vermittlungsfunktion des bundesdeutschen Buchmarktes für den Eingang osteuropäischer Schriftstellerinnen und Schriftsteller in die »Weltliteratur«, merkte aber zeitgleich an, dass die Rolle des Mittlers »keine Einbahnstraße« sein dürfe. In einem aus der Druckversion, nach Reaktionen von osteuropäischen Vertretern, gestrichenen Passus seiner Ansprache sagte Schröder: »Wir erwarten, dass auch unsere Bücher und Zeitschriften frei und ungehindert in Osteuropa gekauft werden können. Es ist unnatürlich, dass man gegen Geschenkgutscheine aus dem westlichen Ausland in den tschechoslowakischen Tusex- und in den polnischen Pewex-Läden vom Nylonstrumpf bis zum Auto alles kaufen kann, nur keine deutschen Bücher.«[57]

---

55 Johannes Hörnig an Kurt Hager, 9.11.1967. In: SAPMO, DY30/85412.
56 Handelsvertretung der BRD in Sofia: Aufzeichnung, 11.10.1968. In: PA AA, B95 ZA 109644.
57 AA: Ansprache des Herrn Bundesministers des Auswärtigen Dr. Gerhard Schröder zur Eröffnung der Buchmesse in Frankfurt am 21. September 1966. In: PA AA, B40 REF. II A3 134.

Bereits seit Januar 1965 war im Briefwechsel zwischen Inter Nationes – einer 1952 in Bonn als Public-Relations-Stelle der Bundesrepublik gegründeten und sowohl dem Bundespresseamt (BPA) als auch dem Auswärtigen Amt zugeordneten Institution[58] – und dem Auswärtigen Amt die Idee »eines Exportförderungsfonds für den Buchversand in den Ostblock« im Gespräch. Als Vorlage diente das von der US-Regierung vorexerzierte »*book distribution program*«, welches von 1956 bis 1991 in sechs Ländern des Warschauer Pakts – in Polen, der Tschechoslowakei, Ungarn, Rumänien, Bulgarien und der Sowjetunion – durch die Vermittlung der CIA und des Free Europe Committee realisiert wurde.[59] Nicht unbedeutend aus der Sicht der bundesdeutschen auswärtigen Kulturpolitik war auch die Tatsache, dass der US-amerikanische »Marshall-Plan für den Geist« der angelsächsischen Kultur und Literatur eine Vorzugsstellung verschaffte.[60] Der Polen-Korrespondent Hansjakob Stehle (1927–2015) notierte 1961 in diesem Kontext:

> Man blickt etwas neidisch auf die Amerikaner, deren Verlage, dank einer großzügigen, für Polen aufgeschlossenen Regierungspolitik, den Büchermarkt des Landes nahezu beherrschen. Im Wert von 1,2 Millionen Dollar können die Polen auch in diesem Jahr wieder Bücher, Copyright und Ausführungsrechte in Amerika kaufen – und mit Zlotys bezahlen. So entsteht auf der Warschauer Buchmesse das groteske Bild, dass die entfernte angelsächsische Kultur hier stärker vertreten ist als die des deutschen Nachbarn.[61]

Götz Fehr, Vorstandsmitglied von Inter Nationes, schlug vor, das bestehende »Geschenkgutschein-Verfahren« (Verkauf ausländischer Waren in einschlägigen Läden in Polen, der ČSRR und in Ungarn), das eigentlich für Genussmittel galt, auf Bücher und Zeitschriften auszudehnen:

---

58 Thomas Köstlin: Die Kulturhoheit des Bundes. Eine Untersuchung zum Kompetenz- und Organisationsrecht des Grundgesetzes unter Berücksichtigung der Staatspraxis in der Bundesrepublik Deutschland. Berlin 1988, S. 68.
59 Mark Kramer: Book Distribution as Political Warfare. In: Alfred A. Reisch: Hot Books in the Cold War. The CIA-Funded Secret Western Book Distribution Program Behind the Iron Curtain. Budapest, New York 2013, S. IX–XXVIII, hier S. X; Paweł Sowiński: Kulturowa penetracja – notes George'a Mindena. In: Polska 1944/45–1989. STUDIA I MATERIAŁY 13 (215), S. 267–278; ders.: Cold War Books: George Minden and His Field Workers, 1973–1990. In: EAST EUROPEAN POLITICS AND SOCIETIES AND CULTURES 34 (2020) H. 1, S. 48–66.
60 John P. C. Matthews: The West's Secret Marshall Plan for the Mind. In: INTERNATIONAL JOURNAL OF INTELLIGENCE AND COUNTERINTELLIGENCE 16 (2003) H. 3, S. 409–427.
61 Hansjakob Stehle: Für das lesehungrige Polen. In: FRANKFURTER ALLGEMEINE ZEITUNG vom 13.7.1961.

Ich halte dieses Verfahren im Augenblick für durchaus realistisch, da es unmittelbar an bereits vorhandene und eingespielte Geschäftsverbindungen anknüpft. [...] Ich glaube, daß auf diese Weise ein nicht unerheblicher Teil des Bedarfes an westlicher Literatur, der bei der Bevölkerung in Osteuropa besteht, gedeckt werden könnte. [...] Auch ist mit Sicherheit anzunehmen, daß die einmal geschlagene Bresche sehr zu einer Liberalisierung des gesamten Buchgeschäfts beitragen würde.[62]

Um den Verkauf der Bücher zu ermöglichen, sollten in Prag, Warschau und anderen größeren Städten Osteuropas Kommissionsbuchhandlungen eingerichtet werden. Ein solches System hätte, so Fehr, drei wichtige Vorteile. Es würde den »großen Lesehunger der osteuropäischen Bevölkerung stillen«, die »ideologischen Abschirmungsversuche östlicher Stellen empfindlich durchlöchern« und, *last but not least*, die Lektüre normativ steuern: Auf deutscher Seite könnten staatliche Stellen darauf Einfluss nehmen, was für Publikationen geschickt würden (beispielsweise keine »Illustrierten und Schundliteratur«).[63]

Zwei Jahre später wurde eine entsprechende Vereinbarung getroffen; die Mittelverteilung übernahm der Börsenverein des Deutschen Buchhandels. Das Buchexportförderungsprogramm galt zunächst nur für Jugoslawien und Ungarn, kurz darauf auch für Brasilien (dessen Anteil an der Förderung aber lediglich zehn Prozent betrug) und Rumänien. Im Juni 1968 trat Polen dem Programm bei. Im Rahmen des Verfahrens wurde Abnehmern in Osteuropa für Bücher und Zeitschriften, die bei Verlagen mit Sitz in der Bundesrepublik einschließlich Westberlin erschienen, ein Rabatt von 30 Prozent gewährt. Den Differenzbetrag zahlte der Börsenverein den deutschen Lieferanten aus; die erforderlichen Mittel stellte das Auswärtige Amt dem Börsenverein monatlich zur Verfügung. Inhaltlich wurde das Vertragswerk mit dem Auswärtigen Amt abgestimmt; als offizieller Vertragspartner trat jedoch der Börsenverein in Erscheinung. In den Verhandlungen vermied man jeden Hinweis auf Regierungsstellen der Bundesrepublik; die öffentliche Erörterung dieser Frage im Plenum des Bundestages wurde auf Antrag des Auswärtigen Amts verhindert.

Die Subventionierung des Buchexports nach Osteuropa in Höhe von circa 2,2 Mio. DM jährlich blieb nicht unumstritten. 1984 wurde das Programm denn auch durch den Bundesrechnungshof beanstandet. Man monierte, dass die hohen Kosten (60 Mio. DM seit 1967) in vielen Fällen nicht mit dem vorgegebenen Zuwendungszweck »Förderung des deutschen Schrifttums in kulturpolitisch wichtigen Fällen« übereinstimmten. Finanziert wurden nicht selten wahllos herausgegriffenen Erzeugnisse deutscher Verlage, darunter auch fremdsprachige Werke ausländischer Autoren,

---

62 Götz Fehr an das AA, 19.1.1965. In: PA AA, B90/887.
63 Götz Fehr: Aufzeichnung. Buchversand in den Ostblock über das Geschenkgutschein-Verfahren, 19.1.1965. In: PA AA, B90/887.

bei denen kein kulturpolitisches Interesse der Bundesrepublik an dem Export zu erkennen sei. Daher sollte die Förderung gestrichen werden.[64] Eingestellt wurde das Buchförderungsprogramm jedoch erst mit Ablauf des Haushaltsjahres 1990.[65]

Themen- und Länderschwerpunkte der Frankfurter Buchmesse

Bestimmten in den 1970er-Jahren die vordergründig interessenbesetzten Werbestrategien der großen Verlagskonzerne mit ihren Bestsellerprogrammen die Frankfurter Messe, so war es eine geschickte Regie unter dem neu berufenen Messedirektor Peter Weidhaas, seit 1976 Leit- oder Schwerpunktthemen einzuführen, die den Blick der akkreditierten Journalisten fokussierten.[66] Als Testlauf installierte Weidhaas auf der FBM 1975 eine Ausstellung deutscher Frauenliteratur – eines Genres, das in der Bundesrepublik aus den 1968er-Diskussionen stammte und zu dieser Zeit ein umfangreiches Segment der Verlagsproduktion stellte. Den Vorschlag unterbreitete Inge Feltrinelli (1930–2018), die Witwe des legendären Verlegers Giangiacomo Feltrinelli (1926–1972): Anlässlich des Internationalen Jahres der Frau und wegen einer monatelangen Diskussion über Abtreibung in Italien sollte die Ausstellung, samt einem angegliederten Kulturprogramm, erstmals in Rom und Neapel gezeigt werden, wo sie auch einen spektakulären Zuspruch fand.[67] Als »Zeichen der bundesdeutschen Emanzipation« und als Hinweis darauf, »wie wenig man in sozialistischen Ländern zum Thema Frau publiziert hat«, schickte das Auswärtige Amt die Ausstellung im November 1975 auf die Reise zur Belgrader Buchmesse und ließ die diplomatischen Vertretungen untersuchen, in welcher Form sie auch in Prag, Warschau, Budapest und Sofia gezeigt werden könne.[68]

---

64 Förderung des deutschen Schrifttums in kulturpolitisch wichtigen Fällen (Buchexportförderungsprogramm). In: Unterrichtung durch den Bundesrechnungshof. Bemerkungen des Bundesrechnungshofs zur Haushalts- und Wirtschaftsführung (einschließlich der Bemerkungen zur Jahresrechnung des Bundes 1982), Drucksache 10/2223. Bonn 1984, S. 34 f.

65 Projektförderung des Vereins Inter Nationes und des Börsenvereins des Deutschen Buchhandels. In: Unterrichtung durch den Bundesrechnungshof. Bemerkungen des Bundesrechnungshofs zur Haushalts- und Wirtschaftsführung (einschließlich der Feststellungen zur Jahresrechnung des Bundes 1989), Drucksache 12/1150. Bonn 1991, S. 122.

66 Weidhaas: Zur Geschichte der Frankfurter Buchmesse, S. 256; Stephan Füssel: Vorwort. In: Füssel (Hrsg.): 50 Jahre Frankfurter Buchmesse, S. 7–11, hier S. 9.

67 Weidhaas: Und kam in die Welt der Büchermenschen, S. 25 f.

68 Elisabeth Falk (Ausstellungs- und Messe GmbH) an das AA: Bericht: 20. Internationale Buchmesse in Belgrad, November 1975, die Ausstellung »Die Frau«, 12.12.1975. In: PA AA, B95 ZA 123817; AA: Internationale Buchmesse Belgrad 1975. Deutsche Beteiligung mit der Ausstellung »Die Frau«, 15.12.1975. Ebenda.

Für den ersten Schwerpunkt »Lateinamerika« hatte Weidhaas ein groß angelegtes Rahmenprogramm vorbereitet mit Podiumsdiskussionen und Lesungen, die Branchenzeitschrift BÖRSENBLATT gab eine Sondernummer heraus mit zahlreichen Texten zur Literatur und zum Buchhandel Lateinamerikas; vor allem aber hatten acht deutsche Verlage aus diesem Anlass etliche Novitäten publiziert, so dass die deutschen Leserinnen und Leser aus mehr als 50 Büchern wählen konnten.[69]

Abb. 3: Werbeprospekt des Suhrkamp-Verlags für die Frankfurter Buchmesse 1976.
Foto: Deutsches Literaturarchiv Marbach.

---

[69] Michi Strausfeld: Lateinamerikanische Literatur in Deutschland: eine kleine Erfolgsgeschichte. In: Peter Birle, Friedhelm Schmidt-Welle (Hrsg.): Wechselseitige Perzeptionen. Deutschland – Lateinamerika im 20. Jahrhundert. Frankfurt am Main 2007, S. 157–169, hier S. 159; Katharina Einert: »17 Autoren schreiben am Roman des lateinamerikanischen Kontinents«. Die Fiktionalisierung Lateinamerikas und seiner Literaturen. In: IASL 43 (2018) H. 1, S. 127–150.

Die Wahl Lateinamerikas wird in der einschlägigen Literatur mit zwei Beweggründen gedeutet. Den ersten, persönlichen Grund führte Weidhaas in seinen Memoiren an: Liiert mit einer Argentinierin, hätte er in der ersten Hälfte der 1970er-Jahre seine Suche nach »einem fremden, einem nichtdeutschen Sein« betrieben und traf in Lateinamerika auf »diese tragische Kultur, erwachsen aus der Eroberung und Zerstörung der kulturellen Identität seiner Indianervölker, der Azteken, Maya und Inka, durch die europäischen Eroberer aus Spanien und Portugal«. Dort habe er seine »Identitätsdefizite gestopft« und eine ihn »in ihren Bann ziehende, kontroverse Lebensart« entdeckt.[70] Der zweite Grund war mehr objektiver Natur und wurde durch ein verlegerisches Nachholbedürfnis diktiert: Während die neue lateinamerikanische Literatur schon längst im Zentrum der internationalen Aufmerksamkeit stand und die bahnbrechenden Romane von u. a. Julio Cortázar, Carlos Fuentes, Mario Vargas Llosa und Gabriel García Márquez in Italien, Frankreich oder in den USA mit Begeisterung gelesen wurden, blieb die Bundesrepublik auf diesem Gebiet ein Außenseiter. Einige wenige Romane wurden zwar übersetzt und herausgegeben, aber wegen Erfolglosigkeit wieder vom Markt genommen.[71]

Die Identitätssuche des Messedirektors sowie weltliterarische Rezeptionsdefizite des westdeutschen Literaturbetriebs mochten bei der Wahl des ersten Themenschwerpunktes nicht unbedeutend gewesen sein. Berücksichtigt werden sollten aber auch die kulturpolitischen Vorüberlegungen des Auswärtigen Amts, das den literarischen Beziehungen mit lateinamerikanischen Ländern bereits Mitte der 1960er-Jahre besondere Aufmerksamkeit schenkte. Die bundesdeutsche Außenpolitik gegenüber Lateinamerika, welches bereits an der Schwelle des 19. Jahrhunderts im Zuge der Debatten um das seit Mitte des 19. Jahrhunderts ansässige »Auslandsdeutschtum« zur strategischen Region erklärt worden war,[72] kann bis Anfang der 1970er-Jahre zwar als zurückhaltend charakterisiert werden: Sie orientierte sich an dem Grundsatz, dass Lateinamerika als exklusive Einflusssphäre der Vereinigten Staaten zu gelten habe. Trotzdem waren Aktivitäten der Kulturabteilung des Auswärtigen Amts von dem Bemühen geprägt, möglichst großen Teilen der lateinamerikanischen Bevölkerung ein positives Bild von der Bundesrepublik als demokratischem Land zu vermitteln.[73]

---

70 Weidhaas: Und kam in die Welt der Büchermenschen, S. 78.
71 Strausfeld: Lateinamerikanische Literatur, S. 157 f.
72 Nikolaus Barbian: Auswärtige Kulturpolitik und »Auslandsdeutsche« in Lateinamerika 1949–1973. Wiesbaden 2014, S. 15–20; Georg J. Dufner: Chile als Partner, Exempel und Prüfstein. Deutsch-deutsche Außenpolitik und Systemkonkurrenz in Lateinamerika. In: Vierteljahrshefte für Zeitgeschichte 61 (2013) H. 4, 513–548, hier S. 514.
73 Natalja Karthaus: Lateinamerika als Bezugsfeld der (bundes-)deutschen Außenpolitik. In: Manfred Mols, Christoph Wagner (Hrsg.): Deutschland – Lateinamerika: Geschichte, Gegenwart und Perspektiven. Frankfurt am Main 1994, S. 51–78, hier S. 58.

In diesem Kontext fand im September 1962 in Westberlin das Erste Kolloquium lateinamerikanischer und deutscher Schriftsteller statt. Zum Kolloquium lud nominell die Zeitschrift HUMBOLDT ein, hinter der sich jedoch die Lateinamerika-Abteilung des Presse- und Informationsamt der Bundesregierung (BPA) verbarg. Eingeladen waren u. a. die Schriftsteller Hans Magnus Enzensberger (1929–2022) und Martin Walser (1927–2023), auf der Teilnehmerliste finden sich aber auch Universitätsprofessorinnen und -professoren, Verlagslektorinnen und -lektoren, Literaturkritikerinnen und Übersetzer aus Argentinien, Brasilien, Chile, Ecuador, Kolumbien, Mexiko, Peru, Uruguay und Venezuela.[74]

1964 hielt das BPA erneut Ausschau nach einer entsprechenden personellen Besetzung der Sonderschau *Partner des Fortschritts – Lateinamerika*, die im Rahmen der Deutschen Industrieausstellung in Berlin veranstaltet wurde. Die Ausstellung war literarisch verziert: Während der Rezitationsabende wurde aus Werken ins Deutsche übersetzter zeitgenössischer lateinamerikanischer Schriftsteller gelesen, und im Anschluss war ein Kolloquium unter dem Patronat des Iberoamerikanischen Instituts und der Vereinigung der deutschen Schriftstellerverbände geplant. Mit finanzieller Unterstützung des Auswärtigen Amts wurden führende lateinamerikanischen Autoren – u. a. Jorge Luis Borges (1899–1986), Julio Cortázar (1914–1984) und João Guimarães Rosa (1908–1967) – eingeladen, die deutschen Verlage wurden aufgefordert, »besonders geeignete Ausschnitte aus den […] verlegten Werken« vorzuschlagen und die »dem Verlag verbundenen deutschen Autoren zur Beteiligung am Kolloquium« zu entsenden.[75] Der von dem Suhrkamp-Verlag vorgeschlagene Hans Magnus Enzensberger – ein Autor, der bereits ab Mitte der 1950er-Jahre immer wieder als prominenter Akteur des sich politisierenden Literatursystems hervortrat und auch seine Nähe zur praktischen Politik der Bundesrepublik bewies[76] – fand auf der Berliner Schau allem Anschein nach viel Beachtung im Auswärtigen Amt: Im September 1965 beschloss das Auswärtige Amt, Enzensberger für eine Vortragsreise nach Rio de Janeiro und Buenos Aires zu delegieren, da man sich »sehr viel versprach von seinen Kontakten mit literarischen Kreisen in Brasilien und Argentinien«.[77]

---

74 Griselda Mársico: Lateinamerika Colloquium 1962 in Berlin. In: https://www.literaturarchiv1968.de/content/erstes-kolloquium-lateinamerikanischer-und-deutscher-schriftsteller-berlin-1962/ (letzter Zugriff am 18.11.2024).
75 Hans Bayer (Presse- und Informationsamt) an Suhrkamp-Verlag, 31.7.1964. In: DLA, SUA: Suhrkamp/03Lektorate
76 Jörg Lau: Hans Magnus Enzensberger. Ein öffentliches Leben. Frankfurt am Main 2001, S. 143.
77 Hans Bayer an Suhrkamp-Verlag, 23.9.1965. In: DLA, SUA: Suhrkamp/03Lektorate; vgl. Paweł Zajas: »Als Beweis der in Deutschland herrschenden geistigen Toleranz …«. Hans Magnus Enzensbergers ausländische Vortragsreisen im kulturpolitischen Kontext. In: Dirk Kemper, Natalia Bakshi, Elisabeth Cheauré, Paweł Zajas (Hrsg.): Literatur und Auswärtige Kulturpolitik. Paderborn 2019, S. 93–110.

Die Entscheidung, Enzensberger für kulturpolitische Zwecke in der lateinamerikanischen Region einzuspannen, wurde interessanterweise nicht, wie üblich, von dem für Kulturinstitute und Buchwesen zuständigen Referat IV7 der Kulturabteilung des Auswärtigen Amts getroffen, sondern im unmittelbar dem Minister des Auswärtigen unterstellten Pressereferat des Planungsstabs. Der Entschluss gründete in der Überzeugung, dass auch »Schriftsteller, die zu den mit verschiedenen Prädikaten bezeichneten sogenannten Linksintellektuellen gehören, durchaus erfolgreich für deutsche Kulturbeziehungen sein können«.[78] Interessanterweise war der kulturpolitisch motivierte Einsatz des Schriftstellers an keinerlei Aufgaben gebunden. Der offizielle Hauptzweck der Reise war die Sammlung des Materials für eine Anthologie südamerikanischer Poesie gewesen.[79] Eine von dem Goethe-Institut in Rio de Janeiro geplante Vortragsveranstaltung soll Enzensberger erst »nach einigem Zögern« angenommen haben, und zwar unter der Bedingung, dass diese in eine offene Diskussionsrunde umgewandelt würde.[80] Seine Äußerungen zu Themen wie Entwicklungshilfe, Wiedervereinigung Deutschlands, Ost-West-Konflikt, »Verhältnisse in der Sowjetzone« oder Atombombe wurden aber mit Zufriedenheit protokolliert: »Die Botschaft ist der Auffassung, dass wir bei unserer Kulturpolitik den Mut haben sollten, gelegentlich auch Leute wie Enzensberger herauszustellen.«[81]

Ein Monat später hielt Enzensberger in Buenos Aires einen Vortrag über »Topologische Strukturen in der modernen Literatur«, dem »etwa 80 interessierte Zuhörer« beiwohnten. Die Berichterstattung der bundesdeutschen Botschaft betonte die »brillante« Einbeziehung des Werkes von Jorge Louis Borges, womit »geschickt die Verbindung zwischen der argentinischen und der europäischen Literatur« hergestellt werde.[82] Die kulturpolitischen Instanzen legten viel Wert darauf, dass Victoria Ocampo (1890–1979) – eine prominente argentinische Schriftstellerin, Kulturmanagerin (unter anderem Gründerin der Zeitschrift SUR) und Feministin – ihre Reise in die USA zur Entgegennahme eines Preises verschoben hatte, um Enzensberger persönlich in die literarischen Kreise Argentiniens einzuführen. Im Fazit des Berichts hieß es:

> Hans Magnus Enzensberger war nach Rolf Schroers der zweite deutsche Schriftsteller, der Argentinien nach dem Krieg besuchte. Die guten Erfahrungen mit diesen Besuchen sollten uns ermutigen, dem Beispiel anderer

---

78 Vortragsreise von Herrn Dr. Hans Magnus Enzensberger nach Argentinien, 22.12.1965. In: PA AA, Zwischenarchiv 109638.
79 Botschaft der Bundesrepublik Deutschland Rio de Janeiro an das AA, 29.10.1965. Ebenda.
80 Ebenda.
81 Ebenda.
82 Botschaft der Bundesrepublik Deutschland Buenos Aires an das AA, 30.11.1965. Ebenda.

europäischen Regierungen nachzueifern, die auf die geistige Repräsentanz ihrer Nationen in Argentinien großen Wert legen.[83]

Die Anfänge der Zusammenarbeit zwischen dem Suhrkamp-Verlag und dem Presse- und Informationsamt sind auf Anfang der 1960er-Jahre datiert. Seit 1963 verstärkte Inter Nationes seine Bemühungen um Vermittlung zwischen deutschen und lateinamerikanischen Verlagen. Mit finanzieller Unterstützung seitens Inter Nationes erschienen in den darauffolgenden Jahren spanische sowie portugiesische Übersetzungen der Suhrkamp-Autoren Herbert Marcuse (1898–1979), Walter Benjamin (1892–1940) und Paul Lorenzen (1915–1994) bei Editorial Sur, Editorial Sudamericana und Editora Tempo Brasileiro.[84] Über eine stärkere Präsenz der lateinamerikanischen Literatur im Suhrkamp-Verlag hat sich der Verlagsleiter Siegfried Unseld (1924–2002) spätestens 1969 Gedanken gemacht: Da den bisherigen Einzelpublikationen kein Erfolg beschieden war, war Unseld entschlossen, Büchern aus und über Lateinamerika einen »festen Platz« zu geben, wobei neben der Belletristik auch »Soziologie, Ökonomie, Politik, Ethnologie etc.« vertreten sein sollten.[85] Unseld notierte anlässlich der Frankfurter Buchmesse im Jahr 1973:

> Vor, während und nach der Buchmesse habe ich verschiedene Besprechungen in dieser Sache geführt. Für mich stellt sich die Situation so dar: Die Literatur dieses Kontinents ist im Augenblick vielleicht die bedeutendste im Konzert der Nationen. Es gibt bedeutende Bücher, aber es ereignet sich auch das Merkwürdige, keine der deutschen Übertragungen sind hier »angekommen«. Sie wurden mehr oder weniger schlecht verkauft, hatten nur geringes Echo. Es gibt hier keine Bereitschaft und kein Publikum für die Rezeption lateinamerikanischer Bücher. Wenn man also an die Realisierung einer solchen Bibliothek geht, muß man als erstes die Frage lösen: Glaubt man ein Publikum für diese Literatur schaffen zu können? Ich habe mit Herren von Inter Nationes und vom Auswärtigen Amt gesprochen. Diese wären bereit, Veranstaltungen lateinamerikanischer Autoren in der Bundesrepublik zu finanzieren, insbesondere in Herrn Roquette vom Auswärtigen Amt hätten wir hier einen Förderer. Wichtig wäre auch, mit Publizisten zu sprechen, die eine solche Sache publizistisch vorbereiten könnten.[86]

---

83 Ebenda.
84 Helena Ritzenfeld (Suhrkamp-Verlag) an Inter Nationes, 12.5.1965. In: DLA, SUA: Suhrkamp/01VL/Allgemeine Korrespondenz/Inter Nationes e. V.
85 Siegfried Unseld: Reisebericht Dublin und London, 10.–16. Juni 1969, 18.6.1969. In: DLA, SUA: Suhrkamp/01VL/Reiseberichte.
86 Siegfried Unseld: Notiz zur Buchmesse 1973, 29.10.1973. Ebenda.

Auch wenn der spätere Buchmessenschwerpunkt 1976 bekanntlich zu einem »Kraftakt« wurde, bei dem auch der Suhrkamp-Verlag mit einem großangelegten Lateinamerikaprogramm einen »Durchbruch mit Brachialgewalt« erzwang,[87] wäre seine Vorbereitung ohne kulturpolitische Rückendeckung seitens des Auswärtigen Amts kaum möglich gewesen. Als Hans Arnold (1923–2021) – von 1972 bis 1977 Leiter der Kulturabteilung des AA und Vertreter der Bundesregierung in der vom Deutschen Bundestag eingesetzten Enquetekommission für die Reform der Auswärtigen Kulturpolitik – im März 1974 einen Vortrag vor dem Bonner Ibero-Club hielt, deutete er auf die gerade in der Zeit einsetzende Änderung kulturpolitischer Ziele in Bezug auf Lateinamerika. Die bisherige Konzeption sei überwiegend auf einer »romantischen Verklärung der Siedlungen deutschen Ursprungs auf dem Subkontinent« gegründet worden. Somit hätte auch innerhalb der Förderungsmaßnahmen die finanzielle Unterstützung der dortigen deutschen Auslandsschulen ein großes Übergewicht im Vergleich zu anderen Bereichen der Kulturarbeit eingenommen.[88] Nehme man in Betracht, dass die »überkommene Form« der deutschen Schule in Lateinamerika als »vorwiegend gruppengebundene Privatschule mit einem hohen Grad sozialer und pädagogischer Isolierung keine politische Zukunft mehr haben« könne, dann sollte nach einer »neuen Akzentuierung« gesucht werden, welche die »gesellschaftlichen Gegenwartsprobleme der lateinamerikanischen Länder in unsere Kulturpolitik« einbeziehen würden. Neben das »Element einer vorwiegenden Selbstdarstellung« müsse das »Element des Austausches und der Zusammenarbeit« gestellt werden.[89] Der bereits Anfang der 1960er-Jahre erprobte Literaturaustausch zwischen der Bundesrepublik und Lateinamerika bot sich gerade im Rahmen der neu erarbeiteten kulturpolitischen Richtlinien als eine der »zukunftsträchtigen Möglichkeiten der Kooperation« an.[90]

---

87 Siegfried Unseld: Chronik 1976. In: DLA, SUA: Suhrkamp/01VL/Unseld, Siegfried/Chronik.

88 Hans Arnold: Finanzielle Aspekte der Kulturbeziehungen zu Lateinamerika. In: ders.: Kulturexport als Politik? Aspekte auswärtiger Kulturpolitik. Tübingen, Basel 1976, S. 213–220, hier S. 217, 220. 1975 legte die Enquetekommission ihren Bericht vor, welcher über viele Jahre weitere Entwicklungen auf dem Gebiet der bundesdeutschen auswärtigen Kulturpolitik beeinflusst hat. Mit 500 Feststellungen und 130 Empfehlungen sah der Enquetebericht als eines der Ziele die »Legitimation der Bundesrepublik als Kulturstaat in einer sich wandelnden Welt«. Auf ihn reagierte die Bundesregierung im September 1977 mit einer ausführlichen Stellungnahme, in der sie u. a. einen kulturpolitischen Gegenseitigkeitsgedanken (Kulturaustausch als Zweibahnstraße) definierte. Vgl. Kurt-Jürgen Maaß: Überblick: Ziele und Instrumente der Auswärtigen Kulturpolitik. In: ders. (Hrsg.): Kultur und Außenpolitik. Handbuch für Studium und Praxis. Baden-Baden 2005, S. 23–30, hier S. 23 f.

89 Arnold: Finanzielle Aspekte, S. 214, 218.

90 Ebenda, S. 218.

Die im Juni 1975 durch das Bundeskabinett in einer Sondersitzung verabschiedeten »Thesen zur Politik der Zusammenarbeit mit den Entwicklungsländern« bedeuteten bei ihrer konsequenten Verfolgung eine Reduzierung der deutschen Entwicklungshilfe für Lateinamerika, da diese Länder mit wenigen Ausnahmen nicht zu dem Kreis der künftig vorranging zu fördernden Zielgebiete gehörten.[91] Je mehr Lateinamerika aus der Gruppe der Entwicklungshilfepartner ausschied, desto stärker war die Überzeugung des Auswärtigen Amts und der Mittlerorganisationen, es in den Kreis der Länder einbeziehen zu müssen, mit denen die Bundesrepublik nicht nur wirtschaftliche, sondern auch intensive wissenschaftlich-technische und kulturelle Beziehungen unterhielt.[92] Aufgrund dieser Erkenntnis finanzierte das Auswärtige Amt in den darauffolgenden Monaten u. a. die Jahrestagung der Arbeitsgemeinschaft Deutscher Lateinamerika-Forschung, die Ausbildung der Sozialarbeiter aus lateinamerikanischen Ländern und wirtschaftspolitische Colloquien in Lateinamerika (beide veranstaltet durch das Institut für Internationale Solidarität der Konrad-Adenauer-Stiftung) sowie eine Kulturwoche unter dem Titel »Lateinamerika in Bonn«.[93]

In diesem kulturpolitischen Kontext unternahm Peter Weidhaas im November 1975 seine Lateinamerikatour. In zwei Monaten besuchte der Messedirektor mit »variablem Vortragsmanuskript« die Verlegerorganisationen von Kolumbien, Venezuela, Kuba, Mexiko, Peru, Bolivien, Uruguay, Brasilien und Argentinien, um sie zu überzeugen, im Herbst 1976 mit ihren Verlagen, Autorinnen und Autoren nach Frankfurt zu kommen.[94] Im Briefwechsel mit dem Auswärtigen Amt stellte Weidhaas seine Reise als einen »Beitrag zur Unterstützung und Förderung buchunterentwickelter Regionen« dar und betonte, dass diese »Arbeit auch vom kulturpolitischen Standpunkt aus interessant« sei.[95] Daraufhin unterrichtete das Auswärtige Amt die Kultur- und Presse-Referenten der Botschaften von seinem Kommen und empfahl, bei der Kontaktaufnahme mit Vertreterinnen und Vertretern der Verlage in den jeweiligen Ländern behilflich zu sein: Mit einer Lateinamerika gewidmeten Buchmesse sollte das »bisherige Desinteresse Europas und der industrialisierten Welt an lateinamerikanischer Literatur durchbrochen« werden.[96]

---

91 Vgl. Dietrich Kebschull, Jürgen Todenhöfer, Udo Kollatz: Thesen zur Entwicklungspolitik. In: WIRTSCHAFTSDIENST 55 (1975) H. 7, S. 333–337.
92 Georg Sander (Institut für Iberoamerika-Kunde in Hamburg) an das AA, 25.2.1976. In: PA AA, B 95 ZA 103548; Institut für Iberoamerika-Kunde im Verbund der Stiftung Deutsches Übersee-Institut: Tätigkeitsbericht 1975. Hamburg 1976.
93 Konvolut »Lateinamerika«. In: PA AA, B 95 ZA 103568.
94 Weidhaas: Und kam in die Welt der Büchermenschen, S. 82.
95 Peter Weidhaas an das AA, 18.8.1975. In: PA AA, B 95 ZA 123922.
96 AA an das Generalkonsulat in Rio de Janeiro, 28.1.1976. Ebenda.

Im März 1976 wurden Vertreter der an der Veranstaltung der FBM beteiligten Mittlerorganisationen – der Ausstellungs- und Messe-GmbH, des Instituts für Auslandsbeziehungen sowie von Inter Nationes – zu einer Besprechung in das Auswärtige Amt gebeten. Geklärt werden sollte zunächst, welche kulturellen Veranstaltungen im Zusammenhang mit der Buchmesse im Hinblick auf Lateinamerika geplant und welche zusätzlichen Maßnahmen erforderlich seien, um dem Vorhaben »außenpolitisch wie auch kulturpolitisch den gewünschten Erfolg« zu verleihen.[97] Das Auswärtige Amt versprach seinerseits die Finanzierung einer Sondernummer des TIMES LITERARY SUPPLEMENT sowie einer größeren Beilage über die lateinamerikanische Literatur in einer »bedeutenden Tages- oder Wochenzeitung«. Ferner übernahm es die Kosten eines Empfangs, eines öffentlichen Konzerts mit lateinamerikanischer Musik und einer von der Universitätsbibliothek Frankfurt organisierten Ausstellung zu den »politischen, sozioökonomischen und historischen Hintergründen der lateinamerikanischen Literatur«.[98] Auch für das kulturpolitisch gewünschte Bild einer autonomen Kultur wurde gesorgt: Als offizieller Träger aller drei Veranstaltungen sollte die Ausstellungs- und Messe-GmbH auftreten, um somit »selbst den Anschein einer Einflussnahme von offizieller deutscher Seite zu vermeiden«.[99]

Zum Stein des Anstoßes wurde das vom Stuttgarter Institut für Auslandsbeziehungen (IfA) geplante Colloquium »Die Rolle des Buches in der auswärtigen Kulturpolitik am Beispiel der deutsch-lateinamerikanischen Beziehungen«, welches im Vorfeld der Buchmesse für September 1976 in Sprendlingen bei Frankfurt geplant und dessen Konzeption im IfA, nach Absprache mit Peter Weidhaas, bereits im Herbst 1975 entwickelt worden war. Die Leitung des Colloquiums übernahm Günter W. Lorenz (geb. 1932) – Journalist, Kritiker, Schriftsteller, Übersetzer, ehemaliger Pressekorrespondent in Lateinamerika und Leiter des Lateinamerika-Referats im IfA. Aus seiner Initiative trafen sich bereits im Mai 1974 in Stuttgart rund vierzig Fachleute – Übersetzerinnen und Übersetzer, Literaturkritikerinnen, Verlagsangestellte, Journalistinnen und Journalisten sowie Kulturpolitikerinnen und Kulturpolitiker – zum ersten Lateinamerika-Colloquium, um über das »Mangelhafte der kulturellen Beziehungen« zu debattieren und herauszufinden, wie aus einer »Einbahnstraße« des Exports deutscher Kultur eine »gefahrlos befahrbare Zweibahnstraße« werden könne.[100] Thematisiert wurden Fragen einer »eurozentrischen Kulturinterpretation«, der vermeintlichen »deutschen Kulturüberheblichkeit«

---

97 AA an das Presse- und Informationsamt der Bundesregierung, 4.3.1976. In: PA AA, B 95 ZA 103568.

98 AA: Frankfurter Buchmesse 1976 mit Schwerpunkt Lateinamerika. Ergebnisprotokoll der Besprechung am 11. März 1976, 16.3.1976. Ebenda.

99 Ebenda.

100 Günter W. Lorenz: Editorial. In: ZEITSCHRIFT FÜR KULTURAUSTAUSCH (1974) H. 4, S. 4–6, hier S. 5 f.

sowie der ungenügenden Kenntnis lateinamerikanischer Realität. Die Negativbilanz der bilateralen Beziehungen führte zu der Forderung einer effizienteren deutsch-lateinamerikanischen Kulturpolitik, die sich stärker nach den Wünschen und Erfordernissen Lateinamerikas ausrichtet. Ganz oben auf der Mängelliste stand die weitgehend ausbleibende Rezeption lateinamerikanischer Literatur in der Bundesrepublik. Die Teilnehmerinnen und Teilnehmer des Colloquiums kamen überein, in Zukunft auch institutionell enger zusammenzuarbeiten. Mit der Koordinierung wurde vorerst das Lateinamerika-Referat des IfA beauftragt.[101]

Im Vorfeld der Lateinamerika-Buchmesse sah sich das IfA als Mittlerorganisation des Auswärtigen Amts berufen, die 1974 formulierten Desiderate in Form eines weiteren wissenschaftlichen Colloquiums zu realisieren. Nachdem der Themenrahmenplan des Colloquiums Anfang Februar der Kulturabteilung des Auswärtigen Amts unterbreitet wurde, breitete sich in der internen Korrespondenz zwischen den einzelnen Referaten Unmut aus. Dafür gab es mehrere Gründe. Erstens kollidierte der anberaumte Termin des Colloquiums mit der bereits durch das Presse- und Informationsamt (BPA) geplanten Themenreise für lateinamerikanische Kritiker, welche ebenfalls mit einer Tagung abgeschlossen werden sollte; die Gefahr einer finanziellen wie thematischen Überschneidung zweier Colloquien lag, aus Bonner Sicht, auf der Hand. Zweitens wurde der übersandte Rahmenplan mit seinen zahlreichen literatur-, buchwissenschaftlichen sowie literatursoziologischen Themen (u. a. mediale Funktion des Buches als kulturpolitischer Beziehungsträger, Intensivierung des Buchaustausches als bilaterales Mittlermedium, Methoden der Erfolgskontrolle, Informationsarbeit), Arbeitskreisen (u. a. das Buch als kulturpolitisches Instrument, das Buch als kultureller Informationsträger, das Buch als Ware) sowie mit seiner kulturpolitischen Zielsetzung (Bestandsaufnahme der bisherigen Ergebnisse des literarischen Austausches, Möglichkeiten künftiger literarischer Kontakte, effektive und aufeinander abgestimmte literaturbezogene Information auf beiden Seiten) für verbesserungsbedürftig gehalten.[102] Die inhaltlichen Einwände seitens des Auswärtigen Amts beruhten auf einer sehr vereinfachten politischen Kodierung des Literaturtransfers: Man bestand auf der Hervorhebung der gesellschaftlichen Funktion des Literaturaustausches, des politischen Engagements lateinamerikanischer Schriftsteller sowie der Vermittlung des Lateinamerika- und Deutschlandbildes mittels der Literatur.[103] Drittens sollte das IfA ohne Abstimmung mit dem

---

101 Günter W. Lorenz, Ernst J. Tetsch: Zusammenfassung. In: ZEITSCHRIFT FÜR KULTURAUSTAUSCH (1974) H. 4, 107 f.
102 IfA: Projektentwurf für das Lateinamerika-Colloquium 1976, 20.1.1976. In: PA AA, B 95 ZA 103568; AA (Referat 632–433): Vermerk. Frankfurter Buchmesse 1976 mit dem Schwerpunkt Lateinamerika. Ergebnisprotokoll der Besprechung am 22. März 1976, 1.4.1976. Ebenda.
103 AA an Michael Rehs (IfA), 7.4.1976. Ebenda.

Auswärtigen Amt die deutschen Auslandsvertretungen davon unterrichtet haben, dass es die Einladung einer Gruppe von lateinamerikanischen Verlegern, Schriftstellerinnen und Schriftstellern aus Anlass der Buchmesse beabsichtigte, und ihnen die Liste der eigenen Kandidaten übersandt haben.[104]

Das Auswärtige Amt äußerte damit Bedenken prinzipieller Art, welche das Verhältnis zwischen dem Auswärtigen Amt und seinen Mittlerinstitutionen betrafen. Die interne Korrespondenz bezog sich auf die Frage, ob die Struktur des IfA noch angemessen sei: Das Auswärtige Amt trage – argumentierten die Beamten – zusammen mit dem BPA, über 75 Prozent der Ausgaben des Instituts. Damit sei zwar noch nicht gesagt, dass daraus unbedingt rechtliche und organisatorische Konsequenzen gezogen werden sollten; angesichts der entstandenen Situation bleibe aber auch diese Lösung zu überlegen. Wesentlich sei dabei, unabhängig von der juristischen Natur der gegenseitigen Beziehungen, dass die Leit- und Koordinationsfunktion des Auswärtigen Amts durch das IfA anerkannt werde; dies sei notwendig, weil das Auswärtige Amt gegenüber dem Parlament die Verantwortung trage. Der Staat achte den »kulturellen Freiraum« der Mittlerorganisationen in der sachlichen Durchführung der auswärtigen Kulturpolitik, dies setze aber voraus, dass »auf der Grundlage der Richtlinien- und Planungskompetenzen des Auswärtigen Amts eine laufende, rechtzeitige Abstimmung und enge Zusammenarbeit« bestehe.[105] Kurz: Das Auswärtige Amt könne es auf die Dauer nicht hinnehmen, »immer wieder vor vollendete Tatsachen gestellt und nachträglich zur Kasse gebeten zu werden«; hier stelle sich auch die Frage, ob das Colloquium eine Bedeutung erlangen könne, die »unseren kulturpolitischen Beziehungen zu Lateinamerika angemessen« sei.[106] Diese interne Auseinandersetzung zeigt, dass das grundsätzliche Institutionsgefüge der auswärtigen Kulturpolitik in der zweiten Hälfte der 1970er-Jahre immer noch nicht etabliert war und die empfohlene Autonomie von Mittlerorganisationen als ausführenden Implementationsorganen auch nach der Veröffentlichung des Berichts der Enquetekommission »Auswärtige Kulturpolitik« des Deutschen Bundestages (1975) zur Debatte stand.[107]

Auch nachdem das IfA ein gestrafftes und auf Wunsch des Auswärtigen Amts geändertes Rahmenprogramm vorgelegt hatte, herrschte in Bonn die Überzeugung, dass die Mittlerorganisation bei der Vorbereitung des Colloquiums »vorgeprescht« sei und das »selbstherrliche und einer echten Kooperation kaum entsprechende

---

104 Presse- und Informationsamt an das AA (Referat 600), 23.2.1976. Ebenda.
105 AA (Referat 600): Besprechung mit dem Vorstandsvorsitzenden des IfA, Adalbert Seifriz, am 5. Februar 1976, 11.2.1976. Ebenda.
106 AA (Referat 600): IfA-Projekt »Schriftsteller-Colloquium« anlässlich der Frankfurter Buchmesse, 17.3.1976. Ebenda.
107 Deutscher Bundestag: Bericht der Enquete-Kommission Auswärtige Kulturpolitik gemäß Beschluss des Deutschen Bundestages vom 23. Februar 1973. Bonn 1975, S. 12.

Vorgehen« nicht akzeptiert werden könne.[108] Um die »politische Substanz des Engagements für Lateinamerika zu retten«, entschloss man sich dennoch zur Finanzierung des Colloquiums, welches »unter einem Dach« mit einer zusätzlich von der Ausstellungs- und Messe-GmbH organisierten Podiumsdiskussion deutscher und lateinamerikanischer Schriftsteller stattfinden sollte.[109]

Für das zweite Lateinamerika-Colloquium »Die Suche nach dem literarischen Gleichgewicht« wurde eine repräsentative Runde von deutschen und lateinamerikanischen Autorinnen und Autoren, Übersetzerinnen und Übersetzern, Literaturwissenschaftlerinnen, Philologen, Kritikerinnen und Kritikern, Verlagslektorinnen und Verlagslektoren, Hochschullehrerinnen und Hochschullehrern sowie Verlegerinnen und Verlegern gewonnen. Trotz vieler deskriptiver Beiträge, die »stark von deutschen Statistiken, Bibliografien, Anekdoten, dieser vielseitigen Negativbilanz durchsetzt« gewesen seien,[110] hat das Treffen schnell eine literaturpolitische Wendung genommen. So entfachte der uruguayische, in Buenos Aires lebende Schriftsteller, Kritiker, Verleger und Mitherausgeber der argentinischen Zeitschrift Crisis, Eduardo Galeano (1940–2015), mit seinem Beitrag über »Literatur und Gesellschaft in Lateinamerika« unter den anwesenden lateinamerikanischen Literaten eine lebhafte Diskussion über die Bedeutung und die Folgen der Revolution sowie die Einschätzung der kulturellen und sozialen Realität in Lateinamerika.[111] Rezeptionsästhetische Einsichten und Überlegungen über die Präsenz der lateinamerikanischen Literatur in Schulen, Hochschulen sowie Verlagen der deutschsprachigen Länder lieferten profundes Wissen über den Stand der bilateralen Beziehungen. Angesichts des erzielten Erfolgs informierten die Organisatoren die Öffentlichkeit über den Dissens zwischen dem IfA und dem Auswärtigen Amt: In der Einleitung der Tagungsdokumentation schrieb Günter W. Lorenz über »Aktionen«, die darauf zielten, »durch gewisse äußere Pressionen, Einschüchterungsversuche und Gegenmaßnahmen die Durchführung des Colloquiums in Frage zu stellen, dessen Veranstalter nicht bereit waren, sich als Inhalt eine unliterarische, nur einer bestimmten Ecke genehme Thematik aufzwingen zu lassen«.[112]

Auch der gesamte Lateinamerikaschwerpunkt wurde zu einem Erfolg. 30 Autorinnen und Autoren aus Lateinamerika waren der Einladung zur FBM gefolgt. Unter ihnen befanden sich u. a. Julio Cortázar und Manuel Puig aus Argentinien,

---

108 AA: Referat 240 an Referat 632, 10.5.1976. In: PA AA, B 95 ZA 123922.
109 AA (Referat 600): Vermerk, 10.5.1976. Ebenda.
110 Dieter E. Zimmer: Wir, die letzten Entdecker. In: Die Zeit vom 24.9.1976.
111 Eduardo Galeano: Literatur und Gesellschaft in Lateinamerika. In: Zeitschrift für Kulturaustausch (1977) H. 1, S. 23–28; N. N.: Aus dem Colloquiums-Protokoll. Ebenda, 39–45.
112 Günter W. Lorenz: Lateinamerika-Colloquium 1976 oder Die Suche nach dem literarischen Gleichgewicht. Ebenda, S. 4–7, hier S. 6.

Osman Lins, Thiago de Mello und Jorge Amado aus Brasilien, Eduardo Galeano und Enrique Estrázulas aus Uruguay, Mario Vargas Llosa, der die Eröffnungsrede hielt, sowie Manuel Scorza und Miro Quesada aus Peru, Juan Rulfo aus Mexiko, Antonio Skármeta aus Chile, Augusto Céspedes Patzi aus Bolivien, Sergio Ramírez aus Nicaragua, Adalberto Ortiz aus Ecuador, Juan Gustavo Cobo Borda aus Kolumbien und Isaac Chocron aus Venezuela.[113] Der Suhrkamp-Verlag erkannte die Chance des Schwerpunktes und nahm sich in den nächsten Jahren dieser Literatur an. 1979 kam Octavio Paz auf Einladung Siegfried Unselds in die Bundesrepublik und wurde zum medialen Ereignis. Trotz der stets vorherrschenden Unkenntnis und der dominierenden »Exotik« bedeutete die Buchmesse einen großen Schritt vorwärts in der Rezeption der neuen Literatur Lateinamerikas. In Folge des Buchmesseschwerpunkts wurden die 1980er-Jahre zur »goldenen Zeit« für die Rezeption der lateinamerikanischen Autorinnen und Autoren.[114]

Auch der Schwerpunkt der Buchmesse im Jahr 1980 – »Afrika. Kontinent auf dem Weg zu sich selbst« – resultierte aus der entwicklungspolitischen Akzentverschiebung. Die ersten Vorüberlegungen zwischen dem Auswärtigen Amt und Peter Weidhaas bezogen sich auf die »Stellungnahme der Bundesregierung zu dem Bericht der Enquete-Kommission Auswärtige Kulturpolitik des Deutschen Bundestages« vom September 1977, welche der Präsentation der afrikanischen Kultur in der Bundesrepublik einen besonderen Stellenwert einräumte und eine »kulturelle Selbstverwirklichung« sowie eine »verstärkte Kenntnis« der jeweiligen afrikanischen »Kulturkreise« betonte.[115]

Die Staatsministerin im Auswärtigen Amt, Hildegard Hamm-Brücher (1921–2016), skizzierte zwei Jahre später verbindliche Richtlinien für eine »glaubwürdige Dritte-Welt-Politik«: Nach vielen Jahren, in denen die auswärtige Kulturpolitik »neokolonialistische Ziele« verfolgte, müsse die wirtschaftliche Entwicklungshilfe von »soziokulturell orientierten Strukturen und Qualitäten« begleitet werden. Jene »soziokulturelle Entwicklungspolitik« sei als »zweite Säule« der Entwicklungspolitik zu verstehen und neben die wachstumsorientierten Kapital- und technischen Hilfen zu stellen.[116] Dabei gehe es um eine »Hilfe zur Selbsthilfe«: keine »Übertragungsangebote westlicher Kulturmodelle«, die einem »Identitätsverlust« gleichkämen,

---

113 Weidhaas: Zur Geschichte der Frankfurter Buchmesse, S. 258.
114 Strausfeld; Lateinamerikanische Literatur, S. 159–165.
115 Deutscher Bundestag: Unterrichtung durch die Bundesregierung. Stellungnahme der Bundesregierung zu dem Bericht der Enquete-Kommission »Auswärtige Kulturpolitik« des Deutschen Bundestages, Drucksache 7/4121. Bonn 1977, S. 18.
116 Hildegard Hamm-Brücher: Kulturbeziehungen in den 80er Jahren. Referat in der Evangelischen Akademie Hofgeismar am 5. November 1979. In: dies.: Kulturbeziehungen weltweit. Ein Werkstattbericht zur auswärtigen Kulturpolitik. München, Wien 1980, S. 197–213, hier S. 201.

sondern »Bewahrung, Wiederentdeckung und Fortentwicklung der eigenen kulturellen Werte und Güter«.[117]

Da gemäß den neuen Richtlinien keine Einzelprojekte, vielmehr »einander zugeordnete integrierte Entwicklungen« angestrebt werden sollten,[118] überlegten 1979 die Vertreter der Ausstellungs- und Messe-GmbH, im Zusammenschluss mit der Kulturabteilung des Auswärtigen Amts, im Vorfeld der Buchmesse die Gründung eines Übersetzungsförderungsfonds, der im April 1980 seine Arbeit als »Gesellschaft zur Förderung der Literatur aus Afrika, Asien und Lateinamerika« aufnahm und sich als »Informations-, Beratungs-, Sammel- und Vermittlungsstelle gegenüber der Literatur und dem Buchwesen der Länder der Dritten Welt« verstand.[119] Die Gesellschaft brachte eine Broschüre *Literatur aus Schwarzafrika* heraus, mit der über 100 Bücher von afrikanischen Autorinnen und Autoren vorgestellt wurden und deutschsprachigen Verlagen empfohlen werden sollten.

Da gemäß den Auflagen des Bundesfinanzministeriums und des Haushaltausschusses eine institutionelle Förderung durch das Auswärtige Amt nicht möglich war, wurden anlässlich der Buchmesse 1980 im Rahmen einer kulturpolitischen Projektförderung Ausstellungen internationaler Verlagsproduktion über Afrika sowie in Afrika veröffentlichter Literatur (»Printed & Published in Afrika«) organisiert. Ferner übernahm das Auswärtige Amt die Kosten der Einladung von Verlegern und 26 Autorinnen und Autoren aus 14 afrikanischen Ländern, finanzierte eine deutsche Buchausstellung und einen Verlegerworkshop in Nigeria und Kenia sowie ein Afrikaseminar mit über 20 Schriftstellerinnen und Schriftstellern.[120] Das

---

117 Ebenda, S. 206. Die Stellungnahme Hamm-Brüchers wurde 1982 im Auswärtigen Amt in einem Grundsatzpapier »Zehn Thesen zur kulturellen Zusammenarbeit mit Ländern der Dritten Welt« ausgearbeitet und veröffentlicht.
118 Hildegard Hamm-Brücher: Die Dritte Welt in den achtziger Jahren. Auswärtige Kulturpolitik – dritte und jüngste Dimension der Außenpolitik. In: Die Zeit vom 7.12.1979.
119 AA (Referat 632): Vermerk, 6.11.1981. In: PA AA, B 95 ZA 154754. Die Gesellschaft wurde 1984 in Litprom umbenannt und betreibt bis heute ein Programm zur Übersetzungsförderung belletristischer Werke aus Afrika, Asien, Lateinamerika, der arabischen Welt und seit 2017 auch aus der Türkei. Das Programm finanziert sich aus Mitteln des Auswärtigen Amts und vergibt jährlich Zuschüsse zu Übersetzungskosten an Verlage. Vgl. Ernst Fischer: Übersetzungen auf dem Markt: Institutionen und Steuerungsfaktoren. In: Norbert Bachleitner, Michaela Wolf (Hrsg.): Streifzüge im translatorischen Feld. Zur Soziologie der literarischen Übersetzung im deutschsprachigen Raum. Wien, Berlin 2010, S. 34–64, hier S. 57; Slávka Rude-Porubská: Who Chooses Literature for Translation? Translation Subsidies in Germany. In: Primerjalna književnost 33 (2010) H. 2, S. 273–285; dies.: Förderung literarischer Übersetzung in Deutschland: Akteure – Instrumente – Tendenzen. Wiesbaden 2014.
120 AA an die deutschen Botschaften in afrikanischen Ländern, 31.1.1980. In: PA AA, BAV 200 PRET 26614.

Apartheidregime war mit einem großen Stand anwesend, aber auch die Widerstandsorganisationen ANC und PAC. Die deutsche Botschaft in Pretoria vermittelte bei der Beschaffung der Ausreisegenehmigung für die südafrikanischen Autoren James Matthews (1929–2024) und Sipho Sepamla (1932–2007) sowie für Vertreter des Anti-Apartheid-Verlages Ravan Press.[121]

In ihrer Rede zur Eröffnung der Buchmesse sprach die Staatsministerin Hamm-Brücher von der »Aufarbeitung des Schocks der Kolonialisierung« sowie der »Bewältigung der Enttäuschungen der Entkolonialisierung«. Zum europäisch-afrikanischen Kulturdialog machte Hamm-Brücher, gemäß den neuen entwicklungspolitischen Richtlinien, drei Anmerkungen. Erstens solle Europa »nicht als Schiedsrichter in der Auseinandersetzung zwischen den politischen und den geistigen Kräften Afrikas« auftreten; man müsse die afrikanische Literatur »kennen und verstehen lernen, aber nicht europäisch bewerten oder gar daraus unsere materielle Förderungspolitik ableiten«. Zweitens sei vor »Übertragung unseres Verlags-, Presse-, Universitäts- oder Schulsystems auf afrikanische Verhältnisse« sowie der »überstürzten Anpassung Afrikas an westliche Modernität und Standards« »ausdrücklich zu warnen». Drittens plädierte Hamm-Brücher für die »vorurteilsfreie Offenheit« und die »kulturelle Präsenz Afrikas in der Bundesrepublik«.[122]

Ähnlich wie bei der Lateinamerika-Buchmesse gab es im Vorfeld des Afrikaschwerpunkts ein umfangreiches Begleitprogramm. Eine Saison lang hatte die afrikanische Literatur von sich reden gemacht. 1979/80 kam das Westberliner Horizonte-Festival mit zahlreichen Diskussionsveranstaltungen, Theater- und Filmvorführungen sowie Darbietungen traditioneller und moderner afrikanischer Kunst und Musik hinzu. Auch in anderen bundesdeutschen Städten fanden afrikanische Filmwochen, Auftritte von Theaterensembles und Lesungen statt. Die Medien nahmen sich der afrikanischen Literatur an: Presse, Rundfunk und Fernsehen stellten afrikanische Autoren und einzelne ihrer Werke vor.[123] Vor dem offiziellen Start der Buchmesse fand im Sitzungssaal des Frankfurter Stadtparlaments ein Symposium über die »Funktion afrikanischer Literaturen« statt. Man stellte sich dort Fragen über die Verwendung europäischer und afrikanischer Sprachen, Probleme der anvisierten Leserschaft dieser Literaturen, ihre Themen und Aufgaben sowie ihre erwünschte Verbreitung.[124] Für manche eingeladenen Autorinnen und Autoren wurde die Buchmesse in Frankfurt zum ersten Auslandsaufenthalt; sie bot vor allem die Gelegenheit, andere afrikanische Schriftstellerinnen und Schriftsteller zu

---

121 Ebenda.
122 Rede des Staatsministers im Auswärtigen Amt, Hildegard Hamm-Brücher, anlässlich der Eröffnung der 32. Frankfurter Buchmesse am 7.10.1980. Ebenda.
123 János Riesz: Schwarze Klassiker. In: Die Zeit vom 16.11.1984.
124 Weidhaas: Zur Geschichte der Frankfurter Buchmesse, S. 264.

treffen. Der südafrikanische Autor Sipho Sepamla schrieb: "The symposium was a great experience. It was enough to shake hands with writers from all over Africa. So much inspiration was generated by the occasion that I voiced to wish to see a similar get-together on African soil."[125]

54 afrikanische Verlage aus 30 Ländern waren in Frankfurt vertreten. 26 Autorinnen und Autoren aus 14 afrikanischen Ländern kamen auf der FBM 1980 zusammen. Viele von ihnen wurden dort zum ersten Mal gehört und kehrten mit Übersetzungsversprechen für ihre Werke nach Hause zurück. Die senegalesische Schriftstellerin Mariama Bâ erhielt für ihren bekenntnishaften Eheroman *Ein so langer Brief* (1980) den von einem japanischen Verleger gestifteten Noma-Preis.[126] Zu dem von der Staatsministerin Hamm-Brücher gewünschten Durchbruch für die Präsenz afrikanischer Literatur in der Bundesrepublik ist die Buchmesse aber nicht geworden. Die auf sechzehn Titel angelegte Reihe »Dialog Afrika«, die der Walter-Verlag und der Peter-Hammer-Verlag zusammen herausgegeben hatten, präsentierte 1979 bis 1980 einem breiteren Publikum Werke namhafter afrikanischer Autorinnen und Autoren, u. a. Wole Soyinka, Mongo Beti, Ngugi wa Thiong'o, Henri Lopès und Ahmadou Kourouma. Dem Unternehmen war jedoch ein relativ geringer Erfolg beschieden. In einem Brief an die Bezieher vom März 1982 bilanzierten die Verleger das Ergebnis ihrer Bemühungen: »Aus unserer Sicht sei zu »Dialog Afrika« angemerkt, daß zwar die Reihe ein deutliches Zeichen für die neue Literatur Afrikas gesetzt hat, daß aber die Absatzzahlen in keinem vernünftigen Verhältnis zu den enormen Anstrengungen stehen.«[127]

Jánosz Riesz, damals Professor für Romanistik und vergleichende Literaturwissenschaft in Bayreuth, zog eine bittere Bilanz des entwicklungspolitisch profilierten Afrikaschwerpunkts:

> Der Beschäftigung mit der afrikanischen Literatur [...] haftet unabweisbar der Geruch von Entwicklungshilfe, von »Misereor« und »Brot für die Welt« an. Vermutlich hat nichts der Aufnahmebereitschaft für afrikanische Literatur so geschadet wie diese Verbindung. Unfreiwillig, wie auch sicher mit bestem Gewissen, hat man dadurch der afrikanischen Literatur einen Bärendienst erwiesen, indem man den Eindruck erweckte, daß ihre Förderung hauptsächlich eine entwicklungspolitische Initiative sei. [...] Den afrikanischen Autoren geschieht damit doppelt Unrecht: Sie werden nicht als Autoren von belletristischen Werken ernst genommen, sondern als Informanten über Entwicklungsländer, und die Tatsache ihrer Übersetzung und Veröffentlichung erscheint selbst wie ein Akt der Entwicklungshilfe. [...] Für die Selbstachtung

---
125 Sipho Sepamla: Impressions of a first visit abroad. In: RAND DAILY MAIL vom 8.11.1980.
126 Weidhaas: Zur Geschichte der Frankfurter Buchmesse, S. 264.
127 Riesz: Schwarze Klassiker.

der afrikanischen Schriftsteller und für ihre Einschätzung durch das deutsche Lesepublikum ist deshalb die Ghettoisierung in einem besonderen Afrikaprogramm gewiß von Nachteil.[128]

Die überlieferten Korrespondenzen zur Beteiligung des Auswärtigen Amts an der Planung der Buchmesseschwerpunkte belegen zugleich die Tatsache, dass die in der Öffentlichkeit propagierte Vermittlung eines »selbstkritischen Deutschlandbildes« in internen Beamtenkreisen mitunter für lebhaften Diskussionsstoff sorgte. Als Beispiel: Aus dem Anlass des Themenschwerpunktes »Religion« (1982) wurde eine Sonderausstellung »Frieden« veranstaltet, in der sich manche Veröffentlichungen kritisch mit der bundesdeutschen Allianzpolitik beschäftigten. In der Politischen Abteilung des Ministeriums überlegte man daher, ob es sinnvoll sei, »Mittel aus dem knapper werdenden Kulturetat einzusetzen, um im Ausland eine zum Teil einseitige Wertung unserer Sicherheitspolitik zu zeigen«.[129]

Auch das in den Konzeptionen der Bundesregierung verankerte Handlungsprinzip des »echten Kulturaustausches« und die Absage an das vermeintlich überholte Konzept eines »einseitigen Kulturexports«[130] stimmten nicht unbedingt mit der tatsächlichen Förderungspraxis überein. So waren in der Rede des Außenministers anlässlich der Eröffnung der FMB 1986 mit dem Schwerpunktthema »Indien – Wandel in Tradition« ganze drei Seiten aus dem zehnseitigen Manuskript den kulturpolitischen Aspekten der Buchmesse gewidmet: Deutschland suche »keine einseitige Selbstdarstellung, sondern Austausch, Begegnung und Partnerschaft«; sie seien eine »Dimension der Friedens- und Sicherheitspolitik« und unterstützten die »kulturelle

---

128 Ebenda.
129 Politische Abteilung des AA an Referat 632: Vermerk, 20.9.1982. In: PA AA, B95 ZA 154677. Auch die Mitarbeiterinnen und Mitarbeiter der Abteilung für auswärtige Kulturpolitik reagierten nicht immer wohlwollend auf Projektvorschläge, welche sich kritisch mit der deutschen Politik und Geschichte auseinandersetzten. Als die Ausstellungs- und Messe-GmbH zusammen mit dem Goethe-Institut aus Anlass des 50. Jahrestages der Bücherverbrennung eine Ausstellung in Rotterdam plante und im Auswärtigen Amt einen Antrag auf Bewilligung der Mittel stellte, ließ die Kulturabteilung hausintern wissen, dass bei ihnen die »Förderung, aber nicht die Vernichtung von Kultur bearbeitet« werde. Postwendend erhielt die Kulturabteilung aber eine berichtigende Antwort der Zentralabteilung: »[E]in Referat, das die Förderung von Kultur und Literatur bearbeitet, [ist] auch zuständig für Fragen, die eine solche Förderung negativ beeinflussen können oder beeinflusst haben (hier: Bücherverbrennung im Dritten Reich). Ein Referat, das die Verbreitung der deutschen Kultur im Ausland zur Aufgabe hat, sollte auch die von der Botschaft in Den Haag gestellte Frage nach unserer Reaktion auf die Vernichtung von Literaturerzeugnissen in der Nazi-Zeit beantworten.« AA, Abteilung 6 an das Referat 110, 27.4.1983. In: PA AA, B 95 ZA 154677; Referat 110 an die Abteilung 6, 28.4.1983. Ebenda.
130 Maaß: Überblick, S. 25.

Zusammenarbeit zwischen West und Ost«.[131] Dem idealisierten Bild der deutschen auswärtigen Kulturpolitik wurde aber in einer internen Planungsbesprechung ihr »eigentlicher Zweck« entgegengesetzt: Das Kernstück der vorbereiteten Ausstellung, welches die in Indien gedruckten Bücher präsentierte, ist als »Propagierung indischer Interessen« und somit nicht förderungswürdig befunden worden. Das Auswärtige Amt finanzierte ausschließlich einen Ausschnitt der Kollektion mit »Büchern über Indien«, die »mit einem starken Anteil deutscher Literatur das in Deutschland historisch gesehen seit langem vorhandene Interesse an Indien« dokumentierte.[132]

Die DDR und Polen auf der Frankfurter Buchmesse

Die Frankfurter Buchmesse bot von Anfang an ein Forum für innerdeutsche Auseinandersetzungen. Hatten sich bei der Neugründung im Jahr 1949 noch zwölf Leipziger Verlage zur Teilnahme entschlossen, so war 1950 und 1951 jeweils nur ein einziger DDR-Verlag in Frankfurt vertreten, und in den darauffolgenden drei Jahren gab es überhaupt keine Beteiligung aus dem anderen Teil Deutschlands.[133] Der Abwesenheit lag ein Beschluss des Frankfurter Börsenvereins zugrunde, die Verlage aus der DDR nicht zur Frankfurter Buchmesse zuzulassen. Der Ausschluss resultierte aus einem ungelösten Konflikt einiger Parallelverlage.[134] Im Zuge der Umstrukturierung in der Sowjetischen Besatzungszone und der DDR wurden mehrere der ehemals privaten Verlagshäuser, deren Sitz nach 1945 in den westdeutschen Raum verlegt worden war, enteignet. So existierten u. a. die Verlage Kiepenheuer, Insel, Reclam oder Brockhaus als geteilte gleichnamige West- und Ostverlage. Die meisten westlichen Inhaber, welche in der Enteignung eine Verletzung der Urheber- und Verlagsrechte sahen, befürworteten bis in die späten 1960er-Jahre hinein ein Verbot der DDR-Parallelverlage in Frankfurt.

Der andauernde Buchhandelskonflikt hatte im Laufe der Jahre unterschiedliche Phasen. 1955 wurde die DDR-Verlagsproduktion im bescheidenen Umfang zugelassen: Sie wurde an einem Gemeinschaftsstand von westlichen Kommissionären unter der Standbezeichnung »Bücher aus dem Interzonenhandel« ausgestellt, beschränkt auf Wissenschafts- und Fachtitel. Zwei Jahre später durften auch religiöse

---

131 AA (Referat 603): Rede des BM anlässlich der Eröffnung der Frankfurter Buchmesse am 30. September 1986, 5.9.1986. In: PA AA, B 95 ZA 154913.
132 AA (Referat 632), Planungsbesprechung Indien – Schwerpunkt bei der 38. Frankfurter Buchmesse 1986, 6.9.1985. Ebenda.
133 Weidhaas: Zur Geschichte der Frankfurter Buchmesse, S. 181.
134 Zur Geschichte der Parallelverlage vgl. Anna-Maria Seemann: Parallelverlage im geteilten Deutschland. Entstehung, Beziehungen und Strategien am Beispiel ausgewählter Wissenschaftsverlage. Berlin, Boston 2017.

und schöngeistige Bücher gezeigt werden.[135] Ende der 1950er-Jahre war der westdeutsche Börsenverein an einer Verbesserung der bilateralen Beziehungen interessiert und verhandelte intensiv mit den westdeutschen Inhabern der gleichnamigen Verlage. 1959 waren die Bücher aus der DDR auf einer Gemeinschaftsausstellung der Leipziger Firma Deutscher Buch-Export und -Import zu sehen, daneben hatten zwölf Verlage ihre eigenen Stände.[136] Zu wichtigen Änderungen kam es infolge der weltpolitischen Geschehnisse: Nach dem Mauerbau im August 1961 wollte man in Frankfurt unbedingt eine Linie für die Handhabung der innerdeutschen Verlegerkonflikte finden. Angesichts der Gefahr, dass die Sowjetunion und andere osteuropäische Staaten der Messe fernbleiben würden, sowie mit Rücksicht auf die »einzige Brückenfunktion« der FBM zu den »deutschen Menschen im Osten«, fasste der Frankfurter Börsenverein den Entschluss, 35 DDR-Verlage unter ihren offiziellen Bezeichnungen zuzulassen. Diese Praxis der Präsenz der DDR-Verlage als Einzelaussteller wurde in den nächsten Jahren beibehalten, obwohl der Streit um die Sonderbedingungen weiter bestand.[137]

Die ungelöste Frage der Parallelverlage war nicht das einzige Reizthema bei der Anmeldung der DDR-Verlagsproduktion auf der FBM. Auch der Staatsname der DDR sorgte immer wieder für heftige Diskussionen. Die bundesdeutsche Regierung baute auf eine Einbindung des Landes in das westliche Bündnis, auf den Alleinvertretungsanspruch für ganz Deutschland und seit 1955 auf die internationale Isolierung der DDR entsprechend der Hallstein-Doktrin. Wie groß die Berührungsängste auf dem Gebiet einer unbedachten Handhabung der Anerkennungsfrage waren, zeigte sich anschaulich im Oktober 1959, als die Lichtgestalt der deutschen Unterhaltungskultur, Filmschauspieler und Fernsehmoderator Hans-Joachim Kulenkampff (1921–1998) die Bühne des Großen Frankfurter Sendesaals betrat und seine neue Reihe »Quiz ohne Titel« eröffnete. Kulenkampff verzichtete in der Anmoderation auf die gebräuchlichen Sprachschöpfungen wie »sowjetisch besetzte Zone«, »Sowjetzone«, »Ostzone«, »Mittelzone«, »Sowjetzonenrepublik«, »Mitteldeutschland« oder – als äußerstes Zugeständnis – »sogenannte DDR« und begrüßte stattdessen seine Gäste mit den Worten: »Guten Abend, meine sehr verehrten Damen und Herren, guten Abend, liebe Fernsehfreunde in Österreich, in der Schweiz und in der Bundesrepublik, in der DDR und alle Kiebitze in den Zonen- und anderen Grenzgebieten.« Daraufhin sprach der CDU-Bundestagabgeordnete Heinrich Gewandt (1926–2013) über eine »leichtfertige und gefährliche Entgleisung einer Körperschaft des öffentlichen Rechts«, der Minister für gesamtdeutsche Fragen Ernst Lemmer (1898–1970) forderte eine »strenge Untersuchung«, und der

---

135 Seemann: Parallelverlage, S. 511, 513.
136 Ebenda, S. 521.
137 Ebenda, S. 523–526.

SPD-Pressereferent Franz Barsig (1924–1988) wollte wissen, ob hier »ein politisches Manöver vorliegt« oder ob man es nur »mit einer Dummheit – allerdings ersten Grades – zu tun hat.« Der Hessenfunk-Intendant Eberhard Beckmann (1905–1962) distanzierte sich von seinem Star-Unterhalter und ließ noch am gleichen Abend eine Untersuchung des »Falles Kulenkampff« in die Wege leiten. Die Untersuchung ergab, dass der Vorwurf, Hans-Joachim Kulenkampff stehe im Solde Walter Ulbrichts, solider Grundlagen entbehre.[138]

Für die Bezeichnung der Stände wurden im Laufe der Jahre verschiedene Kompromisslösungen gefunden. Zunächst die Bezeichnung »Bücher aus dem Interzonenhandel«, dann ein Kollektivstand unter der Regie des Leipziger Außenhandelbetriebes und schließlich getrennte Kojen für die einzelnen DDR-Verlage bestimmten die Ausstellungspolitik bis 1967. Der Leipziger Börsenverein beauftragte ein Architektenkollektiv, die Aufmachung sämtlicher DDR-Verlagsstände zu entwerfen. Damit wurde erreicht, dass trotz der Teilnahme als Einzelaussteller eine durchgehende, nicht ausschließlich auf den einzelnen Verlag gerichtete Standgestaltung erfolgte.[139] Im Jahr 1967 eskalierte zum wiederholten Male der Streit: Ermuntert von Erklärungen zur bundesrepublikanischen Ostpolitik, ergriff der ostdeutsche Börsenverein auf Weisung des Kulturministers Klaus Gysi (1912–1999) die Initiative und machte zum ersten Mal die Teilnahme an der Messe von der Zulassung der Staatsbezeichnung abhängig. Der Vorstoß wurde ernst, nachdem es ihm gelungen war, die Sowjetunion und andere osteuropäische Staaten mit einer Solidaritätserklärung hinter sich zu bringen. Aus der Sorge heraus, die Schlüsselposition als Ost-West-Begegnungsplattform zu verlieren, ging der Frankfurter Börsenverein, trotz heftiger Kritik aus dem Auswärtigen Amt, auf die Bedingungen ein.[140] Gegen Ende der 1960er-Jahre gab der Börsenverein mit Blick auf die deutsch-deutsche Entspannungspolitik seine strikte Haltung bezüglich der Nennung der ostdeutschen Staatsbezeichnung allmählich auf. Eine nicht unbedeutende Rolle spielte hierbei aber auch die Kritik der Verleger wie Siegfried Unseld und Klaus Wagenbach (1930–2021), welche die konservative Haltung des Börsenvereins beanstandeten. 1970 kam es zu einem Durchbruch: Die DDR präsentierte sich in Frankfurt erstmalig mit einer »Nationalausstellung«.[141]

Das Auftreten der DDR-Delegation auf der Frankfurter Buchmesse wurde durch streng getaktete regulatorische Mechanismen kontrolliert. Zur Vorbereitung der Teilnahme führten das Ministerium für Kultur sowie das Ministerium

---

138 N. N.: Kuli-Aufstand. In: DER SPIEGEL vom 20.10.1959.
139 Heinz Köhler: Bericht über die Frankfurter Buchmesse, 11.11.1969. In: SächsStA, 21766/1877.
140 AA (Referat I B1): »DDR«-Stand auf der Frankfurter Buchmesse, 18.8.1967. In. PA AA. B95 ZA 109644.
141 Seemann: Parallelverlage, S. 531 f.

für Außenwirtschaft ein »Seminar zu ideologischen und politischen Fragen« durch. Die gesamte Messedelegation unterstand für die Dauer des Aufenthalts in Frankfurt dem Vorsteher des Leipziger Börsenvereins, und die in der Delegation anwesenden Journalistinnen und Journalisten erhielten Richtlinien hinsichtlich des Umfangs und des Inhalts der Berichterstattung. In offiziellen Verlautbarungen wurde die Präsenz auf der Messe vor allem mit (kultur-)politischen Aufgaben begründet. Vorrangig sollte es sich also gehandelt haben um die Verbreitung der »Wahrheit über die politische, ökonomische und kulturelle Entwicklung des sozialistischen Staates mittels der belletristischen Gegenwartsliteratur«, die »Zurückweisung der Bonner Alleinvertretungsanmaßung« sowie die »Entlarvung der revanchistischen und expansionistischen Politik der Bonner Regierung und der neofaschistischen Entwicklung in Westdeutschland«.[142]

Mit Blick auf das letztgenannte Ziel wurde belastendes Material über einzelne Staatsanwälte, Richter und hohe Beamte im westdeutschen Konkurrenzstaat ausgestellt, was in Frankfurt immer wieder für medienwirksame und von den DDR-Vertretern politisch einkalkulierte Beschlagnahmungen sorgte. So schmückte im Jahr 1967 den Stand des DDR-Staatsverlages ein *Braunbuch* mit einer Liste von Personen mit nationalsozialistischer Vergangenheit in öffentlichen Positionen in der Bundesrepublik; darunter befand sich auch der damalige Bundespräsident Heinrich Lübke (1894–1972). Ein Jahr später stellte derselbe Verlag ein *Graubuch* aus, welches die bundesdeutsche Innen- sowie Außenpolitik anprangerte.[143] Beide Schriften wurden per Beschluss des Frankfurter Amtsgerichtes konfisziert, was, wie man mit Genugtuung im einschlägigen Bericht anmerkte, zur »erhöhten Resonanz der DDR-Ausstellung« beigetragen haben soll.[144]

Zum festen Repertoire der Berichterstattung gehörte eine kritische Einschätzung des Literaturangebots westdeutscher Verlage. Nimmt man das Jahr 1973 als Stichprobe, dann wurden an erster Stelle Werke mit »antikommunistischer Tendenz« und Literatur »zur Auseinandersetzung mit dem Marxismus und Leninismus« hervorgehoben; gleich danach auch Bücher, die einen »sogenannten sozialistischen Pluralismus« zum Thema hatten und angeblich versuchten, »Unterschiede zwischen einzelnen Ländern der sozialistischen Staatengemeinschaft zu konstruieren«

---

142 Heinz Köhler: Bericht über die Frankfurter Buchmesse, 11.11.1969. In: SächsStA, 21766/1877.

143 Nationalrat der Nationalen Front des demokratischen Deutschlands (Hrsg.): Braunbuch. Kriegs- und Naziverbrechen in der Bundesrepublik. Staat, Wirtschaft, Armee, Verwaltung, Justiz, Wissenschaft. Berlin 1965; ders. (Hrsg.): Graubuch. Expansionspolitik und Neonazismus in Westdeutschland. Hintergründe, Ziele, Methoden. Berlin 1967.

144 Heinz Köhler: Bericht über die Frankfurter Buchmesse, o. D. (1968). In: SächsStA, 21766/1877.

(Stichwort »Desintegration«). Als nicht weniger beachtenswert listete man Schriften zu »Fragen der Koexistenz« (»Versuch einer Abgrenzung vom Sozialismus«), Literatur über die Sowjetunion sowie über den »Sozialdemokratismus« (»regierungsoffizielle Literatur über die Sozialdemokratie, speziell auch über Willy Brandt«). Als Beleg des vermeintlichen ideologischen und ästhetischen Niedergangs des westdeutschen Verlagswesens dienten Ausführungen zur »Hitler-Welle« und »Eskalation neofaschistischer Literatur«, zur »Flut von Porno- und Sexbüchern« wie auch zur bundesdeutschen Belletristik, die aus ihrem »Tief« nicht herauszukommen vermöge. Die begutachteten Sachbücher hätten sich durch ihren »pseudowissenschaftlichen Charakter« ausgezeichnet, und die umfangreiche Literatur über den Nahen Osten kommentiere die Lage »ausschließlich vom Standpunkt Israels«.[145] Zum ständigen Stein des Anstoßes wurde die seit den 1970er-Jahren immer stärkere Präsenz der DDR-Autorinnen und Autoren im Angebot westdeutscher Verlage. Obwohl es sich in den meisten Fällen um systemkritische Schriftstellerinnen und Schriftsteller handelte, wurden ihre Auftritte und Lesungen auf der FBM – organisiert u. a. durch Verlage wie Suhrkamp, Kindler und Luchterhand – durch die Kulturabteilung im ZK der SED geduldet, um eine »unnötige Publizität« zu vermeiden.[146]

Nicht weniger abgeneigt standen die jeweiligen Vorsitzenden des Leipziger Börsenvereins in ihrer jährlichen Berichterstattung der Verleihung des Friedenspreises gegenüber, die als »politische Veranstaltung erster Ordnung« eingestuft wurde: Sie diene der westdeutschen Regierung dazu, »ihre chauvinistische Aktivität mit dem Mantel humanitärer Friedensbeteuerung zu verdecken«.[147] Mit Preisträgern taten sich die DDR-Vertreter immer schwer. In der Geschichte fast eines jeden dort geehrten Intellektuellen fand sich nämlich eine Lebensphase, in der er sich für das kommunistische Ideal begeistert und engagiert, sich später aber wieder distanziert hatte. So wurde die Übergabe der Auszeichnung an den polnischen Philosophen Leszek Kołakowski (1927–2009) im Jahr 1977 oder, vier Jahre später, an den russischen Germanisten und Schriftsteller Lew Kopelew (1912–1997) als »verstärkte antikommunistische Hetze« und »Missbrauch der Messe« diffamiert.[148] Aus diesem Grund wurde nach Konsultationen mit der Kulturabteilung beim ZK der SED vereinbart, dass kein Mitglied der DDR-Delegation an der 1983 stattfindenden Verleihung an den österreichisch-französischen Autor Manès Sperber (1905–1984) teilnehmen sollte. Bekannt für sein Schaffen mit aufklärerischem, erinnerndem

---

145 Siegfried Hoffmann: Bericht über die Teilnahme von DDR-Verlagen an der Internationalen Buchmesse 1973 in Frankfurt am Main, o. D. In: SAPMO, DY30/23020.
146 Kurt Hager an Ursula Ragwitz, 30.7.1976. Ebenda.
147 Heinz Köhler: Bericht über die Frankfurter Buchmesse 1966, 29.10.1966. In: SächsStA, 21766/1877.
148 Siegfried Hoffmann: Bericht Buchmesse 1977, o. D. In: SAPMO, DY30/23020; ders.: Bericht Buchmesse 1981, 23.10.1981. Ebenda.

Anspruch sowie seine Kritik an der Pervertierung der sozialistischen Ideen in einem totalitären System, habe Sperber »extrem antisowjetische Position« vertreten.[149] Der mexikanische Dichter Octavio Paz (1914–1998) habe seine Preisrede wiederum zu »Anfällen gegenüber Nikaragua, Kuba und der Sowjetunion« genutzt. Selbst mit der Wahl von anscheinend politisch nicht besonders exponierten Persönlichkeiten wie der erste Prior der ökumenischen Communauté de Taizé Roger Schutz (1915–2005) sei »verstärkte ideologische Wirksamkeit der Kirchen unter der Jugend« gefördert worden.[150]

Ende der 1960er-Jahre wird in der ostdeutschen Berichterstattung von der Frankfurter Buchmesse das ausgeprägte Interesse an der sich damals formierenden literarischen und politischen »Gegenöffentlichkeit« sichtbar, welche sich – wie der damalige Luchterhand-Lektor Frank Benseler (1929–2021) im Jahr 1969 in einem Spiegel-Interview unterstrich – gegen die »Konsumentenherde« richte und daher den »demokratischen Teil der Öffentlichkeit, der sich nicht manipulativ verhält, der nach den Inhalten fragt, nach der Vermittlung literarischer Ergebnisse zur politischen Praxis«, repräsentiere.[151] Da es der DDR-Spitze weniger an einem aufgeklärten Publikum und mehr an der potenziellen Zersetzung des Frankfurter Börsenvereins durch kritische Kräfte lag, wurden alle Formen der Zusammenarbeit kritisch beurteilt. Als Beispiel: Die Gründung der »Gruppe Literaturproduzenten« im Februar 1969 ist erstmals als potenzieller Gegenpart der Messeführung begrüßt worden. Der Zusammenschluss von Autorinnen und Autoren, Lektoren, Verlegerinnen, Verlegern und Buchhändlern richtete nämlich seine Kritik in erster Linie gegen die Unternehmerorganisation des Börsenvereins, dessen »Alleinvertretungsanspruch« als »undemokratisch und reaktionär« gedeutet wurde.[152] Nachdem jedoch im Oktober 1969 mit der Bildung des Messerates – eines beratenden Gremiums zur Vertretung der an der Buchmesse beteiligten Öffentlichkeit[153] – eine explizite Integration der »Literaturproduzenten« demonstriert worden war, galten sie für DDR-Berichterstatter einmal als »Puffer« und »Handlanger« des Frankfurter Börsenvereins; ihr vermeintliches Ziel war es, die »Messe von spontanen Aktionen freizuhalten«.[154] Mit gleichen Vorbehalten wurde über die linke Attitüde westdeutscher Verleger

---

149 Kurt Hager an Ursula Ragwitz, 16.10.1983. SAMPO, DY30/23023.
150 Siegfried Hoffmann: Bericht über die Teilnahme des Verlagswesens der DDR an der Frankfurter Buchmesse 1974, 14.11.1974. In: SächsStA, 21766/3080.
151 N. N.: »Nehmen Sie uns ruhig als Arbeiterbewegung«. Spiegel-Gespräch mit den »Literaturproduzenten« Dr. Frank Benseler und Walter Boehlich. In: Der Spiegel vom 6.10.1969.
152 Schneider: Literarische und politische Gegenöffentlichkeit, S. 109.
153 Seyer: Die Frankfurter Buchmesse, S. 218 f.
154 Heinz Köhler: Bericht über die Frankfurter Buchmesse 1969, 11.11.1969. In: SächsStA, 21766/1877.

oder die Zulassung linksradikaler Verlage zum Messegeschehen räsoniert. Im ersten Fall unterstellte man Verlagen wie Suhrkamp oder Piper rein marktwirtschaftliche Interessen, im zweiten witterte man eine »verkappte Förderung der maoistischen Gruppen, um kommunistische Ideen zu diffamieren«.[155]

Aus diesen Gründen beteiligte sich das Ministerium für Kultur der DDR an einer geheim orchestrierten Mitfinanzierung der Arbeitsgemeinschaft sozialistischer und demokratischer Verleger und Buchhändler, deren konstituierende Sitzung im Juni 1969 auf Initiative des Hamburger Buchhändlers Erich Meyer in Räumen des Frankfurter Verlages Marxistische Blätter stattfand. Die von der DKP kontrollierte Arbeitsgemeinschaft sah in der Literatur einen »bedeutenden Bestandteil der ideologischen Beeinflussung« und setzte sich zum Ziel, sich über die »gemeinsamen Probleme der Verlage der sozialistischen, demokratischen und antifaschistischen Literatur und ihres Vertriebs« zu verständigen.[156] Als Gefahr betrachtete man vorrangig die Vereinnahmung linker Ideen durch die »bürgerlichen kapitalistischen Verleger«. Diese seien »im Vorteil« und starteten eine »ideologische Gegenoffensive durch Einwirkung auf die sozialistischen Länder, Forderungen ideologischer Koexistenz, Verfälschung der sozialistischen Theorien sowie Aufstellung neuer Theorien wie der Konvergenztheorie«.[157] Dem Netz gehörten in den 1970er-Jahren circa 37 Buchläden und 17 Verlage an; sie erhielten ihre Lieferungen durch die DDR-Kommissionäre bevorzugt. Die Arbeitsgemeinschaft organisierte zusammen mit den Verlagen der DDR sowie anderen sozialistischen Ländern gemeinsame Veranstaltungen auf der Frankfurter Buchmesse und diente als informelle Diskussionsplattform für die Vertreter des »Ostblocks« während ihres Aufenthaltes in Frankfurt.[158]

Auch die bereits analysierte kulturpolitische Profilierung der Buchmesse-Schwerpunkte wurde mit großer Aufmerksamkeit in der DDR und in den anderen »Ostblock«-Ländern verfolgt. Als das Bonner Auswärtige Amt sich in der zweiten Hälfte des Jahres 1975 an der Vorbereitung des Länderschwerpunkts Lateinamerika beteiligte und im November 1975 die Reise von Peter Weidhaas infrastrukturell

---

155 Ders.: Bericht über die Frankfurter Buchmesse 1968, o. D. Ebenda; ders.: Bericht über die Teilnahme des Verlagswesens der DDR an der Frankfurter Buchmesse 1974, 14.11.1974. In: SächsStA, 21766/3080.
156 Erich Meyer: Grundlagen der Tätigkeit der Arbeitsgemeinschaft sozialistischer und demokratischer Verleger und Buchhändler, o. D. In: SächsStA, 21766/1977.
157 Erich Meyer: Protokoll der 1. Beratung der Arbeitsgemeinschaft sozialistischer und demokratischer Verleger und Buchhändler, 14.6.1969. Ebenda.
158 Vgl. Uwe Sonnenberg: Marginalien? Drei Blicke auf den westdeutschen linken Buchhandel (VLB) und die DDR in den 1970er-Jahren. In: Bundeszentrale für politische Bildung, https://www.bpb.de/themen/deutschlandarchiv/135661/marginalien/#footnote-reference-1 (letzter Zugriff am 19.11.2024); ders.: Vom Marx zum Maulwurf. Linker Buchhandel in Westdeutschland in den 1970er-Jahren. Göttingen 2016.

unterstützte, entschied sich die Kulturabteilung der SED, die jährlich tagende »Beratung von Vertretern der leitenden Organe des Verlagswesens der sozialistischen Länder« im Januar 1976 nach Havanna zu verlegen, um dort über die »Verwirklichung von Aufgaben, die sich aus der Schlussakte der Konferenz [...] von Helsinki ergeben« zu debattieren (vgl. Teil 1).[159] Die »ideologische Zielsetzung« des Schwerpunktes stand aus der Sicht des Leipziger Börsenvereins außer Frage: In den Eröffnungsreden des Bundesministers Egon Bahr (1922–2015) und von Mario Vargas Llosa (geb. 1936) sei über Lateinamerika »stets global und losgelöst von jeglichen spezifischen gesellschaftlichen Bedingungen« gesprochen worden. Beide Redner sollten von »unverhüllten antikommunistischen Positionen« ausgegangen sein: Zwar hätten sie die »Ausbeutung und Unterdrückung der Entwicklungsländer« kritisiert, dabei aber den Marxismus und den Kapitalismus als »gleichermaßen kalt und egoistisch« ausgemalt.[160] Dem bundesdeutschen organisatorischen Aufwand stellte die DDR dreierlei entgegen. Auf dem DDR-Stand wurde in Zusammenarbeit mit der Arbeitsgemeinschaft sozialistischer und demokratischer Verleger und Buchhändler eine Ausstellung über den nach dem Pinochet-Putsch inhaftierten Generalsekretär der Kommunistischen Partei Chiles Louis Corvalán (1916–2010) sowie eine Bücherschau *Kuba, das erste sozialistische Land auf dem amerikanischen Kontinent* gezeigt. Ferner informierte ein Übersichtsprospekt des Verlages Volk & Welt über seine Editionen lateinamerikanischer Literatur. »Damit wurde dokumentiert«, berichtete der Vorsteher des Leipziger Börsenvereins, dass »dieser Autorenkreis in der DDR seit langem erschlossen wird und dass es bei uns keines besonderen Messeschwerpunktthemas bedarf.«[161]

Mit Blick auf den Afrika-Schwerpunkt 1980 wurde in der Kulturabteilung der SED bereits ein Jahr früher eine rechtzeitige Koordinierung der Ausstellungspläne mit der UdSSR und anderen sozialistischen Ländern beschlossen, die mit einem »gemeinsamen, politisch beeindruckenden Literaturangebot« und einer in Frankfurt präsentieren Sonderschau *Africana* resultierte.[162] Der Afrika-Schwerpunkt fügte sich laut der Ständigen Vertretung der DDR

---

159 HV Verlage und Buchhandel: Empfehlungen der Beratung von Vertretern der leitenden Organe des Verlagswesens sozialistischer Länder in Havanna 1976, o. D. In: BArch, DR1/21348.
160 Siegfried Hoffmann: Bericht über die Teilnahme des Verlagswesens der DDR an der Frankfurter Buchmesse 1976, 20.10.1976. In: SächsStA, 21766/3080.
161 Ebenda.
162 Ursula Ragwitz an Kurt Hager, 20.11.1979. In: SAPMO, DY 30/23021; Abteilung Kultur des ZK der SED, 20.11.1980. In: SAPMO, DY 30/23022. Mit durch die SED-Kulturabteilung orchestrierten Verlags- und Ausstellungsprojekten reagierten die europäischen »Ostblock«-Länder auch auf die für 1986 in Aussicht genommene Präsentation der südwestasiatischen Region. Abteilung Kultur im ZK der SED, 13.10.1981. SAPMO, DY 30/23023.

geziel in das Konzept der auswärtigen Kulturpolitik der Bundesrepublik ein, weltweit scheinbare Partnerschaft zu demonstrieren, in der die BRD als Wahrer der Interessen der Völker auftritt, als Organisator von Kulturbeziehungen, die international als Teil der »Friedenspolitik« der Bundesrepublik gelten sollen. [...] Es ist nicht zu übersehen, dass sich die BRD mit solchem Vorgehen ein relativ günstiges Klima für ihr ideologisches und ökonomisches Eindringen in Drittländer schafft. Dafür werden auch erhebliche Mittel aus dem Auswärtigen Amt aufgewandt. [...] In Anwendung der langfristig konzipierten Grundlinien der auswärtigen Kulturpolitik der BRD auf die diesjährige Frankfurter Buchmesse erzielt so insgesamt eine für die BRD positive Wirkung. Auftretende Unstimmigkeiten, wie z. B. der Protest gegen Südafrika, konnten dieser Grundtendenz unter dem Motto demokratischer Spielregeln einverleibt werden. Auch die Verleihung des Friedenspreises des Deutschen Buchhandels an Ernesto Cardenal erzielte die damit beabsichtigte internationale Wirkung im Sinne der Darstellung eines freiheitlich-humanistischen Kulturstaates. Diese Erscheinungen sind bei der Öffentlichkeitsarbeit für die zukünftige Messebeteiligung der DDR zu berücksichtigen – eine Konzentration unsererseits auf ein gemeinsames Thema in der Darstellung des DDR-Verlagswesens sollte beibehalten werden. [...] Die Tatsache, dass afrikanische Literatur und Literatur über Afrika durch diese Messe erstmals in so großem Maße zusammengetragen wurde, sollte auch aufseiten der DDR genutzt werden, um die Ergebnisse differenzierter zu untersuchen und auszuwerten.[163]

Das Wissen über die kulturpolitische Orchestrierung der Messeschwerpunkte im Bonner Auswärtigen Amt führte in Ostberliner Gremien dazu, dass man auch hinter scheinbar weniger politisch brisanten Themen das große Politikum witterte. So wurde etwa der Schwerpunkt »Religionen von gestern in der Welt von heute« im Jahr 1982 eingeschätzt als Versuch, die »weltweite krisenhafte kapitalistische Entwicklung durch eine stärkere Betonung und Hinwendung zu religiösen Werten der Verinnerlichung, des Glaubens und Hoffens, des Maßhaltens zu kompensieren«.[164]

Auch wenn die (kultur-)politischen Ziele der Beteiligung des DDR-Verlagswesens auf der FBM in archivierten Berichten des Leipziger Börsenvereins, der Auslandsvertretung der DDR in Bonn oder des Instituts für marxistisch-leninistische Kultur- und Kunstwissenschaften der Akademie der Künste besonders hervorgehoben und in der dazugehörigen »Herrschaftssprache« beschrieben wurden,[165] waren die ökonomischen

---

163 AV Bonn (Abteilung Presse und Kultur), 5.11.1980. In: SAPMO, DY30/23022.
164 Abteilung Kultur im ZK der SED, 13.10.1982. SAPMO, DY30/23023.
165 Simone Barck, Martina Langermann, Siegried Lokatis: Vorbemerkung. In: dies. (Hrsg.): »Jedes Buch ein Abenteuer«. Zensur-System und literarische Öffentlichkeiten in der DDR bis Ende der sechziger Jahre. Berlin 1994, S. 9–17, hier S. 14.

Faktoren der Teilnahme nicht weniger wichtig. Die DDR hatte unaufhörlich Probleme mit ihrer Valuta-Bilanz, die Teilnahme in Frankfurt sollte also vorrangig zur Erhöhung des Devisenerlöses beitragen; das oberste Gebot war die »Orientierung der Angebots- und Geschäftstätigkeit auf das kapitalistische Ausland«.[166] Die Bundesrepublik und Westberlin blieben bis zur Wende die bedeutendsten Absatzmärkte für die Buchproduktion der DDR. Nimmt man etwa die Jahre 1966 bis 1968 als Stichprobe, dann stiegen die Exportabschlüsse mit Westdeutschland von circa 1,6 Mio. auf 2,2 Mio. DDR-Mark, während die Abschlüsse mit dem restlichen kapitalistischen Ausland auf dem Niveau von circa 1,2 Mio. DDR-Mark verblieben.[167] Die zentralistisch gestellten Auflagen wurden unterschiedlich erfüllt: Während die technischen und medizinischem Verlage die höchsten Umsätze zu Valutagegenwert tätigten, hinkten die belletristischen Verlage deutlich hinterher. Die Anstrengung in Frankfurt war politisch verordnet: Manchen kulturpolitischen Veranstaltungen, wie etwa der Verleihung des Friedenspreises, mochte oder sollte die DDR-Delegation zwar fernbleiben, die Teilnahme an allen offiziellen Verlagsempfängen war jedoch aus rein ökonomischem Kalkül verpflichtend.[168]

Wie präsentierten sich andere sozialistische Länder auf der Frankfurter Buchmesse? Ein kurzer Blick auf den polnischen Stand zeigt interessante Unterschiede. Die wenigen archivierten Unterlagen belegen, dass es seit dem ersten Messebesuch der polnischen Delegation 1957 vorrangig um die Intensivierung der Handelsbeziehungen mit kapitalistischen und Entwicklungsländern ging. Die Mitarbeiterinnen und Mitarbeiter der staatlichen Autorenagentur sowie des Außenhandelsunternehmens Ars Polona trafen sich auf der FBM zwar regelmäßig mit allen Vertretern der sozialistischen Länder, tauschten aber mit ihnen – anders als auf den Buchmessen in Leipzig, Warschau oder in Moskau – vor allem Erfahrungen mit Blick auf Lizenzen und Optionen aus westeuropäischen und amerikanischen Verlagen.[169]

Im Vergleich mit der DDR war die polnische Ausstellungspraxis wesentlich liberaler. Sie richtete sich sogar bis in die erste Hälfte der innenpolitisch schwierigen 1980er-Jahre (Kriegszustand, Inhaftierung der demokratischen Opposition, weitgehende internationale Isolation) interessanterweise nicht nach dem offiziellen und machtkonformen Kanon, sondern nahm immer noch Erwartungen ausländischer Abnehmer in Betracht.[170] Und schließlich: Die kulturpolitischen Ziele der

---

166 Heinz Köhler: Bericht über die Frankfurter Buchmesse 1968, o. D. In: SächsStA, 21766/1877.
167 Ebenda.
168 Ebenda.
169 CHZ Ars Polona: Informationen zur Internationalen Frankfurter Buchmesse 1979, 24.10.1979. In: AAN, 2/1354/0/2.6.3/LVI-1805.
170 Jerzy Wittlin: Schlussfolgerungen bezüglich der Buchmesse in Frankfurt 1983 o. D. In: AAN, 2/1354/0/2.6.3/LVI-1811.

polnischen Teilnahme auf der Frankfurter Buchmesse wurden zwar immer wieder sowohl im Warschauer Außenministerium sowie in der Kulturabteilung der PVAP plakativ formuliert, die Teilnehmerinnen und Teilnehmer der polnischen Delegation gingen jedoch, anders als ihre ostdeutschen Kolleginnen und Kollegen, mehr pragmatischen Zielen nach.

Dies zeigten spätestens die Ereignisse im Oktober 1985. Bei der Rückkehr fand die Zollbehörde auf dem Warschauer Flughafen im Gepäck von sieben Verlagsleitern zahlreiche in polnischen Exilverlagen publizierte Romane, wissenschaftliche Abhandlungen, Memoiren und Reportagen.[171] Auf Befehl des Ministerpräsidenten und Staatsratsvorsitzenden Wojciech Jaruzelski (1923–2014) wurde eine eigens zu diesem Zweck einberufene Untersuchungskommission eingeschaltet. Diese stellte einigermaßen erstaunt fest, dass die im Exil lebenden polnischen Autorinnen, Autoren, Aktivisten und Verleger schon längst zu Stammgästen auf dem polnischen Stand in Frankfurt gehörten und dass auch die Untergrundpublikationen aus Warschau nicht zum ersten Mal mit der offiziellen Buchladung nach Frankfurt gelangt sein sollten.[172] Die Frankfurter Buchmesse war somit nicht nur das Fenster zur fremden Welt. Paradoxerweise bot sie auch infrastrukturelle Möglichkeiten für den Export des heimischen politischen Dissens sowie den Import von polnischen »Exilnarrationen und -topoi«.[173]

Warschau: »Die wichtigste Buchmesse im Osten«

Zahlreichen anderen Buchmessen, wie zum Beispiel der in Belgrad, fehlte der internationale Charakter.[174] Sie konnten sich lediglich auf nationaler Basis etablieren, die geringe internationale Beteiligung hatte häufig eine rein repräsentative Funktion. Die ab 1958 stattfindende Buchmesse in Warschau expandierte aber rasant und stand gerade im Hinblick auf ihre Bedeutung und Repräsentanz für Ost- und Südeuropa in unmittelbarer Konkurrenz zu Frankfurt.

Die Vorgeschichte der Warschauer Buchmesse begann in Posen, wo 1947 die zwanzigste Internationale Universalmesse, die allererste in der Nachkriegszeit, stattfand und die Buchproduktion zum integralen Teil der polnischen Nationalausstellung

---

171 Kulturabteilung des ZK der PVAP: Vermerk über Teilnehmer an der Frankfurter Buchmesse, 30.10.1985. In: AAN, 2/1354/0/2.6.3/LVI-1813.
172 Władysław Honkisz an Wojciech Jaruzelski, 15.11.1985. Ebenda.
173 Vgl. Daniel Henseler, Renata Makarska: Die literarische E-Migration der 1980er Jahre. In: dies. (Hrsg.): Polnische Literatur in Bewegung. Die Exilwelle der 1980er Jahre. Bielefeld 2013, S. 9–20, hier S. 10.
174 Heinz Köhler: Bericht über die Teilnahme an der XIV. Internationalen Buchmesse in Beograd vom 19.–25.9.1969, o. D. In: SächsStA, 21766/1961.

wurde. 1948 sind Bücher auf den Ständen Österreichs, Jugoslawiens, der Niederlande sowie der Sowjetunion präsentiert worden. 1950 richtete die Posener Messeleitung einen separaten Buchpavillon ein, und nach einer kurzzeitigen Schließung der Messe in den Jahren 1951 bis 1954 traf sie die Entscheidung, im Jahr 1956 im Rahmen der Universalmesse auch die 1. Internationale Buchmesse zu organisieren. 33 polnische sowie 19 ausländische Aussteller aus zwölf Ländern stellten 1956 ihre Verlagsproduktion in Posen aus; ein Jahr später kamen 38 Aussteller aus dem Ausland, davon die meisten (12) aus der Bundesrepublik.[175] Der Entwicklung der Buchmesse in Posen stand Platzmangel auf der dortigen allgemeinen Warenmesse entgegen, so dass der Entschluss gefasst wurde, die Veranstaltung in den neuerrichteten Warschauer Kulturpalast zu verlegen. Zu der ersten Internationalen Buchmesse in Warschau (1. bis 8. Juni 1958) kamen 59 ausländische Verleger und Sortimentsbuchhändler, davon 53 aus Westeuropa. 1959 wurde das Messezeichen – Hermes mit einem Buch in der Hand – eingeführt; 1962 fand die Warschauer Buchmesse Aufnahme in die Union des Foires Internationales.

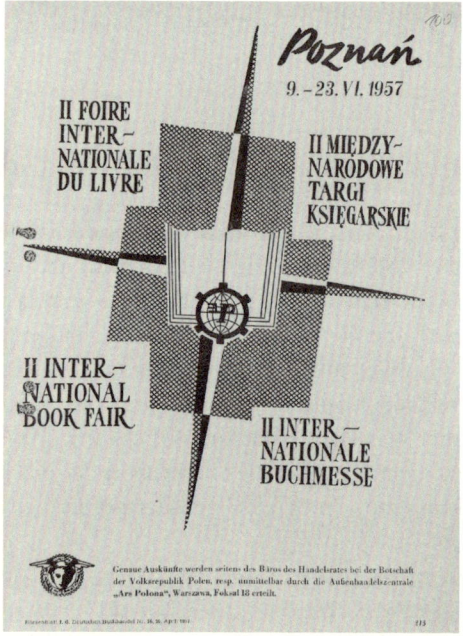

Abb. 4: Ankündigung der II. Internationalen Buchmesse in Posen im BÖRSENBLATT.
Quelle: Sächsisches Staatsarchiv.

---

175 Kaleta: Międzynarodowe Targi Książki w Warszawie, S. 31–35.

»Politikum ersten Ranges« 283

Abb. 5–7: Internationale Buchmesse in Warschau 1960. Besuch von Ministerpräsident Józef Cyrankiewicz (1911–1989). Fotos: Piotr Barącz, Polska Agencja Prasowa.

Abb. 8–11: Eröffnung der X. Internationalen Buchmesse in Warschau 1965.
Fotos: Leszek Surowiec, Polska Agencja Prasowa.

»Politikum ersten Ranges«

Abb. 12: Logo der Außenhandelsgesellschaft Ars Polona.
Quelle: Archiwum Akt Nowych Warschau.

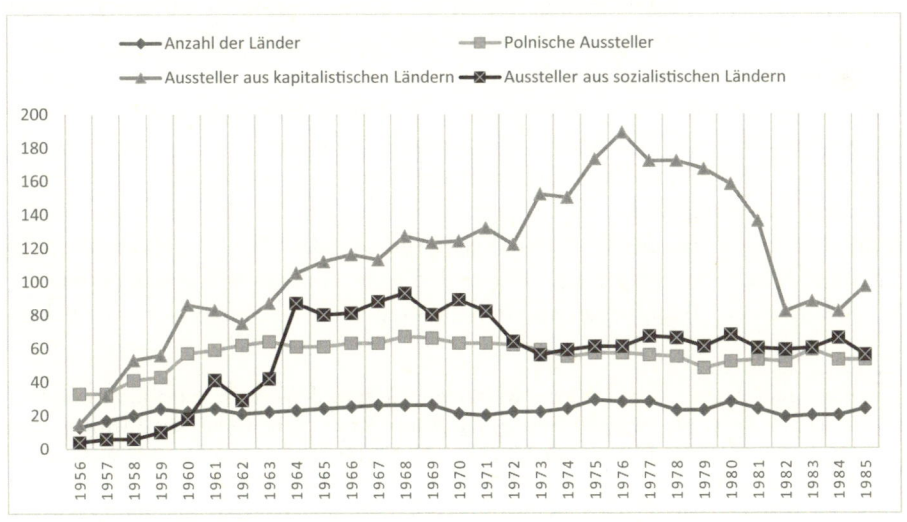

Abb. 13: Internationale Buchmesse in Posen/Warschau (1956–1985).
Quelle: Kaleta: Międzynarodowe Targi książki w Warszawie, S. 89 f.

Die Buchmessen in Posen und Warschau wurden von Anfang an von der 1950 gegründeten Außenhandelsgesellschaft Ars Polona veranstaltet, welche dem Außenhandelsministerium (bis 1965), dann dem Ministerium für Kultur (1966 bis 1969) und schließlich dem Ministerium für Verkehr (1970 bis 1990) unterstand. Ars Polona organisierte sowohl den Verlauf der Warschauer Buchmesse als auch die Präsenz polnischer Verlage auf allen internationalen Buchmessen und Buchausstellungen im Ausland. Der zweite wichtige institutionelle Akteur war die Agencja Autorska (Autorenagentur) – eine von der Autorengenossenschaft initiierte Vereinigung, die sich um die Betreuung von Übersetzerinnen und Übersetzern sowie die Vermittlung polnischer Literatur ins Ausland kümmerte.

Die Liberalisierung des politischen Lebens in Polen nach 1956 fügt sich ein in die Gründungsgeschichte der Buchmesse in Warschau. Während die seit 1955 geltende Hallstein-Doktrin die Beteiligung westeuropäischer Verleger an der Leipziger Buchmesse weitgehend einschränkte, avancierte Warschau binnen kurzer Zeit zum »Ost-West-Forum des Buchhandels« und zur »wichtigsten Buchmesse im Osten«, auf der das »Koexistieren von Welt- und Himmelsanschauungen zum Sinn der geistigen Begegnung« gehöre.[176] Gingen 1967 etwa 13 westdeutsche Verlage mit eigenen Ständen nach Leipzig, gaben im gleichen Jahr knapp 160 Verlegerinnen und Verleger aus der Bundesrepublik in Warschau ihre Visitenkarte ab. Sogar auf die staatseigenen DDR-Verlage schien der Kontaktplatz Warschau größere Anziehungskraft auszuüben als die eigene Messe. Gewiss war es zum Teil als Geste der kulturpolitischen Courtoisie gegenüber der polnischen Gastgeberseite zu verstehen, aber immerhin: 79 DDR-Verlage waren mit eigenen Ständen auf der Leipziger Herbstmesse 1966 vertreten, in Warschau sind es im gleichen Jahr 81 gewesen.[177]

Der offene und möglichst politikferne Charakter der Buchmesse wurde bereits in Posen zum Signum der Veranstaltung. Die Herausgabe eines Katalogs in englischer Sprache – *Polish Books – letters, science, technology* (1956) – zielte auf ein internationales Publikum, die Kaufkraft der Gäste war entscheidend für die zugewiesene Ausstellungsfläche. So verfügte die Bundesrepublik über das Zweieinhalbfache des Areals, das der DDR zur Verfügung stand.[178] Der Berichterstatter des Leipziger BÖRSENBLATTES beanstandete den »rein kommerziellen Charakter« der ersten Warschauer Buchmesse, wodurch die »Repräsentation eines fortschrittlichen,

---

176 Hansjakob Stehle: West-östlicher Markt von Geist und Wort. In: FRANKFURTER ALLGEMEINE ZEITUNG vom 30.5.1962; Gert Baumgarten: Die wichtigste Buchmesse im Osten. In: HANDELSBLATT vom 27.5.1967; N. N.: Deutsche Aussteller mit Warschauer Messe zufrieden. In: FRANKFURTER RUNDSCHAU vom 1.6.1967.

177 Gert Baumgarten: Warschaus Buchmesse überrundet Leipzig. In: WESTFÄLISCHE RUNDSCHAU vom 28.5.1967.

178 Walter Richter: 40 Quadratmeter für die Ware Buch. In: BÖRSENBLATT (Leipzig) vom 28.5.1956.

demokratischen und friedliebenden Deutschlands« nur »in ungenügendem Maße« gelungen sei.[179] Er notierte missmutig:

> Nicht zuletzt war das durch ein ausdrückliches Verbot der Anbringung von jeglichen Dekorations- und Reklameelementen wie Plakaten, Transparenten, Aushängeschildern, Lichtbildern, Aufschriften, Fahnen, Emblemen und so weiter auf den Ständen garantiert worden. Dadurch bedingt, blieb der äußere Eindruck dieser Messe neutral, und es ergab sich der bemerkenswerte Widerspruch, daß die Kraft und Überlegenheit der sozialistischen Gesellschaft in unmittelbarer Nähe der Buchmesse durch das neue Warschau [...], nicht aber praktisch durch die dominierende Rolle der sozialistischen Literatur in der Anordnung und Standgestaltung zum Ausdruck kam. Im Gegenteil: Die Stände der Aussteller aus den kapitalistischen Ländern in Warszawa lagen an der direkten Rundgangsachse, Ausstellungen volksdemokratischer Länder dagegen – das gilt insbesondere für die Deutsche Demokratische Republik – an den Rundgangschleifen durch die angrenzenden Räume.[180]

Die Vertreterinnen und Vertreter der DDR standen der »liberalen politischen Schau« in Warschau einigermaßen ratlos gegenüber.[181] Einerseits bekam der Leipziger Börsenverein aus dem Ministerium für Kultur klare politische Vorgaben im Hinblick auf »Vertiefung der deutsch-polnischen Freundschaft«, »politisch-ideologische Bewusstseinsbildung«, »Verbreitung marxistisch-leninistischer Literatur« sowie den »gemeinsamen politisch-ideologischen Kampf gegen Revisionismus und Klerikalismus«. Andererseits sah man sich auf der Warschauer Buchmesse einer »starken überseeischen Konkurrenz aus den USA, England und Westdeutschland« und einem »massiven ideologischen Angriff« ausgesetzt.[182] Daher wurde im Vorfeld der Buchmesse immer wieder über ein »geschlossenes Auftreten der gesamten DDR-Delegation« und ihre »einheitliche kultur- und handelspolitische Linie« beraten.[183]

Die DDR-Präsenz in Warschau hing von der jeweiligen politischen Großwetterlage in Ostberlin ab. Die inszenierte Liberalität der Buchmesse wurde zwar mit gebührendem Argwohn betrachtet, die Offenheit der Veranstalterinnen und Veranstalter gegenüber den westlichen Austellerinnen und Ausstellern bot aber auch für die DDR-Vertreterinnen und Vertreter genügend Raum für Gespräche über Exportmöglichkeiten in das kapitalistische Ausland. Verhandlungen dieser Art

---

179 Ders.: Rückblick auf die III. Internationale Buchmesse in Warszawa. In: BÖRSENBLATT (Leipzig) vom 28.7.1958.
180 Ebenda.
181 Börsenverein der Deutschen Buchhändler zu Leipzig: Ausschnitt aus dem Protokoll der Sitzung des Vorstandes, 24.5.1966. In: SächsStA, 21766/787.
182 Ministerium für Kultur an den Börsenverein, 3.5.1960. In: SächsStA, 21766/782.
183 Ebenda.

konnten auf der Leipziger Buchmesse nicht geführt werden, da die meisten Verlage aus Westeuropa dort nicht präsent waren.[184]

Brach in der ostdeutschen Kulturpolitik eine Frostperiode ein, dann legte die DDR weniger Wert auf Lizenzhandel und transnationale Zusammenarbeit innerhalb des sozialistischen Lagers und übte stattdessen vor allem Kritik an ideologischen Abweichungen. So wurden nach dem berüchtigten »Kahlschlagplenum« des Jahres 1965 (vgl. Teil 1) die Stände polnischer und tschechoslowakischer Verlage »durch die Optik der Darlegungen des 11. Plenums des ZK der SED« begutachtet.[185] Eine flüchtige Durchsicht der Auslage des Prager Verlages Mladá Fronta mit Büchern von Bohumil Hrabal (1914–1997), Ján Johanides (1934–2008) und Věra Linhartová (geb. 1938) machte für die DDR-Delegation anschaulich, dass die »Wurzeln ihrer Literatur im schwarzen Romantismus, im Surrealismus, bei Kafka, Beckett und der Kunst der Dada« liegen. Die in Warschau ausgestellten Werke aus dem sozialistischen Bruderland ließen eine »eigentümliche, geheimnisvolle und komplizierte Welt entstehen, wo Dinge nur deshalb existieren, damit sie bezweifelt werden können«. Sie bildeten ein »Konglomerat von nutzloser Zeit- und Kraftverschwendung, von Desinteresse, Gefühlsatrophie, mechanischen Konventionen, Verantwortungslosigkeit, Oberflächlichkeit und Zynismus«.[186]

Die Buchmesse in Warschau galt zugleich als einer der wichtigsten Sammelplätze im sozialistischen Verlagswesen. So gehörte das jährliche Treffen der leitenden Organe des Verlagswesens der sozialistischen Länder in dem 40 Kilometer von Warschau entfernten Schloss Radziejowice, auf dem multilateral u. a. über Austausch der Themenplanentwürfe, gemeinsame Begutachtung von Übersetzungen, Austausch von Redaktions- und Verlagsmitarbeitern sowie über Werbung für Literaturproduktion des jeweiligen Landes debattiert wurde, zum festen Bestandteil der Warschauer Buchmesse. Diese Konferenz bot für alle Verlage des »Ostblocks« die Möglichkeit, sich mit Neuerscheinungen ausländischer Verlage bekanntzumachen und Gespräche über Übersetzungslizenzen und Optionen für den Druck neuer und kommender Werke zu führen. Nach Radziejowice wurden gelegentlich auch Vertreterinnen und Vertreter aus den »jungen Nationalstaaten«, insbesondere Austellerinnen und Aussteller aus asiatischen und afrikanischen Ländern eingeladen.[187]

---

184 Akademie-Verlag: Bericht über die Warschauer Buchmesse, 21.6.1961. In: SächsStA, 21766/781.
185 Industrie- und Handelskammer des Bezirks Leipzig: Bericht über den Besuch der Internationalen Buchmesse in Warschau, 23.5.1966. In: SächsStA, 21766/1959.
186 Ebenda.
187 Wolfgang Boeckh: XVIII. Warschauer Buchmesse. Internationales Forum und RGW-Arbeit im buchhändlerischen Gedankenaustausch. In: BÖRSENBLATT (Leipzig) vom 2.6.1972.

»Politikum ersten Ranges« 289

Abb. 14–16: Verlagsstände der Sozialistischen Republik Vietnam, der Sowjetunion und der USA auf der Internationalen Buchmesse in Warschau 1960.
Fotos: Wacław Komierowski, Polska Agencja Prasowa.

Abb. 17–18: Verlagsstände der Bundesrepublik auf der Internationalen Buchmesse in Warschau 1960.
Fotos: Wacław Komierowski, Polska Agencja Prasowa.

Abb. 19: Bücherbasar anlässlich der VIII. Internationalen Buchmesse in Warschau 1963.
Foto: Mirosław Stankiewicz, Polska Agencja Prasowa.

Als der Leipziger Börsenverein über die »Notwendigkeit von aktionsfähiger Delegation« in Warschau berichtete,[188] handelte es sich nicht unbedingt um ein weltabgewandtes ideologisches Imaginarium, sondern um die reale deutsch-deutsche Konkurrenz angesichts der Funktion der Warschauer Buchmesse in der auswärtigen Kulturpolitik der Bundesrepublik. Wie den oben angeführten Daten zu entnehmen ist, übertraf in den Jahren 1956 bis 1985 (für die Periode 1986 bis 1989 liegen keine Statistiken vor) die Zahl der westlichen Verlage die derer aus dem Osten. Die Verlage aus der Bundesrepublik waren von Anfang an gut vertreten und machten durchschnittlich 30 Prozent der Aussteller aus dem Westen aus.[189] Als Beispiel: 1967 stellte Westdeutschland mit 30 Ständen und etwa 160 Verlagen das größte Kontingent unter den westlichen Firmen neben den USA, Italien und England.[190] Der bundesdeutsche Gemeinschaftsstand in Warschau wurde seit 1958 durch das von dem Hamburger Verleger Christian Wegner (1893–1965) geführte Grossohaus organisiert. Wegner – zu Beginn der 1950er-Jahre Vorsitzender des Verlegerausschusses im Frankfurter Börsenverein des Deutschen Buchhandels – organisierte

---

188 Börsenverein der Deutschen Buchhändler zu Leipzig an das Ministerium für Kultur, 21.2.1961. In: SächsStA, 21766/781.
189 Hans Joachim Orth: Brücke zwischen Ost und West. In: Handelsblatt vom 14.5.1966.
190 Dieter Amman: Lesehungrig. Die zwölfte internationale Warschauer Buchmesse. In: Stuttgarter Zeitung vom 1.6.1967.

im Auftrag des Auswärtigen Amts zahlreiche Buchausstellungen und die Präsenz deutscher Verlage auf internationalen Buchmessen im Ausland. Das Grossohaus Wegner & Co. wurde vor allem in Ländern eingesetzt, mit denen die Bundesrepublik keine diplomatischen Beziehungen hatte, wo dem Auswärtigen Amt aber an einer gebührenden Repräsentanz gelegen war. Darauf kommen wir noch zurück.

Abb. 20: Gemeinschaftsstand des Grossohauses Wegner & Co. auf der VIII. Internationalen Buchmesse in Warschau 1963. Foto: Tadeusz Drankowski, Polska Agencja Prasowa.

Die Ausstellungspraxis der ost- und westeuropäischen Verlagshäuser gestaltete sich unterschiedlich. Während die sozialistischen Länder auf ihren Gemeinschaftsständen die gesamte Verlagsproduktion der letzten zwei Jahre präsentierten (Verlage aus der Tschechoslowakei und der DDR waren darüber hinaus noch mit den Ständen einzelner Verlage vertreten), gehörte die Belletristik unter den westlichen Ausstellern zum »schmückenden Randwerk«.[191] Ausgestellt wurde dort hauptsächlich wissenschaftliche, medizinische, technische sowie Sachliteratur. Trotzdem waren Vertreterinnen und Vertreter der wichtigsten westdeutschen literarischen Verlage regelmäßig zu Gast in Warschau. Der Standort bot nämlich die in Frankfurt nicht gegebene Möglichkeit, die »großen Chefs des staatseigenen Buchhandels von Moskau über Bukarest und Budapest bis Prag und Ost-Berlin« zu treffen.[192] Die

---

191 Gert Baumgarten: Warschaus Messe überrundet Leipzig. In: WESTFÄLISCHE RUNDSCHAU vom 28.05.1967.
192 Ebenda.

Kontaktmöglichkeiten für den Handel mit Lizenzen und Optionen für Literaturen des europäischen und außereuropäischen »Ostblocks« sollen in Warschau so gut wie fast nirgendwo sonst gewesen sein.[193] Eine westdeutsche Journalistin beschrieb die eigenartige Stimmung der Buchmesse im pompösen Warschauer Kulturpalast:

> Von der Frankfurter Buchmesse her ist man an bunte Stände und nüchterne Hallen gewöhnt, an Menschenmengen, Zeltplanendurchgänge, Würstchenstände. Aus London Earl's Court erinnert man mit besonderem Vergnügen einen Affen. Das ist im Kulturpalast alles anders. Man schreitet auf Parkett, über Velousläufer und Marmortreppen. Der Blick wandert an Säulen hinauf zu Kassettendecken. Die Kronleuchter funkeln feierlich, die Aufmachung der Stände und Buchtische will vom Geschäft mit Literatur noch nie etwas gehört haben. Gewiss, auch hier wandern die Menschen von Stand zu Stand, Buben und Mädchen angeln sich mit schnellem Griff die Prospekte, und irgendeine Zahl wird schon beweisen, dass es in diesem Jahr mehr Besucher gab, denn je. Dennoch genügten sie nicht, um zu irgendeiner Zeit irgendeines Tages die Ausstellungsräume als überfüllt erscheinen zu lassen. […] Verleger behaupten das zwar immer, aber für Warschau scheint es zu stimmen: Große Geschäfte gibt es nicht, dafür kleine Kontakte […]. Warschau ist der Platz, an dem ein östlicher Autor und sein westlicher Verleger endlich einmal miteinander sprechen können. Es ist, außer Leipzig und solange die Ausreise aus den Ostblockstaaten so schwierig ist wie bis heute, die einzige Kontaktmöglichkeit für die nicht geringe Zahl derer, die im Kalten Krieg nicht mitspielen möchten.[194]

Siegfried Unselds Reisebericht aus dem Jahr 1965 verschafft uns einen detaillierten Einblick in den Messealltag eines bundesdeutschen Verlegers in Warschau. Diese »grundsätzlich andere« Buchmesse »als in Frankfurt« zeichnete sich für den erstmals in Warschau anwesenden Suhrkamp-Chef durch eine »Vielfalt von Verlagen aus den Ostblockländern« aus.[195] Der Frankfurter Verleger wollte sich an der zeitgenössischen polnischen Literatur orientieren, an der Suhrkamp in den letzten Jahren »vorbeigegangen« war: Während sich die westdeutschen Verlagshäuser – u. a. Hanser, Piper und Langen-Müller – seit 1956 in ihrem Interesse an polnischen Autorinnen und Autoren überschlugen und neben anderen Angeboten zu neuer Musik, Theater, Film oder bildender Kunst aus Polen zu dem auch damals sprichwörtlichen

---

193 Siegfried Unseld: Reise nach Warschau vom 18. bis 25. Mai 1965. In: DLA, SUA: Suhrkamp/01VL/Reiseberichte.
194 Petra Kipphoff: Kontakte wichtiger als Geschäfte. In: Die Zeit vom 27.5. 1966.
195 Siegfried Unseld: Reise nach Warschau vom 18. bis 25. Mai 1965. In: DLA, SUA: Suhrkamp/01VL/Reiseberichte.

Phänomen der »polnischen Welle« beitrugen,[196] enthielt das Suhrkamp-Programm vor 1965 lediglich zwei Romane von Zofia Romanowiczowa, eine Erzählung von Jarosław Iwaszkiewicz und einen Gedichtband von Zbigniew Herbert. Während seines Aufenthalts in Warschau besuchte Unseld die größten Staatsverlage Czytelnik und PiW, wo er sich über Modalitäten zur Vergabe der Urheberrechte ins westliche Ausland (diese lagen bei den Autorinnen und Autoren selbst), die Funktion der polnischen und westeuropäischen Autorenagenturen sowie die Beschaffungspolitik ausländischer Belletristik informierte. Hierbei registrierte Unseld einen »erstaunlichen Individualismus« bei den für die einzelnen Länderbereiche zuständigen Leitern und empfahl den Angestellten des Verlages die persönliche Kontaktaufnahme. Unseld sprach mit Schriftstellern (u. a. Jarosław Iwaszkiewicz, Jan Kott, Kazimierz Brandys, Ireneusz Iredyński, Zbigniew Herbert und Stanisław Lec) und politischen Beratern (Juliusz Stroynowski), hielt Ausschau nach neuen Übersetzern aus dem Polnischen (Oskar Jan Tauschinski) und verzeichnete einige Publikationsvorschläge, welche auch in der Verlagsproduktion der Jahre 1965 bis 1972 zu finden sind (Wiesław Brudziński, Tadeusz Różewicz, Marek Nowakowski, Jerzy Andrzejewski, Kazimierz Brandys, Zofia Nałkowska, Konstanty Ildefons Gałczyński).[197]

In den Jahren 1966 bis 1970 wurde der Suhrkamp-Verlag auf der Warschauer Buchmesse von seinen Lektoren vertreten, u. a. von Günther Busch, Walter Boehlich, Dieter Hildebrandt, Thomas Beckermann und Peter Urban, die für ihren Verleger ebenfalls detaillierte Berichte verfassten. Das Hauptinteresse des Verlages galt in der zweiten Hälfte der 1960er-Jahre dem politischen Dissens. So führte der direkte Kontakt zu dem inzwischen mit Publikationsverbot belegten Jerzy Andrzejewski zur Veröffentlichung der in Polen zensierten regimekritischen Erzählung *Appellation*, die bei Suhrkamp 1968 fast zeitgleich mit der im Pariser Instyut Literacki verlegten Ausgabe erschien.[198] Diese »aus unmittelbarer Erfahrung, halbdokumentarischem zeitgenössischem Stoff, persönlicher Verbitterung und Depression zu einer Protestposse stilisierte kleine Hiobspost aus Polen« wurde zwar nicht als literarische Hochleistung eingeschätzt; man wollte aber den »entschlossenen und solidarischen« Autor, der sich »seine Rollen immer weniger vorschreiben lässt«, unbedingt für Suhrkamp gewinnen.[199] Aus ähnlichen Vorüberlegungen wurde auch Kazimierz Brandys zum Suhrkamp-Autor und erhielt aus dem Verlag in den 1970er- und 1980er-Jahren finanzielle wie logistische Unterstützung.

In Warschau begegneten die Suhrkamp-Lektoren den wichtigen Vertretern des kritischen Marxismus, deren Werke später in den Reihen »edition suhrkamp« (es)

---

196 Regina Wenninger: Die Kunst der Stunde. Polnische Kunstausstellungen in der BRD 1956–1970. Wien, Köln, Weimar 2021, S. 9–16.
197 Unseld: Reise nach Warschau.
198 Wiktor Gardecki: Cenzura wobec literatury polskiej w latach osiemdziesiątych XX wieku. Warszawa 2019, S. 121–138.
199 Peter Lachmann an Peter Urban, 29.2.1969. In: DLA, SUA: Suhrkamp/03Lektorate.

und »Theorie« erschienen. Noch 1965 sicherte sich Suhrkamp die Rechte für das Buch *Weltanschauung, Metaphysik, Entfremdung* von Bronisław Baczko, das drei Jahre später in der Übertragung des ebenfalls in Warschau gewonnenen Übersetzers Karol Sauerland herausgebracht wurde.[200] Über die Herausgabe von *Funktionsproblemen der sozialistischen Wirtschaft* (1971), *Wirtschaftsplanung* (1972) sowie *Sozialisierung und politisches System* (1975) wurde mit Włodzimierz Brus im Mai 1969, kurz vor seiner Ausreise aus Polen verhandelt.[201] Bei politischer Theorie handelte es sich nicht nur um ein Import-Geschäft: Die »edition suhrkamp«-Bände erfreuten sich auf der Buchmesse in Warschau großer Beliebtheit des Publikums; die polnischen Intellektuellen sollen die Bücher »wie den Messias« erwartet haben.[202] Auf einer Lektoratsversammlung, die im Anschluss an die Warschauer Buchmesse 1969 stattfand, wurde daher beschlossen, im folgenden Jahr mit einem »noch größeren Büchervorrat« zu kommen und »genügend Gesamtverzeichnisse, es-Prospekte und Prospekte des wissenschaftlichen Programms« mitzunehmen.[203]

Somit trifft die immer wieder geäußerte Feststellung, die in Polen verkauften westdeutschen Bücher seien zwar »kulturpolitisch ein Gewinn, jedoch kein Geschäft« gewesen,[204] nicht ganz zu. Wie bereits vermerkt, stand Polen zwar an zwölfter Stelle der Absatzstatistik westdeutscher Verlage, gehörte aber mit dem Außenhandelsvolumen von 4 Millionen DM immerhin zu den wichtigen Handelspartnern. Länder wie die Tschechoslowakei, Ungarn, die Sowjetunion, Rumänien und Bulgarien nahmen im Buchaustausch zwischen Osteuropa und der Bundesrepublik rein ökonomisch einen gleichfalls wichtigen Platz ein.[205] Anlässlich der Buchmesse tätigte Ars Polona große Bucheinkäufe: Auf dem ersten Platz der Importliste standen zwar naturgemäß sowjetische Werke, danach rangierten aber deutschsprachige Ausgaben mit rund 29 Prozent. 18 Prozent der Buchimporte machten englischsprachige Werke aus, nach den USA und Großbritannien folgten französischsprachige Bücher mit rund fünf Prozent.[206] Bei den Transaktionen auf der Buchmesse handelte es sich also zum einen um Bucheinkäufe gegen Devisen: Neben der Außenhandelsgesellschaft Ars Polona waren seit 1958 beliebige Institutionen und seit 1959 auch private Kunden berechtigt, die auf der Buchmesse ausgestellten Werke zu

---

200 Ernst W. Geisenheymer an Günther Busch, 22.9.1965. DLA, SUA: Suhrkamp/03Lektorate.
201 Walter Boehlich: Reisebericht Warschauer Buchmesse 19. bis 23. Mai 1969, o. D. DLA, Suhrkamp/03Lektorate.
202 Ebenda.
203 Protokoll der Lektoratsversammlung, 3.07.1969. In: DLA, SUA: Suhrkamp/01VL° Unseld, Siegfried/Tagesordnungen und Protokolle der Lektoratsversammlung.
204 Stehle: Für das lesehungrige Polen.
205 AA: Aufzeichnung. 18. Internationale Buchmesse 1966, 4.10.1966. In: PA AA, B95 ZA 109644.
206 Orth: Brücke zwischen Ost und West.

bestellen.²⁰⁷ Diese Bestellungen blieben jedoch wegen des Mangels an harter Währung begrenzt. Ferner gehörten zum Messegeschäft die Erwerbung von Übersetzungsrechten sowie die Vergabe von Druckaufträgen, wobei der polnische Partner sich verpflichtete, Bücher des ausländischen Verlages im Gegenwert der Hälfte des Druckauftrags zum Verkauf in Kommission zu nehmen. So haben 1967 die westdeutschen Verlage Springer und Volmer polygraphische Dienstleistungen in Höhe von 200 000 DM bestellt.²⁰⁸

Abb. 21–22: Besucherinnen und Besucher auf der XIII. Internationalen Buchmesse in Warschau 1969. Fotos: Leszek Surowiec, Polska Agencja Prasowa.

---

207 Kaleta: Międzynarodowe Targi Książki w Warszawie, S. 43 f.
208 Angela Nacken: Bücher, Preise und ein offener Brief. In: FRANKFURTER ALLGEMEINE ZEITUNG vom 30.5.1967.

Dass der Warschauer Buchmesse auch im Bonner Auswärtigen Amt eine bedeutende kulturpolitische Funktion beigemessen wurde, sollte an dieser Stelle nicht unerwähnt bleiben. Im Mai 1966 schrieb ein Journalist der FRANKFURTER ALLGEMEINEN ZEITUNG: »Endlich haben wir eine Art Deutsche Botschaft in Polen. Für 7 Tage.«[209] Mit Unterstützung der Kulturabteilung des Auswärtigen Amts hatte nämlich Karl Dedecius in Zusammenarbeit mit dem Frankfurter Börsenverein eine mehrere hundert Titel umfassende Buchausstellung unter dem Titel *Polonica in den Verlagen der Bundesrepublik Deutschland 1946–1966* zusammengestellt.[210] Bei den Exponaten handelte es sich um Erstausgaben und bei den ebenfalls ausgestellten Hörspielen, Theaterstücken und Filmen um wertvolle Originale. Dedecius erstellte einen sorgfältig bearbeiteten Katalog, der in einer Auflage von 10 000 Exemplaren kostenlos auf der Buchmesse verteilt werden sollte. Im Geleitwort schrieb er:

> So finster und bedrückend die geschichtlichen Belastungen des deutsch-polnischen Verhältnisses sind, so erfreulich und ermutigend sind die Wechselwirkungen in unseren Literaturen. […] Die Bücher waren und sie blieben zwischen Deutschen und Polen die treuesten und zuverlässigsten Botschafter. Als Polen geteilt und besetzt war, wurden Bücher polnischer Autoren in der »Librairie étrangère« in Leipzig gedruckt und, oft in Weinfässern, in das besetzte Land geschmuggelt. […] Selbst heute, im Zustand belastender und ungelöster Spannungen, ist das Buch wieder dabei, auf beiden Seiten die unterbrochene Verbindung zu besorgen.[211]

Die Ausstellung stieß von Anfang an auf ein reges Interesse, nicht nur beim fachkundigen Publikum, sondern auch bei den beauftragten Zensurbehörden. Da auch Arbeiten polnischer Autoren enthalten waren, die inzwischen emigriert waren und/oder als Regimegegner galten – wie z. B. Marek Hłasko, Czesław Miłosz, Tadeusz Nowakowski oder Leszek Kołakowski – wollte man die Exponate beschlagnahmen und die Verteilung der Kataloge verbieten. Mit Hilfe der französischen Botschaft konnte erreicht werden, dass der Abtransport der Kataloge um einige Tage verzögert, etwa die Hälfte der Auflage an interessierte Besucher verschenkt und eine

---

209 Rolf Michaelis: Botschaft in Polen. Politik und Literatur auf der Warschauer Buchmesse. In: FRANKFURTER ALLGEMEINE ZEITUNG vom 18.5.1966.
210 Zum »kulturpolitischen Aspekt deutscher Buchausstellungen« im Ausland und zur diesbezüglichen Zusammenarbeit zwischen dem Frankfurter Börsenverein, den Verlagen und dem Auswärtigen Amt seit Ende der 1950er-Jahre vgl. Sigfred Taubert: Wege und Irrwege im Leben von Sigfred Taubert. Teil 2. Meintal-Hochstadt 1984, S. 117–122; ders.: Das Buch auf der Weltausstellung in Brüssel. In: BÖRSENBLATT (Frankfurt am Main) vom 31.10.1958.
211 Karl Dedecius: Botschaft der Bücher. In: Polonica in den Verlagen der Bundesrepublik Deutschland. Frankfurt am Main 1966, S. 9–19, hier S. 12–16.

drohende Verhaftung abgewendet werden konnte.[212] Das Auswärtige Amt beschloss daraufhin, das kulturpolitische Potenzial der Warschauer Bücherschau zu nutzen und die Ausstellung »polnischstämmigen Amerikanern in Chicago oder an anderen Plätzen, die sich dafür anbieten könnten«, zu zeigen.[213] Mehr als 150 Titel sowie der durchgesehene und ergänzte Katalog wurden von Oktober bis November 1967 an der Universität Chicago und von November bis Dezember 1967 im Goethe-Haus in Milwaukee ausgestellt.

Aus der Sicht der DDR-Botschaft in Warschau stand in allen Aktivitäten westdeutscher Verlage in Warschau »politische Propaganda im Vordergrund«.[214] Die Beamten rapportierten an das Ministerium für Auswärtige Angelegenheiten anlässlich der Warschauer Buchmesse 1966:

> Westdeutschland hat versucht, eine ideologische Offensive gegen die DDR in Warschau zu starten. Einmal drückt sich das dadurch aus, dass 1966 in stärkerem Maße als bisher all die Parallelverlage, deren Stammhaus in der DDR ihren Sitz haben, mit nach Warschau gebracht wurden. Dass sich diese politisch-ideologische Offensive nicht nur gegen die DDR, sondern auch gegen die Volksrepublik Polen wendete, zeigte u. a. die starke Beteiligung christlicher Verlage Westdeutschlands. Hier wurde offensichtlich, dass sich Westdeutschland mit dem Angebot dieser Literatur ganz offen in den Dialog zwischen Staat und Kirche in Polen einschalten wollte. In dieselbe Linie fielen die unter dem Mantel der Völkerfreundschaft hergestellte Werbeschrift »Polonica« sowie die Ausstellung von Büchern polnischer Autoren, die in westdeutschen Verlagen erschienen sind.[215]

Da die Warschauer Buchmesse für das Bonner Auswärtige Amt in den 1960er-Jahren als die »bedeutendste« nach Frankfurt galt und deshalb auch »von großem kulturpolitischen Interesse« war,[216] wurden entsprechende Initiativen auch direkt mit Vertreterinnen und Vertretern der Verlage entworfen und realisiert. So erhielt u. a. die Leitung des Suhrkamp-Verlags im April und im November 1967 eine Einladung nach Bonn zu einem »Erfahrungsaustausch über die kulturellen Beziehungen

---

212 Gerhard Kurtze: Laudatio. In: Krzysztof A. Kuczyński: Karl Dedecius. Łódź 2017, S. 219–224, hier S. 222.
213 AA an das Generalkonsulat der BRD in Chicago, 5.8.1968. In: PA AA, ZA 109635.
214 Botschaft der DDR in Warschau (Kulturabteilung): Konzeption über die Beteiligung der DDR an der XII. Internationalen Buchmesse Warschau im Mai 1967, 30.11.1966. In: PA AA, M1–C/331-70.
215 Botschaft der DDR in Warschau (Kulturabteilung): Einschätzung der Teilnahme an der Internationalen Buchmesse in Warschau 1966 und Schlussfolgerungen für die Vorbereitung 1967, o. D. Ebenda.
216 AA: Vermerk. Warschauer Buchmesse 1973, 11.5.1973. In: PA AA, B42 ZA 112636.

zu den Staaten Osteuropas«,²¹⁷ in dessen Rahmen u. a. eine eventuelle Beteiligung des Auswärtigen Amts an verlegerischen Bemühungen um den polnisch-deutschen sowie, breiter gedacht, deutsch-osteuropäischen Literaturaustausch diskutiert wurde. Nach dem ersten Treffen notierte der Veranstalter im Ergebnisprotokoll:

> Unbeantwortet blieb die Frage, wie können wir erreichen, daß unsere kulturellen Bemühungen nach Osteuropa hinein nicht nur die Eliten erreichen, sondern auch ganz offiziell und öffentlich präsent werden. Wie können wir aus der Situation herauskommen, daß wir im Kulturbereich die offiziellen politischen Barrieren unterlaufen, es uns dabei aber nicht gelingt, in Presse, Rundfunk und Fernsehen unserer Partnerländer in Osteuropa einzudringen? Es wurde empfohlen, diese Frage der besonderen Aufmerksamkeit des Auswärtigen Amts anzuvertrauen. [...] Die deutsche Sprache sollte, wenn möglich, noch stärker als zentrales Mittel in unsere Kulturarbeit einbezogen werden. Einmal als Mittel der Sympathiewerbung, zum anderen als Mittel der Kooperation bis in den technisch-wissenschaftlichen Bereich hinein. Gerade auf den Gebieten der Literatur und der Wissenschaft dient Deutschland als Brücke zwischen den osteuropäischen Staaten, vor allem Polen und der Tschechei, und der Welt.²¹⁸

Geplant war u. a. eine gemeinsame Veranstaltung der Verlage Suhrkamp und Hanser auf der Warschauer Buchmesse mit einem offiziellen Empfang für die polnischen Schriftstellerinnen und Schriftsteller, für Kritikerinnen und Kritiker, Verlage und Buchhandel; die Rolle des Ehrengastes fiel Günter Grass (1927–2015) zu. Das Auswärtige Amt verpflichtete sich, die Reise-, Aufenthalts- und Honorarkosten für Grass und den Übersetzer Karl Dedecius zu übernehmen sowie die Verteilung von 100 Exemplaren des Gedichtbandes *Inschrift* von Zbigniew Herbert und des Nachlassbandes *Die Republik der Träume* von Bruno Schulz zu finanzieren.²¹⁹ Mit diesen

---

217 Das Treffen wurde von Ulrich Lohmar, dem Vorsitzenden des Bundestagsausschusses für Wissenschaft, Kulturpolitik und Publizistik, geleitet; einleitende Referate hielten u. a. der Leiter der Kulturabteilung des Auswärtigen Amts, Luitpold Werz (»Voraussetzungen und Möglichkeiten in den kulturellen Beziehungen zu Osteuropa«), der Bundestagsabgeordnete Berthold Martin (»Zielsetzungen und Methodik in den kulturellen Beziehungen zu Osteuropa«) sowie der Präsident der deutschen UNESCO-Kommission, Georg Eckert (»Die deutsche UNESCO-Kommission und die kulturelle Zusammenarbeit mit Osteuropa«). Einberufen wurden die beiden Sitzungen, die als »vertraulich« galten, nicht direkt vom Auswärtigen Amt (welches jedoch die Finanzierung und Koordinierung der Sitzungen übernahm), sondern vom Kuratorium Unteilbares Deutschland, einer 1954 gegründeten überparteilichen Organisation.
218 Kuratorium Unteilbares Deutschland an den Suhrkamp-Verlag, 16.4.1967. In: DLA, SUA: Suhrkamp/01VL/Reiseberichte.
219 Siegfried Unseld an das AA, 23.1.1968. In: PA AA, ZA 109530.

Geschenken wollten beide Verleger »Einblick geben in die Tendenz der literarischen Buchproduktion der Bundesrepublik« und ihr »Engagement für die polnische Literatur wirkungsvoll dokumentieren«.[220]

Den geplanten Empfang sagte man wegen der veränderten politischen Verhältnisse in Polen nach den »März-Unruhen« allerdings kurzfristig ab. Die Handelsvertretung organisierte eine Ersatzveranstaltung, an der die eingeladenen Spitzenvertreter polnischer sowie tschechoslowakischer und rumänischer Verlage »fast ausnahmslos« teilnahmen.[221] Der Suhrkamp-Verlag verzichtete auf die Verteilung des zum Teil auch politisch interpretierbaren Herbert-Bandes, »um Schwierigkeiten zu vermeiden«; der Hanser-Verlag verteilte nur an die 50 Exemplare der *Republik der Träume*.[222] Obwohl die Handelsvertretung wegen ihrer »Nichtzuständigkeit in kulturellen Fragen« nicht als offizieller Ansprechpartner für deutsche und polnische Verlage in Erscheinung trat,[223] nahm sie bis zur Unterzeichnung des Warschauer Vertrages im Dezember 1970 ihre vermittelnde Funktion wahr.[224] Sie trat z. B. an den Börsenverein des Deutschen Buchhandels mit Ratschlägen zu dem geplanten Ausstellungsangebot heran, wie der umfangreiche Schriftwechsel zu in Warschau unerwünschten Buchtiteln belegt, befasste sich mit Fragen der Zollabfertigung und veranstaltete Jahr für Jahr bis Juni 1970 den Empfang anlässlich der Warschauer Buchmesse.

---

220 Suhrkamp-Verlag an das AA, 22.2.1968; Christoph Schlotterer (Carl-Hanser-Verlag) an das AA, 27.2.1968. Ebenda.
221 Handelsvertretung der Bundesrepublik Deutschland in Warschau an das AA, 10.6.1968. Ebenda.
222 Ebenda.
223 Heinrich Böx (Leiter der Handelsvertretung in Warschau) an das AA, 2.4.1968. Ebenda.
224 Die Handelsvertretung in Warschau verfolgte von Anfang an offiziöse kulturpolitische Ziele. Bundesaußenminister Gerhard Schröder schrieb am 23.3.1963 in einer vertraulichen Aufzeichnung an den Leiter der 1963 errichteten ersten amtlichen Vertretung der Bundesrepublik Deutschland in der Volksrepublik Polen, Bernd Mumm von Schwarzenstein: »Die Vertretung ist eine Handelsvertretung. Der Austausch von Handelsvertretungen soll nicht diplomatische Beziehungen ersetzen. Sie sollen deutlich machen, daß wir auch mit der Volksrepublik Polen diplomatische Beziehungen wünschen, denen zur Zeit leider noch Hindernisse entgegenstehen. […] Ihr Auftrag schließt schnelle sichtbare Erfolge aus. Er verlangt ein hohes Maß von Geduld und Takt. Sie sollen danach streben, unser Verhältnis zu Polen schrittweise zu verbessern. Dies gilt in erster Linie für die wirtschaftlichen Beziehungen, aber auch, soweit sich dies als möglich erweist, für andere Teilgebiete, wie das der Kulturbeziehungen. Über etwaige derartige Möglichkeiten bitte ich Sie zu berichten.« Hans-Peter Schwarz: Akten zur auswärtigen Kulturpolitik der Bundesrepublik Deutschland, 1. Januar bis 30. Juni. München 1995, S. 375 f.

Das Fallbeispiel des beschlagnahmten *Polonica*-Katalogs wirft die Frage nach den Zensurmechanismen auf der Warschauer Buchmesse auf. Nach Einschätzung der anwesenden westdeutschen Journalisten blamierte sich die Zensur »mit gewohnter Inkonsequenz durch beckmesserische Beanstandungen«. Auch die Warschauer Handelsvertretung der Bundesrepublik unterstrich eine »eher planlose und flüchtige« Durchsicht der Exponate und warnte davor, »Lexika mit unerwünschtem Kartenmaterial«, Werke mit politischer Thematik sowie Judaika einzuführen.[225]

So dünn die polnische Archivlage zur Warschauer Buchmesse ist, erlaubt sie doch vorsichtige Antworten auf Fragen nach den eigentlichen Zielen der Zensurmaßnahmen. Die Messe war von Anfang an konzipiert als Lackmustest für den vermeintlichen Liberalismus des Staates. Obwohl die DDR-Vertreter immer wieder Vorschläge einer Zusammenarbeit von Zensurbehörden auf internationalen Buchmessen im gesamten »Ostblock« unterbreiteten und sich bereit zeigten, »Listen mit diskriminierenden westdeutschen Titeln« vorzulegen, ging man in Warschau auf diese forcierte »Durchsetzung gemeinsamer politischen Prinzipien« nicht ein.[226] Die Parteiführung, der an einer möglichst großen Beteiligung der westlichen Aussteller gelegen war, sorgte durch Vermittlung von Ars Polona für das Bild einer weltoffenen Kulturveranstaltung. So wurden auch Anfang der 1980er-Jahre die obligaten Zensureingriffe auf Wunsch des ZK der PVAP eingeschränkt auf »wenige Werke mit besonders feindlicher politischer Aussagekraft«.[227]

Die bruchstückhaft überlieferten Daten für die Jahre 1980 bis 1981 sind kaum repräsentativ für die untersuchte Periode. Sie zeigen aber, dass es sich 1980 unter den 57 zensierten Exponaten vor allem um »Antisowjetismus« in politik- und geschichtswissenschaftlichen, soziologischen und philosophischen Werken handelte.[228] Die meisten Bücher (23) wurden auf dem Gemeinschaftsstand Großbritanniens beschlagnahmt; sie betrafen u. a. die Thematik des »Eurokommunismus« oder analysierten den Konflikt zwischen der Sowjetunion und China. Unter den beanstandeten westdeutschen Exponaten fanden sich Werke wie Peter Hauptmanns *Kirche im Osten* (1979), *Der Weg zur Teilung der Welt* (1979) von Hans A. Jacobsen,

---

225 Stehle: West-östlicher Markt; Heinrich Böx an das AA, 10.6.1968, 22.4.1969. In: PA AA, ZA 189530.

226 Börsenverein (Leipzig): Bericht über die Teilnahme an der XII. Internationalen Buchmesse Warschau im Mai 1967, o. D. In: PA AA, M1–C/331–70.

227 Hauptamt für die Kontrolle von Presseorganen, Veröffentlichungen und Aufführungen (Abteilung für ausländische Druckschriften): Bericht über die Überprüfung der Bücher westlicher Verlage, die für die XXVI. Internationale Buchmesse in Warschau eingereicht wurden, 21.05.1981. In: AAN, 2/1354/0/2.6.3/LVI-1821.

228 Hauptamt für die Kontrolle von Presseorganen, Veröffentlichungen und Aufführungen (Abteilung für ausländische Druckschriften): Bericht über die Überprüfung der Bücher westlicher Verlage, die für die XXV. Internationale Buchmesse in Warschau eingereicht wurden, 24.5.1980 In: AAN, 2/1354/0/2.6.3/LVI-1820.

Überblickswerke zur Weltpolitik der Nachkriegszeit, zur Außenpolitik der DDR sowie Materialien zur Geschichte der Bundesrepublik und Westberlins. Heinrich Böll (1917–1985) war der einzige literarische Autor, dessen Schriften entfernt wurden. Es war aber nicht Bölls Belletristik, welche die Aufmerksamkeit der Zensur auf sich zog, sondern seine politischen Schriften – *Schwierigkeiten mit der Brüderlichkeit* (1979) und *Der Lorbeer ist immer noch bitter* (1979) –, in denen er die Pervertierung der »humanistischen Uridee des Kommunismus« im sozialistischen System der »Ostblock«-Länder anprangerte.[229]

Im Jahr 1981 wurden 27 Werke beschlagnahmt, die geringste Zahl seit Beginn der Messe. Die Zensur betraf wiederum vor allem den britischen Stand, auf dem Schriften der Dissidenten sowie Exilautorinnen und -autoren (Nadeschda Mandelstam, Wladimir Woinowitsch, Lew Kopelew, Milan Kundera, Danilo Kiš) ausgestellt waren. Zensiert wurden auch George Orwells *Animal Farm* (1945) und *Nineteen Eighty-Four* (1949) – Bücher, die bis 1989 regelmäßig im »zweiten Umlauf« verbreitet waren, sich dort einer besonderen Popularität in oppositionellen Kreisen erfreuten und auf dem offiziellen Markt als Tabu galten.[230] Auf dem westdeutschen Gemeinschaftsstand beanstandete die Zensur u. a. die Sammelbände *Tragik der Abtrünnigen* (1979), in dem »Parallelen zwischen dem Hitlerismus und dem Staatssystem der DDR« konstatiert wurden, sowie *Was ist Deutsch* (1980) – eine »Analyse der Ereignisse im Juni 1953 und ihrer Folgen für die Entstehung der Opposition in der DDR«.[231] Konfisziert wurden ferner die im Auftrag des Auswärtigen Amts durch das Grossohaus Wegner in polnischer Sprache gedruckten und kostenlos verteilten Alben *Jak żyjemy. Ludzie w Republice Federalnej Niemiec* (Wie leben wir. Die Menschen in der Bundesrepublik Deutschland) und *Nasz kraj – impresje z RFN* (Unser Land – Impressionen aus der Bundesrepublik), in denen »Westdeutschland als Land des Wohlstands, des Überflusses, der sozialen Errungenschaften und Demokratie gepriesen« worden sei.[232]

Diese liberale Ausstellungspraxis resultierte mit einer in den Jahren 1971 bis 1978 sowie 1983 veranlassten geheimdienstlichen Überwachung der Warschauer

---

229 Monika Práchenská: Intellektuelle und Politik am Beispiel von Heinrich Bölls Engagement in den siebziger Jahren. In: Acta Universitatis Carolinae – Studia Territorialia 7 (2005), S. 251–330, hier S. 274; Stanisław Kościcki (Leiter des Hauptamtes für die Kontrolle von Presseorganen, Veröffentlichungen und Aufführungen) an Bogdan Gawroński (Leiter der Kulturabteilung im ZK der PVAP), 24.5.1980. In: AAN, 2/1354/0/2.6.3/LVI-1820.

230 Vgl. Andrzej Stoff: »Rok 1984« – »Nowy wspaniały świat. Pułapki czytelnicze (i nie tylko)«. In: Kamila Budrowska, Wiktor Gardecki, Elżbieta Jurkowska (Hrsg.): 1984. Literatura i kultura schyłkowego PRL-u. Warszawa 2015, S. 15–29.

231 Hauptamt für die Kontrolle von Presseorganen, Veröffentlichungen und Aufführungen (Abteilung für ausländische Druckschriften): Bericht über die Überprüfung der Bücher westlicher Verlage, die für die XXVI. Internationale Buchmesse in Warschau eingereicht wurden, 21.5.1981. In: AAN, 2/1354/0/2.6.3/LVI-1821.

232 Ebenda.

Buchmesse. Im Vorfeld der Buchmesse wurden die Einladungslisten gesichtet; der Sicherheitsdienst rekrutierte die an den westlichen Verlagsständen tätigen Dolmetscherinnen und Dolmetscher. Ausländische Verlegerinnen und Verleger wurden in ihren Hotelzimmern und in den Messehallen einer regelmäßigen Überwachung unterzogen: Ihre Korrespondenz wurde kopiert und ausgewertet. Materialien von den personell wie finanziell aufwendigen operativen Maßnahmen, versehen mit den wenig einfallsreichen Codenamen »Jahrmarkt« und »Buch«, füllen zwei dicke Aktenordner; die konkreten Resultate waren aber bescheiden. Im Juni 1971 notierte ein Sicherheitsbeamter: Es seien elf Ersuchen um ein operatives Verfahren gestellt worden, 7 Vermerke mit 15 Dienstnotizen gingen ein. Ihr Inhalt zeige aber, dass die »Ausländer in ihren Hotelzimmer Gespräche über Themen führen, die für uns nicht von Interesse waren und keinen operativen Wert hatten. Durch die Abhörmaßnahmen wurde kein Material für die Spionageabwehr gewonnen.«[233]

Ende der 1970er-Jahre geriet die Warschauer Buchmesse in eine Krise, von der sie sich bis 1989 nicht zu erholen vermochte. Nicht unbedeutend war dafür die unmittelbare Konkurrenz der 1977 gegründeten Buchmesse in Moskau. 1977 hielt Warschau immer noch die Führungsposition: Die Teilnahme der Aussteller aus sozialistischen/kapitalistischen Ländern betrug in Warschau 67/172, in Moskau dagegen 36/150. 1985 verdoppelten sich die Zahlen für Moskau, während in Warschau Mitte der 1980er-Jahre deutlich weniger Verlage aus Westeuropa und den Vereinigten Staaten ausstellten: Ihre Anzahl sank auf das Niveau der Jahre 1962 bis 1964, als die Warschauer Buchmesse sich zu profilieren begann (vgl. Abb. 13). Darauf wird noch zurückzukommen sein.

Die Gründe der Krise hingen auch mit der damaligen politischen, sozialen und wirtschaftlichen Lage zusammen. Die kollabierende Ökonomie der Volksrepublik hatte im Hinblick auf die Buchbranche u. a. die Zahlungsunfähigkeit der Außenhandelsgesellschaft Ars Polona zur Folge. Die aufgehäuften Schulden gegenüber den westlichen Verlegerinnen und Verlegern schränkten die Importkapazität weitgehend ein; die Verlage waren daher nicht geneigt, ihre neueste Produktion in Warschau vorzustellen.[234] Um den Export polnischer Bücher in den Westen war es nicht besser bestellt. Wegen nachlassender Qualität heimischer Druckanstalten sind immer mehr Bücher im sozialistischen Ausland hergestellt worden. Im Jahr 1982 wurden 18 Prozent polnischer Werke in Jugoslawien gedruckt, zwei Jahre später waren es bereits 47 Prozent der Gesamtproduktion. Dem Problem einer sinkenden

---

233 Jan Skoczek: Vermerk über Materialien, die mithilfe von operativer Technik auf der XVI. Internationalen Buchmesse in Warschau gesammelt wurden, 4.6.1971. In: IPN BU 0999/130 B. 1.

234 Kulturabteilung im ZK der PVAP: Bericht über den Verlauf und die Ergebnisse der XXVII. Internationalen Buchmesse in Warschau, 28.5.1982. In: AAN, 2/1354/0/2.6.3/ LVI-1822.

Zahl der Vertragsabschlüsse mit kapitalistischen Ländern (1982 – 77, 1983 – 54, 1984 – 51) versuchte man mit der Abschaffung der Monopolstellung der staatlichen Autorenagentur entgegenzutreten. Seit 1984 hatten alle Schriftstellerinnen und Schriftsteller sowie ihre Übersetzerinnen und Übersetzer das Recht, direkt Verträge mit westeuropäischen Verlagen abzuschließen.[235]

Auf der Suche nach neuen Vertriebswegen unter den schwierigen politisch-wirtschaftlichen Bedingungen der 1980er-Jahre entwickelte Ars Polona innovative Lösungsvorschläge. Dank den erworbenen Anteilen an buchhändlerischen und verlegerischen Firmen in ausgewählten Ländern Westeuropas wollte man »dynamische Verlagszentren« gründen, mit dem Ziel, »klassische und zeitgenössische Belletristik, Kinder und technisch-wissenschaftliche Literatur sowie Literatur über polnische Kunst in wichtigsten westeuropäischen Sprachen« herauszugeben.[236] Eine koordinierende Funktion in den von Ars Polona unterbreiteten Plänen kam dem Londoner Verlag Earlscourt Publications Ltd. zu. Unter dem Deckmantel eines »neutralen« polnisch-britischen Unternehmens erhoffte man sich vielerlei Vorteile für den Export polnischer Bücher: vereinfachter Verkauf von Rechten und Optionen, Zugang zu Kritikern und Zeitungs- und Zeitschriftenredaktionen, Sondierung der Märkte in den jeweiligen Ländern sowie Werbung für die laufende Verlagsproduktion.[237] Gleichwohl fehlt es an aktenkundigen Hinweisen, dass das von Ars Polona entworfene Exportprogramm polnischer Literatur von verantwortlichen ministeriellen und Parteigremien akzeptiert und zum späteren Zeitpunkt realisiert wurde.

Während das Ausbleiben westlicher Aussteller auf der Warschauer Buchmesse vorrangig auf die ökonomischen Probleme zurückzuführen war, galt die politische Krise nach der Einführung des Kriegsrechts im Dezember 1981 als der entscheidende Faktor für die sinkenden Umsätze mit sozialistischen Ländern. Die Bedeutung dieses Marktes war kaum zu überschätzen. Im Bereich der Belletristik standen die Tschechoslowakei (50–70 Verträge pro Jahr), die DDR (30–40 Verträge pro Jahr) und Ungarn (20–30 Verträge pro Jahr) in den Jahren 1965 bis 1977 an der Spitze der Abnehmer. Unter den kapitalistischen Ländern gingen die meisten Rechte in

---

235 Ministerium für Kultur und Kunst: Förderung polnischer Bücher im Ausland, 1982–1984, o. D. (1984). In: AAN, 2/1354/0/2.6.3/LVI-1826.

236 Ars Polona: Ars Polona: Vermerk über die Intensivierung des Exports polnischer Bücher in Übersetzung, 1.3.1981. In: AAN, 2/1354/0/2.6.3/LVI-1822.

237 Ebenda. Zu Kontakten von Ars Polona in kapitalistischen Ländern sowie der Finanzierung des Verlages Earlscourt Publications Ltd. durch den polnischen Staat vgl.: Krzysztof Tarka: Jest tylko jedna Polska. Bolesław Świderski – emigrant w służbie Polski Ludowej. In: PAMIĘĆ I SPRAWIEDLIWOŚĆ 11 (2007) H. 1, S. 273–308, hier S. 303, 307; Andrzej Kłossowski: Księgarnie polskie na obczyźnie po II wojnie światowej 1945–1985. In: STUDIA POLONIJNE 10 (1986), S. 149–188, hier S. 161, 179.

die Bundesrepublik: Im umsatzstärksten Jahr 1967 verkaufte die Autorenagentur aber nicht mehr als 16 Titel an westdeutsche Verlage. Nach dem Tiefpunkt der Jahre 1982 bis 1983 nahm der Lizenzhandel mit sozialistischen Ländern wieder Fahrt auf, blieb jedoch 1984 immer noch 4 Prozent unter dem Niveau des Jahres 1980.[238]

Abb. 23: XXX. Internationale Buchmesse in Warschau 1985. Foto: Maciej Belina-Brzozowski, Polska Agencja Prasowa.

Als 1987 der Leiter der Leipziger Verlagsgruppe Kiepenheuer Roland Links (1931–2015) die Buchmesse in Warschau besuchte, schätzte er den Empfang wie auch alle weiteren Gespräche als »herzlich und offen« ein. Diese Offenheit sei »unerlässlich« gewesen, »weil sonst die nicht zu übersehenden Probleme nicht hätten

---

238 Oberster Rechnungshof: Kontrolle der Vertreter polnischer Verlage und der Autorenagentur bezüglich ihrer Aktivitäten und des Exports von Urheberrechten. Berichte, Protokolle, Korrespondenz, 1969–1971. In: AAN, 2/1154/0/-/42/213; Autorenagentur: Analyse des Verkaufs von Urheberrechten polnischer Autoren an ausländische Verlage über die Autorenagentur in den Jahren 1971–1977, o. D. In: AAN, 2/1354/0/2.6.3/LVI-1805.

erklärt werden können«.[239] Links setzte seine Aufzählung der konstatierten Mängel fort:

> Die Messe war mindestens in den ersten Tagen schlecht besucht – schlechter als im vergangenen Jahr und merklich schlechter als in früheren Jahren. Die Druckqualität der angebotenen polnischen Bücher ist gering, um nicht zu sagen schlecht. Die Kollegen anderer Verlage [...] sahen Auseinandersetzungen entgegen, zumal auch die Terminsicherheit sehr zu wünschen übriglässt. Was ich in der kurzen Zeit kennenlernen konnte [...], hat mich nicht ermuntert, Coproduktionen anzustreben. Der allgemeine Preisanstieg wirkt sich auch im Buchgewerbe aus. Es wird auffällig weniger gekauft [...]. Devisen sind äußerst knapp und werden in Polen besonders ungünstig umgerechnet, so daß Aufträge an jugoslawische Druckereien momentan nicht zu bezahlen sind. Schon abgeschlossene Verträge wirken sich äußerst ungünstig aus.[240]

So verlor kurz vor der politischen Wende das einst umschwärmte »internationale Forum der Buchschaffenden« und der »ideale Umschlagplatz literarischer Werte« auch unter den DDR-Vertreterinnen und Vertretern an Bedeutung.[241] Einen Monat vor den teilweise freien Parlamentswahlen im Juni 1989 stellten auf der XXXIII. Internationalen Buchmesse in Warschau auch 12 Untergrund- und 19 Exilverlage aus. Ihre einst so begehrten Titel erregten jedoch kaum Aufmerksamkeit.[242] Im Herbst 1989 stellte der damalige Finanzminister Leszek Balcerowicz neue Wirtschaftsgesetze vor; zunächst wurden kleinere staatliche Betriebe in Privatunternehmen umgewandelt, ab 1993 kam es zur Massenprivatisierung, weil der Strukturwandel sich nicht schnell genug vollzog. Der sozialistische Staatsbuchhandel war über Nacht seines Eigentümers beraubt worden und zerbröselte in den folgenden Jahren zusehends. Die Warschauer Buchmesse wurde unter neuen wirtschaftlichen Bedingungen fortgesetzt, ihre Sonderstellung hat sie aber nie wieder erlangt.

Jerusalem, Brüssel und Moskau

Mit Leipzig, Frankfurt und Warschau ist das Narrativ von der kulturpolitischen Funktion der internationalen Buchmessen in der Zeit der Systemkonfrontation zwischen »Ost« und »West« noch längst nicht auserzählt. Ein vollständiges Bild ist

---

239 Roland Links: Ergänzung des Sofortberichtes von der Reise zur Warschauer Buchmesse 1987, 2.6.1987. In: SächsStA, 21766/3030.
240 Ebenda.
241 Boeckh: XVIII. Warschauer Buchmesse.
242 Kaleta: Międzynarodowe Targi Książki w Warszawie, S. 59.

weder möglich noch erwünscht: Eine archivgesättigte Analyse weiterer Schauplätze würde den Rahmen des Buches sprengen. Daher nur drei kurze Stationen als notwendige Ergänzung.

So wie die bundesdeutsche Teilnahme an der Warschauer Buchmesse und die Buchausstellungen osteuropäischer Übersetzungsliteratur in der zweiten Hälfte der 1960er-Jahre als »eine auswärtige Kulturpolitik vor der auswärtigen Kulturpolitik« im Hinblick auf Polen und Osteuropa zu interpretieren sind,[243] war auch die bundesdeutsche Teilnahme an der 1963 gegründeten und alle zwei Jahre stattfindenden Internationalen Buchmesse in Jerusalem Teil einer »inszenierten Versöhnung«.[244] Vor der offiziellen Aufnahme der diplomatischen Beziehungen zwischen Israel und Deutschland im März 1965 gab es im Wesentlichen drei Meilensteine für die bilateralen Beziehungen. Das war zunächst das 1952 unterzeichnete Luxemburger Abkommen (»Wiedergutmachungsabkommen«) sowie die damit zusammenhängende Eröffnung einer offiziellen israelischen Vertretung in Köln, später das Treffen zwischen David Ben-Gurion und Konrad Adenauer im März 1960 und schließlich der Eichmann-Prozess 1961. Der israelisch-deutsche Dialog ging Hand in Hand mit der israelischen Bewältigung des Traumas der Schoah wie auch mit dem deutschen Umgang mit Fragen nach Verantwortung und nach dem Platz der Bundesrepublik in der internationalen Gemeinschaft.[245] In der Diskussion vor und nach der Unterzeichnung des bilateralen Abkommens zwischen Deutschland und Israel spielte auch das deutsch-israelisch-arabische Dreiecksverhältnis eine wichtige Rolle. Die arabischen Staaten, welche einen Block mit einem beträchtlichen politischen, wirtschaftlichen und territorialen Gewicht bildeten, versuchten von Anfang an die westdeutsche Außenpolitik zu beeinflussen. Wegen ihrer zahlenmäßigen Stärke in der UNO und als Teil der Blockfreien waren die arabischen Staaten für Bonn von besonderer Bedeutung in jedem internationalen Forum, vor allem bei Abstimmungen über deutsch-deutsche Angelegenheiten.[246]

All diese Befindlichkeiten finden sich auch in Korrespondenzen des Auswärtigen Amts über die Beteiligung der Bundesrepublik an der Jerusalemer Buchmesse. Die Teilnahme deutscher Verlage hatte von Anfang aus kulturpolitischer Sicht die höchste Priorität als Zeichen der politischen Annäherung. Starke Bedenken wurden jedoch erhoben gegen die vorerst geplante Beauftragung von Inter Nationes mit der

---

243 Wenninger: Die Kunst der Stunde, S. 49
244 Vgl. Jenny Hestermann: Inszenierte Versöhnung. Reisediplomatie und die deutsch-israelischen Beziehungen von 1957 bis 1984. Frankfurt am Main 2016.
245 Tal Gat: Israel – Deutschland: Bald 50 Jahre diplomatische Beziehungen. In: Zeitschrift für Aussen- und Sicherheitspolitik 6 (2013) H. 3, S. 319–330, hier S. 312–323.
246 Yeshayahu Jelinek: Deutschland und Israel 1945–1965. Ein neurotisches Verhältnis. München 2004, S. 357, 368.

Errichtung des deutschen Standes. Trete Inter Nationes in Israel auf, so müsse, wie man fürchtete, damit gerechnet werden, dass diese Bonner Public-Relations-Stelle in die Boykottmaßnahmen der arabischen Staaten, in denen sie auf dem Gebiet der Öffentlichkeitsarbeit stark involviert war, einbezogen werde. Daher sei es vorzuziehen, dass »ad hoc ein Gremium oder eine Firma gebildet wird, die die deutsche Beteiligung organisiert«.[247] Man entschied sich somit für eine Lösung, die sich seit 1958 in Warschau gut bewährt hatte. Mit der Koordination des Gemeinschaftsstandes bundesdeutscher Verleger wurde im Laufe der Gespräche mit dem Börsenverein das Hamburger Grossohaus Wegner & Co. beauftragt. Das Auswärtige Amt, dem »aus politischen Gründen an einer Repräsentanz gelegen« war, sorgte für die notwendige Finanzierung, behielt sich aber zugleich auch das Mitspracherecht bei der Wahl der Exponate vor. Folgende Sachgebiete sollten 1963 eine besondere Berücksichtigung finden: deutsche Widerstandsliteratur, deutsch-jüdisches Verhältnis sowie Bücher über Israel.[248]

Auf der zweiten Buchmesse in Jerusalem im Jahr 1965 waren rund 110 bundesdeutsche Verlage – mit 1600 Titeln und 125 Zeitschriften – vertreten. Der Hamburger Veranstalter hob in seinem Bericht die rege Rezeption der deutschen Schau in der israelischen Presse hervor: Das deutsche Buch habe »nicht zuletzt unter den Einwanderern aus den osteuropäischen und Balkanländern einen breiten Leserkreis, wenn sich hierin auch naturgemäß in den nächsten Jahren und Jahrzehnten durch das Aussterben der ehemals deutschen Einwanderer eine Wandlung vollziehen« werde.[249] Zwei Jahre später fand die Jerusalemer Buchmesse unmittelbar vor dem Sechstagekrieg statt. Mit Ausnahme der Rumänen haben sämtliche »Ostblock«-Länder von einer Teilnahme abgesehen; somit machten deutschsprachige Bücher 40 Prozent der gezeigten Werke aus. Wegner & Co. bereitete den umfangreichsten Stand der Messe vor, präsentierte, in Übereinkunft mit dem Auswärtigen Amt, vor allem die Kinder- und Jugendliteratur sowie Literatur über die gegenwärtige politische und militärische Situation. Als Sondergast begleitete der Kritiker Marcel Reich-Ranicki (1920–2013) die deutsche Delegation und hielt in Israel eine Reihe von Vorträgen zum Thema »Deutsche Literaturkritik gestern und heute«.[250]

In den 1970er-Jahren blieb die Bundesrepublik nach den Vereinigten Staaten der zweitstärkste Aussteller auf der Jerusalemer Buchmesse, und das Auswärtige Amt setzte seine Förderung fort. Im »politischen und moralischen Interesse« wurden in

---

247 AA: Beteiligung der Bundesrepublik an der Internationalen Buchmesse in Jerusalem, 8.1.1964. In: PA AA, B40 Ref. II A3 134.
248 AA: Vermerk, 15.1.1964. Ebenda.
249 Grossohaus Wegner & Co.: Bericht. 2. Internationale Buchmesse Jerusalem, 6.5.1965. Ebenda.
250 Grossohaus Wegner & Co.: Bericht. 3. Internationale Buchmesse Jerusalem, 18.4.1967. Ebenda.

Israel 1975 bis 1976 drei Sonderausstellungen organisiert: deutschsprachige Ausgaben des anlässlich der Messe verliehenen Jerusalem-Preises, Bücher über Israel und den Nahen Osten sowie deutsche Übersetzungen israelischer Autorinnen und Autoren. Dem sich in Israel abzeichnenden Generationswandel und den damit zusammenhängenden Rückgang des Interesses an europäischer und somit auch deutschsprachiger schöngeistiger Literatur stellte das Auswärtige Amt eine aktive Wissenschaftspolitik entgegen: Gefördert wurden Mitte der 1970er-Jahre Lehrstühle für deutsche Sprache und Literatur und für deutsche Geschichte an der Universität Jerusalem sowie das Institut für deutsche Geschichte an der Universität in Tel Aviv. Die Jerusalemer Buchmesse galt aus der Bonner Perspektive als »das richtige Forum, um diese kulturpolitischen Bemühungen zu unterstützen und das Interesse der jüngeren Generation an geisteswissenschaftlichen Beziehungen zu Deutschland zu verstärken«.[251]

Die Internationale Buchmesse in Jerusalem wurde nicht nur zur Bühne der politischen Annäherung sowie des deutsch-israelischen Literatur- und Wissenschaftstransfers. Im September 1978 schlug die bundesdeutsche Botschaft in Tel Aviv vor, auf der Buchmesse 1979 eine Sonderausstellung »Kritische Aufarbeitung des NS-Regimes« zu zeigen. Die Botschaft schrieb: »Eine solche Ausstellung könnte hier sehr aufklärend wirken, da selbst bei Fachleuten in Israel unser ernsthaftes Bemühen um eine solche kritische Aufarbeitung sehr leicht in Zweifel gezogen wird.«[252] Das Auswärtige Amt zeigte sich bereit, alle anfallenden Kosten zu übernehmen, und beauftragte das Münchner Institut für Zeitgeschichte mit der Erstellung des Katalogs. Dieser sollte zugleich eine Bibliografie der gesamten einschlägigen deutschsprachigen wissenschaftlichen, populären, schöngeistigen und pädagogischen Literatur beinhalten und die historische Auseinandersetzung mit dem NS-Regime in der Bundesrepublik dokumentieren. Gedacht wurde ferner an die weltweite Verbreitung des Katalogs durch Inter Nationes, damit bewiesen werden könne, dass »es nicht einer Fernsehserie wie *Holokaust* bedurft hat, um zu zeigen, dass sich kritische, verantwortungsbewusste Köpfe in der Bundesrepublik mit diesem Thema befassen«.[253] Aufgrund der erforderlichen Zeit wurde jedoch im Auswärtigen Amt vom Plan einer Sonderausstellung auf der Buchmesse 1979 abgesehen und beschlossen, ein eigenes Ausstellungsvorhaben zu entwickeln, das nach Absprache mit der Botschaft und der Zweigstelle des Goethe-Instituts im Jahr 1980 in mehreren Städten Israels gezeigt und durch ein Rahmenprogramm ergänzt werden soll.[254]

---

251 Deutsche Botschaft Tel Aviv an das AA, 15.9.1978. In: PA AA, B95 ZA 123955.
252 Ebenda.
253 AA an Grossohaus Wegner & Co., 18.1.1979, 13.2.1979. Ebenda.
254 AA an die deutsche Botschaft Tel Aviv, 21.2.1979. Ebenda.

Jerusalem war nicht die einzige Bücherschau im Nahen Osten, welche für die politische Selbstrepräsentanz der Bundesrepublik, zugleich aber auch für die Kulturpolitik der DDR von großer Bedeutung war. Als Kairo Anfang 1965 die Vorbereitung der ersten Internationalen Buchmesse ankündigte, signalisierte das Auswärtige Amt unverzüglich die Bereitschaft einer finanziellen und konzeptionellen Unterstützung der Teilnahme deutscher Verlage, »um sich nicht dem Vorwurf einer einseitigen Bevorzugung Israels auszusetzen«.[255] Auf der Bonner Agenda stand aber auch das Konkurrenzverhältnis mit dem anderen deutschen Staat wie auch mit den restlichen »Ostblock«-Ländern, die sich in Kairo von Anfang an mit umfangreichen und gut koordinierten Ausstellungen beteiligten. Die italienische Botschaft, welche bis 1972 als Schutzmachtvertretung für die Interessen der Bundesrepublik in der Vereinigten Arabischen Republik fungierte, unterstrich daher die kulturpolitische Notwendigkeit bundesdeutscher Teilnahme und regte von sich aus eine »repräsentative Ausstellung der deutschen Leistungen auf dem Gebiet der Islamkunde und Arabistik« an.[256]

Im Gegensatz zu Jerusalem blieb das Interesse der Verleger jedoch gering. Daher sah sich das auch für Kairo zuständige Grossohaus Wegner & Co. jedes Jahr gezwungen, das kärgliche Angebot des bundesdeutschen Gemeinschaftsstands mit eigenhändig ausgewählten Büchern aufzustocken. Wurde bei der Auswahl die politische Großwetterlage übersehen, griff die DDR-Propaganda sofort ein. So hatte das NEUE DEUTSCHLAND im März 1969 unter dem Titel »Kein Klima für Giftblüten« in der üblichen Diktion Folgendes zu berichten:

> Unter den Büchern der Ausstellung Westdeutschlands sprangen Besuchern einige Publikationen ins Auge, die sich in der weltweiten Schau kultur- und wissensvoller Druckkunst recht störend auswirkten. Da war ein Hausatlas des Bertelsmann-Konzerns – im Innern Groß-Deutschland in den Grenzen von 1937 zeigend [...]. Da erschien Israel-Freund Franz Joseph Strauß mit *Herausforderung und Antwort* – ein Aufruf zur Aggression gegen die sozialistische Staatengemeinschaft in Europa. Und da fand sich ein Traktat *Eskalation im Nahen Osten* [...], bei dem schon ein flüchtiger Blick zahlreiche Geschichtslügen zur Rechtfertigung des Nahostaggressors Israel zutage fördert. [...] Nachdem diese Giftblüten schon in den Eröffnungsstunden peinliches Aufsehen erregt und polnische Fernsehreporter sie gefilmt hatten, schwante den bundesrepublikanischen Ausstellern offenkundig Unheil. Stillschweigend verschwanden die genannten Werke von den Ständen [...]. Mit anderen Worten:

---

255 AA (Referat IV 7): Aufzeichnung, 30.4.1965. In: PA AA, B40 Ref. II A3 134.
256 Italienische Botschaft an das AA, 3.11.1969. In: PA AA, B95 ZA 109654.

> Die westdeutschen Organisatoren [...] hatten rasch die Grenzen erkannt, die
> Bonn am Nil gesetzt sind.²⁵⁷

Das NEUE DEUTSCHLAND veröffentlichte seinen Beitrag über die »provokatorische Schau« erst einen Monat nach der Buchmesse in Kairo, zugleich aber genau zu einem Zeitpunkt als im Brüsseler Centre Regier zum ersten Mal eine internationale Buchmesse eröffnet wurde. Der kulturpolitische Einsatz der DDR war nicht zu übersehen: Bereits in der zweiten Hälfte des Jahres 1968 sondierten das Ministerium für Kultur und der Leipziger Börsenverein die Bereitschaft der sozialistischen Partner, sich mit ihren Buchaußenhandelsunternehmen an der Messe in Brüssel zu beteiligen.²⁵⁸ Unter den ausländischen Ausstellern nahm der Deutsche Buch-Export und -Import GmbH aus Leipzig mit 20 Ständen und mit Werken von 68 Verlagen den ersten Platz ein; die wichtigsten bundesdeutschen Verlagshäuser glänzten dagegen durch Abwesenheit.²⁵⁹ Das Leipziger BÖRSENBLATT berichtete:

> Der Einladung des Syndicat des Editeurs belges hatten etwa 560 Verlage aus 25 Ländern Folge geleistet [...]. Der Deutsche Buchexport und -import [...] und die Verlage der DDR [...] nutzten die sich ihnen bietende Gelegenheit, mit unserer sozialistischen Buch- und Zeitschriftenproduktion vor ein breiteres Publikum in Belgien, vor allem aus der Hauptstadt des Landes zu treten [...]. Dieser Entschluss hatte sich in der Folge als völlig richtig erwiesen. Der Kollektivstand der DDR war nicht nur einer der größten, sondern durch seine günstige Lage im Zentrum der Messehalle und durch die Vielfalt seiner Exponate auch einer der repräsentativsten der ersten Internationalen Buchmesse in Brüssel – ein Stand, der die ganze Aufmerksamkeit aller Besucher auf sich zog. [...] Auf diese Weise war die Messe für die DDR-Verlage nicht nur ein ökonomischer, sondern auch ein politischer Erfolg [...].²⁶⁰

So empfing der Besucher den Eindruck, monierte die Brüsseler Botschaft, »dass die eigentliche und repräsentative Vertretung des deutschen Buches von der SBZ übernommen worden ist. Es war daher kein Wunder, dass der Prince Albert [...] auf dem geräumigen Stand des Deutschen Buchexport und -import verhältnismäßig länger verweilte als bei den Vertretern der Bundesrepublik Deutschland«.²⁶¹

---

257 Ralf Günther: Kein Klima für Giftblüten. Bonner Rückzug auf Kairoer Messe. In: NEUES DEUTSCHLAND vom 1.1.1969.
258 Ministerium für Kultur (HV Verlage und Buchhandel) an Heinz Köhler, 2.8.1968, 11.9.1968, 14.11.1968. In: SächsStA, 21766/1958.
259 Deutsche Botschaft Brüssel an das AA, 25.3.1969. In: PA AA, B95 ZA 109549.
260 Harald Breyer: DDR-Bücher auch in Brüssel vertreten. In: BÖRSENBLATT (Leipzig) vom 29.4.69.
261 Bundesdeutsche Botschaft Brüssel an das AA, 25.3.1969. In: PA AA, B95 ZA 109549.

Abb. 24: Plakat zur Ersten Internationalen Buchmesse in Brüssel 1969.
Quelle: Sächsisches Staatsarchiv Leipzig.

Im Jahr 1970 hat sich die Zahl der ausstellenden Verlage fast verdoppelt: 1000 Verlage aus 24 Ländern präsentierten in Brüssel ihre neueste Produktion. Zu den am stärksten vertretenen Ländern gehörte Frankreich. Neben dem großen Stand der Sowjetunion, der mit starkem propagandistischen Einsatz die Vorbereitungen zum 100. Geburtstag Lenins widerspiegelte, beteiligten sich zahlreich auch Verlage aus dem gesamten sozialistischen »Ostblock«. Dagegen fehlten die bundesdeutschen Verlage fast ganz.[262] Das Börsenblatt schrieb erneut ausführlich im Modus der deutsch-deutschen Konkurrenz:

> Dabei äußerten sich viele Besucher aus den verschiedenen Schichten der Bevölkerung, die überwiegend erstmalig Gelegenheit fanden, von der vielschichtigen Produktion der DDR-Verlage Kenntnis zu nehmen, voller Genugtuung über das humanistische Anliegen unserer Literatur. Sie entdeckten für ihre eigene Arbeit wichtige Bücher, kauften sie zum Teil sofort oder bestellten sie für den Bezug über belgische Buchhandlungen. Auf diese Weise

---

262 N. N.: Buchmesse in Brüssel. In: FRANKFURTER RUNDSCHAU vom 21.2.1970.

ist die Brüsseler Buchmesse ein Wegbereiter für die wachsende Verbreitung der DDR-Literatur aus Belgien. [...] Nicht unerwähnt darf bleiben, dass sich westdeutsche Verlage – bis auf zwei Ausnahmen – an dieser Buchmesse nicht beteiligen. Vielleicht war es gerade die nüchterne und sachliche, den politischen Realitäten in der Welt Rechnung tragende Atmosphäre der Brüsseler Buchmesse, die das westdeutsche Verlagswesen davon abhielt, sich an dieser Bücherschau zu beteiligen. Der Veranstalter hatte für diese Handlungsweise nur ein mitleidiges Kopfschütteln übrig.

Dagegen waren zahlreiche andere Länder neu unter den Ausstellern beziehungsweise hatten ihre Ausstellungsfläche gegenüber dem Vorjahr wesentlich erweitert. So zeigte die Sowjetunion ein hervorragendes Angebot an marxistisch-leninistischer Literatur in französischer Sprache. Die Sowjetunion war gut beraten, insbesondere gesellschaftswissenschaftliche Werke in französischer Sprache anzubieten, denn die Nachfrage nach Büchern in dieser Sprache war auch an unserem Stand überaus stark, und viele Besucher sprachen ihre besondere Verwunderung darüber aus, dass beispielsweise die Werke von Marx und Engels nur in deutscher Sprache vorliegen und es französischen Verlagen überlassen bleibt, billige Taschenbuchausgaben der deutschen Klassiker herauszugeben. Die Verlage unserer Republik werden auf längere Sicht gesehen überprüfen müssen, welche ihrer Werke, die für das internationale Angebot von Bedeutung sind, in französischer oder englischer Sprache vorgelegt werden sollten. Dazu gehören neben den bereits genannten Publikationen auch Taschenbuchreihen mit Studientexten aus den verschiedensten Wissensgebieten, die es besonders auch den Studenten ermöglichen, sich der DDR-Literatur zu bedienen. Der Markt der Bücher aus der Deutschen Demokratischen Republik könnte damit wesentlich erweitert werden.[263]

Angesichts einer solchen Berichterstattung und der Kritik aus den eigenen Reihen wurde im Auswärtigen Amt auch die Brüsseler Buchmesse bei der Prioritätssetzung der außenkulturpolitischen Projekte als ein »Ereignis mit einer über Brüssel und Belgien hinausgehenden Bedeutung« eingestuft.[264] Die Erklärung für die fortan zugesagte Kapitalhilfe für Verleger beruhte auf einer klar definierten Stellung im Hinblick auf das deutsch-deutsche kulturpolitische Konkurrenzverhältnis: Bundesdeutsche »Bemühungen um die Kenntnis der deutschen Sprache in Belgien« hätten in der »vielseitigen Buchproduktion eine starke Stütze«; daher dürfe »dieses Feld nicht allein der DDR überlassen werden«.[265]

---

263 Fritz Gohlisch: Buchmesse in der belgischen Hauptstadt. In: BÖRSENBLATT (Leipzig) vom 5.5.1970.
264 AA an die Deutsche Botschaft Brüssel, 2.4.1970. Ebenda.
265 Ebenda.

Schließlich: Im Mai 1976 kündigte die Sowjetunion auf der Warschauer Buchmesse das Vorhaben an, ab September 1977 alle zwei Jahre eine Internationale Bücherschau in Moskau durchzuführen. Die Moskauer Buchmesse war das Resultat einer sich bereits seit Mitte der 1950er-Jahre vollziehenden Öffnung des sowjetischen Buchmarktes. Unter Führung von Chruschtschow war die UdSSR der UNESCO beigetreten und hatte allmählich enge diplomatische Beziehungen zum UNESCO-Hauptsitz entwickelt. Die Mitgliedschaft ermöglichte es der Sowjetunion, u. a. die Buchpolitik der Organisation in Bezug auf die dekolonisierte Welt zu beeinflussen.[266] Die Öffnung war für die sowjetische Kulturpolitik zweischneidig: Während das UNESCO-Programm russische Klassiker feierte (z. B. das Tschechow-Jubiläum 1960),[267] musste die UdSSR einen gewissen Zustrom von Verlagsdaten hinnehmen; die unzensierte russische Ausgabe der populären UNESCO-Illustrierten THE COURIER wurde für viele sowjetische Leserinnen und Leser zu einem Fenster zur Welt.[268] Neben ideologischen Überlegungen waren die wirtschaftlichen Faktoren ein wichtiges Anliegen. Die Exportzahl sowjetischer Bücher nach Westeuropa und in die USA war Anfang der 1960er-Jahre viel niedriger als der Einfuhr von dortigen Druckerzeugnissen. Die nötige Werbung für die Ware Buch blieb aus, da die Staatsverleger außerhalb von Gewinn- und Verbrauchernachfragekriterien funktionierten. Nach einer Reorganisation und weiteren Zentralisierung des staatlichen Verlagssystems bemühte sich das Pressekomitee des Sowjetischen Ministerrates, die Aktivitäten rund um die Ausstellung von Büchern aus der UdSSR und der sozialistischen Welt auf diversen internationalen Buchmessen zu erweitern.[269]

Anlässlich des 50. Jahrestages der Russischen Revolution fand 1967 in Moskau die erste Internationale Buchausstellung statt, an der jedoch lediglich Teilnehmer aus anderen sozialistischen Ländern (ausschließlich China, Nordkorea und Nordvietnam) teilnahmen. 1970 wurde aus Anlass des 100. Geburtstags Lenins eine weitere Buchausstellung veranstaltet, zu der zusätzlich eine Reihe von kleineren linksgerichteten Verlegern aus englischsprachigen Ländern eingeladen waren. Im Jahr 1972 organisierte Moskau das internationale UNESCO-Buchsymposium

---

266 Brigitte Beck Pristed, Rósa Magnúsdóttir: Book Diplomacy. Soviet-American Publishing Relations and the Moscow Book Exhibitions in the Late Cold War. In: Greg Bernhisel (Hrsg.): The Bloomsbury Handbook to Cold War Literary Cultures. London 2022, S. 163–178, hier S. 166.
267 Céline Giton: Weapons of Mass Distribution. UNESCO and the Impact of Books. In: Poul Duedahl (Hrsg.): A History of UNESCO. Global Actions and Impacts. New York 2016, S. 57.
268 Louis H. Porter: Cold War Internationalism. The USSR in UNESCO, 1945–1967. Chapel Hill 2018 (Ph.D. Dissertation), https://doi.org/10.17615/768w-8e65 (letzter Zugriff am 12.12.2024), S. 402–452.
269 Beck Pristed, Magnúsdóttir: Book Diplomacy, S. 167.

und trat ein Jahr später dem multilateralen Urheberrechtsabkommen (Universal Copyright Convention, UCC) bei (vgl. Teil 1). Es war bemerkenswert, dass nicht das sowjetische Außenhandelsministerium, sondern der Vorsitzende des Staatskomitees für Verlagswesen, Polygraphie und Buchhandel (Goskomizdat) sowie des Presseausschusses des sowjetischen Ministerrats Boris Stukalin (1923–2004) den Gesetzesvorschlag für den Beitritt der UdSSR zur UCC ausarbeitete, was auf die Bedeutung der staatlichen Verlagsbranche in der auswärtigen Kulturpolitik hindeutete. Die sowjetischen Behörden bildeten eine Allunionsagentur für den Schutz der Autorenrechte (WAAP), um das Monopol für den Import und Export aller geistigen Rechte zu sichern und zu verwalten. Von 1973 bis 1982 stand die WAAP unter der Leitung von Boris Pankin (geb. 1931), einem Journalisten und Reformer, der die Macht der Apparatschiks intern herausforderte, indem er die Übersetzung kritischer sowjetischer Autoren im Ausland förderte.[270] Die Formalisierung einer sowjetischen Urheberrechtsinstitution schuf einen direkten Verhandlungspartner für westliche Verleger und wurde somit zu einem wichtigen Schritt im Internationalisierungs- und Liberalisierungsprozess des sowjetischen Buchmarktes.[271]

Das am 1. August 1975 unterzeichnete Helsinki-Abkommen legte den Schwerpunkt auf internationale Menschenrechte und schuf einen Rahmen für »informelle Diplomatie«.[272] Die KSZE-Schlussakte verpflichtete zugleich alle Teilnehmerstaaten, den kulturellen Austausch und einen freien Informationsfluss zu intensivieren. Drei Wochen nach der Unterzeichnung der Schlussakte fand in Moskau eine Internationale Buchausstellung statt. Sie war zwar kein direktes Ergebnis des Abkommens, sie profitierte aber von dem »Helsinki-Geist«, auf den Leonid Breschnew in seiner Eröffnungsrede verwies.[273] An der einmonatigen Veranstaltung nahmen circa 500 Unternehmen aus 45 Ländern teil; mit nicht weniger als 750 Tausend Gästen wurde die Ausstellung, die nicht als Messe für den Buchhandel konzipiert war, zu einem großen internationalen Erfolg.[274]

Dies ermutigte den Ministerrat der UdSSR innerhalb von Goskomizdat eine Einheit zu gründen, die mit der Vorbereitung einer künftigen zweijährigen Internationalen Buchmesse betraut wurde. Die für September 1977 geplante Messe

---

270 Ebenda, S. 168 f.
271 Michiel Elst: Copyright, Freedom of Speech, and Cultural Policy in the Russian Federation. Leiden 2004, S. 93–110.
272 Giles Scott-Smith: Opening Up Political Spaces: Informal Diplomacy, East-West Exchanges, and the Helsinki Process. In: Simo Mikkonen, Pia Koivunen (Hrsg.): Beyond the Divide. Entangled Histories of Cold War Europe. New York 2015, S. 23–43, hier S. 24–26.
273 Beck Pristed, Magnúsdóttir: Book Diplomacy, S. 170.
274 G. S. Paschkowskaja: »Na sluschbe mira i progressa«. Na Maskowskoi meschdunarodnoi knischnoi wystawke. In: SFERA KULTURY 5 (2021) Nr. 3, S. 109–118.

stellte Stukalin in der Monatszeitschrift des Sowjetischen Schriftstellerverbandes SOWJETSKAJA LITERATURA nicht nur in Dienst des 60. Jubiläums der Oktoberrevolution, sondern brachte sie mit dem bereits 1975 verwendeten Motto »Das Buch im Dienst des Friedens und Fortschritts« mit der unterzeichneten KSZE-Schlussakte in Verbindung, auf die auch bei späteren Moskauer Messen verwiesen wurde.[275] Die Moskauer Buchmesse hatte eine sehr wichtige Bedeutung im Blick auf die Belgrader Folgekonferenz (1977 bis 1978). Mit der Unterzeichnung der Schlussakte endete ein relevanter Abschnitt in der Geschichte der multilateralen Konferenzdiplomatie, und es setzte eine zweijährige »Probezeit« ein. Die Periode zwischen Helsinki und Belgrad war geprägt von Unsicherheit bezüglich des künftigen Verlaufs der KSZE.[276] Der DDR-Diplomat Siegfried Bock (1926–2019) beschrieb die Ausgangslage nach Besiegelung der Schlussakte folgendermaßen: »Beide Seiten fingen im August 1975 bei Null an. Beide Seiten wussten nicht so recht, was sie mit der Schlussakte machen sollten.«[277] Die Teilnehmerländer der KSZE hatte bisher auf ein festes Ziel hingearbeitet. Jetzt war es an der Zeit, neue Aufgaben zu definierten und den weiteren Fortgang der Gespräche zu bestimmen.

Wie bereits im ersten Teil des Buches dargelegt: Die Sowjetunion strebte danach, die Bedeutung der Menschenrechtsbestimmungen aus dem »dritten Korb« der KSZE zu mildern und eine neue Ausrichtung für die Zukunft zu schaffen, indem sie den Fokus auf technische Themenfelder aus dem Korb II legte. In seiner Rede während des VII. Parteitags der Sozialistischen Arbeiterpartei Polens (PVAP) im Dezember 1975 in Warschau forderte Generalsekretär der KPdSU Leonid Breschnew (1906–1982) dazu auf, »die konkreten Punkte der Schlussakte der Konferenz mit Leben zu erfüllen«.[278] Die eingebrachten Vorschläge bezogen sich auch auf den Kultur- und Literaturaustausch. Konkret wurden Forderungen laut, Werke von Schriftstellerinnen und Schriftstellern aus den anderen Teilnehmerstaaten in Verlagsprogramme aufzunehmen und die Vorbereitung, Übersetzung sowie Veröffentlichung von Büchern im Bereich der Kunst und Literatur zu fördern, die dazu geeignet seien, die kulturellen Leistungen der jeweiligen Länder bekannt zu

---

275 Kulturabteilung im ZK der PVAP: Teilnahme Polens an der I. Internationalen Buchmesse in Moskau 1977, 22.10.1977. In: AAN, 2/1354/0/2.6.3/LVI-1808; Boris Stukalin: Exchange of Books Guided by Helsinki Spirit. In: SOVIET LIFE 275 (1979) Nr. 8, S. 52–57.
276 Philip Rosin: Die Schweiz im KSZE-Prozess 1972–1983. Einfluss durch Neutralität. München 2014, S. 137.
277 Siegfried Bock: Die DDR im KSZE-Prozess. In: ders., Ingrid Muth, Hermann Schwiesau (Hrsg.): DDR-Außenpolitik im Rückspiegel. Diplomaten im Gespräch. Münster 2004, S. 102–117, hier S. 108.
278 Zit. nach Rosin: Die Schweiz im KSZE-Prozess, S. 138.

machen. Diese in Gang gesetzten Kulturtransfermechanismen sollten nachweisen, dass der Westen seinen Verpflichtungen aus der KSZE-Schlussakte nicht nachgekommen sei. Gleichzeitig wurde behauptet, dass die osteuropäischen Staaten, entgegen den propagandistischen Aussagen des Westens, westeuropäischen Staaten bei der Umsetzung der Schlussakte überholt hätten.

Die erste »kommunistische Weltbuchmesse« wurde mit großem organisatorischem Aufwand vorbereitet. Mit der Leitung wurde das Staatskomitee für Verlagswesen, Polygraphie und Buchhandel (Goskomizdat) betraut, welches mit dem Exportunternehmen Mezhdunarodnaya Kniga sowie mit der Allunionsagentur für den Schutz der Autorenrechte (WAAP) eng zusammenarbeitete.[279] Die potenziellen Aussteller und Verlage wurden sowohl auf anderen internationalen Buchmessen als auch von einem breiten Netzwerk diplomatischer und Handelsvertretungen rekrutiert. Strukturähnlichkeiten zwischen Moskau und den bereits etablierten Buchmessen waren nicht zu übersehen: Als Berater wurden Organisatoren der Warschauer Buchmesse herangezogen, die sowjetische Seite bestätigte aber, dass bei den Moskauer Vorbereitungen vor allem die Frankfurter Buchmesse als Vorlage diente. Man übernahm die dort bewährten Lösungen im Hinblick auf Gestaltung des Messekatalogs sowie der Presseunterlagen, Regelung der Öffnungszeiten für das Fach- und das allgemeine Publikum und plante einen Spezialempfang für ausländische Gäste ein.[280] Da die Organisatoren sich des ökonomischen Erfolgs der Messe nicht sicher waren, betonten sie vorrangig ihre informative Funktion und gaben der Veranstaltung die etwas sperrige Bezeichnung »Ausstellung–Messe«.

Zur ersten Moskauer Buchmesse kamen über 1500 Aussteller (darunter 900 aus kapitalistischen Ländern) sowie 200 000 Besucherinnen und Besucher. Mezhdunarodnaya Kniga kaufte den ausländischen Ausstellern alle Exponate ab, die sowjetische Autorenagentur WAAP notierte 1200 Vertragsabschlüsse und vergab über 3600 Optionen für Neuerscheinungen und Verlagsankündigungen.[281] Die polnischen Gäste blickten neidisch auf die Konkurrenz und verzeichneten in ihren späteren Berichten den Aufwärtstrend der neuen Bücherschau. Für Polen wie auch für andere sozialistische Länder hatte Moskau eine nicht zu überschätzende Funktion: Während die Warschauer Buchmesse als Plattform zwischen »Ost« und »West« galt, war die Präsenz der wichtigen Verlage aus den »Entwicklungsländern«

---

279 Ziemowit Jasiński: Vermerk über die I. Internationale Buchmesse in Moskau und die Teilnahme der polnischen Delegation. In: AAN, 2/1354/0/2.6.3/LVI-1808.
280 Botschaft der Bundesrepublik Deutschland an das AA, 27.9.1977. In: PA AA, B95 ZA 123913.
281 Jasiński: Vermerk; Kevin di Camillo: Moscow Book Fair. A Brief History Lesson from Martin P. Levin. In: PUBLISHING RESEARCH QUARTERLY 31 (2015) Nr. 3, S. 175–177, hier S. 176.

in Moskau viel stärker als in Frankfurt und Warschau.²⁸² So konnte beispielsweise die polnische Autorenagentur Verträge schließen mit Vertreterinnen und Vertretern aus dem Kongo, Jordanien, dem Jemen, Nigeria und Algerien. Für die wissenschaftlichen Verlage der DDR wurde Moskau in den 1980er-Jahren zum wichtigsten Zentrum für den Vertrieb der Verlagsproduktion in die asiatischen und afrikanischen Länder.²⁸³

Abb. 25: Katalog des polnischen Gemeinschaftsstands auf der I. Internationalen Buchmesse in Moskau 1977. Quelle: Archiwum Akt Nowych Warschau.

---

282 Die sowjetische Führung kopierte das bereits analysierte Förderungsprogramm des bundesdeutschen Auswärtigen Amts, welches seit Mitte der 1960er-Jahre die Teilnahme von Verlagen aus devisenschwachen Ländern an der Frankfurter Buchmesse ermöglichte. So wurde die Teilnahme vieler »Entwicklungsländer« an der Moskauer Buchmesse vollständig von der sowjetischen Seite gesponsert (Beck Pristed, Magnúsdóttir: Book Diplomacy, S. 172).
283 Władysław Jakubowski (Autorenagentur Warschau): Bericht über Dienstreise zur III. Internationalen Buchmesse in Moskau, 12.9.1983. In: AAN, 2/1354/0/2.6.3/LVI-1808.

Auch dem Bonner Auswärtigen Amt leuchtete, nach anfänglichem Zögern, die »kulturpolitische Notwendigkeit« der bundesdeutschen Beteiligung ein.[284] Zwischen der Frankfurter Ausstellungs- und Messe-GmbH und Bonn entstand erstmals eine Meinungsdifferenz über den Umfang der bundesdeutschen Beteiligung. Das Auswärtige Amt setzte auf eine eher bescheidene Präsenz: Man solle »nicht den Ehrgeiz entwickeln, womöglich der größte Aussteller aus dem nicht-kommunistischen Bereich zu sein«.[285] Peter Weidhaas vertrat dagegen die Auffassung, gerade im Hinblick auf die Belgrader KSZE-Überprüfungsverhandlungen stehe es der Bundesrepublik gut an, »einen Versuch der Sowjets, stärker mit dem Westen in Verbindung zu treten und dessen Gedankengut im eigenen Lande zu verbreiten, zu unterstützen«.[286] Das Letztere setzte sich durch: Das Auswärtige Amt befürwortete »diese großangelegte Beteiligung im Dienste der deutschen auswärtigen Kulturpolitik«. Die 193 bundesdeutschen Verlage bildeten das größte Ausstellungskontingent aus dem gesamten Ausland und erhielten aus Bonn die »höchste Zuwendung, die jemals für eine deutsche Buchmessebeteiligung bewilligt wurde«.[287]

Die erste Internationale Buchmesse in Moskau konnte, wie die Botschaft in ihrem Bericht vermerkte, für beide Seiten als Erfolg verbucht werden. Die Gastgeberseite hätte ihre »Selbstdarstellung sowjetischer Literatur zum 60. Jahrestag des Bestehens der kommunistischen Partei« inszeniert, auf die »hohen Leistungen des sowjetischen Buchwesens, insbesondere unter dem Gesichtspunkt der Erfüllung der Beschlüsse von Helsinki« verwiesen und sich dank den »ostentativ« eingeschränkten Zensurmaßnahmen als Land präsentiert, das um die »größtmögliche Liberalität« bemüht sei.[288] Der bundesdeutsche Stand sei dagegen von zahlreichen

---

284 Deutsche Botschaft Moskau an das AA, 28.6.1976. In: PA AA, B95 ZA 123913.
285 AA: Vermerk, 16.3.1977. Ebenda.
286 Peter Weidhaas an das AA, 18.3.1977. Ebenda.
287 AA an die Ausstellungs- und Messe-GmbH, 4.7.1977. Ebenda.
288 Deutsche Botschaft an das AA, 27.9.1977. Ebenda. Die Organisatoren hatten ein mehrsprachiges Informationsblatt für ausländische Aussteller herausgegeben, in dem mit Begriffen wie »Militarismus«, »Rassismus«, »Faschismus« oder »antimoralische Literatur« Richtlinien für unerlaubte Schriften formuliert wurden. Bis 1989 durchliefen alle in Moskau ausgestellten Bücher zwei Kontrollstufen. Erstens beschlagnahmte der Zoll unerwünschte Veröffentlichungen bei der Grenzkontrolle; zweitens verfügte die Zensurbehörde auf dem Messegelände über ein eigenes Büro, in dem die vor Ort entfernten Bücher aufbewahrt wurden. Beck Pristed, Magnúsdóttir: Book Diplomacy, S. 172. Laut den Aufzeichnungen des Vorsitzenden der amerikanischen Delegation beschlagnahmte der sowjetische Zoll 1977 nur zwölf Titel von den 5000 ausgestellten amerikanischen Büchern. Camillo: Moscow Book Fair, S. 176. Die sowjetische Führung war vor der I. Moskauer Buchmesse zu erheblichen Zugeständnissen bereit. So wurden beispielsweise israelische Verlegerinnen und Verleger zugelassen, obwohl die UdSSR nach dem Sechstagekrieg die diplomatischen Kontakte zu Israel abgebrochen

im Wissenschafts- und Literaturbereich tätigen prominenten Gästen besucht worden. Die Botschaft lud eine »außerordentlich repräsentative Ansammlung der verschiedenartigen Vertreter des sowjetischen Geisteslebens« zum Empfang ein, und selbst die »nicht unbeträchtliche« Diebstahlquote habe von dem großen Interesse an deutschen Büchern gezeugt.[289]

Die Moskauer Buchmesse wurde Mitte der 1980er-Jahre zu einem Katalysator für Gorbatschows Reformen. Zwar wurden diese mitunter als eine »Revolution von oben« aufgefasst, dennoch erzwangen die in den 1970er-Jahren eingesetzte Liberalisierung des Informationsaustausches, der erhöhte sowjetische Buchhandel mit kapitalistischen Ländern sowie seine Ausrichtung auf eine Marktwirtschaft auch eine Bewegung »von unten«. Das Buch war nicht mehr eine ideologische Waffe, ein kulturpolitisches Symbol und diplomatisches Geschenkobjekt, sondern ein Austausch- und Handelsobjekt.[290]

Buchmessen als transnationale »Wertschöpfungsturniere«

Die ausgewerteten archivarischen Daten belegen, dass die internationalen Buchmessen sich bereits Ende der 1950er-Jahre als »*cyclical cluster*« im globalen Kreislauf des Literaturbetriebs etablierten und als solches einen nicht zu überschätzenden Einfluss auf die transnationale Literaturzirkulation innerhalb des »Ostblocks« und im westlichen Ausland ausübten.[291] Im Anschluss an die Terminologie der Management- und Organisationsstudien können die internationalen Buchmessen als »feldkonfigurierende Ereignisse« (*field-configuring events*, FCE) aufgefasst werden. Sie hatten eine begrenzte Zeitdauer, brachten üblicherweise verstreute Akteure zusammen, boten strukturierte Möglichkeiten für soziale Interaktionen, ermöglichten Informationsaustausch und kollektive Sinnbildung. Für Repräsentantinnen und Repräsentanten des Staates generierten die Buchmessen soziale und Imageressourcen, die auch anderswo eingesetzt werden konnten.[292] Möchte man sich an dieser

---

hatte. Martin Levin: The Challenge of Doing Business in the Soviet Union. In: NYLS Journal of International and Comparative Law 11 (1990) Nr. 3, S. 453–456, hier S. 453.
289 Deutsche Botschaft an das AA, 27.9.1977. Ebenda.
290 Beck Pristed, Magnúsdóttir: Book Diplomacy, S. 175 f.
291 Dominik Power, Johan Jansson: Cyclical Clusters in Global Circuits: Overlapping Spaces in Furniture Trade Fairs. In: Economic Geography 84 (2008) H. 4: S. 424–448, hier S. 426.
292 Vgl. Joseph Lampel, Alan D. Meyer: Field-Configuring Events as Structural Mechanism: How Conferences, Ceremonies, and Trade Shows Constitutes New Technologies, Industries and Markets. In: Journal of Management Studies 42 (2008) H. 6,

Stelle eher des anthropologischen Vokabulars bedienen, so könnten die Buchmessen auch als »Wertschöpfungsturniere« (*tournaments of value*) aufgefasst werden.²⁹³ Die »Wertschöpfungsturniere« sind laut Arjun Appadurai komplexe periodische Ereignisse, welche einerseits auf die durch Kultur definierte Weise der Routine des ökonomischen Alltags entkommen, andererseits aber für die von den Teilnehmenden angestrebte »Politik der Reputation« (*politics of reputation*) sorgen.²⁹⁴ Somit haben die »Wertschöpfungsturniere« auch ihre Folgen für die »gewöhnlichen Realitäten der Macht«.²⁹⁵

Die angestrebte politische »Reputation« wurde von den einzelnen Akteuren unterschiedlich aufgefasst und realisiert. Nehmen wir das Beispiel der Warschauer Buchmesse: Für das Gastgeberland war die Messe von Anfang an ein wichtiges Symbol kulturpolitischer Öffnung. Nach dem Polnischen Oktober 1956, der das kulturelle Leben in Polen aufblühen ließ, wurde die polnische Literatur zu einem begehrten Exportprodukt im sozialistischen wie kapitalistischen Ausland. So gab es in der Bundesrepublik polnische Wochen im Rundfunk und polnische Filmtage in den Kinos, polnische Komponisten feierten ihre großen Erfolge bei den Donaueschinger Musiktagen; junge Talente der polnischen Literaturszene wie Marek Hłasko und Sławomir Mrożek genossen Kultstatus, und führende Publikumsverlage wie Hanser, Piper, Kiepenheuer & Witsch oder Suhrkamp nahmen polnische Autorinnen und Autoren in ihr Programm auf.²⁹⁶ Diese »polnische Welle« wurde auch von den polnischen Parteigremien wahrgenommen: Die im Ausland anerkannte, sich von der Politik emanzipierende Literatur wurde auf der Warschauer Buchmesse präsentiert als Lackmustest für den vermeintlich liberalen Staatsapparat. Dass durch Polens Kulturpolitik schon bald wieder ein kühler Herbstwind fegte, tat der

---

S. 1025–1035, hier S. 1027; Mary R. Watson, N. Anand: Award ceremony as an arbiter of commerce and canon in the popular music industry. In: Popular Music 25 (2006) H. 1, S. 41–56; N. Anand, Brittany C. Jones: Tournament rituals, category dynamics, and field configuration: the case of the Booker Prize: In: Journal of Management Studies 45 (2008) H. 6, S. 1036–1060; Marry Ann Glynn: Configuring the field of play: how hosting the Olympic games impacts civic community. In: Journal of Management Studies 45 (2008) H. 6, S. 1117–1146; Ido Shahar: Between books and politics. Cairo international book fair as a field configuring event. In: History and Anthropology 28 (2017) H. 2, S. 166–187.

293 Arjun Appadurai: Introduction: commodities and the politics of value. In: ders. (Hrsg.): The Social Life of Things. Commodities in cultural perspectieve. Cambridge 1986, S. 3–63, hier S. 21.
294 Ebenda, S. 19, 21. Vgl. Brian Moeran, Jesper Strandgaard Pedersen: Introduction. In: dies. (Hrsg.): Negotiating values in the creative industries: fairs, festivals and competitive events. Cambridge 2011, S. 1–35, hier S. 17.
295 Appadurai: Introduction, S. 21.
296 Wenninger: Kunst der Stunde, S. 9 f.

auf der Buchmesse in Warschau angestrebten »Politik der Reputation« keinen Abbruch. Auch in den politisch angespannten 1980er-Jahren sollte die auffällig milde Zensurpolitik nach außen für ein positives Images des Staates sorgen.

Auffällig an der Warschauer Buchmesse war die durch Parteigremien sanktionierte Aufhebung offizieller kulturpolitischer Vorschriften beim Verkauf von Rechten und Lizenzen für Werke polnischer Autorinnen und Autoren. Theoretisch und methodologisch ertragreich erscheint in diesem Kontext die von Larissa Buchholz vorgenommene Unterscheidung zwischen funktionaler und vertikaler Autonomie im globalen Kunstsystem. Während sich erstere, nicht anders als bei Pierre Bourdieu, auf das nationale künstlerische Feld bezieht, welches sich von Interessen und Praktiken anderer sozialer Systeme (wie Politik, Ökonomie oder Religion) abgrenzt, verweist letztere auf die Differenz zwischen der Eigenlogik des nationalen und den Mechanismen des transnationalen Feldes.[297] Obwohl in Polen, wie auch in anderen Ländern des »Ostblocks«, die funktionale Differenzierung des literarischen Feldes durch die einprogrammierte Durchdringung der Systeme der Kunst und der Politik eingeschränkt war, akzeptierten die Parteigremien stillschweigend die vertikale Autonomie der polnischen Literatur im transnationalen Feld. Sie waren sich der Tatsache bewusst, dass das Interesse ausländischer Verlage vor allem jenen polnischen Autorinnen und Autoren galt, die nicht unbedingt zum offiziellen Kanon der Nationalliteratur gehörten.

Nach Angaben des Warschauer Kulturministeriums wurden auf der Warschauer Buchmesse Anfang der 1980er-Jahre vor allem Lizenzen für Klassiker der Science-Fiction gekauft sowie für Werke, denen eine »religiös gefärbte« Abrechnung mit dem Trauma des Krieges zugrunde lag.[298] Die restliche Vergabe von Rechten ins kapitalistische Ausland (aber auch nach Ungarn und Jugoslawien) sollte aber von einer »deutlichen Präferenz für Autoren aus dem Kreis politischer Opposition« geprägt sein.[299] Dennoch war das Ministerium bereit, die Buchmesse als Instrument für die Reproduktion transnationalen kulturellen Kapitals möglichst ungestört wirken zu lassen. Dass die Suhrkamp-Vertreter auf der Buchmesse in Warschau in den Jahren 1965 bis 1970 mit Autoren wie Zbigniew Herbert, Kazimierz Brandys, Jerzy Andrzejewski, Włodzimierz Brus oder Bronisław Baczko – von denen die meisten mit Publikationsverbot belegt waren – über die Vergabe von Rechten und künftige Publikationsprojekte verhandeln konnten, macht anschaulich, wie sich

---

297 Larissa Buchholz: What is Global Field? Theorizing Fields beyond the Nation-State. In: THE SOCIOLOGICAL REVIEW MONOGRAPHS 64 (2016) H. 2, S. 31–60, hier S. 34; vgl. Pierre Bourdieu: Die Regeln der Kunst. Genese und Struktur des literarischen Feldes. Übers. von Bernd Schwibs und Achim Russer. Frankfurt am Main 2001, S. 227.
298 Ministerium für Kultur und Kunst: Förderung polnischer Bücher im Ausland, 1982–1984, o. D. (1984). In: AAN, 2/1354/0/2.6.3/LVI-1826.
299 Ebenda.

die auf der Buchmesse geltenden Transfermechanismen den offiziellen Richtlinien des Literatursystems Polens entzogen. Diese Akzeptanz vertikaler Autonomie beeinflusste zugleich die polnische Ausstellungspraxis auf der größten internationalen Buchmesse in Frankfurt am Main: Sie richtete sich sogar bis in die erste Hälfte der innenpolitisch ohnehin schwierigen 1980er-Jahre (Kriegsrecht, Inhaftierung der demokratischen Opposition, weitgehende internationale Isolation) nicht nach dem offiziellen und machtkonformen Kanon, sondern berücksichtigte immer noch Erwartungen ausländischer Abnehmerinnen und Abnehmer.[300]

Für die Vertreterinnen und Vertreter der DDR war die Warschauer Buchmesse zwar hauptsächlich ein Schauplatz für deutsch-deutsche Konkurrenzkämpfe, sie wurde aber auch zum wichtigen Transmissionsriemen für den Transfer der DDR-Literatur ins Ausland, darunter auch auf asiatische und afrikanische Buchmärkte. Dieser Aspekt der Buchmesse veranschaulicht ihre ökonomische Funktion, die interessanterweise nicht nur für westliche Akteure, sondern auch für Organisatoren und Aussteller aus sozialistischen Ländern von großer Bedeutung war. Der Handel mit Lizenzen und Optionen, Exportabschlüsse mit dem »kapitalistischen Ausland«, den »Entwicklungsländern« sowie anderen Staaten des »Ostblocks« gehörte zu den Prioritäten der Außenhandelsgesellschaften Polens und der DDR. Auf diesem Weg ließ sich der Mangel an harter Währung in der Buchbranche zumindest teilweise verringern. Bemerkenswert war der jährlich auf Schloss Radziejowice stattfindende institutionalisierte Erfahrungsaustausch unter den Leitungsgremien des sozialistischen Verlagswesens. In multilateraler Zusammenarbeit wurde dort das Angebot westlicher Verlage ausgewertet und die gemeinsame Verlagspolitik innerhalb des europäischen »Ostblocks« konsolidiert (etwa mit Blick auf geplante Übersetzungsprojekte, Editionsprojekte oder die Kooperation der Verlage).

Das Phänomen der (kultur-)politischen Vereinnahmung der Buchmessen durch Staatsinstanzen war nicht nur auf sozialistische Länder beschränkt. Auch die Verschränkung der kulturpolitischen Interessen des Bonner Auswärtigen Amts mit der Organisation der Frankfurter Buchmesse sowie mit der Unterstützung von Verlagen und Mittlerorganisationen bei der Teilnahme an anderen internationalen Buchmessen und Buchausstellungen zeigt, dass die Vorstellung eines weitgehend autonomen Literatursystems der Bundesrepublik durch diverse heteronome Faktoren ergänzt werden muss. In der zweiten Hälfte des 20. Jahrhunderts war die Frankfurter Buchmesse an politische Ziele gebunden, da sie, damals wie heute, eine große und vielfältige Anzahl von Akteuren aus dem literarisch-verlegerischen wie aus dem politischen Feld zusammenbrachte. Während die Selbstdarstellung Ersterer auf den diakritischen ästhetischen und kulturellen Zeichen beruhte (literarische

---

300 Jerzy Wittlin: Schlussfolgerungen bezüglich der Buchmesse in Frankfurt, o. D. In: AAN, 2/1354/0/2.6.3/LVI-1811.

Innovationen, Eingang in die Weltliteratur), ging es den (Kultur-)Politikern sowohl um zentrale Wertmarken einer Gesellschaft (z. B. kultureller Liberalismus und Offenheit als dargestellte Werte) wie auch um den ökonomischen Gewinn (Verbreitung deutscher Literatur im Ausland). Wichtig bleibt, dass auch den politischen wie verlegerischen Akteuren daran gelegen war, nach außen hin das Bild eines autonomen Literatursystems zu bewahren. Durch Einsatz von Mittlerinstanzen – wie etwa dem Börsenverein, dem Institut für Auslandsbeziehungen oder Inter Nationes – kann der Anteil der Kulturabteilung des Auswärtigen Amts an der Vorbereitung der Buchmessen und Buchausstellungen nur anhand des hausinternen Briefwechsels rekonstruiert werden.

Das Archivmaterial zur Geschichte der Frankfurter Buchmesse belegt zugleich Vor- und Nachteile des Modells bundesdeutscher auswärtiger Kulturpolitik über Mittlerorganisationen. Deutschland arbeitete in der Verwirklichung seiner auswärtigen Kulturpolitik von Beginn an, seit das Auswärtige Amt 1920 seine Kulturabteilung einrichtete, mit Mittlerorganisationen. Die Mittlerorganisationen, so heißt es in den Richtlinien des Auswärtigen Amts vom Juni 2004, »genießen im Rahmen der von der Bundesregierung gesetzten Leitlinien [...] weitgehende Freiheit der Programmgestaltung. Die dezentrale Umsetzung hat sich in langjähriger Praxis bewährt.«[301] In der untersuchten Periode übernahmen die Mittlerorganisationen Aufgaben und Initiativen, die eine staatliche Kulturpolitik nicht selbst umsetzen konnte. Das im Auswärtigen Amt gewünschte und nach außen hin kreierte Bild autonomer Kulturveranstaltungen und Literaturausstellungen auf der Frankfurter Buchmesse und im Ausland wäre ohne Einsatz von Mittlerorganisationen nicht möglich gewesen. Der präsentierte Dissens zwischen dem Auswärtigen Amt und dem Stuttgarter Institut für Auslandsbeziehungen bei der Organisation des Lateinamerika-Colloquiums in Sprendlingen im Jahr 1976 macht aber ersichtlich, dass es bei der Zielsetzung und Steuerung immer wieder dann zu Spannungen kam, wenn öffentliche Gelder im Spiel waren und die Bonner Behörden auf ihre Planungskompetenzen bestanden.

Die Unterstützung des Auswärtigen Amts für die Teilnahme bundesdeutscher Verlage an der Warschauer Buchmesse lässt schließlich die immer wieder zitierte Zäsur des Jahres 1970, was die bundesdeutschen Außenkulturpolitik im Allgemeinen und gegenüber Polen und Osteuropa im Besonderen betrifft, fraglich erscheinen.[302] Zum einen habe eine Veränderung erst eingesetzt, als der Staatssekretär

---

301 Zit. nach: Kurt-Jürgen Maaß: Das deutsche Modell – Die Mittlerorganisationen. In: ders. (Hrsg.): Kultur- und Außenpolitik. Baden-Baden 2015, S. 262–276, hier S. 264.
302 Vgl. Andreas Lawaty: Die kulturellen Beziehungen zwischen der Bundesrepublik Deutschland und der Volksrepublik Polen bis 1975. In: Wolfgang Jacobmeyer (Hrsg.): Die Beziehungen zwischen der Bundesrepublik Deutschland und der Volksrepublik

im Auswärtigen Amt, Ralf Dahrendorf (1929–2009), in den 1970 ausgearbeiteten »Leitsätzen für die auswärtige Kulturpolitik« die kulturelle Außenpolitik zur »zwischenstaatlichen Gesellschaftspolitik« umformulierte. Somit wurde die Bonner Außenkulturpolitik generell auf eine neue konzeptionelle Grundlage gestellt. Zum anderen beruht eine Einschätzung der Zäsur des Jahres 1970 auf dem von der Geschichtsschreibung skizzierten Bild bundesdeutsch-osteuropäischer Beziehungen nach 1945: Nach der Unterzeichnung der Verträge mit der Sowjetunion (1970), Polen (1970) und der Tschechoslowakei (1973) bewegten sich die Kulturbeziehungen zwischen der Bundesrepublik und den meisten osteuropäischen Staaten in offiziellen und institutionalisierten Bahnen. Dies heißt jedoch nicht, dass Kultur zuvor keine Rolle als Instrument der Bonner Polen- und Osteuropapolitik gespielt hätte. Die analysierten Archivalien zur Warschauer Buchmesse gewähren einen Blick hinter die Kulissen einer im Auswärtigen Amt geplanten und mit Einsatz von Mittlerinstitutionen geplanten auswärtigen Kulturpolitik im Hinblick auf Osteuropa, bevor diese zur »dritten Säule« der Außenpolitik avancierte.

Somit waren die Buchmessen ein nicht zu überschätzendes Forum für die Literaturzirkulation zwischen »Ost« und »West«. Als »Wertschöpfungsturniere« waren sie für die beteiligten Akteure von großer Bedeutung für die Realisierung kulturpolitischer Ziele. Schließlich: Die überlieferten Archivalien tragen auch die Spuren vielfältiger ökonomischer Prozesse. Die Ökonomie des transnationalen Literaturtransfers schlägt sich in Bilanzen nieder, sie taucht in Verlags- und Lizenzverträgen sowie in Honoraren auf. Die Dokumente machen anschaulich, wie westliche Privat- und sozialistische Staatsverlage auf Buchmessen rechneten, welche Risiken sie eingingen und wie der Charakter des Buches als (sozialistischer) Ideenträger in diesen ökonomischen Konstellationen zur Geltung kam. Die Buchmessen waren die Fenster zur anderen Welt, für den Westen wie für den Osten, Orte der kleinen und großen Begegnungen in einer weitgehend analogen Zeit.

Polen bis zur Konferenz über die Sicherheit und Zusammenarbeit in Europa (Helsinki 1975). Braunschweig 1987, S. 179–189.

Literaturverzeichnis

Abkürzungen (Archive):

AAN: Archiwum Akt Nowych (Archiv Neuer Akten Warschau)
BArch: Bundesarchiv
DLA: Deutsches Literaturarchiv Marbach
IPN: Instytut Pamięci Narodowej (Institut für Nationales Gedächtnis Warschau)
PA AA: Politisches Archiv des Auswärtigen Amts
SächsStA: Sächsisches Staatsarchiv
SAPMO: Stiftung Archiv der Parteien und Massenorganisationen der DDR im Bundesarchiv
SBB: Staatsbibliothek zu Berlin

Literatur:

Amman, Dieter: Lesehungrig. Die zwölfte internationale Warschauer Buchmesse. In: STUTTGARTER ZEITUNG vom 1. Juni 1967.
Anand, N.; Jones, Brittany C.: Tournament rituals, category dynamics, and field configuration: the case of the Booker Prize: In: JOURNAL OF MANAGEMENT STUDIES 45 (2008) H. 6, S. 1036–1060.
Andringa, Els (Hrsg.): Avantgarde & Exil. Ludwig Kunz als Kulturvermittler: Autor und Vermittler zwischen den Künsten und Sprachen. Zürich 2017.
Andrzejewski, Jerzy: Aus dem Vorwort der polnischen Ausgabe. In: Tadeusz Borowski: Die steinerne Welt. Erzählungen. München 1963, S. 5 f.
Antkowiak, Alfred: Moderne Prosa niederländischer Sprache oder die Stagnation der Enttäuschung. In: ders. (Hrsg.): Erkundungen. 21 Erzähler aus Belgien und den Niederlanden. Berlin 1976, S. 296–306.
Antkowiak, Barbara: Ein Zensor in Ulan Bator. In: Simone Barck, Siegfried Lokatis (Hrsg.): Fester zur Welt. Eine Geschichte des DDR-Verlages Volk & Welt. Berlin 2003, S. 92–94.
Appadurai, Arjun: Introduction: commodities and the politics of value. In: ders. (Hrsg.): The Social Life of Things. Commodities in cultural perspective. Cambridge 1986, S. 3–63.
Apter, Emily: Against World Literature. On the Politics of Untranslatability. London, New York 2013.
Arnold, Hans: Finanzielle Aspekte der Kulturbeziehungen zu Lateinamerika. In: ders.: Kulturexport als Politik? Aspekte auswärtiger Kulturpolitik. Tübingen, Basel 1976, S. 213–220.
Arnoldov, Arnold: Der internationale Charakter der sozialistischen Kultur. In: EINHEIT. ZEITSCHRIFT FÜR THEORIE UND PRAXIS DES WISSENSCHAFTLICHEN SOZIALISMUS (1973) H. 4, S. 449–458.
Arnoldov, Arnold: Kulturelle Prozesse im Sozialismus. Aspekte, Tendenzen, Perspektiven. Berlin 1975.
Aumüller, Matthias: Ankunftsliteratur. Explikationen eines literaturhistorischen Begriffs. In: WIRKENDES WORT 61 (2011) H. 2, S. 293–311.
Aust, Martin: Geschichtsschreibung und Erinnerungspolitik. In: Martin Aust, Andreas Heinemann-Grüder, Angelika Nußberger, Ulrich Schmid: Osteuropa zwischen Mauerfall und Ukrainekrieg. Besichtigung einer Epoche. Berlin 2022, S. 136–178.

Babiracki, Patryk; Jersild, Austin: Editor's Introduction. In: dies. (Hrsg.): Socialist Internationalism in the Cold War. Exploring the Second World. London 2016, S. 1–16.
Bachleitner, Norbert; Wolf, Michaela: Einleitung: Zur soziologischen Erforschung der literarischen Übersetzung im deutschsprachigen Raum. In: dies. (Hrsg.): Streifzüge im translatorischen Feld. Zur Soziologie der literarischen Übersetzung im deutschsprachigen Raum. Berlin, Wien 2010, S. 8–29.
Bakshi, Natalia: Maksim Gor'kijs Verlag »Vsemirnaja literatura« und die Übersetzungspolitik nach der Revolution. In: Elena Korowin, Jurij Lileev (Hrsg.): Russische Revolutionen 1917. Kulturtransfer im europäischen Raum. Paderborn 2020, S. 239–249.
Barbian, Nikolaus: Auswärtige Kulturpolitik und »Auslandsdeutsche« in Lateinamerika 1949–1973. Wiesbaden 2014, S. 15–20.
Barck, Simone; Langermann, Martina; Lokatis, Siegfried: »Jedes Buch ein Abenteuer«. Zensur-System und literarische Öffentlichkeiten in der DDR bis Ende der sechziger Jahre. Berlin 1998.
Barck, Simone; Lokatis, Siegfried (Hrsg.): Fester zur Welt. Eine Geschichte des DDR-Verlages Volk & Welt. Berlin 2003.
Barck, Simone: Nachdichtungen 1 – Verfemte Poeten und die sächsische Dichterschule. In: Simone Barck, Siegfried Lokatis (Hrsg.): Fester zur Welt. Eine Geschichte des DDR-Verlages Volk & Welt. Berlin 2003, S. 314 f.
Barck, Simone: Die »Anthologitis« – ein Phänomen des Literaturbetriebes in der DDR. In: Günter Häntzschel (Hrsg.): Literatur in der DDR im Spiegel ihrer Anthologien. Wiesbaden 2005, S. 1–14.
Barnhisel, Georg: Introduction. In: ders. (Hrsg.): The Bloomsbury Handbook to Cold War Literary Cultures. London 2022, S. 1–8.
Baumgarten, Gert: Die wichtigste Buchmesse im Osten. In: Handelsblatt vom 27. Mai 1967.
Baumgarten, Gert: Warschaus Buchmesse überrundet Leipzig. In: Westfälische Rundschau vom 28. Mai 1967.
Beck, Ulrich: The Cosmopolitan Condition. Why Methodological Nationalism Fails. In: Theory, Culture and Society 24 (2007) H. 7–8, S. 286–290.
Beck Pristed, Brigitte; Magnúsdóttir, Rósa: Book Diplomacy. Soviet-American Publishing Relations and the Moscow Book Exhibitions in the Late Cold War. In: Greg Bernhisel (Hrsg.): The Bloomsbury Handbook to Cold War Literary Cultures. London 2022, S. 163–178.
Bedson, Tatiana; Schulz, Maxim: Sowjetische Übersetzungskultur in den 1920er und 1930er Jahren. Die Verlage Vsemirnaja Literatura und Academia. Berlin 2015.
Behrens, Alexander: Johannes R. Becher. Eine politische Biographie. Köln 2003.
Berbig, Roland (Hrsg.): Auslaufmodell »DDR-Literatur«. Essays und Dokumente. Berlin 2018.
Bereska, Henryk: Porträt einer Lektorin – Jutta Janke. In: Simone Barck, Siegfried Lokatis (Hrsg.): Fester zur Welt. Eine Geschichte des DDR-Verlages Volk & Welt. Berlin 2003, S. 81–86.
Bispinck, Hendrik; Hoffmann, Dierk; Schwartz, Michael; Skyba, Peter; Uhl, Matthias; Wentker, Hermann: Die Zukunft der DDR-Geschichte. Potenziale und Probleme zeitgenössischer Forschung. In: Vierteljahrshefte für Zeitgeschichte 43 (2005), H. 4, S. 547–570.
Blahynka, Milan (Hrsg.): Česká poezie dvacátého století. Praha 1980.
Blume, Patricia F.: Die Geschichte der Leipziger Buchmesse in der DDR. Literaturtransfer, Buchhandel und Kulturpolitik in deutsch-deutscher Dimension. Berlin, Boston 2024.
Bock, Siegfried: Die DDR im KSZE-Prozess. In: ders., Ingrid Muth, Hermann Schwiesau (Hrsg.): DDR-Außenpolitik im Rückspiegel. Diplomaten im Gespräch. Münster 2004, S. 102–117.
Boeckh, Wolfgang: XVIII. Warschauer Buchmesse. Internationales Forum und RGW-Arbeit im buchhändlerischen Gedankenaustausch. In: Börsenblatt (Leipzig) vom 2. Juni 1972.
Boguna, Julija; Tashinskiy, Alexey: Grenzüberschreibungen im Übersetzungsland DDR. Vorbemerkung. In: Alexey Tashinskiy, Julija Boguna, Andreas F. Kelletat (Hrsg.): Übersetzer und Übersetzen in der DDR. Translationshistorische Studien. Berlin 2020, S. 7–16.

Böhme, Waltraud (Hrsg.): Kleines politisches Wörterbuch. Berlin 1986.

Borodziej, Włodzimierz: Geschichte Polens im 20. Jahrhundert. München 2010.

Bosshard, Marco Thomas: Die Rezeption des Frankfurter Buchmesseschwerpunkts *Francfort en français* 2017 in der Politik, beim Publikum, bei Fachbesuchern und bei Buchhändlern. In: Lendemains 43 (2018) H. 170–171, S. 26–46.

Bourdieu, Pierre: Die Regeln der Kunst. Genese und Struktur des literarischen Feldes. Übers. von Bernd Schwibs. Frankfurt am Main 1999.

Brandt, Marion: Für eure und unsere Freiheit? Der Polnische Oktober und die Solidarność-Revolution in der Wahrnehmung von Schriftstellern aus der DDR. Berlin 2002.

Brandt, Marion: Vor dem Sturm. Zur Anthologie »Nachbarn. Texte aus Polen (1985)«. In: Simone Barck, Siegfried Lokatis (Hrsg.): Fester zur Welt. Eine Geschichte des DDR-Verlages Volk & Welt. Berlin 2003, S. 87–91.

Brang, Heidi: Von Gutachten, Zensoren und anderen Geheimnissen. In: Siegfried Lokatis, Martin Hochrein (Hrsg.): Die Argusaugen der Zensur. Begutachtungspraxis im Leseland DDR. Stuttgart 2021, S. 441–451.

Breyer, Harald: DDR-Bücher auch in Brüssel vertreten. In: Börsenblatt (Leipzig) vom 29. April 1969.

Brink, André: Gedankenreisen. Eine Einführung in das Werk von Wilma Stockenström. In: Wilma Stockenström: Denn der siebte Sinn ist der Schlaf. Übers. von Renate Stendhal. Zürich 1987, S. 195–200.

Brohm, Holger: Günter Kunert vor dem Gesetz. Gutachten als Kommentarformen des Kanons. In: Birgit Dahlke, Martina Langermann, Thomas Taterka (Hrsg.): LiteraturGesellschaft DDR. Kanonkämpfe und ihre Geschichte(n). Stuttgart, Weimar 2000, S. 214–237.

Brohm, Holger: Die Koordinaten im Kopf. Gutachtenwesen und Literaturkritik in der DDR in den 1960er Jahren. Fallbeispiel Lyrik. Berlin 2001.

Brouillette, Sarah: UNESCO and the Fate of the Literary. Stanford 2019.

Brunner, Detlev: DDR »transnational«. Die »internationale Solidarität« der DDR. In: Alexander Gallus, Axel Schildt, Detlef Siegfried (Hrsg.): Deutsche Geschichte transnational. Göttingen 2015, S. 64–80.

Bruns, Wilhelm: Politik der selektiven Mitgliedschaft. Das Verhältnis der DDR zu den UN-Sonderorganisationen, insbesondere zur UNESCO. In: Vereinte Nationen: German Review on the United Nations 26 (1978) H. 5, S. 154–159.

Buchholz, Larissa: What is Global Field? Theorizing Fields beyond the Nation-State. In: The Sociological Review Monographs 64 (2016) H. 2, S. 31–60.

Bürgin, Gottfried: Kritische Gedanken zum Internationalen Jahr des Buches 1972. In: Fachblatt für schweizerisches Heim- und Anstaltswesen 43 (1972), S. 442–443

Burmeister, Brigitte: Streit um den Nouveau Roman. Eine andere Literatur und ihre Leser. Berlin 1983.

Burschell, Friedrich: Weiss und schwarz. In: Neue Deutsche Hefte. Beiträge zur europäischen Gegenwart (1956/57) H. 3, S. 496 f.

Burton, John: World Society. Cambridge 1972.

Buzelin, Hélène: Translation in the Making. In: Michaela Wolf, Alexandra Fukari (Hrsg.): Constructing a Sociology of Translation. Amsterdam 2007, S. 135–169.

Charmaz, Kathy: Constructing Grounded Theory. A Practical Guide through Qualitative Analysis. London 2006.

Clark, Katerina: Socialist Realism and the Sacralizing of Space. In: Evgeny Dobrenko, Eric Naiman (Hrsg.): The Landscape of Stalinism. The Art and Ideology of Soviet Space. Seattle, London 2003, S. 3–18.

Clark, Katerina: Moscow, the Fourth Rome. Stalinism, Cosmopolitanism, and the Evolution of Soviet Culture, 1931–1941. Cambridge 2011.
Cornwell, Gareth: And a Threefold Cord: La Guma's neglected masterpiece? In: Literator 23 (2002) H. 3, S. 63–80.
Cygan, Dorota; Zybura, Marek: Wstęp. In: dies. (Hrsg.): »Salut Henri! Don Witoldo!« Witold Wirpsza – Heinrich Kunstmann. Listy 1960–1983. Kraków 2015, S. 5–29.
Damrosch, David: What is World Literature. Princeton 2003.
Darton, Robert: Die Zensoren. Wie staatliche Kontrolle die Literatur beeinflusst hat. Vom vorrevolutionären Frankreich bis zur DDR. München 2014.
David-Fox, Michael: Showcasing the great experiment. Cultural diplomacy and western visitors to the Soviet Union, 1921–1941. Oxford 2012.
Decroos, Jérôme: Niederländische Gedichte aus neun Jahrhunderten. Freiburg, Basel 1960.
Dedecius, Karl: Botschaft der Bücher. In: ders. (Hrsg.): Polonica in den Verlagen der Bundesrepublik Deutschland. Frankfurt am Main 1966, S. 9–19.
Deicke, Werner: Ein Begriff im Widerstreit: Unterhaltungsliteratur. In: Untersuchungen zur sozialistischen Unterhaltungsliteratur 15 (1975) H. 1, S. 11–25.
Denning, Michael: Culture in the Age of Three Worlds. London: 2004.
Dietrich, Gerd: Kulturpolitische Rahmenbedingungen für die Buchbranche in der DDR 1949–1990. In: Christoph Links, Siegfried Lokatis, Klaus G. Saur (Hrsg.): Geschichte des Deutschen Buchhandels im 19. und 20. Jahrhundert: Deutsche Demokratische Republik, Teil 1: SBZ, Institutionen, Verlage. Berlin, Boston 2022, S. 173–205.
Di Camillo, Kevin: Moscow Book Fair. A Brief History Lesson from Martin P. Levin. In: Publishing Research Quarterly 31 (2015) Nr. 3, S. 175–177.
DiMaggio, Paul J.; Powell, Walter W.: The Iron Cage Revisited: Institutional Isomorphism and Collective Rationality in Organizational Fields. In: American Sociological Review 48 (1983) Nr. 2, S. 146–160.
Dimock, Wai Chee: Through Other Continents. American Literature Across Deep Time. Princeton 2006.
Djagalov, Rossen: Literary Monopolist and the Forging of the Post-World War II People's Republik of Letters. In: Evgeny Dobrenko, Natalia Jonsson-Skradol (Hrsg.): Socialist Realism in Central and Eastern European Literatures under Stalin. Institutions, Dynamics, Discourses. New York 2018, S. 25–38.
Dufner, Georg J.: Chile als Partner, Exempel und Prüfstein. Deutsch-deutsche Außenpolitik und Systemkonkurrenz in Lateinamerika. In: Vierteljahrshefte für Zeitgeschichte 61 (2013) H. 4, S. 513–548.
Dwars, Jens-Fietje: Abgrund des Widerspruchs. Das Leben des Johannes R. Becher. Berlin 1998.
Ehrenburg, Ilja: Tauwetter. In: Aufbau 8 (1956), S. 681–696.
Einert, Katharina: »17 Autoren schreiben am Roman des lateinamerikanischen Kontinents«. Die Fiktionalisierung Lateinamerikas und seiner Literaturen. In: Internationales Archiv für Sozialgeschichte der deutschen Literatur 43 (2018) H. 1, S. 127–150.
Elst, Michiel: Copyright, Freedom of Speech, and Cultural Policy in the Russian Federation. Leiden 2004.
Ende, Dagmar: Untersuchungen zum Menschen- und Gesellschaftsbild in ausgewählten Science-Fiction-Werken Stanisław Lems und zu deren Aufnahme durch die Literaturkritik der DDR 1954–1990. In. Quarber Merkur 30 (1992) H. 2, S. 3–13.
Engel, Ulf; Schleicher, Hans-Georg: Die beiden deutschen Staaten in Afrika. Zwischen Konkurrenz und Koexistenz 1949–1990. Hamburg 1998.
Enzensberger, Hans Magnus: Tumult. Berlin 2014.

Erbe, Günter: Die verfemte Moderne. Die Auseinandersetzung mit dem »Modernismus« in Kulturpolitik, Literaturwissenschaft und Literatur der DDR. Opladen 1993.

Espagne, Michel; Werner, Michael: Deutsch-französischer Kulturtransfer im 18. und 19. Jahrhundert. Zu einem neuen interdisziplinären Forschungsprogramm des C.N.R.S. In: Francia. Forschungen zur westeuropäischen Geschichte 13 (1985), S. 502–510.

Espagne, Michel: Transferanalyse statt Vergleich. Interkulturalität in der sächsischen Regionalgeschichte. In: Hartmut Kaelble, Jürgen Schriewer (Hrsg.): Vergleich und Transfer. Komparatistik in den Sozial-, Geschichts- und Kulturwissenschaften. Frankfurt am Main 2003, S. 419–438.

Fair-Schulz, Axel: Loyal Subversion. East Germany and its Bildungsbürgerlich Marxist Intellectuals. Berlin 2009.

Fischer, Ernst: Entfremdung, Dekadenz, Realismus. In: Sinn und Form 14 (1962) H. 5–6, S. 816–854.

Fischer, Ernst: Rede bei der Kafka-Konferenz. In: Wiener Tagebuch (1978) Nr. 7–8, S. 27–29.

Fischer, Ernst: Geglückte Imagekorrektur? Bilanz des Schwerpunktthemas Österreich 1995. In: Stephan Füssel (Hrsg.): 50 Jahre Frankfurter Buchmesse 1949–1999. Frankfurt am Main 1999, S. 150–162.

Fischer, Ernst: Übersetzungen auf dem Markt: Institutionen und Steuerungsfaktoren. In: Norbert Bachleitner, Michaela Wolf (Hrsg.): Streifzüge im translatorischen Feld. Zur Soziologie der literarischen Übersetzung im deutschsprachigen Raum. Wien, Berlin 2010, S. 34–64.

Friedman, Jeremy: Ripe for Revolution. Building Socialism in the Third World. Cambridge 2022.

Frohn, Julia: Literaturaustausch im geteilten Deutschland 1945–1972. Berlin 2014.

Füssel, Stephan: Vorwort. In: ders. (Hrsg.): 50 Jahre Frankfurter Buchmesse 1949–1999. Frankfurt am Main 1999, S. 7–11.

Füssel, Stephan: Ein Frankfurter Phoenix. Die Anfänge der Frankfurter Messe und ihre frühe Internationalisierung. In: ders. (Hrsg.): 50 Jahre Frankfurter Buchmesse 1949–1999. Frankfurt am Main 1999, S. 12–25.

Gahnz Ulricke: Die Edition schwedischer Literatur. In: Simone Barck, Siegfried Lokatis (Hrsg.): Fester zur Welt. Eine Geschichte des DDR-Verlages Volk & Welt. Berlin 2003, S. 117–123.

Galeano, Eduardo: Literatur und Gesellschaft in Lateinamerika. In: Zeitschrift für Kulturaustausch (1977) H. 1, S. 23–28.

Gansel, Carsten: Parlament des Geistes. Literatur zwischen Hoffnung und Repression 1945–1961. Berlin 1996.

Gansel, Carsten: Kinder- und Jugendliteratur in der SBZ/DDR in modernisierungstheoretischer Sicht. Aufriß eines Problemfeldes. In: Reiner Wild (Hrsg.): Gesellschaftliche Modernisierung und Kinder- und Jugendliteratur. St. Ingbert 1997, S. 177–197.

Gardecki, Wiktor: Cenzura wobec literatury polskiej w latach osiemdziesiątych XX wieku. Warszawa 2019.

Gat, Tal: Israel – Deutschland: Bald 50 Jahre diplomatische Beziehungen. In: Zeitschrift für Aussen- und Sicherheitspolitik 6 (2013) H. 3, S. 319–330.

Gefen, Alexandre: L'Idée de la littérature. De l'art pour l'art aux écritures d'intervention. Paris 2022.

Geißler, Klaus: Das Nationale und das Internationale in den Literaturen europäischer sozialistischer Länder. In: Zeitschrift für Slawistik 24 (1979) Nr. 3, S. 390–394.

Geißler, Klaus: Probleme sozialistischer Weltliteratur. In: Zeitschrift für Slawistik 29 (1984) Nr. 5, S. 665–673.

Gieseke, Jens: Rezension zu: Hoyer, Katja: Diesseits der Mauer. Eine neue Geschichte der DDR 1949–1990. In: H-Soz-Kult, 31.08.2023, www.hsozkult.de/publicationreview/id/reb-135972 (letzter Zugriff am 23.8.2024).

Giovanopoulos, Anna-Christina: Die amerikanische Literatur in der DDR: Die Institutionalisierung von Sinn zwischen Affirmation und Subversion. Dresden 2000.

Giton, Céline: Weapons of Mass Distribution. UNESCO and the Impact of Books. In: Poul Duedahl (Hrsg.): A History of UNESCO. Global Actions and Impacts. New York 2016, S. 49–72.

Glaeßler, Gert-Joachim: Der schwierige Weg zur Demokratie. Vom Ende der DDR zur deutschen Einheit. Opladen 1992.

Glauser, Andrea: Verordnete Entgrenzung. Kulturpolitik, Artist-in-Residence-Programme und die Praxis der Kunst. Bielefeld 2009.

Glynn, Marry Ann: Configuring the field of play: how hosting the Olympic games impacts civic community. In: Journal of Management Studies 45 (2008) H. 6, S. 1117–1146.

Gödel, Florian: Das Gutachten als Refugium literarischer Autonomie? Lektürevorschläge für eine Textsorte zwischen Kritik und Zensur. In: Siegfried Lokatis, Martin Hochrein (Hrsg.): Die Argusaugen der Zensur. Begutachtungspraxis im Leseland DDR. Stuttgart 2021, S. 452–460.

Gohlisch, Fritz: Buchmesse in der belgischen Hauptstadt. In: Börsenblatt (Leipzig) vom 5. Mai 1970.

Goldstein, Thomas W.: Writing in red. The German Writers Union and the role of literary intellectuals. New York 2017.

Goldstücker, Edward: Zur Ost-West-Auseinandersetzung über Franz Kafka. In: Miklós Almási (Hrsg.): Franz Kafka. Nachwirkungen eines Dichters. München 1984, S. 62–70.

Görg, Christoph: Einheit und Verselbstständigung. Probleme einer Soziologie der »Weltgesellschaft«. In: Zeitschrift für internationale Beziehungen 9 (2002) Nr. 2, S. 275–304.

Goßens, Peter: »Erbkriege um Traumbesitz«. Voraussetzungen des Begriffes »Weltliteratur« in der DDR. In: Peter Goßens, Monika Schmitz-Emans (Hrsg.): Weltliteratur in der DDR. Debatten – Rezeption – Kulturpolitik. Berlin 2015, S. 7–97.

Graave, Jaap: Theun de Vries in Eastern Europe (1945–1990). In: ders., Irena Michajlova (Hrsg.): Dutch, Flemish and Scandinavian Literature to Eastern Europe 1945–1990. Moscow 2018, S. 65–67.

Graave, Jaap: Nederlandse literatuur in het communistische Oost-Europa 1945–1990. In: Internationale Neerlandistiek 57 (2019) Nr. 1, S. 1–10.

Graeve, Wolf-Dieter: Entwicklungspolitische Zusammenarbeit in der DDR. In: Hans-Jörg Bücking (Hrsg.): Entwicklungspolitische Zusammenarbeit in der Bundesrepublik Deutschland und in der DDR. Berlin 1998, S. 81–93.

Grubner, Bernadette: »In Schwingung versetzt«: Das Internationale Schriftstellerkolloquium 1964 in Ostberlin. In: Jutta Müller-Tamm (Hrsg.): Berliner Weltliteraturen. Internationale literarische Beziehungen in Ost und West nach dem Mauerbau. Berlin, Boston 2021, S. 135–149.

Grunert, Horst: Aspekte internationaler Entwicklungen. In: Günter Agde (Hrsg.): Kahlschlag. Das 11. Plenum des ZK der SED 1965. Studien und Dokumente. Berlin 1991, S. 15–19.

Guégan, Jean (Hrsg.): Pariser Gespräch über die Prosa der DDR. In: Sinn und Form 28 (1976) H. 6, S. 1164–1192.

Günther, Ralf: Kein Klima für Giftblüten. Bonner Rückzug auf Kairoer Messe. In: Neues Deutschland vom 1. Januar 1969.

Habbema, Cox: Mein Koffer in Berlin oder das Märchen von der Wende. Leipzig 2004.

Hadler, Frank; Middel, Matthias: Transnationalisierung in Ostmitteleuropa bis zum Ersten Weltkrieg. Eine Region im Schnittfeld von Imperien und nationalen Emanzipationsbewegungen. In: dies. (Hrsg.): Handbuch einer transnationalen Geschichte Ostmitteleuropas. Bd. 1. Von der Mitte des 19. Jahrhunderts bis zum Ersten Weltkrieg. Göttingen 2017, S. 13–35.

Hager, Kurt: Tradition und Fortschritt. Rede zur Gründung der »Nationalen Forschungs- und Gedenkstätten der DDR für deutsche Kunst und Literatur des 20. Jahrhunderts«. In: ders.: Beiträge zur Kulturpolitik. Bd. 2: 1982–1986. Berlin 1987, S. 91.

Hähnel, Klaus-Dieter: Dokument und Erinnerung. Zu Mark Lehmstedts Briefedition: Hans Mayer, Briefe 1948–1963. Hans Mayer (1907–2001) zum hundertsten Geburtstag. In: Zeitschrift für Germanistik 17 (2007) H. 1, S. 184–194.

Hamm-Brücher, Hildegard: Die Dritte Welt in den achtziger Jahren. Auswärtige Kulturpolitik – dritte und jüngste Dimension der Außenpolitik. In: Die Zeit vom 7. Dezember 1979.

Hamm-Brücher, Hildegard: Kulturbeziehungen in den 80er Jahren. Referat in der Evangelischen Akademie Hofgeismar am 5. November 1979. In: dies.: Kulturbeziehungen weltweit. Ein Werkstattbericht zur auswärtigen Kulturpolitik. München, Wien 1980, S. 197–213.

Hansel, Michael; Maurer, Stefan: »In Wien sind Dinge möglich, die in Berlin schon nicht mehr möglich sind.« Wolfgang Kraus und die Netzwerke des kulturellen Kalten Krieges. In: Michael Hansel, Michael Rohrwasser (Hrsg.): Kalter Krieg in Österreich. Literatur – Kunst – Kultur. Wien 2010, S. 244–264.

Heißenbüttel, Helmut: Sieben Anläufe zur Unterscheidung von Malerei und Literatur im Hinblick auf den Maler und Gedichtschreiber Lucebert. In: Lucebert: Wir sind Gesichter. Gedichte und Zeichnungen. Übers. von Ludwig Kunz. Frankfurt am Main 1972, S. 7–18.

Hejwowski, Krzysztof: Olgierd Wojtasiewicz – Father of Polish Translation Studies. In: Przekładaniec 26 (2012), S. 108–114.

Hempel, Leon: Die agonale Dynamik des lyrischen Terrains. Herausbildung und Grenzen des literarischen Feldes der DDR. In: Ute Wölfel (Hrsg.): Literarisches Feld DDR. Bedingungen und Formen literarischer Produktion in der DDR. Würzburg 2005, S. 13–29.

Henseler, Daniel; Makarska, Renata: Die literarische E-Migration der 1980er Jahre. In: dies. (Hrsg.): Polnische Literatur in Bewegung. Die Exilwelle der 1980er Jahre. Bielefeld 2013, S. 9–20.

Hermand, Jost: Das Gute-Neue und das Schlechte-Neue: Wandlungen der Modernismus-Debatte in der DDR seit 1956. In: Uwe Hohendahl, Patricia Herminghouse (Hrsg.): Literatur und Literaturtheorie in der DDR. Frankfurt am Main 1976, S. 73–99.

Hermann, Alois: Die polnische Literatur in der DDR. In: Zeitschrift für Slawistik 14 (1969) H. 3, S. 453–456.

Hermsdorf, Klaus: Künstler und Kunst bei Franz Kafka. In: Weimarer Beiträge 10 (1964) H. 3, 404–412.

Hermsdorf, Klaus: Kafka in der DDR. Erinnerungen einer Beteiligten. Berlin 2006.

Hestermann, Jenny: Inszenierte Versöhnung. Reisediplomatie und die deutsch-israelischen Beziehungen von 1957 bis 1984. Frankfurt am Main 2016.

Heukenkamp, Ursula (Hrsg.): Unerwünschte Kriegserfahrung. Kriegsliteratur und Zensur in der DDR. Berlin, Weimar 1990.

Heyden, Ulrich van der: Zwischen Solidarität und Wirtschaftsinteressen. Die »geheimen« Beziehungen der DDR zum südafrikanischen Apartheidregime. Berlin 2005.

Heyden, Ulrich van der: GDR Development Policy in Africa. Doctrine and Strategies between Illusions and Reality. Berlin 2013.

Heyden, Ulrich van der; Schade, Anja: GDR Solidarity with the ANC of South Africa. In: Lena Dallywater, Chris Saunders, Helder Adegar Fonseca (Hrsg.): Southern African Liberation Movements and the Global Cold War »East«. Transnational Activism 1960–1990. Berlin, London 2019, S. 77–102.

Hiersche, Anton: Probleme der Erforschung der Literaturen europäischer sozialistischer Länder der Gegenwart. In: Zeitschrift für Slawistik 22 (1977) Nr. 1, S. 295–300.

Hoeft, Klaus-Dieter; Streller, Christa: Aufbau-Verlag 1945–1984. Eine Bibliografie. Berlin, Weimar 1985.

Höhlein, Thomas: Probleme der sozialistischen Rezeption des Erbes (Rundtischgespräch). In: Weimarer Beiträge 16 (1970) H. 2, S. 10–51.

Hohner, Kerstin: Abseits vom Kurs. Die Geschichte des VEB Hinstorff Verlag 1959–1977. Berlin 2022.
Horn, Christine: Irrgarten. Über Zensur und Staatssicherheit. In: Text und Kritik (1993) H. 120, S. 36–47.
Houska, Leoš: Franz Kafka und Prag 1963. In: Philologica Pragensia 45 (1963) Nr. 6, S. 396–399.
Hoyer, Katja: Diesseits der Mauer. Eine neue Geschichte der DDR 1949–1990. Hamburg 2023.
Huang, Kun: Translated Solidarity. Lumumba's Textual Afterlives and the Poetics of African Decolonization in Maoist China. In: Journal of World Literature 7 (2022) H. 4, S. 577–596.
Hübner, Peter: Literatur der Bundesrepublik in der UdSSR – Sowjetliteratur in der Bundesrepublik 1974–1976. In: Osteuropa 27 (1977) Nr. 11, S. 978–995.
Illés, László; Farkas, József; Szabolcsi, Miklós: Einleitung. In: dies. (Hrsg.): Befunde und Entwürfe. Zur Entwicklung der ungarischen marxistischen Literaturkritik und Literaturtheorie (1900–1945). Berlin 1984.
Jäger, Andrea: Hans Joachim Schädlich. In: dies.: Schriftsteller aus der DDR. Ausbürgerungen und Übersiedlungen von 1961 bis 1989. Autorenlexikon. Frankfurt am Main 1995, S. 529–531.
Jager, Benedikt: Norsk litteratur bak muren. Publikasjons- og sensurhistorie fra DDR (1951–1990). Bergen 2014.
Jager, Benedikt: Zwischen Sprachspiel und Spiegel. Schwede und Birckholz als Gutachter skandinavischer Literatur. In: Siegfried Lokatis, Martin Hochrein (Hrsg.): Die Argusaugen der Zensur. Begutachtungspraxis im Leseland DDR. Stuttgart 2021, S. 333–365.
Jähnichen, Manfred: Erfahrungen mit der Zensur bei der Herausgabe von Anthologien aus slawischen Literaturen in der DDR. In: Birgit Bödeker, Helga Eßmann (Hrsg.): Weltliteratur in deutschen Versanthologien des 20. Jahrhunderts. Berlin 1997, S. 344–352.
Jähnichen, Manfred (Hrsg.): Weiße Nächte mit Hahn: Eine Anthologie der slowakischen Poesie des 20. Jahrhunderts. Blieskastel 1997.
Janke, Jutta: Vorwort. In: dies. (Hrsg.): Moderne polnische Prosa. Berlin 1964, S. 5–15.
Janke, Jutta: Nachwort. In: dies. (Hrsg.): Polnische Dramen. Berlin 1966, S. 331–338.
Janke, Jutta: Phantastische Erzählungen von Stanisław Lem. In: Der Bücherkarren (1968) Nr. 2, S. 12.
Janke, Jutta: Nachwort. In: Tadeusz Różewicz: Gesichter und Masken. Berlin 1969, S. 105–108.
Janke, Jutta: Nachwort. In: Bruno Schulz: Die Zimtläden. Übers. von Joseph Hahn. Berlin 1970, S. 251–257.
Janke, Jutta: Nachwort. In: dies. (Hrsg.): Erkundungen. 19 polnische Erzähler. Berlin 1972, S. 373–380.
Janke, Jutta; Schumann, Herbert: Vorwort. In: dies. (Hrsg.): Nachbarn. Texte aus Polen. Berlin 1985, S. 5 f.
Jany, Rebecca: Seven Seas. Englische Taschenbücher für die Welt. In: Simone Barck, Siegfried Lokatis (Hrsg.): Fester zur Welt. Eine Geschichte des DDR-Verlages Volk & Welt. Berlin 2003, S. 344–346.
Jaspers, Anke: Suhrkamp und DDR. Literaturhistorische, praxeologische und werktheoretische Perspektiven auf ein Verlagsarchiv. Berlin 2022.
Jay, Paul: Global Matters. The Transnational Turn in Literary Studies. Ithaca 2010.
Jelinek, Yeshayahu: Deutschland und Israel 1945–1965. Ein neurotisches Verhältnis. München 2004.
Jessen, Ralph: Die Gesellschaft im Staatssozialismus. Probleme einer Sozialgeschichte der DDR. In: Geschichte und Gesellschaft. Zeitschrift für Historische Sozialwissenschaft 21 (1995) H. 1, S. 96–110.
Jila Ikbal, Eesha: World Literature in Kerala. Cold War and Contentions. In: Journal of World Literature 7 (2022) H. 4, S. 597–614.

Joho, Wolfgang: Europäisches Streitgespräch über den Roman. Bemerkungen zur Tagung des COMES in Leningrad. In: Neue Deutsche Literatur 11 (1963) H. 11, S. 155–158.

Jünger, Harril; Geißler, Klaus; Jähnichen, Manfred: Literatur der sozialistischen Staatengemeinschaft. Zur Gegenstands- und Methodenbestimmung. In: Zeitschrift für Slawistik 19 (1974) Nr. 1, S. 513–519.

Jünger, Harril: Die Entwicklung der Literaturen sozialistischer Länder und die Methodologie der Literaturwissenschaft. In: Zeitschrift für Slawistik 20 (1975) Nr. 1, S. 441–456.

Jurgutienė, Aušra; Satkauskytė, Dalia (Hrsg.): The Literary Field under Communist Rule. Boston 2018.

Just, Gustav: Schweigsame Partner oder über den Nutzen von Diskussionen. In: Sonntag vom 27. Mai 1957.

Kaleta, Krzysztof: Międzynarodowe Targi Książki w Warszawie. Historia i teraźniejszość. Warszawa 2005.

Kalliney, Peter: Aesthetic Cold War. Decolonization and Global Literature. Princeton 2022.

Kändler, Klaus: Nachwort. In: ders. (Hrsg.): Expressionismus. Dramen 2. Berlin 1967, S. 363–404.

Karthaus, Natalja: Lateinamerika als Bezugsfeld der (bundes-)deutschen Außenpolitik. In: Manfred Mols, Christoph Wagner (Hrsg.): Deutschland – Lateinamerika: Geschichte, Gegenwart und Perspektiven. Frankfurt am Main 1994, S. 51–78.

Karst, Roman: Drogi samotności. Rzecz o Franzu Kafce. Warszawa 1960.

Karst, Roman: Ein Versuch um die Rettung des Menschen. In: Paul Reimann (Hrsg.): Franz Kafka aus Prager Sicht 1963. Prag 1965, S. 141–148.

Kebschull, Dietrich; Todenhöfer, Jürgen; Kollatz, Udo: Thesen zur Entwicklungspolitik. In: Wirtschaftsdienst 55 (1975) H. 7, S. 333–337.

Keel, Anna: Drei Frauenbücher. In: Schweizerische Rundschau. Monatsschrift für Geistesleben und Kultur 57 (1957/58), S. 185 f.

Keiderling, Thomas: Der Deutsche Schriftstellerverband / Schriftstellerverband der DDR. In: Christoph Links, Siegfried Lokatis, Klaus G. Saur (Hrsg.): Geschichte des deutschen Buchhandels im 19. und 20. Jahrhundert. Deutsche Demokratische Republik. Teil 1: SBZ, Institutionen, Verlage. Berlin 2022, S. 333–355.

Kerski, Basil; Kotula, Andrzej; Wóycicki, Kazimierz (Hrsg.): Zwangsverordnete Freundschaft? Die Beziehungen zwischen der DDR und Polen 1949–1990. Osnabrück 2003.

Kiedroń, Stefan: Theun de Vries (1907–2005). A Dutch Autor in the Communist World – Text, Contexts and Translations. In: Études Interdisciplinaires en Sciences humaines 8 (2021), S. 488–482.

Kim Watson, Jini: Cold War Reckonings. Authoritarianism and the Genres of Decolonization. New York 2021.

Kind-Kovács, Friederike: Written Here, Published There. How Underground Literature Crossed the Iron Curtain. Budapest, New York 2014.

Kind-Kovács, Friederike; Labov, Jessie: Samizdat und Tamizdat. Entangled Phenomena? In: dies. (Hrsg.): Samizdat, Tamizdat, and Beyond. Transnational Media During and After Socialism. New York 2013, S. 1–23.

Kipphoff, Petra: Kontakte wichtiger als Geschäfte. In: Die Zeit vom 27. Mai 1966.

Kirsch, Rainer: Nachdichtungen 2 – Das Wort und seine Strahlung. Über Poesie und ihre Übersetzung. In: Simone Barck, Siegfried Lokatis (Hrsg.): Fester zur Welt. Eine Geschichte des DDR-Verlages Volk & Welt. Berlin 2003, S. 316 f.

Kirschnick, Sylke: Anne Frank und die DDR. Politische Deutungen und persönliche Lesarten des berühmten Tagebuchs. Berlin 2009.

Kirsten, Jens: Lateinamerikanische Literatur in der DDR. Publikations- und Wirkungsgeschichte. Berlin 2004.

Klaus, Georg; Buhr, Manfred (Hrsg.): Philosophisches Wörterbuch. Berlin 1975.

Kliems, Alfrun: Exil, Migration und Transnationalität in den Literaturen Ost- und Mitteleuropas. In: Doerte Bischoff, Susanne Komfort-Hein (Hrsg.): Handbuch Literatur & Transnationalität. Berlin, Boston 2019, S. 443–458.

Kłossowski, Andrzej: Księgarnie polskie na obczyźnie po II wojnie światowej 1945–1985. In: STUDIA POLONIJNE 10 (1986), S. 149–188.

Kochanowski, Jerzy; Ziemer, Klaus (Hrsg.): Polska – Niemcy Wschodnie 1945–1990. Wybór dokumentów. Bd. 3: Lata 1956–1957. Warszawa 2008.

Kopylow, Maxim; Michajlova, Irena: Theun de Vries in translation. Did the Russian translator use the German translation? In: Jaap Graave, Irena Michajlova (Hrsg.): Dutch, Flemish and Scandinavian Literature to Eastern Europe 1945–1990. Moscow 2018, S. 90–97.

Körkkö, Helmi-Nelli: Finnland.Cool – zwischen Literaturexport und Imagepflege. Eine Untersuchung von Finnlands Ehrengastauftritt auf der Frankfurter Buchmesse 2014. Vaasa 2017.

Körkkö, Helmi-Nelli: How many authors does Finland have? The Frankfurt Book Fair as a platform for the export of literature and culture. In: IMAGINATIONS. JOURNAL OF CROSS-CULTURAL IMAGE STUDIES 11 (2020) H. 3, S. 165–181.

Korte, Barbara; Schaur, Sandra; Welz, Stefan (Hrsg.): Britische Literatur in der DDR. Würzburg 2008.

Köstlin, Thomas: Die Kulturhoheit des Bundes. Eine Untersuchung zum Kompetenz- und Organisationsrecht des Grundgesetzes unter Berücksichtigung der Staatspraxis in der Bundesrepublik Deutschland. Berlin 1988.

Kramer, Mark: Book Distribution as Political Warfare. In: Alfred A. Reisch: Hot Books in the Cold War. The CIA-Funded Secret Western Book Distribution Program Behind the Iron Curtain. Budapest, New York 2013, S. IX–XXVIII.

Krause, Friedhilde: Zur Wirkung der polnischen Literatur in Deutschland vor und nach dem Zweiten Weltkrieg. Ein Beitrag zur Rezeption der Werke Stefan Żeromskis. In: ZEITSCHRIFT FÜR SLAWISTIK 18 (1973) H. 1, S. 1–17.

Kreimeier, Klaus: Der Freiheit ins Auge blicken. In: WESTERMANNS MONATSHEFTE 10 (1986), S. 20–23.

Küchler, Manfred: Bibliothek des Sieges. Gemeinschaftsunternehmen sozialistischer Länder. In: DER BÜCHERKARREN (1975) Nr. 1, S. 1 f.

Küchler, Manfred: Die »Bibliothek des Sieges« hat Millionen Leser erreicht. Einzigartiges editorisches Gemeinschaftsunternehmen sozialistischer Verlage. In: NEUES DEUTSCHLAND vom 10. April 1980.

Kuhnke, Ingrid: Polnische Prosaliteratur in DDR-Verlagen 1949–1982. Übersetzungsbibliographie. Berlin 1982.

Kundera, Ludvík (Hrsg.): Die Glasträne. Berlin 1964.

Kundera, Ludvík (Hrsg.): Die Sonnenuhr. Leipzig 1987.

Kurella, Alfred: Schlusswort. In: ders.: Zwischendurch. Verstreute Essays 1934–1940. Berlin 1961, S. 145–173.

Kurella, Alfred: Der Frühling, die Schwalben und Franz Kafka. Bemerkungen zu einem literaturwissenschaftlichen Kolloquium. In: SONNTAG vom 4. August 1963.

Kurtze, Gerhard: Laudatio. In: Krzysztof A. Kuczyński: Karl Dedecius. Łódź 2017, S. 219–224.

Kvirikashvili, Ana: The internationalization of Georgian literature: Georgia as the guest of honour at the 2018 Frankfurt Book Fair. In: PERSPECTIVES 30 (2020) H. 5, S. 776–791.

Lagoda, Jule; Schankweiler, Kerstin: Im Archiv der globalen DDR. Zeugnisse transnationaler Kunstgeschichten. In: Sithara Weeratunga, Marcus Andrew Hurttig (Hrsg.): Re-Connect. Kunst und Kampf im Bruderland. München 2023, S. 22–35.

Lampel, Joseph; Meyer, Alan D.: Field-Configuring Events as Structural Mechanism: How Conferences, Ceremonies, and Trade Shows Constitutes New Technologies, Industries and Markets. In: Journal of Management Studies 42 (2008) H. 6, S. 1025–1035.

Langermann, Martina: Kanonisierungen in der DDR. Dargestellt am Beispiel »sozialistischer Realismus«. In: Renate Heydebrand (Hrsg.): Kanon – Macht – Kultur. Theoretische, historische und soziale Aspekte ästhetischer Kanonbildung. Stuttgart, Weimar 1988, S. 540–559.

Langermann, Martina: »Faust oder Gregor Samsa?«. Kulturelle Tradierung im Zeichen der Sieger. In: Birgit Dahlke, Martina Langermann, Thomas Taterka (Hrsg.): LiteraturGesellschaft DDR. Kanonkämpfe und ihre Geschichte(n). Stuttgart, Weimar 2000, S. 173–213.

Latour, Bruno: Visualization and Cognition: Drawing Things Together. In: Studies in the Sociology of Culture Past and Present (1986) Nr. 6, S. 1–40.

Latour, Bruno: Science in Action. How to follow scientists and engineers through society. Cambridge, Massachussets 1987.

Lau, Jörg: Hans Magnus Enzensberger. Ein öffentliches Leben. Frankfurt am Main 2001.

Lawaty, Andreas: Die kulturellen Beziehungen zwischen der Bundesrepublik Deutschland und der Volksrepublik Polen bis 1975. In: Wolfgang Jacobmeyer (Hrsg.): Die Beziehungen zwischen der Bundesrepublik Deutschland und der Volksrepublik Polen bis zur Konferenz über die Sicherheit und Zusammenarbeit in Europa (Helsinki 1975). Braunschweig 1987, S. 179–189.

Lehmstedt, Mark; Lokatis, Siegfried (Hrsg.): Das Loch in der Mauer. Der innerdeutsche Literaturaustausch. Wiesbaden 1997.

Lembrecht, Christina: Bücher für alle. Die UNESCO und die weltweite Förderung des Buches 1946–1982. Berlin, Boston 2013.

Lemmermeier, Doris: Polnisch-deutsche Dramenübersetzung 1830–1998. Grundzüge und Bibliographie. Mainz 1990.

Lersch, Georg H.: »Art from East Germany?«. Die internationale Verflechtung der Kunst in der DDR: Ausstellungen, Rezeption im Ausland, Transfers. Frankfurt (Oder) 2021.

Levin, Martin: The Challenge of Doing Business in the Soviet Union. In: NYLS Journal of International and Comparative Law 11 (1990) Nr. 3, S. 453–456.

Lindenberger, Thomas: Die Diktatur der Grenzen. Zur Einleitung. In: ders. (Hrsg.): Herrschaft und Eigen-Sinn in der Diktatur. Studien zur Gesellschaftsgeschichte der DDR. Wien 1999, S. 13–44.

Lindenberger, Thomas; Sabrow, Martin: Zwischen Verinselung und Europäisierung: Die Zukunft der DDR-Geschichte. In: Deutschland Archiv 37 (2004) H. 6, S. 123–127.

Links, Christina: Als noch Milch und Honig flossen – Ein Verlag als Literaturinstitut. In: Simone Barck, Siegfried Lokatis (Hrsg.): Fenster zur Welt. Eine Geschichte des DDR-Verlages Volk & Welt. Berlin 2003, S. 62–64.

Links, Christoph: Das Schicksal der DDR-Verlage. Die Privatisierung und ihre Konsequenzen. Berlin 2009.

Links, Christoph: Die Bedeutung von Verlagsarchiven für die Kulturgeschichtsschreibung (am Beispiel der DDR-Verlage). In: ders. (Hrsg.): »Ungeöffnete Königsgräber«: Chancen und Nutzen von Verlagsarchiven. Wiesbaden 2011, S. 13–17.

Links, Christoph; Lokatis, Siegfried; Saur, Klaus G. (Hrsg.): Geschichte des deutschen Buchhandels im 19. und 20. Jahrhundert. Deutsche Demokratische Republik. Teil 1: SBZ, Institutionen, Verlage. Berlin 2022.

Links, Roland: Der Umgang mit deutschsprachiger Literatur von 1954 bis in die siebziger Jahre. In: Simone Barck, Siegfried Lokatis (Hrsg.): Fester zur Welt. Eine Geschichte des DDR-Verlages Volk & Welt. Berlin 2003, S. 97–102.

Lionnet, Françoise; Shih, Shu-meih: Introduction. Thinking through the Minor, Transnationally. In: dies. (Hrsg.): Minor transnationalism. Durham, London 2005, S. 1–23.

Lipsitz, George: Class and Culture in Cold War America. A Rainbow at Midnight. New York 1981.
Loest, Erich: Der vierte Zensor. Köln 1984.
Löffler, Dietrich: Buch und Lesen in der DDR. Ein literatursoziologischer Rückblick. Bonn 2011.
Löhr, Isabelle: Transnationale Geschichte und internationale Rechtsregime. In: Connections. A Journal for Historians and Area Specialists vom 7. Juli 2005, www.connections.clio-online.net/debate/id/fddebate-132128 (letzter Zugriff am 23.8.2024).
Lokatis, Siegfried: Vom Amt für Literatur und Verlagswesen zur Hauptverwaltung Verlagswesen im Ministerium für Kultur. In: Simone Barck, Martina Langermann, Siegfried Lokatis (Hrsg.): »Jedes Buch ein Abenteuer«. Zensur-System und literarische Öffentlichkeiten in der DDR bis Ende der sechziger Jahre. Berlin 1997, S. 19–60.
Lokatis, Siegfried: Der Aufstieg des Mitteldeutschen Verlages (MDV) auf dem »Bitterfelder Weg«. In: Simone Barck, Martina Langermann, Siegfried Lokatis (Hrsg.): »Jedes Buch ein Abenteuer«. Zensur-System und literarische Öffentlichkeiten in der DDR bis Ende der sechziger Jahre. Berlin 1997, S. 127–172.
Lokatis, Siegfried: Die Hauptverwaltung Verlage und Buchhandel. In: Simone Barck, Martina Langermann, Siegfried Lokatis (Hrsg.): »Jedes Buch ein Abenteuer«. Zensur-System und literarische Öffentlichkeiten in der DDR bis Ende der sechziger Jahre. Berlin 1994, S. 173–226.
Lokatis, Siegfried: Nimm den Elefanten – Konturen einer Verlagsgeschichte. In: Simone Barck, Siegfried Lokatis (Hrsg.): Fester zur Welt. Eine Geschichte des DDR-Verlages Volk & Welt. Berlin 2003, S. 15–30.
Lokatis, Siegfried: Stanisław Lem – unterschiedlich gekürzt in Ost und West. In: Simone Barck, Siegfried Lokatis (Hrsg.): Fester zur Welt. Eine Geschichte des DDR-Verlages Volk & Welt. Berlin 2003, S. 305–307.
Lokatis, Siegfried: Ein Literarisches Quartett – Vier Hauptgutachter der Zensurbehörde. In: Simone Barck, Siegfried Lokatis (Hrsg.): Fester zur Welt. Eine Geschichte des DDR-Verlages Volk & Welt. Berlin 2003, S. 333–336.
Lokatis, Siegfried: Die zensurpolitische Funktion der Anthologien im Verlag Volk & Welt. In: Günter Häntzschel (Hrsg.): Literatur in der DDR im Spiegel ihrer Anthologien. Wiesbaden 2005, S. 47–58.
Lokatis, Siegfried: Das Volk & Welt-Lektorat V für englischsprachige Literatur. In: Barbara Korte, Sandra Schaur, Stefan Welz (Hrsg.): Britische Literatur in der DDR. Würzburg 2008, S. 13–22.
Lokatis, Siegfried: Verantwortliche Redaktion. Zensurwerkstätten der DDR. Stuttgart 2019.
Lokatis, Siegfried; Hochrein, Martin (Hrsg.): Die Argusaugen der Zensur. Begutachtungspraxis im Leseland DDR. Stuttgart 2021.
Lokatis, Siegfried: Der Argusblick des Zensors. In: Siegfried Lokatis, Martin Hochrein (Hrsg.): Die Argusaugen der Zensur. Begutachtungspraxis im Leseland DDR. Stuttgart 2021, S. 13–25.
Lokatis, Siegfried: Volk und Welt und die internationale Literatur in der DDR. In: Christoph Links, Siegfried Lokatis, Klaus G. Saur (Hrsg.): Geschichte des Deutschen Buchhandels im 19. und 20. Jahrhundert. Deutsche Demokratische Republik. Teil 1. Berlin, Boston 2022, S. 625–644.
Lorenz, Günter W.: Editorial. In: Zeitschrift für Kulturaustausch (1974) H. 4, S. 4–6.
Lorenz, Günter W.; Tetsch, Ernst J.: Zusammenfassung. In: Zeitschrift für Kulturaustausch (1974) H. 4, 107 f.
Lorenz, Günter W.: Lateinamerika-Colloquium 1976 oder Die Suche nach dem literarischen Gleichgewicht. In: Zeitschrift für Kulturaustausch (1977) H. 1, S. 4–7.
Lotz, Christian: Zwischen verordneter und ernsthafter Freundschaft. Die Bemühungen der Hellmut-von-Gerlach-Gesellschaft um eine deutsch-polnische Annäherung in der DDR und in der Bundesrepublik (1948–1972). In: Hans Henning Hahn, Heidi Hein-Kircher, Anna Kochanowska-Nieborak (Hrsg): Erinnerungskultur und Versöhnungskitsch. Marburg 2008, S. 201–218.

Łagocka, Amelia: Redaktorka i tłumaczka. Biografia translatorska Jutty Janke. In: Jadwiga Kita-Huber, Renata Makarska (Hrsg.): Wyjść tłumaczowi naprzeciw. Miejsce tłumacza w najnowszych badaniach translatologicznych. Kraków 2020, S. 149–164.

Maaß, Kurt-Jürgen: Überblick: Ziele und Instrumente der Auswärtigen Kulturpolitik. In: ders. (Hrsg.): Kultur und Außenpolitik. Handbuch für Studium und Praxis. Baden-Baden 2005, S. 23–30.

Maaß, Kurt-Jürgen: Das deutsche Modell – Die Mittlerorganisationen. In: ders. (Hrsg.): Kultur- und Außenpolitik. Baden-Baden 2015, S. 262–276.

Mählert, Ulrich; Wilke, Manfred: Die DDR-Forschung – ein Auslaufmodell? Die Auseinandersetzung mit der SED-Diktatur seit 1989. In: Deutschland Archiv 37 (2004) H. 6, S. 465–474.

Majoros, Ferenc: Die Rechte ausländischer Urheber in der UdSSR seit dem sowjetischen Beitritt zur Genfer Konvention. Köln 1981.

Mallek, Otto: Zu einigen Fragen der Erberezeption am Beispiel des literarischen Werkes von Władysław Stanisław Reymont. In: Zeitschrift für Slawistik 22 (1977) H. 1, S. 766–773.

Mann, Ekkehard: »Dadaistische Gartenzwerge« versus »Staatsdichter«. Ein Blick auf das Ende der DDR-Literatur mit systemtheoretischer Optik. In: Henk de Berg, Matthias Prangel (Hrsg.): Kommunikation und Differenz. Systemtheoretische Ansätze in der Literatur- und Kulturwissenschaft. Opladen 1993, S. 159–182.

Mann, Ekkehard: Untergrund, autonome Literatur und das Ende der DDR. Eine systemtheoretische Analyse. Frankfurt am Main 1996.

Mársico, Griselda: Lateinamerika Colloquium 1962 in Berlin. In: https://www.literaturarchiv1968.de/content/erstes-kolloquium-lateinamerikanischer-und-deutscher-schriftsteller-berlin-1962/ (letzter Zugriff am 24.8.2024).

Martin, Mircea: A Geoliterary Ecumene of the East. Socialism Realism – the Romanian Case. In: Andrei Terian, Christian Moraru, Mircea Martin (Hrsg.): Romanian Literature as World Literature. New York 2017, S. 235–255.

Matkowska, Ewa; Polechoński, Krzysztof; Rzeszotnik, Jacek: Literatura polska w tajnych dokumentach NRD. Portrety i szkice. Warszawa 2017.

Matthews, John P. C.: The West's Secret Marshall Plan for the Mind. In: International Journal of Intelligence and Counterintelligence 16 (2003) H. 3, S. 409–427.

Maurer, Stefan: Wolfgang Kraus und der österreichische Literaturbetrieb nach 1945. Wien, Köln, Weimar 2020.

May, Lary (Hrsg.): Recasting America: Culture and Politics in the Age of Cold War. Chicago 1989.

Mechtenberg, Theo: Der Emanzipationsprozess der DDR-Literatur von der Kulturpolitik. In: Deutsche Studien 38 (1996) H. 128, S. 5–13.

Mehlhorn, Ludwig: Zwangsverordnete Freundschaft? Die Entwicklung der Beziehungen zwischen der DDR und Polen 1949–1990. In: Wolf-Dieter Eberwein, Basil Kerski (Hrsg.): Die deutsch-polnischen Beziehungen 1949–2000. Eine Werte- und Interessengemeinschaft? Opladen 2001, S. 61–73.

Meinert, Joachim: Geschichte eines Verbots. Warum Primo Levis Hauptwerk in der DDR nicht erscheinen durfte. In: Sinn und Form 52 (2000) H. 2, 149–165.

Michaelis, Rolf: Botschaft in Polen. Politik und Literatur auf der Warschauer Buchmesse. In: Frankfurter Allgemeine Zeitung vom 18. Mai 1966.

Middell, Eike: Franz Kafka – Werk und Wirkung. In: Zeitschrift für Germanistik 5 (1984) H. 3, S. 319–321.

Mihálik, Vojtech (Hrsg.): Antológia slovenskej poézie XX storočia. Bratislava 1979.

Missine, Lut; Michajlova, Irina: Anne Frank in de DDR en Rusland. In: Internationale Neerlandistiek 57 (2019) H. 1, S. 11–34.

Misterek, Susanne: Polnische Dramatik in Bühnen- und Buchverlagen der Bundesrepublik Deutschland und der DDR. Wiesbaden 2002.

Mittenzwei, Werner: Der Traum des Tadeusz Różewicz vom konsequenten Theater. In: Tadeusz Różewicz: Stücke. Hrsg. von Jutta Janke. Berlin 1974, S. 355–383.

Mittenzwei, Werner: Zur Kafka-Konferenz 1963. In: Günter Agde (Hrsg.): Kahlschlag. Das 11. Plenum des ZK der SED 1965. Studien und Dokumente. Berlin 1991, S. 84–92.

Mix, York-Gothart: Ein »Oberkunze darf nicht vorkommen«. Materialien zur Publikationsgeschichte und Zensur des Hinze-Kunze-Romans von Volker Braun. Wiesbaden 1993.

Moeran, Brian; Strandgaard Pedersen, Jesper: Introduction. In: dies. (Hrsg.): Negotiating values in the creative industries: fairs, festivals and competitive events. Cambridge 2011, S. 1–35.

Motyljowa, Tamara: Der Streit um den Roman. In: Sowjetwissenschaft, Kunst und Literatur 12 (1964) H. 3, S. 350–376.

Müller, Hans-Joachim: Rückblick auf die IV. Internationale Buchmesse in Warschau. In: Börsenblatt (Leipzig) vom 27. Juni 1959.

Müller, Hermann: Der Friede, unsere Wirklichkeit und die Jugend. Die Hauptprobleme des Deutschen Schriftstellerkongresses – Der Deutsche Schriftstellerverband vor großen Aufgaben. In: Neues Deutschland vom 8. Juli 1950.

Müller, Horst F.: Literaturkolloquium »Verantwortung für die Welt«. In: Zeitschrift für Deutschunterricht 28 (1977), S. 514–516.

Müller-Tamm, Jutta: Das geteilte Berlin als Katalysator der Internationalisierung des Literaturbetriebs. In: dies. (Hrsg.): Berliner Weltliteraturen. Internationale literarische Beziehungen in Ost und West nach dem Mauerbau. Berlin, Boston 2021, S. 1–37.

Müller-Tamm, Jutta: Berlin International. Literaturpolitik in den 1970er und 80er Jahren. In: Susanne Klengel, Jutta Müller-Tamm, Lukas Nils Regeler, Ulrike Scheider (Hrsg.): Berlin International. Literaturszenen in der geteilten Stadt (1970–1989). Berlin, Boston 2023, S. 1–33.

Nacken, Angela: Bücher, Preise und ein offener Brief. In: Frankfurter Allgemeine Zeitung vom 30. Mai 1967.

Niemeier, Sabine: Funktionen der Frankfurter Buchmesse im Wandel – von den Anfängen bis heute. Wiesbaden 2001.

Norrick-Rühl, Corinna: »Die Buchwelt zu Gast in Frankfurt«: Understanding the Impact of the Guest of Honour Presentation at Frankfurt Book Fair on the German Literary Marketplace. in: Mémoires du livre / Studies in Book Culture 11 (2020) H. 2, S. 1–34.

Offe, Claus: Die deutsche Vereinigung als »natürliches Experiment«. In: Bernd Giesen, Claus Leggewie (Hrsg.): Experiment Vereinigung. Ein sozialer Großversuch. Berlin 1991, S. 77–86.

Olschowsky, Heinrich: Reise an die Grenzen einer Moral. Tadeusz Borowskis Auseinandersetzung mit Auschwitz als einem Modell des faschistischen Systems. In: Zeitschrift für Slawistik 16 (1971) H. 1, S. 615–621.

Olschowsky, Heinrich: Ein polnisches Lesebuch. In: Sinn und Form 38 (1986) H. 6, S. 1283–1288.

Olschowsky, Heinrich: Das Ähnliche und das Andere. Polnische Literatur in der DDR. In: Heinz Kneip, Hubert Orłowski (Hrsg.): Die Rezeption der polnischen Literatur im deutschsprachigen Raum und die der deutschsprachigen in Polen, 1945–1980. Darmstadt 1988, S. 41–76.

Olschowsky, Heinrich: Ideologiczne wzorce odbioru. Polska literatura a krytyka literacka NRD. In: Teksty Drugie (1995) H. 1, S. 49–61.

Olschowski, Heinrich: Das Erbe der schwierigen Nachbarschaft. Polnische Literatur in der DDR. In: Dialog 57 (2000), S. 88.

Olschowsky, Heinrich: Grenzen überschreiten – Die polnische Literatur. In: Simone Barck, Siegfried Lokatis (Hrsg.): Fester zur Welt. Eine Geschichte des DDR-Verlages Volk & Welt. Berlin 2003, S. 75–80.

Orsini, Francesca; Srivastava, Neelam; Zecchini, Laetitia (Hrsg.): The Form of Ideology and the Ideology of Form. Cold War, Decolonization and the Third World Print Cultures. Cambridge 2022.
Orth, Hans Joachim: Brücke zwischen Ost und West. In: Handelsblatt vom 14. Mai 1966.
Osterhammel, Jürgen; Petersson, Niels: Geschichte der Globalisierung. Dimensionen, Prozesse, Epochen. München 2003.
Palmowski, Jan: Inventing a Socialist Nation: Heimat and the Politics of Everyday Life in the GDR. Cambridge 2009.
Paluszek, Agata: Henryk Bereska als Vermittler polnischer Literatur in der DDR (1949–1990). Leipzig, Berlin 2007.
Pamperrien, Sabine: Versuch am untauglichen Objekt. Der Schriftstellerverband der DDR im Dienst der sozialistischen Ideologie. Frankfurt am Main 2004.
Paschkowskaja, G.S.: »Na sluschbe mira i progressa«. Na Maskowskoi meschdunarodnoi knischnoi wystawke. In: Sfera kultury 5 (2021) Nr. 3, S. 109–118.
Patel, Kiran Klaus: Transatlantische Perspektiven transnationaler Geschichte. In: Geschichte und Gesellschaft 29 (2003) H. 4, S. 625–647.
Pekelder, Jacco: Die Niederlande und die DDR: Bildformung und Beziehungen 1949–1989. Münster 2003.
Peter, Matthias; Wentker, Hermann: »Helsinki-Mythos« oder »Helsinki-Effekt«? Der KSZE-Prozess zwischen internationaler Politik und gesellschaftlicher Transformation: Zur Einleitung. In: dies. (Hrsg.): Die KSZE im Ost-West-Konflikt. Internationale Politik und gesellschaftliche Transformation 1975–1990. München 2012, S. 1–14.
Peters, Florian: Am Schnittpunkt von Ost und West. Ostmitteleuropäische Perspektiven für eine transnationale DDR-Geschichte. In: Vierteljahrshefte für Zeitgeschichte 69 (2021) H. 2, S. 332–345.
Peters, Jochen-Ulrich: Réalisme sans rivages? Zur Diskussion über den sozialistischen Realismus in der Sowjetunion seit 1956. In: Zeitschrift für Slavische Philologie 37 (1974) Nr. 2, S. 291–324.
Petersen, Hans: Über Faulkner und die Erschließung der amerikanischen Literatur. In: Simone Barck, Siegfried Lokatis (Hrsg.): Fenster zur Welt. Eine Geschichte des DDR-Verlages Volk & Welt. Berlin 2003, S. 175–178.
Petzina, Berthold: »Todesglöckchen des bürgerlichen Subjekts« – Joyce, Beckett, Eliot und Pound. In: Simone Barck, Siegfried Lokatis (Hrsg.): Fester zur Welt. Eine Geschichte des DDR-Verlages Volk & Welt. Berlin 2003, S. 188–192.
Philpotts, Matthew: Double Agents: The Editorial Habitus and the Thick Socialist Literary Journal. In: Sara Jones, Meesha Nehru (Hrsg.): Writing Under Socialism. Nottingham 2011, S. 165–182.
Parker, Stephen; Philpotts, Matthew: Sinn und Form. The Anatomy of a Literary Journal. Berlin, New York 2009.
Pocai Stella, Marcello Giovanni: A Literatura Brasileira foi a Frankfurt: o Brasil como Homenageado da Frankfurter Buchmesse (1994 e 2013). In: Mediações 25 (2020) H. 1, S. 161–187.
Pöhls, Victoria: Literatur und Zensur. Transnationale Implikationen. In: Doerte Bischoff, Susanne Komfort-Hein (Hrsg.): Handbuch Literatur & Transnationalität. Berlin 2019, S. 228–242.
Popa, Ioana: Traduire sous contraintes. Littérature et communisme (1947–1989). Paris 2010.
Popescu, Monica: At Penpoint. African Literatures, Postcolonial Studies, and the Cold War. Durham 2020.
Porter, Louis H.: Cold War Internationalism. The USSR in UNESCO, 1945–1967. Chapel Hill 2018, https://doi.org/10.17615/768w-8e65 (letzter Zugriff am 12.12.2024).
Power, Dominik; Jansson, Johan: Cyclical Clusters in Global Circuits: Overlapping Spaces in Furniture Trade Fairs. In: Economic Geography 84 (2008) H. 4, S. 424–448.

Práchenská, Monika: Intellektuelle und Politik am Beispiel von Heinrich Bölls Engagement in den siebziger Jahren. In: Acta Universitatis Carolinae – Studia Territorialia 7 (2005), S. 251–330.

Pratt, Mary Louise: Imperial eyes. Travel writing and transculturation. London 1992.

Pries, Ludger: Die Transnationalisierung der sozialen Welt. Sozialräume jenseits von Nationalgesellschaften. Frankfurt am Main 2007.

Pries, Ludger: Transnationalisierung. Theorie und Empirie grenzüberschreitender Vergesellschaftung. Wiesbaden 2010.

Radu Cucu, Sorin: World literature as palimpsest. Toward an Agonistic Idea of Cold World Literature. In: Journal of World Literature 7 (2022) H. 4, S. 491–511.

Radu Cucu, Sorin; Shen, Shuang: Introduction. The Entanglements of Cold War and World Literature. In: Journal of World Literature 7 (2022) H. 4, S. 471–489.

Rajch, Marek: »Unsere andersartige Kulturpolitik«. Zensur und Literatur in der DDR und in der Volksrepublik Polen. Poznań 2015.

Rajch, Marek: Der Roman *Asche und Diamant* von Jerzy Andrzejewski und die Zensur in der DDR. In: Siegfried Lokatis, Martin Hochrein (Hrsg.): Die Argusaugen der Zensur. Begutachtungspraxis im Leseland DDR. Stuttgart 2021, S. 511–528.

Rauterberg, Hanno: Da guckst Du. In: Die Zeit 39 (2022), S. 48.

Reher, Lothar: Jüdische Literatur 2: Kaplans »Der behexte Schneider«. In: Simone Barck, Siegfried Lokatis (Hrsg.): Fester zur Welt. Eine Geschichte des DDR-Verlages Volk & Welt. Berlin 2003, S. 297–300.

Reichardt, Ann-Kathrin: Von der Sowjetunion lernen? Die Zensur sowjetischer belletristischer Literatur in der DDR in den 1970er und 1980er Jahren. Münster 2014.

Reichert, Klaus: Nachwort. In: Paul van Ostaijen: Poesie. Übers. von Klaus Reichert. Frankfurt am Main 1966, S. 139–145.

Rekkers, Axel: Ein außergewöhnlicher Erinnerungsort der DDR-Zensur. Das ambivalente Veröffentlichungsverfahren von Theun de Vries. In: Flachware. Jahrbuch der Leipziger Buchwissenschaft 7 (2021), S. 143–157.

Rennert, Jürgen: Jüdische Literatur 1: Mit Engagement und Liebe herausgebracht. In: Simone Barck, Siegfried Lokatis (Hrsg.): Fester zur Welt. Eine Geschichte des DDR-Verlages Volk & Welt. Berlin 2003, S. 295–297.

Rennert, Jürgen: Nachdichtungen 3 – Keineswegs nur Selbstverleugnung. In: Simone Barck, Siegfried Lokatis (Hrsg.): Fester zur Welt. Eine Geschichte des DDR-Verlages Volk & Welt. Berlin 2003, S. 318.

Richter, Walter: 40 Quadratmeter für die Ware Buch. In: Börsenblatt (Leipzig) vom 28. Mai 1956.

Richter, Walter: Rückblick auf die III. Internationale Buchmesse in Warszawa. In: Börsenblatt (Leipzig) vom 28. Juli 1958.

Riesz, János: Schwarze Klassiker. In: Die Zeit vom 16. November 1984.

Ripken, Peter: Der Gigant und seine Übersetzungen. Indiens Literaturen auf dem deutschen Buchmarkt. In: Südasien 33 (2013) H. 3, S. 8–12.

Rittberger, Volker: Internationale Organisationen – Politik und Geschichte. Europäische und weltweite zwischenstaatliche Zusammenschlüsse. Opladen 1995.

Rjurikow, Boris: Der Roman und die geistigen Werte unserer Zeit. Einige Gedanken nach der COMES-Tagung in Leningrad. In: Sowjetwissenschaft, Kunst und Literatur 11 (1963) H. 7, S. 1266–1277.

Rosin, Philip: Die Schweiz im KSZE-Prozess 1972–1983. Einfluss durch Neutralität. München 2014.

Rothmeier, Christa: Terra incognita? Die Erschließung der tschechischen Lyrik des 20. Jahrhunderts durch deutsche Übersetzungen. In: Wiener Slavistisches Jahrbuch 46 (2000), S. 203–212.

Rude-Porubská, Slávka: Who Chooses Literature for Translation? Translation Subsidies in Germany. In: Primerjalna književnost 33 (2010) H. 2, S. 273–285.

Rude-Porubská, Slávka: Förderung literarischer Übersetzung in Deutschland: Akteure – Instrumente – Tendenzen. Wiesbaden 2014.

Rudolph, Karsten; Wüsterhagen, Jana: Große Politik – kleine Begegnungen. Die Leipziger Messe im Ost-West-Konflikt. Berlin 2006.

Rumjanzew, Alexej (Hrsg.): Sozialistisches Weltsystem und revolutionärer Weltprozess. Berlin 1982.

Rütten, Marion: Die Länderschwerpunkte ab 1988. Fallbeispiele Italien und Frankreich. In: Stephan Füssel (Hrsg.): 50 Jahre Frankfurter Buchmesse 1949–1999. Frankfurt am Main 1999, S. 139–149.

Rzesznotnik, Jacek: Ein zerebraler Schriftsteller und Philosoph namens Lem. Zur Rekonstruktion von Stanisław Lems Autoren- und Werkbild im deutschen Sprachraum anhand von Fallbeispielen. Wrocław 2003.

Saehrendt, Christian: Kunst als Botschafter einer künstlichen Nation. Studien zur Rolle der bildenden Kunst in der Auswärtigen Kulturpolitik der DDR. Stuttgart 2009.

Saehrendt, Christian: Kunst im Kampf für das »Sozialistische Weltsystem«. Auswärtige Kulturpolitik der DDR in Afrika und Nahost. Stuttgart 2017.

Sapiro, Gisèle: The Transnational Literary Field between (Inter)-nationalism and Cosmopolitanism. In: Journal of World Literature 5 (2020) H. 4, S. 481–504.

Sark, Paul; Pleging, Maaike: Van Boekenweek naar Buchmesse. Op zoek naar lezerspubliek voor vier Nederlandse auteurs. In: Vooys. Tijdschrift voor Letteren 34 (2016) H. 1–2, S. 97–107.

Sartre, Jean-Paul: Die Abrüstung der Kultur. Rede auf dem Weltfriedenskongreß in Moskau. In: Sinn und Form 14 (1962) H. 5–6, S. 805–815.

Sauerland, Karol: Teilnehmer der Kafka-Konferenz in Liblice. In: Steffen Höhne, Ludger Udolph (Hrsg.): Frank Kafka. Wirkung und Wirkungsverhinderung. Köln, Weimar, Wien 2014, S. 199–208.

Schade, Anja: Brüderliche Verbundenheit mit allen aufrechten Kämpfern. Die Solidarität der DDR mit dem südafrikanischen Befreiungskampf. In: Andreas Bohne, Bernd Hüttner, Anja Schade (Hrsg.): Apartheid No! Facetten von Solidarität in der BRD und DDR. Berlin 2019, S. 27–37.

Schädlich, Hans Joachim: Der andere Blick. Kleine Geschichte des Versuchs, in der DDR-Prosa zu veröffentlichen. In: ders.: Aufsätze, Reden, Gespräche. Reinbek bei Hamburg 2015, S. 155–165.

Scheideler, Britta: Von Konsens zu Kritik. Der Friedenspreis des Deutschen Buchhandels. In: Stephan Füssel (Hrsg.): 50 Jahre Frankfurter Buchmesse 1949–1999. Frankfurt am Main 1999, S. 46–88.

Scherstjanoi, Elke: Einleitung. In: dies. (Hrsg.): Zwei Staaten, zwei Literaturen? Das internationale Kolloquium des Schriftstellerverbandes in der DDR, Dezember 1964. Eine Dokumentation. München 2008, S. 7–43.

Schleicher, Ilona; Schleicher, Hans-Georg: Die DDR im südlichen Afrika: Solidarität und Kalter Krieg. Hamburg 1997.

Schleicher, Ilona: Elemente entwicklungspolitischer Zusammenarbeit in der Tätigkeit von FDGB und FDJ. In: Hans-Jörg Bücking (Hrsg.): Entwicklungspolitische Zusammenarbeit in der Bundesrepublik Deutschland und in der DDR. Berlin 1998, S. 111–137.

Schleicher, Ilona: Zwischen Herzenswunsch und Kalkül. DDR-Solidarität mit dem Befreiungskampf im südlichen Afrika. Annäherungen an ein Erbe. Berlin 1998.

Schlenstedt, Silvia: Nachwort. In: Martin Reso (Hrsg.): Expressionismus. Lyrik. Berlin 1969, S. 617–658.

Schneider, Ute: Literarische und politische Gegenöffentlichkeit. Die Frankfurter Buchmesse in den Jahren 1967–1969. In: Stephan Füssel (Hrsg.): 50 Jahre Frankfurter Buchmesse 1949–1999. Frankfurt am Main 1999, S. 89–114.

Schubbe, Elmar (Hrsg.): Dokumente zur Kunst-, Literatur- und Kulturpolitik der SED. Stuttgart 1972.

Schüssler, Gerhard (Hrsg.): Wörterbuch zum sozialistischen Staat. Berlin 1974.
Schwarz, Hans-Peter: Akten zur auswärtigen Kulturpolitik der Bundesrepublik Deutschland, 1. Januar bis 30. Juni. München 1995.
Scott-Smith, Giles: Opening Up Political Spaces: Informal Diplomacy, East-West Exchanges, and the Helsinki Process. In: Simo Mikkonen, Pia Koivunen (Hrsg.): Beyond the Divide. Entangled Histories of Cold War Europe. New York 2015, S. 23–43.
Seemann, Anna-Maria: Parallelverlage im geteilten Deutschland. Entstehung, Beziehungen und Strategien am Beispiel ausgewählter Wissenschaftsverlage. Berlin, Boston 2017.
Sepamla, Sipho: Impressions of a first visit abroad. In: Rand Daily Mail vom 8. November 1980.
Seyer, Ulrika: Die Frankfurter Buchmesse in den Jahren 1967–1969. In: Stephan Füssel (Hrsg.): Die Politisierung des Buchmarkts: 1968 als Branchenereignis. Wiesbaden 2007, S. 159–214.
Shahar, Ido: Between books and politics. Cairo international book fair as a field configuring event. In: History and Anthropology 28 (2017) H. 2, 166–187.
Siegrist, Hannes: Geistiges Eigentum im Spannungsfeld von Individualisierung, Nationalisierung und Internationalisierung. Der Weg zur Berner Übereinkunft von 1886. In: Rüdiger Hohls, Iris Schröder, Hannes Siegrist (Hrsg.): Europa und die Europäer. Quellen und Essays zur modernen europäischen Geschichte. Wiesbaden 2005, S. 52–61.
Simon, Dietrich: Steine des Anstoßes – Rückblicke. In: Simone Barck, Siegfried Lokatis (Hrsg.): Fester zur Welt. Eine Geschichte des DDR-Verlages Volk & Welt. Berlin 2003, S. 103–110.
Singh, Eric: Sechaba – Zeitschrift des ANC printed in the GDR. In: Ulrich van der Heyden, Ilona Schleicher, Hans-Georg Schleicher (Hrsg.): Engagiert für Afrika. Die DDR und Afrika. Berlin 1994, S. 129–140.
Śliwińska, Katarzyna: Zu einigen Aspekten des sozialistischen Realismus in Polen und in der DDR. In: Studia Germanica Posnaniensia XXVII (2001), S. 201–217.
Šmejkalová, Jirina: Cold War Books in the Other Europe and What Came After. Leiden, Boston 2011.
Soboczynski, Adam: Die Auferstehung. In: Die Zeit 26 (2024), S. 41.
Sokolov, Raymond A.: An Instant in the Wind. Review. In: New York Times vom 27. Februar 1977.
Sommeregger, Jana: Kulturaustausch. Die Ehrengast-Tradition der Frankfurter Buchmesse. In: Büchereiperspektiven (2008) H. 3, S. 8–9.
Sonnenberg, Uwe: Von Marx zum Maulwurf. Linker Buchhandel in Westdeutschland in den 1970er-Jahren. Göttingen 2016.
Sonnenberg, Uwe: Marginalien? Drei Blicke auf den westdeutschen linken Buchhandel (VLB) und die DDR in den 1970er-Jahren. In: Bundeszentrale für politische Bildung, https://www.bpb.de/themen/deutschlandarchiv/135661/marginalien/#footnote-reference-1 (letzter Zugriff am 28.8.2024).
Sowiński, Paweł: Kulturowa penetracja – notes George'a Mindena. In: Polska 1944/45–1989. Studia i Materiały 13 (2015), S. 267–278.
Sowiński, Paweł: Cold War Books: George Minden and His Field Workers, 1973–1990. In: East European Politics and Societies and Cultures 34 (2020) H. 1, S. 48–66.
Stachura, Natalia: Przestrzeń intertekstualna i geohistoryczna w powieściach André P. Brinka. Poznań 2016.
Stehle, Hansjakob: Für das lesehungrige Polen. In: Frankfurter Allgemeine Zeitung vom 13. Juli 1961.
Stehle, Hansjakob: West-östlicher Markt von Geist und Wort. In: Frankfurter Allgemeine Zeitung vom 30. Mai 1962.
Stoff, Andrzej: »Rok 1984« – »Nowy wspaniały świat«. Pułapki czytelnicze (i nie tylko). In: Kamila Budrowska, Wiktor Gardecki, Elżbieta Jurkowska (Hrsg.): 1984. Literatura i kultura schyłkowego PRL-u. Warszawa 2015, S. 15–29.

Stojanow, Christo: Das »Immunsystem« des »real existierenden Sozialismus«. In: Aus Politik und Zeitgeschichte (1991) Nr. 19, S. 36–46.

Strausfeld, Michi: Lateinamerikanische Literatur in Deutschland: eine kleine Erfolgsgeschichte. In: Peter Birle, Friedhelm Schmidt-Welle (Hrsg.): Wechselseitige Perzeptionen. Deutschland – Lateinamerika im 20. Jahrhundert. Frankfurt am Main 2007, S. 157–169.

Strauss, Anselm; Corbin, Juliet: Grounded Theory. Grundlagen qualitativer Sozialforschung. München 1996.

Strauss, Anselm: Grundlagen qualitativer Sozialforschung. Datenanalyse und Theoriebildung in der empirischen soziologischen Forschung. München 1998.

Szypulski, Stanisław: Nowa książka, nowy problem. In: Radar (1979) H. 4, S. 26 f.

Tarka, Krzysztof: Jest tylko jedna Polska. Bolesław Świderski – emigrant w służbie Polski Ludowej. In: Pamięć i Sprawiedliwość 11 (2007) H. 1, S. 273–308.

Tashinskiy, Alexey: Eine Verflechtungsgeschichte zwischen Ideologie und Idiosynkrasie: *Gesammelte Werke in Einzelausgaben* von Lev Tolstoj im DDR-Verlag Rütten & Loening 1952–1962. In: ders., Julia Boguna, Andreas F. Kelletat (Hrsg.): Übersetzer und Übersetzen in der DDR. Translationshistorische Studien. Berlin 2020, S. 17–53.

Taterka, Thomas: »Buchwald liegt in der Deutschen Demokratischen Republik«. Grundzüge des Lagerdiskurses der DDR. In: Birgit Dahlke, Martina Langermann, ders. (Hrsg.): LiteraturGesellschaft DDR. Kanonkämpfe und ihre Geschichte(n). Stuttgart, Weimar 2000, S. 312–365.

Taubert, Sigfred: Das Buch auf der Weltausstellung in Brüssel. In: Börsenblatt (Frankfurt am Main) vom 31. Oktober 1958.

Taubert, Sigfred: Wege und Irrwege im Leben von Sigfred Taubert. Maintal-Hochstadt 1984.

Taubert, Siegfred: Mit Büchern die Welt erlebt. Stuttgart 1992.

Thörn, Håkan: Anti-Apartheid and the Emergence of a Global Civil Society. London 2006.

Thörn, Håkan: The Meaning(s) of Solidarity: Narratives of Anti-Apartheid Activism. In: Journal of Southern African Studies 35 (2009) H. 2, S. 417–436.

Tschörtner, Heinz Dieter: Stanisław Lem. In: Der Bücherkarren (1970) Nr. 8, S. 1.

Tschörtner, Heinz Dieter: Die Spektrum-Reihe des Verlages Volk und Welt. In: Marginalien. Zeitschrift für Buchkunst und Bibliophilie (1973) Nr. 51, S. 55–60.

Tschörtner, Heinz Dieter: 40 Jahre internationale Literatur. Bibliographie 1947–1986. Berlin 1987.

Tschörtner, Heinz Dieter: Internationale Literatur 1987–1989. Nachtrag zur Verlagsbibliografie. Berlin 1989.

Thietz, Kirsten: Zwischen Auftrag und Eigensinn. Der Hirnstorff-Verlag in den 60er und 70er Jahren. In: Birgit Dahlke, Martin Langermann, Thomas Taterka (Hrsg.): LiteraturGesellschaft DDR. Kanonkämpfe und ihre Geschichte(n). Stuttgart 2000, S. 240–274.

Tiepmar, Stefan: »Eigentümliche Kontaktschwächen«. Das Leipziger Börsenblatt für den Deutschen Buchhandel (1946 bis 1964). In: Simone Barck, Martina Langermann, Siegfried Lokatis (Hrsg.): Zwischen »Mosaik« und »Einheit«. Zeitschriften in der DDR. Berlin 1999, S. 375–385.

Tietje, Frank: Die Ankunftsliteratur. Begriff und Spannbreite. Baden-Baden 2019.

Todorova, Maria: Remembering Communism: Similar Trajectories, Different Memories. In: dies.: Scaling the Balkans. Essays on Eastern European Entanglements. Leiden 2018, S. 641–661.

Trepte, Hans-Christian: Anmerkungen zur Begutachtung und Kommentierung polnischer Literatur in der DDR. In: Siegfried Lokatis, Martin Hochrein (Hrsg.): Die Argusaugen der Zensur. Begutachtungspraxis im Leseland DDR. Stuttgart 2021, S. 501–510.

Trommler, Frank: Kulturmacht ohne Kompass. Deutsche auswärtige Kulturbeziehungen im 20. Jahrhundert. Köln, Weimar, Wien 2013.

Ulbricht, Walter: Über den XX. Parteitag der Kommunistischen Partei der Sowjetunion. In: Neues Deutschland vom 4. März 1956.

Ulmer, Konstantin: »Man muss sein Herz an etwas hängen das es verlohnt«. Die Geschichte des Aufbau Verlages 1945–2020. Berlin 2020.

Ulmer, Konstantin: Aufbau-Verlag. In: Christoph Links, Siegfried Lokatis, Klaus G. Saur (Hrsg.): Geschichte des Deutschen Buchhandels im 19. und 20. Jahrhundert. Deutsche Demokratische Republik. Teil 1. Berlin, Boston 2022, S. 523–546.

Unfried, Berthold: Sozialistisches Weltsystem? Wie tauglich ist diese Selbstbezeichnung für die historische Forschung? Eine Erörterung anhand der Praxis außereuropäischer internationaler Zusammenarbeit der DDR. In: Zeitschrift für Weltgeschichte 22 (2021) Nr. 1/2, S. 183–207.

Vandevoorde, Hans: Drei Braets und was Anmerkungen. In: Internationale Neerlandistiek 57 (2019) H. 1, S. 61–79.

Volland, Nicolai: Socialist Cosmopolitanism. The Chinese Literary Universe, 1945–1965. New York 2017.

Vowinckel, Anette; Payk, Marcus; Lindenberger, Thomas: European Cold War Culture(s)? An Introduction. In: dies. (Hrsg.): Cold War Cultures. Perspectives on Eastern and Western European Societies. New York, Oxford 2012, S. 1–10.

Wallerstein, Immanuel: The Rise and Future Demise of the World Capitalist System. Concepts for Comparative Analysis. In: ders.: The Essential Wallerstein. New York 2000, S. 71–105.

Walther, Joachim: Sicherungsbereich Literatur. Schriftsteller und Staatssicherheit in der Deutschen Demokratischen Republik. Berlin 1996.

Watson, Mary R.; Anand, N.: Award ceremony as an arbiter of commerce and canon in the popular music industry. In: Popular Music 25 (2006) H. 1, S. 41–56.

Wehler, Hans-Ulrich: Deutsche Gesellschaftsgeschichte. Bd. 5. Bundesrepublik und die DDR, 1949–1990. München 2008.

Wehner, Markus: Die Diktatur herrschte damals. In: Frankfurter Allgemeine Zeitung vom 17. Juni 2023.

Weidhaas, Peter: Zur Geschichte der Frankfurter Buchmesse. Frankfurt am Main 2003.

Weidhaas, Peter: Und kam in die Welt der Büchermenschen. Erinnerungen. Berlin 2007.

Weidhaas, Peter: Das Zimmer der verlorenen Freunde. Erinnerungen. Göttingen 2017.

Wenninger, Regina: Die Kunst der Stunde. Polnische Kunstausstellungen in der BRD 1956–1970. Wien, Köln, Weimar 2021.

Westdickenberg, Michael: »Es ist zu empfehlen, dem Buch ein Nachwort über die Alternative beizugeben.« Veröffentlichungsstrategien und Literaturzensur westdeutscher belletristischer Literatur in der DDR am Beispiel von Thomas Valentins Roman Die Unberatenen. In: Internationales Archiv für Sozialgeschichte der deutschen Literatur 28 (2003) H. 1, S. 88–110.

Westdickenberg, Michael: Die »Diktatur des anständigen Buches«. Das Zensursystem der DDR für belletristische Prosaliteratur in den sechziger Jahren. Wiesbaden 2004.

Westdickenberg, Michael: Fehlverhalten individualisieren und positive Gegengewichte schaffen! Die Begutachtung belletristischer Literatur in der DDR in den 1960er Jahren. In: Siegfried Lokatis, Martin Hochrein (Hrsg.): Die Argusaugen der Zensur. Begutachtungspraxis im Leseland DDR. Stuttgart 2021, S. 33–62.

Whitfield, Stephen: The Culture of the Cold War. Baltimore 1991.

Wiesner, Matthias: Die DDR und das internationale Urheberrechtsregime. In: Comparativ 16 (2006) H. 5/6, S. 249–267.

Wirth, Andrzej: Die unvollständige Rechnung des Tadeusz Borowski. In: Tadeusz Borowski: Die steinerne Welt. Erzählungen. München 1963, S. 269–278.

Willer, Stefan: Erbfälle. Theorie und Praxis kultureller Übertragung der Moderne. Paderborn 2014.

Wimmer, Andreas; Glick Schiller, Nina: Methodological Nationalism, the Social Sciences and the Study of Migration: An Essay in Historical Epistemology. In: International Migration Review 37 (2002) H. 3, S. 576–610.

Winnen, Angelika: Kafka-Rezeption in der Literatur der DDR. Produktive Lektüren von Anna Seghers, Klaus Schlesinger, Gert Neumann und Wolfgang Hilbig. Würzburg 2006.

Wojtasiewicz, Olgierd: Wstęp do teorii tłumaczenia. Wrocław, Warszawa 1957.

Wölfel, Ute: Einleitung. In: dies. (Hrsg.): Literarisches Feld DDR. Bedingungen und Formen literarischer Produktion in der DDR. Würzburg 2005, S. 5–10.

Woolard, Kathryn A.: Branding like a State: Establishing Catalan Singularity at the Frankfurt Book Fair. In: Signs and Society 4 (2016) H. 1, S. 29–50.

Worbs, Erika: Das Schicksal der Bücher. Hubert Schumann (1941–2013) und seine Übersetzungen aus dem Polnischen. In: Alexey Tashinskiy, Julia Boguna, Andreas F. Kelletat (Hrsg.): Übersetzer und Übersetzen in der DDR. Translationshistorische Studien. Berlin 2020, S. 207–221.

Wrage, Henning: Feld, System, Ordnung. Zur Anwendbarkeit soziologischer Modelle auf die DDR-Kultur. In: Ute Wölfel (Hrsg.): Literarisches Feld DDR. Bedingungen und Formen literarischer Produktion in der DDR. Würzburg 2005, S. 53–73.

Wurm, Carsten: Jeden Tag ein Buch. 50 Jahre Aufbau-Verlag 1945–1995. Berlin 1995.

Wurm, Carsten: Der frühe Aufbau-Verlag 1945–1961. Konzepte und Kontroversen. Wiesbaden 1996.

Zajas, Paweł: Niemilknące muzy. Wydawcy, pisarze, tłumacze i pośrednicy kulturowi na frontach Wielkiej Wojny. Poznań 2016.

Zajas, Paweł: Mutmaßungen über die Rolle des Lektors. Über Cees Nootebooms Eintritt in den Suhrkamp Verlag. In: Jaap Grave, Lut Missine (Hrsg.): Tussen twee stoelen, tussen twee vuren. Nederlandse literatuur op weg naar de buitelandse lezer. Gent 2018, S. 75–96.

Zajas, Paweł: »Als Beweis der in Deutschland herrschenden geistigen Toleranz ...« Hans Magnus Enzensbergers ausländische Vortragsreisen im kulturpolitischen Kontext. In: Dirk Kemper, Natalia Bakshi, Elisabeth Cheauré, ders. (Hrsg.): Literatur und Auswärtige Kulturpolitik. Paderborn 2019, S. 93–110.

Zeckert, Patricia F.: Deutsch-deutsche Literaturpolitik. Die internationale Leipziger Buchmesse 1946 bis 1990. In: https://www.bundesstiftung-aufarbeitung.de/sites/default/files/uploads/files/2019-11/zeckert_0.pdf (letzter Zugriff am 28.8.2024).

Zimmer, Dieter E.: Wir, die letzten Entdecker. In: Die Zeit vom 24. September 1976.

Zybura, Marek: »Lekcja ciszy« w głosach krytyki niemieckiej. Wrocław 2009.

Personennamen

A

Abrahams, Peter 200
Abusch, Alexander 38, 40, 50
Achterberg, Gerrit 227, 231 f., 235
Ackermann, Anton 112
Adenauer, Konrad 307
Adorno, Theodor W. 111
Agricola, Christine 206
Aitmatow, Tschingis 111
Albrecht, Helga 79
Amado, Jorge 9, 266
Amman, Dieter 291
Anand, N. 321
Andréas, Bert 214
Andrić, Ivo 111, 139
Andringa, Els 234
Andrzejewski, Jerzy 79, 81, 131, 144, 156–158, 160, 170, 187, 294, 322
Angioletti, Giovannie Battista 62
Antkowiak, Alfred 224–226, 235
Antkowiak, Barbara 87, 141, 177
Appadurai, Arjun 321
Apitz, Bruno 161
Apter, Emily 103
Aragon, Louis 9
Arnold, Hans 222, 260
Arnoldov, Arnold I. 99
Asturias, Ángel 140
Aumüller, Matthias 178
Aust, Martin 5

B

Bâ Mariama 269
Babiracki, Patryk 5
Bachleitner, Norbert 106
Bachmann, Ingeborg 66
Baczko, Bronisław 295, 322
Bahr, Egon 278
Bakshi, Natalia 108
Bakunin, Michail 214
Balcerowicz, Leszek 306
Balicki, Stanisław 30
Ball, Peter 173, 175
Barącz, Piotr 283
Barbian, Nikolaus 256
Barck, Simone 13, 15, 45, 119, 139, 165, 183, 201, 279
Barnhisel, Georg 1
Barsig, Franz 273
Barthel, Kurt 159
Baschewa, Mirjana 85
Baudelaire, Charles 227
Baum, Georgina 67, 81, 192
Baumgaten, Gert 286, 292
Bayer, Hans 257
Bayer, Wolfgang 221
Beauvoir, Simone de 63
Becher, Johannes R. 21, 27, 35–39, 47, 103, 171, 220
Beck, Ulrich 2
Beck Pristed, Brigitte 314 f., 318 f., 320
Beckmann, Eberhard 273
Bedson, Tatiana 108
Beckermann, Thomas 294
Beckett, Samuel 119, 193 f., 204, 288
Behrens, Alexander 36, 40
Belina-Brzozowski, Maciej 305
Ben-Gurion, David 307
Benjamin, Walter 259
Benn, Gottfried 227
Benseler, Frank 276
Berbig, Roland 16

Bereska, Henryk 81, 141 f., 148 f., 152, 155, 157–159, 167, 171, 180, 182, 189, 193
Bergman, Ingmar 208
Bergson, Henri 205
Bermann Fischer, Gottfried 33
Bernstein, Hilda 201 f.
Berthel, Werner 153
Beti, Mongo 269
Biegel, Paul 224
Biermann, Wolf 188, 192, 195, 223
Bierut, Bolesław 127
Biesheuvel, Maarten 226
Birckholz, Udo 203, 216
Bispinck, Hendrik 9
Blahynka, Milan 87
Bloch, Ernst 129
Bloom, Harry 201
Blume, Patricia F. 238, 241
Błoński, Jan 178
Bocheński, Jacek 144
Bock, Siegfried 316
Boeckh, Wolfgang 288, 306
Boehlich, Walter 294 f.
Boguna, Julija 104
Böhme, Waltraud 37
Böhme, Wolfgang 31
Böll, Heinrich 111, 250, 302
Boll, Ilka 175
Boon, Louis Paul 217–219, 225
Borchers, Elisabeth 154, 235
Borgers, Gerrit 229
Borges, Jorge Luis 257 f.
Borodziej, Włodzimierz 128, 131
Borowski, Tadeusz 144, 159–163, 166–168, 170
Bosshard, Marco Thomas 245
Bostroem, Annemarie 183
Böttcher, Gerhard 78
Bourdieu, Pierre 95 f., 322
Boušek, Karel 88
Böx, Heinrich 300 f.
Braet, Marc 224
Brandt, Marion 129 f., 132, 136, 187
Brandt, Willy 220, 246, 275
Brandys, Kazimierz 145, 166, 294, 322
Brang, Heidi 117

Bratny, Roman 164
Braun, Otto 42 f.
Braun, Volker 110, 115
Brecht, Bertolt 115, 193, 195, 220
Breschnew, Leonid 315 f.
Bretschneider, Marianne 203–206, 208 f.
Breyer, Harald 311
Breza, Tadeusz 111
Brink, André 204–206, 210 f.
Brohm, Holger 14, 114, 224
Brouillette, Sarah 69, 247
Brousek, Antonín 89
Brudziński, Wiesław 294
Brunner, Detlev 198
Bruns, Wilhelm 70
Brus, Włodzimierz 295, 322
Brutus, Dennis 203
Bruyn, Günter de 110, 115
Brycht, Andrzej 178 f., 180
Buchholz, Larissa 322
Bürgin, Gottfried 69
Burckhardt, Hermann 176
Burmeister, Brigitte 64 f.
Burschell, Friedrich 207
Burton, John 93
Busch, Günther 294 f.
Buschman, Jörg 86
Butor, Michel 65
Buzelin, Hélène 21

C

Camillo, Kevin 317, 319
Čapek, Karel 139
Cardenal, Ernesto 279
Carpentier, Alejo 140
Casanova, Pascale 103
Caspar, Günter 162
Cassirer, Reinhold 207
Čejka, Jaroslav 88
Cerny, Vera 161
Céspedes Patzi, Augusto 266
Chandler, Raymond 111
Charmaz, Kathy 18
Chee Dimock, Wai 103
Chocron, Isaac 266

Choromański, Michał 190
Christie, Agatha 111
Chruschtschow, Nikita 25, 36, 127, 314
Churchill, Winston 237
Cibulka, Hanns 110
Cierpinski, Waldemar 110
Claes, Ernest 212
Clark, Katerina 7, 9
Claus, Hugo 219, 225–227, 229, 234–236
Cloete, Stuart 201
Cobo Borda, Juan Gustavo 266
Coetzee, J. M. 205
Conradi, Arnulf 207
Cope, Jack 201, 210
Corbin, Juliet 18
Cornwell, Gareth 210
Cortázar, Julio 256 f., 265
Corvalán, Louis 278
Csató, Edward 192
Csoóri, Sándor 86
Cygan, Dorota 250
Cyrankiewicz, Józef 127, 240
Czechowski, Heinz 133, 183
Czeszko, Bohdan 81
Czollek, Walter 216

D

Dąbrowska, Maria 165
Dahne, Gerhard 81
Dahrendorf, Ralf 325
Daisne, Johan 218
Damrosch, David 103
Darton, Robert 116
David-Fox, Michael 9
Decroos, Jérôme 231
Dedecius, Karl 46, 153 f., 180, 250, 297, 299
Deicke, Günther 86, 183
Deicke, Werner 190
Denning, Michael 103
Déry, Tibor 63, 111
Desczyk, Gerhard 219
Dieckmann, Eberhard 159, 160
Dieckmann, Friedrich 115
Dietrich, Gerd 21, 113
DiMaggio, Paul 94

Djagalov, Rossen 7, 9
Dodeshöner, Werner 249
Domatowski, Jewgeni 216
Dor, Milo 250
Dostojewski, Fjodor 139
Drankowski, Tadeusz 292
Dreifuß, Marianne 167, 171 f.
Drewnowski, Tadeusz 134
Dufner, Georg J. 76, 256
Dürrenmatt, Friedrich 47
Düwl, Wolf 146
Dwars, Jens-Fietje 36
Dygasiński, Adolf 166

E

Eckert, Charlotte 141, 152
Eckert, Georg 299
Ehrenburg, Ilja 26, 63
Eichmann, Adolf 307
Einert, Katharina 255
Eliot T. S. (Thomas Stearns) 119, 227
Elst, Michiel 315
Ende, Dagmar 150
Endler, Adolf 183
Engel, Bernd 175
Engel, Ulf 198
Engels, Friedrich 104, 111, 214
Enzensberger, Hans Magnus 63, 235, 257 f.
Erb, Elke 183
Erbe, Günter 122, 188, 196, 227
Erpenbeck, Jenny 16
Esche, Eberhard 221
Eser, Alexander 126
Espagne, Michel 18
Estrázulas, Enrique 266

F

Fair-Schulz, Axel 99
Falk, Elisabeth 254
Farkas, József 67
Fast, Howard 9
Faulkner, William 156, 195
Fedin, Konstantin 63, 139
Fehr, Götz 252 f.

Felder, Lubomír 87
Feltrinelli, Giangiacomo 254
Feltrinelli, Inge 254
Fik, Marta 192
Filipowicz, Kornel 187
Fischer, Arno 132
Fischer, Ernst 48–50, 245, 267
Fischer, Oskar 131
Fodor, András 86
Förstner, Wieland 110
Forstreuter, Burkhard 203 f.
Friedman, Jeremy 7
Frisch, Max 47, 119, 174
Frohn, Julia 14
Fromm, Erich 111
Fuentes, Carlos 140, 256
Fugard, Athol 203, 209
Fühmann, Franz 133, 183
Fuks, Ladislav 111
Fürnberg, Louis 124
Füssel, Stephan 242–244, 254
Fust, Johannes 242

G

Gahnz, Ulricke 225
Galeano, Eduardo 265 f.
Gałczyński, Konstanty Ildefons 173, 175, 294
Gansel, Carsten 13, 41, 96, 125
Garai, Gábor 86
Garaudy, Roger 49, 51
Gardecki, Wiktor 294
Gärtner-Scholle, Carola 148, 170 f., 200
Gat, Tal 307
Gawroński, Bogdan 302
Gefen, Alexandre 7
Geisenmeymer, Ernst W. 295
Geißler, Klaus 77 f., 90
Genet, Jean 193, 227
Gentzen, Felix-Heinrich 158
George, Stefan 53
Gerlach, Hellmut von 123
Gerlach, Jens 183
Gewandt, Heinrich 272
Gierek, Edward 131 f.
Gieseke, Jens 16

Gijsen, Marnix 219
Giovanopoulos, Anna-Christina 14
Girnus, Wilhelm 58, 60, 195
Giton, Céline 314
Glaeßler, Gert-Joachim 96
Glauser, Andrea 18
Glick Schiller, Nina 2
Glynn, Mary Ann 321
Gödel, Florian 117
Goethe, Johann Wolfgang von 104
Gogol, Nikolai 139
Gohlisch, Fritz 313
Goldstein, Thomas W. 41, 43, 125
Goldstücker, Eduard 47–49
Goll, Iwan 230
Gombrowicz, Witold 156, 190 f.
Gomułka, Władysław 26, 128, 131, 158
Gorbatschow, Michail 209, 320
Gordimer, Nadine 201, 204, 206–209
Görg, Christoph 60
Gorki, Maxim 108, 111, 139, 146
Gorter, Herman 233 f.
Goßens, Peter 38, 103, 108
Graave, Jaap 213
Grabiński, Stefan 190
Graeve, Wolf-Dieter 198
Grahner, Nasso 126
Grass, Günter 111, 250, 299
Greiser, Rudolf 220
Griese, Friedrich 152
Grochowiak, Stanisław 174, 185
Grohman, Josef 249
Große, Gerald 132
Grotewohl, Otto 123
Grubner, Bernadette 57
Gruner, Jürgen 78, 119, 139, 197, 216
Grunert, Horst 58
Grüning, Uwe 86, 184
Gruša, Jiří 89
Grycz, Wolfgang 155
Grześciak, Marian 134
Guégan, Jean 195
Günther, Ralf 311
Gutenberg, Johannes 242
Gwala, Harry Themba 200
Gysi, Klaus 27, 58, 138, 273

H

Haar, Jaap ter 224
Habbema, Cox 221
Habermas, Jürgen 117
Hacks, Peter 110
Hadler, Frank 5
Hager, Kurt 54, 59, 63–65, 110–112, 115, 122, 134, 137, 195 f., 249, 251, 275 f., 278
Hahn, Joseph 167
Hähnel, Klaus-Dieter 46
Haid, Bruno 54, 70, 142, 179
Hájek, Jiří 31
Hajnal, Gábor 57
Hamelink, Jacques 235
Hamm-Brücher, Hildegard 266–268
Hansel, Michael 62
Harasymowicz, Jerzy 185
Harich, Wolfgang 27, 40, 128–130, 138
Hartog, Jan de 219
Hašek, Jaroslav 139
Hauptmann, Gerhard 53
Hauptmann, Peter 301
Hauser, Harald 126
Hausmann, Arno 156
Heeresma, Heere 219
Hegewald, Heidrun 67
Heißenbüttel, Helmut 232 f.
Hejwowski, Krzysztof 43
Heldt, Peter 60
Helfrich, Carl 123
Hemingway, Ernest 138
Hempel, Leon 96
Henckis, Konrad 242
Henning, Hans 220
Henninger, Gerhard 134 f.
Henseler, Daniel 281
Herbert, Zbigniew 174, 176, 294, 299, 322
Hermand, Jost 227
Hermann, Alois 143, 157
Hermans, Willem Frederik 225
Hermlin, Stephan 124, 159, 227
Hermsdorf, Klaus 48 f., 54 f.
Herold, Annemarie 45
Herrnstadt, Rudolf 36

Hertz, Paweł 145
Hesse, Hermann 33, 53
Hestermann, Jenny 307
Heukenkamp, Ursula 163
Hexel, Ruth 127
Heydel, Ulrich van der 198 f., 203
Heym, Georg 227
Hiersche, Anton 91, 162
Hikmet, Nâzım 9
Hildebrandt, Dieter 294
Hipp, Helga 229, 232 f., 235
Hirsch, Karl-Georg 111
Hitler, Adolf 36
Hłasko, Marek 172, 189 f., 297, 321
Hochrein, Martin 14
Hoeft, Klaus-Dieter 139
Hoffmann, Dierk 9
Hoffmann, Hans-Joachim 110
Hoffmann, Siegfried 248, 275 f., 278
Hofmannsthal, Hugo von 53
Höhlein, Thomas 146
Hohner, Kerstin 15
Holub, Miroslav 88
Honecker, Erich 21, 101, 131 f., 135, 188, 195
Honkisz, Władysław 281
Höpcke, Klaus 21, 60, 81, 85, 102, 110–112, 114, 164
Horkheimer, Max 111
Horn, Christine 116
Hörnig, Johannes 251
Houska, Leoš 48
Hoyer, Katja 16
Hrabal, Bohumil 111, 288
Huang, Kun 8
Hubalek, Claus 218 f.
Hübner, Peter 74
Huchel, Peter 57

I

Illés, László 67
Illyés, Gyula 66 f.
Ionesco, Eugène 193
Iredyński, Ireneusz 294
Iwaszkiewicz, Jarosław 9, 126, 165, 294

J

Jacobsen, Hans A. 301
Jacobson, Dan 201
Jäger, Andrea 223
Jager, Benedikt 14, 117 f.
Jähn, Karl-Heinz 79
Jähn, Sigmund 110
Jähnichen, Manfred 87–90
Jakobson, Roman 43
Jakubowski, Władysław 318
Janka, Walter 27, 40, 129 f., 138
Janke, Jutta 81 f., 141, 152, 158 f., 164, 166–170, 172–175, 177 f., 185 f., 188–194, 197
Jansson, Johan 320
Jany, Rebecca 210
Jaruzelski, Wojciech 137, 281
Jasiński, Ziemowit 317
Jaspers, Anke 14, 241
Jaspers, Karl 47
Jastrun, Mieczysław 160
Jay, Paul 6
Jelinek, Yeshayahu 307
Jens, Walter 68
Jentzsch, Bernd 184
Jersild, Austin
Jessen, Ralph 97
Jewtuschenko, Jewgeni 63
Jila Ikbal, Eesha 8
Johanides, Ján 288
Joho, Wolfgang 63, 160
Jones, Brittany C. 321
Jong, David de 219
Joubert, Elsa 204
Joyce, James 119, 158, 195, 227
Jünger, Harril 90 f.
Jurandot, Jerzy 173
Jurgutienė, Aušra 8
Just, Gustav 27, 40

K

Kabeš, Peter 89
Kafka, Franz 47–56, 59, 227, 288
Kahlau, Heinz 183
Kaleta, Krzysztof 23, 240, 282, 285, 296, 306
Kalliney, Peter 8
Kändler, Klaus 227 f.
Kant, Hermann 21, 74 f., 126, 135
Kaplan, Anatoli 142
Kardos, László 42
Kárpáti, Paul 67
Karst, Roman 49, 129, 133
Karthaus, Natalja 256
Kassák, Lajos 66 f.
Kaufmann, Hans 58
Kawalerowicz, Jerzy 146
Kebschull, Dietrich 261
Keel, Anna 207
Keiderling, Thomas 41, 125
Keller, Inge 110
Kelm, Kurt 152, 158
Kerski, Basil 123
Keulen, Mensje van 226
Kiedroń, Stefan 212
Kim Watson, Jini 8
Kind-Kovács, Friederike 8
Kipphoff, Petra 293
Kirsch, Rainer 183 f.
Kirsch, Sarah 184
Kirschnick, Sylke 219
Kirsten, Jens 14, 76, 225
Kirsten, Wulf 183
Kiš, Danilo 302
Klaas-Ortloff, Ingeborg 82
Klemperer, Victor 159
Kliems, Alfrun 108 f.
Kłosowski, Andrzej 304
Koch, Hans 46 f., 58, 63, 223
Kochanowski, Jerzy 127
Kocialek, Anneliese 53–55
Köhler, Heinz 249 f., 273–276, 280 f.
Köhler, Raimund 238
Kollatz, Udo 261
Kołakowski, Leszek 275, 297
Komenský, Jan Amos 249
Komierowski, Wacław 289 f.
Konwitschny, Franz 35
Kopelew, Lew 275, 302
Koplowitz, Jan 45 f.

Koppenfels, Johanna van 212
Kopylow, Maxim 213
Körkkö, Helmi-Nelli 245
Kormos, István 86
Korte, Barbara 14, 119
Kossuth, Leonhard 78, 86, 141
Köstlin, Thomas 252
Kościcki, Stanisław 302
Kotowicz, Waldemar 80 f., 83, 91
Kott, Jan 294
Kotula, Andrzej 123
Kourouma, Ahmadou 269
Kramer, Mark 252
Krammer, Jenö 49
Kraszewski, Józef Ignacy 145
Kraus, Wolfgang 61 f., 250
Krause, Friedhilde 147
Krehayn, Joachim 119, 228
Kreimeier, Klaus 207
Kreisky, Bruno 61
Kross, Jaan 139
Kruczkowski, Leon 79, 81, 144, 172 f., 191
Küchler, Manfred 79, 202
Kühn, Hartmut 191
Kuhnke, Ingrid 122
Kulenkampff, Hans-Joachim 272 f.
Kundera, Ludvík 57, 89
Kundera, Milan 302
Kunene, Mazisi 203
Kunert, Günter 184
Kunz, Ludwig 233–235
Kunze, Reiner 183, 188
Kupec, Ivan 89
Kurecka, Maria 250
Kurella, Alfred 36, 45, 51 f., 227
Kutscher, Sigrid 151
Kurtze, Gerhard 298
Kvirikashvili, Ana 245

L

La Guma, Alex 200, 203, 210
Labov, Jessi 8
Lachmann, Peter 294
Lagoda, Jule 12
Lakatos, Menyhért 111
Lam, Andrzej 182
Lampel, Joseph 320
Lampo, Hubert 218
Lange, Arno 101
Langermann, Martina 13, 44 f., 48, 50, 119, 201, 279
Lasker-Schüler, Else 230
Lasota, Grzegorz 144
Latour, Bruno 94
Lawaty, Andreas 324
Lec, Stanisław Jerzy 294
Lehmann, Reinhard 163
Lehmstedt, Mark 14, 33
Lem, Stanisław 111, 131, 143, 149–155, 164, 169
Lembrecht, Christina 69
Lemke, Heinz 80
Lemmer, Ernst 272
Lemmermeier, Doris 176
Lenin, Wladimir 108, 111
Lenz, Siegfried 111
Lersch, Gregor H. 11
Leśmian, Bolesław 184
Lessing, Doris 201
Levi, Primo 163
Levin, Martin 320
Lichtenfeld, Christiane 183 f.
Lindenberger, Thomas 6, 9, 16
Linhartová, Věra 288
Links, Christoph 2, 16, 110
Links, Christina 109 f.
Links, Roland 140, 171, 236, 305
Lins, Osman 266
Lionnet, Françoise 209
Lipsitz, George 6
Llosa, Mario Vargas 256, 266, 278
Loerke, Oskar 230
Loest, Erich 115 f., 132
Löffler, Dietrich 14, 106
Lohmar, Ulrich 299
Löhr, Isabella 19
Lokatis, Siegfried 13–16, 22, 33, 40, 45, 112, 114, 116 f., 119, 139 f., 148, 152–154, 177, 200 f., 279
Lopès, Henri 269
Lorenc, Kito 184
Lorenz, Günter W. 262 f., 265
Lorenzen, Paul 259

Lorf, Peter 102
Lotz, Christian 124
Lübke, Heinrich 274
Lucebert 227, 232–235
Ludvik, Dušan 49
Ludwig, Nadja 155
Luhmann, Niklas 96
Lukács, György 9, 48, 129, 195, 204
Luxemburg, Rosa 111

Ł

Łagocka, Amelia 141

M

Maaß, Kurt-Jürgen 260, 270, 324
Maetzig, Kurt 110, 150
Magnúsdóttir, Rósa 314 f., 318 f., 320
Mählert, Ulrich 16
Majoros, Ferenc 33
Makarska, Renata 281
Makeba, Miriam 200
Mallek, Otto 147
Mandelstam, Nadeschda 302
Mann, Ekkehard 96
Mann, Thomas 33, 48, 50, 53, 158, 205
Mansfield, Catherine 208
Marchwitza, Hans 144, 170
Marcuse, Herbert 111, 259
Márquez, Gabriel García 138, 211, 256
Mársico, Griselda 257
Martin, Berthold 299
Martin, Mircea 7
Marx, Karl 104, 111, 214
Matern, Hermann 36
Matkowska, Ewa 157
Matthews, James 268
Matthews, John P. C. 252
Matthus, Siegfried 110
Matwin-Buschmann, Roswitha 141, 152 f., 158
Maurer, Stefan 61 f.
Maximow, Wladimir 75
May, Lary 6
Mayer, Hans 46, 48
Mechtenberg, Theo 113

Mehlhorn, Ludwig 123
Meinert, Joachim 163
Mello, Thiago de 266
Meyer, Alan D. 320
Meyer, Erich 277
Michaelis, Rolf 297
Michajlova, Irina 213, 219
Michalski, Hieronim 57
Michiels, Ivo 235
Mickiewicz, Adam 124, 145, 194
Mihálik, Vojtech 87
Middel, Eike 56
Middel, Matthias 5
Międzyrzecki, Artur 67
Miller, Arthur 174
Miłosz, Czesław 297
Minetti, Hans-Peter
Misterek, Susanne 124, 175 f., 188, 192, 193, 196
Mittenzwei, Werner 48 f., 195 f.
Mix, York-Gothart 115
Mňačko, Ladislav 251
Moczar, Mieczysław 178 f.
Moeran, Brian 321
Moravia, Alberto 138
Morcinek, Gustaw 170
Motyljowa, Tamara 64
Mphahlele, Ezekiel 200, 210
Mrożek, Sławomir 111, 170, 173–175, 191 f., 321
Mtshali, Oswald 203
Müller, Hans-Joachim 241
Müller, Hermann 159
Müller, Horst F. 119
Müller-Tamm, Jutta 41, 125
Mulisch, Harry 225
Mumm von Schwarzenstein, Bernd 300
Musil, Robert 227
Mussine, Lut 219

N

Nacken, Angela 296
Naganowski, Egon 46, 57
Nagy, Imre 26
Nagy, László 86
Nałkowska, Zofia 155, 165, 170, 294

Neruda, Pablo 9, 76
Neutsch, Erik 110
Neye, Albrecht 70
Niemeier, Sabine 245
Nizan, Paul 208
Nooteboom, Cees 219, 236
Norrick-Rühl, Corinna 245
Nortje, Arthur 203
Nowak, Tadeusz 185
Nowakowski, Marek 187, 294
Nowakowski, Tadeusz 297

O

Ocampo, Victoria 258
Offe, Claus 97
Olschowsky, Heinrich 132, 141–145, 149, 159, 161–164, 166, 180–182, 185, 187
Orsini, Francesca 8
Orth, Hans Joachim 291, 295
Orwell, George 302
Ortiz, Adalberto 266
Orzeszkowa, Eliza 145, 166
Ostaijen, Paul van 227, 229 f., 235
Osterhammel, Jürgen 94

P

Pabel, Rudolf 44, 143, 149, 152
Palmowski, Jan 43
Palucca, Gret 110
Paluszek, Agata 148, 157 f., 168
Pamperrien, Sabine 41, 125
Panitz, Walter 124
Pankin, Boris 315
Parker, Stephen 195
Paschkowskaja, G. S. 315
Patel, Kiran Klaus 98
Paustowski, Konstantin 139
Payk, Marcus 6
Paz, Octavio 266, 276
Pekelder, Jacco 220
Peter, Matthias 74
Peters, Jochen-Ulrich 51
Peters, Florian 9

Petersen, Hans 47, 201
Petersson, Niels 94
Petzina, Berthold 204
Philpotts, Matthew 43, 195
Piasecki, Bolesław 179
Pieck, Wilhelm 36, 123
Pietraß, Richard 86, 133, 183
Piłsudski, Józef 166
Plattner, Hasso 10
Pleging, Maaike 245
Plievier, Theodor 138
Pocai Stella, Marcello Giocanni 245
Pöhls, Victoria 91, 210
Polechoński, Krzysztof 157
Popescu, Monica 8
Porter, Louis H. 314
Pose, Antje 89
Pound, Ezra 227
Powell, Walter 94
Power, Dominik 320
Pracht, Erwin 228
Práchenská, Monika 302
Prat, Mary Louise 94, 119
Pries, Ludger 3, 5, 17, 60, 93
Proust, Marcel 156, 195, 205, 227
Prus, Bolesław 145 f., 166
Przybyszewski, Stanisław 194
Puig, Manuel 265
Puschkin, Alexander 139
Putrament, Jerzy 47, 61, 63, 79, 81, 111, 126, 134, 135, 165

Q

Quesada, Miro 266
Quevedo, Núria 110

R

Radu Cucu, Sorin 6, 7
Raddatz, Fritz J. 68, 171, 200
Ragwitz, Ursula 115, 134, 137, 164, 195, 249, 275 f., 278
Rajch, Marek 79, 125, 128, 156
Ramírez, Sergio 266

Rasputin, Valentin 111
Rauterberg, Hanno 10
Reher, Lothar 142
Rehs, Michael 263
Reich-Ranicki, Marcel 308
Reichardt, Ann-Kathrin 14
Reichert, Klaus 229
Reimann, Brigitte 178
Rekkers, Axel 212
Remané, Martin 183
Renn, Ludwig 35
Rennert, Jürgen 142, 183
Reuter, Jens 154
Reymont, Władysław Stanisław 145
Richter, Hans Werner 63
Richter, Marianne 78
Richter, Richard 209
Richter, Walter 240, 286
Rienäcker, Günther 70
Riesz, János 268 f.
Rilke, Rainer Maria 53
Ripken, Peter 245
Rittberger, Volker 19
Ritzenfeld, Helena 259
Rive, Richard 210
Rjurikow, Boris 64
Roa Bastos, Augusto 140
Robbe-Grillet, Alain 63 f.
Romanowiczowa, Zofia 294
Rosa, João Guimarães 257
Rosin, Philip 316
Rosseels, Maria 219
Rost, Nico 218
Rother, Hans-Jörg 86
Rothmeier, Christa 89
Różewicz, Tadeusz 174–176, 191–197, 294
Rude-Porubská, Slávka 267
Rudnicki, Adolf 155, 165
Rudolph, Karsten 237, 240
Rulfo, Juan 140, 266
Rumjanzew, Alexej 37
Russer, Achim 322
Rütten, Marion 245
Rymarowicz, Caesar 141, 150–154, 157, 159
Rytchëu, Juri 139
Rzeszotnik, Jacek 150 f., 157

S

Sabrow, Martin 16
Sadoveanu, Mihail 9
Saehrendt, Christian 12, 69
Šajner, Donat 88
Sander, Georg 261
Sapiro, Gisèle 3 f.
Sark, Paul 245
Sarraute, Nathalie 63, 65
Sartre, Jean-Paul 48, 63 f., 138
Satkauskytė, Dalia 8
Sauerland, Karol 49, 295
Saur, Klaus G. 16
Schadanow, Andrei A. 113
Schade, Anja 199, 203
Schädlich, Hans Joachim 223 f., 229–231, 233–236
Schankweiler, Kerstin 12
Schaur, Sandra 14, 119
Scheffel, Helmut 65
Scherstjanoi, Elke 50, 57
Schleicher, Hans-Georg 198
Schleicher, Ilona 198 f.
Schlenstedt, Silvia 228
Schlocker, Georg 250
Schlotterer, Christoph 300
Schmid, Carlo 250
Schmidt, Annerose 111
Schmidt, Helmut 135
Schneider, Erwin 126
Schneider, Rolf 132
Schneider, Ute 244, 276
Schöbel, Frank 110
Schöffer, Peter 242
Scholochow, Michail 63, 111
Schreck, Joachim 232 f., 235
Schreiter, Helfried 169 f.
Schröder, Gerhard 247, 251, 300
Schroers, Rolf 258
Schubbe, Elmar 112
Schultz, Klaus 202, 205 f.
Schulz, Alfred 46
Schulz, Bruno 142, 166 f., 190, 299
Schulz, Maxim 108
Schutz, Roger 276

Schumann, Hubert 141, 152 f., 185f., 189–191, 193
Schüßler, Wolfgang 202
Schwartz, Michael 9
Schweitzer, Albert 243
Schwarz, Hans-Peter 300
Schwibs, Bernd 322
Scott-Smith, Giles 315
Scorza, Manuel 266
Seemann, Anna-Maria 271–273
Segal, Lilli 163
Seghers, Anna 9, 35, 138
Seifriz, Adalbert 264
Semjonow, Wladimir S. 113
Senghor, Léopold Sédar 244
Sepamla, Sipho 268 f.
Seyer, Ulrike 244, 276
Shahar, Ido 321
Shen, Shuang 6
Shih, Shu-meih 209
Siedler, Wolf Jobst 75
Siegrist, Hannes 35
Sienkiewicz, Henryk 145
Šik, Ota 251
Šiktanc, Karel 89
Simon, Dietrich 236
Singer, Isaac Bashevis 142
Singer. Israel Joschua 208
Singh, Eric 199
Sinjawski, Andrej 75
Sjöwall, Maj 111
Skácel, Jan 88
Skármeta, Antonio 266
Skoczek, Jan 303
Skyba, Peter 9
Sluckis, Mykolas 139
Słucki, Arnold 182
Słowacki, Juliusz 145, 194
Šmejkalová, Jirina 8
Soboczynski, Adam 16
Sokolov, Raymond A. 205
Solschenizyn, Alexander 65 f., 75
Sommer, Rolf 45
Sommeregger, Jana 245
Sonnenberg, Uwe 277

Sontag, Susan 207
Sowiński, Paweł 252
Soyinka, Wole 269
Sperber, Manès 275
Špitzer, Juraj 57
Srivastava, Neelam 8
Stachura, Natalia 206
Staemmler, Klaus 154
Stalin, Josef 26, 35, 37, 142, 171, 215, 237
Stankiewicz, Mirosław 291
Stehle, Hansjakob 252, 286, 295, 301
Steiniger, Peter Alfons 123
Steinmeier, Frank-Walter 16
Steinmüller, Karlheinz 117
Stern, Anatol 184
Stockenström, Wilma 204
Stoff, Andrzej 302
Stojanow, Christo 96
Strandgaard Pedersen, Jesper 321
Štrasser, Ján 88
Strausfeld, Michi 255 f., 266
Strauss, Anselm 18
Strauß, Franz Joseph 310
Streller, Christa 139
Streuvels, Stijn 212
Strittmacher, Erwin 43
Stroux, Johannes 123
Stroynowski, Juliusz 294
Štrpka, Ivan 88
Stukalin, Boris 315 f.
Struzyk, Brigitte 86
Stupp, Franz 218
Surowiec, Leszek 284, 296
Swaanswijk, Lubertus Jacobus → Lucebert
Szabolcsi, Miklós 67
Szaniawski, Jerzy 173
Szczepański, Jan Józef 134, 170, 187
Szymborska, Wisława 185
Szypulski, Stanisław 155

Ś

Ścibor-Rylski, Aleksander 143 f.
Śliwińska, Katarzyna 17, 44, 68

T

Tanewa, Georgia 156
Tarka, Krzysztof 304
Tashinsnkiy, Aleksey 14 f., 104
Taterka, Thomas 161
Tau, Max 243
Taubert, Sigfred 246, 250, 297
Tauschinski, Oskar Jan 294
Teichmann, Wolfgang 82
Tejchma, Józef 134
Tendrjakow, Wladimir 111
Tetsch, Ernst J. 263
Thate, Hilmar 221
Thietz, Kirsten 92
Thiong'o Ngugi 269
Thörn, Håkan 198
Tiepmar, Stefan 32
Tietje, Frank 178
Tilgner, Wolfgang 184
Timmermans, Felix 212
Tkaczyk, Wilhelm 183
Todenhöfer, Jürgen 261
Todorova, Maria 5
Tolstoi, Alexej 139
Tophoven, Elmar 65
Trepte, Hans-Christian 158, 189
Trifonow, Jurij 57
Trommler, Frank 127
Trufanow, Nikolai Iwanowitsch 237 f.
Truman, Harry S. 237
Tschesno-Hell, Michael 139
Tschörtner, Heinz Dieter 109, 152, 200, 208
Tübke, Werner 110
Turgenjew, Iwan 63
Twardowski, Alexander 63

U

Uhl, Matthias 9
Ulbricht, Walter 26, 33, 36, 39 f., 43, 123, 127, 129, 131, 138, 161, 198, 200, 273
Ulmer, Konstantin 15, 36, 47, 138, 139
Unfried, Berthold 37
Ungaretti, Giuseppe 63, 65

Unseld, Siegfried 61, 115, 119, 153, 154, 234, 250, 259 f., 266, 273, 293 f., 299
Urban, Jerzy 187
Urban, Peter 294

V

Vajda György Mihály 57
Van Uffelen, Herbert 217
Valéry, Paul 227
Vandevoorde, Hans 224
Vargas Llosa, Mario 141
Vigorelli, Gianfranco 65
Vogel, Christa 141
Volland, Nicolai 7
Vowinckel, Anette 6
Vries, Theun de 212–217

W

Wagenbach, Klaus 273
Wahlöö, Per 111
Wajda, Andrzej 133
Wallerstein, Immanuel 37
Walser, Martin 47, 257
Walther, Joachim 41, 225
Wasow, Iwan 85
Watson, Mary R. 321
Ważyk, Adam 182
Wedding, Alex → Weiskopf, Grete
Wegner, Christian 291
Wehler, Hans-Ulrich 9
Wehner, Markus 16
Weidhaas, Peter 243, 246 f., 254–256, 261 f., 266, 268 f., 271, 277, 319
Weinert, Erich 35, 126
Weiskopf, Grete 213
Wellershoff, Dieter 68
Wenninger, Regina 294, 307, 321
Welz, Stefan 14, 119
Wendler, Helga 163
Wendt, Erich 53–55
Wentker, Hermann 9, 74
Werfel, Franz 230
Werner, Michael 18

Wernisch, Ivan 89
Werz, Leitpold 299
Westdickenberg, Michael 13, 117, 118
Whitfield, Stephen 6
Wiens, Paul 84, 159
Wiesner, Matthias 33
Wilke, Manfred 16
Willer, Stefan 146
Wilson, Angus 63
Wimmer, Andreas 2
Winkelgrund, Rolf 196
Winkler, Gerhard 214
Winnen, Angelika 47
Wirpsza, Witold 250 f.
Wirth, Andrzej 160 f.
Witkiewicz, Stanisław Ignacy 174, 176, 190–194
Wittgenstein, Ludwig 118
Wittlin, Jerzy 241, 280, 323
Woinowitsch, Wladimir 302
Wojtasiewicz, Olgierd 42
Wolf, Christa 110, 133
Wolf, Friedrich 126
Wolf, Gerhard 133
Wolf, Michaela 106
Wölfel, Ute 96
Wolkers, Jan 225 f.
Wolter, Christine 184
Woolard, Kathryn A. 245
Woolf, Virginia 227
Worbs, Erika 187

Wóycicki, Kazimierz 123
Wrage, Henning 95–98
Wüsterhagen, Jana 237, 240
Wygodzki, Stanisław 57, 170
Wyspiański, Stanisław 194
Wurm, Carsten 33

Z

Zagajewski, Adam 186
Zajas, Paweł 212, 236, 257
Zalewski, Witold 144
Załuski, Zbigniew 79, 81
Zapolska, Gabriela 145, 172
Zeckert, Patricia F. → Blume, Patricia F.
Zatian, Wu 36
Zecchini, Laetitia 8
Ziemann, Sonja 189
Ziemer, Klaus 127
Zimmer, Dieter E. 265
Zimmerer, Ludwig 173
Zöger, Heinz 27, 40
Zwetajewa, Marina 183
Zybura, Marek 46, 250

Ż

Żeromski, Stefan 147–149, 166
Żółkiewski, Stefan 173 f.
Żukrowski, Wojciech 172